Plai Tamin und Smingplai

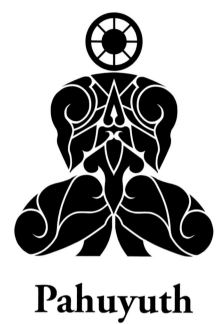

Pahuyuth
Die Geschichte der thailändischen Kampfkunst

paperwitch

© 2013 paperwitch Verlag, Berlin

Karten (Rohmaterial): Daniel Dalet/d-maps.com
Lektorat: Liane Hein
Copy-Editing: Alexander Pusch, Christian Traunig
Satz und Layout im Verlag
Druck: Ruksaldruck GmbH & Co. KG Repro plus Offset, Berlin
Bindearbeiten: Stein+Lehman GmbH, Berlin

Bildnachweis:
S. 286 CC BY Hao Wei (upload by topgold@flickr.com)
S. 338 Hubert Świerszcz
S. 363 Anita Staub
alle übrigen Fotos Stephan Thiede

Bibliografische Information der Deutschen Nationalbibliothek
Die Deutsche Nationalbibliothek verzeichnet diese Publikation in der
Deutschen Nationalbibliografie; detaillierte bibliografische
Daten sind im Internet über http://dnb.ddb.de abrufbar.

ISBN 978-3-9812064-0-1

www.paperwitch.net

Lehrt erst den Menschen, dann das Wissen.

Inhalt

13 Vorwort von Smingplai
15 Vorwort von Plai Tamin

17 Namen und Schreibweisen

Einführung
20 Kampf und Wissen
22 Geschichte im Rückblick
25 Den Anfang finden
27 Das unsichtbare Übernatürliche
32 Strukturelle Formation
35 Der schöpferische Ansatz
41 An der Seite des Nichts

Die äußeren Aspekte des Kampfes

Die Grundlagen der Methodik
52 Die körperliche Auseinandersetzung
54 Der körperliche Einsatz
55 Die körperliche Funktionalität
58 Verhaltensmuster
60 Bewegungsmuster
63 Die Strukturierung der Methodik

Grundtechniken
66 Allgemeine Fähigkeiten
68 Reaktionsvermögen
69 Ausdauer
71 Körperliche Fähigkeiten
72 Leistungstest

Kampfgrundtechniken

- 74 Spezielle Fähigkeiten
- 75 Haupttechniken
- 80 Faust und Hand
- 83 Übungswaffen
- 85 Fuß
- 87 Ellbogen
- 88 Knie
- 89 Abwehrkenntnis
- 91 Sicherheitswissen

Die Entwicklung der Methodik

- 96 Die Differenzierung der Methodik
- 100 Pahuyuth und Ling Lom
- 106 Awud
- 108 Mied, Mied Zuy
- 110 Maih Zoog
- 112 Dab
- 115 Grabong
- 117 Sabei
- 118 Muai und Dtie Muai

Magische Bestandteile

- 122 Ein magischer Kampf
- 123 Magische Sprüche und Symbole
- 124 Magische Gegenstände

Das Heilwissen im Pahuyuth

- 128 Heilkörper
- 130 Die traditionelle Heilkunde

Das Pahuyuth-Symbol

- 134 Symbol und Bedeutung
- 136 Das Ideal eines Kämpfers
- 139 Die Saiyasart-Bedeutung
- 141 Die Pahuyuth-Bedeutung

Die inneren Aspekte des Kampfes

Das schöpferische Verständnis
- 148 Eins gegen Eins
- 152 Die Lehrmethodik
- 155 Gaeuw
- 172 Die Kämpfertugend des Pahuyuth

Die Wissensvermittlung
- 176 Die traditionelle Vermittlung
- 179 Die Unterrichtskonzeption
- 182 Die traditionelle Bewerbung
- 185 Das Prüfungsverfahren

Die Schülerstufen
- 188 Gelbgurt
- 189 Grüngurt
- 192 Weißgurt
- 194 Schwarzgurt

Kämpfer und Lehrer
- 198 Blaugurt
- 214 Rotgurt
- 217 Zwischen den Zeilen

Die Verhältnisaspekte des Kampfes

Einführung in die Geschichte des Pahuyuth
- 224 Eine lückenhafte Darstellung
- 227 Der geschichtliche Ursprung
- 230 Tauschhandel und Städtebildung
- 233 Thai und Chinesen

Der erste Widerstand

- 240 Glie Gauw Piehnong
- 245 Ling Lom – Die Ursprungsmethodik
- 248 Vom Werkzeug zum Kampfschwert
- 250 Besitztum, Habgier und Macht

Lauw Tai Mung

- 254 Die erste Anerkennung
- 257 Dab – Der thailändische Schwertkampf
- 263 Sabei – Der weiche Waffenkampf
- 266 Die Wirren der Kriegsgeschichte
- 269 Die Tradition der Leibeigenen
- 271 Die Freikämpfer
- 273 Die Städtekriege
- 275 Die Königreichskriege
- 278 Die Zugehörigkeitskriege
- 280 Die Natur des Krieges
- 286 Die Chinesische Mauer
- 287 Der Einfluss der buddhistischen Lehre
- 296 Pahuyuth im Hintergrund

Nanjauw

- 300 Das erste Königreich Kun Loh
- 308 Dab Nanjauw
- 309 Schamanismus
- 311 Saiyasart
- 322 Der Mythos Zaiyuh
- 327 Der Weg nach Süden

Tam Kuha Sawann

- 332 Die Legende der himmlischen Höhle
- 334 Kru Kun Plai
- 343 Kru Maeh Boua
- 345 Kru Srie Treiradt
- 349 Kru Lahm
- 351 Kru Fong

Die Strukturierung des Pahuyuth

- 354 Das Wissen
- 357 Die Lehrer und das Wissen
- 360 Die Schüler und die Lehrer
- 365 Der Wille des Lernenden
- 369 Die Waffenkampfmethodik Mied

Suwannapum und Utong

- 374 Die verlassene Stadt
- 377 Elefantenkampf
- 379 Der Ursprung des Muai
- 384 Das Wettgeschäft
- 385 Ram Wai Kru
- 387 Musikalische Begleitung

Sukothai

- 390 Das Schwert als Statussymbol
- 393 Das Tamrab Pichaisongkram
- 397 Die Freikämpfer und das Militär

Ayutthaya

- 404 Jedie Srie Suriyothai
- 412 Somdet Pra Naresurn
- 424 Somdet Pra Jauw Prasarttong
- 426 Somdet Pra Naray
- 428 Pra Jauw Sueah
- 430 Rammagiern
- 433 Die Festung Kay Bang Rajan
- 439 Die Legende von Nay Kanom Tom
- 441 Praya Tak
- 447 Praya Pischai Dabhak

Rattanagosin

- 450 Eine Kämpferin aus Talang
- 453 Tauw Suranarie

- 455 Nachwort

Anhang

460 Quellen
462 Transkription
472 Index
480 Danksagung

Vorwort von Smingplai

Der Kampf und seine Vertreter befanden sich schon immer in einer Abseitsposition. Das seit Jahrhunderten in der Öffentlichkeit geprägte Bild des Kampfes – und alles, was allgemein damit in Verbindung gebracht wird – misst ihm einen Stellenwert bei, der im Vergleich mit anderen Wissensgebieten keine ebenbürtige Akzeptanz erfährt.

Härte und Brutalität, die auch die Grausamkeiten des Krieges einschließen, sind weit verbreitete, aber augenscheinliche Attribute, die ganz selbstverständlich mit dem Kampf in Verbindung gebracht werden. Feingefühl, einen intellektuellen Status oder eine tatsächliche Erkenntnis spricht man dem Kampf hingegen nicht automatisch zu, dabei gehören diese Qualitäten ebenso zu seinem Wesen. Dies gilt auch für den sportlich praktizierten Kampf und das bekannt gewordene Muai Thai (Thai-Boxen), den Nationalsport Thailands. Die Vorurteile führten dazu, dass sich die Allgemeinheit kaum über das äußere Erscheinungsbild hinaus mit dem Kampf auseinandersetzte, auch nicht in der heutigen Zeit. Nur bei denjenigen, die sich intensiv und fernab der öffentlichen Gesellschaft mit dem Kampf befassten, waren und sind die Vorbehalte weniger ausgeprägt oder gar nicht vorhanden.

Im Pahuyuth, dem Ursprung aller thailändischen Kampfsysteme, haben sich die Schöpfer vor tausenden von Jahren mit den Grundlagen des Kampfes beschäftigt und durch die Verknüpfung zu anderen Wissensgebieten, die sich auf essentielle Aspekte des Seins beziehen, eine ungeahnte konzeptionelle Tiefe erreicht, die ihresgleichen sucht. Die Schöpfer des Pahuyuth verstehen den Kampf als eine Existenz, die unabhängig von ihrem Einsatz und Nutzer ist. Während die allgemeine Beurteilung und Wertigkeit des Kampfes und auch die seiner Vertreter überwiegend anhand des sichtbaren Anteils und der zielgerichteten Auswirkung erfolgen, haben die Schöpfer den Kampf differenziert und davon losgelöst betrachtet. Dadurch war es ihnen möglich, den Kampf als wertfreies Werkzeug zu identifizieren. Da eine solche Differenzierung unvermeidlich auch die Persönlichkeit des Nutzers betrifft, setzt sich dieser entsprechend mit dem eigenen Selbst auseinander, das nur noch mittelbar mit seiner Leistungsfähigkeit und der äußeren Form des Kampfes zu tun hat – ein Prozess, der die Möglichkeit bietet, eine veränderte Sichtweise und Qualität basierend auf dem eigenen Verständnis zu erkennen.

Mehr denn je leben wir heute in einer Welt, deren Widersprüche sich nicht durch die Veränderung des Äußeren, sondern durch das Verstehen des Inneren und der Zusammenhänge mit anderem auflösen lassen. Die Suche nach Klarheit und nachvollziehbaren Antworten auf entscheidende Fragen des Seins war schon in der Vergangenheit für viele Menschen erstrebenswert. Dabei ist es absurd, Wissen und Erkenntnis mit Leistung und äußerer Form gleichzusetzen.

Über ein Werkzeug zu verfügen, mit dem Antworten gefunden werden können, anstelle eine fortwährende Suche aufrechtzuerhalten, ist auch heute von großer Bedeutung. Das Pahuyuth ist ein solches Werkzeug, dessen Wert sich aber nicht durch eine Betrachtung von außen oder durch Nachahmung offenbart, sondern dadurch, dass man etwas für sich daraus entnimmt. Dies ist ein persönliches Unterfangen, das wie die Geschichte des Pahuyuth mit eigenen Interpretationen einhergeht, die stets relativ bleiben.

Als ich als Kind durch einen Kung-Fu-Film zum ersten Mal bewusst mit dem Kampf in Berührung kam, war ich fasziniert von seinem Erscheinungsbild und der Exotik, die sich mit dem fernöstlichen Kontext verband, was mich seither nicht mehr losgelassen hat. Durch das Pahuyuth lernte ich nicht nur zu kämpfen, sondern ich verinnerlichte es Stück für Stück, sodass sich meine ursprünglichen Ziele, mein anfängliches Ideal und meine Faszination immer weiter in die Gegenwart verschoben. Durch meine Interpretation der schöpferischen Gedanken konnte ich zwischen dem Kern und kulturellen Kontext des Pahuyuth unterscheiden und wurde selbst zu einem Schöpfer. Der Wert, den ich heute damit verbinde, stellt ein erhaltenswertes Kulturgut dar, das für alle Menschen in gleichem Maße vorhanden ist.

Pahuyuth ist immer noch eines der wenigen verbliebenen Geheimnisse unserer Zeit – etwas das wir nicht kennen.

Smingplai, Frühjahr 2013

Vorwort von Plai Tamin

Pahuyuth ist eines der ältesten thailändischen Wissensgebiete. Da heute kaum noch Zugriff darauf besteht, ist die allgemeine Kenntnis darüber alles andere als selbstverständlich. In der Zeit, in der das Pahuyuth konzipiert und zusammengetragen wurde, war die Beherrschung der Schrift selbst unter den Wissenden nicht verbreitet, wodurch die Weitergabe auf eine persönliche Übertragung angewiesen war und vom Verständnis und dem Erinnerungsvermögen der Vermittler abhing.

In der Vergangenheit ging man davon aus, dass sich das Pahuyuth auf die allgemeine Sicherheit und auf kriegerische Auseinandersetzungen bezog. Obwohl es von den Wissenden hauptsächlich zur Gewährung von Schutz und das Zusammenleben in der Gesellschaft eingesetzt wurde, war es auch für die Machterhaltung der jeweiligen Oberhäupter unverzichtbar. Als Begleiterscheinung und Kehrseite seiner ursprünglichen Konzeption brachte sein Einsatz indirekt eine gesellschaftliche Ablehnung mit sich, die bis heute anhält. Sich dem Wissen und den Wissenden anzunähern, war, ist und bleibt bis heute mit Vorsicht und Vorbehalten verbunden.

Die Gesellschaftsformen der verschiedenen asiatischen Gruppierungen der entfernten Vergangenheit, zu denen auch die Thai gehören, und ihre jeweiligen Entwicklungsschritte wurden zu großen Teilen durch die Einflüsse der gebietsabhängigen Glaubenskulturen geprägt. In der Summe bezogen sich diese jedoch weniger auf die Philosophie des Individuums oder allgemein gültige Weisheiten, sondern beinhalteten im Wesentlichen die Interpretation bestimmter Phänomene und die Magie höherer Wesen.

Durch die Vermischung mit den Glaubensinhalten erscheint auch das Pahuyuth neben anderen Wissensbereichen dieser Zeit als unrealistisch und wirklichkeitsfremd. Der Zugang zu dem tatsächlichen Inhalt ist daher ohne Begleitung eines Wissenden kaum möglich.

Pahuyuth ist neben seinen theoretischen Inhalten eine praktische Methode, die eine charakteristische Eigenständigkeit zur Umsetzung erfordert. Der Umgang mit dieser Eigenständigkeit führt nicht nur zu eigenen Fähigkeiten, sondern hat maßgeblichen Einfluss auf die Lebenseinstellung und festigt die individuelle Selbstständigkeit. Die Wissenden, die ihren Charakter auf diese Weise gebildet hatten, konnten sich daher nur schwer und unter bestimmten Bedingungen dem Gesellschaftsleben unterordnen. Zum Wissen zu gelangen und den Weg des Pahuyuth einzuschlagen, war daher eine eher seltene Möglichkeit.

Durch die persönliche Beteiligung an kriegerischen Auseinandersetzungen waren der Verlust des Lebens, körperlicher Verschleiß und Invalidität stets Begleiter des Pahuyuth. Dies erschwerte seine Entwicklung und Weitergabe, die von praktischen Erfahrungen abhingen. In Friedenszeiten waren die überlebenden Wissenden mit Intrigen und Verfolgung konfrontiert, bei denen es um Macht und Loyalität je nach gesellschaftlicher Situation ging, sodass ihnen ein normales Leben in der Gesellschaft verwehrt blieb. Durch Anonymität und ein Leben im Abseits zur eigenen Sicherheit der Wissenden wurde das Wissen mit der Zeit mehr und mehr zu einer Legende. Daher ist der Begriff Pahuyuth in der Öffentlichkeit zwar oberflächlich bekannt, ein Zugang zu seiner inhaltlichen Wirklichkeit jedoch nicht vorhanden. Gesellschaftlich wird davon ausgegangen, dass es als Wissensgebiet seit langer Zeit verloren ist. Insbesondere in der modernen Gesellschaft, in der Kriege mit modernen Technologien geführt werden, hat die Relevanz dessen, was allgemein als Pahuyuth verstanden wurde, keine Bedeutung mehr.

Als Kind bin ich mehr oder weniger zufällig mit Pahuyuth in Berührung gekommen, ohne etwas darüber zu wissen oder die Legenden darüber zu kennen. Mein Vater wünschte sich, sein unartiger Sohn, der sich ständig in der Schule prügelte, würde dieses Wissen erlernen. Daher übergab er mich, als ich mein 14. Lebensjahr erreicht hatte, in die Obhut eines Freundes – ein Pahuyuth-Lehrer, bei dem ich fortan lernte und lebte.

Nach anfänglichem Protest und Widerstand, die meine schmerzhafte und mühselige Selbsterfahrung begleiteten, begann ich durch praktische Auseinandersetzung Schritt für Schritt zu dem Wissenskern des Pahuyuth vorzudringen. Doch je näher ich dem Kern des Wissens kam, desto weiter entfernte ich mich von dem, wofür man Pahuyuth im Allgemeinen hielt, und schließlich begann ich, meine eigene Interpretation über das Pahuyuth und seinen inhaltlichen Wert zu bilden.

Der Inhalt dieses Buches spiegelt meinen gegenwärtigen Wissensstand durch eigene Erlebnisse und Erfahrungen, die sich aus Wissen durch Lernen und aus Wissen durch Lehren zusammensetzen. Der Sinn der Veröffentlichung besteht darin, dass ich den Lesern meine Erkenntnisse über das Pahuyuth wertfrei zur Verfügung stelle, um sie an den Erlebnissen teilhaben zu lassen und ihnen die Möglichkeit zu geben, eine eigene Interpretation über den Wert des Pahuyuth zu bilden.

Plai Tamin, Frühjahr 2013

Namen und Schreibweisen

Sprache ist ein Werkzeug zur Kommunikation und stets auch Ausdruck und erhaltendes Mittel eines Volkes oder einer Gruppe und seiner Kultur. Sie ist Medium des Denkens und dient unverzichtbar zur Bildung und Aufrechterhaltung des individuellen Weltbildes. Dabei folgen die in einer Sprache formulierten Gedanken nicht nur der Struktur und dem Kontext, in denen sie gebraucht werden, sondern sie bewirken sie. Bei der Übersetzung von Inhalten einer Sprache in eine andere stößt man daher durch unterschiedliche Sprachstrukturen an Grenzen, die sich neben der reinen Übertragung formaler Inhalte durch Prägung und soziokulturelle Einflüsse ergeben und als Resultat des Verständnisses vorhanden sind. Unterscheiden sich Kultur, Sichtweise und Verständnis verschiedener Völker stark voneinander, ist eine vollständige und exakte Übersetzung unter Umständen schwer oder in Teilen sogar ausgeschlossen.

Der Inhalt dieses Buches bezieht sich auf den asiatischen bzw. den thailändischen Kulturkreis, dessen Grundlagen und Strukturen stark von denen der westlichen Zivilisation abweichen. Die vorliegenden Informationen und damit auch der Großteil aller Namen, Bezeichnungen und Ausdrücke wurden innerhalb der Pahuyuth-Linie mündlich überliefert und liegen auf Thai vor. Die thailändische Sprache benutzt ein eigenes Alphabet und ist eine Tonsprache, in der sich durch verschiedene Tonhöhen unterschiedliche Bedeutungen für gleiche Wörter und Ausdrücke ergeben. Für die so genannte Romanisierung der thailändischen Ausdrücke wird daher eine Umschrift benötigt, für die bisweilen kein universeller Standard vorhanden ist, da die Aussprache zwangsläufig von der Sprache abhängt, in die übersetzt wird.

Ausdrücke und Begriffe, für die in diesem Buch eine Transkription benutzt wird, sind eine subjektive Auswahl der Autoren. Sie sollen dem unbedarften Leser dazu dienen, das Pahuyuth und insbesondere den Bereich der Methodik durch den ungefähren Klang der Worte näher zu bringen. Eine exakte Aussprache der thailändischen Begriffe ist für Europäer ohne intensive Beschäftigung mit der Sprache kaum möglich, weil sie Laute enthält, die weder in den romanischen noch in den germanischen Sprachen vorkommen.

In der Transkription am Ende des Buches sind die Umschriften, die Originalbezeichnungen auf Thai und deutschen Übersetzungen ausgewählter Begriffe enthalten, um bei Bedarf eine authentische Recherche zu ermöglichen. Darüber hinaus werden spezielle Ausdrücke, die aus Sicht der Verfasser Schlüsselbegriffe für das Verständnis des Pahuyuth sind, kursiv dargestellt.

Personennamen der Geschichte sowie Bezeichnungen bestimmter Ereignisse wurden nach Möglichkeit unverändert und entsprechend ihrer jeweiligen Quellen übernommen und in Umschrift dargestellt. Dadurch entsprechen sie unter Umständen nicht dem vorhandenen Standard, sofern ein solcher existiert, da schon die Unterschiede bei der Benennung von Personen durch verschiedene Volksgruppen zu uneinheitlichen Bezeichnungen geführt hat. Beispielsweise hatten chinesische Herrscher neben ihrem Familiennamen einen Rufnamen, unter Umständen verschiedene Thronnamen, einen Tempelnamen und einen postumen Titel. Diese Bezeichnungen wurden auch in die Sprachen benachbarter Völker übertragen, wo sie bedingte Veränderungen erfuhren, falls die Personen nicht von vornherein anders benannt wurden. Zusätzlich haben sich weitere Abweichungen durch die Aussprache ergeben.

Zu der Zeit, in der die Geschichte der Thai bzw. derjenigen ethnischen Gruppierungen, die im Folgenden von den Chinesen als Dtai bezeichnet wurden, begann, kann eigentlich noch nicht von Thai gesprochen werden. Es gibt keine hinreichenden Angaben, ab wann welche Gruppierungen von wem wie bezeichnet wurden, aber es waren eindeutig jene Gruppierungen gemeint, die im Geschichtsverlauf zu der heute als Thai bezeichneten Volksgruppe wurden. Daher wird zur Vereinfachung die Bezeichnung Thai benutzt. Zu bemerken ist, dass erst im Abschnitt von Nanjauw um 650 der Buchstabe „ย" (Joh) eingeführt wurde und so aus dem bis dahin verwendeten Dtai bzw. Tai (ไท), Thai (ไทย) wurde.

Neben den überwiegend mündlich überlieferten Angaben aus der Pahuyuth-Linie und den eigenen Erfahrungen der Autoren stammen verschiedene Angaben der Geschichte aus der Thai-Literatur. Die dazugehörigen Quellenangaben sind ausschließlich im Original aufgeführt, da nach eingehender Recherche keines dieser Werke jemals übersetzt wurde.

Einführung

Kampf und Wissen

Geschichte im Rückblick

Den Anfang finden

Das unsichtbare Übernatürliche

Strukturelle Formation

Der schöpferische Ansatz

An der Seite des Nichts

Kampf und Wissen

Pahuyuth ist der traditionelle Name für das thailändische Kampfwissen, das weit mehr beinhaltet als nur das Wissen über den Kampf. So alt wie die Thai selbst blickt das Pahuyuth auf eine über 4000-jährige Entwicklungsgeschichte zurück, in der es sich vor allem aus der Notwendigkeit, das eigene Leben und Überleben in einer freien Heimat zu verteidigen, entwickelt hat. Das Streben nach Freiheit für ein Leben ohne Unterdrückung und Zwänge zieht sich wie ein roter Faden durch Jahrhunderte kriegerischer Auseinandersetzungen und charakterisiert das thailändische Volk bis zum heutigen Tag. Dabei ist es sicher kein Zufall, dass auch die Natur des Pahuyuth dieser Freiheit entspricht, die vor langer Zeit zu einer Tugend für eine ganze Volksgruppe wurde, denn *tai* bedeutet *frei*. Die Freiheit und Unabhängigkeit bezieht sich nicht nur auf den Menschen und seinen Lebensraum, sondern steht gleichermaßen auch für ein Verständnis, auf dem das Pahuyuth aufbauen, entstehen und sein charakteristisches Ideal prägen konnte.

Auch wenn das Pahuyuth wesentlich zum Freiheitsdrang beigetragen hat und bis heute besteht, wird es nur noch von wenigen traditionellen Lehrern weitergegeben, wodurch seine Existenz nicht nur in der westlichen, sondern auch in der asiatischen und selbst der thailändischen Welt zunehmend unbekannter wird und es gänzlich droht, verloren zu gehen. Es stellt sich unmittelbar die Frage, wie dieses Wissen einerseits über einen so großen Zeitraum hinweg erhalten bleiben konnte und dabei andererseits doch vor der Öffentlichkeit verborgen blieb und heute schließlich zu einem absterbenden Teil der thailändischen Kultur geworden ist. Neben vielen geschichtlichen Einflüssen, die für den zunehmenden Verlust mitverantwortlich sind, hat auch das Pahuyuth selbst dazu beigetragen, indem sein Wesen eine klassische Weitergabe nicht zulässt. Traditionen beziehen sich in der Regel auf etwas Überliefertes, auf Dinge, die für die Nachwelt erhalten bleiben sollen. Im Gegensatz zur weit verbreiteten inhaltlichen Weitergabe beruht die Wissensvermittlung des Pahuyuth schon immer auf einer eigenständigen, persönlichen Auseinandersetzung, um durch Selbstaneignung des Kampfwissens zu einer individuellen Überzeugung zu gelangen. Das Wissen konnte und kann daher nicht einer Tradition entsprechend übermittelt werden, da eine bloße Nachahmung nicht zu einer Überzeugung führen kann. Der Kern des Pahuyuth besteht aus Prinzipien und dem schöpferischen Ideal, das die Anwendung des Kampfwissens als Mittel zur Umsetzung der Idee eines Erstnutzers beschreibt. Das Ideal des Nutzers bildet die Grundlage für die gesamte Selbstaneignung, um zu einem eigenen, schöpferischen Verständnis zu gelangen. Die Tradition basiert demnach auf der Weitergabe eines nur vom Ausübenden selbst erkannten Verständnisses.

Dieses Buch kommt somit einer Gratwanderung gleich, weil es Informationen, Erklärungen und wesentliche Erkenntnisse liefert, die aber nur durch eine persönliche Auseinandersetzung erfahren werden können.

Da die Wurzeln des Pahuyuth einem asiatischen und dadurch gänzlich anderen Kulturkreis als dem westlichen entstammen, stellen bereits die unterschiedliche Auffassung vom Leben, die geistige Haltung und auch das gesamte Weltbild, das sich damit verbindet, eine Bereicherung für den Leser des Buches dar. Die eigentliche Herausforderung das Pahuyuth zu verstehen, ergibt sich durch das Herauslösen und Erkennen seiner Kontur, die – eingebettet in ihrem ursprünglich thailändischen Kontext – auf allgemein gültigen und für alle Menschen in gleichem Maße zutreffenden Grundsätzen beruht und nichts mit seiner Herkunft zu tun hat.

Durch die Vielschichtigkeit des Pahuyuth, die über den Kampf hinausgeht, entstand eine Verbindung zu weiteren traditionellen thailändischen Wissensbereichen, die eine strukturelle Gleichheit zum Kampfwissen aufweisen. Diese Bereiche sind das *Saiyasart*, das Wissen über das Nichts, das auch als traditionelles Wahrheitswissen bezeichnet wird sowie das traditionelle *Heilwissen*, das ein eigenständiges medizinisches Konzept darstellt. Jedes der drei Wissensgebiete besteht voneinander unabhängig, doch ihre Verschmelzung machte sie zu einer Gesamtheit, etwas Umfassendem. Der Versuch, das Pahuyuth ohne diese Bestandteile zu verstehen, wäre so gut wie zum Scheitern verurteilt.

Das Saiyasart beschäftigt sich mit elementaren Fragen des Seins und ist vergleichbar mit einem Weg der Selbstfindung. Durch den spirituellen und philosophischen Kontext lässt es sich nicht ohne Weiteres innerhalb und an der Seite des Pahuyuth einordnen. Erst bei tieferer Betrachtung zeigen sich Parallelen zum Kampfwissen, die sich auf grundlegende Prinzipien des Seins beziehen. Das Heilwissen, das auf die Gesundheit des Körpers abzielt, fand seine Anwendung im Pahuyuth durch die umgekehrte und zweckentfremdete Nutzung seiner Heilungsmechanismen, die im Kampf eingesetzt wurden, um den gegnerischen Körper zu schädigen. Vergegenwärtigt man sich die Konzeption des Kampfwissens, ergibt sich eine Schnittmenge, die physische und psychische Bestandteile vereint. Die physischen Aspekte sind der Heilkunde zuzuordnen und die psychischen Anteile, als spirituell-philosophische Aspekte des Kampfes, finden sich im Bereich des Saiyasart.

Dieses Buch stellt eine Existenzbeschreibung des Pahuyuth dar, die neben den Grundprinzipien seiner Kampfmethodik und dem Verständnis, auf dem es beruht, auch seinen geschichtlichen Werdegang umfasst. Die Aufteilung des Buches orientiert sich dabei an der Betrachtungslehre des Saiyasart, die jede Existenz aus drei Aspekten betrachtet, dem *äußeren Aspekt*, dem *inneren Aspekt* und dem *Verhältnisaspekt*. Diese Art der Auseinandersetzung stellt eine von vielen Besonderheiten dar, die das Pahuyuth von anderen Kampflehren unterscheidet und es zu etwas Speziellem machen.

Die Faszination, die vom Pahuyuth ausgeht, liegt darin, dass man durch seine Aneignung ein Verständnis erlangen kann, das einer Erkenntnis über das eigene Selbst entspricht.

Geschichte im Rückblick

Die Auseinandersetzung mit der Geschichte des Pahuyuth, die dazu dient, es zu verstehen, beginnt mit einem gegenwärtigen Rückblick, einem Fokus auf die Vergangenheit, der wie jede andere Auseinandersetzung mit Vergangenem auch immer an das Verständnis des zurückblickenden Betrachters geknüpft ist. Die Sichtweise eines Betrachters unterscheidet sich von der des in der Vergangenheit Betroffenen, da die damaligen Umstände für den gegenwärtigen Betrachter nicht komplett berücksichtigt werden können. Als Betrachter interpretiert der Leser den Geschichtsverlauf lediglich als eine mögliche Wirklichkeit und nicht als eine authentische Vergangenheit, wie sie der Betroffene erlebt hat. Abgesehen von den mündlichen Überlieferungen, die aus der Pahuyuth-Linie weitergegeben wurden, stammen die wenigen noch vorhandenen Geschichtsdokumente nur selten von den tatsächlich betroffenen Personen. Die erst lange nach den geschilderten Ereignissen verfassten Dokumente werden daher zu Interpretationen, die einer tatsächlichen Vergangenheit nicht mehr entsprechen.

Der Begriff der Wirklichkeit, der nicht nur eine geschichtliche Relevanz hat, wird in der Betrachtungslehre des Saiyasart klar definiert und gilt für das gesamte Pahuyuth. Es wird davon ausgegangen, dass die Wirklichkeit das ist, was unabhängig von der Wahrnehmung der vermeintlichen Wirklichkeit existiert. Daher wird sie als die tatsächliche Wirklichkeit bezeichnet, die losgelöst von jeglicher Interpretation vorhanden ist. Da unsere menschliche Wahrnehmung stets an eine gedankliche Auswertung und Interpretation gekoppelt ist, steht der tatsächlichen Wirklichkeit die so genannte angenommene bzw. individuelle Wirklichkeit gegenüber. Dadurch lebt jeder Mensch in seiner eigenen Realität, die in unterschiedlichem Maße von der tatsächlichen Wirklichkeit abweicht.

Ein Betrachter kann die Wirklichkeit, ganz egal zu welcher Zeit, durch das Wahrgenommene interpretieren, wobei sich die Interpretation immer auf der Grundlage seines Verständnisses ergibt. Um das Pahuyuth zu verstehen, wird man anhand der Auseinandersetzung mit seiner Geschichte versuchen, eine Idee vom Verständnis der Vergangenheit zu bekommen und einen Zusammenhang in der Gegenwart herzustellen. Dies ist ein einfaches Prinzip: Ich schaue, wie ich gestern war, um zu begreifen, was ich heute bin. Der Begriff des Verständnisses, so, wie er im Folgenden verwendet wird, spielt dabei eine wichtige Rolle und gründet sich ebenfalls auf eine Definition des Saiyasart.

Verständnis

Das Verständnis bezieht sich sowohl auf das inhaltliche Begreifen eines Sachverhaltes als auch auf die als Empathie bezeichnete Fähigkeit, sich in andere Menschen hineinzuversetzen und mitzufühlen. Die Empathie, die signifikant für das Pahuyuth ist, richtet sich dabei nicht nur auf Emotionen und Absichten, sondern generell auf Gedanken und ist als Ergebnis zu verstehen, das auf einer bestimmten Grundlage zum Ausdruck gebracht wird. Relevant ist demnach, was eine Person dazu befähigt, etwas nachzuvollziehen, um so zu einem Verständnis zu gelangen. Im deutschen Sprachgebrauch gibt es keine Bezeichnung dieser fundamentalen Grundlage. Angelehnt an die Betrachtungslehre des Saiyasart und nach deutscher Übersetzung aus dem Thailändischen, könnte man dies *Gedankenverständnis* (Ruh Suek Kauw Jai) nennen. Dieses Gedankenverständnis stellt den inneren Aspekt des Verständnisses dar, der seinem Wesen und seiner Struktur entspricht. Das Gedankenverständnis ist ein Abstraktum, dessen man sich während des Denkens nicht bewusst ist und über das man sich nur selten Gedanken macht.

Da sich das Verständnis von bestimmten Dingen im Laufe des Lebens ändern kann, bedeutet dies im Sinne des Pahuyuth, dass sich das Gedankenverständnis verändert hat, was durch ein verändertes Verständnis ausgedrückt wird. Durch den Wandel aller Dinge unterliegt auch das Gedankenverständnis einem permanenten Veränderungsprozess, der von zwei Faktoren abhängig ist. Dem Pahuyuth nach setzt sich das Gedankenverständnis aus dem *logischen Verständnis* und der *strukturellen Denkweise* zusammen.

Das logische Verständnis einer Person bildet sich im Laufe der Zeit aus dem Erlebten sowie den daraus gewonnenen Erfahrungen. Es stellt den aktuellen Wissensumfang dar, der für die Auswertung allem Wahrgenommenen zur Verfügung steht und letztlich zur Überzeugung für die angenommene Wirklichkeit dient. Zum Beispiel haben wir Menschen ein durch Erfahrung gewonnenes logisches Verständnis vom verfügbaren Komfort im Alltag unserer Gesellschaft gebildet, den wir als selbstverständlich ansehen, ohne ihn weiter zu hinterfragen. Dieser Komfort unterscheidet sich in hohem Maße von dem in der Vergangenheit; beispielsweise ist die Benutzung von Fahrzeugen für uns etwas Normales. Menschen außerhalb unserer Zivilisation, die solche Geräte weder kennen noch Erfahrungen mit ihnen sammeln konnten, würden sie wahrscheinlich als übernatürlich oder göttlich ansehen, da sie den Rahmen ihrer bisherigen Erfahrungen und ihrer Vorstellungskraft übersteigen. Als zweiten Faktor haben wir durch unsere erziehungsbedingte Prägung innerhalb der Gesellschaft in der Anfangsphase unseres Lebens eine Struktur als Basis für unsere Denkweise und Auffassung gebildet. Diese strukturelle Denkweise ist Teil des Gerüstes, das zur Bildung unserer Realität dient. Selbstverständlich bedeutet dies nicht, dass die Realität, in ihrer auf uns selbst bezogenen Richtigkeit mit der tatsächlichen Wirklichkeit übereinstimmt. Durch unsere Prägung halten wir an einem Stoppschild oder einer roten Ampel automatisch an, egal ob in der Stadt oder auf dem Lande, auch wenn kein tatsächlicher Grund zum Anhalten besteht. Folglich ergibt sich unsere Prägung auch durch eine gesellschaftliche Definition, die für die Bildung unserer Realität mitverantwortlich ist. Nach dem gleichen Prinzip dürfte das Verständnis der Jagd als Notwendigkeit der Nahrungsbeschaffung früher eine Selbstverständlichkeit gewesen sein, ohne über eine gültige Jagderlaubnis oder ein zugewiesenes Jagdterritorium nachzudenken.

Unser Verständnis beruht zusammengenommen auf den bis zum gegenwärtigen Zeitpunkt gewonnenen Erfahrungen und auf unserer Prägung, wobei beide Faktoren als Rahmenbedingungen unsere menschliche Existenz beeinflussen und somit zu einem von Mensch zu Mensch unterschiedlichen Verständnis führen. Das Gedankenverständnis kann also als erfahrungs- und prägungsbedingte Struktur für unsere gedankliche Aktivität beschrieben werden. Es ist jedoch nicht mit unserer Denkweise zu verwechseln, denn sie entspricht wiederum einer Variante der gedanklichen Aktivität, nicht aber der Grundlage, auf der sie sich ereignet. Da sich unsere Lebensumstände kontinuierlich verändern und wir in unserem Leben ununterbrochen neue Erfahrungen sammeln, unterliegt das Gedankenverständnis einer permanenten Anpassung, die wir allgemein als die Veränderung unseres Verständnisses bemerken. Die menschliche Wahrnehmung stellt die Voraussetzung für die Entwicklung des Gedankenverständnisses dar, sowohl hinsichtlich des logischen Verständnisses als auch der strukturellen Denkweise. In der Betrachtungslehre des Saiyasart wird die Wahrnehmung in die des Betrachters und die des Betroffenen unterschieden. Das Beispiel von zwei sich streitenden Personen, die Betroffenen, und einem Zuschauer, dem Betrachter, verdeutlicht diese beiden Rollen. Der Unterschied ist einleuchtend und offensichtlich, in der Praxis des Alltags ist man sich seiner Bedeutung durch die vertraute Routine jedoch nur selten bewusst, geschweige denn ihrer logisch-gedanklichen Konsequenzen. Der Betrachter kann den Grund des Streits nur auf der Grundlage seines eigenen Verständnisses erklären, wodurch er zu seiner angenommenen Wirklichkeit gelangt. Dabei bildet er seine Erklärung für das Verhalten der Streitenden anhand der größtmöglichen Schnittmenge aller ihm bekannten und als möglich eingestuften Faktoren. Diese werden ausgewertet und interpretiert und schließlich bildet er daraus seine Realität. Über das Erlebnis und die daraus entstandene Erfahrung der Streitenden verfügt er jedoch nicht. Als Leser einer geschichtlichen Abhandlung nimmt man zum Beispiel automatisch die Rolle eines Betrachters ein und interpretiert die geschilderten Sachverhalte. Da diese aber bereits eine Interpretation des Verfassers sind, handelt es sich um die Interpretation einer Interpretation, wobei beide auf dem jeweiligen Verständnis beruhen. Erschwerend kommt hinzu, dass die Mehrzahl der schriftlichen Überlieferungen erst lange nach den Ereignissen verfasst worden sind, von denen sie berichten. Daraus folgt, dass der tatsächliche Umfang der vergangenen Wirklichkeit durch die eigene Interpretation des Lesers niemals erfasst werden kann.

Zu der Zeit, als man begann, die Geschichte des Pahuyuth aufzuzeichnen, gab es mit hoher Wahrscheinlichkeit nur sehr wenige Menschen, die in der Lage waren, zu schreiben. Im Vergleich zur Gesamtbevölkerung gehörten die schreibenden Menschen einer Minderheit an. Der Inhalt vorhandener Überlieferungen kann nur durch die verfügbaren Informationen entstanden sein, die an das Verständnis der Schreiber gekoppelt waren, ganz unabhängig von ihren schriftstellerischen Fähigkeiten. Die Geschichte des Pahuyuth ist in erster Linie eine Geschichte des Volkes. Die Entwicklung und die mit ihr zusammenhängenden Erlebnisse und Erfahrungen verliefen überwiegend in den Reihen einfacher Bürger und in ländlichen Regionen. Die Schreiber dieser Zeit gehörten zu den Stadtmenschen und hatten wegen der Gesellschaftsstruktur kaum die Möglichkeit, das Leben auf dem Land kennenzulernen, selbst wenn sie Interesse daran gehabt hätten. Gegenüber den Bauern haben sie sich als weiterentwickelt und privilegiert betrachtet, wodurch die Vermutung naheliegt, dass vorhandene Überlieferungen eine geringe Authentizität haben.

Den Anfang finden

Um sich dem Pahuyuth mittels einer geschichtlichen Betrachtung zu nähern, benötigt man einen Zeitpunkt, an dem man ansetzen kann, um die Frage nach seiner Entstehung beantworten zu können. Doch was wird überhaupt als Punkt seiner Entstehung begriffen und warum hat sich die ab diesem Punkt nachfolgende Entwicklung in genau jener Form, die uns heute als seine Geschichte bekannt ist, gestaltet?

Unsere Wirklichkeit wie auch unsere Interpretationen stellen ein Ergebnis dar, das ausschließlich aus existierenden Objekten besteht, die uns bereits bekannt sind. Dinge, die uns unbekannt sind, können weder zur Bildung einer Wirklichkeit herangezogen noch als solche verstanden werden. Vor dem Zeitpunkt der Entstehung des Pahuyuth kann folglich kein Verständnis vorhanden gewesen sein, das die Gedanken des Kampfes und des Krieges beinhaltete. Da das Verständnis durch die Entwicklung der Gesellschaft und die damit verbundenen Umstände einem kontinuierlichen Wandel unterliegt, kann die Antwort auf die Frage nach dem Anfang nur in Verbindung mit der Ursache für diese Veränderung erfolgen.

Was hat demnach dazu geführt, dass Gedanken des Kampfes und des Krieges in das Verständnis dringen konnten? Und wie sah das Leben der Menschen davor aus? Durch welche Veränderungen konnte ein Nährboden für die Integration des kämpferischen und kriegerischen Gedankengutes entstehen, auf dem diese Gedanken nicht nur wachsen konnten, sondern sogar die komplexe Existenz des Pahuyuth?

Das Leben der Menschen in früher Vergangenheit unterscheidet sich so extrem von unserer heutigen Zivilisation, dass es schwerfällt, ein Bild von der damaligen Lebensweise zu zeichnen, geschweige denn ein umfassendes. Abgesehen von gesellschaftlichen und familiären Strukturen, eingebettet in einer gänzlich anderen Weltanschauung, stellt ihr Verhältnis zu anderen Lebensformen einen Ansatz für eine mögliche Erklärung der Ursprungsgedanken des Pahuyuth dar. Aus sozialem Blickwinkel ist ihre Lebensweise eine eigenständige, individuelle Existenz, die zugleich einem größeren Ganzen innerhalb eines ökologischen Kreislaufes angehört, in dem die Menschen im Einklang mit ihrer Umwelt lebten. Dieses Leben ist mit der Existenz eines Waldes vergleichbar, in dem jedes Lebewesen eigenständig und für sich existiert und gleichzeitig auch Teil einer Nahrungskette ist, die das Kreislaufsystem des gesamten Waldes darstellt. Diese Struktur findet man auch im Pahuyuth, denn es setzt sich aus einzelnen Disziplinen zusammen, die gemeinsam das gesamte Kampfwissen ergeben.

Im Gegensatz zu Pflanzen sind Menschen wie auch Tiere bewegliche, nicht an einen Ort gebundene Lebewesen. Sie sind in der Lage, ihre Nahrung in einem selbst gewählten Gebiet und Umkreis zu suchen, wodurch sie ihren Lebensraum und ihre Heimat frei auswählen können. Die Wanderungen der einstigen Bevölkerung beruhen auf der gleichen Grundlage. Sie sind als eine natürliche Aktivität und als Bestandteil ihres alltäglichen Lebens anzusehen, denn zu der Zeit gab es keine Gebietsstreitigkeiten oder drohende Gefahren durch Eroberungsdrang. Körperliche oder kriegerische Auseinandersetzungen hat es kaum gegeben, denn diese Gedanken waren in ihrem damaligen Verständnis kaum vorhanden. Die Ausprägung einer solchen Denkweise könnte hauptsächlich mit dem verfügbaren Nahrungsspektrum innerhalb ihres Lebensraumes zu tun gehabt haben. Da die Ernährungsgewohnheiten von Menschen zum Großteil aus dem Verzehr von Tierkadavern bestanden und noch bestehen, beginnt die Beschaffung der Nahrung mit der Jagd, dem Einfangen und Töten des Tieres, wodurch ein unmittelbarer und unvermeidlicher Konflikt zwischen dem Jäger und seinem Opfer entsteht. Dieser durch das Töten hervorgerufene Konflikt, gekoppelt an eine Veränderung der Lebensumstände durch beispielsweise größere Jagdmengen oder einer wachsenden Anzahl von Stammesmitgliedern, wäre eine mögliche Ursache für eine langsame Ausprägung kämpferischer und kriegerischer Gedanken. Der ursprüngliche Jäger-Opfer-Konflikt könnte sich auf einzelne Jäger ausgeweitet und zu einem allgemeinen Konfliktgedanken entwickelt haben, der für die nachfolgende Entstehung von körperlichen und kriegerischen Auseinandersetzungen Ausgangspunkt wäre.

Laut Überlieferung hat die ursprüngliche Nahrung der späteren Thai zum größten Teil aus Obst, Gemüse und Fisch bestanden. Fleisch gehörte auch zur Ernährung, ist jedoch nur selten verzehrt worden.

Die Thai haben ihren Lebensraum, den sie als Heimat ansahen, selbst gewählt. Ein landwirtschaftlich nutzbares Flachland, das von fischreichen Gewässern durchzogen war, hat alle Bedingungen zum Leben erfüllt. Die Anbaugebiete und Behausungen der Familien lagen weit voneinander getrennt, um ihrem jeweiligen Bedarf zu genügen. Lediglich die Fischer haben einen nicht zu großen Abstand zueinander gehalten, da sie Fanggebiete gemeinsam nutzten. Es hat ausreichend Land für die Menschen gegeben und der natürliche Lebensraum bot ihnen alles in ausreichender Fülle. Die Umstände der Nahrungsbeschaffung durch den Anbau von Reis und Gemüse lassen sich heute noch, selbst nach mehreren Jahrtausenden, in den ländlichen entlegenen Regionen Thailands mit den damaligen Bedingungen vergleichen. Diese fast optimale Lebensweise ohne Zwänge und Engpässe bei der Nahrungsbeschaffung hat kaum zu Konflikten zwischen den Menschen geführt.Es ist nicht anzunehmen, dass zu dieser Zeit ausgeprägte Muster körperlicher oder gar kriegerischer Auseinandersetzungen im Verständnis vorhanden waren. Wenn überhaupt, haben solche Gedanken nur vereinzelt und abseits der gesellschaftlich geprägten Struktur existiert. Der gedankliche Fokus wurde vielmehr auf Eigenständigkeit und Hilfsbereitschaft gelegt und bezog sich auf ein generelles Überleben, auf Gastfreundschaft und ein allgemeines Miteinander.

Das allgemeine Verständnis und die Grundhaltung dieser Menschen haben in der Folgezeit auch zu ihrer Benennung als Thai geführt, dem Synonym einer durch Selbstbewusstsein und Eigenständigkeit charakterisierten Gesellschaft.

Das unsichtbare Übernatürliche

Durch ihre freie Lebensführung als Bauern und Fischer, die Nahrungsbeschaffung und das Zusammenhalten der Familie waren die Thai sehr eng mit der Natur verbunden. Durch diese Ursprünglichkeit in ihrem Leben waren sie sensibilisiert für die alltäglichen Phänomene und Naturereignisse, die sie umgaben wie zum Beispiel das Wetter mit seinen unterschiedlichen Erscheinungsformen, Sonnen- und Mondfinsternis und anderen Dingen, deren Ursachen sie jedoch nicht kannten. Da es kaum weitere Problemstellungen von außen gab, mit denen sie sich zu beschäftigen hatten, setzten sich die Thai wie viele andere auch mit dem Sinn und Zweck ihres Daseins und ihrem Schicksal auseinander. Verglichen mit den Menschen der heutigen Zivilisation hatten sie ein wesentlich stärker ausgeprägtes Feingefühl für die Wahrnehmung ihrer Umwelt, konnten sich aber bestimmte sichtbare Auswirkungen wie zum Beispiel Naturphänomene und intuitiv spürbare Dinge in ihrer Realität nicht erklären. Um eine Grundlage für die Kommunikation über diese unerklärlichen Wahrnehmungen zu haben, tendierten auch die Thai zu der Annahme, höhere Wesen wie Götter oder Geister, ausgestattet mit übermenschlichen und übersinnlichen Fähigkeiten, seien für alles Unerklärliche verantwortlich. Sie begegneten diesen körperlosen Wesen mit Respekt und Ehrfurcht und kannten beispielsweise Baumgeister, Berggeister oder Hausgeister. Diese übernatürlichen Dinge und Wesen haben die Thai in ihr Leben eingebunden und machten sie zu einem fest integrierten und kaum hinterfragten Bestandteil. Mit der Zeit wuchs und festigte sich das Unerklärliche als Teil ihres Verständnisses, wodurch es zu einer etablierten Größe innerhalb ihrer Glaubenskultur wurde. Jeder einzelne brachte sich mit den Eigenschaften und Fähigkeiten dieser Wesen in Verbindung, die Menschen gingen davon aus, dass die übernatürlichen Fähigkeiten sowohl in gutartiger als auch bösartiger Weise eingesetzt werden konnten und daher auch Konsequenzen für sie selbst hätten.

Es war gesellschaftlich üblich, die Geister jener Zeit gut zu stimmen, sowohl auf gedanklicher Ebene als auch in praktischer Hinsicht, wodurch sie auf mannigfaltige Weise Einzug in den Alltag hielten. So entstanden zum Beispiel Anbetungsrituale für die verschiedensten Anlässe, die wiederum das Aufstellen von Anbetungsplätzen mit sich brachten. Diese Anbetungsplätze wurden zu einem unverzichtbaren Bestandteil ihrer Glaubenskultur und sind bis heute fest in der thailändischen Gesellschaft verankert.

Dabei entwickelten sich die verschiedenen Aspekte des Übernatürlichen in unterschiedlicher Ausprägung. Beispielsweise war der Glaube an Geister von gewaltsam zu Tode gekommenen Menschen, den so genannten Pieh Tay Hong, weit verbreitet und hatte einen hohen Stellenwert. Die Thai waren davon überzeugt, dass ein solcher Geist in der Lage sei, sich in seinem unsichtbaren Zustand zu rächen, ohne dass die Möglichkeit einer Gegenwehr bestünde. Dies beeinflusste in späterer Zeit auch die Kämpfer, die unter allen Umständen versuchten, die unerwartete Rache der Geister zu vermeiden, denn ihr Respekt gegenüber diesen Wesen war ebenso groß wie der Respekt vor ihren Gegnern. Als Folge dieser Sichtweise haben sie Kampftechniken entwickelt, die mehr auf das Herbeiführen bleibender Verletzungen abzielten, als den sofortigen Tod zu erwirken. Zudem kam eine Verletzung im Kampf einer Demütigung gleich und setzte das Ansehen eines Kämpfers herab.

Über die Jahrhunderte bildeten die Thai durch Wechselbeziehungen mit anderen Volksgruppen eine bestimmte Sichtweise und Weltanschauung. Ihre Lebensumstände und Glaubensstruktur führten zu einem Verständnis und einer Denkweise, die ihnen auch durch die Magie des Übernatürlichen einen Weg der Selbstfindung eröffneten. Wegen der verschiedenen, sich vermischenden Grundlagen der Glaubensansätze konnte sich jedoch keine gemeinschaftliche Überzeugung herausbilden, die zu einem einheitlich verbreiteten Glaubensbild geführt hätte. Trotz der Unterschiede waren ab einem bestimmten Zeitpunkt alle verbreiteten Glaubensansätze durch ein Polaritätsprinzip gekennzeichnet, das sich aus den gegensätzlichen Beispielen ihres Lebensraumes wie Tag und Nacht, Bewegung und Stillstand oder Leben und Tod ableitete. Dieses Polaritäts- oder Gleichgewichtsprinzip, das durch die wahrnehmbaren Erscheinungen übernatürlich anmutender Naturphänomene auf einer Vorstellung von göttlicher Weltschöpfung basierte, stellte eine Schnittmenge der Glaubensansätze dar, die die Menschen miteinander verband. Für jegliche Art von Existenz ist demzufolge immer ein entsprechendes Gegenstück vorhanden, ohne dessen Existenz weder die eine noch die andere existieren kann. Mit diesen Existenzpaaren, ähnlich wie das Yin und Yang, hatten die Glaubensansätze eine Gemeinsamkeit, die als fest verankerter Bestandteil bei der Interpretation aller elementaren Fragen eine Rolle spielte. Die Menschen kamen zu der Überzeugung, als Gläubige das Richtige und somit Gute zu tun. Diese Überzeugung manifestierte sich als richtungsweisender Ansatz für die gesamte Folgezeit. Ein Anzweifeln oder Hinterfragen des Glaubens und seiner Grundsätze galt nicht nur als Indiz für Unbelehrbarkeit, sondern machte diese Personen zudem auch zu Ungläubigen, die dadurch mit dem Bösen auf eine Stufe gestellt wurden.

Das gegenwärtige Leben sah man auch als vorbestimmten Leidensweg an, der das Resultat des Tuns und Nichttuns des vorherigen Lebens darstellte. Durch das Einhalten der Glaubensgrundsätze konnte ein jeder seine Leiden für das derzeitige Leben verringern und auch für bessere Umstände im künftigen Leben sorgen. Letzten Endes galt die Glaubenslehre als Weg zur endgültigen Erlösung und Befreiung von irdischen Leiden und auch von der Reinkarnation, einer wiederkehrenden Folge von Leben und Tod. Diese Glaubenskultur, die bereits lange vor dem Einzug des Buddhismus ausgeprägt war, sowie das grundsätzliche Verständnis der Menschen haben die Wirklichkeit der Thai bis in die heutige Zeit beeinflusst und dienen in hohem Maße zur Rechtfertigung ihres charakteristischen Daseins. Dies spiegelt sich sowohl im Kontext wesentlicher Daseinsfragen als auch in direktem Bezug auf körperliche und kriegerische Auseinandersetzungen wider. Beispielsweise basiert die Reinkarnation auf dem philosophischen Glaubensansatz, dass jegliche Existenz, auch der Mensch, unvergänglich ist. Am Ende der körperlichen Existenz als Mensch transformiert sich diese in eine körperlose Existenz als Geist, die sich wiederum erneut in eine körperliche Form umwandelt. Der Glaube besagt, dass die an das Leiden gebundene Existenz des Menschen den endlosen Kreislauf der Reinkarnation nur mithilfe der Glaubenslehre ab einer bestimmten Stufe und Reife beenden kann. Dadurch sank die Furcht, durch eine Risikobereitschaft selbst getötet zu werden, und auch die Hemmschwelle, jemanden zu töten. Das Leben mit einem körperlichen Leiden oder einer bleibenden Verletzung wurde umgekehrt immer negativer bewertet. Auf dieser Grundlage versuchten die Kämpfer, den Tod des Gegners als Folge ihrer Kampfhandlungen zu vermeiden. Auch die Prinzipien der späteren Kampfmethodik zielten in erster Linie auf die Kampfunfähigkeit des Gegners ab, anstelle dessen direkten Tod herbeizuführen.

Zum damaligen Zeitpunkt war das Übersinnliche mit seinen vielen alltäglichen Berührungspunkten Teil der Glaubenskultur und gehörte zum Selbstverständnis der Gesellschaft, was auch die weit verbreitete Magie mit einschloss. Das Unsichtbare war etwas Normales und die Menschen haben göttliche Wesen und Geister erschaffen, die zu einem Teil ihrer Realität wurden. Ihre Wirklichkeit setzte sich daher sowohl aus sichtbaren und irdischen Dingen als auch aus unsichtbaren und körperlosen Wesen und Existenzen zusammen. Die Fähigkeiten der Geister unterschieden sich genauso voneinander wie bei den Menschen. Der Grad und Umfang der übernatürlichen Fähigkeiten der Geister wurde als Wesensebene des Unsichtbaren definiert und konnte durch bestimmte Anbetungsrituale zu Hilfe gerufen werden. Die Wesensebene stellte im übertragenen Sinn die Reife bzw. den Entwicklungsstand des Geistes dar, der sich durch seine Fähigkeiten offenbarte. Dieser Maßstab galt für alle existierenden Wesen, wurde aber bei den Geistern höher eingestuft als bei den Menschen. Man stellte sich vor, dass die dem Kreislauf der Reinkarnation noch angehörigen Existenzen, wobei man überwiegend von Menschen ausging, eine Art Zentrum bildeten, das ihre Eigenschaften und Fähigkeiten repräsentierte. Geister hatten in dieser Vorstellung einen bestimmten Abstand zu diesem Mittelpunkt, der ebenso der Ebene entsprach, auf der sie existierten und die als qualitativer Ausdruck ihrer Fähigkeiten angesehen wurde. Je weiter die Entfernung zum Mittelpunkt war, desto mehr Potential und Magie wurde den Geistern zugesagt. Zusätzlich unterschied man zwei Zustände für alle Geister: Die Existenzen einer Wesensebene konnten entweder in einem Zustand der Helligkeit oder einem Zustand der Dunkelheit vorkommen, ebenfalls als Ausdruck des Gleichgewichtsprinzips, woraus man auch die weiße und die schwarze Magie ableitete.

Nach Überzeugung der Thai glich die schwarze Magie einer Wirksamkeit, die einen bestimmten Willen oder ein Ereignis außerhalb des natürlichen Prozesses erzwang. Im Gegensatz dazu entsprach die weiße Magie einer Wirksamkeit, die durch ein Loslassen von allem Erzwungenen und Zwanghaften die Natürlichkeit der Dinge bewahrt. Auf dieser Natürlichkeit beruht auch die Entwicklung des Pahuyuth, das die biologischen Gegebenheiten von Menschen nutzt, ohne sie in eine bestimmte Form zu pressen. Dementsprechend wird der schöpferische Zweck des Kampfwissens nicht in einem ersten Angriff, sondern als Verteidigungsprinzip gesehen.

Die Magie als Bestandteil der Glaubenskultur hat ihre Wurzeln vor allem in den bis heute praktizierten Ritualen. Während eines Rituals ist es üblich gewesen, vorgegebene Gebetstexte direkt vor bestimmten Symbolen auszusprechen, die sich dabei entweder direkt oder indirekt auf die angebeteten Wesen bezogen. Die vorgegebenen Gebetstexte konnten in Form und Ablauf der Rituale sehr stark variieren, da sie von demjenigen abhängig waren, der das Ritual durchführte. Der Ritualführer konnte die Texte nach persönlicher Vorliebe und Gegebenheiten laut oder leise sowie aus einer bestimmten Position heraus aussprechen, entweder sitzend, stehend oder liegend. Oft waren die Gebetstexte (Bod Soud, Katha) in drei Abschnitte unterteilt. Im ersten Teil ging es um die Anbetung und Verherrlichung des angesprochenen Geistes. Der zweite Teil bezog sich auf die magischen Fähigkeiten, die durch das Ritual aktiviert werden und zum Einsatz kommen sollten. Im dritten Teil wurde dann der Wunsch des Gläubigen mehr oder weniger direkt formuliert und ausgesprochen. Der gesamte Text wurde während eines Rituals mehrfach, nach zuvor bestimmter Wiederholungsanzahl, vorgetragen. Durch das Zusammensetzen und Variieren bestimmter Wörter und Ausdrücke und durch die veränderbare Anzahl der Wiederholungen haben sich aus den ursprünglichen Gebetstexten später weitere Sprüche entwickelt, um magische Zeichen und Symbole herzustellen.

In den Ritualen wurden anfänglich entweder die Ahnen und Geister verstorbener Familienangehöriger herbeigerufen oder verstorbene Persönlichkeiten, die zu Lebzeiten ein bestimmtes Wissen oder bestimmte Fähigkeiten besaßen. In anderen Glaubensrichtungen waren es eher göttliche Persönlichkeiten oder Existenzen aus höheren Wesensebenen. Die unsichtbaren Wesen sollen der Glaubenslehre zufolge über die Fähigkeit verfügen, alle existierenden Wesen, insbesondere den Menschen, steuern und beeinflussen zu können. Die Intensität der vorhandenen Fähigkeiten wurde als die eigentliche Wirksamkeit der Magie verstanden. Mit der Zeit wurden die Wünsche der Gläubigen immer vielschichtiger, sodass die anfänglich etablierten Rituale den immer komplexer werdenden Anforderungen nicht mehr ohne Weiteres entsprechen konnten. Mit wachsender Komplexität der Wünsche wurden somit auch die Rituale immer umfangreicher und komplizierter.

Um die Glaubhaftigkeit der Magie innerhalb der Rituale zu erhalten, gestaltete man sie schrittweise um. Die stetig steigende Anzahl neuer und erweiterter Rituale führte allmählich zu einem Missverhältnis zwischen den Ritualführern und den Nutzern. Der Anteil der Gelehrten, die in der Lage waren, die aufwendigen und schwierigen Rituale durchzuführen, nahm immer mehr ab, wodurch der Bedarf der Gläubigen nicht mehr ausreichend gedeckt werden konnte. Um die Bedürfnisse befriedigen und die Bestandteile des Übernatürlichen innerhalb der Glaubensrichtung und damit auch innerhalb der Gesellschaft aufrechterhalten zu können, wurde die Magie übertragen. Grundsätzlich gab es zwei Möglichkeiten für die Übertragung der Magie. In der ersten Variante wird die magische Wirksamkeit auf einen leblosen beweglichen Gegenstand übertragen wie beispielsweise ein Stofftuch (Pah Jann) oder ein Amulett (Krueang Lang Kong Klang). In der zweiten Variante wird sie an den Körper des Nutzers weitergegeben, indem verschiedene Sprüche, Symbole oder Zeichen tätowiert werden. Diese Rituale wurden schnell beliebt und festigten sich innerhalb der Glaubenskultur. Das Tragen von magischen Amuletten oder Tätowierungen ist in der thailändischen Gesellschaft daher auch heute noch weit verbreitet.

Nachdem das Zeitalter der Kriege angebrochen war und sich die thailändische Kampfmethodik entwickelt hatte, war die Magie der Unverwundbarkeit unter den Kämpfern am weitesten verbreitet. Dadurch wurde das Wissen von der Erzeugung und Übertragung magischer Wirksamkeit später als fester Teil in das thailändische Kampfwissen integriert.

Die Magie war durch den überlieferten Aberglaube bereits tief im Verständnis der Thai verwurzelt. Der Aberglaube wurde von Generation zu Generation weitergegeben, jedoch ohne jemals tatsächlich überprüft worden zu sein, da er als Teil der individuellen Realität selbstverständlich war. Die mit der magischen Wirksamkeit in Zusammenhang stehenden Aspekte der Glaubenslehre wurden mit der Zeit immer weiter vertieft und die Überzeugung mehr gefestigt und verinnerlicht. Im Pahuyuth wird der magischen Wirksamkeit in der tatsächlichen Wirklichkeit mehr Bedeutung in Bezug auf das Verständnis des Gläubigen zugeschrieben, als allem anderen.

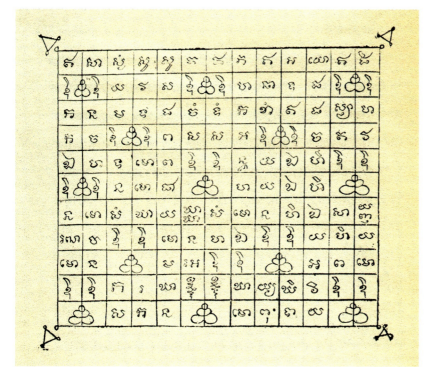

Magische Zeichen und Symbole zum Erzeugen von Unverwundbarkeit, speziell gegen schneidende oder stechende Waffen. Die Symbole wurden auf ein quadratisches Stofftuch gezeichnet, das um den Hals getragen wurde.

Strukturelle Formation

Nach der Überlieferung des Pahuyuth lebten die Thai am Anfang ihrer Entwicklung, noch vor der Zeit der ersten Zusammenschlüsse und der Bildung von Gruppierungen, ohne ernsthafte Probleme. Gesellschaftliche Konflikte durch ein zu enges Miteinander, egoistisches Denken oder Besitzansprüche waren unbekannt, und gegenseitige Akzeptanz und Respekt kennzeichneten ihren Alltag. In einer annähernd gleich bleibenden Ordnung lebten die Menschen miteinander und nicht nebeneinander. Die Vorstellung des Kampfes oder Krieges zum Zwecke der Eroberung war unüblich und die der körperlichen Gewalt nicht ausgeprägt. Doch die Entwicklung schritt voran und durch immer größer werdende Familien entstanden Bündnisse zwischen verschiedenen Gruppierungen, die sich allmählich zu Volksstämmen herausbildeten. Das Wachstum und die damit einhergehende Strukturierung führte zu ersten Schwierigkeiten, da die bisherige Anordnung nicht mehr genügte, um eine allgemeine Organisation zu gewährleisten. Zu den verschiedenen Möglichkeiten, die entstandenen Probleme zu beheben, zählten zunehmend auch die der körperlichen Auseinandersetzungen, wodurch in der Folge indirekt die Entwicklung des Kampfwissens angeregt wurde.

Der strukturelle Aufbau und die Entwicklung der thailändischen Gesellschaft haben ihre Wurzeln in der Familie, der kleinsten Einheit der Gesellschaft. Das Zusammenleben wurde durch ein eindeutiges hierarchisches System gekennzeichnet, das in zwei miteinander verknüpfte Bereiche unterschieden wurde; innerhalb der Familie sowie die nach außen gerichtete Gesellschaftszugehörigkeit. Für beide waren grundsätzlich zuerst das Alter und dann die Position und Stellung in der Gesellschaft ausschlaggebend für den Platz innerhalb der Rangordnung, ähnlich wie auch in anderen familienorientierten Kulturen.

Innerhalb der Familie hing die Position eines Angehörigen zusätzlich von dem Geschlecht sowie dem Verwandtschaftsverhältnis ab, war aber dennoch an eine gesellschaftliche Position gebunden. Die Stellung für ein jüngeres Familienmitglied in der Rangordnung konnte sich deshalb entweder durch Änderungen im Verwandtschaftsverhältnis oder das Erreichen eines gesellschaftlichen Status verschieben. Nach außen, im gesellschaftlichen Miteinander, ergab sich die Familienzugehörigkeit auch durch den Wissensstatus. Der Rang, den man einnahm, wurde allgemein nicht nur anerkannt, sondern auch ausgeprägt respektiert.

Zu Hause war die älteste Frau für die Belange der Familie zuständig. Traditionell haben alle männlichen Familienmitglieder eine eigenständige Verantwortung für die Versorgung der Familie. In der Praxis war es jedoch so, dass auch die weiblichen Mitglieder dabei halfen und die Familie unterstützten. Im Gesellschaftsleben außerhalb der Familie stand der Mann dominant im Vordergrund. Trotz ihrer Daseinsberechtigung in der Gesellschaft übernahm die Frau dort die Rolle einer stillen Beraterin und trat sehr zurückhaltend auf. Trotzdem galt der gesellschaftliche Auftritt als Paar als

Idealform in der thailändischen Familienkultur und genoss weitaus mehr Ansehen als eine Familie, die nur durch einen männlichen Stellvertreter präsent war. Die Zugehörigkeit der Mitglieder nach innen und außen stärkte letztlich den Zusammenhalt der gesamten Familie und diente gleichwohl auch als Vorlage für die spätere Bildung eines monarchischen Königreiches. Erst in späteren Entwicklungsphasen des Familienlebens, als der Handel eine immer größere Rolle spielte und in den familiären Alltag eingebunden war, wandelte sich die Rolle der Frau zum alleinigen Familienoberhaupt und verdrängte den Mann von seinem Platz.

Das Miteinander der Gesellschaftshierarchie innerhalb und außerhalb der Familie kann in keiner Weise mit den westlichen Umgangsformen verglichen werden. So bezeichnen sich beispielsweise auch noch im heutigen Thailand zwei eng miteinander befreundete Menschen als Bruder (Phie) und Schwester (Nong). Diese Anrede und das Verhalten, das sich daran knüpft, sind ein selbstverständlicher Bestandteil der Gesellschaft, ohne dass ein Verwandtschaftsverhältnis besteht. Eine Mutter geht mit einem fremden Kind genauso um, als wäre es ihr eigenes, was für die leibliche Mutter ebenfalls normal ist. Wenn eine fremde Person die Rolle des Vaters, der Mutter, der Oma oder des Opas einnimmt, dann bringt man dieser Person nach thailändischem Kulturverständnis den gleichen Respekt entgegen, als wäre es ein Mitglied der eigenen Familie. Ungeachtet heutiger Veränderungen bringt diese traditionelle Familienstruktur ein großes Maß an Vertrauen zum Ausdruck und ist ein weiteres Indiz dafür, dass Gewalt generell nicht als Problemlösung in der Gesellschaft diente und darüber hinaus sogar fremd und abstoßend wirkte.

Ausgehend von der Familienstruktur ergab sich auch die Stellung der Oberhäupter durch eine hierarchische Rangordnung, die auf dem Alter, dem Wissen, der Stellung und dem Ansehen innerhalb der Gesellschaft beruhte. In diesem Punkt unterscheidet sich die asiatische Gesellschaftsstruktur sehr von westlichen Kulturen, in denen die Anführer weit unabhängiger von ihrer gesellschaftlichen Stellung und Position gewählt wurden und werden. Bei Ereignissen innerhalb der Gruppierung der Familien, die eine Problemlösung erforderten, trug man diese automatisch an die älteste Familie heran, deren ältestes Mitglied dann die Entscheidung traf. Dadurch stand die älteste Familie für die Quelle des Wissens und spiegelte die Erfahrungen und den Entwicklungsstand der gesamten Gruppierung wider. Hinweise und Kritik hatten zur damaligen Zeit nur einen empfehlenden Charakter. Entstanden Probleme in einzelnen Familien, wurden diese innerhalb der jeweiligen Familie gelöst und Entscheidungen im Hinblick auf den Nutzen und die Umstände durch die älteste Person getroffen. Betrafen die Belange die ganze Gruppierung, so wie etwa die Aufnahme neuer Mitglieder oder das Eingehen von Bündnissen mit anderen Gruppierungen, wurden sie allein vom Oberhaupt geregelt. Da die Entscheidungen des Oberhauptes von der Gruppierung uneingeschränkt mitgetragen wurden, entwickelte sich bei den Thai ein bis heute existierendes Verständnis, die Existenz eines Oberhauptes nicht infrage zu stellen.

Wie das kulturelle Fundament der inneren und äußeren Familienstruktur besteht auch das Pahuyuth aus zwei zusammenhängenden, aber dennoch eigenständigen Bereichen. Das Wissen über die Kampfmethodik stellt dabei den äußeren Teil, die Männlichkeit dar, und das Verständnis – als Ideal für eine optimale Nutzung nach traditionellem schöpferischen Vorbild – den nach innen gerichteten Teil, die Weiblichkeit. Beide Bereiche geben einen Teil des Pahuyuth wieder und bilden nur zusammengenommen seine vollständige Existenz. Der Bereich der Kampfmethodik bezieht sich auf eine körperlich gesteuerte Auseinandersetzung zwischen mindestens zwei Menschen, die aus einer fortlaufenden Handlungsabfolge von Aktionen und Reaktionen besteht. Der Ablauf und die Folgewirkung der Kampfhandlung ergeben sich dabei durch das Verständnis der beteiligten Kämpfer unter Einbeziehung ihrer emotionalen Sichtweisen und biologischen Voraussetzungen. Das Ideal, an dem sich die Kämpfer bei der Nutzung der Kampfmethodik orientieren, wird durch die Erfahrungen und Erlebnisse der Kämpfer sowie aus den Übermittlungen traditioneller Lehrer gebildet. Die Grundlage zur Bildung eines traditionellen Verständnisses beruht auf der Charakteristik des schöpferischen Ideals desjenigen, der die Existenz der Kampfmethodik erschaffen hat.

Der schöpferische Ansatz

Im Verlauf der Geschichte hat sich das Pahuyuth zwangsläufig unter dem Einfluss der kulturellen Bestandteile entwickelt, die innerhalb der Thai-Gruppierungen vorhanden waren, von denen verschiedene immer wieder versucht hatten, den Ursprung des Pahuyuth herzuleiten, zu belegen und zu erklären. Eine Theorie geht beispielsweise davon aus, dass es chinesischen Ursprungs sei, wegen der Ähnlichkeit zu dem chinesischen Begriff Pa Wu Shu. Wu Shu bedeutet so viel wie Kampf oder Kampfkunst, wohingegen Pa der Name einer im Nordwesten des heutigen Chinas gelegenen Stadt ist, die innerhalb der Pahuyuth-Linie als eine frühe Heimat der Thai erwähnt wird. In einigen chinesischen Überlieferungen aber heißt es, dass Pa Wu Shu als Beschreibung für die Kämpfer aus der Stadt Pa verwendet wurde. Die Chinesen setzten sich im Vergleich zu den Thai, genauer gesagt zu den ethnischen Gruppierungen, die erst später als Thai bezeichnet wurden, schon wesentlich früher kriegerisch mit verschiedenen Gruppen auseinander. Der Theorie einer chinesischen Abstammung widerspricht, dass die Entwicklung einer zielgerichteten Kampfmethodik bei den Thai weit früher begann als bei den Chinesen und dass das Entstehungsgebiet des Pahuyuth geografisch weit entfernt von dem der chinesischen Kampfmethodik lag. Auch die gedanklichen Grundlagen für die Bildung der thailändischen und der chinesischen Kampfmethodik unterscheiden sich völlig voneinander. Daher liegt eine Abstammung aus China fern, auch wenn die Begriffe Pa Wu Shu und Pahuyuth sehr ähnlich klingen.

Andere Stimmen bringen das Pahuyuth mit der aus Indien stammenden Sage Rammagiern in Verbindung. Demnach besteht ein Zusammenhang zwischen den Auseinandersetzungen der Götter und Dämonen der Sage untereinander und dem Pahuyuth. Auch verweist man darauf, dass das Wort Pahuyuth aus dem Sanskrit stammt sowie auf die Hinterlassenschaft indischer Kulturbestandteile und Glaubensansätze in der heutigen Gesellschaft Thailands, denn lange vor den frühen Thai seien die Inder in diesem Gebiet ansässig gewesen. Die spätere indische Kriegsmethodik, die den Kriegseinsatz mit Elefanten sowie die Benutzung von Langstöcken und Speeren aufweist, soll ebenfalls die indische Abstammung belegen, genau wie die vorhandenen indischen Begriffe und Namen für verehrte und hochgestellte Persönlichkeiten, für Städte und sogar für Kampftechniken. Auch hätte die Verbreitung der aus Indien stammenden Glaubenslehren des Buddhismus und des Brahmanismus einen Einfluss auf das ursprüngliche Verständnis der Thai gehabt. Einem indischen Ursprung des Pahuyuth steht aber entgegen, dass die Methodik des Pahuyuth bereits vollständig entwickelt war und sich deshalb alle genannten Einflüsse und Veränderungen erst nach dem Einzug der Thai in das Gebiet des heutigen Thailands ergeben haben.

Eine weitere Theorie besagt, das Pahuyuth entstamme dem Gebiet des heutigen Kambodschas. Verschiedene Historiker beziehen sich auf die Ähnlichkeit der Abbildungen und Erzählungen, die in der alten Steinschrift in der Tempelstadt Angkor

Wat zu finden sind, und leiten daraus einen möglichen Beleg für die Abstammung des Pahuyuth her. Doch auch diese Theorie lässt sich zeitlich nicht mit den geschichtlichen Ereignissen synchronisieren, denn die Steinschriften stammen aus einer Epoche, in der die Thai noch in der Mitte des heutigen Chinas beheimatet waren und das Pahuyuth bereits existierte. Letztendlich kann keine Theorie zum Ursprung des Pahuyuth befriedigend bestätigt werden. Unbestritten ist jedoch die Verbindung der verschiedenen Volksgruppen, was die seit Jahrhunderten anhaltenden Beziehungen zwischen ihnen bestätigt, genau wie der Austausch kultureller Bestandteile untereinander. Inwieweit diese Wechselwirkungen einen tatsächlichen Einfluss auf das schöpferische Verständnis und seine Entwicklung hatten oder sich lediglich in Bereichen der Gesellschaft, die keinen Einfluss auf das Kampfwissen hatten, etablieren konnten, bleibt vorerst dahingestellt. Fest steht, dass sich das Pahuyuth sowohl durch die Umstände während seiner Entstehung als auch durch das kulturell bedingte Verständnis entwickelt hat.

Das Wort Pahuyuth bedeutet so viel wie Wirbelsturmkampf und setzt sich aus den zwei Wörtern Pahu und Yuth zusammen. Pahu wird traditionell als Wirbelsturm übersetzt, Yuth kann in Abhängigkeit des Zusammenhangs sowohl Krieg als auch Kampf bedeuten. Durch mangelnde Kenntnis über die traditionelle Bedeutung kam es im 20. Jahrhundert dazu, dass Pahuyuth in neueren thailändischen Wörterbüchern nur als „Kampf mit dem Arm" übersetzt wurde. Dabei ist zu bedenken, dass auch der traditionelle Begriff Pahuyuth am Ende nicht mehr als eine allgemeine Umschreibung für Kampfaktionen und deren mögliche Auswirkungen darstellt, die an eine bestimmte Vorstellung gekoppelt sind. Um das Pahuyuth zu verstehen, ist in erster Linie die traditionelle Bedeutung relevant, die zu seiner Benennung geführt hat und auch seine gesamte Existenz widerspiegelt.

Bei dem Kampfwissen geht es, ausgehend vom Verständnis der Schöpfer, primär um zwei Teile. Dies ist einerseits das Wissen (Vicha) und andererseits sind es die gesammelten Erfahrungen (Prasop Gan). Beide beziehen sich direkt auf die Kampfmethodik, aber auch auf die dahinterstehende Philosophie. Das Wissen und die Erfahrung wurden von unzähligen Kämpfern erlernt und als eigene Schöpfung verinnerlicht, was dem Kern des Pahuyuth sowie seinen Prinzipien entspricht. Sie wurden von Generation zu Generation weitergegeben, wodurch sich die Entwicklung der gesamten Methodik – gebunden an die persönlichen Kampferfahrungen der einzelnen Kämpfer – vollzogen hat. Die Philosophie steht in erster Linie für die eigene Erkenntnis als Resultat der Erfahrungen sowie die daran anknüpfend gewonnene Gewissheit über das Wesen des Kampfes. Diese Erkenntnis ist vergleichbar mit einem Leitfaden für das eigene Dasein, der die Möglichkeit bietet, Erkenntnisse über sich zu erlangen und Antworten zu finden.

Der Ursprung der Methodik setzt an der biologisch bedingten, natürlichen Funktionalität des Menschen an. Sie ist aus der allgemeinen Nutzung des Körpers im Alltag hervorgegangen, wobei auch Gegenstände als Kampfwaffen benutzt und integriert wurden. Beispielsweise wurde ausgehend von der natürlichen Funktionalität die unbewusste Reaktion von Kindern beim Fallen analysiert. Dabei stellte man fest, dass Kinder überwiegend die aus dem Mutterleib bekannte Körperhaltung reflexartig einnehmen und dadurch in den meisten Fällen schweren Verletzungen entgehen. Ein Erwachsener hat kaum noch die Möglichkeit diesen Reflex abzurufen, da er durch das Wachstum sowie die Aneignung neuer Reaktionsgewohnheiten im Alltag ersetzt wurde. Weil die Reflexe in einer Schockreaktion nur im Rahmen der aktuellen Reaktionsgewohnheiten einsetzen, können sie unter Umständen unpassend sein und Folgeschäden verursachen.

Durch diese mit der Zeit gesammelten Erkenntnisse entwickelte sich schließlich das Wissen über die autodynamischen Reaktionen des Körpers, die später zum fundamentalen Kern der thailändischen Kampfmethodik wurden. Die autodynamischen Reaktionen sind gekonnte, aber dennoch unbewusste Reaktionen, die der Körper in bestimmten Situationen automatisch ausführt wie zum Beispiel das spontane Ausgleichen der Balance beim Ausrutschen oder Stolpern. Sie werden dadurch ermöglicht, dass bestimmte körperliche Reaktionsmechanismen, die auf Reaktionsmustern beruhen, als Reflexe abgerufen werden können. Darüber hinaus kann der Automatismus, der zum Einsetzen des Reflexes führt, so gesteuert werden, dass die daraus entstehende Folge mitberücksichtigt wird. Das heißt, es ist möglich, eine Auswahl aus den verfügbaren Reaktionsmustern zu treffen, anstelle diese wahllos ablaufen zu lassen. Diese Selektion ist für den Kampf von Bedeutung, weil dadurch eine bessere Kontrolle im Kampf ermöglicht wird und unbeabsichtigte Verletzungsfolgen vermieden werden können.

Die körperliche Reaktionsfähigkeit, die aus dem Abrufen der Reflexe besteht, erfolgt zwar als unbewusste Reaktion, kann jedoch indirekt auf einer bestimmten Ebene auch bewusst gesteuert werden. Dies resultiert aus dem gegenwärtigen Verständnis, also durch die Art und Weise mit dem Alltag und seinen Situationen umzugehen, ähnlich einer Richtungsvorgabe. Anders ausgedrückt sind es die persönlichen Charakterzüge, die der Grundeinstellung der Persönlichkeit entsprechen, die Einfluss auf die Reaktionsfähigkeit haben und somit indirekt auch dem Kampfziel bei einer Auseinandersetzung gleichkommen.

Nach schöpferischem Verständnis ist die autodynamische Kampfreaktion für das Gewähren von Schutz und zur Selbstverteidigung gegen unmittelbare Gefahren und Bedrohungen von Mitmenschen bestimmt. Das heißt, der Lernprozess des Pahuyuth beinhaltet die Aneignung von unterschiedlichen Bewegungs- und Reaktionsmustern sowie eine charakteristische Persönlichkeitsbildung durch die praktische und theoretische Unterweisung eines gegenwärtigen Schöpfers des Kampfwissens. Ein solcher Schöpfer wird im Pahuyuth als Lehrer oder gelehrte Persönlichkeit bezeichnet.

Für die Weitergabe des Kampfwissens sind die schöpferischen Gedanken eines Lehrers, die er durch Selbsterkenntnis entwickelt hat und die an seine Erfahrungswerte gekoppelt sind, fundamental. Wegen dieser Eigenschaften aller gelehrten Persönlichkeiten hat sich ihnen gegenüber ein besonderer Respekt innerhalb der Bevölkerung entwickelt, der fest in der thailändischen Kultur verwurzelt und bis heute unverändert vorhanden ist. Daher ist der Status eines traditionellen Lehrers in keiner Weise mit dem eines westlichen Lehrers zu vergleichen.

An dem traditionellen Verständnis der Schöpfer bzw. Lehrer lässt sich eindeutig erkennen, dass es keine Entsprechung zu den philosophischen Gedanken der indischen Sage Rammagiern gibt, bei der eine idealisierte Form körperlicher und kriegerischer Auseinandersetzungen im Vordergrund steht. Die Entwicklung des Pahuyuth reicht, vertreten durch die verschiedenen Lehrer der einzelnen Zeitabschnitte, unverfälscht und im Sinne seiner Urheber bis in die Gegenwart, weil dieses Verständnis bei der Weitergabe stets bewahrt blieb. Dies lässt sich dokumentarisch selbstverständlich nicht belegen, da das Verständnis, das auf der Basis einer jederzeit nachvollziehbaren Logik die Prinzipien und Methodik des gesamten Kampfwissens beinhaltet, nur demjenigen offenbar wird, der es durch Selbsterkenntnis erlangt. Und da das Erlangen des Verständnisses für einen Lehrer des Pahuyuth grundsätzlich ist, gibt es bei der Weitergabe des Wissens keinen Verlust. Die Erkenntnis eines Lehrers über das schöpferische Ideal macht ihn somit jederzeit selbst zu einem Schöpfer des Kampfwissens.

Die Kampffähigkeit der Pahuyuth-Kämpfer wurde in unterschiedlichen chinesischen Geschichtsdokumenten sporadisch erwähnt, aber erst in der viel späteren Sukothai-Ära im 13. Jahrhundert zum ersten Mal eindeutig in dem Kriegslehrbuch Tamrab Pichaisongkram benannt. In diesem Dokument, das als Kriegslehrbuch beschrieben werden kann, finden sich jedoch keine Hinweise über die Herkunft des Pahuyuth. Die vorhandenen Informationen stammen alle aus verschiedenen Quellen und bleiben Interpretationen ihrer jeweiligen Urheber, die eine mögliche Vergangenheit definiert haben, die sie aber keinesfalls tatsächlich wiedergeben können. Die Interpretationen stellen eine Annäherung an die Vergangenheit dar, um den Werdegang des Pahuyuth – ausgehend vom heutigen Entwicklungsstand – nachvollziehbar zu machen. Seine tatsächliche Herkunft ist nach wie vor ungeklärt und Theorien dazu werden immer wieder infrage gestellt, da der Zugang zu der vergangenen Wirklichkeit als Betroffener sowohl in der Gegenwart als auch in der Zukunft ausgeschlossen bleibt.

Die unterschiedlichen Deutungen bzw. Deutungsversuche der Geschichtsschreiber führten zu vielen Missverständnissen, die auch das Pahuyuth direkt betreffen. Eines bezieht sich auf die Klassifizierung der Auseinandersetzungen, die sich zwischen den Thai und anderen Volksgruppen, speziell den Chinesen ereignet haben. Durch mangelnde Kenntnis der Schreiber hat sich so eine Definitionsgleichheit für Krieg und Kampf eingebürgert, die folgenschwere Auswirkungen auf die Sicht und das Verstehen des Pahuyuth hatte und bis heute erhalten blieb. Nach dem Verständnis des Pahuyuth handelt es sich bei einem Krieg oder einer kriegerischen Auseinandersetzung um die Konfrontation zwischen zwei Parteien, dem Angreifer und dem Verteidiger, die sich mit ihrer jeweils verfügbaren Kriegsausstattung gegenüberstehen und bezüglich ihrer Stärke in aller Regel nicht gleichwertig sind. Die Ausstattung kann sowohl aus den Kampftruppen, den Waffen oder der Schutzausrüstung als auch aus den zum Beispiel taktischen Fähigkeiten der Befehlshaber bestehen. Das Verständnis orientiert sich bei einem Krieg an dem Willen der kriegsführenden Partei und ist dadurch automatisch an den Zwiespalt zwischen Haben und Verlieren gekoppelt. Eine Kriegshandlung zielt demnach auf Besitz ab, wodurch das, was jemand besitzt, wieder verloren geht. Die verwendete Kriegsmethodik ist unter Einbeziehung aller Umstände ausschließlich auf einen Erfolg bzw. Sieg ausgerichtet. Gerechtigkeit, Menschlichkeit oder mögliche Folgen spielen in diesem Zusammenhang keine Rolle oder werden nur bedingt berücksichtigt. Der Besitz, der eine gedankliche Existenz in der Realität darstellt, ist an ein willentliches Streben danach gekoppelt und stellt lediglich eine reale Annahme in Form einer Interpretation durch das Verständnis dar, die jedoch nicht der tatsächlichen Wirklichkeit entspricht. Die reale Annahme der Existenz Besitz, die in vielen Gesellschaften mehr als ausgeprägt ist, definiert Besitz als in sich abgeschlossen. Zwar kann sich die Existenz Besitz vergrößern oder verkleinern, jedoch kann sie nicht geteilt werden, da ihre Definition in diesem Augenblick zerfallen würde.

Im Saiyasart wird Besitz sowohl auf gedanklicher als auch auf materieller Ebene in Bezug auf das eigene Selbst als so genanntes Mein bezeichnet. Durch dieses Mein und das ihm zugrunde liegende Verständnis hat sich seit Menschengedenken ein Berechtigungsgrund für kriegerische Auseinandersetzungen ergeben, der durch die zugrunde liegende Interpretation der tatsächlichen Wirklichkeit sowohl für den Angreifer als auch für den Verteidiger als folgerichtig und gerechtfertigt erachtet wird. Anders als bei einem Krieg hat sich der Grundgedanke des Kampfes durch das eigene Überleben, also die Absicherung des Ich ergeben.

Ein Kampf ist eine körperliche Auseinandersetzung zwischen zwei Parteien mit ungefähr gleichwertigen Fähigkeiten. Er besteht aus einer Abfolge von Aktionen und Reaktionen der beteiligten Kämpfer, die unter den gegebenen Umständen mittels ihrer Kampfmethodik und Ausrüstung gegeneinander antreten. Durch die Bildung gesellschaftlicher Strukturen, die auch eine allmähliche Veränderung des Verständnisses mit sich brachte, wurde der Kampf – ungeachtet seiner ursprünglichen Grundlage der Aufrechterhaltung des eigenen Lebens – so zu einem probaten Mittel, um Probleme auch unabhängig vom Überleben zu lösen.

Genau genommen ist das Verständnis von der Kampfhandlung nur ein Ideal, das seine Daseinsberechtigung durch den Spiegel der Gesellschaft erhält, denn die Kampfhandlung ist lediglich Ausdruck und Selbstdarstellung des Kämpfers, die als Frage eine Zustimmung und Antwort von außen sucht. Dies ist vergleichbar mit der eigenen Präsenz, die nach Anerkennung und Überzeugung bezüglich einer individuellen Daseinsberechtigung trachtet. Mit anderen Worten handelt es sich um ein Ideal, das in letzter Instanz das eigene Ich als eine Abgrenzung zu anderen bestätigt, wie die Betrachtung in einem Spiegel.

Krieg und Kampf, betrachtet als Existenzen, sind Prozesse, die sich in der Schnittmenge der sichtbaren Realität aller Beteiligten darstellen. Während der Krieg auf dem Besitzanspruch Mein beruht, bezieht sich der Kampf auf das Erhalten von Besitz, dem Ich, das ebenfalls eine Form von Besitz darstellt. Die Existenz von Besitz und das Verständnis davon vereinen Mein und Ich als untrennbare Bestandteile des gesellschaftlichen Lebens als Mensch. Sowohl die eigene Daseinsberechtigung als auch die Stellung und das Ansehen innerhalb der Gesellschaft sind Bestandteile der persönlichen Lebensbedingungen eines jeden Menschen und somit auch eines Kämpfers. Als solcher setzt man seine persönlichen Belange durch, mit denen man sich als Ich identifiziert und die das Kampfziel ausmachen, und erachtet sie als gerechtfertigt, ähnlich der Ausübung eines Berufes.

Durch die im gesellschaftlichen Verständnis etablierte Existenz von Besitz wurde die Durchsetzung eines Kriegsziels als gerechtfertigt angesehen und akzeptiert und führte zu der Verknüpfung von Kampfziel und Kriegsziel, um einerseits eine Vorgabe für die Kriegstruppen zu haben und andererseits die Beteiligung von Kriegern und Kämpfern in gleicher Weise zu ermöglichen. Die Verbindung von Kriegs- und Kampfziel trug zudem auch zu der Entstehung der militärischen Rangordnung bei.

Das Kriegsziel ist in der Wirklichkeit jedoch nicht von dem Verständnis des Einzelnen, sondern von dem des Kriegsherrn oder Befehlshabers abhängig und weder zwangsläufig noch ausschließlich auf die gesellschaftlichen Belange ausgerichtet. Trotz der scheinbar gemeinsam vorhandenen Rechtfertigung für die Existenzen Krieg und Kampf unterscheidet sich die Grundlage der jeweiligen Ziele dahingehend, dass die Methodik des Krieges auf einen totalen Besitz als Mein abzielt und die Methodik des Kampfes auf die Identifikation der eigenen Existenz als Ich in Form einer Daseinsberechtigung ausgerichtet ist. Durch diese nicht miteinander zu vereinbarenden Grundlagen entsteht, abgesehen von der äußeren Zielsetzung und dem persönlichen Willen zur Beteiligung am Krieg, ein unvermeidbarer Konflikt: Ein Kämpfer, der sich mit dem Wesen des Kampfes beschäftigt hat, konnte durch seine Erlebnisse und Erfahrungen auch schon in der Vergangenheit zu der Erkenntnis über die Wirklichkeit des Krieges und des Kampfes gelangen, indem er die Bedeutungslosigkeit von beidem in Bezug auf sein eigenes Dasein erkannt hätte. Dies war auch der Grund, warum sich manche Kämpfer von der Gesellschaft abwendeten oder von der Beteiligung an Kriegseinsätzen distanzierten. So kam es unter anderem zu der durch ein Gesetz erlassenen Pflicht, sich rekrutieren zu lassen, um die für das Militär unverzichtbare Beteiligung von Kämpfern zu gewährleisten.

An der Seite des Nichts

In der Anfangsphase der gesellschaftlichen Entwicklung, als sich einzelne Gruppierungen zusammenschlossen und vorhandene Strukturen zu wachsen begannen, kam es immer häufiger zu körperlichen und auch kriegerischen Auseinandersetzungen, die in ihrer Folge zu ersten Konturen des Kampfwissens führten. Da die Veränderung der Lebensumstände auch das grundsätzliche Verständnis der Menschen beeinflusste, änderten sich auch ihre inneren und äußeren Werte. Betroffen davon war der allgemeine Umgang miteinander, aber auch der Besitz, dem eine immer größere Wertigkeit zuteilwurde. Die Glaubenskultur, die zu dieser Zeit verbreitet war, bestand überwiegend aus einem Aberglauben, der auf den Erscheinungen und Phänomenen der Natur beruhte und sich darüber hinaus auch auf das so genannte Wissen über das Nichts bezog, welches später als Saiyasart bezeichnet wurde.

Das Saiyasart, das schon in der frühen Phase der gesellschaftlichen Strukturierung vorhanden war, unterschied sich jedoch von der verbreiteten Glaubenskultur, der das Polaritätsprinzip zugrunde lag, auch wenn beide durch die Wahrnehmung der Phänomene und Erscheinungen der Natur entstanden. In der Pahuyuth-Linie geht man davon aus, dass bereits zu diesem Zeitpunkt ein Missverständnis vorlag, wodurch nur bestimmte Teile des Saiyasart in die Entwicklung der Glaubenskultur einflossen. Dadurch, dass im Saiyasart die Frage „Wer bin ich?" eine zentrale Position einnimmt, bezog es sich von Anfang an stärker auf die einzelne Existenz, als dies in der Glaubenskultur der Fall war.

Deshalb setzte man im Saiyasart nicht voraus, dass Existenzpaare wie hell und dunkel oder gut und böse als tatsächliche Paare existieren. Vielmehr dachte man bei einem Existenzpaar an die Existenz und die dazugehörige Nichtexistenz wie gut und nicht gut oder böse und nicht böse. Durch diesen zentralen Unterschied entfernte sich das Saiyasart immer weiter von der Glaubenskultur, die sich zu einem gewissen Teil an die Entwicklung der Gesellschaft anpasste. Das Saiyasart versuchte hingegen, nach Wissen durch Selbstfindung zu streben und Existenzen auf der Grundlage ihres Wesens zu begreifen.

Trotzdem sich die Bestandteile der Kampfmethodik des Pahuyuth vornehmlich äußerlich entwickelt haben, hat das Saiyasart durch seinen auf die Existenz ausgerichteten Ansatz auch die Strukturierung des Pahuyuth beeinflusst, da es im Grunde genommen um das Verständnis der Existenz des Kampfes geht.

Die Informationen aus dem Saiyasart stellen nur Anhaltspunkte für den Lernenden dar, die durch Eigeninitiative überprüft werden können. Sie beziehen sich in erster Linie auf die eigene Wahrnehmung, um am Ende zwischen der eigenen Realität und der tatsächlichen Wirklichkeit differenzieren zu können. Für diese eher theoretisch anmutende Auseinandersetzung bietet das praxisorientierte Kampfwissen die Möglichkeit, einen Bezug zwischen der Theorie und der Praxis herzustellen und es verinnerlichen zu können. Ein scheinbar einfaches Beispiel aus dem Saiyasart vermittelt eine Idee der typischen Herangehensweise und die damit verbundene Auseinandersetzung. Es bezieht sich auf die prinzipielle Existenz in der Wirklichkeit, symbolisiert durch ein einfaches Gefäß, das auf dem Boden steht. An der Stelle, an der das Gefäß steht, kann es durch sein gegenwärtiges Dasein bzw. seine gegenwärtige Existenz wahrgenommen und das Dasein durch den entgegengesetzten Zustand des Nichtdaseins bestätigt werden. Die tatsächliche Existenz des Gefäßes, und damit ist nicht seine Wahrnehmbarkeit gemeint, besteht folglich aus dem Existenzpaar Gefäß–Nichtgefäß (Existenz–Nichtexistenz), die sich gegenseitig bedingen und bestätigen. Die Nichtexistenz, das Nichtgefäß kann dabei sowohl eine nicht wahrnehmbare Existenz sein als auch eine tatsächlich nicht existierende. Bei der Betrachtung des Pahuyuth als Existenz kann man schlussfolgern, dass seine gegenwärtige Nichtexistenz, also das Nichtpahuyuth, ebenfalls zu berücksichtigen ist. So kann die Existenz des Nichtpahuyuth aus bislang nicht wahrnehmbaren, aber zum Pahuyuth gehörenden Kampftechniken bestehen oder aber auch das tatsächliche, nicht existierende Pahuyuth bedeuten. Die tatsächliche Gesamtexistenz setzt sich entsprechend aus der Existenz des Pahuyuth, die dem vorhandenen Wissensumfang entspricht, und der nicht wahrnehmbaren Existenz zusammen, die aber dennoch durch das sich permanent entwickelnde, persönliche Verständnis wahrgenommen werden kann, indem sie zu der wahrnehmbaren Existenz addiert wird. Die tatsächliche Nichtexistenz des Pahuyuth ist im Gegensatz dazu eine Existenz, bei der keinerlei Existenzgleichheit besteht und die durch keinen, auf das Pahuyuth gerichteten Fokus wahrgenommen werden kann. Die logische Herleitung des sich gegenseitig bedingenden Existenzpaars geht jedoch noch darüber hinaus, denn die nicht existierende und auch nicht wahrnehmbare Existenz des Gefäßes, das tatsächliche Nichtgefäß, ist gleichzeitig auch der Grund für das Dasein des Gefäßes, also seiner wahrnehmbaren Existenz. Der Grund entspricht den Gedanken des ursprünglichen Schöpfers, durch die das Gefäß überhaupt erst auf dem Boden existiert bzw. dort existieren kann. In Bezug auf das Pahuyuth stellt sich also die Frage, welche schöpferischen Gedanken zu seiner Existenz im Hier und Jetzt geführt haben. An dieser Stelle wird daran erinnert, dass der schöpferische Gedanke auch ein Ergebnis auf Grundlage des Verständnisses darstellt, das durch einen von außen kommenden Anreiz zustande gekommen ist. Ferner ist es so, dass die nicht wahrnehmbare Existenz des Gefäßes eine Interpretation des Betrachters ist. In Wirklichkeit steht die tatsächliche Existenz des Gefäßes mit dieser Interpretation aber nicht in direkter Relation und es kommt hinzu, dass die Interpretation an die Wahrnehmungsfähigkeit des Betrachters gekoppelt ist. Im Pahuyuth verkörpern demnach die Zuschauer eines Kampfes die Betrachter, die jeweils eigene Interpretationen haben, ohne dabei die tatsächliche Existenz des Pahuyuth wahrzunehmen.

Weiterführend kann davon ausgegangen werden, dass das Gefäß auf dem Boden nicht ewig an der Stelle existiert, sondern dass es auch ein Davor und ein Danach gibt. Die zuvor an dieser Stelle existierende Existenz hat die später folgende Existenz – die des Gefäßes – in irgendeiner Form begünstigt, sonst würde das Gefäß dort nicht existieren. Folglich bildet die vorherige Existenz die Voraussetzungen bzw. Existenzbedingungen für die spätere Existenz des Gefäßes an gleicher Stelle. Deshalb ist das Pahuyuth nicht nur durch die ursprünglichen schöpferischen

Gedanken entstanden, sondern notwendigerweise auch durch begünstigende Umstände. Das Beispiel verdeutlicht die Art und Weise, in der erkenntnistheoretische Aspekte aus dem Saiyasart auf das Pahuyuth übertragen werden können. Diese Art der Auseinandersetzung stellte für Schüler des Pahuyuth schon immer eine besondere Herausforderung dar und wirkt nicht nur in der westlichen Welt kompliziert und befremdlich.

Das Pahuyuth ist nach Definition des Saiyasart eine Existenz, die einen Ereignisprozess darstellt, der während seines Verlaufes einzelne Ereignisse hervorruft, bedingt durch die Umstände und die schöpferischen Gedanken. Einige dieser Ereignisse existieren als Überlieferungen wie Bilder eines Films, von der Vergangenheit bis in die Gegenwart. Die Umstände und schöpferischen Gedanken haben sich mit der Zeit verändert, wodurch auch der Anwendungszweck des Pahuyuth nicht gleich blieb und sich genauso auch in der Zukunft weiter entwickeln wird. Dabei ist die Kampfmethodik durch die Bindung an die biologische Funktionalität des Menschen unverändert geblieben.

In diesem Buch wird die Geschichte des Pahuyuth als gegenwärtige Existenz sowie in einzelnen Momentaufnahmen seiner Vergangenheit dargestellt. Ähnlich wie bei der Frage nach dem Sinn des Lebens, die erst vollständig beantwortet werden kann, wenn der andauernde Prozess beendet ist und die eigene Existenz und das Leben der Vergangenheit angehören, ist daher eine eindeutige Erkenntnis über das Pahuyuth zum jetzigen Zeitpunkt undenkbar. Durch die Zusammenhänge zwischen dem Saiyasart und der Kampfmethodik ist es relevant, speziell im Hinblick auf die Bildung eines schöpferischen Verständnisses, sich weiterführend mit der Wahrnehmung und der Wirklichkeit zu beschäftigen. Letztendlich auch, um einen Bezug zwischen der Vergangenheit des Pahuyuth und seiner Gegenwart herstellen zu können und die eigene Interpretation von dem, was es ist, zu bereichern. Das Ziel dieser Auseinandersetzung sollte sein, die eigene Realität kontinuierlich zu erweitern und in Richtung der tatsächlichen Wirklichkeit zu vergrößern, da diese durch die gegenwärtige Wahrnehmung zwangsweise unvollständig ist. Im Saiyasart wird die Wirklichkeit aller Existenzen und Ereignisse anhand von sichtbaren und unsichtbaren Bestandteilen erklärt. Dies beginnt bei der Wahrnehmung, beispielsweise bei der Betrachtung einer Person. Die Voraussetzung, diese Person als Betrachter wahrnehmen zu können, entsteht durch die eigenen Sinnesorgane, also die körperliche Funktionalität. Das äußere Erscheinungsbild der betrachteten Person mit ihren verschiedenen Formen und Konturen kann in seiner Gesamtheit nicht wahrgenommen werden, da die Betrachtung nicht von allen Seiten gleichzeitig erfolgen kann. Die Person existiert aber in ihrer Gesamtheit. Auch die innere Struktur der Person sowie die Funktionalität des Körpers lassen sich nicht ohne Weiteres wahrnehmen, obgleich sie als Bestandteile vorhanden sind, und insbesondere auch nicht das gegenwärtige Verständnis der Person, welches diese dazu befähigt, sich emotional und rational auf unterschiedliche Arten auszudrücken.

Betrachtungslehre

Die Betrachtungslehre des Saiyasart besteht aus drei fundamentalen Aspekten, dem äußeren, dem inneren und dem Verhältnisaspekt, für die das *Ich* Ausgangspunkt der

Betrachtung ist. Erklärend sind den Aspekten im Saiyasart folgende Sätze zugeordnet: „Ich sehe Dich." (äußere Aspekte), „Ich kenne Dich." (innere Aspekte) und „Ich verstehe Dich." (Verhältnisaspekte). Alle drei beziehen sich sowohl auf den Betrachter als auch auf die betrachtete Existenz, also den Betroffenen. Das Ich als Bezugspunkt für die Betrachtung nach allen Aspekten führt zwar einerseits zu dem Satz „Ich betrachte.", andererseits sind für die Betrachtungslehre sowohl das Ich (Betrachter) als auch das *Dich* (Betroffener) relevant.

Der äußere Aspekt beschreibt die Wahrnehmung des Betrachters (Ich) von seinem Gegenüber (Dich). Das *Sehen* repräsentiert hierbei das Ergebnis der Wahrnehmung durch Interpretation anhand des Verständnisses des Ich. Dieses Ergebnis stimmt jedoch nicht mit der tatsächlichen Wirklichkeit überein und auch nicht mit der Sichtweise und Realität des Betroffenen. Der Betrachter nimmt die äußere und unmittelbare Existenz des Betroffenen wahr, die dem Willen des Betroffenen entspricht, zum Beispiel durch die Wahl seiner Kleidung, seiner Mimik oder seinen Bewegungen, je nachdem, wie er wahrgenommen werden möchte. Das, was man von der äußeren Erscheinung einer Person wahrnehmen kann, stimmt nicht unbedingt mit der gesamten Existenz dieser Person überein. Die Wahrnehmung des Betrachters und die des Betroffenen, der seine eigene Präsentation wahrnimmt, besteht jedoch in einer jeweils eigenen Realität, wodurch sie sich unterscheidet. Somit existieren für den äußeren Aspekt zwei Realitäten, die angenommene Wirklichkeit des Ich und die angenommene Wirklichkeit des Dich. Im Hinblick auf den Kampf entsprechen die äußeren Aspekte den typischen Kampfaktionen, die den nach außen hin sichtbaren Charakter einer Kampfdisziplin oder eines -stils ausmachen. Sie werden durch die Ausgangsposition, die Art der Bewaffnung oder Ausrüstung und letztlich durch die eigentlichen Bewegungen im Kampf verdeutlicht und unter dem Begriff Aktionsmuster zusammengefasst. Die äußeren Aspekte, also der sichtbare Teil, stehen folglich für die eigentliche Kampfmethodik, das *Was*. Die Pahuyuth-Disziplin Muai ist beispielsweise ein waffenloser Stehkampf, dessen erstes Aktionsmuster der Stand bzw. die Kampfausgangsstellung und eine Schritttechnik, das Jang Samkuhm Kum Samliehm (Drei-Punkte-Schritt mit drei Kontrollpunkten) ist. Das zweite Aktionsmuster setzt sich aus den körpereigenen Waffenelementen Faust, Fuß, Ellbogen und Knie zusammen und das dritte aus den Kampftechniken, welche auf Aktionen und Reaktionen beruhen. Während *Sehen* bei den äußeren Aspekten ein Ergebnis der Betrachtung darstellt, bezieht sich *Kennen* (innerer Aspekt) auf das Verständnis, auf dessen Grundlage die Wahrnehmung ausgewertet wird. Der innere Aspekt fokussiert daher nicht die äußere Präsentation oder Darstellung des Betroffenen (Dich), sondern das, was zu dieser Darstellung geführt hat. Der Betroffene ist ja selbst Schöpfer seiner eigenen Darstellung, die aus der Grundlage seines Verständnisses hervorgeht. Daher werden die inneren Aspekte auch als schöpferische Gedanken bezeichnet, die man abstrakt auch als Ausdruck der wesensbedingten Funktionalität des Betroffenen ansehen kann.

Für den Betroffenen kann die Darstellung seines Selbst sowie auch die Wahrnehmung dieser Darstellung bewusst und unbewusst erfolgen, in Abhängigkeit seiner

Synchronisationsfähigkeit seiner bewussten und unbewussten Gedanken. Der Grad der Synchronisation offenbart somit indirekt den Kenntnisstand über sich selbst und ist auch Ausdruck seiner Fähigkeit für die bewusste Steuerung der eigenen Funktionalität. Der innere Aspekt entspricht im Pahuyuth der eigentlichen Bedeutung des Begriffes Kampf (Dtohsuh) auf der Grundlage der schöpferischen Gedanken und auch dem Grund seiner Schöpfung. Er ist also Ausdruck des Verständnisses einer gelehrten Persönlichkeit in Form eines charakteristischen Ideals und kann als *Wie* verstanden werden.

Bei dem Verhältnisaspekt bezieht sich *Verstehen* auf die Wahrnehmung der Umstände des Betroffenen, die wiederum Bezug auf die eigenen Umstände nehmen. Denn die Existenz des Betroffenen wird als Bestandteil der vorhandenen Umstände als äußerer Aspekt wahrgenommen. Gleichzeitig ist der Betrachter durch sein Verhältnis zu dem Betroffenen Teil dieser Umstände, wodurch er die Darstellung und Präsentation seines Selbst automatisch ändert und anpasst, denn die Darstellung ist nicht nur von seinen schöpferischen Gedanken, sondern auch von den gegenwärtigen Umständen abhängig. Der tatsächliche Verhältnisaspekt des Betrachters bezieht sich dabei nicht auf die Darstellung bzw. den äußeren Aspekt des Betroffenen, sondern auf seine schöpferischen Gedanken, also seine inneren Aspekte. Da das Verständnis des Betrachters die Grundlage für seine gegenwärtige Wahrnehmung bildet und einer ständigen Veränderung unterliegt, entspricht seine Wahrnehmung gleichzeitig der Summe seines Selbst, die auch im Verhältnis mit dem Betroffenen zur Bildung der eigenen angenommenen Wirklichkeit dient.

Das Wahrnehmen des Verhältnisaspektes ist jedoch nicht mit dem vorhandenen Verhältnis zu verwechseln, in dem der Betrachter zu dem Betroffenen steht, obgleich es in Abhängigkeit seines Verständnisses der gegenwärtigen Wahrnehmung relevant sein kann. Vergleicht man zum Beispiel zwei unterschiedliche Völker, die jeweils ein bestimmtes Kulturverständnis haben, hat dies jedoch nichts mit dem Verhältnis der beiden Völker zueinander zu tun. In Bezug auf den Kampf kommt der Verhältnisaspekt den charakteristischen Kampfaktionen des Kämpfers gleich, die sich durch die Umstände und seinen eigenen Kampfcharakter, dem Kampfstil, ergeben. Die Grundlage für die Bildung des Kampfcharakters entspricht der Bildung des Verständnisses, denn der Kampfstil entsteht durch Prägung, also die Erziehung des schöpferischen Ursprungscharakters und durch Aneignung charakteristischer Merkmale, eigener Erfahrungen in verschiedenen Umständen und Situationen. Der Verhältnisaspekt bildet die Summe aus den Umständen und Rahmenbedingungen, die zur Entstehung und Entwicklung des Pahuyuth beigetragen haben, und den damit verbundenen Ereignissen, die wir heute als Geschichte des Pahuyuth ansehen, weshalb er als das *Warum* verstanden werden kann.

Der schöpferische Ursprung des Pahuyuth repräsentiert eine Kampfaktion zur Zerstörung des Gegners in Abhängigkeit der gegenwärtigen Umstände. Die persönlichen Erlebnisse und Erfahrungen eines Kämpfers sowie die daran gebundenen emotionalen Empfindungen in Bezug auf die Durchsetzung des schöpferischen Ziels führen somit zu einer individuellen Kämpferpersönlichkeit. Die Anwendung der Betrachtungslehre hängt, dem Saiyasart zufolge, hauptsächlich vom Wollen, von der eigenen Akzeptanzbereitschaft und auch vom Können, den Umständen durch das Bewusstsein, ab. Dabei stellt auch das eigene Verständnis ein entscheidendes Faktum für die Wahrnehmung des Betrachters dar. Ob und inwieweit sich die Wahrnehmung seiner eigenen Realität, seiner angenommenen Wirklichkeit, an die tatsächliche Wirklichkeit annähert oder bis zu welchem Punkt er dazu in der Lage ist, bleibt ihm durch die objektive Bereitschaft und Akzeptanz selbst überlassen.

Für das Pahuyuth sind die drei Aspekte der Betrachtungslehre eine Grundlage zur Bildung des schöpferischen Verständnisses, repräsentieren gleichwohl auch das geschaffene Werk, die Existenz, an sich. Dabei spielen einerseits die konzeptionelle Funktionalität und der Leistungsumfang des menschlichen Körpers eine Rolle, andererseits geht es um den Umgang und die Verwendung des Nutzers damit. Die drei traditionellen Lehrsätze „Ich sehe Dich.", „Ich kenne Dich." und „Ich verstehe Dich." erscheinen anfangs – wie vieles bei der Vermittlung des Pahuyuth – einfach und leicht nachvollziehbar. Doch spätestens bei dem Versuch einer eigenen Herleitung, die in der Wissensvermittlung einem Lernen durch Lehren entspricht, ergeben sich Fragen, die zu einer ernsthaften Auseinandersetzung und überleitend auch zu einer Beschäftigung mit dem eigenen Selbst führen.

Die äußeren Aspekte des Kampfes

Die Grundlagen der Methodik

Die körperliche Auseinandersetzung

Der körperliche Einsatz

Die körperliche Funktionalität

Verhaltensmuster

Bewegungsmuster

Die Strukturierung der Methodik

Die körperliche Auseinandersetzung

Ein Kampf wird im Pahuyuth als eine Existenz und auch als ein Ereignis verstanden. Für diese Auseinandersetzung mit dem Kampf zieht man im Pahuyuth die Betrachtungslehre des Saiyasart heran, die alle Existenzen und Ereignisse aus drei fundamentalen Aspekten betrachtet, dem äußeren Aspekt, dem inneren Aspekt und dem Verhältnisaspekt. Unabhängig von seinem tatsächlichen Beginn wird der sich ereignende Kampf ab einem bestimmten Moment für die Dauer seines Verlaufes sichtbar. Die sichtbaren Anteile seiner Existenz werden mit den äußeren Aspekten gleichgesetzt, da die Grundlage zur Willensbildung der Kämpfenden, die ebenfalls zu seiner Existenz gehört, nicht ohne Weiteres wahrnehmbar ist.

Der Ausgangspunkt für die Betrachtung der äußeren Aspekte ergibt sich durch die körperliche Auseinandersetzung zwischen zwei Kämpfern. Die sichtbaren Kampfaktionen und ihre charakteristische Ausführung sind ein Spiegel der ihnen zugrunde liegenden Methodik, dem *Was* des Kampfes, und stellen die wesentlichen Anteile der äußeren Aspekte dar. Die Methodik selbst beruht auf verschiedenen Kernprinzipien, die die Schöpfer des Kampfwissens vor langer Zeit durch bestimmte Erkenntnisse entdeckt, zusammengetragen und weiterentwickelt haben. Sie ist ein detailliertes und fein strukturiertes Gebilde, das für sich alleine steht, aber in einem größeren Zusammenhang auch für das gesamte Pahuyuth relevant ist, da ihre einzelnen Bestandteile in allen drei Aspekten des Kampfes eine Entsprechung haben.

Die im Folgenden dargelegten Bestandteile der Methodik sind weder vollständig noch stellen sie eine umfassende Erklärung aller enthaltenen Prinzipien dar. Auch durch die Art ihrer Zusammenstellung sind sie nicht als ein praktisches Lehr- oder Trainingswerk zu verstehen. Sie sollen lediglich einen Einblick in die Methodik geben und zeigen, aus welcher Richtung sich die Schöpfer des Pahuyuth mit dem Kampf auseinandergesetzt haben.

Die körperliche Auseinandersetzung im Sinne des Pahuyuth bezieht sich auf eine Auseinandersetzung zwischen Menschen, die überwiegend durch zwei beteiligte Parteien ausgetragen wird. Näher betrachtet besteht die gesamte Kampfhandlung strukturell aus zwei Teilen, nämlich aus aufeinander folgenden *Aktionen* und *Reaktionen* der beteiligten Kämpfer, die im Folgenden vereinfacht als Kampfaktionen bezeichnet, klassisch aber auch als Kampftechniken verstanden werden.

Auf die erste Aktion eines Kämpfers folgt eine Reaktion seines Gegenübers, an die sich wiederum eine oder mehrere Reaktionen anschließen können. Die Kampfhandlung ist beendet, wenn keine weitere Reaktion der Kämpfer mehr folgt.

Der Prozess, dem eine Kampfhandlung entspricht, ergibt sich infolgedessen aus der Aneinanderreihung der einzelnen Kampfaktionen (Aktion, Reaktion), die ein bestimmtes Maß an körperlicher Aktivität aufweisen. Da durch die Aktivität an sich nicht zwischen einer Aktion und einer Reaktion unterschieden werden kann,

Bestandteile des Kampfes

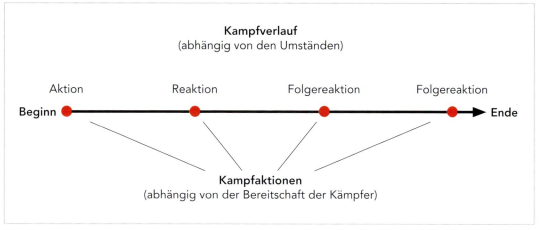

Der Kampf besteht aus den sichtbaren Bestandteilen Aktion und Reaktion, den dafür notwendigen Umständen und der Bereitschaft der beteiligten Kämpfer.

betrachtet man hierfür die Grundlage ihrer jeweiligen Ursache. Vereinfacht spricht man von einer Aktion, wenn ihre Aktivität ohne einen äußeren Reiz ausgelöst wird. Im Gegensatz dazu kommt die Aktivität einer Reaktion durch einen wahrnehmbaren, äußeren Reiz zustande.

In einem Kampf hängt der Einsatz von Kampfaktionen neben dem Grad der Beherrschung und den vorherrschenden Umständen auch maßgeblich von der Bereitwilligkeit der beteiligten Personen ab. Diese Bereitwilligkeit meint die Bereitschaft eines Kämpfers, sein eigenes Ideal durch den Einsatz seines Körpers zu bewahren und durchzusetzen. Das Einlassen auf den Kampf bedeutet für ihn folglich eine Lösungsalternative zur Aufrechterhaltung dieses Ideals als Bestandteil seiner Realität.

Durch die Kampfaktionen entspricht die Kampfhandlung einem Ergebnis der Methodik, das durch die Überzeugung der beteiligten Kämpfer in Erscheinung tritt. Die Methodik wird dabei in die Faktoren *körperlicher Einsatz* und *körperliche Funktionalität* unterschieden, die in direkter Abhängigkeit zueinander stehen und Einfluss auf dieses Ergebnis haben.

Der körperliche Einsatz bezieht sich auf die Verwendung des gesamten Körpers oder bestimmter Körperteile. Die körperliche Funktionalität steuert hingegen den körperlichen Einsatz durch die Ausführung der eigentlichen Kampfaktionen. Beide Faktoren sind direkt mit dem Kampfverlauf verbunden, werden aber getrennt voneinander betrachtet, da sie unterschiedliche Relevanz für die Methodik haben.

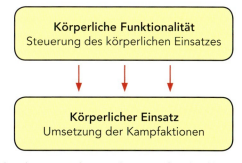

Als relevante Faktoren der Kampfmethodik stehen die körperliche Funktionalität und der körperliche Einsatz in gegenseitiger Abhängigkeit.

Der körperliche Einsatz

Ursprünglich bezieht sich der körperliche Einsatz (Pratigariya Kohng Rang) im Kampf auf die Benutzung der Körperteile Hände, Füße, Ellbogen und Knie, die als körpereigene Waffen bezeichnet werden. Später erweiterte sich der Einsatz durch mit der Hand greifbare Gegenstände, die als Waffen eingesetzt wurden. Relevant ist dabei, dass es sich weniger um Gegenstände handelt, die als Waffen konzipiert wurden, sondern um alle erdenklichen Gegenstände, die durch eine vorübergehende Improvisation als Waffe eingesetzt werden können. Neben den körpereigenen Waffen stellen sie als Handwaffen (Awud) oder Schutzelemente (Loh) die zweite Kategorie des körperlichen Einsatzes dar. Hände, Arme und Füße sowie die Gelenke Knie und Ellbogen werden jedoch am häufigsten benutzt.

Gegenstände, die als Waffen benutzt werden, verfügen über keine eigene Funktionalität und werden deshalb durch den Nutzer gesteuert. Sie werden auch als körperfremde Waffen bezeichnet und unterscheiden sich in drei Gruppen.

Die erste Gruppe besteht aus einfachen und handlichen Gegenständen, die durch eine vorübergehende, improvisierte Nutzung zu Handwaffen oder Schutzelementen werden. Durch ihre Verfügbarkeit können sie in Abhängigkeit ihrer Beschaffenheit spontan zur Ausführung einer Kampfaktion eingesetzt werden. Traditionell zählen Steine oder Knüppel zu dieser Gruppe, in der heutigen Zeit sind es jedoch eher Gegenstände aus dem modernen Alltag.

Die zweite Gruppe setzt sich ebenfalls aus einfachen und handlichen Gegenständen zusammen, die sich durch ihren primären Einsatzzweck als Handwerkszeug unterscheiden. Sie werden durch eine entfremdete Nutzung zu körperfremden Waffen und waren beispielsweise Küchenmesser, Topfdeckel oder vergleichbare Werkzeuge aus dem Haushalt. Durch den immer häufiger werdenden Einsatz wurden solche Gegenstände gruppiert und es entstand eine eigene Methodik für ihre Anwendung. So ging zum Beispiel das thailändische Schwert (Dab), das als Werkzeug zum Roden und Schlagen in der Landwirtschaft diente, aus dieser Gruppe hervor.

Die dritte Gruppe wird aus Gegenständen gebildet, die ausschließlich für den Kampfeinsatz konzipiert wurden. Wegen ihrer Beschaffenheit und ihrer Eigenschaften wurden sie entweder direkt als Handwaffen oder als Schutzelemente entwickelt. In diese Gruppe gehört auch das Maih Zoog, der thailändische Unterarmknüppel.

Die Waffenelemente der Methodik

Körpereigene Waffenelemente	Faust/Hand und Arm, Fuß, Ellbogen, Knie
Körperfremde Waffenelemente	Improvisierte Handwaffen und Schutzelemente
	Mehrzweckhandwaffen und Schutzelemente
	Handwaffen und Schutzelemente für den Kampf

Die körperliche Funktionalität

Durch die kontinuierliche Auseinandersetzung mit dem biologischen System Mensch hat sich die körperliche Funktionalität (Pratigariya Kohng Gongei) bereits vor langer Zeit zu einem eigenständigen Wissensbereich entwickelt. Bestimmte Erkenntnisse, die sich überwiegend auf grundlegende Funktionsabläufe des menschlichen Körpers beziehen, flossen mit der Zeit in die Methodik des Pahuyuth ein und bildeten das Fundament für seine Entwicklung. Heute stellen diese Erkenntnisse eine Hinterlassenschaft dar, die weit über den Rahmen der Kampfmethodik hinausgeht.

Grundsätzlich regelt und gewährleistet die körperliche Funktionalität die Aufrechterhaltung aller Körperfunktionen und umfasst sowohl die inneren Funktionsabläufe als auch die Körperbewegungen, die maßgeblich für die Ausführung von Kampfaktionen sind. Nach den Erkenntnissen des Pahuyuth beruht die körperliche Funktionalität auf zwei Reflexen, die für die körperlichen Verhaltensmuster und die Bewegungsmuster – zwei relevante Mechanismen zur Steuerung des Körpers und seiner Bewegungen – verantwortlich sind. Beide Reflexe, der rhythmische und der autodynamische, bilden die Grundlage für jede Art von körperlicher Aktivität, also auch jene, die mit dem Bewegungsapparat in Zusammenhang steht. Der rhythmische Reflex wird in Form einer eigenständigen Aktion gebildet, die aus einer konstanten aktiven Bewegung besteht. Sie ist dafür verantwortlich, Störungen der Körperfunktionen durch eine Veränderung der äußeren Umstände zu überwachen und gegebenenfalls zu regulieren.

Hingegen versteht man unter dem autodynamischen Reflex Aktionen und Reaktionen, die entweder in aktiver oder passiver Form des Körpers einsetzen, dabei jedoch nicht konstant ablaufen.

Die Mechanismen der körperlichen Funktionalität regulieren allgemein die in Umfang und Geschwindigkeit erkannten Veränderungen der Umstände und passen die Körperfunktionen entsprechend an. Die Anpassung ist dabei von der momentanen Reaktionszeit und auch von der Anpassungsfähigkeit abhängig wie beispielsweise der Beweglichkeit oder der Fähigkeit zum Ausgleich der Standfestigkeit. Die Reaktionszeit ist hierbei die Zeit zwischen dem Wahrnehmen oder Erfassen der Umstandsveränderung bis zum Einsetzen des jeweiligen Reflexes. Während die rhythmischen Reflexe die grundsätzliche Überwachung und Regulierung der Körperfunktionen übernehmen, setzen autodynamische Reflexe erst dann ein, wenn eine außergewöhnliche Veränderung vorliegt. Werden die Veränderungen der Umstände nicht erkannt

Rhythmische Reflexe
Konstante Regelung grundsätzlicher Körperfunktionen

Autodynamische Reflexe
Inkonstante Regelung bei außergewöhnlichen Veränderungen

Reflextypen der körperlichen Funktionalität, die als Grundlage für den waffenlosen Kampf und den Waffenkampf dienen.

oder wahrgenommen, bleiben sie aus und der Körper in einem reaktionslosen Zustand. Nachdem dieser Zusammenhang innerhalb des Pahuyuth erkannt wurde, orientierte sich die Entwicklung der Kampfmethodik beispielsweise gezielt an der hohen Beschleunigung bei der Ausführung von Kampfaktionen.

Werden Veränderungen der Umstände erkannt, und das gilt für die meisten Fälle, setzen autodynamische Reflexe ein, um diese auszugleichen. Der Einsatz erfolgt dabei in zwei unterschiedlichen Varianten. Die erste ist eine Reaktion, die sowohl aktiv als auch passiv durch den Körper ausgelöst werden kann und bei einer lebensbedrohlichen Veränderung der Umstände eintritt, für die gegenwärtig keine geeignete Verhaltensanpassung vorhanden ist. Das erste Verhaltensmuster, also die aktive Variante, besteht aus einer Fluchtreaktion, die veranlasst, dass der Körper spontan und panisch mit einem Haltungswechsel oder dem Verlassen seines Standortes reagiert. Dieser Reflex wird zum Beispiel bei einem sehr lauten Knall ausgelöst, der bei vielen Menschen einen sofortigen Standortwechsel wie etwa einen Sprung zur Seite herbeiführt. Daher wird dieses Muster oft auch als Ausweichreaktion bezeichnet. Das zweite Verhaltensmuster, die passive Variante, ist die so genannte Schockreaktion, die auf einem menschlichen Urinstinkt beruht. Dabei erstarrt der Körper, ohne dass eine weitere Reaktion zu erkennen ist, ähnlich wie bei Tieren, die sich tot stellen.

Die zweite Variante des autodynamischen Reflexes ist ebenfalls eine Reaktion, die jedoch nur in aktiver Form ausgelöst und durch die Wahrnehmung einer relevanten Veränderung der Umstände bzw. durch die Unterbrechung einer Monotonie hervorgerufen wird, häufig in Verbindung einer Körperberührung. Die körperliche Funktionalität bewirkt hierbei eine aktive Abwehrreaktion wie bei einer spontanen Schlägerei,

Reflextypen der körperlichen Funktionalität

Reflextyp	Umstandsveränderung		Reaktion/Folge
kein Reflex	unbekannt oder nicht wahrnehmbar (Unfall)	● →	keine Reaktion (passiv)
Typ A (Reaktion)	als lebensbedrohlich wahrnehmbar (keine geeigneten Muster vorhanden)	●	Fluchtreaktion (aktiv) / Schockreaktion (passiv)
Typ B (Aktion)	als relevant wahrnehmbar (Monotonieunterbrechung, keine geeigneten Muster vorhanden)	● →	Abwehrreaktion (aktiv)

Eine plötzliche Veränderung der Umstände hat drei mögliche Verhaltensmuster der körperlichen Funktionalität zur Folge, die als Grundlage für unterschiedliche Bestandteile der Kampfmethodik dienen.

bei der der Betroffene in aller Regel unkontrollierte Bewegungen ausführt und dadurch wild um sich schlägt. Sofern er in dieser neuen Situation nicht auf Erfahrungen zurückgreifen kann, reagiert er wahllos mit aktiven Verhaltens- und Bewegungsmustern, die ihm gegenwärtig zur Verfügung stehen. Dieses Verhalten lässt sich auch bei Nichtschwimmern beobachten, die ins tiefe Wasser fallen. Die panischen Bewegungen sind letztlich das Resultat unkontrolliert ablaufender Muster. In umgekehrter Weise verhalten sich Neugeborene nach einer Wassergeburt weder panisch noch unkontrolliert, da sie noch auf die bekannten Verhaltens- und Bewegungsmuster, dem Schwimmen im Fruchtwasser des Mutterleibs, zugreifen können.

Nach den Erkenntnissen des Pahuyuth beruhen alle Bewegungen des Körpers auf autodynamischen Reflexen, also auch die Kampfaktionen während einer körperlichen Auseinandersetzung. Die Bewegungen resultieren aus Bewegungsmustern, die der Körper mit der Zeit erlernt hat und automatisch anlegt und die dem Körper zur Aufrechterhaltung der Funktionalität oder zur Umsetzung seiner Ziele zur Verfügung stehen. So, wie ein Kleinkind das Laufen lernt, indem es Bewegungen so lang wiederholt, bis der Körper sie erlernt hat und ausführen kann, eignet sich ein Kämpfer durch wiederholtes Üben seine Kampftechniken an, um sie in einem Kampf abrufen zu können. Die Reflexe für die Ausführung der Muster können dabei auch bewusst ausgelöst werden und entsprechen einer automatisierten Aktivität, die auf die vorherrschende Kampfsituation ausgerichtet und an eine bestimmte Ergebniserwartung gekoppelt ist. Im Gegensatz dazu erfolgt ein unbewusster Reflex aus dem erlernten Spektrum nach Auswahl eines passenden Musters, wird aber nicht an eine Erwartung gebunden.

Diese Reflexmechanismen der körperlichen Funktionalität stellen ein natürliches Vorbild dar, auf dessen Grundlage sich die gesamte Kampfmethodik des Pahuyuth entwickelt hat. Da die Kampfaktionen zwangsläufig von der individuellen körperlichen Beschaffenheit abhängig sind, orientierten sich die Bestandteile der Methodik speziell an den Prinzipien, die den Verhaltens- und Bewegungsmustern zugrunde liegen, wodurch diese unabhängig oder miteinander kombiniert eingesetzt werden können.

Verhaltensmuster

Das naturgegebene Vorbild, auf dem die Kampfmethodik des Pahuyuth beruht, bezieht sich zu einem großen Teil auf das menschliche Verhalten in spontan auftretenden Gefahrensituationen. In solchen löst der Körper bzw. die körperliche Funktionalität, wie erwähnt, unbewusste Reflexe in Form von Reaktionen aus, auf deren Grundlage bewusste Verhaltensmuster sowie daran geknüpfte Bewegungsmuster entwickelt wurden, um sie im Kampf einzusetzen. Die Entdeckung dieser Verhaltensmuster (Pratigariya Dtoayang) wird erstmals in einer Überlieferung der Glie Gauw Piehnong angemerkt, einer thailändischen Gruppierung, die sich etwa 2500 v. Chr. den Zustand der Trunkenheit erfolgreich als Methode zunutze machten, um sich gegen drohende Eroberungen durch die Chinesen zur Wehr zu setzen. Um die Reaktionen des Körpers und ihre Funktionsweise zu verstehen und somit Verhaltensmuster entwickeln zu können, beobachtete man speziell das Verhalten von Kleinkindern und erweiterte die Kampfmethodik nach und nach mit unterschiedlichen Verhaltensmustern. Dies waren speziell die Reaktionen beim Fallen und Rollen sowie das allgemeine Reflexverhalten, die schließlich zu mehreren Prinzipien der Kampfmethodik führten, wie sie heute in der Disziplin Ling Lom zu finden sind. Die meisten Verhaltensmuster wurden als offensichtlich relevante Verhaltensmuster für den Kampf aus alltäglichen Lebenssituationen abgeleitet. Mit der Zeit wurden aber auch Wissensbestandteile zusammengetragen, die ganz allgemeiner Natur waren und sich an einem menschlichen Vorbild orientierten.

Beispielsweise führten die Erkenntnisse, die sich von den Mechanismen der körperlichen Funktionalität herleiten, welche den Körper aufrecht halten, zu der Kampfausgangsstellung im Pahuyuth, dem Stand mit etwa schulterbreit auseinander stehenden Füßen. Wie bei allen Lebewesen produziert die körperliche Funktionalität auch bei Menschen eine permanente Aktivität, die zur Erneuerung unseres Körpers dient. Im Stand verursacht diese Aktivität, die sich in einer minimalen Größenordnung abspielt, eine

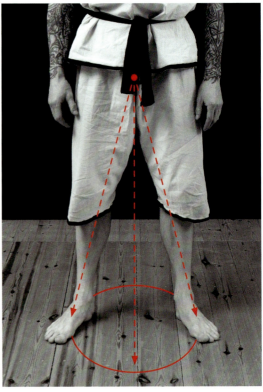

Im normalen Stand zeigen die Füße leicht nach außen. Die Balance wird durch kleinste Vibrationen bzw. rhythmische Reflexe der körperlichen Funktionalität aufrechterhalten. Der Körperschwerpunkt liegt innerhalb eines Kreises, der sich durch die Stellung der Füße ergibt.

ständige und gleichmäßige Veränderung des Körperschwerpunktes, die durch die körperliche Funktionalität ausgeglichen wird, um den Körper aufrecht zu halten. Dieses Ausbalancieren geschieht unmerklich und unbewusst, ohne dass die Bewegungsfunktionen oder die Beweglichkeit beeinträchtigt werden. Bei der natürlichen Haltung im Stand befindet sich der Körperschwerpunkt mittig zwischen den Füßen. Durch die Aktivität zur Erneuerung des Körpers liegt er jedoch nicht in einer Position, sondern pendelt minimal und nicht wahrnehmbar zwischen den Füßen. Um die Balance zu halten, werden diese Positionsveränderungen durch geringe Vibrationen ausgeglichen, die durch Reflexe der körperlichen Funktionalität ausgelöst werden. Der Ausgleichsmechanismus funktioniert optimal, wenn die Füße etwa schulterbreit auseinander stehen, so wie es dem natürlichen Stand entspricht.

Im normalen Stand sind die Füße, abgesehen von individuellen Abweichungen, leicht nach außen gedreht, sodass sich ein Winkel von etwa 20 bis 25 Grad zwischen Fuß und horizontaler Körperachse ergibt und beide Füße einen Winkel von etwa 45 Grad bilden. Aus dieser Position können Bewegungen optimal ausgeführt werden, da der Aufwand zur Erhaltung der Balance am geringsten ist. Für die Methodik ist dieses Wissen von Bedeutung, da besonders durch Gleichgewichtsstörungen Verhaltensmuster unwillkürlich ausgelöst werden können. Die Erkenntnisse über den aufrechten Stand und die Entwicklung der Kampfausgangsstellung verdeutlichen die Prinzipiensuche mit menschlichem Vorbild.

Bewegungsmuster

Den Bewegungsmustern (Kruanweih Dtoayang) kommt im Pahuyuth eine ganz besondere Bedeutung zu. Sie stellen einen Schlüssel für das Verständnis einzelner Kernprinzipien und darüber hinaus auch für die gesamte Methodik dar. Vereinfacht ausgedrückt ist ein Bewegungsmuster im Sinne des Pahuyuth nichts anderes als ein Bewegungsabschnitt. Für die Wissensvermittlung wird die Bewegung in Abhängigkeit der Unterrichtsstufe auch als Bewegungssequenz, Bewegungseinheit, Kampfaktion oder auch Kampftechnik bezeichnet. Alle Kampftechniken, die in der Methodik enthalten sind, orientieren sich an einem natürlichen Vorbild und stammen von praktischen, unter realen Bedingungen gesammelten Erfahrungen. Das Zusammentragen der Bewegungsmuster vollzog sich über einen langen Zeitraum, wobei Erlebnisse ähnlicher Kampfsituationen immer wieder neue und unterschiedliche Reaktionsziele hervorbrachten und daraus auch neue Kampftechniken entwickelt wurden. Bei hinzukommenden Mustern wurde stets darauf geachtet, dass sie als Kampfaktionen optimal auszuführen und vor allem auch mit vorhandenen Mustern zu kombinieren sind.

Für das Erlernen des Pahuyuth dienen die Kampftechniken in erster Linie der Aneignung von Mustern. Durch das Üben entwickelt sich ein autodynamischer Bewegungsablauf, der den Körper in einem realen Kampf in die Lage versetzt, das Bewegungsmuster reflexartig auszuführen. Gleichzeitig dient das Üben der Früherkennung von Techniken des Gegners und Kampfsituationen, wodurch die Reaktionszeit verkürzt wird und eine eigene, optimal an die Umstände angepasste Reaktion ausgeführt werden kann.

Die Gesamtheit aller Bewegungsmuster stellt letztlich eine aus der Vergangenheit stammende Sammlung von Reaktionsmöglichkeiten für bestimmte Situationen dar. Dabei spielt weder die exakte Ausführung eine Rolle noch bestehen die Muster als alleinige Reaktionsalternativen. Vielmehr sind es einzigartige schöpferische Werke, die als Vorlagen für die Aneignung von Grundbewegungen und Prinzipien zu verstehen sind.

Ein Bewegungsmuster beginnt in einer bestimmten Körperstellung, die auch den Ausgangspunkt der Bewegung bildet. Durch das Ausführen einer Bewegung ergibt sich ein nahtloses Aneinanderreihen verschiedener Körperstellungen, die bis zu einem Endpunkt durchlaufen werden. Der gesamte Ablauf vom Ausgangspunkt bis zum Endpunkt entspricht einem kompletten Bewegungsmuster. Abhängig von der Komplexität einzelner Bewegungsmuster werden dabei unterschiedlich viele Körperstellungen erzeugt, die jeweils auch als Ausgangspunkt für ein sich anschließendes Bewegungsmuster dienen können, wodurch die Möglichkeit besteht, den Verlauf des ursprünglichen Bewegungsmusters zu unterbrechen und in ein neues überzugehen.

Nach Verständnis des Pahuyuth sind die überlieferten Kampftechniken in erster Linie eine beispielgebende Sammlung unzähliger verketteter Bewegungsmuster. Daher wird bei der Aneignung der unterschiedlichen Kampftechniken immer wieder darauf hingewiesen, dass die Bewegungsmuster nicht zur direkten Nachahmung dienen, sondern zum Erkennen der in ihnen enthaltenen Grundbewegungen und Prinzipien. Denn durch die Individualität und die körperlichen Unterschiede von Mensch zu Mensch passt man sich beim Üben automatisch an die Beschaffenheit und Funktionalität des eigenen Körpers an, der nicht mit dem des Schöpfers identisch sein kann. Das bedeutet, es entstehen eigene Bewegungsmuster, die durch die körperliche Individualität und die Einschätzung der Kampfsituation zu Reaktionen führen, obwohl die in ihnen enthaltenen Grundbewegungen und Prinzipien gleich sind. Die Erkenntnisse über die Bewegungsmuster und die im direkten Zusammenhang stehenden autodynamischen Reflexe bilden die eigentliche Grundlage der Methodik, die unabhängig von den einzelnen Kampfdisziplinen erst viel später entstanden ist.

Durch das Verfeinern der Methodik kristallisierten sich mit der Zeit fundamentale Bewegungsmuster heraus, die für den Kampf von großer Bedeutung sind. Diese so genannten *Muttertechniken* (Maeh Maih), die auch Grundmuster genannt werden, orientieren sich an spezifischen Körperpositionen und Kampfstellungen, vor allem aber an den Übergangsmöglichkeiten innerhalb ihres Bewegungsablaufes.

Der ursprüngliche Bewegungsablauf der Muttertechniken kann durch einen Übergang in einen anderen verändert werden. Diese Variationen der Muttertechniken werden als *Kindtechniken* (Lug Maih) oder Technikvarianten bezeichnet und ergeben sich dadurch, dass eine bestimmte Körperstellung der ihnen zugrunde liegenden Muttertechnik den Anfangspunkt für eine neue Bewegung bildet. Die Bewegungsmuster haben sich dabei nicht nur durch ihre optimale Kombinierbarkeit – also durch die Aufspaltung in ihre einzelnen Abschnitte – entwickelt, sondern auch aus Kampftechniken, die direkten Kampfeinsätzen entstammen.

Kombinierbarkeit der Bewegungsmuster

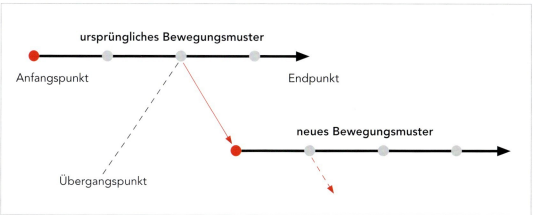

Innerhalb ihres Bewegungsablaufes können die Bewegungsmuster optimal miteinander kombiniert werden, indem an bestimmten Punkten von dem ursprünglichen Bewegungsablauf in einen neuen übergegangen wird. Auf diese Weise ergeben sich aus den Muttertechniken (Maeh Maih) Kindtechniken (Lug Maih) oder Tricktechniken (Tah Gon).

Die Kindtechniken waren ursprünglich als Angriffstechniken konzipiert. Ihr Gegenstück bilden die *Tricktechniken* (Tah Gon), die anfänglich als Abwehrtechniken gegen die Kindtechniken gedacht waren, wodurch sie eine Reaktion darstellten. Später entwickelten sich die Tricktechniken jedoch weiter und wurden auch als Angriffstechniken genutzt, indem sich der Ausführende die vorhergehende Angriffsaktion vorstellte.

Bei der Aneignung der Bewegungsmuster, unabhängig davon, ob es sich um Muttertechniken, Kindtechniken oder Tricktechniken handelt, geht es hauptsächlich um das Einprägen der Grundbewegungen zwischen den einzelnen Körperstellungen, um unterschiedliche Muster anzulegen.

Die Bewegungsmuster werden durch bewusstes Wiederholen erlernt. Dabei kann der komplette Bewegungsablauf geübt werden oder auch nur einzelne Abschnitte, die sich durch die Übergangsmöglichkeiten ergeben. Ein Schüler hat zudem die Möglichkeit, den Schwerpunkt der Übung auf eine bestimmte Qualität zu legen, damit beispielsweise ein gerader Fauststoß oder ein bestimmter Abschnitt seines Bewegungsablaufes besonders schnell, besonders genau oder besonders hart erfolgt. Ein Faustoß, der sich im realen Kampf als autodynamischer Reflex ergibt, kann jedoch niemals genau mit dem geübten Bewegungsablauf übereinstimmen, da er als einmaliger Bewegungsablauf in Abhängigkeit aller Umstände immer neu gebildet wird. Zwar basiert er auf den zuvor angeeigneten Mustern, ist aber immer verschieden und bleibt einzigartig. Dies gilt zwangsweise nicht nur für die reine Bewegung, sondern auch für jede an die Bewegung gekoppelte qualitative Erwartung. Daher kann die reflexartige Ausführung einer Kampftechnik unter realen Bedingungen niemals mit der Ausführung während der Übung übereinstimmen.

Die Strukturierung der Methodik

Als Spiegel der schöpferischen Gedanken hat sich die Methodik des Pahuyuth seit ihrer Entstehung an den Rahmenbedingungen der körperlichen Funktionalität und ihrer Einsatzmöglichkeiten orientiert. Daher war die Kampfmethodik von Anfang an auf die Lebenserhaltung und die Gefahrenabwehr ausgerichtet und besteht heute aus einer Sammlung von Prinzipien und Mustern. Im Verlauf der Geschichte haben sich die Lehrer immer wieder mit der bestehenden Methodik auseinandergesetzt, um sie zu verfeinern und ein noch tieferes Verständnis zu entwickeln. Dabei bemerkten sie, dass verschiedene Muster auf identischen Grundmustern beruhen und unterschiedliche Verhaltensweisen den gleichen Prinzipien folgten. Die Grundmuster, die alle als Muttertechniken bezeichnet werden, stellen deshalb eine unveränderliche Grundlage der Bewegungs- und Verhaltensmuster nach menschlichem Vorbild dar und beziehen sich auf die allgemeine Funktionalität des Körpers in unterschiedlichen Altersstufen. Sie werden in zwei Gruppen aufgeteilt, wobei die erste Gruppe, die Grundtechniken, all jene Bewegungsmuster umfasst, die die körperliche Funktionalität individuell optimieren und unverzichtbare Bewegungsgrundlagen für Kampfaktionen schaffen. Die *Grundtechniken* sind in drei Untergruppen unterteilt, die sich auf das Reaktionsvermögen, die Ausdauer und die körperlichen Fähigkeiten beziehen.

Die *Kampfgrundtechniken* bilden die zweite Gruppe und fokussieren mehr die Kampfaktionen an sich, sind aber nicht an eine bestimmte Disziplin gebunden.

Bewegungsmuster der Kampfmethodik

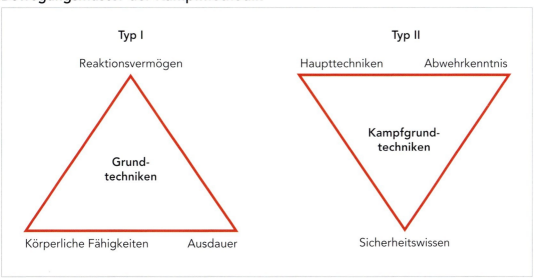

Die Bewegungsmuster (Maeh Maih) der Grundtechniken beziehen sich auf die Optimierung der körperlichen Funktionalität und die Leistung, die der Kampfgrundtechniken spezifisch auf die Reflexbildung von Kampftechniken.

64 Die Grundlagen der Methodik

Sie sind ebenfalls in drei Untergruppen aufgeteilt: die Haupttechniken, die Abwehrkenntnis und das Sicherheitswissen.

In einem langen Entwicklungsprozess wurden die Muttertechniken zu einem einheitlichen Standard für die Wissensvermittlung zusammengestellt und umfassen heute die Mehrheit aller bekannt gewordenen Bewegungsmuster und Prinzipien. Seither dienen sie den Lehrern des Pahuyuth als Grundgerüst für die Entwicklung einer individuellen Kampfmethodik für Kämpfer.

Kampftechnik auf Grundlage der Bewegungsmuster

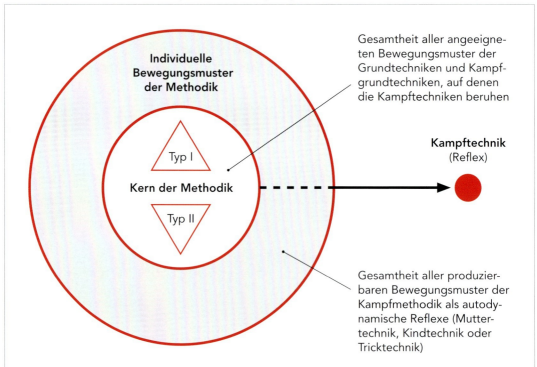

Der Kern der Methodik besteht aus den fundamentalen Bewegungsmustern der Grundtechniken und der Kampfgrundtechniken. In Abhängigkeit der körperlichen Individualität und der Umstände ergibt sich eine Kampftechnik als Reflex, entweder als Muttertechnik, Kindtechnik oder Tricktechnik. Diese Autodynamik des Körpers, also die ausgeführte Kampfaktion, beruht nicht nur auf dem Kern der Methodik, sondern sie ist der Kern.

Grundtechniken

Allgemeine Fähigkeiten

Reaktionsvermögen

Ausdauer

Körperliche Fähigkeiten

Leistungstest

Allgemeine Fähigkeiten

Die Entwicklung der Grundtechniken (Tah Pratom) beruht auf den elementaren Erkenntnissen über körperliche Aktionen eines menschlichen Vorbilds. Allgemein können die körperlichen Aktionen nur im Rahmen der biologisch und anatomisch möglichen sowie funktionellen Gegebenheiten des menschlichen Körpers ausgeführt werden. Durch die vorhandenen Unterschiede von Mensch zu Mensch stellt das Ausschöpfen dieser individuellen Gegebenheiten eine optimale Voraussetzung für die Nutzung des Körpers dar. Körperliche Aktionen in Form von Kampfhandlungen beanspruchen den Körper und seine Funktionalität, unter Umständen bis an seine Leistungsgrenze. Durch die gesellschaftliche Struktur, fortschreitende Technologien sowie unterschiedlichste Hilfsmittel in der modernen Welt wird der Leistungsbereich des Körpers nur noch bedingt gefordert und ausgeschöpft. Hinzu kommt, dass der Körper seinen inneren Prozessen der Anpassung durch das menschliche Wachstum unterliegt, wodurch bestimmte Verhaltensmuster ausgesondert werden und dies eine Verminderung seiner Funktionalität zur Folge hat. Zumindest gehen verschiedene angeborene Reflexe teilweise verloren oder verkümmern und sind später nicht mehr abrufbar. Beispielsweise treten Verletzungen, die durch einen Sturz verursacht werden, im Erwachsenenalter wesentlich häufiger auf als bei Kindern, obwohl diese um ein Vielfaches öfter stürzen. Sicherlich spielen bei diesem Vergleich mehr Faktoren als das Alter eine Rolle, verdeutlicht wird aber, dass das aus der Kindheit stammende Reflexverhalten bei einem Erwachsenen in dieser Form nicht mehr vorhanden ist. Um die natürlichen Reflexe und Verhaltensmuster wiederzubeleben und Überlagerungen durch die Umstände des Alltags und der wachstumsbedingten Entwicklung abzubauen, verfolgen die Grundtechniken der Kampfmethodik das Ziel, die körperliche Funktionalität auf einer bestimmten Ebene in das Stadium der Kindheit zurückzuführen. Die einzelnen Techniken und die darin enthaltenen Prinzipien beziehen sich daher auf ganz allgemeine Fähigkeiten und Bewegungen des Körpers und werden als Basisübungen oder Reaktionsbasis bezeichnet. Um optimale körperliche Voraussetzungen zu schaffen und dem Schüler die Entwicklung seiner eigenen Kampfmethodik durch die darauf aufbauenden Kampfgrundtechniken zu ermöglichen, sind sie in einer bestimmten Reihenfolge zusammengestellt worden.

Insgesamt teilen sich die Grundtechniken in drei Gruppen mit jeweils zehn Übungen. Die erste Gruppe bezieht sich auf das Reaktionsvermögen, die zweite auf die Ausdauer und die dritte auf die körperlichen Fähigkeiten. Anzumerken ist, dass die Benennungen der Gruppen und die damit verbundene Bedeutung aus dem schöpferischen Ansatz des Pahuyuth abgeleitet wurden und teilweise von der modernen Bedeutung abweichen.

Da sich die Erkenntnisse über die Verhaltens- und Bewegungsmuster in erster Linie auf die Prinzipien der einzelnen Übungen beziehen und nicht auf ein daran gekoppeltes Ergebnis, bestehen sie letztendlich als gleichwertige, aber dennoch unterschiedliche Bestandteile der gesamten Methodik.

In Bezug zum Kampf haben alle Übungen ihre Vorteile und Nachteile, was insbesondere für die Bewegungsmuster der gesamten Methodik, also für die Grundtechniken und die Kampfgrundtechniken gilt. Durch ihre jeweiligen Eigenschaften ergibt sich somit keine Wertigkeit in Form von besseren oder schlechteren Techniken. Die Voraussetzungen zum Erlernen des Pahuyuth beziehen sich zwar sehr direkt auf die körperliche Individualität, jedoch nicht um diese im Hinblick auf ein mögliches Ergebnis zu verändern, sondern um die darin enthaltenen Möglichkeiten optimal auszuschöpfen. Der jeweilige Körper eines Schülers oder Kämpfers stellt also weder einen Vorteil noch einen Nachteil dar, da sich die Entwicklung der eigenen Kampfmethodik individuell ergibt und sich nicht an einem festgelegten Ideal orientiert.

Struktur der Grundtechniken

Reaktionsvermögen	**Stabilität und Standfestigkeit** (Grundlage für Aktionen und Reaktionen)	*Die Grundtechniken, aufgeteilt in Reaktionsvermögen, Ausdauer und körperliche Fähigkeiten, dienen primär der allgemeinen Konditionierung des Körpers. Insgesamt bestehen sie aus 30 Übungen.*
Ausdauer	**Kreislauffunktion** (Energieverwaltung im Kampf)	
Körperliche Fähigkeiten	**Ausschöpfen der Funktionalität** • Atmung • Operationsreichweite • Belastungsgrenze	

Reaktionsvermögen

Das Reaktionsvermögen (Pratigariya Sahmahd) ist ein autodynamischer Reflex, der durch die körperliche Funktionalität gesteuert und ausgelöst wird. Der Reflex versetzt den Körper in die Lage, aus einer Ansammlung von Mustern eine Reaktion zu bilden, die von den Gewohnheiten und der Situation abhängig ist. Dabei ist die Auswahl des Musters an den Umfang der aus dem Alltag gewonnenen Erfahrungswerte gebunden und variiert von Mensch zu Mensch. Da für Kampfaktionen ein spezieller Bedarf an autodynamischen Reaktionen besteht, die außerhalb des alltäglichen Reaktionsspektrums liegen, erweitern die Übungen den Umfang der vorhandenen Erfahrungswerte und ermöglichen eine auf den Kampf ausgerichtete Reaktionsauswahl. Primär verfolgen die Übungen für das Reaktionsvermögen die Wiederherstellung eines Zustandes, in dem das Grundmuster der gegnerischen Aktion optimal wahrgenommen, erkannt und eingeordnet werden kann. Sie sorgen zugleich für eine Beschleunigung der eigenen Reaktionsfolge. Um dieses Ziel zu erreichen, konzentrieren sich die Übungen auf eine körperliche Fähigkeit, die eine Voraussetzung dafür darstellt: die eigene Stabilität und Standfestigkeit.

Eine traditionelle Übung für das Reaktionsvermögen ist die Ling Toehn Gratang (der Affe trägt die Vase), bei der der Schüler von seinem Lehrer aufgefordert wird, eine halb volle Vase oder einen Wassereimer auf seinem Kopf zu balancieren, ohne dabei die Hände zu Hilfe zu nehmen. Mit der Vase auf dem Kopf soll der Schüler im Kreis laufen oder eine bestimmte Strecke gehen. Durch den psychischen Druck, die Vase nicht herunterfallen zu lassen, erhöht sich die Aufmerksamkeit und Vorsicht des Schülers, die indirekt das Reaktionsvermögen fördern.

Ausdauer

Die Ausdauer (Otton) bezieht sich auf die Energieverwaltung der körperlichen Funktionalität, genauer gesagt, auf die Energie, die für die sich wiederholenden Prozesse der Funktionalität zuständig ist. Grundsätzlich stellt der gegenwärtige Zustand der körperlichen Beschaffenheit wie der der Muskulatur, des Blutkreislaufes usw. die Voraussetzung für die Energieproduktion des Körpers dar. Dabei ist jeder Körper an eine bestimmte Leistungsgrenze gebunden, die sich auf die Leistungsintensität, die Leistungsdauer und auch auf die Anzahl von möglichen Leistungswiederholungen im Zusammenspiel mit den daran gekoppelten Erholungssequenzen bezieht. Diese Energie unterteilt sich dem Pahuyuth nach in die drei Formen allgemeine Energie, Energiereserve und das extreme Energiepotential. Die allgemeine Energie beschreibt die Energieleistung, die durch die aktuell verfügbare Beschaffenheit und Funktionalität des Körpers umgesetzt werden kann. Sie ist für die allgemeine Lebenserhaltung im Alltag vorgesehen. Die Energiereserve stellt hingegen eine vorübergehende Energieproduktion dar, um einen kurzzeitigen und außergewöhnlichen Energiebedarf abzudecken, der für Tätigkeiten benötigt wird, die über die allgemeinen Lebenserhaltungsfunktionen hinausgehen. In Abhängigkeit der erforderlichen Umstände wird dieser Energiebedarf unmittelbar produziert und umgesetzt. Das extreme Energiepotential ist wiederum eine chemische Energieproduktion, die bei spontanen und extremen Bedarfsanforderungen einmalig durch einen Reflex bereitgestellt wird. Während die allgemeine Energie und die Energiereserve direkt von der körperlichen Funktionalität produziert werden, ist das extreme Energiepotential eine Art Zusatzenergie, die von außen in den Kreislauf der körperlichen Funktionalität eingebracht wird. Laut Medizin wird diese Energie durch das Hormon Adrenalin erzeugt.

Die Übungen für die Ausdauer beziehen sich auf die Kreislauffunktion des Körpers und verfolgen das Ziel, die zur Verfügung stehende Körperenergie im Verlauf einer Kampfhandlung optimal zu verwalten und die verbrauchte Energie schnell wieder aufzubauen. Die Kreislauffunktion ist von entscheidender Bedeutung, da die Dauer eines Kampfes zu Beginn unbekannt ist. Die Anspannung und Entspannung der Muskulatur sowie die Regelung des Energieverbrauches werden durch körperliche Mechanismen gesteuert. In Kampfsituationen können diese Mechanismen aber durch die erhöhte Aktivität gestört werden, weshalb die Ausdauer nicht nur hinsichtlich der Gesamtlänge des Kampfes eine relevante Funktion darstellt, sondern auch für die störungsfreie Ausführung einzelner Kampfaktionen. Beispielsweise ist es so gut wie ausgeschlossen, dass der erste Faustschlag einer Kampfhandlung keine Reaktion beim Gegner auslöst. Diesen Schlag mit maximaler Beschleunigung und Energie auszuführen, ist daher unverhältnismäßig. Es ist jedoch zweckdienlich, einen Faustschlag genau dann mit maximaler Körperenergie durchzuführen, wenn er den Gegner in einer eindeutig ungeschützten Situation treffen kann.

Aus der nördlichen Gebirgsregion des heutigen Thailands stammt die traditionelle

Ausdauerübung Tah Habnammt (Wassertragen), bei der der Schüler einen Holzstock in der doppelten Länge eines Armes hinter seinem Kopf auf den Schultern trägt. Seine Arme sind dabei ausgestreckt und seine Hände fassen links und rechts die Enden des Stockes, an denen kleine Wassereimer befestigt sind. Die Aufgabe des Schülers besteht darin, in dieser Haltung Wasser mit den Eimern zu holen und in ein größeres Gefäß zu schütten, bis es voll ist. Das Gefäß hat jedoch ein Loch im Boden, damit das eingefüllte Wasser langsam ausläuft. Die zurückzulegende Strecke zwischen der Wasserquelle und dem Gefäß kann unterschiedlich lang und unwegsam sein. Traditionell führte dieser Weg durch ein Gebüsch oder über eine Treppe, an deren Ende sich das Gefäß befindet. In einer fortgeschrittenen Variante wird zwischen den einzelnen Gängen eine dünne Schicht des sich ohnehin schon biegenden Holzstockes abgehobelt, sodass die gestreckten Arme noch mehr Gewicht zu tragen haben. Dieser Vorgang wird sooft wiederholt, bis der Stock keinerlei Stützfunktion mehr aufweist und die Wassereimer fast nur noch mit den gestreckten Armen getragen werden.

Körperliche Fähigkeiten

Die dritte Gruppe der Grundtechniken bilden die körperlichen Fähigkeiten (Kvam Sahmahd). Im Sinne des Pahuyuth beziehen sich die Übungen auf die allgemeine Funktionalität und Bewegung des Körpers, der durch seine Anatomie und seinen gegenwärtigen Zustand eine bestimmte biologische Beschaffenheit besitzt. Die Übungen für die körperlichen Fähigkeiten zielen darauf ab, diese Beschaffenheit sowie die daran gekoppelte Funktionalität bewusst werden zu lassen und das vorhandene Bewusstsein zu aktualisieren. Dies geschieht schwerpunktmäßig über die Atmung, die Operationsreichweite und die Belastungsgrenze.

Die aufrechte Körperhaltung gehört für den Menschen zur Normalität genauso wie das Fallen. Auch die einem bestimmten Rhythmus folgende Atmung und die allgemeine Bewegungsfähigkeit, die durch die Beschaffenheit der Muskulatur bedingt wird, gehören zu dieser Normalität. Ist das Bewusstsein über die biologische Beschaffenheit des Körpers unzureichend, kann dies für einen Kämpfer von Nachteil sein.

Eine beliebte traditionelle Übung für die körperlichen Fähigkeiten ist das so genannte Rud Pah (Stofftuchziehen), bei der sich zwei Personen gegenüberstehen, die mit einem Gurt verbunden sind und jeweils das Ende des Gurtes in einer Hand halten. Der Gurt wird dabei von beiden Personen mit der gleichen Hand, zum Beispiel der linken, festgehalten. Beide Schüler versuchen den Gurt zu sich zu ziehen, ohne dabei ihre Position zu verändern. Durch Bewegungen des Körpers und durch Ziehen und Nachgeben des Gurtes wird so die Geschicklichkeit verbessert. Dieser Ablauf geht so lange, bis einer der beiden den Gurt nicht mehr halten kann, die Position seiner Füße verändert oder das Gleichgewicht verliert.

Die einzelnen Übungen der gesamten Grundtechniken werden entweder durch eine festgelegte Anzahl von Wiederholungen oder das Halten einer Körperstellung für eine bestimmte Dauer ausgeführt. Die Zahl der Wiederholungen und die Reihenfolge sind ein Bestandteil der Unterrichtskonzeption, weshalb sie bei der Strukturierung und Auswahl der Übungen bedacht wurden. In der Zusammenstellung bündeln die insgesamt 30 Übungen viele traditionelle Konzepte unterschiedlicher Lehrer und Entwicklungszweige, um eine einheitliche Form zu schaffen. Sie werden jedoch nicht nur zur Bildung der erforderlichen Voraussetzungen innerhalb der Unterrichtskonzeption verwendet, sondern seit jeher zur Aufrechterhaltung der körperlichen Funktionalität sowie als individuelle Konditionsübungen für den Alltag praktiziert. Zusätzlich zu diesen Übungen wurden weitere Übungseinheiten in drei unterschiedlichen Stufen konzipiert, die als Leistungstests bezeichnet werden und jeweils eine Auswahl von neun Übungen beinhalten. Im Rahmen der Unterrichtskonzeption stellen sie als Konditionsübungen einen begleitenden Bestandteil für den gesamten Lernprozess dar.

Leistungstest

Sowohl in seiner traditionellen Form als auch in der modernen Zusammenstellung ist der Leistungstest (Tah Palang Matratan) eine Überwachungsmethode für die körperliche Kampfbereitschaft. Anhand eines Leistungstests lässt sich überprüfen, ob ein erforderliches Mindestmaß für das Reaktionsvermögen, die Ausdauer und die körperlichen Fähigkeiten vorhanden ist, damit die Voraussetzungen für die Ausführung von Kampftechniken optimal sind. Entstanden sind die Übungen innerhalb der Unterrichtskonzeptionen einzelner Lehrer und gründen daher auf deren jeweilige Lebensumstände, wodurch die einzelnen Übungen variierten und es keinen einheitlichen Standard gab. Die moderne Zusammenstellung der Übungen und auch die traditionellen Konzepte verfolgen das Ziel, die gegenwärtige Körperleistung unter Zeitdruck an ihre Belastungsgrenze heranzuführen. Dabei wird auch heute noch auf traditionelle Weise das Prinzip eines permanenten Wechsels zwischen aktiv und passiv genutzt. Die Leistungstests bestehen jeweils aus neun einzelnen Übungen, die in drei Stufen mit unterschiedlichen Schwerpunkten eingeteilt sind, welche sich aus den drei Übungsgruppen der Grundtechniken ergeben. Somit existiert je ein Leistungstest für das Reaktionsvermögen, für die Ausdauer und die körperlichen Fähigkeiten.

Die einzelnen Übungen sind in einer festgelegten Reihenfolge jeweils in fünf Minuten ununterbrochen auszuführen, wobei eine bestimmte Anzahl von Wiederholungen in Abhängigkeit der jeweiligen Übung vorgegeben ist. Zwischen den bungen sind zudem festgelegte Pausenzeiten einzuhalten, sodass die Durchführung eines kompletten Leistungstests eine Gesamtdauer von 55 Minuten ergibt. Die Ausführung beginnt mit der ersten Übung, gefolgt von einer Minute Pause. Danach folgt die zweite Übung, nach der eine zweiminütige Pause einzuhalten ist. Die dritte und vierte Übung werden direkt hintereinander durchgeführt. Nach der anschließenden drei Minuten langen Pause werden die fünfte und sechste Übung ebenfalls hintereinander ausgeführt. Die darauffolgende Pause ist zugleich auch die letzte und beträgt vier Minuten. Nach ihr werden die letzten drei Übungen absolviert.

Die Durchführung der Leistungstests ersetzt in der fortgeschrittenen Lernstufe die 30 Basisübungen, die später nicht mehr zum Unterrichtsinhalt der Kampfdisziplinen gehören. Die Ausführung der Basisübungen sowie das Absolvieren der Leistungstests sind heute Voraussetzungen für die Teilnahme am Unterricht, da der körperliche Zustand für den Kampf von enormer Wichtigkeit ist. Deshalb wurden sie auch zu einem festen Unterrichtsbestandteil, welcher unaufgefordert vom Schüler auszuführen ist.

Kampfgrundtechniken

Spezielle Fähigkeiten

Haupttechniken

Faust und Hand

Übungswaffen

Fuß

Ellbogen

Knie

Abwehrkenntnis

Sicherheitswissen

Spezielle Fähigkeiten

Die Kampfgrundtechniken (Tah Dtohsuh Pratom) gehören wie die Grundtechniken zum Kern der Methodik und bilden die zweite Gruppe der fundamentalen Bewegungsmuster (Maeh Maih). Sie beziehen sich speziell auf die Kampftechniken und weniger auf die allgemeine körperliche Konditionierung.

Die Kampfgrundtechniken oder Basiskampftechniken werden auch als Wissensbasis (Kvamruh Puentahn) bezeichnet und haben ihre Gültigkeit für das gesamte Kampfwissen ungeachtet einzelner Disziplinen.

Sie teilen sich in die Haupttechniken, Abwehrkenntnis und Sicherheitswissen, die je aus 15 Übungen bestehen. Ziel der Kampfgrundtechniken ist die Aneignung bestimmter Bewegungs- und Verhaltensmuster des Körpers, die im Kampf eingesetzt werden können. Zur Vertiefung dieser Muster werden weitere Übungsbeispiele und -varianten in den Unterricht eingebaut, die aber alle auf den gleichen Prinzipien aufbauen.

Struktur der Kampfgrundtechniken

Haupttechniken	**Ausgangsposition** • Sitzbegrüßung • Fußstellung • Handstellung **Körpereigene Waffenelemente** • Faust/Hand • Fuß • Ellbogen • Knie
Abwehrkenntnis	**Ausweichen** **Kontern** • aktiv • passiv **Auffangen**
Sicherheitswissen	**Falltechniken** **Wurftechniken** **Grifffesttechniken** • aktiv • passiv **Druckpunkttechniken**

Die Haupttechniken unterteilen sich in die Ausgangsposition und die körpereigenen Waffenelemente, die Abwehrkenntnis in Ausweichen, Kontern und Auffangen und das Sicherheitswissen in Falltechniken, Wurftechniken, Grifffesttechniken und Druckpunkttechniken. Zusammengenommen bestehen die Kampfgrundtechniken heute aus 45 Techniken.

Haupttechniken

Die Haupttechniken (Tah Lag) sind in zwei Gruppen geteilt. Die erste Gruppe bezieht sich auf die Ausgangsposition und die daran gekoppelte Standfestigkeit, zu denen drei Basiskampfübungen zählen. In der zweiten Gruppe geht es um den Einsatz der körpereigenen Waffenelemente Faust, Fuß, Ellbogen und Knie, für die ebenfalls jeweils drei Basiskampfübungen existieren, sodass die Haupttechniken dieser Gruppe aus insgesamt 12 Übungen bestehen.

Die Ausgangsposition

Bei der ersten Übung für die Ausgangsposition (Tah Kumschoeng) handelt es sich um die Sitzbegrüßung (Taway Bangkom), eine traditionelle Begrüßungsform, die früher vor hochgestellten oder verehrten Persönlichkeiten ausgeführt wurde. In der heutigen Zeit wird sie von Pahuyuth-Kämpfern verwendet, um verstorbene Lehrerpersönlichkeiten zu grüßen und zu ehren. Alle im Pahuyuth existierenden und mit unterschiedlichen Zwecken verbundenen Begrüßungen sind

Bei der Sitzbegrüßung formt man die Hände vor dem Körper zu einem Lotus, legt sie im Dreieck auf den Boden und berührt sie mit der Stirn und kehrt in die Ausgangsstellung zurück (Abb. 1-3). Anschließend werden die Hände in einer Halbkreisbewegung von unten nach oben an die Stirn und auf gleichem Weg zurückgeführt. Diese Bewegung wird dreimal wiederholt (Abb. 4-6).

Entwicklungen, die auf der Sitzbegrüßung beruhen, wie beispielsweise die Kampftanzzeremonien Ram Muai und Ram Dab. Durch die Art und Weise, wie ein Kämpfer einen solchen Tanz aufführt, kann ein Beobachter Rückschlüsse über seine Standfestigkeit, Beweglichkeit sowie seine allgemeinen körperlichen Fähigkeiten ziehen.

Bei der zweiten Übung, die Fußstellung bzw. Stehkampfposition (Tah Juen Dtang Lag) oder Drei-Punkte-Schritt (Tah Jang Samkuhm) geht es in erster Linie um die Bildung und das Angewöhnen von Verhaltens- und Bewegungsmustern, die den Körperschwerpunkt auf einer elliptischen Bahn zwischen beiden Füßen einpendeln. Für die allgemeine Kampfausgangsstellung im Pahuyuth ist die Stellung der Füße durch die Fußstellung bis heute in ihrer ursprünglichen Form erhalten geblieben. Um sie einzunehmen, macht der aufrecht stehende Kämpfer einen Schritt nach vorn auf seinen Gegner zu und verbleibt in dieser Schrittposition. Der hintere Fuß zeigt dabei circa 45 Grad mit den Zehen nach außen, während der Abstand zwischen den Füßen ungefähr der eigenen Schulterbreite entspricht. Der Oberkörper ist leicht schräg und nach vorn gebeugt, wobei der Schwerpunkt des Körpers individuell auf einer elliptischen Bahn zwischen beiden Füßen liegt. Während des Kampfes verschiebt sich der Schwerpunkt ein wenig nach hinten und liegt zu etwa zwei Dritteln auf dem hinteren Bein. Die Fähigkeit, den Körper optimal in Balance zu halten, ist bedeutend für den Kampf, denn eine Kampfhandlung ist niemals statisch, sondern immer dynamisch und mit Bewegungen verbunden. Auch in einer Kampfsituation hat der Körper keine exakt festgelegte Position, auf der sein Schwerpunkt gehalten wird, wodurch eine permanente Anpassung an die aktuelle Situation stattfindet.

Die dritte Übung der Ausgangsposition ist die Handstellung oder Handausgangsstellung, die auch als gefahrloses Dreieck (Tah Samliehm Nillapai) bezeichnet wird. Sie soll die Erkenntnisse über den optimalen Winkel der Hand- und Armhaltung sowie die Bewegung beider Arme während einer Kampfaktion vermitteln.

Der erste bedeutsame Winkel ist der zwischen Oberarm und Unterarm, bei dem die Ellbogengelenke der Arme so weit angewinkelt werden, dass sich jeweils ein Winkel von 90 Grad ergibt. Der zweite wichtige Winkel wird durch die Ausrichtung der

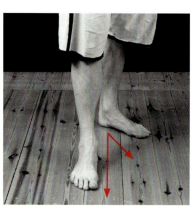
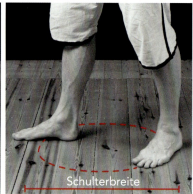

Die Fußstellung Tah Jang Samkuhm (Drei-Punkte-Schritt) vereint eine optimale Standfestigkeit und Ausgangsposition zur Ausführung autodynamischer Reflexe.

Die Handstellung Tah Samliehm Nillapai (gefahrloses Dreieck) bietet optimale Reaktionsmöglichkeiten.

rechtwinklig gebeugten Arme geformt, wobei diese schräg und mit den Ellbogen nach unten gehalten werden. Bei der Ansicht von vorn bilden die Hände, die sich etwa auf Höhe des Kinns befinden, und die Ellbogen ein Dreieck, bei dem auch hier ein rechter Winkel zwischen den Händen entsteht. In dieser Stellung entspricht der Abstand zwischen der hinteren Schulter und den Fingerspitzen des vorderen Armes ungefähr einer Schrittlänge. Alle Bewegungen der Arme und der Ellbogen, das Wechseln der Auslage und die Ausführung weiterer Kampftechniken gehen üblicherweise von dieser Position aus.

Nach der traditionellen Überlieferung wird die Kampfausgangsstellung eigentlich als Grundstellung für eine optimale Kampfbereitschaft bezeichnet und trägt daher den Namen Drei-Punkte-Schritt mit drei Kontrollpunkten (Jang Samkuhm Kum Samliehm). Durch die Unterschiede zwischen den waffenlosen und bewaffneten Kampfdisziplinen werden die Prinzipien der Stehkampfposition (Tah Jang Samkuhm) und der Handstellung (Tah Samliehm Nillapai) im Unterricht anfänglich getrennt betrachtet. Erst nach Erreichen der Weißgurtstufe wird zu der ursprünglichen Übung Jang Samkuhm Kum Samliehm zurückgekehrt. Im Verständnis des Pahuyuth bezeichnet die traditionelle Erklärung des Jang Samkuhm Kum Samliehm eigentlich keine Kampfausgangsstellung, sondern einen Nullpunkt,

Kampfausgangsstellung (Jang Samkuhm Kum Samliehm) mit Hand- und Fußstellung

der optimal für die Ausführung von Angriffs- und Verteidigungsreaktionen ist. Erst später hat es sich eingebürgert, diesen Nullpunkt als Kampfausgangsstellung zu bezeichnen. Während einer Kampfhandlung kehrt ein Kämpfer immer wieder zu diesem Nullpunkt zurück, um optimal reagieren zu können. Je mehr Erfahrung ein Kämpfer hat, desto schneller werden ihn seine Reaktionen zu diesem Nullpunkt zurückkehren lassen.

Die körpereigenen Waffenelemente
Zu den körpereigenen Waffenelementen gehören die Hand (Mueh) oder Faust (Mad), der Fuß (Tauw), der Ellbogen (Zoog) und das Knie (Kauw), deren Einsatz als Waffen schon immer zum Pahuyuth gehörte. Bis heute werden sie für den Angriff und die Abwehr im Kampf eingesetzt, obwohl sie nach dem Verständnis des Pahuyuth eigentlich keine Waffen darstellen, sondern erst durch die zweckfremde Nutzung dazu wurden. Da ihre primären Nutzungseigenschaften nicht für den Kampf bestimmt sind, werden sie daher auch als vorübergehende Waffen bezeichnet.

Wird ein Körperelement als Waffe bei der Ausführung einer Kampftechnik eingesetzt, wird seine Fläche als Widerstandsfläche benutzt, um die eigene Körperenergie, also die Energie der Kampftechnik, auf das Ziel – den Gegner – zu übertragen. Für die Übertragung dieser Energie existieren im Pahuyuth fünf Methoden, die sich durch ihre physikalischen Prinzipien ergeben.

Dem Körperelement Hand wird auch die im Laufe der Entwicklung entstandene Nutzung von Handwaffen oder individuell zu Handwaffen umfunktionierten Gegenständen zugeordnet. Zudem werden in einem bewaffneten Kampf die körpereigenen Waffenelemente zusätzlich zu den Handwaffen eingesetzt und mit ihnen kombiniert, sofern die Umstände der Kampfsituation dies zulassen.

Prinzipien der Energieübertragung

Methode	Funktion	Wirkung
Normal (Palang Tammada)	Die Übertragung der Körperenergie erfolgt ähnlich einer Eins-zu-eins-Kraftübertragung wie beispielsweise bei einem einfachen geraden Fauststoß.	
Federn (Palang Sabat)	Die Körperenergie wird durch eine zusätzliche Stoßkraft erhöht, indem das entsprechende Körperelement unmittelbar nach dem Treffen des Ziels zurückgezogen wird. Dadurch entsteht ein Rückstoßeffekt, der die übertragene Gesamtenergie erhöht, ähnlich eines Peitschenschlags.	
Drücken (Palang God)	Das Körperelement wird direkt an das Ziel herangeführt, um erst dann die Energie durch die körperliche Funktionalität und die Bewegung anderer Körperteile zu übertragen. Ein Beispiel für diese Energieübertragung findet man in der Sportart Gewichtheben.	
Schleifen (Palang Thaih)	Das Körperelement wird durch die Körperenergie beschleunigt und schleift zur Erzeugung der Angriffswirkung am Ziel entlang. Nach der Überlieferung leitet sich diese Methode vom Händewaschen ab.	
Bohren (Palang Jao)	Die normale Methode wird mit einer Drehung kombiniert, wodurch die Körperenergie noch stärker gebündelt wird. Diese Methode gilt als sehr wirkungsvoll für die Abwehr oder den typischen Ellbogenschlag im Muai.	

Es existieren fünf unterschiedliche Prinzipien zur Energieübertragung auf das Ziel: Normal, Federn, Drücken, Schleifen und Bohren. Laut Überlieferung können sie für alle Waffenelemente benutzt werden, sowohl für den Angriff als auch für die Verteidigung.

Faust und Hand

Die Beschaffenheit der Faust (Mad) als vorübergehendes Waffenelement ergibt sich durch das Einrollen der vier Finger in die Handfläche. Der Daumen wird fest über den Zeige- und Mittelfinger gelegt, sodass sein Nagel in Richtung des kleinen Fingers zeigt. Bei eingerollter Hand (Mueh) bildet der Abstand der Knöchel zwischen Zeigefinger und Mittelfinger eine Stoßfläche, die auch als Faustfront bezeichnet wird. Traditionell ergab sich die Faust durch das Umfassen eines Schwertgriffs oder eines vergleichbaren Gegenstands. Wurde das Schwert aus der Hand gezogen, war diese automatisch zur Faust geformt.

Die Energieübertragung erfolgt durch die optimale Haltung des Handgelenks in Kombination mit der Stellung des Unterarmes, der als das Fundament der Faust angesehen wird. Grundsätzlich wird die Hand erst dann zur Faust geballt, wenn die Bewegung der Fausttechnik beginnt. Unmittelbar nach Beendigung der Technik wird die Faust locker geöffnet, um die körperliche Funktionalität sowie die optimale Reflexbereitschaft durch das Prinzip von Anspannung und Entspannung zu schonen.

Bei der Benutzung der Faust als Waffenelement wird der Arm während der Bewegung gestreckt und überträgt die Schlagenergie in Form eines Stoßes bis zur maximalen Reichweite an das Ziel. Die Reichweite ergibt sich durch die Länge der locker neben dem Körper hängenden Arme. Der Fauststoß unterscheidet sich anhand seiner Ausführung in den geraden Fauststoß (Mad Dtrong) mit gerader Bewegung, den Kurvenfauststoß (Mad Kohng), ein Fauststoß mit kurvenförmiger Bewegung bzw. rechtwinkeligem Ellbogengelenk, und den gemischten Fauststoß (Mad Phasom) mit gerader und kurvenförmiger Bewegung. In Abhängigkeit der unterschiedlichen Eigenschaften und Beschaffenheit ist auch die Benutzung der offenen Hand der der Faust nahezu gleich. Die Hand ist auch das ausschlaggebende Körperelement für die Entstehung und den Einsatz der Handwaffen. Die Methodik

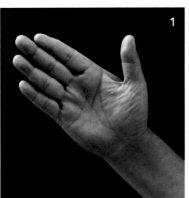  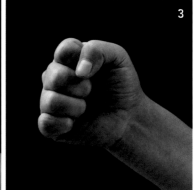

Die Faust als körpereigenes Waffenelement wird durch enges Einrollen der Finger gebildet, über die der Daumen seitlich gelegt wird.

unterscheidet für alle Handwaffen drei Formen der Handhabung: die Handgriff- oder Greiftechniken, die Drehtechniken und die Wurftechniken.

Allgemein gilt, dass die Methodik für den Umgang mit allen Handwaffen, bezogen auf deren Eigenschaften und Beschaffenheiten, konzipiert wurde. Erst später haben sich bestimmte Gegenstände und Werkzeuge durch die Nutzung für militärische Zwecke in umgekehrter Reihenfolge und ausgerichtet auf die Handhabung entwickelt. Das heißt, man hat Gegenstände mit geeigneten Eigenschaften als Handwaffen geschaffen, die in eine bereits existierende Methode für die Handhabung integriert werden konnten. Von ihrem Ursprung her entwickelte sich die Methodik jedoch in Abhängigkeit der Gegenstände und nicht umgekehrt. Dies ist auch der Grund dafür, dass thailändische Handwaffen von ihrer Beschaffenheit her nicht besonders stabil sind, wie dies in Entwicklungslinien anderer Kampfsysteme der Fall ist, beispielsweise das japanische Schwert. Die jeweilige Handhabung der Handwaffen bildete auch die Grundlage für die spätere Entwicklung der verschiedenen Kampfdisziplinen des Pahuyuth.

Durch die unterschiedliche Beschaffenheit der Handwaffen werden sie innerhalb der Methodik kategorisiert: kugelförmig (typisches Kurzmesser), unterarmlang (Handwerkszeug), armlang (Werkzeug und Knüppel), lang (Langstock oder Zweihand-Werkzeug für eine Benutzung mit zwei Händen) und weich (Seil und Tuch).

Greiftechniken

Die Handgriff- oder Greiftechniken beziehen sich auf das Festhalten einer Handwaffe. Durch diese Techniken wird die Bewegungsenergie der Hand mit der durch Bewegung und Eigengewicht erzeugten Energie der Handwaffe gebündelt und als Gesamtenergie auf das Ziel übertragen. Gleichzeitig minimieren die Techniken die Vibration, die durch den Rückstoß bei der Energieübertragung entsteht, wodurch eine nur geringe Widerstandsenergie an die Handwaffe und den Körper zurückgegeben wird.

Eine Variante der Greiftechniken zum halten von Handwaffen. Beispiel: Messer (Mied).

Eine weitere Variante der Greiftechniken.

Drehtechniken

Die Drehtechniken stellen eine praktische Methode für die Handhabung aller im Kampf als Waffen eingesetzten Gegenstände dar. Sie zielen darauf ab, die Gegenstände in Abhängigkeit ihrer Beschaffenheit mit den Greiftechniken optimal festhalten zu können. Ihre Prinzipien beziehen sich einerseits auf das Festhalten der Handwaffe, andererseits aber auch auf die kampfbezogene Funktionalität, die sich aus der Einheit von Hand und Handwaffe bei der Ausführung von Techniken ergibt. Damit sind in erster Linie die möglichen Bewegungsvarianten gemeint, die von der Beschaffenheit und dem Zustand der Handwaffen abhängig sind, aber auch der Operationsumfang, der sich in Verbindung mit der körperlichen Funktionalität ergibt.

Wurftechniken
Die Wurftechniken leiten sich von der Reaktion ab, mit der man versucht, herunterfallende Gegenstände spontan aufzufangen. Innerhalb der Kampfmethodik entwickelten sich die Wurfarten des Übergabewurfs, um die Handwaffe zu übergeben, und die des Zielwurfs, um die Handwaffe gezielt zu werfen. Der Unterschied beider Methoden besteht darin, dass der Zielwurf den Angriffspunkt der Handwaffe, zum Beispiel die Spitze eines Messers, ins Ziel fliegen lässt und der Übergabewurf den Griff oder Griffpunkt. Das Zugreifen und Auffangen der geworfenen Handwaffe ist durch die Technik des Handwechselns bei der Benutzung von Einhandschwertern entstanden.

Die Handwaffen werden neben ihrer Beschaffenheit auch nach ihrem Einsatzprinzip eingeteilt, und zwar in Messer (Mied), Unterarmknüppel (Maih Zoog), Schwert (Dab), Langstock (Grabong) und Tuch (Sabei).

Übungswaffen

Das Anfertigen eigener Handwaffen für den Kampf war schon immer untypisch und unbedeutend für das thailändische Kampfwissen, da nicht die Waffen an sich, sondern deren Beschaffenheit für eine optimale Nutzung von Bedeutung sind. Nach schöpferischem Verständnis ist die Benutzung von echten Handwaffen während des Lernprozesses mit mehr möglichen Schäden verbunden, als dass durch sie ein Nutzen erzielt werden kann. Zudem unterbindet ihre Benutzung sogar die Aneignung bestimmter Wissensbestandteile, wodurch mit der Zeit spezielle und vergleichbare Waffen entstanden, die Übungswaffen. Sie entsprechen nicht exakt dem Vorbild echter Waffen, sondern orientieren sich an deren Beschaffenheit. Dadurch legt sich der Kämpfer nicht auf eine bestimmte Waffe fest und ist somit in der Lage, mit allen Waffen umzugehen, die eine entsprechende Beschaffenheit aufweisen. Abgesehen von den weichen Waffen sind die Übungswaffen heutzutage überwiegend aus Holz gefertigt und werden mit farbigem Klebeband umwickelt, das die jeweiligen Angriffs- und Griffteile markiert. Früher benutzte man dazu Stoff, um ein Splittern des Holzes zu verhindern und die Lebensdauer der Übungswaffen zu verlängern. Wie die Handwaffen werden auch die Übungswaffen in fünf Gruppen unterschieden.

Kugelförmig (Messer)

Diese Übungswaffe besteht aus einem einfachen, dreißig Zentimeter langen Rundholz mit einem Durchmesser von ungefähr zweieinhalb Zentimetern, das weder spitz noch anderweitig geschärft ist. Der Griff mit einem etwa zwei Zentimeter breiten Übergangsbereich ist insgesamt zwölf Zentimeter lang, der Rest wird für den Angriff benutzt.

Die Beschreibung kugelförmig leitet sich von einem chinesischen Waffentyp ab. Eine solche Waffe war eine runde, sägeblattartige Metallscheibe, die an einer Schnur oder Kette befestigt und gegen den Gegner geschleudert wurde.

Unterarmlang (Unterarmknüppel)

Die Übungswaffe für diesen Typ entspricht dem Maih Zoog, also einem Schutzelement. Sie besteht aus einem massiven Holzstück von vierzig Zentimetern Länge, ist etwa drei Zentimeter breit und vier Zentimeter stark. Auf einer der beiden Seitenflächen wird eine Vertiefung für den Unterarm herausgehobelt und auf der gegenüberliegenden Seite werden die Kanten leicht abgerundet, sodass eine in der Länge halbierte zylindrische Form entsteht. An einer Seite des Holzstückes, etwa zehn Zentimeter vor dem Ende, werden nebeneinander zwei Löcher gebohrt und eine Schnur hindurchgezogen, die eine Schlinge bildet, durch die man die Hand bequem parallel zum Holz schieben kann. Die Schnur dient der Stabilisierung des zum Ellbogen zeigenden Endes und verhindert ein Pendeln. Am gegenüberliegenden Ende werden in Längsachse zwei Stifte im Abstand der Breite einer Hand eingebracht. Früher waren diese Stifte aus Holz, heute verwendet man Metall. Der innere dieser beiden Stifte dient als Griff und der näher an der Kante liegende als Schutz. Die genaue Position des

Griffs richtet sich nach der Unterarmlänge des Benutzers, der Abstand der beiden Stifte voneinander beträgt zehn Zentimeter.

Armlang (Schwert)

Diese Übungswaffe besteht aus einem neunzig Zentimeter langen, massiven und nicht angespitzten Rundholz mit einem Durchmesser von etwa zweieinhalb bis drei Zentimetern. In dieser Variante entspricht die Übungswaffe einem thailändischen Kampfschwert. Das Griffstück ist etwa dreißig Zentimeter lang, die verbleibenden sechzig Zentimeter bilden die Klinge. Für Anfänger wird eine zusätzliche Parierscheibe aus Gummi zwischen Griffstück und Klinge montiert, die früher aus Metall war.

Zweihand-Werkzeug (Holzstock)

Die Übungswaffe für den typischen Langstock (Grabong) ist etwa so lang wie der Benutzer groß plus einer Faustbreite. Er besteht aus einem massiven Rundholz mit einem Durchmesser von zweieinhalb bis drei Zentimetern, seine Enden sind nicht angespitzt. Im realen Kampf existiert für den Langstock keine Trennung zwischen Griffteil und Angriffsteil und auch früher wurden solche Bereiche des Stockes nie festgelegt. Erst in der Neuzeit hat man provisorische Markierungen für den Griffbereich in der Ausgangsposition angebracht, die sich mittig am Stock befinden, etwa schulterbreit voneinander entfernt.

Weiche Gegenstände (Seil oder Tuch)

Die Übungswaffe für die weichen Gegenstände besteht aus einem einfachen Stück Tuch. Es hat die Maße fünfzig mal zweihundert Zentimeter und sollte aus Leinen, Baumwolle oder Hanf sein.

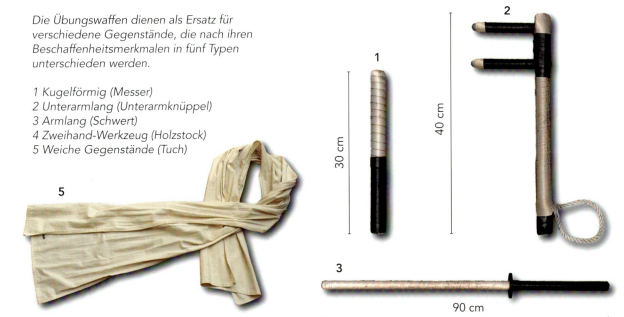

Die Übungswaffen dienen als Ersatz für verschiedene Gegenstände, die nach ihren Beschaffenheitsmerkmalen in fünf Typen unterschieden werden.

1 Kugelförmig (Messer)
2 Unterarmlang (Unterarmknüppel)
3 Armlang (Schwert)
4 Zweihand-Werkzeug (Holzstock)
5 Weiche Gegenstände (Tuch)

Fuß

An die Lebensumstände angepasst liefen die Bauern und Fischer barfuß, weshalb die Nutzung der Füße und Beine von Anfang an in die Methodik integriert wurde. Kommt der Fuß (Tauw) im Kampf zum Einsatz, werden meist die Körperteile von der Fußspitze bis zum Knie verwendet, wobei insbesondere das Schienbein und der Spann zum Angriff benutzt werden. Ferner ist der Fuß auch das Körperelement, das die Stabilität beim Treten aufrechterhält, indem das Körpergewicht auf dem Standbein ausbalanciert wird.

Der Einsatz des Fußes im Kampf kann auf zwei Arten erfolgen. Beim Fußstoß (Tieb) werden der Fußballen, die Fußspitze oder auch der Hacken bzw. die Ferse benutzt, um die Energie durch Strecken des Beines auf das Ziel zu übertragen, ähnlich wie beim geraden Faustsoß. Bei einem Fußschlag oder Drehschlag (Dtae) kommen überwiegend Spann und Schienbein zum Einsatz, bei dem die Energie in den meisten Fällen durch eine Rotationsbewegung um die eigene Körperachse erzeugt wird.

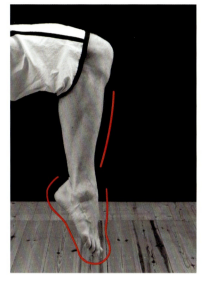

Bei dem Waffenelement Fuß wird mit Ausnahme des Fußgelenks der gesamte Bereich unterhalb des Knies eingesetzt: das Schienbein, der Spann, die Sohle, der Hacken und die Fußspitze.

Die Ausführungsbewegung des Fußes beider Einsatzmöglichkeiten unterscheidet sich in drei Formen, die sich in erster Linie auf die Ausführungsrichtung unmittelbar vor Abgabe der Stoß- oder Schlagenergie beziehen. Die erste Bewegung hat eine steigende Richtung für Ziele oberhalb der eigenen Hüfte, die zweite erfolgt in paralleler Richtung horizontal zum Boden und die dritte in einer fallenden Richtung.

Die Mehrzahl aller Fußstöße (Tieb) beruht auf dem Waageprinzip. Der Oberkörper bewegt sich in entgegengesetzter Richtung zum Fuß, um das Gleichgewicht halten zu können.

Der Bewegungsablauf aller drei Formen – steigend (Tah Tauw Soehy), parallel (Tah Tauw Dtad) und fallend (Tah Tauw God) – basiert auf zwei Prinzipien. Das Waageprinzip, auf dem die Mehrzahl aller gestoßenen Fußtechniken beruht, nutzt den Oberkörper zum Ausbalancieren des drohenden Gleichgewichtsverlustes bei der Bewegungsausführung. Ferner wird die Position des Oberkörpers in Kombination mit der Widerstandsenergie variiert, um das Gleichgewicht nach dem Treffen des Ziels aufrechtzuerhalten.

Beim Rotationsprinzip dreht sich der Körper auf dem Fuß um die eigene Achse, wobei diese Bewegung auch gleichzeitig zur Aufrechterhaltung der eigenen Stabilität dient. Eingeleitet wird die Rotation durch eine Drehung des Oberkörpers, wodurch sich durch das fest stehende Standbein eine Spannung zwischen Ober- und Unterkörper aufbaut. Durch das Anheben des schlagenden Beines setzt die Schlagbewegung ein und löst somit die aufgebaute Spannung auf, weshalb der Körper für einen kurzen Moment seine stabile Position verliert. Die Schlagenergie, die dadurch entsteht, wird durch die Bewegung des Beines auf das Ziel übertragen. Der Abstand zum Ziel sowie die Drehgeschwindigkeit um die eigene Achse bestimmen dabei die zu erwartende Energie.

Beim Fußstoß und beim Fußschlag wird die eigene Stabilität durch die Widerstandsenergie nach Übertragung der Energie an das Ziel prinzipiell wiederhergestellt. In der Praxis ist dies jedoch nur selten exakt der Fall, wodurch eine entsprechende Ausgleichsenergie benötigt wird, um die Stabilität zu gewährleisten. Daher wird unter dem Einsatzprinzip des Fußes traditionell das Abschätzen dieser benötigten Ausgleichsenergie verstanden, um die Differenz zwischen Widerstandsenergie und Schlagenergie optimal ausgleichen zu können.

Beim Rotationsprinzip wird durch Drehen der Hüfte und des Oberkörpers eine Spannung zwischen Oberkörper und Unterkörper aufgebaut. Beim Ausführen der Technik wird die Spannung gelöst und die Schlagenergie auf das Ziel übertragen.

Ellbogen

Bedeutend für den Einsatz des Ellbogens (Zoog) sind die gelenkbildenden Knochen und die Beschaffenheit des Ellbogengelenks. Angewendet wird der Bereich von jeweils einem Drittel des Ober- und Unterarmes ausgehend vom Ellbogen. Die Benutzung erfolgt durch eine Kreisbewegung des Oberarmes im Schultergelenk, wobei die Schlagenergie durch den Drehschwung aus der Wirbelsäule heraus auf das Ziel übertragen wird. Da der Ellbogen wegen seiner sehr kurzen Distanz sowohl für den Angriff als auch für die Verteidigung eingesetzt werden kann, gehört er zu den effektivsten Waffenelementen. Am häufigsten wird der Ellbogen aber für die Verteidigung genutzt.

Bei dem Einsatz des Ellbogens als Waffenelement kann die Schlagenergie, bedingt durch die anatomischen Eigenschaften und die Umstände, auf zwei Arten übertragen werden. Er kann entweder ohne Unterstützung zum Ziel bewegt oder zusammen mit der Hand eingesetzt werden.

Auch beim Ellbogen wird in die drei Ausführungsbewegungen steigend (Zoog Suhng), parallel (Zoog Dtad) und fallend (Zoog Dtamm) unterschieden, die jeweils von der Zielhöhe, bezogen auf das eigene Schultergelenk, abhängen. Auch der Einsatz in Kombination mit der Hand wird unterteilt, und zwar in die Ausführung mit Zielkontrolle und in die der Justierung. Bei der Zielkontrolle (Djab Zoog) wird die Hand des anderen Armes benutzt, um das Ziel während der Angriffsaktion gegen den eigenen Ellbogen zu ziehen, also entgegengesetzt zur Angriffsbewegung.

Bei der Justierung (Jod Zoog) hingegen wird das Ziel mit der freien Hand fixiert, während der Ellbogen darauf zubewegt wird.

Ellbogentechnik ohne Unterstützung der Hand aus der Drehung heraus zum Kopf des Gegners nach einem Faustangriff.

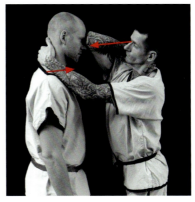

Ellbogentechnik mit Unterstützung, indem das Ziel mit der Hand auf den eigenen angreifenden Ellbogen zubewegt wird.

Knie

Die Knochen des Kniegelenks werden bei dem Einsatz des Waffenelementes Knie (Kauw) benutzt, um anzugreifen und abzuwehren. Die Gefahr, das eigene Gleichgewicht zu verlieren, ist durch die Angriffsenergie in Kombination mit der Widerstandsenergie des Ziels sehr hoch. Die Störung des Gleichgewichts kann sowohl während als auch nach der Bewegungsausführung auftreten, wodurch ein optimaler Einsatz des Knies erschwert und kaum möglich ist. Um dieser Problematik entgegenzuwirken, wurden die Ausführungen der Knietechniken zunehmend durch den Einsatz der Hände unterstützt, auch wenn ein eigenständiger Einsatz ohne Hände nicht völlig ausgeschlossen ist.

Durch die sehr stabile Beschaffenheit der gelenkbildenden Knochen eignet sich das

Der freie Einsatz des Knies ohne Unterstützung der Hand erfordert eine stärkere Kontrolle des Gleichgewichts.

Durch die Unterstützung der Hand kann die eigene Standfestigkeit beim Einsatz des Knies erhöht oder die des Gegners vermindert werden.

Knie besonders für effiziente Reaktionen, um Angriffe mit dem Fuß zu verhindern und auch, um die Kampfdistanz aufrechtzuerhalten. Wird das Knie mit Unterstützung einer Hand eingesetzt, so zielt dies entweder darauf ab, den gegnerischen Körper während seiner Kampfaktion aus dem Gleichgewicht zu bringen oder das eigene Gleichgewicht zu festigen. Sein Einsatz unterscheidet sich ebenfalls in die Ausführungsbewegungen steigend (Kauw Soehy), parallel (Kauw Dtad), auch als schneidendes Knie bezeichnet, und fallend (Kauw God), auch als Druckknie bekannt.

Abwehrkenntnis

Die Prinzipien der Abwehrkenntnis (Tah Rab, Tah Pokpong) sind auf ein allgemeines Verhalten in Gefahrensituationen zurückzuführen, in denen der Körper reflexartig reagiert. Sie unterscheiden sich durch ihre reflexhaften Ausführungsmethoden in die Ausweichbewegungen, die Konterbewegungen und die Auffangbewegungen.

Ausweichen

Eine Ausweichbewegung (Lob, Lagsanah Lob) ist eine reflexartige Veränderung der Standposition, um das vom Gegner vorausberechnete Angriffsziel aus der Gefahrenzone zu bewegen, die eigene Kampfbereitschaft wieder herzustellen und eine neue Kampfposition zu finden. Der tatsächliche Wechsel der Position ist dabei nicht erforderlich, aber auch nicht auszuschließen. Der Reflex bewirkt, dass der Körper oder einzelne Körperteile nur temporär ausweichen, wie etwa ein Wegziehen oder Wegdrehen des Gesichtes, um danach zur alten Position zurückzukehren.

Kontern

Die Konterbewegung (Souan, Lagsanah Souan) ist ein Reflex, der sich gegen die eigentliche Quelle des Angriffs oder einzelne Bestandteile richtet, um die begonnene Angriffsaktion des Gegners vorzeitig zu unterbrechen, ohne dabei die eigene Standposition oder Kampfbereitschaft zu verändern. Dies setzt voraus, dass der gegnerische Angriff frühzeitig erkannt wird, um die optimale Technik zum optimalen Zeitpunkt für die Unterbrechung ausführen zu können. Dabei unterscheidet man grundsätzlich zwischen einer aktiven und passiven Ausführung; die aktive zielt wie bei einem Gegenschlag auf die Zerstörung des gegnerischen Angriffs ab, noch bevor dieser sein Ziel erreicht. Die passive Ausführung hingegen

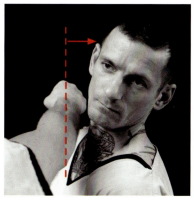

Beim Ausweichen bewegt der Angegriffene das Ziel aus der gegnerischen Angriffslinie, um einem Schlag zu entgehen.

Beim passiven Kontern wird der Angriff durch ein Hindernis umgeleitet.

Beim aktiven Kontern wird der Angriff des Gegners durch einen Gegenschlag zerstört.

schafft ein Angriffshindernis durch beispielsweise das Heben eines Armes, um einen kommenden Angriff umzuleiten.

Auffangen
Bei der reflexhaften Auffangbewegung (Rab, Lagsanah Rab) wird das ursprüngliche Angriffsziel durch ein neues ersetzt. Das bedeutet, dass ein Abwehrelement die Energie des ankommenden Angriffs entweder auffängt, umleitet oder reduziert. Diese Methode wird durch den Einsatz unterschiedlicher Schilde verdeutlicht, die in der Anfangszeit aus dem Ausland stammten und später in die Methodik aufgenommen wurden. In der Folge entwickelten sich aus der Auffangbewegung unzählige Abwehrvarianten sowie auch die Greif- bzw. Griffmethoden.

Der parallele Fußstoß wird mit einem Abwehrblock aufgefangen, damit die gegnerische Angriffsenergie das ursprüngliche Ziel nicht erreicht.

Die Griffmethoden (Djab, Lagsanah Djab) dienen zum vorübergehenden Festhalten oder Steuern des Gegners, um die Ausführung seines Angriffs zu beeinflussen. Beispielsweise greift man den Oberarm des Gegners mit der Hand, während er versucht, einen geraden Fauststoß auszuführen. Dadurch verhindert man das Strecken seines Armes, wodurch der Gegner sein Ziel nicht erreicht, und absorbiert die Stoß- bzw. Angriffsenergie, die so nicht vollständig aufgebaut werden kann.

Eine andere Grifftechnik (Tah Djab), um gegen einen geraden Fauststoß vorzugehen, besteht beispielsweise aus dem kurzfristigen Packen des gegnerischen Handgelenks. Durch Ziehen oder Schieben verfehlt so der Angreifer sein ursprüngliches Ziel und kann zusätzlich aus dem Gleichgewicht oder in eine ungünstige Position gebracht werden. Die Griffmethode wird jedoch nicht für eigene Angriffsaktionen verwendet, sondern verläuft parallel zum gegnerischen Angriff.

Aus den umfangreichen Griffmethoden ging später die allgemeine thailändische Selbstverteidigung (Tah Ponggan Dtoua) hervor, die auf dem Schutz vor Angriffsaktionen von Mitmenschen beruht. Sie zielt dabei entweder auf eine Unterbrechung des Angriffs durch den Angegriffenen ab oder auf seine Möglichkeit zur Flucht. Die Selbstverteidigung ist keinesfalls als Kampfmethodik konzipiert worden, weshalb ein entfremdeter Einsatz eher zu einem eigenen Nachteil führen kann oder die Verteidigung wirkungslos macht. In der heutigen Zeit sind die Selbstverteidigungstechniken überwiegend bei den thailändischen Sicherheitskräften im Einsatz und gehören seit geraumer Zeit zur Nahkampfmethodik des thailändischen Militärs, die sich auf die präzise Durchführung bestimmter Angriffsaktionen konzentriert. Dabei hat sich ihre Weiterentwicklung sehr stark an der Bewaffnung der Soldaten orientiert.

Die Griffmethoden sind jedoch in keiner Weise mit der Kampfmethode der Grifffesttechnik des Sicherheitswissens zu vergleichen.

Sicherheitswissen

Das Sicherheitswissen (Tah Plodpai) entstammt einer langen Erfahrungskette und entwickelte sich neben praktischen Kampferfahrungen auch aus allgemeinen Erlebnissen im Alltag. Es ist neben den Haupttechniken und der Abwehrkenntnis der dritte Teil der Kampfgrundtechniken und thematisiert überwiegend den kontrollierten Gleichgewichtsverlust durch koordinierte Roll- und Fallbewegungen im Kampf.

Der Mensch ist als aufrecht gehendes Lebewesen permanent mit dem spontanen Verlust des Gleichgewichts konfrontiert. Tritt dieser Fall ein, reagiert der Körper mit Reflexbewegungen, um das Gleichgewicht aufrechtzuerhalten. Auch im Kampf spielt der Verlust des gegnerischen Gleichgewichts sowie das damit verbundene Erlangen eines eigenen Positionsvorteils eine große Rolle. Kenntnisse über die körperliche Funktionalität und die Ursachen für einen Gleichgewichtsverlust sind daher in der Methodik unerlässlich. Das Sicherheitswissen dient nicht dazu, einen Gleichgewichtsverlust zu verhindern, sondern zielt mithilfe bestimmter Reaktionsfolgen bzw. Bewegungsmuster darauf ab, dass der Kämpfer aus einer Situation unbeschadet entkommen oder sich aus dieser befreien kann. Zu diesen Bewegungsmustern zählen die Fall- und Wurftechniken, die neben den Grifffesttechniken und den Druckpunkttechniken den größten Bereich des Sicherheitswissens darstellen.

Falltechniken und Wurftechniken

Die Bewegungsmuster der Fallmethodik (Vithie Lomm), die sich in Falltechnik (Tah Lomm) und Wurftechnik oder dem Zu-Fall-Bringen (Tah Thumm) unterscheiden, beginnen mit dem Verlust des Gleichgewichts und enden bei seiner Wiedererlangung. Somit entsprechen diese Bewegungsmuster einem kontrollierten Gleichgewichtsverlust. Wie alle anderen Bewegungsmuster der Kampfmethodik entwickelten sich auch die Falltechniken nach einem natürlichen Vorbild – durch die Beobachtung von Kindern und Erwachsenen im Alltag – und minimieren im Kampf das Verletzungsrisiko für den Körper bei spontanem Gleichgewichtsverlust. Übungen bzw. Bewegungsmuster für die Falltechniken sind beispielsweise die Aufstehpuppe oder der Froschsprung.

Das Prinzip der so genannten Aufstehpuppe (Dtukgada Lommlug) bedeutet, dass der Körper nach Verlust des Gleichgewichts durch eine Schwerpunktverlagerung sofort wieder in den Stand zurückgeführt werden kann, wie bei einem Stehaufmännchen. Zur Entdeckung dieses Prinzips diente die Form einer sich kurz vor dem Aufblühen befindenden Wasserrose. Ein Gegenstand dieser Form, eine Kugel mit aufgesetztem Kegel und tief liegendem Schwerpunkt, kehrt von selbst wieder in seine Ausgangsposition zurück, nachdem er umgestoßen wurde.

Der Froschsprung (Gob Gradoot) ermöglicht es, das eigene Körpergewicht beim Vorwärtsspringen an den Boden abzuleiten und gleichzeitig in einen stabilen Stand zurückzukehren.

92 Kampfgrundtechniken

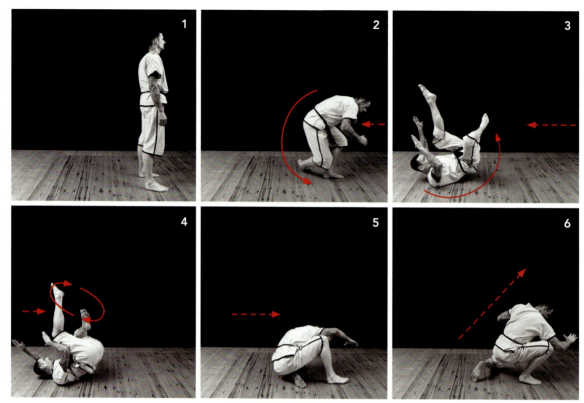

Bei der Aufstehpuppe rollt man über ein Bein auf dem Rücken seitlich von der Wirbelsäule bis zu den Schulterblättern (Abb. 1-3). Dort wechselt man die Stellung der Beine und rollt auf der anderen Seite neben der Wirbelsäule zurück, um mithilfe des Knies wieder in einen aufrechten Stand zu gelangen (Abb. 4-6).

Diese und viele weitere Bewegungsmuster und Verhaltensgrundlagen flossen im Verlauf der Entwicklung in unterschiedliche, sich überwiegend auf den Bodenkampf beziehende und zum Ling Lom gehörende Bestandteile der Methodik ein.

Grifffesttechniken

Im Unterschied zu den Griffmethoden aus der Abwehrkenntnis beinhalten die Grifffesttechniken (Vithie Djab Naenn) sowohl das aktive Ansetzen eines Griffs als auch das passive Lösen, und zwar in allen Varianten, die anatomisch ermöglicht werden können. Anders als der Name es eventuell vermuten lässt, zielen diese Techniken nicht auf eine Endposition ab, sondern stellen Zwischenschritte zur gezielten Veränderung der eigenen Kampfposition dar, meistens zur Befreiung aus ungünstigen Lagen. Diese Weiterentwicklung der Griffmethoden hat sich nur in der Disziplin Ling Lom etabliert.

Druckpunkttechniken

Die Druckpunkttechniken (Djud God) werden gesondert eingestuft. Sie gehören zwar auch in den Bereich des Sicherheitswissens, stellen jedoch keine eigene Methode dar. Im Grunde genommen sind sie eine Spezialisierung des körpereigenen Waffenelementes Faust und werden wegen ihrer hohen Wirksamkeit nur in den höheren Unterrichtsstufen des Ling Lom unterrichtet.

Sicherheitswissen 93

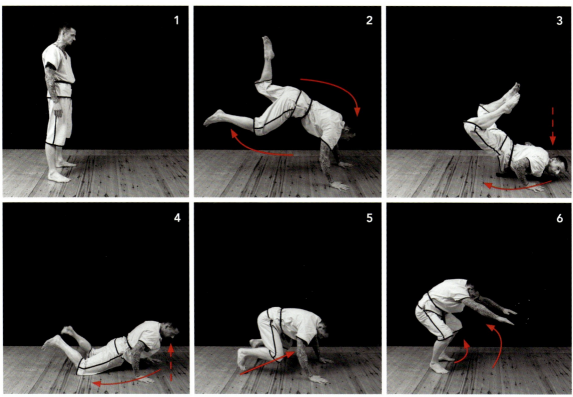

Beim Froschsprung springt man nach vorn und fängt den Sprung mit den Handflächen ab (Abb. 1-2), um den Körper langsam zu Boden zu bringen (Abb. 2-4). Durch das absichtlich erzeugte Hohlkreuz rollt der Körper nach hinten. Ist diese Bewegung bei den Knien angelangt, werden diese ruckartig nach vorn gezogen (Abb. 5) und gleichzeitig der Körper mit den Händen vom Boden abgestoßen, wodurch der aufrechte Stand erreicht wird (Abb. 6).

Die Druckpunkttechniken setzen für ihre Anwendung bestimmte anatomische Kenntnisse aus der Heilkunde voraus, die nicht zu den standardisierten Unterrichtsinhalten gehören. Dieses Wissen über die Druckpunkte des Körpers wird in umgekehrter Richtung angewendet, sodass Beeinträchtigungen oder Ausfälle bestimmter Funktionsabläufe oder sogar der grundsätzlichen körperlichen Funktionalität verursacht werden können. Die Techniken stellen eine Verfeinerung der Angriffsziele der Faust dar und richten sich weiterführend auch gegen innere Körperziele wie Blutbahnen, Nervenbahnen, Sehnen und Bänder sowie bestimmte Gelenkstrukturen. Aufgrund der Tatsache, dass der Einsatz der Druckpunkttechniken kaum Spuren auf der Körperoberfläche hinterlässt, wurden sie schon immer mit besonderer Vorsicht unterrichtet, um einen Missbrauch zu verhindern.

Die Entwicklung der Methodik

Die Differenzierung der Methodik

Pahuyuth und Ling Lom

Awud

Mied, Mied Zuy

Maih Zoog

Dab

Grabong

Sabei

Muai und Dtie Muai

Die Differenzierung der Methodik

In der heute vorliegenden Form ist die Methodik des Pahuyuth das Ergebnis einer jahrhundertelangen Entwicklung. Durch ihren Einsatz und ihre Prinzipien wurden immer mehr Erfahrungen gesammelt, die von Generation zu Generation weitergegeben wurden. Im Zuge dieser Erkenntnisse kam es stets auch zu einer Aktualisierung der Kampfgrundtechniken durch geringfügige Veränderungen. Um den jeweiligen Wissensstand erhalten zu können, war die verlustfreie Weitergabe immer wichtig. Diese ist zwar grundsätzlich möglich, doch können die Erkenntnisse über die Methodik nicht vollständig vermittelt werden, da ihre Aneignungen immer persönlich und individuell erfolgen. Um einem Schüler das Erlangen der Erkenntnisse dennoch zu ermöglichen, entstand mit der Zeit eine zweite Methodik, um das Wissen weiterzugeben: die Lehr- oder Unterrichtsmethodik.

Nach traditionellem Verständnis existieren die Kampfmethodik und die Lehrmethodik zwar getrennt voneinander, überschneiden sich jedoch inhaltlich als ein Teil des Pahuyuth. Als Basis für die Wissensvermittlung verfolgt die Unterrichtskonzeption mittels der Lehrmethodik das Ziel, Schülern die einzelnen Bestandteile der Kampfmethodik zu lehren, damit sie zu einem umfassenden Verständnis gelangen können. Dazu werden beide Methodiken anhand einer Betrachtung der Zeit erklärt. Den Ausgangspunkt bildet die Kampfmethodik, die bereits in der Vergangenheit existierte. Und dadurch, dass sie bis in die Gegenwart weitergegeben wurde – überwiegend mündlich, ohne Unterstützung durch Bilder und Zeichnungen – hat sie Kämpfer bzw. Wissende hervorgebracht. Ein Wissender vermittelt also die Kampfmethodik der Vergangenheit einem Unwissenden in der Gegenwart, damit dieser zu einem Wissenden in der Zukunft wird. Ein Lehrer sollte uneingeschränkte Gewissheit über den authentischen Inhalt, also das schöpferische Verständnis des Kampfes haben und diese verantworten können, um sein Wissen an den Unwissenden zu vermitteln.

Bei differenzierter Betrachtung des Pahuyuth stellt man fest, dass sein Ursprung weder bestritten noch bestätigt werden kann, da sich die Wissensvermittlung ausschließlich in der Gegenwart ereignet. Verdeutlicht wird diese Erkenntnis anhand eines Baumsamens, dessen genetische Information – in seiner Entsprechung als authentischer Inhalt bzw. schöpferisches Verständnis – über Generationen hinweg bis in die Gegenwart übertragen wurde und weiterhin übertragen wird, sofern es die Umstände ermöglichen. Innerhalb der Übertragungskette, von der Vergangenheit über die Gegenwart bis in die Zukunft, ergibt sich die Übereinstimmung der genetischen Information durch die Baumart, von der der Samen abstammt. Da immer die genetische Information des jeweils gegenwärtigen Baumes und nicht die des Ursprungsbaumes übertragen wird, werden auch die Methodik und der Wesenskern des Pahuyuth vom Wissenden der Gegenwart vermittelt und nicht von dem Schöpfer der Vergangenheit. Was wir heute über das Pahuyuth erfahren, sind lediglich die äußeren Aspekte der Vergangenheit, die durch unser gegenwärtiges Verständnis interpretiert werden.

Dadurch, dass wir anhand des Samens etwas über seine Vergangenheit erfahren können, bestätigt sich seine Existenz in der Gegenwart und es könnte angenommen werden, dass er auch schon in der Vergangenheit existiert hat. Doch diese Annahme ist nur eine Überzeugung seiner vergangenen Existenz und lässt sich nicht als tatsächliche Wirklichkeit bestätigen. Folglich geht es bei der Vermittlung des Pahuyuth nicht um die Überlieferung seiner vergangenen Existenz, sondern um die Vermittlung der gegenwärtigen Existenz nach einem authentischen Vorbild aus der Vergangenheit.

In den Anfängen der Wissensvermittlung, vor der Entstehung der Lehrmethodik, rekonstruierte und nutzte man einzelne Kampftechniken, die aus realen Kämpfen abgeleitet wurden und zu den Muttertechniken gehörten. Diese Techniken bzw. Bewegungsmuster wurden durch Erfahrungen verschiedener Kämpfer ergänzt, weshalb sie in ihrem Aktionscharakter variierten. Somit erlernte der Schüler zunächst die Kampfaktionen, die als Kampfwissen (Vicha Dtohsuh) bezeichnet wurden. Durch die spätere Entstehung der Lehrmethodik wurde dieses Kampfwissen mit der Zeit einzelnen Disziplinen zugeordnet, aus denen beispielsweise das Schwertkampfwissen (Vicha Dab) oder das Ling-Lom-Kampfwissen (Vicha Ling Lom) hervorgingen. Da die Wissensaneignung immer individuell erfolgt, unterschieden sich die Erfahrungen der Wissenden und wurden entsprechend verschieden weitergegeben. Trotzdem hatten die Lehrer verantwortungsvoll dafür Sorge zu tragen, das authentische Kampfwissen, das sich nicht nur auf die äußeren Bestandteile bezog, zu vermitteln. Weil die Unterschiede im Wissensumfang der einzelnen Gelehrten sehr groß waren, erfolgte die Weitergabe nicht immer mit dem Verständnis vom Unterschied zwischen der äußeren Form der Kampftechniken und dem Kernwissen. Daher war es für viele Schüler sehr schwer, zum schöpferischen Verständnis vorzudringen.

Durch diese Schwierigkeiten im beginnenden Entwicklungsstadium der Lehrmethodik erarbeitete man schließlich eine Vermittlungskonzeption (Lak Suhdt), die so genannten individuellen Unterrichtsleitlinien (Say Sorn), deren Inhalte den Überlieferungen nach in Gedichtform existiert haben, ohne Skizzen oder detaillierte Beschreibungen. Zum einen beinhalteten sie das direkte Kampfwissen, also die rekonstruierten Techniken, die nicht nur nachgeahmt, sondern zusätzlich durch eigene Übungsbeispiele ergänzt wurden. Zum anderen bestanden die Leitlinien aus Rätseln, ebenfalls in Form von Gedichten, die der Schüler zu lösen hatte. Denn das Lösen der Rätsel führte ihn zu dem hintergründigen Wissenskern, den er sich auf diese Weise aneignete, unabhängig von den bisher erlernten Kampftechniken. Das Lösen der Rätsel und das damit verbundene Erlernen erfolgte durch praktisches Vorführen, Erproben und individuelles Experimentieren mit den Techniken, wodurch sich die Schüler von selbst mit dem Kerninhalt auseinandersetzten. Ein Nebeneffekt dieser Art der Wissensvermittlung war der Schutz vor unberechtigtem Zugriff, woraus sich später die typische und immer noch gebräuchliche Geheimhaltung des Kampfwissens innerhalb der Pahuyuth-Linien entwickelte.

Da jede Unterrichtsleitlinie an die Persönlichkeit des jeweiligen Lehrers gekoppelt war, sah man diese immer mehr als ein eigenes Wissensgebiet an. Dies war speziell dann der Fall, wenn der Schüler nicht bis zum Kernwissen der Leitlinie durchgedrungen war oder die jeweilige Unterrichtsleitlinie ausschließlich von außen betrachtete. Auf diese Weise entstanden im Gesellschaftsverständnis unterschiedliche Wissenslinien (Say Dtohsuh), die nach dem Verständnis des Pahuyuth konzeptionell gar nicht so vorgesehen waren. Bis heute wird der Umfang der Unterrichtsleitlinien fälschlicherweise mit dem des Kampfwissens verwechselt und teilweise sogar für dessen Ursprung gehalten. Genauso irrtümlich wird beispielsweise auch das Nordschwert (Dab Nueah) für ein spezielles Schwertkampfwissen der Thai aus dem Norden gehalten. In Wirklichkeit handelt es sich um Bestandteile und Übungsvorlagen der Unterrichtsleitlinie, in der Kampftechniken zur Aneignung für den Schüler enthalten sind.

Die allgemein vermittelten Techniken bilden die Voraussetzung für die Selbsterkenntnis und Selbsterfahrung der Schüler, um zum eigentlichen Wissen zu führen. Für Lehrer des Pahuyuth sind diese überlieferten Kampftechniken mehr oder weniger nur Aktionsmuster, die als Beispiele für den Unterricht dienen, aber keinesfalls das eigentliche Kampfwissen darstellen. Durch ein fehlendes Verständnis vom Wesen des Kampfes wurden diese Kampftechniken mit dem eigentlichen Kampfwissen gleichgesetzt. Dieses Missverständnis ist bis heute weit verbreitet.

Die Vermittlung der Kampftechniken aus den Unterrichtsleitlinien lässt sich mit der Tätigkeit eines Boten vergleichen, dessen Aufgabe darin besteht, einen verschlossenen Brief vom Sender an den Empfänger zu überbringen. Sie ist erfüllt, wenn er den Brief unversehrt an den Empfänger übergeben hat. Das Öffnen des Briefes und das Wahrnehmen seines Inhaltes bleiben jedoch allein dem Empfänger überlassen. Da der Bote als Überbringer nicht Verfasser des Briefes ist, kennt er auch nicht zwingend dessen Inhalt oder die Gründe für den Inhalt. Deshalb kann seine Tätigkeit auch durchaus von einer anderen Person übernommen werden. Der Vermittler der Kampftechniken, der auch als Wissender (Puh Ruh) bezeichnet werden kann, verfügt zwar über die Fähigkeit, die Kampftechniken aus der Unterrichtsleitlinie zu überbringen, er hat aber keine Kenntnis vom tatsächlichen Kampfwissen. Daher ist ein solcher Wissender nach der Definition des Pahuyuth nicht mit einem Lehrer gleichzusetzen. In der Praxis führt der Vermittler eine zweckgebundene Unterrichtstätigkeit aus, die mit der eines Trainers oder Lehrbeauftragten vergleichbar ist. Eine uneingeschränkte Unterrichtsfähigkeit, die mit dem erlangten Verständnis vom Wesen des Kampfes gleichzusetzen ist, besitzt er jedoch nicht. Ein tatsächlicher Lehrer bzw. Wissenslehrer (Kru Puh Ruh) kann die gleichen Aufgaben eines Vermittlers übernehmen, hat aber im Gegensatz zu diesem bereits Erkenntnis über das Kampfwissen erlangt und ist somit Bote und Sender.

In der traditionellen Bedeutung des Pahuyuth wird unter dem Begriff Kampfwissen (Vicha Dtohsuh) das Verständnis der gesamten Existenz eines Kampfes verstanden. Diese Existenz kann in einer Kampfsituation durch die Betrachtungsaspekte des inneren, des äußeren und des

Verhältnisaspektes wahrgenommen werden. Im Gegensatz zum Kampfwissen enthalten die Unterrichtsleitlinien lediglich Kampftechniken, die dem Schüler in erster Linie als Mustervorlage dienen und daher auch als Techniken unter Übungsbedingungen (Tah Jam Poo) bezeichnet werden. Trotzdem darf nicht vergessen werden, dass ihre Strukturen und ihre Aktionscharaktere aus der realen Wirklichkeit des Kampfwissens stammen und ebenfalls durch die drei fundamentalen Betrachtungsaspekte wahrgenommen werden können.

Die Unterrichtskonzeption des Pahuyuth hat sich auf der Grundlage von praktischen Unterrichtsübungen entwickelt, die sich an dem Kern der Kampfmethodik bzw. der Ursprungsmethodik orientieren, mit der alle Muttertechniken gemeint sind. Darüber hinaus nutzt die Unterrichtskonzeption auch die Kindtechniken der Kampfgrundtechniken aus den unterschiedlichen Disziplinen, sowohl für den waffenlosen als auch den bewaffneten Kampf. Bis in die heutige Zeit besteht die Ursprungsmethodik als unverzichtbare Grundlage für die Unterrichtskonzeption aller Disziplinen des Pahuyuth. Die Unterrichtskonzeption beinhaltet neben den Muttertechniken eine Zusammenstellung von Kindtechniken in allen Disziplinen des bewaffneten und unbewaffneten Kampfes; vor der Aufteilung in Disziplinen existierte eine solche Zusammenstellung noch nicht. Die Kindtechniken waren damals fortlaufende Entwicklungsvarianten einzelner Kämpfer und Lehrer, die sich aus ihren Erfahrungen in Kombination mit den Muttertechniken ergaben. Grundsätzlich entwickelte sich die Kampfmethodik bzw. ihre Erweiterung schon immer im Vergleich zu den Muttertechniken, der sich einerseits auf die grundsätzliche Umsetzbarkeit der Techniken hinsichtlich des Kampfcharakters bezog und andererseits auf die Vereinbarkeit mit den schöpferischen Prinzipien der Muttertechniken. Fiel der Vergleich zwischen den Kind- und Muttertechniken positiv aus, wurde die jeweilige Technik entweder als neue Kindtechnik oder als Tricktechnik in die Methodik aufgenommen. Konzeptionell entsprechen die Kindtechniken aktiven Angriffstechniken oder Kampfbewegungen, während die Tricktechniken die entsprechenden Reaktionen oder Abwehrtechniken darstellen. Der gegenwärtige Umfang der Methodik umfasst die Gesamtheit aller Techniken der Maeh Maih, Lug Maih und Tah Gon, die sich bisher entwickelt haben und durch den Vergleich bestätigt wurden. Ausgenommen davon sind jedoch die individuell angeeigneten Tricktechniken jedes Kämpfers, denn nach traditionellem Verständnis stellen sie einen Teil der persönlichen Fähigkeiten dar, der nach außen hin geschützt und nicht für die Weitergabe bestimmt ist. Nur in gesonderten Entwicklungslinien sind solche Techniken einzelner Lehrstätten oder Lehrer als Bestandteil des Unterrichtsinhaltes überliefert.

Pahuyuth und Ling Lom

Anfänglich war die Methodik weder in einzelne Disziplinen unterteilt noch unterschied man zwischen bewaffnetem oder unbewaffnetem Kampf. Primär bestand sie aus Reaktionsmustern zur Selbstrettung aus unmittelbarer Gefahr. Erst später, bei den Auseinandersetzungen mit den Chinesen, wandelten sich die Reaktionsmuster zu einer umfassenden Kampfmethodik, da die Selbstrettung nur eine Notlösung darstellte. Das Pahuyuth, teilweise schon als Ling Lom bezeichnet, das anfänglich mit der gesamten Methodik gleichgesetzt wurde, existierte als Ganzes, das durch die Erkenntnisse der Kämpfer stetig erweitert wurde, sowohl hinsichtlich der Kampfmethodik als auch in Bezug auf die Unterrichtsmethodik.

Zu Beginn der Konflikte mit den Chinesen bestanden die Kampftruppen der Thai größtenteils aus freiwilligen Bürgern der Umgebung und nur zu einem geringen Teil aus Berufssoldaten. Die Aufgabe der Berufssoldaten bestand mehr oder weniger darin, die

Die anfängliche Strukturierung der Methodik

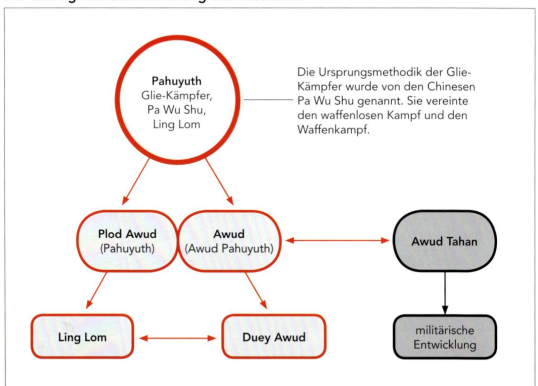

Anfänglich unterschied die Kampfmethodik nicht zwischen bewaffnetem und unbewaffnetem Kampf. Erst nachdem der Waffeneinsatz im Krieg an Bedeutung gewann, spaltete sich eine rein militärisch orientierte Entwicklung ab. Diese wich mit der Zeit immer stärker von der schöpferischen Verständnisgrundlage der Ursprungsmethodik ab.

Sicherheit und Ordnung aufrechtzuerhalten sowie die inneren Belange der städtischen Gesellschaft zu regeln, ähnlich wie die heutige Polizei. Nur bei bevorstehenden Auseinandersetzungen rief das Stadtoberhaupt oder der König zur Sammlung der Kriegstruppen auf, die es in Friedenszeiten nicht gab, da der Großteil der Bevölkerung verstreut auf dem Land als Bauern und Fischer lebte. Anders als die Berufssoldaten wurden die Soldaten nach dem Einsatz im Krieg wieder entlassen und kehrten zu ihrem bürgerlichen Leben zurück. Für die entsandten Bauern war es eine Selbstverständlichkeit, dass der Kriegsherr weder Waffen noch Bekleidung für die Schlacht zur Verfügung stellte. Daher bestand die Bewaffnung der Truppen neben den militärischen Handwaffen der Berufssoldaten aus Handwerkszeugen sowie eigenen, mitgebrachten Gegenständen. Diese Art der Bewaffnung gehörte zur damaligen Normalität.

Da die Kriegseinsätze im Laufe der Zeit zunahmen, gewannen die eingesetzten Gegenstände und Waffen stärker an Bedeutung. Dies führte schließlich zu einer Unterscheidung zwischen dem waffenlosen und dem bewaffneten Kampf, die die erste große Aufteilung innerhalb des Pahuyuth darstellte. Diese sich langsam weiterentwickelnde Struktur bezog sich aber lediglich auf die Nutzung der Methodik und nicht auf eine Teilung des Pahuyuth, das weiterhin als Gesamtheit vorhanden war. Der waffenlose Teil der Methodik galt also hauptsächlich für die Verwendung der Körperelemente, setzte aber nach wie vor Gegenstände durch improvisierte Nutzung als Handwaffen ein. Dieser Teil wurde einfach nur als Pahuyuth oder auch als Kampfmethodik des Pahuyuth bezeichnet.

Der andere Teil war für den direkten Kriegseinsatz, speziell auf den Einsatz bestimmter Handwaffen, ausgerichtet und nutzte unterstützend die waffenlose Methodik. Daher nannte man diesen Teil Waffenkampfmethodik des Pahuyuth oder Awud Pahuyuth.

Die erste Aufspaltung
Allmählich war der Einsatz des Pahuyuth in kriegerischen Auseinandersetzungen mit und ohne Waffen so häufig geworden, dass eine grundlegende Umstrukturierung der Unterrichtskonzeption unvermeidbar war, um die ursprünglichen schöpferischen Ideale aufrechtzuerhalten. Die Neuordnung legte den Grundstein für den Aufbau eines Militärs, in dem bestimmte Handwaffen vermehrt zur taktischen Kriegsführung und nicht mehr ausschließlich im direkten Kampfeinsatz eingesetzt wurden. Durch diese sukzessive Veränderung bildeten sich schließlich Waffengruppen, aus denen später einzelne Waffenkampfdisziplinen hervorgingen. Die Entwicklung, die insgesamt vom Militär ausging, vollzog sich in zwei voneinander getrennte Richtungen, die sich anfänglich noch gegenseitig beeinflussten. Eine Richtung ergab sich durch die Bildung von Waffenkampfdisziplinen innerhalb des Pahuyuth, die eigenständige Methodiken darstellten und gleichzeitig aber auch Teil des gesamten Pahuyuth waren. Parallel dazu zeichnete sich eine neue Entwicklungslinie für den Waffenkampf unter der Führung des Militärs ab. Beide Linien, die ursprüngliche Methodik des Pahuyuth und der speziell für das Militär entstandene Waffenkampf, unterschieden sich nicht nur durch die Waffengattungen, sondern vielmehr durch die Zielsetzung ihres Einsatzes. Während sich die innerhalb des Pahuyuth entwickelnden Disziplinen

Die Entstehung der Disziplinen

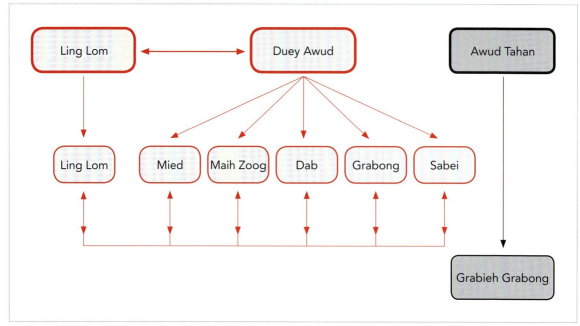

Nach der Teilung der Methodik in den bewaffneten und den unbewaffneten Kampf bildeten sich auf der Grundlage der unterschiedlichen Beschaffenheit der Handwaffen einzelne Disziplinen. Während sich der Waffenkampf und der waffenlose Kampf innerhalb der Pahuyuth-Linie auch nach der Aufteilung in Disziplinen gegenseitig beeinflussten, entwickelte sich die militärische Linie unabhängig von beiden weiter.

an der Beschaffenheit der Waffen orientierten, fokussierte das Militär das mit ihnen zu erreichende Ergebnis, das heißt die Durchsetzung der Kriegsziele. Die neue Methodik unter der Führung des Militärs nannte man *Awud Tahan*, die Disziplinen innerhalb des Pahuyuth *Duey Awud*.

In der Anfangsphase deckte sich die Unterrichtskonzeption des Awud Tahan noch mit der des Duey Awud. Allmählich wurde das Awud Tahan jedoch mehr und mehr zu einer rein militärischen Methodik. Seine Entwicklung wurde so weit vorangetrieben, dass der ursprüngliche Umfang des Pahuyuth nur noch in reduzierter Form vorhanden war, da sich die angewendeten Techniken überwiegend an dem militärischen Bedarf der Zeit orientierten. Die Folge war ein Verlust von Wissen aus der Ursprungsmethodik,

die für den direkten Kampfeinsatz und den Schutz des eigenen Lebens und Überlebens bestimmt war, auch in Kombination mit spontan eingesetzten Gegenständen als Handwaffen.

Durch die häufigen Kriegseinsätze bildeten sich in der ursprünglichen Methodik zwei Schwerpunkte heraus, die auf die Nutzung der körpereigenen Waffen und die von Handwaffen ausgerichtet waren. So entstanden die waffenlose Kampfmethodik Plod Awud, die auch als Ling Lom bezeichnet wurde, aber nicht mehr die gesamte Methodik meinte, und die Waffenkampfmethodik Duey Awud, die eine Weiterentwicklung des bisher existierenden Awud Pahuyuth darstellte, aber feiner strukturiert war. Beide, Plod Awud und Duey Awud, stellten immer noch die Gesamtheit des

Pahuyuth dar, auch wenn sie sich teilweise unabhängig voneinander entwickelten.

In der waffenlosen Methodik Plod Awud bzw. Ling Lom wurden anstelle von Handwaffen hauptsächlich die Körperelemente Hände, Füße, Ellbogen und Knie eingesetzt. Unter ihr verstand man die durch autodynamische Bewegungs- und Verhaltensmuster gesteuerten Kampfreaktionen, die der Körper wegen seiner Funktionalität und seines Zustandes ausführen konnte. Bei Auseinandersetzungen wendeten die Kämpfer die Körperelemente mit unterschiedlicher Intensität und Beschleunigung an, um den Gegner entweder angriffsunfähig zu machen oder eine Art Selbstzerstörung bei ihm herbeizuführen. Dazu wurden insbesondere akrobatische und unorthodoxe Bewegungen angewendet, speziell auch auf dem Boden ausgeführt, angewendet, die Verwirrung stifteten und unberechenbar waren, wodurch der Gegner seine eigene Reaktionsfolge nur schwer durchführen konnte. Diese Methodik wird traditionell mit dem Reaktionsverhalten von frei im Dschungel lebenden Makaken verglichen, die sich grundsätzlich passiv verhalten und nicht auf Konfrontation ausgerichtet sind und auch nicht zur Flucht neigen.

Laut Überlieferung bestand das Ling Lom als waffenlose Methodik des ursprünglichen Pahuyuth zum damaligen Zeitpunkt aus fünf fundamentalen Prinzipien, die bis heute gültig sind und den Kern der Pahuyuth-Methodik widerspiegeln.

Das heute existierende Ling Lom hat sich über viele Generationen hinweg durch Kriegserlebnisse und Kampferfahrungen bei den Auseinandersetzungen mit chinesischen Volksgruppen entwickelt.

In der Linie des Awud Tahan begann das Aufkommen der Militärwaffen mit dem Gab, einem knüppelartigen Handwerkszeug, das zum Dreschen von Reis benutzt wurde. Aus dem Gab entstand im Laufe der Zeit das Dab, das auch heute noch typische Thai-Schwert. Durch die bestehenden Wechselwirkungen zwischen dem ursprünglichen Pahuyuth und der militärischen Linie benutzten auch die Awud-Kämpfer das Schwert des Militärs (Dab Tahan) als Handwaffe, woraus sich die Waffenkampfmethodik mit knüppelartigen Gegenständen entwickelte. Die anderen militärischen Waffengattungen (zum Beispiel Kurzwaffe, Langwaffe) stammen von den vorhandenen Waffentypen ab, die im Krieg eingesetzt wurden. Wann genau diese Entwicklung des Awud Tahan stattfand, ist wegen fehlender Dokumente nicht zu rekonstruieren. Nach Überlieferungen sollen die einzelnen Disziplinen des Pahuyuth, abgesehen von der Disziplin Muai, bereits im Zeitabschnitt von Nanjauw, also vor etwa 1500 Jahren existiert haben. Erst kurze Zeit vor der Einwanderung in das Gebiet des heutigen Thailands und dem Niedergang des Reiches Nanjauw wurde das Ling Lom unter Einbeziehung der Waffenkampfmethodik Awud Tahan bei Eliteeinheiten des Militärs eingesetzt. Um diese Zeit wurden auch erst die einzelnen Waffengattungen benannt und bei den regulären Soldaten eingeführt. Man begann seitdem ebenfalls, militärische Waffen nach der Vorlage bestimmter Gegenstände und Handwerkszeuge anzufertigen.

Das Awud Tahan fokussierte zur Durchsetzung der militärischen Zwecke im Krieg überwiegend auf eine hohe Einsatzleistung, die in einer kurzen Ausbildung von den einfachen Soldaten und Rekruten erlernt werden konnte. Lediglich den höheren

Die fundamentalen Prinzipien der waffenlosen Methodik Ling Lom

Das System des Lehrers (Tah Kru)	Das erste Prinzip besteht aus der Mobilisierung der grundsätzlichen Funktionalität des menschlichen Körpers sowie dem Aufbau autodynamischer Reflexe zur Aufrechterhaltung des Gleichgewichts und der Standfestigkeit in unterschiedlichen Positionen, die im Kampf als Muster abgerufen werden können. Dadurch bildet sich mit der Zeit die Grundlage für die Einschätzung der gegnerischen Standfestigkeit und ihrer möglichen Zerstörung. Traditionell wurde die Standfestigkeit auf einem Floß geübt.
Sicherheitswissen (Tah Plodpai)	Das zweite fundamentale Prinzip umfasst die körperliche Autodynamik, die zur Kontrolle des Fallens und der gefahrlosen Rückführung in den aufrechten Stand zuständig ist. Man erlernt, wie der Gegner zu Fall gebracht werden kann und wie man ihn daran hindert, in einen normalen Stand zurückzukehren. Traditionell zieht man für dieses Prinzip eine Katze zum Vergleich heran, die sich durch ihre Funktionalität mit den Pfoten zum Boden dreht, um sich vor Verletzungen zu schützen.
Abwehrkenntnis (Tah Rab)	Das Prinzip der Abwehrkenntnis bezieht sich auf autodynamische Reaktionen des Körpers, um unmittelbare Angriffe in unterschiedlichen Positionen abzuwenden oder ihnen auszuweichen. Ein weiterer Effekt liegt in der Früherkennung geeigneter eigener Positionen, um den Gegner anzugreifen. Traditionell wird dieses Prinzip mit Blättern im Wind verglichen, die sich vorübergehend durch ihn biegen lassen oder ihm durch Mitdrehen ausweichen, anstelle seiner Kraft entgegenzutreten.
Grifftechniken (Tah Djab)	Das Prinzip beinhaltet die bewusste Steuerung und Kontrolle der körperlichen Funktionalität in aktiver und passiver Form des Gegners und seiner Kampfaktion. Traditionell wird dies mit Wasser verglichen, das dem Verlauf eines Flusses folgt.
Kampfgrundtechniken (Tah Dtohsuh Pratom)	Das fünfte Prinzip besteht sowohl aus den autodynamischen Funktionen als auch aus den bewussten Reaktionen, die sich auf die Haupttechniken beziehen. Dabei setzt man den Körper, die Körperelemente sowie verschiedene Gegenstände angepasst an die Umstände als Waffen ein. Die Aktionen haben einen überwiegend passiven Charakter und zielen nicht auf eine Konfrontation ab. Sobald es jedoch darum geht, die Ausführungsunfähigkeit des Gegners herbeizuführen, hat die eigene Reaktionsfolge einen sehr konsequenten und aktiven Charakter.

Die fünf überlieferten Prinzipien aus der Anfangszeit des Pahuyuth/Ling Lom bilden weiterhin die Grundlage für den Kern der Kampfmethodik.

Rängen der Offiziere und der Militärführung wurde auch das Wissen der damals bereits als traditionell angesehenen Methodik des Awud aus der ursprünglichen Linie des Pahuyuth vermittelt.

Das Militär hatte sich vor der Einwanderung in das Gebiet des heutigen Thailands zum größten Teil nach der Kampffähigkeit seiner Soldaten strukturiert. Der Einsatz der sich bewerbenden Berufssoldaten erfolgte nach der Beurteilung ihrer Kampffähigkeit, wodurch sich auch ihr Rang ergab. Durch dieses Auswahlprinzip war es dem Militär bedingt möglich, die Leistungsfähigkeit der Truppe zu erhalten und die Verluste auszugleichen und zu kontrollieren.

Nach den Wanderungen der Truppen nach Süden wurde jedoch nicht nur Krieg gegen Eroberungen und Fremdherrschaft mit den Nachbarländern geführt, sondern es waren auch innere Streitigkeiten und Entmachtungsversuche in den eigenen Reihen an der Tagesordnung, was einen starken negativen Einfluss auf die weitere Entwicklung des Awud Tahan und damit auch auf seine Vermittlung hatte. Die inneren Unruhen führten zum Verlust vieler Lehrer und kampferfahrener Soldaten außerhalb des Kriegseinsatzes und auch das Wissen verschwand immer mehr. Zur eigenen Sicherheit und zum Schutz hielten die verbliebenen Wissenden das vollständige Wissen des Awud und auch des Awud Tahan zurück.

Durch die spätere Integration moderner Kriegswaffen wie dem Gewehr sowie der größer werdenden Anzahl ausländischer Söldner wurde nachfolgend nicht nur die Bedeutung der traditionellen Handwaffen für das Militär in den Hintergrund gedrängt, sondern auch die Rangordnung umstrukturiert, die nun nicht mehr auf der Kampffähigkeit der einzelnen Person beruhte. Das Awud Tahan als militärische Waffenkampfmethodik entwickelte sich mehr und mehr zu einem traditionellen Wissen für das Königtum sowie fürstliche Familien und blieb sogar Trägern des Militärschwertes (Dab Tahan), die es nur in den höheren Rängen des Militärs gab, vorbehalten. Für die normalen Soldaten, die auf dem Schlachtfeld kämpften, blieb nur noch eine Grundausbildung für die Anwendung des Schwertes zurück. Erst nach weiteren Entwicklungen, als das symbolische Tragen des Militärschwertes durch Abzeichen und Wappen abgelöst wurde, wurde die in den Hintergrund gedrängte militärische Waffenkampfmethodik in der Öffentlichkeit wiederbelebt. Diese durch die verlorenen Wissensbestandteile und den fehlenden Einsatzbedarf im Krieg reduzierte Form des einstigen Awud Tahan entsprach jedoch nur noch einem bewaffneten Schaukampf, der zu unterschiedlichen Anlässen des Königshauses und der fürstlichen Gesellschaft präsentiert wurde. Die Schaukämpfe legten den Grundstein für die heutige Waffenkampfmethodik des Militärs, dem Grabieh Grabong.

Awud

Das Awud, die ursprüngliche Waffenkampfmethodik des Pahuyuth, entstand unabhängig vom Awud Tahan, ohne auf eine bestimmte Waffengattung oder deren Herkunft fixiert zu sein. Trotz unterschiedlicher Zielsetzungen entwickelten sich beide Methodiken sehr lange Zeit ähnlich, wodurch es auch im Awud militärische Einflüsse gab. Obwohl sich nicht eindeutig rekonstruieren lässt, ab wann im Pahuyuth eine eindeutige Unterscheidung zwischen dem bewaffneten und dem unbewaffneten Kampf getroffen wurde, war das Awud Tahan schon seit der Zeit der Glie Gauw Piehnong, also seit der Zeit des ersten Widerstandes um 2500 v. Chr. vorhanden, in der sich die ersten militärischen Strukturen bildeten.

Die Kämpfer des Pahuyuth haben sich in der gesamten geschichtlichen Zeit immer wieder aus dem öffentlichen Fokus zurückgezogen, sobald sie nicht mehr für den Krieg gebraucht wurden, da sie unabhängig vom Gegner stets auch auf der Hut vor inneren Unruhen oder einem Putsch waren und ferner einen Missbrauch des Wissens zu vermeiden versuchten. Über mehrere tausend Jahre hinweg, ganz besonders im Abschnitt von Nanjauw und den folgenden Jahrhunderten, waren das Wissen des Pahuyuth und das der Awud-Waffenkampfmethodik daher verstreut und in vollständiger Form nur schwer zugänglich.

Heute unterscheidet das traditionelle Awud fünf eigenständige Methodiken, die sich durch die Beschaffenheit der eingesetzten Handwaffen ergeben: das Messer, den Unterarmknüppel, das Schwert, den Langstock und das Tuch. Bei diesen Methodiken, die ungeachtet ihrer Zugehörigkeit zum Awud auch als Einzeldisziplinen angesehen werden, bildet der Mittelpunkt des gegnerischen Körpers das Angriffsziel. Dies gilt auch für alle anderen Waffendisziplinen, sowohl für die Angriffs- als auch für die Verteidigungstechniken. Die Techniken sind in neun Basisrichtungen unterteilt, wovon sich acht durch gerade Linien ergeben, deren Schnittpunkt in der gegnerischen Zielmitte liegt. Sie verlaufen von der Zielmitte aus in einem Winkel von 45 Grad und bilden somit die Grundform eines achteckigen Sterns.

Dadurch ergeben sich im Uhrzeigersinn die Richtungen von oben nach unten, diagonal von rechts oben nach links unten, von rechts nach links, diagonal von rechts unten nach links oben, von unten nach oben, diagonal von links unten nach rechts oben, von links nach rechts und diagonal von links oben nach rechts unten.

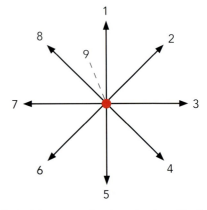

Die Basisrichtungen des Awud gelten für den Angriff und die Verteidigung mit allen Waffenelementen in allen Disziplinen des Waffenkampfes.

Die Abbildungen zeigen, wie eine Angriffstechnik mit dem Mied, die sich an den Basisrichtungen orientiert, ausgeführt werden kann.

Die neunte Richtung führt im Winkel von 90 Grad von vorn und auf direktem Weg zur Zielmitte.

Die Kampftechniken werden grundsätzlich von den Handwaffen dominiert und je nach gebotener Situation zusätzlich mit dem Einsatz der Körperelemente und der allgemeinen Funktionalität des Körpers kombiniert, so, wie es auch im Ling Lom bzw. Pahuyuth vor der Aufteilung in unterschiedliche Disziplinen der Fall war.

Mied, Mied Zuy

Die Waffenkampfmethodik des Mied (Messer) oder Mied Zuy (Fischmesser) ist im Allgemeinen für den Einsatz einer Einhandwaffe konzipiert worden. In der Praxis kommt es jedoch häufig vor, dass zwei gleiche Einhandwaffen, zum Beispiel zwei Messer, oder auch zwei ungleiche Einhandwaffen, wie etwa ein Messer und eine Axt, zum Einsatz kommen. Es gehören ferner alle erdenklichen Gegenstände in diese Disziplin, die eine vergleichbare Beschaffenheit der Einhandwaffen und ungefähr die Länge einer Hand aufweisen. Traditionell waren das beispielsweise die Handaxt (Kwan Sandt) und die Sichel (Kieaw), heute zählen auch Schraubenzieher, Kugelschreiber, eingerollte Zeitungen und ähnliche Gegenstände dazu, die in der direkten Umgebung zu finden sind. Da die eingesetzten Waffen in dieser Disziplin schon immer auch verfügbare Gegenstände waren, war das Mitführen eigener Waffen für die Awud-Kämpfer nicht üblich, was auch heute noch eine Tugend ist.

In den alten Überlieferungen werden die typischen Kampfaktionen des Mied mit dem Einsatz der Krallen einer Raubkatze verglichen. So, wie die Raubkatze ihre Krallen erst im Moment des direkten Einsatzes ausfährt, wird auch das spitze und scharfe Messer eingesetzt. Grundsätzlich wird es zum Schneiden oder Anreißen des gegnerischen Körpers benutzt, anstelle ihn zu stechen. Gleichzeitig versucht der Kämpfer jedoch sehr wohl, den Gegner mit dessen Waffe zu stechen, was als eine Besonderheit des Awud-Kampfes angesehen wird. Das Werfen des Mied oder ähnlicher Gegenstände gehört als normale Technik ebenfalls zur Methodik. Die Wurftechnik ermöglicht, das Mied sowie alle Gegenstände mit ähnlicher Beschaffenheit auf die gleiche Weise zu werfen. Der Abstand zum Ziel kann dabei bis zu zwölf Meter betragen. Auch das Rasiermesser war vor der Ablösung durch moderne Rasierklingen eine der beliebtesten Handwaffen, speziell im Einsatz gegen mehrere Gegner.

Der Aktionscharakter des Mied zeichnet sich durch einen sehr geringen Abstand zwischen den Kämpfern aus, wodurch schnelle und kurze Kampfaktionen möglich sind, aber zugleich ein hohes Verletzungsrisiko besteht. Daher gehört der Kampf mit gleichen Waffen (Messer gegen Messer) unter Kennern eher zur Seltenheit und wird nur von sehr erfahrenen Kämpfern ausgetragen. Eine thailändische Legende, in der es um die Aufrechterhaltung der Ehre als Kämpfer geht, ist das Messerduell unter Mondlicht (Douan Mied Dtay Saeng Jann). Heute ist das Messerduell (Douan Mied) eine Übung, die den Beteiligten höchste Fähigkeiten abverlangt.

Messerduell

Die ursprüngliche Legende über das Douan Mied Dtay Saeng Jann stammt aus der Zeit vor der Einwanderung der Thai in das Gebiet des heutigen Südchinas, also noch vor der Zeit von Nanjauw um 650 v. Chr. Der Überlieferung nach kam es wegen Führungsstreitigkeiten im Zuge der Gebietskontrolle gegen die Eroberungen der Chinesen zu diesen Duellen. Dabei trat jeweils ein Vertreter der verfeindeten oder streitenden Parteien gegen den anderen an. Die Duelle wurden aber auch innerhalb der Parteien ausgetragen.

Im Rahmen der Unterrichtung wurde das Duell nur mit Übungswaffen durchgeführt. Da kein Wettkampf zugrunde lag, standen die Fähigkeiten beider Kämpfer im Vordergrund, die mit dem Duell ihre Aktionen und Reaktionen schulten. Viel später, als die Thai bereits in Thailand eingewandert waren, bürgerte sich das Messerduell als ernste Auseinandersetzung neben dem Unterricht ein. Vor dem Hintergrund persönlicher Verherrlichung oder verletztem Ehrgefühl führten die Duelle meist zum Tod oder zu schweren Verletzungen eines Kontrahenten. Nach damaligem Verständnis war es für den Herausgeforderten selbstverständlich, das Risiko des eigenen Todes in Kauf zu nehmen, anstelle die Herausforderung abzulehnen und somit die Ehre als Kämpfer zu verlieren.

Dem alten Brauch folgend fand das Douan Mied auf einem Hügel mit freier Fläche statt, deren Durchmesser mindestens fünfzehn Meter betrug. Während des Duells, das um Mitternacht begann, durfte die allein durch das Mondlicht beleuchtete Fläche nur von den Kämpfern betreten werden. In der Mitte des Kampfplatzes lag ein weißes quadratisches Stofftuch, dessen mit magischen Symbolen versehene Seite auf dem Boden lag. Ursprünglich wurde hierfür das Pahuyuth-Symbol verwendet, das in vier Richtungen zeigte. Es stand für die Gleichwertigkeit der Beteiligten und sollte die Kontrahenten zudem auch als gedanklich reine Kämpfer vor eventuellen Verletzungen schützen. Die Reinheit der Kämpfer bezog sich auf ihren gegenseitigen Respekt und die Achtung voreinander sowie auf den Schwur, dem Gewinner nach dem Kampf den gesamten Besitz zu überlassen. Bei den späteren Messerduellen wurde das Pahuyuth-Symbol gegen magische Symbole ausgetauscht, die aus Zeichen und Texten bestanden. Sie sollten eine mögliche Wirkung mitgebrachter magischer Gegenstände neutralisieren oder vor dem Duell ausgesprochene magische Sprüche entkräften. Im Falle des Todes eines Kontrahenten wurde das Tuch auf das Gesicht des Verstorbenen gelegt, um eine Rache seines Geistes zu unterbinden und diesen auf seinem Weg zur Wiedergeburt in ein besseres Schicksal zu begleiten. Vor dem Beginn des eigentlichen Duells führten beide Kämpfer ihre Begrüßungszeremonie (Ram Mied) durch und stellten sich danach mit dem Messer bewaffnet voreinander auf und bissen dann jeweils auf die diagonal gegenüberliegende Ecke des magischen Tuches. Das Zubeißen war gleichbedeutend mit der Einnahme der Kampfstellung und galt als sofortiger Kampfbeginn.

Bei dem ursprünglichen Messerduell ging es in erster Linie um die Demonstration der Kampffähigkeiten und die Aufmunterung der Kampftruppe. Diese Duelle waren nicht nur lehrreich, sondern stellten auch ein unvergessliches Ereignis für die beteiligten Kämpfer und auch die Zuschauer dar. Bei späteren Duellen war ein schnelles Ende und ein tödlicher Ausgang hingegen beinahe Gewissheit.

Die Freikämpfer nutzten im Krieg überwiegend zwei große Einhandmesser, während die regulären Soldaten ein Einhandmesser in Kombination mit einer anderen Handwaffe, meist ein Schwert, benutzten. In der heutigen Zeit gehört das Messer immer noch zur Ausrüstung. Zudem wird es in einzelnen Fällen zur Selbstverteidigung in Notsituationen genutzt oder findet in gesonderten Einsatzmethoden des Militärs sowie verschiedenen Sicherheitsbereichen seine Verwendung.

Maih Zoog

Die zweite Waffenkampfmethodik des Awud ist die des Maih Zoog (Unterarmknüppel), über dessen Ursprung unter Historikern immer noch Uneinigkeit herrscht. Nach einer Theorie soll es ein einfaches Handwerkszeug gewesen sein, dass in der Landwirtschaft für unterschiedliche Arbeiten verwendet wurde. Der einfache Holzstock, an dessen Ende ein kurzer Ast abstand, wurde zum Trennen und Sortieren von Reiskörnern benutzt, zum Pflegen der Wasserbüffel oder auch zum Vertreiben von Vögeln. Eine andere Abstammung des Maih Zoog schreibt man der Fischerei zu. Um die Boote der Fischer in einem bestimmten, durch Holzpfähle markierten Bereich auf dem Wasser zu halten, benutzte man das so genannte Maih Jan Ruea. Dieses Werkzeug konnte der Fischer am Boot einhaken und dieses zu sich heranziehen oder wegstoßen. Da das Maih Jan Ruea wohl auch zur Verteidigung gegen Piraten eingesetzt wurde, entwickelte sich daraus die Handwaffe Maih Zoog.

Während der Blütezeit der Waffenschaukämpfe im Abschnitt von Nanjauw gehörte die Darbietung mit dem Maih Zoog zu den beliebtesten. Die vielen begeisterten Zuschauer verglichen die Demonstrationen mit dem Kampf zwischen einer Kobra (Ngu Hau) und einem Mungo (Pangporn), wodurch die Tiernamen mit der Zeit auf die Waffen übertragen wurden. So wurde für die Langwaffen Grabong oder Maih Jauw (langer Stock) der Begriff Ngu Hau benutzt, während man die Kurzwaffen Maih Zoog oder Maih Sandt (kurzer Stock) als Pangporn bezeichnete.

In ländlichen Regionen bürgerte sich der Name Grarock Grataeh (Eichhörnchen) ein, mit dem das Maih Zoog selbst und auch die Kampfart mit dieser Waffe gemeint war.

Durch den Einsatz als Waffe veränderte sich das aus einem Ast bestehende Maih Zoog geringfügig und besteht heute aus einem flachen Holzbalken, der so lang wie ein Unterarm, aber etwas breiter als dieser ist. Auf einer breiteren Fläche befindet sich eine Vertiefung, in die sich der Unterarm einpassen kann, da es an diesem befestigt wird und parallel anliegt. Die gegenüberliegende Seite ist an den Kanten leicht abgeschliffen, sodass sie beinahe halbrund ist. Am oberen Ende, das an der Hand liegt, sind hintereinander zwei Holzstifte angebracht, der äußere als Handschutz und der innere als Griff. Moderne

Variante 1: Das Maih Zoog wird am Stift gegriffen und liegt parallel am Unterarm an. So kann es zum Angriff und zur Verteidigung eingesetzt werden.

Variante 2: Das Maih Zoog wird am unteren Ende umfasst, um die Reichweite zu vergrößern und die Stifte direkt einzusetzen.

Ausführungen benutzen anstelle der Holzstifte Metallschrauben, um die Stabilität zu erhöhen. Am anderen Ende nahe dem Ellbogen ist eine Schnur durch zwei Löcher gezogen, die eine Schlaufe zur Befestigung bildet.

Das Maih Zoog kann auf zwei Arten gehalten werden. Man kann es entweder am Griff, also dem dafür vorgesehen Stift halten, sodass es mithilfe der Schnur parallel am Unterarm anliegt oder man greift es am unteren Ende, wobei die Schnur einfach um das Handgelenk geschlungen ist. Von Anfang an wurde das Maih Zoog paarweise mit beiden Armen eingesetzt, was die alte Bezeichnung Zwillingsholz (Maih Fahfaed) bestätigt.

Die Erfahrungen, die im Krieg gesammelt wurden, hatten auch Einfluss auf die Entwicklung des Maih Zoog. Der militärische Einsatz, bei dem es am unteren Ende gegriffen wurde, wurde aber mehr und mehr vernachlässigt. Die bekannte Anwendung für das Maih Zoog besteht aus dem parallelen Halten am Unterarm. Dabei wird im Wesentlichen nur seine Vorderseite genutzt, sowohl aktiv als auch passiv als Schild. Grundsätzlich ist es für einen frontal ausgerichteten Nahkampf konzipiert, wobei die Kampfaktionen überwiegend in tiefen Positionen oder sogar auf dem Boden ausgeführt und zusätzlich mit den körpereigenen Waffenelementen kombiniert werden. Während des Kampfes kann der Kämpfer zwischen beiden Haltemöglichkeiten wechseln, was in den meisten Fällen mit einem Angriff verbunden ist. Dieser besteht darin, das Maih Zoog durch Loslassen des Griffstiftes nach vorn vom Arm gleiten zu lassen, damit das Ende gegriffen werden kann. Werden zwei Maih Zoog im Kampf eingesetzt, können beide Haltemöglichkeiten mit der Methodik des Ling Lom kombiniert werden.

Eine typische Kampfaktion mit dem Maih Zoog ist spontan und offensiv. Defensive Aktionen sind meist langatmig, stellen hohe Anforderungen an den Kämpfer und verlangen viel Konzentration und Ausdauer. Die grundsätzliche Bewegungsart mit dem Maih Zoog ist spielerisch und sehr gestenreich und dient nicht nur zur Verwirrung des Gegners, sondern auch dazu, die eigene Ausdauer optimal an die nicht vorhersehbare Dauer des Kampfes anzupassen. In der Vergangenheit wurde das Maih Zoog als sehr leistungsfähiges Kampfmittel eingesetzt, dessen Verwendung für die Kämpfer aber sehr anstrengend war.

Nachdem unterschiedliche Arten von Schutzschilden ins Land gebracht wurden, meist durch ausländische Söldner, entstanden neue, eigene Schilde, die auf der Anwendung des Maih Zoog basierten.

Dab

Das Dab (Schwert) ist die dritte Methodik des Awud, bei der eine oder zwei Einhandwaffen mit ähnlicher Beschaffenheit eingesetzt werden. Ursprünglich stammt es vom Gab, einem Reisschlagstock (Maih Ti Kauw) aus etwa armlangem Bambusholz, der seine Wurzeln in der Zeit hat, in der die Thai noch im Gebiet des heutigen Südchinas beheimatet waren. Ein bis zwei Drittel des Bambusstabs bestanden aus dem eigentlichen Holz, der Rest wurde aufgeschnitten, in Fasern ausgebreitet und mit dünnen Bambusschnüren quer verflochten. Dadurch ergab sich eine fächrige Form, wie man sie heute noch bei alten Besen (Maih Gwad Lahn) findet.

Das Gab wurde bereits bei den Auseinandersetzungen zwischen den Glie und den chinesischen Stämmen eingesetzt. Auch finden sich Hinweise darüber, dass die thailändischen Bauern aus dem ursprünglichen Gab eine Art Sensenwerkzeug entwickelten, um in den Reisanbaugebieten Unkraut und Gräser zu beseitigen. Dieses Werkzeug wurde ebenfalls zur Verteidigung verwendet und hat in späteren Zeiten die Bezeichnung Gab Glie erhalten. Dieses bestand aus einem circa bis zur Hälfte längs geteilten Bambusrohr, in das zwischen den Hälften ein sehr dünnes Metallband eingebunden war. Obwohl das Gab Glie mehrfach im Krieg eingesetzt wurde, trieben die Thai die Entwicklung als Waffe nicht ernsthaft voran.

Erst nach und nach wurde es modifiziert und seine Eigenschaften für die Nutzung als Waffe im Kampf verbessert. Das Gab Glie wurde so weit entwickelt, dass seine Beschaffenheit bereits an die des heute bekannten Dab heranreichte. Das Metallband wurde zu einer stabilen Schwertklinge, obgleich die unterschiedlichen Formen und Variationen immer noch Experimente darstellten. Das typische Verhältnis von zwei Drittel für die Klinge und einem Drittel für den Griff deutet darauf hin.

Die unterschiedlichen Schwertklingen wurden wegen ihrer Form und ihrer Eigenschaften für alles Mögliche, nur nicht zum Stechen benutzt. Die dünne und einseitig scharf geschliffene Klinge war nicht dazu geeignet, Schädel zu spalten oder gegen andere stabile Waffen wie Äxte oder dergleichen anzugehen. Die Klinge war typisch in zwei unterschiedlich starke Hälften aufgebaut; von der Spitze bis zur Mitte war sie besonders scharf geschliffen und breiter als die von der Mitte zum Griff führende Hälfte. Der Rücken der Klinge war stumpf und dick, sodass sie insgesamt die Form eines Keils hatte. Die zweite Hälfte der Klinge war wesentlich schmaler, nicht so scharf und ragte zur Befestigung etwa eine Handbreit in den massiven Holzgriff hinein. Zur Stabilisierung war der Griff im Übergangsbereich zusätzlich mit einem Metallband umwickelt.

Ausgehend von der ursprünglichen Nutzung als Sensenwerkzeug war eine entsprechende Handhabung für das Dab erforderlich. Bei dieser hervorgegangenen Methodik wird der Griff vor dem Übergang zur Klinge umfasst. Dabei umschließen Daumen und Zeigefinger den Griff, ohne dass die restlichen Finger oder die Handfläche fest zupacken, um die Steuerung des Schlages und das Ausbalancieren des Dab für Drehschläge zu ermöglichen.

Die eigentliche Steuerung eines Schlages erfolgt durch Öffnen und Schließen der Handfläche. In der Anfangsphase wird die Hand geöffnet und die Handfläche vom Griff gelöst, sodass ihn nur noch Daumen und Zeigefinger umschließen. Der Griff des Schwertes liegt dabei an den übrigen Fingern an. Das Schließen der Hand sowie das vollständige Einrollen der Finger erfolgt in dem Moment, in dem die Endposition des Schlages erreicht und dadurch der Drehschlag erzeugt wird. Die dabei produzierte Schlagleistung hängt von der Beschleunigung durch das Einrollen der Finger und dem Schließen der Hand sowie der grundsätzlichen körperlichen Beschaffenheit ab. Der Punkt, an dem Daumen und Zeigefinger den Griff halten, wird dabei als Mittelpunkt für die Drehung benutzt, die durch das Eigengewicht der Seite des Dab entsteht, mit der geschlagen wird. Aus dieser Anwendung heraus entstanden unterschiedlichste Drehvarianten sowie die Methodiken zum Wechsel der Griffposition.

Abgesehen von der ursprünglichen Nutzung als Rodewerkzeug wurden die Drehvarianten zum Schlagen und Abwehren allmählich für den direkten Einsatz im Kampf erweitert. Die eigentliche Schlagtechnik des Dab ist eine Mischung aus Handhabung und körperlichem Einsatz. Dabei bewegt sich der schwertführende Arm so weit, dass das Ziel innerhalb des Drehschlagradius liegt. Parallel zu dieser Bewegung wird der eigentliche Drehschlag ausgeführt. Die Körperenergie, die durch die Bewegung des Armes erzeugt wird, addiert sich mit der Energie aus dem Drehschlag und wird zusammen als Schlagenergie auf das Ziel übertragen.

Dieses Prinzip wird ebenso für das Auffangen und Umleiten ankommender Schlagenergie verwendet. Die Übertragung der eigenen Schlagenergie erfolgt über den vorderen breiten Teil der Klinge. Zum Auffangen oder Umleiten ankommender Schlagenergie wird der untere, am Griff befindliche Klingenabschnitt benutzt und eine

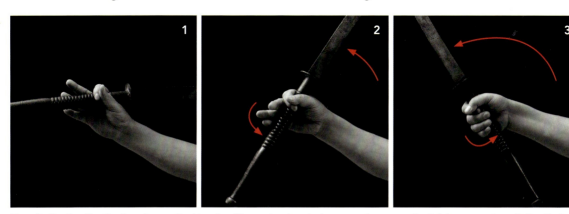

Durch die Greiftechniken kann die Handwaffe optimal gehalten werden, um die Schlagenergie auf das Ziel zu übertragen. Das Dab wird beispielsweise nicht fest umklammert, sondern locker zwischen Daumen und Zeigefinger gehalten. Beim Ausführen eines Schlages wird die Faust geschlossen, wodurch sich der Drehschwung und die Bewegungsenergie des Armes addieren.

eigene Schlagenergie als Widerstandsenergie erzeugt, die beim Umleiten entsprechend geringer ist.

Die Methodik des Dab ermöglicht neben der Nutzung eines einzelnen Schwertes, wobei die Hand, die es hält, während des Kampfes gewechselt werden kann, auch die Anwendung von zwei Schwertern (Dab Song Mueh), weshalb die Dab-Methodik weltweit als einzigartig gilt. Besonders ist zudem, dass der Kämpfer die Griffart und die Position seiner Hand am Griff beliebig wechseln kann. Da die Waffenkampfmethodik eine Mischung aus dem eigentlichen Einsatz des Dab in Kombination mit der Methodik Ling Lom ist, ist es üblich das Dab mit anderen Einhandwaffen zu kombinieren, wodurch sich eine neue zusammengesetzte Methodik ergibt.

Thai-Schwert (Dab)

Grabong

Für die Waffenkampfmethodik des Grabong (Langstock), der auch als Maih Jauw oder Plong bezeichnet wird, verwendet man ein massives Rundholz, das als Einhand- oder Zweihandwaffe eingesetzt werden kann. Sein Ursprung ist ein einfacher Bambusstock, der auf der Schulter getragen üblicherweise für den Transport von Proviant und Reisegepäck benutzt wurde. Dieser Tragestab (Maih Haab) war nicht nur dienlich bei den Reisen durch den Dschungel oder in die Berge, sondern man nutzte ihn beispielsweise auch zum Wegbahnen, Abstützen und auch zur Verteidigung gegen Tiere. Durch die Legende Zaiyuh wird der Maih Haab als Ursprungswaffe für die thailändischen Langwaffen und als Namensgeber der Waffenkampfmethodik Grabong angesehen. Die Legende beschreibt die Überbringung der buddhistischen Lehre nach China durch den chinesischen Mönch Tang Gam Jang, der dafür mit seinen drei Begleitern durch das überwiegend von Thai besiedelte Gebiet Nanjauw zog. In allen Versionen dieser Erzählung wird von einem Einsatz des Maih Haab mit magischen Eigenschaften berichtet.

Der körperlange Stock ist mit den gewöhnlichen thailändischen Langwaffen wie dem Speer (Hoog) oder der Lanze (Lauw) nicht direkt vergleichbar. Wie bei den anderen Waffen des Awud geht es auch beim Grabong in erster Linie um seine Beschaffenheit, weshalb auch ihm ähnliche Gegenstände im Kampf benutzt werden können. Der Grabong besitzt weder einen festgelegten Griffbereich, wie es bei Langwaffen

In der Ausgangsstellung wird der Grabong vor dem Körper gehalten, wobei er mit einer Hand von unten und mit der anderen von oben gegriffen wird.

normalerweise der Fall ist, noch ist er spitz oder scharf. Er besteht lediglich aus einem einfachen massiven und zylinderförmigen Stock, dessen Anwendung nicht nur auf seine Länge ausgerichtet ist. Da diese aber als vordergründiges Beschaffenheitsmerkmal des Grabong auch den Einsatz gegen Langwaffen ermöglicht, führte dies zu dem Missverständnis, die Kampfmethodik sei speziell für Langwaffen bestimmt.

Die ursprüngliche Entwicklung der Waffenkampfmethodik basierte auf einer spielerischen Handhabung und akrobatischer

Kunst mit dem Grabong, wie aus der Legende von Tang Gam Jang hervorgeht. Dabei setzte sich die Methodik mit den verschiedensten Drehbewegungen des Stabs in sehr körpernahen Positionen auseinander. Diese Nahkampfmethodik ist aber allgemein unüblich für Langwaffen und wird sogar als Schwachstelle für solche bezeichnet.

Das Grundprinzip des Grabong besteht aus der Handhabung körperlanger Gegenstände, die aufgrund ihrer Beschaffenheit in allen Positionen verwendet werden können. Üblich wird er waagerecht mit beiden Händen, die schulterbreit auseinander sind und den Stab in etwa 3 gleichlange Abschnitte unterteilen, locker vor dem Körper gehalten. Die Hände umfassen den Grabong dabei entgegengesetzt, das heißt, eine Handfläche zeigt nach oben, die andere nach unten. Wird er mit einer Hand eingesetzt, benutzt man das Halteprinzip des Dab. Das Schlagen und Auffangen mit zwei Händen erfolgt durch die Drehschlagenergie, wobei eine Hand die Position des Drehmittelpunktes übernimmt und die andere den eigentlichen Drehschlag für die Übertragung und Steuerung der Schlagenergie ausführt. Neben der Kombination mit der Dab-Methodik wird der Grabong auch mit der Methodik des Ling Lom verwendet.

Sabei

Das Sabei (Tuch) ist die fünfte Methodik des Awud, die Gegenstände aus weichen Materialien wie Stoffe oder Seile (Schueag) vereint. Das traditionelle Sabei war ein Umhängestoff, der zur Kleidung der Frauen gehörte. Die Waffenkampfmethodik mit weichen und biegsamen Gegenständen ergab sich aus dem notgedrungenen Einsatz des Tuches bei Überfällen. Obwohl traditionelle Kleidungsstücke der Männer wie der Stoffgurt (Pah Kadpung) oder das Mehrzweckstofftuch (Pah Kauwmah) auch bedeutend für die Entwicklung der Kampfmethodik waren, wurde der ursprüngliche Name Sabei beibehalten.

Als Weichwaffe besteht das Stofftuch Sabei aus Baumwolle, das für den optimalen Einsatz die Form eines großen Handtuchs hat. Sein Maß liegt ungefähr zwischen einem Song Sock (etwa 200 x 25 Zentimeter) und einem Nueng Wa (etwa 100 x 200 Zentimeter). Für die Methodik können alle Gegenstände mit weichen und geschmeidigen Eigenschaften eingesetzt werden, wie zum Beispiel die Peitsche, Seile, einfache Stoffe oder Gürtel.

Eines der Hauptprinzipien beim Einsatz des Sabei macht sich die weichen Eigenschaften zunutze und verknüpft diese mit der Methodik des Ling Lom. Das Sabei wird dabei hauptsächlich zur Verwirrung und vorübergehenden Einschränkung der Reaktionsfähigkeit des Gegners gebraucht, um anschließend entweder mit der gegnerischen Waffe oder den körpereigenen Waffen anzugreifen. Durch die hohe Flexibilität kann das Tuch nach den Prinzipien des Spannens,

Das Sabei gilt trotz seiner weichen und geschmeidigen Eigenschaften als äußerst gefährliche Handwaffe.

ähnlich einem Peitschenschlag, des Bindens und Umwickelns sowie mit Zugkraft eingesetzt werden.

Da der Gebrauch des Sabei zu sehr schweren Verletzungen des Gegners führen kann, wurde es als eigenständiger Waffentyp innerhalb des Pahuyuth klassifiziert.

Muai und Dtie Muai

Die waffenlose Methodik des Muai bildet die jüngste Disziplin des Pahuyuth. Da auch die Kämpfer unabhängig von Einsätzen im Krieg für ihren Lebensunterhalt zu sorgen hatten, nahmen sie in Friedenszeiten an öffentlichen Schaukämpfen teil, für die sie kleine Spenden von den Zuschauern bekamen. Ihr Wissen über den Kampf konnten die Kämpfer durch die Darbietungen, die mit modernem Entertainment verglichen werden können, beruflich nutzen. Anfänglich, als die Schaukämpfe auf der Methodik des Ling Lom basierten, trugen sie die Bezeichnung Dtie Muai, die verknoteter oder verworrener Schlag bedeutet.

Die Schaukämpfe waren von Beginn an mit Regeln verknüpft, um schwere Verletzungen der Kämpfer zu vermeiden, den Kampfverlauf für die Zuschauer attraktiv und überschaubar zu gestalten und sie so an die Schaukämpfe zu binden. Es waren aber keine reinen Inszenierungen aneinandergereihter Techniken, sondern freie und improvisierte Kämpfe, die sich auf Grundlage der Methodik ergaben. Die Regeln erlaubten nur drei Prinzipien des Ling Lom, weshalb die Möglichkeiten der Kämpfer begrenzt waren. Angewendet werden durften Tah Kru (System des Lehrers), Tah Rab (Abwehrkenntnis) und Tah Dtohsuh Pratom (Kampfgrundtechniken). Um den auf Reflexen beruhenden Einsatz der nicht zugelassenen Prinzipien Tah Djab (Grifftechnik) und Tah Plodpai (Sicherheitswissen) zu unterbinden, wurden die Hände der Kämpfer mit einem Stoffband umwickelt, was dem Dtie Muai einen eigenen Charakter gab. Allein anhand der Intensität und Beschleunigung der Aktionen konnte der Dtie-Muai-Kampf von einem realen Kampf unterschieden werden.

Schließlich entstand mit dem Dtie Muai eine Variante der ursprünglichen Kampfmethodik Ling Lom, die auch für einen realen Kampfeinsatz geeignet war. Auch wenn sich das Dtie Muai fortan als zweite waffenlose Methodik neben dem Ling Lom etablierte, beeinflussten sich die Disziplinen gegenseitig.

Da die Mehrheit der Ling-Lom-Kämpfer auch mit der Methodik des Awud vertraut und der Einsatz von Waffen und des Tah Plodpai, das speziell für den Bodenkampf bestimmt ist, bei den Schaukämpfen nicht zugelassen war, wurde zunehmend die Faust zum Schlagen benutzt, deren Einsatz im Muai typisch ist. Die Entwicklung geht überwiegend auf die mit Gegenständen ausgeführten Kampfbewegungen des Awud zurück, speziell auf das Schwert, das mit der Faust bzw. der Hand umschlossen wird. Der Kampf mit den Fäusten bedeutete zugleich den Entwicklungsbeginn der reinen Fausttechniken. Im ursprünglichen Ling Lom, vor der Aufteilung in waffen- und waffenlose Bereiche, wurde statt der Faust überwiegend die Hand benutzt, da Gegenstände ohnehin als Waffen verwendet wurden. Das waffenlose Dtie Muai bildete sich zu einem reinen Stehkampf heraus, bei dem die vier Körperelemente Faust, Fuß, Ellbogen und Knie als Waffen benutzt wurden.

Die Belohnungen der Zuschauer entfachten unter den Kämpfern allmählich einen leistungsorientierten Wettbewerb, der durch die Regeln und die Erwartungen der Zuschauer mit bestimmten Anforderungen verknüpft war. Die mittlerweile gewohnte Spende machte die Kämpfer immer abhängiger von den Veranstaltungen, wodurch sie immer stärker an die Bedingungen der Schaukämpfe gebunden wurden. Für die Zuschauer ging es vordergründig um die Wetten, die sie auf die einzelnen Kämpfer abschlossen. Dadurch verlief das Dtie Muai immer weiter in Richtung einer neuen Kampfart, die sich mehr und mehr vom ursprünglichen Dtie Muai entfernte: das Panann Muai (Kampfwetten). Trotzdem blieb die Entwicklung des ursprünglichen Dtie Muai, das sich an der waffenlosen Kampfmethode des Ling Lom orientierte, nicht stehen. Aus ihr ergab sich schließlich die eigenständige Kampfmethodik Muai.

Zusammengefasst gab es drei Richtungen des ursprünglichen Dtie Muai. Die erste Richtung ergab sich durch die traditionellen Schaukämpfe, die den Ursprung für das heutige Muai Boran, das antike Muai darstellt. Die zweite Richtung beruht auf dem leistungsorientierten Wettbewerb Panann Muai, das der direkte Vorläufer des heutigen Nationalsportes Muai Thai ist und auch als Muai Vethie oder Giela Muai bezeichnet wird. Die letzte Richtung, das Dtie Muai, das sich an seiner Ursprungsmethodik orientierte und sich in realen Kampfsituationen weiterentwickelte, wird Muai Dueckdammbann (prähistorisches Muai) oder nur Muai genannt und komplettiert zusammen mit dem Ling Lom sowie den fünf Waffendisziplinen Mied, Maih Zoog, Dab, Grabong und Sabei den heutigen Entwicklungsstand der Pahuyuth-Methodik.

Die Entstehung des Muai

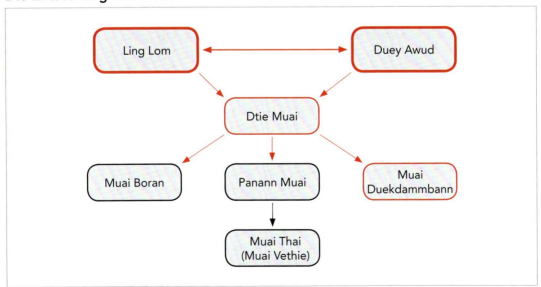

Aus den Schaukampfvorführungen entwickelte sich die eigenständige Stehkampfdisziplin Muai, die aus Teilen der Waffenkampfmethodik und Teilen des waffenlosen Ling Lom besteht.

Magische Bestandteile

Ein magischer Kampf

Magische Sprüche und Symbole

Magische Gegenstände

Ein magischer Kampf

Die thailändische Lebenskultur und entsprechend auch das allgemeine Verständnis der Gesellschaft waren seit jeher eng mit dem Glauben an Übernatürliches, an Magie und Wunder sowie eine Existenz nach dem Tod verbunden. Obwohl aus fachlicher Sicht zwischen dem Pahuyuth und der Glaubenskultur kein Zusammenhang besteht, haben sich im Laufe der Zeit verschiedene magische Aspekte mit der Kampffähigkeit vermischt und zu einem bestimmten Bild in der Öffentlichkeit geführt. Die Entwicklung des Pahuyuth unterlag zwangsläufig dem Einfluss des Magischen und so haben zum Beispiel Rituale und unverwundbar machende Gegenstände unter anderem dazu beigetragen, dass dem Pahuyuth übernatürliche Fähigkeiten nachgesagt wurden, wovon unterschiedliche Erzählungen und Legenden sowie die Namen verschiedener magischer Gegenstände zeugen. Bis heute wird das Pahuyuth mit der Magie in Zusammenhang gebracht.

Der Bedarf an magischen Schutzpatronen, vor allem die Magie der Unverwundbarkeit (Kong Grapann Schadtrie), war und ist auch bei Kämpfern immer vorhanden. Angefangen bei der magischen Wirkung aus der Natur und ihrer Geister bis hin zu Inhalten aus verschiedensten Glaubensrichtungen wie dem Buddhismus sind die unterschiedlichsten Arten von Magie vertreten. Die Magie (Saksidt) wird unabhängig von ihrer jeweiligen Wirkung grob in drei Gruppen geteilt: die magischen Sprüche, die magischen Symbole und die magischen Gegenstände.

Magische Symbole (Jann) wurden auf Tücher oder Stoffe gemalt und sollten den Träger vor Gefahren schützen. Um magische Gegenstände im Kampf nicht zu verlieren, wurden die Symbole später auch auf den Körper tätowiert (Sakjann).

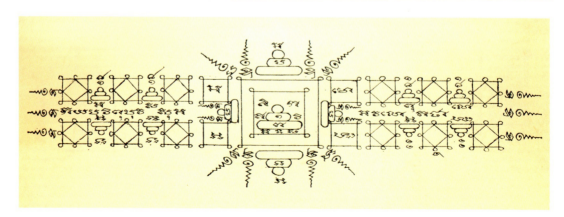

Magische Sprüche und Symbole

Magische Sprüche

Das Aussprechen oder Aufschreiben von bestimmten, meist gereimten oder kodierten Worten wird als Katha (magische Sprüche) bezeichnet. Sie sind je nach einheimischem Gebrauch in unterschiedlichen Sprachen überliefert. Lediglich im Buddhismus und im Brahmanismus wird überwiegend eine Mischform aus Balinesisch und Sanskrit benutzt.

Der Inhalt der Katha ist gewöhnlich in drei Abschnitte unterteilt. Der erste beinhaltet die Verherrlichung der magischen Quelle, die angesprochen wird, in aller Regel Gottheiten oder Geister. Im zweiten Abschnitt wird um die jeweilige magische Wirksamkeit gebeten und der dritte bezieht sich auf das Ziel, meist eine Person, wo sich die magische Wirksamkeit entfalten soll. Das typische Aussprechen eines magischen Spruchs geschieht lautlos und in einer bestimmten Reihenfolge mit festgelegter Anzahl von Wiederholungen. Nach thailändischem Glaubensverständnis gilt es als Besonderheit, die Katha rückwärts auszusprechen oder mit anderen magischen Wörtern zu kombinieren, um die Wirksamkeit zu verstärken. Der Inhalt der jeweiligen Katha ist ein besonders gehütetes Geheimnis und wird sehr diskret und nur im engsten Kreis an gelehrte Personen weitergegeben.

Magische Symbole

Die magischen Symbole (Jann) entspringen einer Zeit, in der das Bemalen und Tätowieren der Körper noch feste Bestandteile der Lebenskultur der Thai waren. Obgleich der genaue Entstehungszeitpunkt unbekannt ist, kann davon ausgegangen werden, dass diese Kultur zur Zeit der Glie-Kämpfer, also etwa 2500 v. Chr., bereits existierte. Der Überlieferung nach sollte das Tragen bestimmter Symbole auf dem Körper dazu dienen, verschiedene Ahnen zu ehren sowie sich selbst zu einem Glauben zu bekennen. Bei den tätowierten Symbolen (Sakjann) handelte es sich anfangs um Linienzeichnungen sowie Darstellungen aus der chinesischen Zeichensprache. Der Träger solcher Symbole sollte durch die magische Wirkung der Ahnen und Gottheiten geschützt werden, indem sie ihre Magie durch die tätowierten Linien an den Träger übergeben.

Tätowierungen als Schutzsymbol waren lange Zeit nur Männern vorbehalten. Durch die fortschreitende Entwicklung sind sie in gleicher Weise auch für Frauen relevant geworden, da auch sie an Kämpfen teilnahmen. Jedoch nur für kurze Zeit, da die eingeritzten Muster gesellschaftlich nicht mehr akzeptiert wurden, weil man die Schönheit der Frau als zerstört ansah. Um den Frauen dennoch Zugang zur Magie bzw. den beschützenden Symbolen zu gewähren, übertrug man die Symbole auf die Kampfkleidung, woraus das magische Hemd (Suea Jann) entstand. Erst viel später, zur Zeit der Wanderungen in das Gebiet des heutigen Thailands, als der buddhistische Glaube bereits übernommen und verbreitet war, wurde ein kleines, mit magischen Symbolen versehenes Stofftuch (Pah Jann) zur Übertragung der Magie benutzt. Diese Methode ist bis in die heutige Zeit als beliebte Übertragungsform erhalten geblieben.

Magische Gegenstände

Die Magie hatte durch die Tradition einen hohen Stellenwert innerhalb der Gesellschaft. Nachdem der Buddhismus eingeführt war und sich unter den Thai verbreitet und etabliert hatte, vermischten sich die Glaubensaspekte langsam mit der vorhandenen Magie, was dazu führte, dass sich der Bedarf an magischer Schutzwirkung gegen Gefahren sowie für das Leben und die Gesundheit unter den Kämpfern veränderte. Da immer mehr Kämpfer Buddhisten waren, strebten sie nicht nur nach magischer Unverwundbarkeit und Schutz im Kampf, sondern durch ihre Glaubensinhalte auch nach Liebe, Glück und Anerkennung. Sie hatten auch den Drang, sich zu ihrem Glauben zu bekennen, da der Buddhismus einen immer stärkeren Einfluss in der Gesellschaft erlangte. Durch die Vermischung mit der Magie wurde die Glaubenszugehörigkeit ab einem gewissen Zeitpunkt durch magische Gegenstände (Kong Klang) zum Ausdruck gebracht. Diese sind brahmanischen Ursprungs, wurden aber teilweise vom Buddhismus übernommen, wie etwa Amulette, Skulpturen oder auch Abbildungen, die heute überwiegend von den Buddhisten hergestellt und verbreitet werden. Magische Gegenstände, die nicht in den Buddhismus übertragen wurden, werden als Krueang Lang (allgemeine magische Gegenstände) bezeichnet und unterscheiden sich durch ihre Beschaffenheit in drei Formen: die magische Schnur, den magischen Geist und die magischen Kräuter.

Die magische Schnur (Dtrah Gud) besteht aus einzelnen oder mehreren zusammengeflochtenen Schnüren oder Fäden aus Baumwolle, in die Knoten oder kleine Metallröhrchen eingearbeitet sein können. Die Metallröhrchen wurden mit magischen Texten oder Gebeten besprochen, um die Magie der kompletten Schnur zu erzeugen. Je nachdem wo bzw. wie die Schnur am Körper getragen wurde, bezeichnete man sie beispielsweise als Mongkon (Stirnring) oder Pra Jet (Armring), der um den Oberarm gebunden wurde. Die Dtrah Gud trug man oft wie einen Gürtel um die Hüfte, wobei sich die magische Wirksamkeit auch auf die Abschirmung von Gefahren außerhalb des Körpers bezog.

Der magische Geist (Pray) ist eine Abbildung, ein Amulett oder eine Skulptur, die in Tier- oder Menschenform gestaltet war. Dieser Gegenstand dient als Symbolfigur eines Geistes, der traditionell durch ein bestimmtes Ritual, bei dem magische Texte ausgesprochen werden, den Gegenstand besetzen soll. Der Besitzer, der den magischen Geist bei sich trägt, erhält so einen unsichtbaren Schutz.

Zu den begehrtesten magischen Gegenständen unter thailändischen Kämpfern gehören

Die magische Schnur (Dtrah Gud) kann unterschiedlich am Körpers getragen werden, beispielsweise um die Hüfte oder den Hals.

seit jeher magische Kräuter oder Pflanzen (Vahn), da ihre magischen Eigenschaften naturgegeben sind und man kein besonderes Ritual benötigt. Die Vahn werden entweder direkt eingenommen oder auf den Körper aufgetragen, um Unverwundbarkeit zu erzeugen oder die gegnerische Magie abzuwehren. Sehr verbreitet war auch der Schutz der eigenen Behausung vor unsichtbare Gefahren durch Verwendung solcher Pflanzen.

Die Herstellung buddhistischer und nichtbuddhistischer Gegenstände erfolgte zu bestimmten Anlässen mit jeweils passendem Gebetstext. Ein Anlass konnte beispielsweise ein bevorstehender Krieg oder die Ehrung eines verstorbenen Kriegshelden sein. Die beliebtesten magischen Abbildungen und Figuren sollten hierbei in erster Linie Unverwundbarkeit verleihen. Populär sind bis heute magische Buddhafiguren, die es in drei unterschiedlichen Ausführungen gibt. Die Figur eines in geschlossener Haltung sitzenden Buddhas bezeichnet man als Pra Ud. Die Arme der Figur sind vor dem Gesicht gekreuzt, die Beine befinden sich übereinandergeschlagenen unter dem Gesäß, ähnlich dem Schneidersitz. Diese Position deckt alle neun Körperöffnungen (Augen, Ohren, Nasenlöcher, Mund, Geschlechtsteil, After) zu, wodurch die magische Unverwundbarkeit hervorgerufen werden soll. Dem Glauben nach hält das Abdecken und komplette Verschließen aller Körpereingänge und Wahrnehmungskanäle mögliches Unglück ab, verhindert aber gleichzeitig den Einlass jeder Glückseligkeit.

Bei der Figur des angespannten Buddhas (Pra Prang Sadungmahn) ist das rechte Bein aus dem Schneidersitz herausgelöst und die rechte Hand der Figur liegt auf dem Knie des Beines. Auch diese Figur soll die magische Wirkung zum Schutz an den Träger übergeben oder ihm dienlich sein.

Die dritte Buddhafigur soll ihre magische Schutzwirkung im Militär entfalten. Der so genannte Buddha der Fahnenspitze (Pra Yodtong) wurde an dem oberen Ende von Fahnenstangen angebracht und diente ursprünglich als Symbol dafür, dass die Kampftruppen im Krieg von Buddha begleitet werden. An der Unterseite hatten die Figuren einen kleinen Stift, mit dem sie in die Fahnenstange gesteckt werden konnten. Und in ihrem hohlen Innern befand sich eine kleine Metallkugel, die bei Erschütterungen einen Klingelton erzeugte und so die Magie auslöste. Diese Buddhafiguren waren auch nach dem Überleben in der Schlacht begehrt, da sie als Schutzpatrone verwendet wurden.

Durch die Haltung des angespannten Buddhas (Pra Ud) werden alle Körperöffnungen verschlossen. Nichts gelangt in den Körper hinein oder heraus.

Das Heilwissen im Pahuyuth

Heilkörper

Die traditionelle Heilkunde

Heilkörper

Das Heilwissen bzw. die altthailändische Heilkunde blickt auf eine sehr lange Entwicklung zurück, deren Ursprünge im Saiyasart liegen, dem Wissen über das Nichts. Anders als im Saiyasart befasst sich die Heilkunde überwiegend mit den Funktionen und Funktionalitäten körperlicher Strukturen und stellt einen eigenen, aus dem Saiyasart ausgekoppelten Bereich dar. Ungeachtet der Beeinflussung durch andere Lehren wie dem Ayurveda oder der Chinesischen Medizin ist die Heilkunde ein in sich geschlossenes Wissensgebiet, das nur teilweise mit anderen medizinischen Konzepten verglichen werden kann und trotz seiner geringen Verbreitung bis heute besteht.

Nachdem das Zeitalter der kriegerischen Auseinandersetzungen angebrochen war, gewann die Selbstversorgung für Soldaten und Krieger immer mehr an Bedeutung, weshalb die Gesundheitspflege sowie weitere Teile der Heilkunde allmählich in

Struktur der Heilmethoden

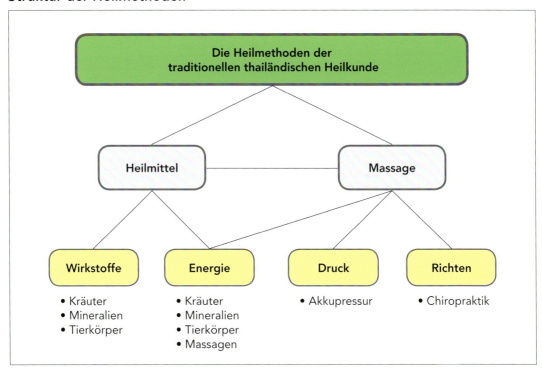

Mit den Heilmethoden der altthailändischen Heilkunde werden physische und psychische Beschwerden und Erkrankungen behandelt. Sie beziehen sich auf den äußeren Bedarf, bestehend aus Heilmitteln mit körperlicher Heilwirkung und Lebensenergie, und die Unterstützung der Selbstheilungsfunktionen des Körpers durch verschiedene Massagemethoden.

das Pahuyuth integriert wurden und sich fortan innerhalb des Pahuyuth und auch losgelöst davon weiter entwickelten. Insbesondere bei Truppenverlegungen und Kriegsumzügen durch unbewohnte Gebiete hatten die Soldaten keinen Zugang zu gewohnter Nahrung. Es war auch nicht möglich ausreichend Proviant und medizinische Versorgung mitzuführen, da die Dauer der Einsätze entweder unbekannt oder nur schwer zu kalkulieren war. Dies führte dazu, dass die Kämpfer und Soldaten häufig schon vor Beginn der eigentlichen Kriegshandlungen erkrankten, sich verletzten und unter psychischen Störungen und körperlicher Schwäche litten. Man geht heute davon aus, dass mehr Menschen an den Folgen von Verletzung wegen mangelnder medizinischer Versorgung starben als durch unmittelbare Kriegseinwirkungen auf dem Schlachtfeld.

In der traditionellen Heilkunde wird allgemein zwischen Nährkörper und Heilkörper unterschieden. Zum Nährkörper zählt die tierische und pflanzliche Nahrung, die innerhalb des natürlichen Lebensraumes zur Verfügung steht und zur Versorgung des menschlichen Körpers dient. Dazu gehören auch die Heilkörper, die durch zusätzliche Eigenschaften bestimmte Funktionsabläufe des Körpers sowie seine Heilungsmechanismen beeinflussen können. Der Teil der Heilkunde, der sich mit den Heilkörpern beschäftigt, heißt Kampie Ya Bahn (Wissen der Hausheilkörper). Da die Nähr- und Heilkörper allgemein zum Haushalt gezählt wurden, nannte man sie auch einfach Hausheilkörper.

Der während der Kriege bestehende Mangel an medizinischer Versorgung und Nahrung führte zu dem Wissen der Dschungelheilkörper (Kampie Ya Bpah), das sich aus dem Kampie Ya Bahn entwickelte. Es war speziell für die allgemeine Selbstversorgung der Kämpfer im Krieg oder für Reisende im Dschungel bestimmt, die unbekannte und unbewohnte Gebiete durchquerten.

Das Wissen über die altthailändischen Heilkörper unterteilt sich in sechs Bereiche: die Identifizierung der Heilkörper, der Heilgeschmack, die Heilfarbe, der Heilduft, die Heilwirkung durch Mischen und die eigenständigen Heilkörper. In der heute überlieferten Form stellen diese Bereiche ein eigenes Wissensgebiet dar.

Die traditionelle Heilkunde

Für Kämpfer und gelehrte Persönlichkeiten war es in Friedenszeiten durchaus üblich, als Naturheiler für ihren Lebensunterhalt zu sorgen. Ihre Erfahrungen als Naturheiler brachten sie allmählich in den bisherigen Unterrichtsinhalt des Pahuyuth ein, der neben dem Wissen über die Ya Bpah und die Ya Bahn auch andere Teile der traditionellen Heilkunde einschloss. Die Entwicklung der Dschungelheilkörper konzentrierte sich hauptsächlich auf die Gesundheitspflege sowie den Erhalt und die Förderung der Selbstheilungs- und Selbstregulierungsfunktionen aller Lebenskörper, die nach altthailändischer Überzeugung alle über Mechanismen verfügen, die der Lebenserhaltung und Fortpflanzung dienen. Erkrankungen und Beschwerden bis hin zu funktionellen Störungen werden im Wesentlichen durch äußere Eingriffe verursacht und lassen sich insbesondere auf die Ernährung zurückführen. Für die Umkehr von Erkrankungen und Beschwerden, also die Heilung oder Regenerierung sind nach traditionellem Verständnis die körpereigenen Selbstheilungsfunktionen zuständig. Die Einnahme von Heilkörpern oder indirekte Eingriffe von außen durch beispielsweise Massagen unterstützen zwar die Selbstheilungsfunktion, werden aber nicht als direkte Heilmittel betrachtet.

Die fundamentale Struktur der traditionellen Heilkunde setzt sich aus dem anatomischen Aufbau des Lebenskörpers und seiner dazugehörigen Funktionalität zusammen, die in der modernen Medizin keinesfalls äquivalent sind. Unter dem anatomischen Aufbau eines Lebenskörpers werden die sichtbaren Bestandteile seiner äußeren Beschaffenheit verstanden, die auch als biologische Aspekte bezeichnet werden und dem geläufigen und allgemeinen Verständnis eines gesunden Körpers entsprechen, der sich durch sein äußeres Erscheinungsbild definiert und grundsätzlichen zur Diagnosestellung gehört. Eine Abweichung der äußeren Beschaffenheit kann dementsprechend auf eine Beschwerde oder Erkrankung einzelner Organe oder deren Funktionalität hinweisen.

Zur Stellung der Diagnose wird in der Heilkunde zwischen einer Beschwerde und einer Erkrankung unterschieden, was für den Heilungsansatz von fundamentaler Bedeutung ist. Bei einer Beschwerde liegt eine Störung des Druckverhältnisses einzelner, in sich geschlossener Bereiche (Vakuumbereiche) des Körpers vor, die die Funktionalität der betroffenen Struktur beeinträchtigen kann. Anzeichen einer solchen Störung sind beispielsweise Verkrampfungen, Schwellungen, Unterkühlungen oder Temperaturerhöhungen. Sind hingegen einzelne Organe von einem Fremdkörper beschädigt worden und ihre Funktionalitäten deshalb gestört, spricht man von einer Erkrankung. Fremdkörper sind all jene, die der gegenwärtige Körper als nicht zugehörig identifiziert. Sie können entweder von außen in den Körper gelangen oder eigenständig durch seine Funktionalität hervorgebracht werden durch beispielsweise abgestorbene Körperstrukturen, die nicht ausgeschieden werden. Der Beginn einer Beschwerde oder Erkrankung setzt dann ein, wenn die Selbstheilungsfunktion nicht mehr ohne äußere Unterstützung abläuft und Schmerzen oder äußerlich wahrnehmbare Veränderungen verursacht werden.

Das Diagnoseverfahren der traditionellen Heilkunde setzt das Wissen über die anatomischen Strukturen sowie deren Aufbau und Funktionalität voraus. Dabei geht es sowohl um die Funktionalität einzelner Organe als auch um das Zusammenwirken des gesamten Organismus des Lebenskörpers. In erster Linie wird die Diagnose über die Sinnesorgane, durch Sehen, Hören, Tasten, Riechen und Schmecken vorgenommen. Der Einsatz weiterer Hilfsmittel oder Werkzeuge ist für einen traditionellen Heiler unüblich. Die Untersuchung ist im Vergleich mit der modernen Medizin daher durchaus als minderwertig anzusehen, wenn es beispielsweise um das Erkennen von Zivilisationserkrankungen geht, und stellt somit die Grenze der Heilung der traditionellen Heilkunde dar.

Die Struktur eines Lebenskörpers besteht nach dem Heilwissen aus unterschiedlichen geschlossenen Bereichen, die an ein bestimmtes Druckverhältnis gebunden sind. Eine Öffnung des Körpers durch einen äußeren Eingriff ist demzufolge immer mit der Zerstörung des Druckverhältnisses in dem betroffenen Bereich verbunden und führt automatisch zu einer Beeinträchtigung der Funktionalität. Daher schließt die traditionelle Heilkunde Eingriffe wie Operationen gänzlich aus, weil eine Behandlung zur Wiederherstellung des funktionellen Druckverhältnisses hier ihre Grenze findet. Das Herstellen dieses Druckverhältnisses bildet auch die Grundlage für die Entstehung der thailändischen Heilmassage (Noud Raksa).

Die Heilkunde unterscheidet sich in drei Bereiche. Der erste ist die genannte Wiederherstellung der körperlichen Funktionalität durch eine entsprechende Ernährung, ähnlich einer modernen Ernährungsberatung. Der zweite Bereich dient der Unterstützung der Selbstheilungsfunktionen durch verschiedene Heilkörper der Ya Bpah und Ya Bahn, die entweder eingenommen oder aufgetragen werden, ähnlich der Methoden eines medizinischen Heilers (Moh Ya). Im dritten Bereich erfolgt die Heilung indirekt durch einen äußeren Eingriff in Form unterschiedlicher Massagen, die mittels Druck, Dehnung, Akupressur oder auch Energiemassagen zu einer Regulierung der Körperenergie führen und dadurch die Selbstheilung unterstützen. Bei dieser Tätigkeit wird der Heiler traditionell als Massageheiler (Moh Noud) oder Heilmasseur (Moh Sennt) bezeichnet. Besonders in ländlichen Regionen kam es vor, dass die Massageheiler wegen ihrer gesammelten Erfahrungen und ihres Wissens über die Funktionalität des Körpers auch als Geburtshelfer (Moh Dtamyeah) arbeiteten. Sowohl ein Moh Ya als auch ein Moh Noud verfügen über das Wissen der Ernährungsberatung, wobei der Moh Ya nicht zwingend über das gesamte Wissen und die Fähigkeiten der Heilverfahren und der Heilmassage verfügt wie der Moh Noud.

Die bekannt gewordene traditionelle Thai-Massage beinhaltet ein nur geringes Wissen aus der Heilmassage und ist überwiegend für das allgemeine Wohlbefinden konzipiert. Daher verfügt ein traditioneller Masseur nicht automatisch über Kenntnisse der traditionellen Heilkunde.

Etwa ab der Mitte des 20. Jahrhunderts, nach der Umstellung auf die moderne Kriegsführung, wurde das Heilwissen nur noch als freiwilliger Wissensbestandteil von den Kämpfern gelehrt. In die Disziplin Ling Lom wurden von Anfang an bestimmte Techniken der traditionellen Heilkunde integriert, die aus der Umkehrung von Massage- und Akkupressurtechniken zur Behandlung von Verletzten entstanden. Die Anwendung dieser Techniken hatte zum Teil eine sehr effiziente und mitunter sogar tödliche Wirkung, weshalb man sie im Pahuyuth schon immer als besonderes Wissen der höheren Stufe ansah, das in Form eigener Behandlungsmethoden an die Schüler weitergegeben wurde.

Das Pahuyuth-Symbol

Symbol und Bedeutung

Das Ideal eines Kämpfers

Die Saiyasart-Bedeutung

Die Pahuyuth-Bedeutung

Symbol und Bedeutung

Der tatsächliche Urheber des Pahuyuth-Symbols ist unbekannt. Die älteste Abbildung findet sich im Tamrab Pichaisongkram, einem aus einzelnen Dokumenten zusammengestellten Kriegslehrbuch der Sukothai-Ära, das gegen Ende des 13. Jahrhunderts von König Poh Kun Ramkamhaeng verfasst wurde. Die Lehrer des Pahuyuth gehen davon aus, dass der tatsächliche Ursprung des Symbols weit vor dieser Zeit liegt.

Anfänglich war das Symbol ein einfaches, aus Linien bestehendes Zeichen ohne gefüllte Flächen. Es zeigt einen sitzenden Menschen in der Benjangkapradit, die Position der magischen drei Säulen, die auch als kämpferische Position bezeichnet wird. Die fundamentalen Säulen, die die Figur stützen, ergeben sich durch die Knie links und rechts und mittig durch die Füße. Diese aus drei Punkten bestehende Position, die von oben betrachtet ein Dreieck ergibt, bildet die Grundlage für einen stabilen Stand.

Das ursprüngliche Pahuyuth-Symbol bestand nur aus Linien. Es wurde unter anderem auf dünne Kupferplättchen oder Palmblätter gemalt, die mit der Spitze nach unten in kleine Glöckchen gehängt wurden, die der Wind bewegte. Die Form der Blätter und die Kupferplättchen sind der Ursprung aller späteren Amulette und Anhänger.

Einfache Linien bilden verschiedene Ornamente, die, trotzdem sie nicht miteinander verbunden sind, das Gesamtbild des Symbols ergeben, einen vermeintlich geschlossenen Körper. Die Ornamente gleichen magischen Zeichen, deren Formen vermutlich aus dem Saiyasart stammen und unterschiedliche Bedeutungen haben. Zumindest in Bezug auf die äußere Bedeutung ist ein solcher Zusammenhang eindeutig erkennbar. Unabhängig von der tatsächlichen Herkunft des Symbols und seiner freien Deutung beinhaltet die Überlieferung drei maßgebliche Deutungsansätze, aus der Sicht des Saiyasart, in Bezug auf das Ideal des Pahuyuth nach schöpferischem Vorbild und letztlich auch in Verbindung mit der Kampfmethodik. Ob sich diese Ansätze und Aspekte zu einem Gesamtbild ergeben, liegt allein in der Erkenntnis des Schülers. Aus einer überlieferten Geschichte, in der sich ein Schüler mit der Bedeutung und dem Sinn des Pahuyuth-Symbols befasst, lassen sich die verschiedenen Aspekte ableiten.

Ein fortgeschrittener Schüler der höheren Stufe, der bereits als Hilfslehrer fungiert, geht zu seinem Lehrer. Er fragt ihn, wann er denn endlich als Lehrer benannt würde. Der Lehrer hört die Frage und beginnt, Tee aus einer Kanne in eine bereits gefüllte Tasse zu gießen, sodass diese überläuft und der Tee auf den Boden rinnt. Der Schüler beginnt daraufhin, eifrig den Tee mit einem Tuch aufzuwischen und fragt voreilig den Lehrer, was er damit bezwecke. Der Lehrer lächelt und antwortet:

„Das, was ich dir gebe, ist wie der Tee aus der Kanne. Du bist wie die Tasse. Wie kannst du neuen Tee in dir aufnehmen, wenn der alte Tee nicht aus der Tasse geleert wird? Und wenn der neu eingegossene Tee nicht getrunken wird und in der Tasse bleibt, dann ist es nicht verwunderlich, dass die Tasse überläuft, wenn immer wieder Tee nachgefüllt wird! Wenn dies so ist, aus welchem vernünftigen Grund stellst du dann deine Frage?"

Das Ideal eines Kämpfers

Der Deutungsansatz des Pahuyuth-Symbols in Bezug auf das Ideal beruht auf dem tugendhaften Handeln eines Pahuyuth-Kämpfers, das seinem aufrichtigen Bemühen, sich dem schöpferischen Ideal des Kampfwissens anzunähern, entspricht. Die Aktivität seines Handelns geht dabei allein von ihm aus, ohne Zwang. Betrachtet man das Kampfwissen als Existenz, stellt man sich bei tieferer Auseinandersetzung zwangsläufig die Frage nach dem Grund seiner Entstehung, der mit dem schöpferischen Ideal gleichbedeutend ist. Das Ideal entspricht aber nicht nur einem einzelnen Aspekt des Kampfes, sondern vielmehr der Gesamtheit seines Wesens, zu dem alle möglichen Aspekte gehören. Traditionell steht die Tugend eines Kämpfers oder auch sein Ideal für das Streben nach dem Wesen des Kampfes, um ein Verständnis zu erlangen, woraus sich nicht nur die Existenz des Kampfes, sondern auch der Grund seiner Entstehung ergibt.

Äußerlich betrachtet steht das Kampfwissen für die Benutzung des eigenen Körpers sowie verschiedener Gegenstände bis hin zu traditionellen Handwaffen, die allerdings an einen zerstörerischen Zweck gegenüber Mitmenschen gekoppelt sind. Das Wesen solcher Benutzung des Körpers entspricht dabei einer wechselnden Abfolge von Aktionen und Reaktionen, wie bei Angriff und Verteidigung. Daher betrachtet man das Kampfwissen traditionell auch als zweischneidiges Schwert (Dab Sohng Kom), das vom Kämpfer benutzt werden kann, sich aber auch gegen diesen richten lässt. Eine Betrachtung des Kampfwissens, die sich lediglich auf einen Aspekt bezieht, ist demzufolge wirklichkeitsfremd, sofern sie einem umfassenden Verständnis dienen soll.

Die Kampfmethodik, die unter dem Begriff Pahuyuth existiert, ist durch eigene Erfahrungen und Erlebnisse sowie ein daran gekoppeltes Verständnis entstanden. In der praktischen Anwendung der Aktionen und Reaktionen macht sie sich die Qualität ihres Aktivitätscharakters (Prasidtipab Vicha Dtohsuh) zunutze, also ihrer möglichst effizienten Umsetzung, da nach schöpferischem Ideal zu keiner Zeit Wert auf die leistungsbezogene Qualität der Aktionen und Reaktionen gelegt wurde. Bereits in der Vergangenheit, als die Effizienz bzw. der wirkungsvolle Einsatz des Kampfwissens noch der zentrale Mittelpunkt für den Krieg und darüber hinaus auch für den Fortbestand des thailändischen Volkes war, wurde bei der Unterrichtung immer wieder auf den Unterschied zwischen dem tatsächlichen Kampfwissen und der daraus resultierenden leistungsbezogenen Umsetzung für einen effektiven Einsatz hingewiesen.

Wie in anderen Wissensgebieten auch, ergibt sich der Wert des Kampfwissens nicht durch die Leistungsfähigkeit des jeweiligen Nutzers oder die Fixierung auf das Ergebnis einer möglichen Anwendung, sondern durch das Verständnis, dem Verstehen seines Wesens, wodurch eine tatsächliche Effektivität erst möglich wird. Da eine Kampfhandlung, auch mit äußerster Leistung ausgeführt, dennoch kein Garant für ein Überleben im Kampf ist, wird bei der Unterrichtung auch heute noch besonderer Wert auf den bewussten Umgang mit dem Wissen gelegt.

Das traditionelle Kampfwissen, das sich mit dem Wesen des Kampfes beschäftigt, bleibt durch das schöpferische Ideal, also dem Sinn des Kampfes immer aktuell und ist daher von der leistungsbezogenen Umsetzung unabhängig.

Das Pahuyuth stellt im Sinne seiner Schöpfer eine Gebrauchsanleitung für den bewaffneten und unbewaffneten Kampf zwischen Menschen dar. In der Gesellschaft wurde und wird das Kampfwissen aber mehr mit der Anwendung – bezogen auf die Bezeichnung des zweischneidigen Schwertes – in Verbindung gebracht, die bewusst Schäden zufügen soll. Dies hatte in der Vergangenheit zur Folge, dass das gesamte Wissen als ungutes Wissen (Ah Vicha) oder niederträchtiges Wissen (Deraschan Vicha) definiert wurde.

Das Erscheinungsbild des Pahuyuth ist letztlich nichts anderes, als die Existenz einer erschaffenen Kampfmethodik durch deren Nutzung ein Kämpfer seinen eigenen Zweck, gekoppelt an eine optimale Leistung, verfolgen kann. Die vermutlichen Ziele des ersten Nutzers, also des ersten Kämpfers, der die Kampfmethodik auf der Grundlage seines eigenen Verständnisses geschaffen hat, entsprechen symbolisch dem Ideal des Pahuyuth. Dieses Ideal wird auch als der Idealcharakter (Bugkalig Naksuh) eines Kämpfers bezeichnet und durch das Pahuyuth-Symbol zum Ausdruck gebracht. Von Anfang an war das Ideal fundamentaler Bestandteil innerhalb der Unterrichtskonzeption und ein Hauptziel, auch wenn der Schwerpunkt auf die praktische Ausübung der Kampfaktionen ausgerichtet ist. Zur Bildung des Ideals gehört das Selbstbewusstsein (Sak Srie) des Kämpfers, das innerhalb der Unterrichtskonzeption unter anderem im praktischen Partnerkampf gebildet werden kann. Das folgende Beispiel für einen solchen Partnerkampf bezieht sich auf die Disziplin Fandab, ist aber für alle Disziplinen gültig.

Partnerkampf

Der Ausübung eines Partnerkampfes geht die Verabredung der zwei Kämpfer voraus und schließt dabei die Eroberung sowie den Willen, dem Partner eine Verletzung zuzufügen, ein. Der Partnerkampf ist mit einer ernsthaften Kampfaktion vergleichbar, auch im Rahmen des Unterrichts, denn für die Aktionen und Reaktionen der Kampfhandlung werden reale Handlungen vorausgesetzt. Beide Übenden haben sich also zu einer Kampfhandlung unter realen Bedingungen verabredet, was unmittelbar dazu führt, dass sich die Kampfpartner durch verschiedene Überlegungen bewusst mit den bevorstehenden Handlungen und den möglichen Folgen auseinandersetzen.

Für den Kampf werden bestimmte Rahmenbedingungen vereinbart, damit die auf Grundlage des eigenen Kampfwissens ausgeführten Kampfaktionen den Partner nicht verletzen oder schädigen, auch wenn sich gerade dadurch die Kampffähigkeit bestätigen würde. Durch die Ausübung des Partnerkampfes werden beide Schüler immer wieder mit der Problematik konfrontiert, den eigenen Kampfcharakter zu gestalten, wodurch automatisch die Bildung des charakteristischen Kämpferideals im Sinne der Schöpfer angeregt wird, so, wie es das Pahuyuth-Symbol zum Ausdruck bringt.

Treffen beispielsweise Kampfpartner mit ungleicher Kampffähigkeit aufeinander, ist der Unterlegene vordergründig mit bestimmten Überlegungen beschäftigt, denn durch Kampfaktionen, die den dominierenden Kampfpartner treffen, könnte er eine härtere Reaktion seines Partners provozieren. Der Unterlegene führt somit einen durch Angst geprägten, zurückhaltenden Kampf aus, der alles andere ist, als ein Kampf unter realen Bedingungen. Der überlegene Kampfpartner kann sich in dieser Situation durch Selbstüberzeugung und das Verhalten seines unterlegenen Kampfpartners zur Selbstverherrlichung und Überheblichkeit verleiten lassen. Sein Kampfcharakter führt dadurch möglicherweise zum Verniedlichen und Unterschätzen seines Partners, was zu einer Herabsetzung der Persönlichkeit und Zerstörung des Selbstbewusstseins des Unterlegenen während der Ausübung führen kann. Die Möglichkeit, sich von der eigenen Kampffähigkeit zu überzeugen, besteht im Allgemeinen nicht mehr, wenn Vor- und Rücksicht, verlangsamte Ausführungen oder ein absichtliches Verfehlen des Ziels vor möglichen, von den Vereinbarungen abweichenden Verletzungen des Partners schützen sollen. Durch Ehrgeiz und auch Arroganz sowie emotional ausgeführte Kampfaktionen können sich jederzeit echte Gewinnabsichten entwickeln, durch die sich eine ernsthafte Kampfhandlung zwischen den Kampfpartnern ergeben könnte, obwohl beide bewusst einen Partnerkampf mit Übungscharakter vereinbart hatten.

Die Saiyasart-Bedeutung

Im Saiyasart wird das Pahuyuth-Symbol dem *Ich*, also dem eigenen Selbst gleichgesetzt. Das Ich ist kurz gefasst ein Wahrnehmungsfokus, der sich sowohl auf die gegenwärtige Betrachtung von allen erdenklichen Existenzen und Ereignissen beziehen kann als auch auf die Identifikation mit der betrachteten Existenz durch den Betroffenen. Es betrifft in erster Linie jedoch die Wahrnehmung als Betrachter des Pahuyuth-Symbols (Ich-Symbol), dessen Betrachtungsweise sich durch die drei fundamentalen Betrachtungsaspekte des Saiyasart ergibt, den inneren, äußeren und den Verhältnisaspekt.

Der äußere Aspekt

Nach der Betrachtungslehre des Saiyasart ist das Pahuyuth-Symbol im übertragenen Sinn eine zusammengesetzte Existenz, deren einzelnen Elemente eine unterschiedliche Beschaffenheit hinsichtlich ihrer Form und Größe aufweisen. Vermutlich stammen die Formen aus dem Pflanzenreich, einige Historiker verweisen auch auf die Ähnlichkeit mit typischen Thai-Ornamenten sowie eine mögliche Abstammung vom Buddhismus, die in der Pahuyuth-Linie jedoch nicht bestätigt ist.

Durch seine einzelnen Elemente präsentiert das Ich-Symbol das Gesamtbild einer menschlichen Existenz, das in sich die Möglichkeit einer Unterscheidung zwischen der tatsächlichen Wirklichkeit, der eigenen Identifikation als Betroffener und der Wahrnehmung als Betrachter in Bezug auf Existenzen und Ereignisse birgt. Die tatsächliche Wirklichkeit entspricht dabei der Beschaffenheit der Farbe des Symbols auf dem Papier. Die Präsentation bzw. Darstellung des Symbols, das durch den Schöpfer für den Betrachter geschaffen wurde, stellt den schöpferischen Ausdruck dar und die Wahrnehmung durch den Betrachter bedeutet, das Symbol durch das eigene Verständnis zu interpretieren.

Da das Symbol eine Existenz ist, die aus der Summe ihrer Elemente bzw. der unterschiedlichen Beschaffenheit dieser Elemente besteht, werden – je nach Fokus – sowohl die Existenzen der einzelnen Elemente als auch die Gesamtexistenz des Symbols wahrgenommen. Die Existenz des Symbols könnte in dieser Form nicht ohne die zwei Existenzen Tinte und Papier zustande kommen. Die äußere Beschaffenheit des Symbols präsentiert das Ich und das Papier oder der Untergrund das *Nichts* bzw. das, was nicht dem Ich entspricht. Folglich besteht der äußere Aspekt der Symbolfigur Ich zum einen aus der Darstellung seiner äußerlich wahrnehmbaren Form und zum anderen aus dem Nichts, das diese Darstellung ermöglicht.

Das Existenzpaar Ich und Nichts stellt die tatsächliche Wirklichkeit des äußeren Aspektes dar, der sich auf der Grundlage der Wahrnehmung der Beschaffenheitsmerkmale ergibt. Da die Betrachtung des Ich und auch die Identifikation mit seiner Darstellung als Betroffener vom Betrachter bzw. Betroffenen selbst ausgeht, wird der äußere Aspekt auch als der Ich-Aspekt bezeichnet.

Der innere Aspekt

Der Grund des Schöpfers für die Erschaffung des Pahuyuth-Symbols wird durch den inneren Aspekt ausgedrückt. Der

Entstehungsgrund ist hierbei für die Wahrnehmung als Betroffener durch die Identifikation mit der Symbolfigur Ich und auch für die Wahrnehmung als Betrachter relevant. Die gegenwärtige Wahrnehmung der Symbolfigur erfolgt ausschließlich auf Grundlage des eigenen Verständnisses (Ich) und nicht dem des ursprünglichen Schöpfers (Nichts). Die tatsächliche Wirklichkeit des Symbols ergibt sich folglich durch das Existenzpaar Ich und Nichts, wie auch bei dem äußeren Aspekt. Da in erster Linie der Grund des Schöpfers relevant ist, wird der innere Aspekt auch als Nichts-Aspekt bezeichnet.

Der Verhältnisaspekt
Auch beim Verhältnisaspekt ist die Existenz der Symbolfigur Ich an das Verständnis des Schöpfers zum Entstehungszeitpunkt und an das Verständnis des Betrachters zum Zeitpunkt seiner Wahrnehmung geknüpft, wobei das Verständnis auf dem gegenwärtigen Resultat aus Prägung und Erlebnissen beruht. Als Ich wird hier die Gleichheit des Verständnisses zum Entstehungszeitpunkt und zum Betrachtungszeitpunkt bezeichnet, die Ungleichheit als Nichts. Dadurch ergibt sich die tatsächliche Wirklichkeit des Verhältnisaspektes ebenfalls durch das Existenzpaar Ich und Nichts bzw. der Gleichheit und Ungleichheit in Bezug auf das Verständnis. Da die Existenzgleichheit Ich durch das Ich des Schöpfers und das Ich des Betrachters entsteht, wird der Verhältnisaspekt auch als Wir-Aspekt bezeichnet.

Im Kontext der Betrachtungslehre des Saiyasart wird das Pahuyuth-Symbol auch dazu benutzt, die eigene Erkenntnis zu verinnerlichen, dass eine Betrachtung immer nur eine gegenwärtige Wahrnehmung ist. Erlangt werden kann die Erkenntnis durch Betrachtung jeder Existenz. Durch die drei fundamentalen Aspekte der Betrachtungslehre wird die Überleitung zur Erkenntnis über den in der Vergangenheit liegenden Anfang der Symbolfigur Ich und das in der Zukunft liegende Ende erleichtert. Anfang und Ende des Existenzprozesses des Symbols sind zum gegenwärtigen Zeitpunkt nicht wahrnehmbar, da das, was im Hier und Jetzt besteht, immer nur die vergängliche Gegenwart ist. Zum Beispiel ist der gesamte Inhalt eines Buches bereits geschrieben und als Existenz vorhanden, bevor der Betrachter an unterschiedlichen Stellen darin lesen kann. Das Lesen als gegenwärtige Aufnahme des Buchinhaltes kann durch den Betrachter sowohl von der ersten bis zur letzten Seite als auch an beliebigen Stellen erfolgen oder auch beendet werden. Diese Erkenntnis über das Hier und Jetzt – sie wird auch als die magische Wirkung des Symbols verstanden – ist selbstverständlich nicht nur durch die Wahrnehmung des Pahuyuth-Symbols, sondern durch jede andere Existenz möglich.

Bei der Betrachtung des Symbols im Saiyasart ergibt sich für den Betrachter in der tatsächlichen Wirklichkeit automatisch eine Zuordnung als *Ich*, als *Nichts* oder als *Wir*. Das Symbol und die daran gekoppelte Identifizierung des Betrachters Ich ist in unterschiedlichen Existenzsphären und für alle Existenzen wahrnehmbar, unabhängig des Betrachtungsstandpunktes. Die Betrachtung des Symbols löst einen gedanklichen Vorgang aus, der die Identifizierung mit dem Symbol beinhaltet und schließlich zur Auseinandersetzung mit der eigenen Existenz führt. Im Verlauf dieser Auseinandersetzung bewegt sich der Erkennende vom äußeren Aspekt Ich über den inneren Aspekt Nichts weiter zum Verhältnisaspekt Wir, bis sich eine Gleichheit einstellt, die ihn im übertragenen Sinn zum Symbol werden lässt.

Die Pahuyuth-Bedeutung

In der auf den direkten Kampf bezogenen Deutung des Symbols stellen die einzelnen Ornamente unterschiedliche Bestandteile der Kampfmethodik dar, die in ihrer Gesamtheit ein Ganzes ergeben. Die einzelnen Teile gehören dem Pahuyuth nach zu jedem menschlichen Körper von Geburt an und sind als funktionelle Ausstattung vorhanden. Der Lernprozess des Pahuyuth, der aus mehreren Wissensteilen besteht, und die damit verbundenen Erfahrungen entsprechen einem Fokussieren und Bewusstwerden der Wissensbestandteile, bis das gesamte Wissen dem Lernenden zur Verfügung steht. Das Erlernen der Kampfmethodik ist kein Hinzuaddieren von neuem Wissen, sondern erfolgt mit dem Beistand und der Unterstützung eines Lehrers, um ein Wiederentdecken und Bewusstmachen von vorhandenem eigenen Wissen und eigenen Fähigkeiten zu ermöglichen. Das Wiederentdecken von Wissen ist das Faszinierende für einen Pahuyuth-Kämpfer und gleicht der Entdeckung des eigenen Selbst.

Das Gesamtbild des Symbols zeigt einen sitzenden Menschen, der den Idealcharakter des Pahuyuth nach schöpferischem Vorbild in Form des inneren Aspektes zum Ausdruck bringt. Das Resultat dieser persönlichen Wahrnehmung bleibt dem Betrachter durch seine Interpretation freigestellt und ist nach schöpferischem Verständnis und Vorbild Ausdruck des eigenen Selbstbewusstseins, das von der äußeren Wahrnehmung unabhängig ist und für einen traditionellen Kämpfer eine erforderliche Charaktereigenschaft darstellt. Der Überlieferung nach zeigt das Symbol auch direkte Bestandteile der Kampfmethodik in den Ornamenten und Formen; beispielsweise stellt der obere Teil die Aktionsreichweite oder die Aktionsrichtungen dar. Anhand der Anordnung der Formen ergeben sich zwei ineinander liegende Kreise, der äußere durch den Umriss und der innere durch die acht einzelnen Formen, die beide Kreise miteinander verbinden. Der äußere Kreis soll die maximale Aktionsreichweite darstellen und der innere die geringste. Die verbindenden Einzelformen zwischen beiden Kreisen symbolisieren die fundamentalen Aktionsrichtungen für die Abwehr und den Angriff von der Kreismitte zum Ziel.

Letztendlich deutet jeder Kämpfer und jeder Lehrer das Symbol auf seine ganz persönliche Art und Weise. Das Entdecken der verschiedenen Prinzipien der Kampfmethodik erfolgt somit in direkter Abhängigkeit zu dem Verständnis desjenigen, der es betrachtet.

Traditionell trugen die Freikämpfer des Pahuyuth das Symbol als Tätowierung oder auf Amuletten und identifizierten sich durch dieses als Kämpfer, die über das Wissen und die Fähigkeiten der Kampfmethodik des Pahuyuth verfügten. Trotz seines Ursprungs aus dem waffenlosen Ling Lom wurde das Symbol überwiegend von Waffenkämpfern getragen. In der heutigen Zeit tragen Schüler das Symbol, die als Repräsentanten des Pahuyuth dazu berechtigt sind. Die Berechtigung erfolgt durch den Lehrer und setzt mindestens Kenntnis der

Kampfdisziplin Ling Lom mit einer Graduierung als Schwarzgurt oder einem Schwarzgurt in einer anderen Waffendisziplin gepaart mit Ling-Lom-Kenntnissen der Grüngurtstufe voraus. In der Verwendung als Schutzpatron ist das Tragen des Symbols allen Schülern und unabhängig ihres Wissensstands freigestellt und wird im Rahmen des Schülerkollegiums gefördert.

Die inneren Aspekte des Kampfes

Das schöpferische Verständnis

Eins gegen Eins

Die Lehrmethodik

Gaeuw

Die Kämpfertugend des Pahuyuth

Eins gegen Eins

Die Betrachtung der inneren Aspekte – beruhend auf dem Saiyasart – ist eine vorübergehende Verlagerung des Verständnisses des Betrachters in der Gegenwart zum Schöpfer in die Vergangenheit, um selbst die Existenz des Pahuyuth als Schöpfer wahrnehmen zu können. Bei der Verlagerung versucht der Betrachter, sowohl die jeweiligen Lebensumstände, die Glaubenskultur, die gesellschaftliche Prägung als auch die gesammelten Erlebnisse und Erfahrungen der jeweiligen Vergangenheit zu berücksichtigen.

Das Verständnis eines Betrachters ist allgemein das Resultat seiner Erfahrungen, seines Wissens und seiner Prägung. Da die Betrachtung einer Existenz von dem Verständnis eines Betrachters abhängig ist, wird die betrachtete Existenz unterschiedlich definiert und gedeutet. Dies gilt ebenso für die Betrachtung der sichtbaren Existenz eines Kampfes, also den äußeren Aspekten. Um zu den inneren Aspekten des Kampfes durchzudringen und sie zu verstehen, ist es unumgänglich, die Definition der äußeren Aspekte aus der schöpferischen Sicht des Pahuyuth darzulegen, um einen eindeutigen Ausgangspunkt zu haben.

Aus schöpferischer Sicht ist der Kampf ein Ereignis, das in Form einer körperlichen Auseinandersetzung zwischen zwei Kampfparteien in Erscheinung tritt. Die Charakteristik dieser Auseinandersetzung ergibt sich aus den zwei sich gegenüberstehenden Kampfparteien, die auch als Kampfeinheiten bezeichnet werden: dem Kämpfer *Eins* und dem Gegner *Eins*. In dieser Konstellation Eins gegen Eins besteht die Kampfhandlung aus der Summe der ausgeführten Aktionen, die entweder als Angriffsaktionen oder Verteidigungsreaktionen geführt werden und in unterschiedlicher Reihenfolge und Kombination zum Einsatz kommen. Ziel der Aktionen und Reaktionen ist die Durchsetzung des Kampfziels und die Zerstörung der gegnerischen Kampfpartei.

Das grundsätzliche Prinzip Eins-gegen-Eins gilt als Ursprung für die Definition eines Kampfes nach schöpferischem Verständnis des Pahuyuth. Unter Eins versteht man dabei eine menschliche Einheit, die sich sowohl durch ihre biologische Beschaffenheit und Funktionalität auszeichnet als auch durch die Fähigkeit, eine eigenständige Entscheidung zur Ausführung einer Aktion treffen zu können. Die Definition eines Kämpfers bzw. einer Kampfeinheit Eins beruht auf der natürlichen Funktionalität des Menschen, durch die eine körperliche Aktivität in Form einer Aktion oder einer Reaktion gebildet werden kann. Die Kampfeinheit in Verbindung mit Gegenständen, die als Ausrüstung oder Waffen eingesetzt werden, entsprechen nur der Definition, wenn eine gemeinsame Funktionalität bzw. Einheit mit dem Gegenstand und dem eigenen Körper gebildet werden kann.

Zur Verdeutlichung dieser Definition wird traditionell ein Kämpfer als Beispiel verwendet, der ausgestattet mit einem Schwert auf einem Pferd sitzt. Im Allgemeinen ergibt sich daraus eine Kampfeinheit, so, wie sie oftmals in Kriegen der Vergangenheit eingesetzt wurde. Nach traditionellem Verständnis des Pahuyuth ist das Zusammenspiel von Kämpfer, Schwert und Pferd nur dann als Kampfeinheit zu bezeichnen, wenn diese auch tatsächlich als Eins besteht.

Kämpfer und Pferd sind selbstständige Einheiten, das Schwert kann hingegen als unselbstständige Einheit ausschließlich durch die menschliche Funktionalität zu einem Teil der Kampfaktion werden, da es weder eine eigene Funktionalität besitzt noch eigenständig eine Aktion ausführen kann. Eine Gesamteinheit Eins, die der schöpferischen Definition gleichkommt und somit als Kampfeinheit bezeichnet werden kann, entsteht nur durch die Steuerung der dominanten Einheit in der Kombination aus einer selbstständigen, dominanten Einheit (Mensch) und einer unselbstständigen Einheit (Schwert). Die beiden selbstständigen Einheiten Kämpfer und Pferd bilden jedoch keine Kampfeinheit nach schöpferischer Definition, da die Kopplung beider Einheiten nur über die Befehlsstruktur erfolgt, in der der Kämpfer (Befehlshaber) dem Pferd (Befehlsempfänger) die Aktionsausführungen vorgibt, die es durch die eigene Funktionalität umsetzen kann. Obwohl so gemeinsam ein einheitliches Aktionsziel durchgesetzt werden kann, wird die Kampfaktion nicht in einer Einheit ausgeführt. Denn trotz der Befehlsstruktur während der Kampfaktionen reagieren Kämpfer und Pferd in Situationen auf Leben und Tod eigenständig durch die Funktionalität und die sich daraus ergebenden autodynamischen Reaktionen. Dadurch sind die Befehle und das Ausführen dieser in einer Kampfsituation für die Einheiten Kämpfer und Pferd nicht zu kontrollieren. Hinzu kommt, dass der dominierende Befehlshaber zum Zeitpunkt der Befehlserteilung auf dem untergeordneten Befehlsempfänger sitzt und dessen Funktionalität dadurch einschränkt. Kämpfer und Pferd bilden nach dem schöpferischen Verständnis keine Kampfeinheit, sondern eine Kriegseinheit bzw. Aktionseinheit und sind lediglich Aktionskomponenten einer hierarchischen Struktur zur Durchsetzung des gemeinsamen Aktionsziels. Durch historische Überlieferungen und den gesellschaftlich geprägten Sprachgebrauch wurden die Definitionen von Kampfeinheit, wie es auch im Militär heißt, und Kriegseinheit im Laufe der Zeit fälschlicherweise gleichgesetzt.

Die inneren Aspekte einer Kampfaktion weisen eine strukturelle Funktionalität auf, deren Voraussetzung der entschlossene Wille beider Kämpfer ist. Der Beginn ist eine Angriffsaktion eines Kämpfers, die durch eine unmittelbare Gegenreaktion des anderen beantwortet wird. Der andauernde und fortwährende Austausch gegenseitiger Kampfaktionen mit sich anschließenden Reaktionsfolgen stellt die Kampfhandlung dar, wobei die Aktionen und Reaktionen eine Kette bilden, die aus autodynamischen Reaktionen besteht. Ein Kampf endet erst, wenn die Aktionen oder Reaktionen endgültig aussetzen und nicht bei zwischenzeitlichen Unterbrechungen. Das schöpferische Prinzip Eins-gegen-Eins, das für eine körperliche Auseinandersetzung zwischen zwei Kampfeinheiten konzipiert ist, scheint in Situationen mit mehreren Gegnern nachteilig und ungeeignet zu sein. Das Verhältnis von Eins gegen Drei beispielsweise ist ein ungleiches Verhältnis und führt nach logischen Gesichtspunkten nur zu einer Niederlage für das Eins. Um die Methodik des Pahuyuth dennoch einsetzen zu können, kann der Kämpfer die Konfrontation mit den Gegnern zu einer vorübergehenden Kampfsituation nach dem Prinzip Eins-gegen-Eins gestalten, sodass aus der Situation Eins gegen Drei eine Abfolge von drei Situationen Eins gegen Eins wird. Die Umgestaltung bedeutet, einen Kampfverlauf zu erzeugen, der durch zusätzliche Aktionen verhindert, dass die verbleibenden Kampfeinheiten, mit denen sich das Eins nicht beschäftigt, eine Möglichkeit zum Angriff haben.

In einer Kampfsituation reagiert ein Mensch unmittelbar auf den Verlauf des Kampfes mit der Ausführung seiner Kampfaktionen. Dies geschieht im Rahmen seiner biologischen Verfügbarkeit und ist naturbedingt kaum durch eine bewusste Reaktionssteuerung möglich. Die ausgeführten Kampfaktionen beruhen vielmehr auf Reflexen, die mit autodynamischen Reaktionen übereinstimmen. Traditionell werden die Kampftechniken zur Verdeutlichung des Reflexverhaltens mit Buchstaben verglichen. Sie stellen ein Ergebnis dar, das wahrgenommen und erkannt werden kann. Buchstaben, deren Bedeutung und Äußeres erlernt wurden, können durch eigene Erfahrungswerte auch dann erkannt werden, wenn sie nur unvollständig oder undeutlich vorhanden sind, sofern ihre Grundstruktur von der Gesamtheit isoliert werden kann. Um einzelne Buchstaben erkennen zu können, ist das Vorhandensein eines Schreibgerätes oder Stiftes und einer Schreibunterlage Voraussetzung, da Buchstaben ohne diese nicht existieren würden. Stift und Unterlage bilden somit die Rahmenbedingungen für die Wahrnehmung von Buchstaben. Für den Kampf ist die biologische Verfügbarkeit als Mensch die notwendige Rahmenbedingung, körperliche Aktionen ausführen zu können, genauso wie die gesammelten Erfahrungen über die notwendigen Umstände in unterschiedlichen Situationen. Das Ergebnis, also die erkannte Kampfaktion, ist im Pahuyuth das Bewegungsmuster bzw. die Kampftechnik.

Jede Kampftechnik entsteht durch ihren jeweiligen Schöpfer als Unikat und dient dem Nutzer als Vorlage, um durch Nachahmung sein eigenes Werk zu schaffen. Bereits bei der Ausführung ergeben sich Unterschiede durch die biologischen Möglichkeiten des Schöpfers und des Nutzers, und auch das jeweilige Verständnis führt zu einem anderen Ausführungsziel. Daher entsteht jedes geschaffene Werk, also die Ausführung der Kampftechnik, nicht nur auf Grundlage der persönlichen Sichtweise des jeweiligen Schöpfers, sondern auch in Abhängigkeit der Umstände zur Zeit der Schöpfung und dem zugrunde liegenden Verständnis.

Die Entwicklung der Bewegungsmuster erfolgte in zwei Phasen, die auch heute noch für die Vermittlung relevant sind. Die erste Phase ist die Erkenntnis über das Bewegungsmuster und das daran gekoppelte Bewusstsein seiner Ausführbarkeit nach eigenen biologischen Voraussetzungen. Die zweite Phase beinhaltet die Ansammlung von Erfahrungen für die geeignete Ausführung der Bewegungsmuster unter verschiedenen Umständen. Daher bezieht sich das schöpferische Verständnis im Wesentlichen auf die Aneignung der Methodik, anstelle auf die Nachahmung einzelner Kampfaktionen oder Bewegungsmuster, unabhängig von deren Herkunft oder Benennung in einer Linie.

Die reflexartigen Kampfaktionen des Pahuyuth sind zusammengefasst das

Ergebnis einer unmittelbaren Schöpfung eines Werkes, das wiederum aus dem Verständnis des Schöpfers, den vorherrschenden Umständen und den schöpferischen Fähigkeiten im Moment der Schöpfung resultiert. So entwickelten sich auch die fundamentalen Kampfaktionsmuster der Muttertechniken (Maeh Maih) mit ihren aktiven und passiven Varianten, die Kindtechniken (Lug Maih) und Trick- bzw. Gegentechniken (Tah Gon), die nach und nach zusammengetragen wurden. Die Art der Anwendung und die jeweilige Kombination der Techniken, die zur Durchsetzung des Kampfziels benutzt werden, ist die Kampftaktik (Tah Schoehng). Auf Grundlage dieser an die Bewegungsmuster gekoppelten Struktur entstand die fundamentale Unterrichtskonzeption zur Vermittlung des Pahuyuth.

Die Lehrmethodik

Die thailändische Kampfmethodik wurde nur im engen Familienkreis weitergegeben, wodurch mit der Erziehung auch kulturelle Belange der Gesellschaft, die Mentalität und die allgemeine Lebensart gewährleistet waren. Abweichungen gab es lediglich durch allmähliche Veränderungen innerhalb der Gesellschaft, die sich auch auf die Familienstruktur auswirkten.

Der Zugang zum Pahuyuth wird traditionell mit dem Leitsatz „Ich gehe zum Klo, nicht umgekehrt." beschrieben. Er verdeutlicht das Verständnis vom Umgang eines Schülers mit einem Lehrer, der sein Wissen zur Verfügung stellt, insofern der Schüler sich darum bemüht bzw. den Lehrer aufsucht. Die Tätigkeit des Lehrers geht dabei mit einer uneingeschränkten Lehrfreiheit einher und orientiert sich an einem rein empfehlenden Charakter. Ein Schüler, der also wissbegierig ist, kann die Methodik durch Zuhören, Nachdenken, Fragen und Ausüben erlernen, obwohl die Lehrmethodik, die er sich aneignet, nichts mit dem eigentlichen Kampfwissen zu tun hat. Denn die Lehrmethodik des Pahuyuth ist nicht auf der Nachahmung einzelner Techniken aufgebaut, sondern fokussiert die dahinter liegenden Prinzipien. So bietet sich dem Schüler die Möglichkeit, zwischen der Methodik und dem eigentlichen Wissen zu differenzieren und sie als ein Werkzeug zu verstehen, mit dessen Hilfe das Kampfwissen und schließlich auch das Wissen über sich selbst entdeckt werden kann. Als ein Instrument zur Vermittlung des Wissens verfolgt die Lehrmethodik ein bestimmtes, fest mit ihrer Konzeption verknüpftes Ziel, welches die Erkenntnis des Schülers über das Wesen der Methodik ist, die eine Differenzierung zum Kampfwissen möglich macht. Das Wissen ist aber nicht an eine feste Zielsetzung gebunden und existiert für alle Menschen in gleicher Weise.

Die zur Wissensvermittlung eingeführte Unterrichtskonzeption als Teil der Lehrmethodik wurde im Laufe der Geschichte fälschlich mit dem eigentlichen Kampfwissen gleichgesetzt bzw. mit diesem verwechselt. Dadurch kam es unweigerlich zu Missverständnissen und Verständnisproblemen, die bis heute anhalten. Wird die Unterrichtskonzeption anstelle des Kampfwissens als Lehrziel angesehen, schwindet das Verständnis für das erfahrbare und der Methodik zugrunde liegende Kampfwissen. Durch den Fokus auf die Unterrichtsleitlinie war bei den Wissenden ein teils unzureichendes Verständnis im Vergleich zu den schöpferischen Gedanken vorhanden und führte zu der Verwechselung des Wissens mit den Fähigkeiten der Vertreter der Unterrichtsleitlinie. Das daraus resultierende Abweichen von den schöpferischen Gedanken bedeutete die Nachahmung der Kampftechniken anstelle der Aneignung der Prinzipien. Die schleichende, aber essentielle Problematik dieser Entwicklung lag in dem Verlust des eigentlichen Wissensursprungs, der wegen eines fehlenden Verständnisses und mangelnder praktischer Erfahrungen zur Bildung eines Nachahmungsprinzips führte. Die Trennung der Unterrichtskonzepte mit dem Schwerpunkt der Nachahmung, also die der einzelnen Kampfstilrichtungen, und dem der Aneignung, die den Wissensursprung durch die Aneignung der Methodik darstellt, war innerhalb der Entwicklung des thailändischen Kampfwissens nicht zu verhindern. Der Entwicklungsweg der Nachahmung basiert zwar auch auf der schöpferischen Unterrichtskonzeption, vernachlässigt jedoch das eigentliche Wissen und bleibt somit in sich selbst gefangen. So ging der wesentliche Teil des ursprünglichen Kampfwissens, nämlich sich von der Unterrichtskonzeption zu lösen, um zum Kern des Wissens vorzudringen, verloren.

Innerhalb dieser Entwicklungsrichtung entstanden einerseits immer neue Stilrichtungen, andererseits starben vorhandene Stile wegen mangelnder Nachfolger aus. Die bis heute erhaltenen Stile bieten dennoch als Unterrichtskonzeptionen in der Basisstufe die Möglichkeit, sich durch die Erkenntnis über den Unterschied zwischen Unterrichtskonzeption und Kampfwissen auf den Weg der Selbstaneignung zu begeben, um zum Wissenskern zu gelangen. In der Überlieferung wird die Existenz des Kampfwissens an dem Vergleich einer Kampftechnik und einer Frucht erklärt. Die Ausführung als sichtbarer Bewegungscharakter der Kampftechnik ist das äußere Erscheinungsbild der Frucht. Der Kern der Frucht bzw. das Kampfwissen ist jedoch nicht sichtbar und bleibt ohne weiteres Vorgehen verborgen. Bei dem entstandenen Missverständnis bezüglich der Unterrichtsleitlinien wird also innen und außen verwechselt und dementsprechend der sichtbare Bewegungscharakter mit dem Kampfwissen. So entwickelte sich die Fähigkeit zur Ausführung der Kampftechniken als Maß für das jeweilige Wissen und wurde dem Wissen der gelehrten Persönlichkeiten irrtümlich gleichgestellt. Für die Unterrichtung des Kampfwissens dient die Nachahmung von Kampfübungsvorlagen dazu, den Aktionscharakter der Kampftechnik kennen zu lernen sowie autodynamische Reflexe zu bilden. Nur dadurch kann der Schüler die eigenen schöpferischen Fähigkeiten innerhalb seiner Kampfaktionen entdecken. Die erschaffenen Kampfaktionen setzen dabei ein Verständnis voraus, durch welches die drei Betrachtungsaspekte innerer Aspekt, äußerer Aspekt und Verhältnisaspekt für jede Kampftechnik bewusst wahrgenommen werden können. Die reine Fähigkeit zur Ausführung der Kampftechnik gleicht lediglich dem Hineinversetzen in die Existenz der Kampfaktion bzw. ihres Aktionscharakters, was – wie beim Vergleich mit der Frucht – dem äußeren Aspekt gerecht wird. Der Kampfaktion und ihrer Ausführung gehen aber auch bestimmte Aktionsgründe voraus, die sich aus der eigenen emotionalen Wertung und durch die zur Verfügung stehenden Reflexmuster ergeben. Die Gründe der Aktionen gleichen dem Inneren der Frucht, dem Fruchtfleisch, und stellen den inneren Aspekt der Kampftechnik dar. Der Einsatz bzw. die vollständige Existenz der Kampfaktion ist letztlich jedoch nicht nur von ihrem Aktionscharakter abhängig, sondern auch von den vorhandenen Rahmenbedingungen, die dem Verhältnisaspekt entsprechen. Die möglichst optimalen Rahmenbedingungen lassen sich mit der Reife der Frucht und dem Zeitpunkt, sie zu verspeisen, verdeutlichen.

Das schöpferische Verständnis vom Kampfwissen gleicht der eigenen Wahrnehmung der drei Betrachtungsaspekte für alle Kampftechniken, die jeweils unterschiedliche Prinzipien und Methoden enthalten und erst durch Experimente und Erfahrungen zu einem eigenen Kampfwissen führen können, anstatt durch bloße Nachahmung der äußeren Erscheinungsform. Nach dem Gedankenverständnis der Schöpfer ist die Wissensvermittlung des Pahuyuth wie ein Prozess, an dessen Ende ein Kämpfer mit der Kampffähigkeit nach dem Pahuyuth hervorgebracht wird. Dabei geht es weder um ein Überzeugen noch um den Umfang oder die Tragweite der Leistungsfähigkeit des Schülers. Nach schöpferischem Verständnis ist das Verständnis eines Kämpfers auch Ausdruck seiner Überzeugung, dass das Pahuyuth ein Prozess ist, der noch nicht beendet ist und sich während des Verlaufes stetig verändert. Die dabei entdeckten Prinzipien bleiben unverändert und komplettieren sich weiter, bis der Prozess eines Tages beendet ist und die gesamte Existenz des Kampfes in ihren fundamentalen Aspekten vom Kämpfer erkannt werden kann.

Jeder Kämpfer ist ein Kämpfer in der Gegenwart und nicht in der Vergangenheit, obgleich das zusammengetragene Wissen aus der Vergangenheit stammt. In jeder Generation und zu jedem Zeitpunkt besteht das gegenwärtige Pahuyuth in seinem jeweiligen Entwicklungstand, der nicht mit dem Pahuyuth vergangener Zeiten identisch ist, auch wenn die Prinzipien unverändert bleiben. Diese stets auf die Gegenwart bezogene Sicht gilt in gleicher Weise auch für die Unterrichtskonzeption, die in ihrer heutigen Form das Ergebnis einer langen Entwicklung ist, die sich ebenfalls immer wieder gewandelt, erweitert und an die vorherrschenden Umstände angepasst hat. Den Überlieferungen nach bestand die Unterrichtskonzeption des Pahuyuth, die abgesehen von der Disziplin Muai bereits vor der Entwicklung der einzelnen Unterrichtsleitlinien vorhanden war, für die einzelnen Disziplinen lediglich aus einem einzigen Satz.

Ur-Unterrichtskonzeption

Ling Lom	Affen sind frei lebende Tiere, die es gewohnt sind, spontan nach den gegebenen Umständen zu reagieren.
Muai	Muai ist wie fließendes Wasser und nicht wie ein Baum, der unbeweglich auf einem Platz steht.
Mied	Messer sind wie Krallen eines Raubtieres und nicht wie der Stachel einer Biene.
Dab	Ein Schwert ist kein Hammer, daher benutzt man es auch nicht so.
Grabong	Der Stock hat keinen festen Griff und keine Bewegungshindernisse durch seine Steifheit, denn der Nutzer schafft die Bewegungsfreiheit durch geschicktes Greifen.
Maih Zoog	Ein Schild ist wie eine zweite, getrocknete Haut über der Haut des Nutzers.
Sabei	Die Weichheit und Geschmeidigkeit sind die Stärken für den Nutzer.

Die überlieferte Unterrichtskonzeption aus der Anfangszeit bestand lediglich aus einem Satz, der das Wesen der einzelnen Disziplinen zum Ausdruck brachte.

Gaeuw

Die Dschungelprediger

Die für Thailand noch heute typischen Dschungelprediger (Rueh Srie) haben auch in der Geschichte des Pahuyuth eine besondere Rolle gespielt. Sie leben als Einsiedler fernab der Gesellschaft und werden nach traditionellem thailändischen Verständnis als Wissende geachtet, die sich von allem befreit und zu sich selbst gefunden haben. Mit dem uneingeschränkten Status eines Wissenden symbolisiert ein Dschungelprediger somit auch einen Lehrer.

Seit langer Zeit existiert eine Lehrschrift der Dschungelprediger, die jedoch keinem festen Werk oder Buch entspricht. In der Tamnan Rueh Srie gaben die Dschungelprediger ihr Wissen weiter, das oftmals aus Sinnsprüchen bestand, um es nicht nur auf eine einzelne Person zu beziehen. Mitunter waren auch die Leitsprüche anderer Dschungelprediger bekannt und wurden in die Lehrschrift aufgenommen. Die Sprüche und Geschichten sowie deren Grundaussagen, auch in moralischer Hinsicht, werden bis heute als Tamnan Rueh Srie bezeichnet, ungeachtet der tatsächlichen Existenz schriftlicher Aufzeichnungen.

Eine dieser überlieferten Geschichten ist die des jungen Gaeuw, in der die pädagogischen Grundsätze eines Pahuyuth-Lehrers nach traditionellem thailändischen Verständnis aufgezeigt werden. Indem verschiedene Aspekte des Lehrens geschildert werden, verdeutlicht die Geschichte einerseits wie unterschiedlich Lehrer ihre Lehrtätigkeit wahrnehmen und andererseits den Werdegang eines wissbegierigen Schülers (Lugsidt). Sie zählt heute zu einem unverzichtbaren mündlichen Prüfungskriterium bei der Lehrerprüfung, in der man sich der Tradition folgend sachlich mit den Inhalten der Geschichte sowie ihren pädagogischen Grundsätzen auseinandersetzt. Die Geschichte beinhaltet die Problematik, die sich durch das abweichende Verständnis eines Kampfschülers im Vergleich zu dem schöpferischen Ideal ergibt. Durch ihre Tiefgründigkeit gilt diese Geschichte seit Urzeiten als Paradebeispiel der Wissensvermittlung und der sich dabei ergebenden Umstände.

Die Statue zeigt einen Dschungelprediger (Rueh Srie) in typischem Gewand mit Tigerstreifen.

Die Geschichte von Gaeuw

Gaeuw[1] war der Sohn eines Holzkohlearbeiters. Der Familientradition folgend stellte er zusammen mit seinen Eltern Holzkohle her, die sie in ihrem Dorf verkauften. Eines Tages sollte Gaeuw den Betrieb als Nachfolger seines Vaters übernehmen, wozu er aber keine Lust hatte, da sein Interesse etwas anderem galt. Seit frühester Jugend wünschte er sich, ein Jäger zu werden. Er hatte die Vision, als Kenner des Dschungels und durch die Macht über die Tiere ein besseres Leben führen zu können. Jäger hatten ihn schon immer fasziniert, und ihre Erscheinung und Persönlichkeit stellten nach seiner Vorstellung ein Ideal dar. Gaeuw kannte viele Geschichten und Legenden, die er mit seinen Visionen vermischte, wodurch er ein ganz eigenes Bild von einem idealen Jäger entwarf, das sich mit der Zeit festigte. Tagein, tagaus beschäftigte er sich mit seinem Wunsch und gab sich seiner Vision ganz hin. Die guten Ratschläge und Hinweise seiner Eltern und Bekannten, die er ignorierte, führten nur dazu, dass er seine Arbeit immer stärker vernachlässigte und seinen Alltag als lästig empfand. Mit der Zeit hatte er sich Jagdwerkzeug und Gebrauchsgegenstände von Jägern beschafft und diese bei sich gesammelt. Er setzte sich mit ihrem Gebrauch auseinander und war durch seine zusammengetragenen Informationen, die er sich mit etwas Hilfe und durch Experimente aneignete, langsam zu einem Kenner des Jägerberufes geworden. Immer wieder erkundigte er sich bei den Kaufleuten, die in sein Dorf kamen, ob sie nicht wüssten, wo man einen namhaften und erfahrenen Jäger finden könne, denn zu diesem wollte er gehen, um sein Schüler zu werden. Seinen Vorstellungen und seinem Verständnis nach hatte ein Jäger einen athletischen Körper und eine ausgeprägte Persönlichkeit und besaß einen konsequenten und raffinierten Charakter. Anhand einiger Erzählungen hatte er vermutet, dass ein solcher Lehrer sein Wissen entweder selbst von einem berühmten Lehrer erworben hatte oder eben ein guter Lehrer war, weil man es ihm nachsagte. Lang hatte Gaeuw keinen Erfolg, einen Lehrer nach seinen Vorstellungen zu finden, auch wenn manchmal Jäger in seinem Dorf vorbeikamen. Keiner von diesen machte auf Gaeuw einen besonders vertrauenerweckenden Eindruck und sagte von sich, besonders erfahren zu sein. Auch hatte niemand von ihnen sein Handwerk bei einem bekannten Lehrer erlernt. Nur gelegentlich erzählten ihm Kaufleute oder Besucher, dass sie im Dschungel einen Jäger trafen, der ihnen Werkzeuge und Jagdutensilien verkauft hatte. Gaeuw fragte also unermüdlich immer wieder nach einem Jäger, der seinen Vorstellungen entsprach. Einige hatten auch schon von so einem Lehrer gehört, getroffen hätten sie ihn aber nie.

Zwar konnten sie das Ideal Gaeuws bestätigen, ihm aber nicht weiterhelfen. Aber sie versprachen ihm, sollten sie eines Tages auf einen solchen Jäger treffen, diesen nach seinem Wohnsitz zu fragen und Gaeuw Bescheid zu geben. Bis dahin begann er, sich mehr und mehr wie ein Jäger zu kleiden und sich auch im Alltag entsprechend zu verhalten, zumindest so, wie er sich dies vorstellte. Er hatte einige Jäger aus seiner Umgebung kennen gelernt, und obwohl sie alle nicht seinen Vorstellungen entsprachen, hielt er sich dennoch gelegentlich bei ihnen auf, tauschte einige Hinweise über die Lebensumstände und das Jagen mit ihnen aus und unterhielt ein freundschaftliches Verhältnis. Konkrete Unterweisungen oder eine direkte Vermittlung von Jagdwissen, so, wie er es sich vorstellte, bekam Gaeuw jedoch nicht. Eines Tages überbrachte ein Kaufmann namens Daehng (rot) Gaeuw aus Mitleid eine gute Nachricht. Der Kaufmann sagte, dass sich nördlich von seinem Dorf, nicht allzu weit im Dschungel in der Nähe der vier Flussmündungen ein Dschungelprediger in einem selbst gebauten Tempel niedergelassen hatte.[2] Die Dschungelprediger galten als Heiler und weise Lebensratgeber, die gelegentlich von Jägern und anderen Dschungelbewohnern aufgesucht wurden, um Heilkräuter, magische Gegenstände oder allgemeine Hilfe zu erbitten. Der junge Gaeuw solle zumindest zu ihm gehen, denn es schien die einzige Möglichkeit, doch noch seinen ersehnten Jäger zu treffen. Der Kaufmann erzählte weiter, dass er schon bei dem Rueh Srie gewesen sei und dieser nichts dagegen hätte, wenn Gaeuw zu ihm käme. Das einzige Anliegen des Rueh Srie war es, dass sich Gaeuw selbst kümmern solle, genauso wie er jeden Tag selbst zum Klo gehe. Weiterhin solle er nicht mit zu viel Hoffnung und Überschwang an die Sache herangehen, denn auch er könne nicht mit Sicherheit sagen, ob der Jäger kommen würde. Als Gaeuw dies hörte, war er außer sich vor Freude. Sogleich bereitete er sich auf den Besuch beim Rueh Srie vor und packte für seinen zukünftigen Lehrer, den Jäger, einen großen Sack Holzkohle von seinen Eltern als Gabe für den Unterricht. Als Zeichen seiner guten Erziehung und als Gefälligkeit wollte er auch für den Rueh Srie eine gebratene Mahlzeit aus gekochtem Klebreis mit würzig getrocknetem Rindfleisch und eine junge Kokosnuss aus dem Süden mitnehmen. Für sich selbst bereitete er Proviant für sieben Tage vor. Um alle Sachen transportieren zu können, hatte er bei den Nachbarn ein paar Säcke Holzkohle gegen einen alten Wasserbüffel getauscht. Später, so dachte er, könne er den Wasserbüffel immer noch schlachten, um Nahrung zu haben, wenn er erst mal bei seinem Lehrer wäre. Bei Anbruch des nächsten Tages lud er seine Sachen auf und verabschiedete sich von seinen Eltern. Er versprach, zu ihnen zurückzukommen, sobald er ein guter Jäger geworden war, und brach nach Norden in Richtung des Dschungelpredigers auf. Leider konnte ihn der Kaufmann nicht auf seinem Weg begleiten und gab ihm nur eine mündliche Wegbeschreibung. Der Weg sei für normale Reisende so gut wie gefahrlos und Gaeuw sollte den Dschungelprediger in fünf bis sieben Tagen erreicht haben, so der Kaufmann. Waffen oder andere Jagdausrüstung bräuchte er nicht mitzunehmen, denn jagen könne er ja noch nicht und später würde er dann alles von dem Jäger bekommen.

Der Dschungel war sehr dicht und bestand aus den verschiedensten Bäumen und Pflanzen. Der Boden war feucht, da er durch die herabgefallenen Blätter, die ihn beinahe völlig bedeckten, und die kleinen Pflanzen kaum Sonnenlicht bekam. Dadurch war er ein idealer Lebensraum für Kriechtiere und Insekten. Große Tiere, wie Raubtiere, die sich schnell fortbewegen, nutzten den Dschungel nur bedingt als Lebensraum. Durch das Wachstum der Pflanzen und ständigen Regen gab es keine ausgetretenen Pfade, sodass sich Reisende ihre Wege immer aufs Neue zu bahnen hatten. Nur ein Kenner konnte sich im Dschungel unter Umständen schnell fortbewegen. Für Gaeuw entpuppte sich der Weg als weitaus schwieriger und gefährlicher als der Kaufmann es vorausgesagt hatte. Die Begegnung mit der ungewohnten Natur und der menschenleeren Umgebung versetzte ihn in einen Zustand der Einsamkeit, obgleich ihn dieses neue Umfeld mit Tieren und Pflanzen, von dem eine unbekannte Verbundenheit ausging, faszinierte. Im Dschungel, so erkannte er, ging es ausschließlich um das eigene Überleben, ohne Hilfe und Unterstützung. Nach einer Weile überkam ihn sogar ein Gefühl von innerer Ruhe und Ausgeglichenheit. Gaeuw war zuvor nie tief im Dschungel gewesen, da er das Holz für die Holzkohle immer nur im Randbereich gesucht hatte, ohne weiter hineinzugehen. Mit der Zeit breitete sich in ihm aber auch ein unheimliches Gefühl aus und die möglichen Gefahren wurden ihm bewusster. Seine Unkenntnis von der Umgebung und im Spurenlesen ließ ihn nicht mehr erkennen, aus welcher Richtung er gekommen war. Er wusste auch nicht, welche Pflanzen und welches Obst er als Nahrung zu sich nehmen konnte, denn solcherart hatte er nie zuvor gesehen. Das Gras und die Pflanzen, die sein Wasserbüffel hin und wieder aß, konnte er nicht als Nahrung nutzen. Mehr denn je wünschte er sich, in dieser Situation ein Jäger zu sein oder einem zu begegnen, um wenigstens für seine Nahrung sorgen zu können. Mit dem Wasserbüffel konnte er den dicht bewachsenen Dschungel nur schwer durchqueren, da sich das Tier oftmals weigerte, durch die Unebenheiten des Geländes zu gehen. Hinzu kam, dass Gaeuw nach langem Marsch oft wieder die Stelle erreichte, die er schon Stunden zuvor passiert hatte. In dieser Situation war er ganz auf sich allein gestellt, ohne Hilfe und ohne gute Ratschläge, wie er sie von zu Hause kannte. Seine Ängste und die Einsamkeit des Dschungels waren nun seine Begleiter. Er fragte sich, wie man an das Wissen und die Fähigkeiten eines Jägers kommen könnte, wenn sich dieser allein und einsam im Dschungel aufhält. Schließlich konnte doch nicht alles nur aus Erzählungen stammen. Gaeuw beschlichen plötzlich Zweifel, denn seine bisherigen Vorstellungen von einem Jäger stimmten nicht mehr mit seinen aktuellen Erfahrungen überein. Er überlegte, ob seine Vorstellungen falsch gewesen waren und seine Suche es daher auch sein könnte. Vielleicht gab es aber auch gar keinen Jäger nach seinen Vorstellungen. In dieser Situation, die sich so stark von seinen bisherigen Gedanken unterschied, kam ihm die Idee, dass doch eigentlich nur derjenige über das Tun eines Jägers Bescheid wisse, der bei der Jagd auch anwesend wäre, nämlich das Opfer. Doch auch diese Überlegung brachte ihn zu keiner Antwort auf seine ursprüngliche Frage nach dem idealen Jäger.

Der Proviant war nach wenigen Tagen aufgebraucht. Nur die zubereitete Mahlzeit für den Dschungelprediger war noch übrig, die er aber nicht anrühren konnte, da der ganze Weg und die Mühe umsonst gewesen sein könnten, würde er an seinem Ziel ohne diese Gabe ankommen. Dennoch begann Gaeuw, die Gabe für den Dschungelprediger zu hinterfragen und in ihm entbrannte ein Kampf zwischen dem Für und Wider, die Mahlzeit zu essen. Diese war von ihm zubereitet worden, ohne dass der Dschungelprediger sie verlangte. Wenn er die Mahlzeit, von der der Dschungelprediger nicht wusste, essen würde und auch nur einen Teil der Holzkohle bei ihm ablieferte, könnte er zumindest seinen Hunger stillen und ein Feuer machen und es würde kein Nachteil für den Dschungelprediger entstehen. Es war eine moralische Frage über die Gefälligkeitsgabe im Allgemeinen. Seine Prägung und seine guten Manieren hatten ihn zwar dazu veranlasst, die Mahlzeit für den Dschungelprediger mitzunehmen, doch er hatte sich gefragt, ob eine solche Gabe überhaupt notwendig sei, da eine gegenseitige Leistung ja nicht vereinbart worden war. Er wollte lediglich eine einfache Auskunft über einen Jäger, der seinem Ideal entsprach.

Auch den Wasserbüffel konnte er nicht schlachten, da er nicht wusste, wie man das macht. Gerade das wollte er ja bei dem Jäger lernen. Und hätte er den Wasserbüffel töten können, hätte ihm ein Gepäckträger gefehlt und seine weitere Reise wäre noch beschwerlicher geworden. Selbst wenn er bereits ein Jäger gewesen wäre und gewusst hätte, wie man den Wasserbüffel tötet, hätte er sein eigenes Hab und Gut zerstört und ihm hätte immer noch das Wissen über die optimale Verwertung und das Ausschlachten gefehlt. Nur zu gut erinnerte er sich daran, wie Jäger in sein Dorf kamen, um die von ihnen gejagten Tiere zur Verwertung abzugeben, da sie nichts davon zu verstehen schienen.

Nach der Beschreibung des Kaufmanns war er in die richtige Richtung entlang des Flusses gegangen, doch er wusste nicht, wie weit es noch bis zum Rueh Srie war. In einer Nacht, nachdem er tagelang keine richtige Mahlzeit mehr gegessen hatte, legte er sich erschöpft und hungrig an einen Tamarindenbaum und schlief sofort ein. Um seinen Hunger zu stillen und sich zu erfrischen, hätte er die auf dem Boden liegenden süßen Tamarindenfrüchte essen können, jedoch verfügte er nicht über das notwendige Wissen. Er träumte von einer Göttin (Nang Maih), die aus dem Baum herauskommend vor ihm erschien. Sie hatte gelächelt und gesagt:

„Lieber Gaeuw, was du in deinen Säcken hast, ist Gold, welches durch die Holzkohle verdeckt ist. Wenn du es richtig anstellst, gehen alle deine Wünsche in Erfüllung. Der Jäger hat schon alles, was er benötigt, um Gold zu machen. Er braucht es nicht mehr von dir zu bekommen."

Erschrocken wachte Gaeuw unter dem Tamarindenbaum auf. Mit den Worten der Nang Maih im Ohr schaute er nach seinem Wasserbüffel, den er vor Müdigkeit vergessen hatte, an einen Baum zu binden.[3] Der Wasserbüffel war fort und mit ihm auch Gaeuws Gepäck. Als er aufstand, fiel ein Stück Holzkohle auf den Boden, das auf seinem Körper gelegen hatte. Dieses, der seltsame Traum und der verschwundene Wasserbüffel hatten ihn für einen Moment so verwirrt, dass er seine Situation nicht richtig fassen konnte. Wenige Augenblicke später fand er wieder zu sich und überlegte, wie er seinen Wasserbüffel und seine Sachen zurückbekommen konnte. Er suchte auf dem Boden nach Spuren des Wasserbüffels, und entdeckte weitere Stücke der Holzkohle. Seine Hoffnung, den Wasserbüffel wiederzufinden, wuchs und er folgte der Spur und fand immer mehr Holzkohlestücke, die er einsammelte und mitnahm. Da der Wasserbüffel bestimmt nicht von jemandem mitgenommen worden war, so dachte sich Gaeuw, hatte sich dieser allein auf Nahrungssuche begeben und die Holzkohle fiel dabei wohl aus dem beschädigten Gepäck. Bald würde er ihn gefunden haben und könnte seine Reise zum Dschungelprediger fortsetzen. Als Gaeuw am späten Nachmittag einen Flussbogen passierte, sah er plötzlich die vier Flussmündungen und daneben einen kleinen offenen Tempel. Endlich war er an seinem Ziel angekommen. Obwohl er weder Wasserbüffel noch Gepäck wiedergefunden hatte, entschloss er sich, gleich zu dem Tempel zu gehen, in der Hoffnung, dort etwas über seinen Wasserbüffel und das Gepäck in Erfahrung zu bringen. Er war sehr erschöpft und müde und wünschte sich deshalb, im Tempel übernachten zu können. Dort angekommen sah er seinen Wasserbüffel mitsamt seinem Gepäck an einem Baum festgebunden und im Vorraum des Tempels den meditierenden Rueh Srie. Sonst war weit und breit kein anderes Lebewesen zu sehen. Entgegen seiner Vorstellung war dies kein belebter Ort mit Publikumsverkehr, der als Treffpunkt diente, um sich behandeln zu lassen. Besonders den Komfort, der von den Weisen und Alten seines Dorfes so gewürdigt worden war, konnte er nicht bestätigen. Die Ruhe und Gelassenheit ließ ihn daran zweifeln, dass dies der Ort sei, von dem der Kaufmann erzählt hatte. Gaeuw stellte fest, dass sich das Mahl für den Dschungelprediger noch unangetastet in seinem Gepäck befand und der Sack mit Holzkohle noch halb voll war. Er überlegte, dass es vielleicht ein Zufall gewesen sein könnte, dass jemand seinen Wasserbüffel hierher geführt hatte, bis ihn sein Besitzer wieder abholte. Möglicherweise war dies ja nicht der richtige Tempel, sondern nur ein kleiner in der Nähe des Ortes, den der Kaufmann beschrieben hatte. Also beschloss er, sich am nächsten Tag auf die Suche nach dem richtigen Tempel zu machen. Eventuell würde er von dem Dschungelprediger mehr erfahren.

Gaeuw war so hungrig und erschöpft, dass er nicht einmal bemerkte, dass der Holzkohlesack unbeschädigt war und die wegweisenden Stücke nicht einfach herausgefallen sein konnten. Sein Hunger war so überwältigend, dass er nur noch das Mahl für den Dschungelprediger aus seinem Gepäck riss, alles aufaß und auf der Stelle einschlief.[4] Am nächsten Morgen erwachte Gaeuw durch die aufgehende Sonne, die ihn blendete. Er schaute ins Tal hinunter und sah seinen Wasserbüffel auf einer Wiese weiden. Der Dschungelprediger war verschwunden, vor ihm lagen seine Sachen auf dem Boden und neben ihm standen eine Schale Obst sowie ein halb volles Gefäß mit Wasser. Er traute sich jedoch nicht, davon zu nehmen, weil er glaubte, die Sachen wären von jemandem für den Dschungelprediger mitgebracht worden. Hätte er sie einfach genommen, so hätte dies nicht nur eine schlechte Erziehung bedeutet, sondern auch einen Missbrauch an Gaben für Heilige. Zudem hatte er bereits die Mahlzeit für den Dschungelprediger gegessen, was schlimm genug war. Noch einmal wollte er so etwas nicht wagen. Um einen besseren Eindruck auf den Dschungelprediger zu machen, wollte er sich im Tempel ein wenig nützlich machen. So fegte er das Tempelgelände, brachte seine herumliegenden Sachen in Ordnung und füllte den Wasserbehälter aus Ton. Danach ging er ins Tal, um seinen Wasserbüffel zu holen.[5] Als er mit diesem zurückkam, sah er den Dschungelprediger wieder meditierend in seinem Tempel sitzen und neben ihm den Kaufmann. Gaeuw band den Wasserbüffel an einen Baum, begrüßte erfreut den Kaufmann und berichtete ihm von seinen Erlebnissen. Der Kaufmann lächelte und meinte, dass alles im Leben seinen Preis hätte, der von demjenigen bestimmt werden kann, der ihn verlangt und nicht von dem, der ihn bezahlt. Wenn Gaeuw ein Jäger werden wolle, dann solle er sich auch wie ein Schüler verhalten. Der Dschungel sei genauso das Zuhause eines Jägers wie das eines Dschungelpredigers. Um die Tiere finden und jagen zu können, sei es erforderlich, sich im Dschungel gut auszukennen. Daher sollte er hier beim Dschungelprediger auf den Jäger warten und ihn bei allem begleiten, um Informationen über das Leben im Dschungel zu sammeln. Das Essen, das er vorgefunden hatte, könne er ruhig essen, da es für ihn bestimmt gewesen war. Der Kaufmann wies ihn weiter an, dem Dschungelprediger keine Gespräche aufzudrängen, da er ohnehin keine Antworten erhalten würde. Er solle lieber warten, bis er selbst angesprochen werde, dann würde sich alles aufklären.[6]

Gaeuw bat den Kaufmann, Grüße an seine Eltern auszurichten, als sich dieser verabschiedete und wieder auf den Weg zurück ins Dorf begab. Nachdem der Kaufmann gegangen war, hatte Gaeuw beschlossen, seine Ratschläge zu befolgen und nahm in der folgenden Zeit das Wissen vom Dschungelprediger auf, ohne es infrage zu stellen oder zu kommentieren. Der Dschungelprediger zeigte ihm bestimmte Dinge, die er nachahmte, oder stellte ihm Aufgaben, die er selbstständig lösen sollte. Der Dschungelprediger konnte sich im Wald sehr schnell bewegen, sodass Gaeuw Schwierigkeiten hatte, ihm zu folgen und ihn manchmal sogar aus den Augen verlor. In Abständen hinterließ er jedoch bestimmte Spuren, durch die Gaeuw ihn schließlich schnell wiederfinden konnte. Zur Belohnung erhielt Gaeuw immer neue Obst- und Gemüsesorten zum Abendessen, wodurch er immer mehr über den Dschungel lernte und sich seine Fähigkeiten für das Überleben verbesserten. Je länger er bei dem Dschungelprediger war, umso sicherer wurde er.[7]

Bald hatte Gaeuw so viel gelernt, dass er sich seine Mahlzeiten selbst zubereiten konnte. Seine Kenntnisse über die Holzkohleherstellung setzte er auch ein und sorgte für warme Mahlzeiten und dafür, dass sie es zur Nacht warm, gemütlich und bequem hatten. Neben allen anderen Arbeiten, die im Tempel anfielen und die er auch weiterhin erledigte, verfolgte und erlebte er die Lebensgewohnheiten der Tiere hautnah. So kannte er mit der Zeit ihre Aufenthaltsorte, ihre Stärken und Schwächen und konnte auch ihre Spuren lesen. Außerdem lernte er, zwischen Nutztieren wie seinem Wasserbüffel und Freiwild zu unterscheiden.[8] Er entdeckte darüber hinaus auch die Tricks und Eigenschaften der Tiere und wusste mit der Zeit, wie man sie unverletzt und mit verschiedenen Fallen einfangen konnte. Durch die Beobachtung des Dschungels und seiner Bewohner schulte er seine Sinne für die unabdingbare Gegenwart und erkannte die Zusammenhänge ihrer einzelnen Bestandteile. Er erfuhr auch die Leiden und Amputationen der Tiere, die in ungeeignete Fallen geraten waren, und konnte später sogar die Behandlung der vom Rueh Srie mitgebrachten Tiere selbst vornehmen. Er hatte bis auf das Töten alles über die Tiere vom Rueh Srie gelernt, war aber immer noch keinem Jäger begegnet.[9] Manchmal kamen Leute zum Rueh Srie, um sich von ihm Heilen zu lassen. Immer wieder übernahm Gaeuw diese Tätigkeit, weil der Rueh Srie gerade meditierte und sich niemand außer ihm in dem Tempel aufhielt. Da seine Behandlungen erfolgreich waren, hielten ihn die Leute für seinen Schüler, obwohl er mit dem Rueh Srie noch kein einziges Wort gesprochen hatte. Außerdem wollte er kein Schüler eines Rueh Srie werden, sondern dort nur auf einen geeigneten Jäger warten.[10]

Eines Tages kam der Kaufmann wieder zum Tempel, um den Dschungelprediger zu besuchen. Er brachte viele köstliche Gefälligkeitsgaben von Gaeuws Eltern mit und erzählte, dass in seinem Dorf viele Menschen von einem umherirrenden Tigerrudel überfallen worden und einige sogar zu Tode gekommen waren. Mehrere angeheuerte Jäger waren nicht mit den Tigern fertig geworden, auch sie hatten ihr Leben verloren, erzählte der Kaufmann weiter, und dass die Dorfbewohner nach einem besseren Jäger suchten, der die Tiger einfangen oder töten könne. Für die Aufwandsentschädigung seien sie bereit, alles zu geben.[11] Plötzlich, zum ersten Mal in der ganzen Zeit, sprach der Rueh Srie den jungen Gaeuw an: „Gaeuw, willst du nicht zu deinen Eltern ins Dorf gehen und sie vor der Gefahr bewahren?" Gaeuw war sprachlos. Dass der Rueh Srie gerade in diesem Augenblick mit ihm redete, hatte er nicht erwartet, zumal er schon besorgt genug von der Nachricht des Kaufmanns gewesen war.[12]
Der Rueh Srie fuhr fort: „Du solltest gehen. Dort wirst du vermutlich auch den besten Jäger treffen.

Hierher wird er vorerst nicht mehr kommen, denn im Dorf wird er dringender gebraucht."[13]

Obwohl Gaeuw das alles noch nicht ganz verstand, verabschiedete er sich mit Freude von dem Rueh Srie, denn endlich, so hoffte er wenigstens, würde er wohl den besten Jäger treffen. Er nahm seinen Wasserbüffel und machte sich auf den Weg. Unterwegs hatte er die Idee, zwei Wünsche auf einmal in Erfüllung gehen zu lassen: Auf dem Weg zum Dorf wollte er die Tiger einfangen und sie als Geschenk für seine Eltern und den Jäger mitbringen, um zu zeigen, was er alles schon gelernt hatte.[14] Die Tiger zu fangen, war für Gaeuw keine große Mühe, da er seinen Wasserbüffel als Köder eingesetzt hatte. Mit seinem vorhandenen Wissen baute er mehrere Käfige, in die er alle Tiger gefangen nahm, und fertigte dann einen Rollwagen an, auf den er die Käfige mit den Tigern lud. Anschließend spannte er seinen Wasserbüffel davor und ließ sich bis ins Dorf ziehen. Die Dorfbewohner waren überwältigt und voller Freude, als Gaeuw mit den gefangenen Tigern ankam. Aufgeregt liefen sie um ihn herum und begleiteten ihn bis zu seinem Elternhaus. Seine Eltern waren außer sich vor Freude und umarmten ihn herzlich. Sie fragten ihn, wie er diese Leistung bloß vollbracht haben konnte und was nun geschehen solle. Gaeuw erzählte ihnen, dass er von dem Rueh Srie gelernt hatte, die Tiger zu fangen und dass diese für den besten Jäger bestimmt seien, damit dieser ihn als Schüler aufnehme. Obwohl täglich Leute ins Dorf kamen, um Gaeuws Tiger, die eine Attraktion geworden waren, zu betrachten, hatte er seit seiner Ankunft keine weitere Nachricht mehr über den besten Jäger erhalten.

Im Alltag half er seinen Eltern bei der Bearbeitung der Holzkohle und dem Verkauf. Gleichzeitig kümmerte er sich wohlwollend um die Tiger und seinen Wasserbüffel. Durch das Wissen, das er bei dem Rueh Srie erworben hatte, konnte er gute Bäume für das Holz aussuchen und so hatte seine Ware nach kurzer Zeit den Ruf der besten Qualität, wodurch er sich und seinen Eltern viele Einnahmen verschaffte. Die Zeit verging und Gaeuw war durch das Holzkohlegeschäft zu Reichtum gekommen. Aber er wartete immer noch vergeblich auf den besten Jäger. So entschloss er sich eines Tages, den Rueh Srie zu besuchen und die Tiger bis zum Eintreffen des besten Jägers in dessen Obhut zu geben. Der Weg war dieses Mal leichter zu beschreiben, da er weder fürchtete zu verhungern, noch sich zu verirren. Bei seiner Ankunft am Tempel hatte ihn der Rueh Srie freundlich begrüßt und ihn gebeten, Platz zu nehmen. Nachdem Gaeuw ihm berichtet hatte, was sich seit seinem Weggehen ereignet hatte, erzählte er von seinem Anliegen, die Tiger bei ihm lassen zu wollen, bis er den Jäger gefunden habe, um sie ihm dann zu übergeben. Als der Rueh Srie das hörte, fing er an zu lachen und fragte: „Wer ist der beste Schüler eines Jägers? Der, der mit dem Jägerwissen die beste Holzkohle machen kann oder der, der mit leeren Händen Tiger fängt?"[15] Plötzlich ging dem jungen Gaeuw ein Licht auf und er begriff, dass der Rueh Srie die ganze Zeit sein Lehrer gewesen war. Durch ihn hatte er gelernt, wie man die Tiger fängt und die besten Bäume für die Holzkohle findet. Er beugte sich zu dem Rueh Srie vor und bat ihn wegen des Missverständnisses um Verzeihung. Die Tiger bot er ihm als Gabe seiner Dankbarkeit an.

Die Moral der Geschichte besteht letztlich darin, dass man als Kämpfer nicht mit seinen Fähigkeiten und seinem Wissen prahlt, wenn man erkannt hat, dass man einfach nur ein Mensch ist. Der Kampf und das Wissen über den Kampf sind nur Werkzeuge, durch deren Benutzung man sich auf den Weg des eigenen Daseins begeben kann. Dies heißt aber noch lange nicht, dass man ein besonderer Mensch ist, nur weil man ein bestimmtes Werkzeug in der Hand hält. Daher neigt ein traditioneller Pahuyuth-Schüler nicht dazu, seine Person anhand seines Wissens zu präsentieren, da ihm bewusst ist, dass dies lediglich eine äußere Präsentation wäre, nicht aber er selbst. In der Geschichte macht dies der Kaufmann deutlich. Er geht seinem normalen Leben nach und vermittelt sein Wissen lediglich bei Bedarf und vorhandenem Willen eines Wissbegierigen. Die Erkenntnis, dass Wissen ein Werkzeug ist, das der Mensch benutzt, hat in der Geschichte des Pahuyuth auch zu seiner geringen Verbreitung geführt, da sich die tatsächlich Wissenden nie in den Vordergrund gestellt haben.

Anmerkungen

Die folgenden Anmerkungen stellen eine Deutung der Verfasser aus der Sicht des Pahuyuth dar und sind als eine Richtungsvorgabe zur Interpretation zu verstehen.

(1) Gaeuw heißt übersetzt Glas. Es ist nicht überliefert, ob dieser Name zum Ausdruck bringen soll, dass der Schüler in der Geschichte auf der Suche nach Klarheit und Verständnis ist oder ob er ohne weitere Bedeutung besteht, da Personen in Thailand durchaus Namen alltäglicher Gegenstände tragen.

(2) Es könnte die Stadt Saraburi gemeint sein, die etwa hundert Kilometer von Bangkok entfernt im heutigen Zentralthailand liegt.

(3) Die Worte der Nang Maih lassen entweder auf etwas schließen, das in der Holzkohle verborgen war, oder drücken Gaeuws Wunschvorstellung aus. Er könnte alles richtig machen, wenn er den wahren Wert der Holzkohle und damit auch den seines Goldes erkennen würde. Der Traum könnte auch das Unterfangen ansprechen, ein Jäger sein zu wollen. Denn das Wissen über die Jagd ist letztlich nur ein Werkzeug zur Erlangung eines Ziels und somit gleichwertig mit anderen Wissensgebieten. Zur Erklärung soll folgende Geschichte dienen. Ein Fischer hatte mehrere Fische gefangen und befand sich auf dem Rückweg nach Hause. Unterwegs begegnete er einem Mann, der ihn um einen Fisch zum Essen bat. Der Fischer lehnte die Bitte ab und begründete dem Mann: „Wenn ich dir heute einen Fisch gebe, wirst du mich morgen an gleicher Stelle zur gleichen Zeit erneut nach einem Fisch fragen. Ich kann dir aber heute zeigen, wie man einen Fisch fängt, damit du heute zum letzten Mal fragst." Gaeuw wäre schon so weit, einen Fisch zu fangen, das heißt, er kann aus Holz Holzkohle herstellen, wodurch ein durch den Dschungel getragenes Geschenk für den Dschungelprediger nicht nötig wäre.

(4) Die Umstände, in denen sich Gaeuw befand, hatten ihn gezwungen, sein ursprüngliches Zukunftsvorhaben selbst zu verändern. Er begab sich mit der Holzkohle als Geschenk für den Dschungelprediger auf den Weg, um den besten Jäger zu treffen. So hatte er seine Zukunft festgelegt, ohne mögliche Umstände bzw. seine tatsächliche Gegenwart zu berücksichtigen. Die Geschichte verweist auf das Hier und Jetzt, welches auch für einen Kämpfer das tatsächliche Kriterium für den Kampf darstellt. Wie oft haben sich Kämpfer vorgenommen, in einem bevorstehenden Kampf mit dieser oder jener Technik zu agieren? Diese Vorbereitungsweise gehört zum Zeitpunkt des Kampfes der Vergangenheit an und berücksichtigt nicht die im Kampf vorherrschenden Umstände. Es ist nahezu ausgeschlossen, ein Vorhaben der Vergangenheit in der Gegenwart eines Kampfes umzusetzen. Die gedankliche Auseinandersetzung mit der Zukunft besteht lediglich als eine von allen existenten Varianten der Wirklichkeit. Das Zutreffen einer Variante ist nur spekulativ und gleichbedeutend mit der eigenen Zukunftsorientierung. Dabei ist die Wirklichkeit einzig und allein auf die Gegenwart begrenzt. Die Gegenwart Gaeuws war die des Sohnes eines Holzkohlearbeiters, der sich auf die Suche nach seiner eigenen, seiner Vision entsprungenen Zukunft begeben hatte, wobei die Wahrscheinlichkeit, diese zu finden, allgemein sehr gering ist.

(5) Gaeuws Schuldgefühle gegenüber dem Dschungelprediger sind auf sein Verständnis zurückzuführen und von der Gesellschaft geprägt worden. Aus gesellschaftlichem Blickwinkel sind seine Handlungen zur Wiedergutmachung durchaus als begrüßenswert anzusehen, denn bereits eine aus der Entstehungszeit der thailändischen Leibeigenen (Taad) stammende Redewendung sagt aus, dass man sich nützlich machen sollte, wenn man irgendwo zu Besuch ist: Yuh Bahn Tann Yah Ning Du Dei Bpann Wour Bpann Kway Hai Lug Tann Len (Wenn man sich schon im Haus des Herrn aufhält, sollte man nicht tatenlos herumsitzen, sondern zumindest Wasserbüffel zum Spielen für die Kinder basteln). Bei genauer Betrachtung gab es diese Situation bei Gaeuw nicht, da er sich dem Hausherrn noch nicht vorgestellt hatte. Gaeuw handelte zwar wegen seines schlechten Gewissens, doch war sein Vorgehen eher anmaßend und unangebracht, da seine gut gemeinten Handlungen die Privatsphäre des Dschungelpredigers verletzten. Streng genommen erdreistete sich Gaeuw, für den Dschungelprediger zu denken, ohne diesen überhaupt zu kennen.

(6) Mit seiner Erklärung gibt der Kaufmann Gaeuw indirekt Hinweise über den Umgang mit den traditionellen Unterrichtsprinzipien. Es ist der Schüler, der mit entschlossenem Willen das Wissen sucht. Das Wie, der jeweilige Umfang und die Reihenfolge der Wissensvermittlung, also die individuelle Unterrichtskonzeption, bleiben allein dem Lehrer überlassen. Das fundamentale Unterrichtsprinzip beginnt als erstes mit dem Hören (Fang) des Lehrinhaltes, das heißt, der Schüler nimmt das Wissen auf. Danach folgt das Denken oder Mitdenken (Kid), womit die Auseinandersetzung mit dem gesamten vermittelten Lehrinhalt gemeint ist. Danach kommen ganz automatisch die Fragen (Tham), die auf beiden Seiten entstehen. Der Lehrer wird von sich aus die Wissensaufnahme des Schülers durch Fragestellungen sowie dessen gedankliche Auseinandersetzung mit den Antworten auf die Fragen des Lehrers überprüfen. Umgekehrt wird auch der Schüler mit seinen Fragen an den Lehrer die Richtigkeit seines bislang aufgenommenen Wissens in seinem jeweiligen Umfang bestätigen. Anschließend erfolgt das Ausüben oder Praktizieren (Pratibat), bei dem der Schüler sein erworbenes Wissen umsetzt. Dabei handelt es sich um eine Art von praxisorientierter Selbstfindung als umgesetztes Unterrichtsprinzip, indem der Schüler durch eigene Auseinandersetzung auf Basis seines verfügbaren Wissens zu einem Ergebnis gelangen kann.

(7) Die Unterrichtskonzeption des Rueh Srie vermittelt das Wissen nicht direkt und unmittelbar, sondern kontinuierlich und durch animierende Aufgabenstellungen, die nicht auf Nachahmungsprinzipien aufbauen, wodurch der Schüler zu einer durch sich selbst motivierten Aneignung herausgefordert wird. Die tatsächlichen Fähigkeiten und die Beherrschung des Wissens kann sich jeder Schüler auf Grundlage seiner biologischen Rahmenbedingungen und Voraussetzungen deshalb selbst aneignen. Am Ende der Unterrichtung werden Lehrer und Schüler das gleiche praktische Wissen besitzen, sich jedoch durch ihre jeweiligen biologischen Gegebenheiten und das Maß an Erfahrungen in Beherrschung und dem Grad ihrer Fähigkeiten voneinander unterscheiden. Die Belohnung Gaeuws mit neuen Früchten zum Abendessen vermeidet für den Lernerfolg eine direkte Anerkennung oder ein

direktes Lob, da diese nicht zur Wissensvermittlung gehören. Belohnende Geschenke sind mehr eine Aufmerksamkeitsgeste, welche als menschliche Verhaltenseigenschaft die Initiative und die Bemühungen hinsichtlich der grundsätzlichen Eigenschaft als Schüler ausdrücken.

(8) Das Wissen über das Wesen und die Eigenschaften der einzelnen Tiere bezieht sich auf das eigene Verständnis, andere zu akzeptieren. Genauer gesagt geht es um das Verständnis für die Verhaltensweisen anderer, das sich durch die eigene gesellschaftliche Prägung und das Lebensumfeld bildet. Daher erfordert der menschliche Umgang ein auf zwei Sichtweisen basierendes Verständnis, das mit Sicht auf das eigene Selbst und das mit Sicht auf den Anderen. Ebenso verhält es sich mit der Akzeptanz unterschiedlicher Wirklichkeiten, durch deren Vorhandensein jede einzelne nicht die absolut richtige sein kann.

(9) Die Fallen zum Einfangen der Tiere verbergen Hinweise zur Lösung alltäglicher Problematiken, bei denen die Gegner, in diesem Fall die Tiere, als Opfer dargestellt werden. Der Jäger benutzt anstelle seines Werkzeugs das seiner Opfer, welches ihre Unzulänglichkeit ist. Damit setzt er das Opfer zum Erreichen seines Jagderfolges ein, was nicht um jeden Preis und in jeder Hinsicht durch totale Zerstörung geschieht. Das Jagen ist letztlich nur eine Handlung, die von Menschen als Jäger ausgeführt wird. Es ist eine Wesenseigenschaft des Menschen, dabei mit Menschlichkeit zu agieren, wie Gaeuw durch sein rücksichtsvolles Jagen zeigt.

(10) Die Lebensumstände von Gaeuw sind Ausdruck eines Schülers, der sich noch innerhalb eines Lernprozesses befindet. Seine alltäglichen Handlungen und Fähigkeiten, die ihn schon längst in die Lage versetzt haben, ein Jäger zu sein, nimmt Gaeuw nicht bewusst wahr. Anstatt seine Realität auf der Grundlage der tatsächlichen Gegenwart zu bilden, haftet er immer noch an seiner Vision des idealen Jägers und Lehrers.

(11) Das plötzliche Auftauchen der Tiger führte natürlich zu Angst und Schrecken bei den Dorfbewohnern, die versuchten, die Tiger auf unterschiedlichste Art schnell wieder loszuwerden. Die Situation stellte ein unnatürliches Phänomen dar, da Tiger im Normalfall keine Dörfer angreifen. Der Angriff der Tiger in der Gegenwart ist also in Zusammenhang mit einer andauernden Problematik der Vergangenheit zu sehen, die es zu lösen gilt. Auf den Kampf bezogen bedeutet dies, dass man eine ausgeführte Kampfaktion nicht als isolierte Aktion betrachten, sondern auch das Davor und Danach, die maßgeblich für den gesamten Kampfverlauf sind.

(12) Die Worte des Rueh Srie stehen als Beispiel für den pädagogischen Grundsatz bei der Wissensvermittlung. Anstelle Gaeuw aufzutragen, dass er gehen soll oder gar zu gehen hat, fragte er ihn, was den typisch empfehlenden Charakter des Pahuyuth zum Ausdruck bringt. Nach traditionellem Verständnis fungiert ein Lehrer als wertungsneutraler Wissensgeber. Dadurch hat der Schüler die Möglichkeit, selbst zu lernen, eine freie Entscheidung durch sein Wissen und sein Verständnis unmittelbar zu treffen, auch wenn die Entscheidungsfreiheit kein Garant für die optimale oder richtige Wahl ist. Vielmehr geht es um die eigene

Bewertung des Sachverhaltes, die zur Bildung des Selbstbewusstseins des Schülers beiträgt. Die Frage des Dschungelpredigers beinhaltet auch, dass Gaeuw seine Eltern vor der Gefahr bewahren soll, anstatt die Gefahr zu bekämpfen. Dies gründet darauf, dass das Wissen nach traditionellem Grundsatz für ein Leben und Überleben in Freiheit konzipiert ist. Ein Kämpfer kämpft somit nicht zwangsläufig, sondern wendet in erster Linie eine drohende Gefahr ab. Im Gegensatz dazu besteht die Aufgabe eines Kriegers darin, etwas zu zerstören.

(13) Auch diese Aussage des Rueh Srie verdeutlicht die Art der Wissensvermittlung. Er forderte Gaeuw indirekt dazu auf, sich mit dem erlernten Wissen außerhalb der Unterrichtsstätte auseinanderzusetzen. Denn dort, wo das Wissen vermittelt wird, gibt es in aller Regel keine Gelegenheit, das Wissen tatsächlich anzuwenden. Für einen Kämpfer ist es nach der Aufnahme von Wissen somit unverzichtbar, praktische Erfahrungen zu sammeln, um das Gelernte tatsächlich zu bestätigen. An dem Ort, wo das Wissen in der Gegenwart praktisch umgesetzt wird, wird der Schüler auch den besten Kämpfer oder Jäger finden, nämlich den Gegner oder sich selbst. Die Hauptaussage bezieht sich also auf die gesammelten Erfahrungen durch das erlernte Wissen, welches ein tatsächliches Verständnis vom Kampf mit sich bringen kann, anstelle dieses ausschließlich durch die Unterrichtung aufzunehmen.

(14) Für jemanden wie Gaeuw, der über praktisches Wissen verfügt, geht es nicht um die Art und Weise oder die vorhandene Möglichkeit, sein Wissen einzusetzen, sondern im Wesentlichen um das Warum. Durch die Initiative, einen Wunsch mit seinen einhergehenden Konsequenzen erfüllen zu wollen, entscheidet der Wissende unter Einbeziehung der aktuellen Umstände. Sowohl das Wissen als auch das Handlungsziel sind deshalb nur Voraussetzungen für die Ausführbarkeit.

(15) Durch den Vergleich von Gaeuws Tätigkeiten vor und nach seiner Zeit beim Rueh Srie vermittelt ihm dieser indirekt, dass er die ganze Zeit der beste Schüler eines Jägers war. Schon bevor Gaeuw durch den Unterricht des Rueh Srie das Jagen erlernte, war er bereits in der Lage, die beste Holzkohle zu machen. Der Dschungelprediger bringt damit zum Ausdruck, dass ein Mensch der ist, der er ist, und kein besserer Mensch wird, wenn er kämpfen kann. Gaeuw hat mithilfe des Rueh Srie weiteres Wissen erlernt, um genau zu der Einsicht kommen zu können, zu der er auch vorher durch sein Wissen über die Holzkohle hätte gelangen können. Es ist der direkte Hinweis darauf, einfach nur Mensch zu sein, egal was man kann oder nicht kann. Durch den Rueh Srie ist sich Gaeuw dieser Tatsache bewusst geworden, ohne sich als Mensch dabei tatsächlich zu verändern. Ein Lehrer des Pahuyuth sagt seinem Schüler, dass er ihm das Kämpfen beibringt, jedoch wird er ihm nicht sagen, dass er ihn zum besten Kämpfer macht. Die leeren Hände, die der Rueh Srie ansprach, sind ein Hinweis auf das Wissensgebiet, das wie ein Werkzeug ist, welches der Mensch, der das Sein in Wirklichkeit mit leeren Händen erlebt, in die Hand nimmt, um es letztlich wieder abzulegen. Als Mensch legt der Schüler das Werkzeug des Kampfwissens in dem Augenblick ab, in dem er sich der Natur dieses Werkzeugs bewusst wird und dadurch auch zu sich selbst findet.

Die Lehrer in der Geschichte Gaeuw

Seit der Geschichte von Gaeuw wird ein Rueh Srie immer mit Tigern in Verbindung gebracht. Das Streifenmuster der Tiere wurde deshalb auf das Gewand des Rueh Srie gemalt und soll die Charaktereigenschaften eines Lehrers symbolisieren, der sich seines Wissens und seiner Fähigkeiten bewusst ist. Eine gelehrte Persönlichkeit wie der Dschungelprediger hat es weder nötig, ihr Wissen in den Vordergrund zu stellen oder über ihre Herkunft Rechenschaft abzulegen, noch es von irgendjemandem bestätigen zu lassen. Der Rueh Srie trägt sein Wissen in sich wie ein Buch. Er hat sich damit auseinandergesetzt und konnte daraus eigene Sichtweisen und Erfahrungen bilden. Von seinem Wissen her steht ein solcher Lehrer prinzipiell jeder anderen Wissensquelle gleich. Nur die Erfahrungswerte und die gebildete Sichtweise machen ihn zu etwas Besonderem gegenüber anderen Wissensträgern, worauf sich die den Lehrern entgegengebrachte Achtung der Schüler gründet. Dennoch ist ein Lehrer nur eine Wissensquelle von vielen, die ihr Wissen auch aus einer Wissensquelle bezogen hat. Die Erfahrungen und Sichtweisen eines Lehrers sind persönliche Meinungsäußerungen ohne Wertung, die somit keine übertriebene Achtung oder übertriebenen Respekt erfordern. Die tatsächliche Wertigkeit des Wissens besteht folglich nicht in Bezug zur wissenden Person, sondern zu der Quelle, der eine entsprechende Würdigung oder Ehrung zusteht.

Das gegenwärtige Wissen eines Lehrers ergibt sich durch das Ursprungswissen in Verbindung mit den eigenen Erfahrungen. Da durch unterschiedliche Wissende unterschiedliche Erfahrungen mit dem Ursprungswissen kombiniert werden, erscheint die Nennung der eigenen Wissensquelle, also des eigenen Lehrers, unabhängig von der Ursprungsquelle absurd und kommt einer Beleidigung der Ursprungsquelle gleich. Ein Lehrer ist zwar auch durch seine eigenen Erfahrungen zu seinem Wissen gelangt, doch haben seine Erfahrungen nichts mit dem tatsächlichen Wissen zu tun. Das Wissen, das ein Schüler auf dem Weg seiner Erkenntnis erlangt, ergibt sich ausschließlich durch seine persönlichen Erfahrungen und nicht durch die des Lehrers. Wie die Geschichte zeigt, erhielt Gaeuw das Wissen von dem Rueh Srie, doch die Fähigkeit, die Tiger einzufangen, ist allein auf ihn zurückzuführen. Daher ist eine kulturelle Wertschätzung oder ein zwischenmenschlicher Bezug im Sinne von Dankbarkeit, Achtung oder Respekt eine reine Angelegenheit zwischen Gaeuw und dem Rueh Srie, wobei für eine offene Bekundung eigentlich kein Anlass besteht. Die traditionelle Zurückhaltung im Pahuyuth, insbesondere in Bezug auf die Herkunft des Wissens, resultiert aus der Differenzierung zwischen dem Wissen und der Wissensquelle. Von den Lehrern des Pahuyuth wurde die Geschichte von Gaeuw immer wieder als Leitfaden für den Aufbau und die Entwicklung ihrer Unterrichtskonzeption herangezogen und von Generation zu Generation weitergegeben. Durch gesellschaftliche Veränderungen variierten die Deutungen der mit Hinweisen versehenen Geschichte beständig. Um die ursprüngliche Aussage der Geschichte erkennen und verstehen zu können, ist eine intensive Auseinandersetzung mit ihr vonnöten. Dies gilt ebenfalls für viele charakteristische und überlieferte Vergleichsbeispiele bzw. Geschichten und Redewendungen der heutigen Thai-Literatur, die nicht durch wörtliche Übersetzung, sondern eine adäquate Interpretation ihren tatsächlichen

Inhalt preisgeben. Die Aussagen solcher Geschichten ergeben sich oft erst durch eine hintergründige Betrachtung bezogen auf das ursprüngliche Verständnis.

Die Geschichte von Gaeuw beschreibt die Umsetzung einer traditionellen Unterrichtskonzeption des Pahuyuth, in der Gaeuw die Vorstellung eines Kämpferideals symbolisiert und der Jäger als Vorbild auftritt, welches sich nach traditionellem Verständnis in drei Charaktere unterteilt, nämlich in den Helden, den Wissenden und den Anonymen. Die Beschreibung des Helden gründet sich auf einen philosophischen Vergleich zwischen der Kampffähigkeit eines Kämpfers mit dem Grundsatzprinzip für den Umgang mit diesem. Die Beherrschung der Kampffähigkeit ist nicht unter allen Umständen gleichbedeutend mit ihrer vernichtenden Umsetzung, sondern insbesondere nur dann, wenn die Erforderlichkeit oder der Sinn mit der Wahrung des eigenen Lebens und Überlebens zu begründen ist. Gleichsam bedeutet der Verzicht auf eine Kampfaktion auch den Verzicht auf übersteigerte Emotionen und Selbstverherrlichung. So ist Gaeuw ein Held, da er sein Jagdwissen verwendet, um die Tiger einzufangen, anstatt sie zu töten. Der Einsatz des Wissens wird auch in der Legende eines alten Schwertkämpfers beschrieben, der seinen Gegner besiegt, ohne sein Schwert zu ziehen. Gaeuw ist ebenfalls ein anonymer Jäger, da er sich seiner Fähigkeiten als Jäger nicht bewusst ist. Tatsächlich ist das Kampfwissen nur eine Methodik für die Durchsetzung des Einsatziels des jeweiligen Nutzers. Die Idee, die Tiger einzufangen und sie seinen Eltern zum Geschenk zu machen, passt zu den Charaktereigenschaften und dem Verständnis eines Jägerideals. Diese Handlung führt Gaeuw zwar durch, jedoch nicht in dem Bewusstsein ein Jäger zu sein.

Der Kämpfer ist derjenige, der Kämpfer sein will und nicht derjenige, der die Fähigkeiten eines Kämpfers hat.

Mit dem Bewusstsein ein Kämpfer zu sein, wird ein Kämpfer nach außen hin nicht um Anerkennung und Akzeptanz seines Wissens streben. Daher ist die Anonymität das charakteristische Ideal einer Selbstüberzeugung als Kämpfer, die keinerlei Bestätigung von außen benötigt. Die Vision von einem Kämpferideal hat im Pahuyuth zu einer traditionellen Zeremonie geführt, die die Tugend eines Kämpfers zum Ausdruck bringt. Diese Abschiedszeremonie bzw. Kämpfertugend wird für Schüler in der Anfangsstufe nach Beendigung des Unterrichts durchgeführt.

Die Kämpfertugend des Pahuyuth

Ein gelehrter Kämpfer ist in der Lage, zwischen der Kampffähigkeit, dem Kampfwissen und dem Nutzer zu differenzieren. Erst durch den zweckgebundenen Einsatz erlangt das Kampfwissen eine Wertigkeit, indem es als Werkzeug zu etwas Gutem oder Bösem verwendet wird. Durch das Ideal von Verzeihen und Verzicht bringt der Kämpfer seinen menschlichen Charakter ungeachtet seiner Kampffähigkeit zum Ausdruck.

Als Menschen sind wir alle gleich, und nur durch das Wissen und das Verständnis mag ein Unterschied bestehen. Als gelehrte Kämpfer bekunden wir unser Kampfwissen durch unser Verständnis, indem wir das Verzeihen dem Kampf vorziehen.

Für die Zeremonie der Kämpfertugend (God Naksu) stellen sich die Schüler nach dem Unterricht entweder in einer Reihe oder einander gegenüber in zwei Reihen auf. Der Lehrer positioniert sich mittig an einem Ende der Reihen. Die Füße werden v-förmig ausgerichtet, sodass die Hacken die Spitze bilden und die Fußspitzen zur Seite zeigen. Das sich ergebende Dreieck, das wie ein Trichter mit der Spitze nach unten zeigt, symbolisiert die Gleichwertigkeit als Mensch. Alles, was durch einen Trichter hindurchgeht, nimmt am Ende doch den gleichen Weg, obwohl es aus verschiedenen Richtungen kommt.

Dann nehmen die Schüler ihre linke Hand vor den Körper und machen eine Faust, um auszudrücken, dass sie das Kampfwissen erlernen wollen, und legen die rechte Hand offen darüber, denn zuvor erlernen sie das Verzeihen. Der Lehrer hingegen ballt die rechte Hand zur Faust, denn er kann kämpfen und legt die linke offen darüber, da er von sich aus Pardon gibt. Anschließend spricht er sinngemäß folgende Sätze:

„Wir nehmen die Füße zu einem V zusammen, denn als Menschen sind wir alle gleichwertig. Schüler machen die linke Hand vor dem Körper zur Faust, denn sie wollen kämpfen lernen. Die rechte Hand legen sie offen darüber und bekunden somit, dass sie gewillt sind, das Verzeihen vor dem Kämpfen zu erlernen.
Lehrer machen die rechte Hand vor dem Körper zur Faust, denn sie können kämpfen. Sie legen die linke Hand offen darüber, um zu bekunden, dass sie als gelehrte Persönlichkeiten das Verzeihen ihrer Kampffähigkeit vorziehen.
Wir legen eine Gedenkminute als symbolische Geste der Akzeptanz des Gesprochenen ein und geben uns danach die Hände als Zeichen des gemeinsamen Trainierens und Unterrichts innerhalb der kollegialen Gemeinschaft."

Zur Bildung eines tieferen Verständnisses wird den Schülern des Pahuyuth von Anfang an vermittelt, dass die Persönlichkeitsstärke eines Kämpfers auf dem Verzicht des Angriffs beruht sowie darauf, seine Kampffähigkeit nicht gegen Schwächere einzusetzen. Zu diesem Verständnis gehört es, zu verstehen, dass eine erfolgreiche Kampfaktion im Wesentlichen nicht durch die eigenen Fähigkeiten, sondern durch die

Die Kämpfertugend des Pahuyuth 173

Die Stellung der Kämpfertugend (God Naksu) verdeutlicht wesentliche Aspekte des schöpferischen Verständnisses und ist eine Grundvoraussetzung zum Erlernen des Pahuyuth. Die Position wird von jedem Schüler nach dem gemeinsamen Unterricht eingenommen. Lehrer legen entgegengesetzt ihre linke Hand offen über die zur Faust geballte rechte Hand.

Schwächen des Gegners zustande kommt. Das Kampfziel besteht aus einem Sieg, ohne sich selbst dabei auf eine Kampfaktion einzulassen, so, wie es ein Leitspruch der traditionellen Schwertkämpfer beschreibt:

Der Schwertkämpfer siegt, ohne sein Schwert zu ziehen.

Die Wissensvermittlung

Die traditionelle Vermittlung

Die Unterrichtskonzeption

Die traditionelle Bewerbung

Das Prüfungsverfahren

Die traditionelle Vermittlung

Das Pahuyuth ist als Methodik zur Zerstörung des Kampfgegners nach schöpferischem Kampfziel und persönlichem Kampfcharakter, also dem Kämpferideal, angepasst an die individuellen gegenwärtigen Umstände einer jeden Zeit anzusehen. Der Nutzer in der Gegenwart hatte vor dem Erwerb der Nutzungsfähigkeit der Kampfmethodik seine eigenen Erwartungen und Kampfziele, die hinsichtlich des schöpferischen Ideals einer Zweckentfremdung gleichen und auch die durch die Methodik ermöglichte Nutzleistung verfehlen. Daher existiert in vielen traditionellen Unterrichtskonzeptionen ein Leitsatz, der die Bildung eines persönlichen Charakters nach Vorbild des Kämpferideals meint, da dieser Vorrang vor dem Unterricht der Kampfmethodik hat.

Lehrt erst den Menschen, dann das Wissen.

Dadurch mindert sich das Risiko eines Missbrauchs, und gleichzeitig wird ein Zugang zu der Vollkommenheit des schöpferischen Ideals ermöglicht. Dem Schüler wird daher von Anfang an schrittweise der schöpferische Idealcharakter parallel zum Kampfwissen vermittelt, wodurch ihm die Möglichkeit zur Findung des Kämpfercharakters auf der Grundlage seines eigenen Verständnisses gegeben wird. Die menschlichen Charaktereigenschaften, die sich aus dem angeeigneten Verständnis eines jeden in der Gegenwart ableiten, können wegen der unbestimmbaren individuellen Umstände schwerlich in allen Betrachtungsaspekten mit den schöpferischen Idealen übereinstimmen. Der Zugang für die Aneignung des Pahuyuth ist somit nur durch das Vorhandensein eines Schülercharakters möglich, der durch die Auswahlkriterien einer persönlichen Initiative und des Willens gekennzeichnet und festgelegt ist.

Für einen Schüler des Pahuyuth erfolgt die Auseinandersetzung mit dem Wissen nach traditionellem Verständnis in einem dreistufigen Prozess. Die erste Stufe ist die Faszinationsstufe (Schülerstatus), die zweite Stufe ist die des Hinterfragens (Wissensstatus) und die dritte die Bewusstseinsstufe (Status des eigenen Ideals).

Die Faszination

Da sich der Schüler anfänglich ausschließlich wegen seiner Faszination und des damit verbundenen Ideals um das Wissen bemüht, wird die Faszinationsstufe auch als Schülerstatus bezeichnet. Im Allgemeinen wird die Faszination bei Anfängern und unwissenden Schülern größtenteils durch die sichtbare und äußere Leistungsfähigkeit hervorgerufen, die sie als Lösungsalternative ihrer Probleme ansehen oder als Erfüllung und Umsetzung ihrer idealisierten Vorstellung und ihres Ideals als Nutzer des Kampfwissens. Durch die gesellschaftliche Prägung ist die Suche eines Unwissenden nach einem Lehrer, dessen Leistungsfähigkeit nachgewiesen oder durch eine vertraute Quelle bestätigt werden kann, auch nicht ungewöhnlich.

Das schöpferische Verständnis bezieht sich auf alltägliche Umstände, Situationen und Mitmenschen, die eine Bedrohung oder Gefahr für das Leben und Überleben darstellen. Der Schutz ergibt sich durch die Kampfmethodik, die vorrangig auf das Überleben abzielt und nicht auf Zerstörung oder Vernichtung von Menschen oder Gefahrenquellen. Demzufolge liegt die schöpferische Faszination bei allem anderen als der sichtbaren Leistungsfähigkeit der Kampfmethodik. Die traditionelle Unterrichtung der thailändischen Kampfmethodik beinhaltet daher die Aufklärung der Unterschiede zwischen der Faszination der Leistungsfähigkeit und den Idealen nach schöpferischem Verständnis als unverzichtbare Bestandteile und setzt sich mit diesen auseinander. Die Schule oder Unterrichtsstätte ist somit lediglich der Vermittlungsort für das Kampfwissen, nicht aber der Ort, an dem die Kampffähigkeit des Schülers unterrichtet wird, wie der Leitsatz verdeutlicht:

Die Schule ist wie eine Baumschule, in der Obstbäume angebaut werden. Es ist jedoch nicht der Ort, an dem die Herstellung des Geschmacks der Früchte unterrichtet wird.

Das Hinterfragen

Die Stufe des Hinterfragens wird auch als Wissensstatus bezeichnet und erfolgt innerhalb der traditionellen Unterrichtskonzeption durch das Prinzip des Lehrens, um sich selbst Gewissheit über das erworbene Wissen zu verschaffen. Die Wiedergabe des erlernten Wissens dient dabei nicht nur dem Zweck der reinen Weitergabe durch Vermittlung, sondern dem Erkennen der dahinter liegenden Methodik, wodurch das Wissen bestätigt und angenommen werden kann.

Die Muttermilch ist nicht allein für die Mutter da, sondern auch ihr Baby soll davon satt werden.

Beim Hinterfragen von Wissen ist es allgemein üblich, sich selbst durch äußere Anerkennung bestätigen und von demonstrierten Fähigkeiten überzeugen oder sogar leiten zu lassen. Dabei beziehen sich die gezeigten Fähigkeiten oft auf einen definierten Rahmen, beispielsweise der Sieg oder die Niederlage bei einem Kampfwettbewerb, die als Bestätigung dienen. Das erwünschte Ergebnis, nämlich ein anerkannter Kämpfer zu sein, besteht aus dem Herausfordern sowie dem sich anschließenden Sieg. In der Gesellschaft wird eine Bestätigung des Kampfwissens in Form einer glaubhaften Überzeugung mit Wettkampferfolgen gleichgesetzt. Führt man diesen gesellschaftlichen Gedanken weiter, verfügen die Sieger auch über relativ viel Wissen. In Wirklichkeit ist eine Kampfhandlung jedoch nichts weiter als der vorübergehende Prozess einer körperlichen Auseinandersetzung. Während dieses Prozesses reagieren die Beteiligten in Abhängigkeit der jeweiligen Umstände sowohl durch die ihnen zur Verfügung stehenden Reaktionsmuster als auch auf der Grundlage ihres Verständnisses. Ein Rückschluss auf den tatsächlichen Wissensumfang eines Beteiligten ist deshalb weder durch einen Sieg noch durch eine Niederlage und auch nicht durch die ausgeführten Kampftechniken möglich. Das Ergebnis der Auseinandersetzung ist also nur ein Ausdruck ihrer Fähigkeiten, mit den Umständen des Kampfverlaufes umzugehen. Bei Kampfwettbewerben, in denen durch das Regelwerk über Sieg oder Niederlage entschieden wird, kann es folglich nicht um die Bestätigung von vorhandenem Kampfwissen gehen.

Das Bewusstsein

Die Bewusstseinsstufe oder der Status des eigenen Ideals ist erreicht, wenn der Schüler zwischen dem fundamentalen Wissen und seiner eigenen Entwicklung differenzieren kann und in der Lage ist, sein eigenes Wissen bewusst und mit Gewissheit wahrzunehmen. Nach allgemeinem Verständnis wird in der Gesellschaft davon ausgegangen, dass Lehrer einer Kampfkunst sehr viel Kampfwissen aufweisen, wodurch ihnen Fähigkeiten mit beinahe unbesiegbarem Status zugeschrieben werden. Sie genießen wegen ihrer Fähigkeiten und ihres Wissens zwar ein hohes Ansehen, doch dadurch entsteht auch eine gewisse Rangordnung, in der immer wieder nach Bestätigung gesucht wird, wodurch sie eine Last darstellt. Dabei ist die Kampffähigkeit nur eine von vielen möglichen und erlernbaren menschlichen Fähigkeiten, die für einen vorgesehenen Einsatzzweck entwickelt worden ist. Der Erfolg oder Misserfolg der Nutzung zu eigenen Zwecken spiegelt lediglich ein vorübergehendes Ergebnis wider, das weder etwas über den Wissensumfang noch über den tatsächlichen Charakter eines Kämpfers aussagt, denn der Kämpfer ist wie alle anderen auch nur ein Mensch. Doch durch das Wissen hatte bzw. hat der Kämpfer die Möglichkeit, seine Kampffähigkeit zu entwickeln, die es ihm ermöglicht, seinen Einsatzzweck durchzusetzen, welcher auf seinem Verständnis und seinem Charakter beruht. Daher sind allein die menschlichen Charaktereigenschaften für den gesellschaftlichen Respekt und die Anerkennung als Kämpfer maßgeblich, zumal für das Bewusstsein als Kämpfer und Lehrer weder Achtung noch Respekt vonseiten der Gesellschaft von Bedeutung sind, denn:

Die Schönheit und Vollkommenheit einer Blume basiert von Natur aus allein auf ihren Eigenschaften, die unabhängig von ihrem Standort oder einer gesellschaftlichen Bewertung existieren.

Die Unterrichtskonzeption

Die Wissensvermittlung, also die Art und Weise wie das Wissen an den Schüler weitergegeben wird, drückt sich durch die traditionelle Unterrichtskonzeption aus. Die Unterrichtung ihrer Inhalte und Zugehörigkeit zum Ursprung erfolgt heute durch eine modernisierte Gestaltung des Unterrichts, bei der es in erster Linie um die Umwandlung der individuellen Vermittlung in der Freizeit in eine Vermittlung innerhalb einer wirtschaftlichen Institution geht, in der ein Lehrer hauptberuflich unterrichten kann.

Ursprünglich wurde das Wissen überwiegend an Familienangehörige sowie nahestehende Nachkommen vermittelt. Dadurch waren die Schülerzahlen begrenzt und ein Schüler wurde nur durch persönliche Empfehlung in den Unterricht aufgenommen. Durch den familiären Charakter war es auch normal, dass der Unterricht kostenfrei war. Diese traditionelle Unterrichtskonzeption führte hauptsächlich dazu, dass die Kampfmethodik nur wenig verbreitet wurde. Aber auch die Unterweisungen der Soldaten und Rekruten führte indirekt dazu. Das Militär hatte dadurch in kurzer Zeit zwar eine höhere Schülerzahl geschaffen, jedoch verringerte sich diese durch die Folgen der Kriegseinsätze wieder, und so konnte das Wissen irgendwann nicht mehr vollständig an die Nachkommen vermittelt werden. Auch die spätere Umstellung des Militärs auf moderne Waffen bewirkte einen merklichen Rückgang von gelehrten Personen, wodurch das traditionelle Kampfwissen in den Hintergrund rückte. Die überlebenden Kämpfer und Lehrer, die über das Wissen verfügten, hatten zudem kaum die Möglichkeit mittels ihres Kampfwissens ein berufliches Auskommen zu finden. Die meisten von ihnen waren ehemalige Soldaten, die nur gelegentlich an Kampfwettbewerben oder Vorführungen teilnahmen. Die Weitergabe des Wissens ging auch durch die sich verändernden gesellschaftlichen Umstände zurück, was dazu führte, dass das Militär nicht mehr notwendigerweise auf das traditionelle Kampfwissen angewiesen war. Somit schwand der Bedarf und die Nachfrage reduzierte sich überwiegend auf ein individuelles und persönliches Interesse. In der Allgemeinheit bestand ab einem gewissen Zeitpunkt kaum noch die Bereitschaft, sich mit dem Wissen zu beschäftigen, obgleich die Vermittlung durch Lehrer immer noch kostenfrei war. Daher nahm auch die Zahl der tatsächlichen Lehrer immer weiter ab. Die weitere gesellschaftliche Entwicklung brachte zunehmend auch Missverständnisse hinsichtlich der Wertigkeit des in der Öffentlichkeit verbreiteten Kampfwissens hervor, die ihren Höhepunkt in einem negativen Erscheinungsbild des Wissens fanden. Die verbliebenen Lehrer und Kämpfer verabschiedeten sich darum aus der Öffentlichkeit und die Nachkommen reagierten mit Zurückhaltung.

Heute kann nur durch Aufklärungsarbeit dazu beigetragen werden, dass die wenigen verbliebenen Wissenden auch öffentlich zu der Existenz des Pahuyuth stehen, um es für die Nachwelt retten zu können. Unter Berücksichtigung moderner Umstände kann die Bewältigung dieser Aufgabe nur unter Einbeziehung wirtschaftlicher Gesichtspunkte durchgeführt werden, die bereits zur heutigen Form der Unterrichtskonzeption des Pahuyuth beigetragen haben.

Die Bekleidung
Während des Unterrichts tragen sowohl männliche als auch weibliche Schüler eine traditionelle Kleidung aus einfacher Baumwolle, die wegen des tropischen Klimas schon immer in Thailand getragen wird, speziell bei körperlichen Betätigungen. Die einfache Kleidung besteht aus einer dreiviertellangen Hose (Gangeng Sahmsouan) und einem kurzärmeligen Oberteil mit V-Ausschnitt (Sueah Kohlaem), ohne Knöpfe oder Reißverschlüsse, die Verletzungen verursachen können. Die Hose wird durch ein Gummiband im Bund gehalten und jeder Saum beider Kleidungsstücke ist mit einem schwarz gefärbten Baumwollband verstärkt.

Der Überlieferung nach symbolisiert die Art der Kleidung die Kämpfervorfahren des Pahuyuth, die ihr Wissen und ihre Fähigkeiten als reguläre Kampfsoldaten und Freikämpfer für das Überleben und die Freiheit des thailändischen Volkes eingesetzt hatten. Die dreiviertellange Hose ist seit jeher die Kleidung der einfachen Bürger und bringt gleichzeitig ihre Verehrung für die Freikämpfer zum Ausdruck. Das Oberteil ist nach dem Vorbild der traditionellen thailändischen Kampftruppen aus der Epoche von Nanjauw gefertigt worden, die vor dem Einzug in das Gebiet des heutigen Thailands kämpften, und stellt ebenfalls ein Symbol der Verehrung für die regulären Kampfsoldaten dar. Besonders ist das schwarze Stoffband, das seitlich an den Hosenbeinen angebracht wird und den Träger

unabhängig von seinem Status als Schüler als Kämpfer identifiziert. Grundsätzlich hat ein Schüler ab der Mittelstufe bzw. der Graduierung Weißgurt die Berechtigung, sich als Kämpfer zu bezeichnen. Gleichzeitig hat er die Verpflichtung, sich durch dieses Symbol gegenüber anderen Schülern zu erkennen zu geben. Ein Schüler kann sich auch noch vor Erreichen der Mittelstufe als Kämpfer bezeichnen, wenn er an einer öffentlichen Vorführung oder einem Wettbewerb teilnimmt. Danach ist auch er zum Tragen der schwarzen Stoffbänder verpflichtet, die einerseits auf sein Wissen und seine Erfahrung mit ernsthaften körperlichen Auseinandersetzungen hinweisen und ihm andererseits seinen Status und die Konsequenzen seiner Vorbildfunktion bewusst machen sollen.

Zusätzlich trägt jeder Schüler einen Stoffgurt (Pahkad Aeuew) um die Hüfte, dessen Farbe die Stufe seiner Graduierung zeigt. Innerhalb der Unterrichtsstätte wurde der Gurt als internes Abzeichen geschaffen, um die verschiedenen Unterrichtsstufen in allen Disziplinen zu symbolisieren.

Das Umbinden eines Tuches als Stoffgurt war schon immer ein Bestandteil der südostasiatischen und speziell auch der thailändischen Bekleidungskultur und hat einen traditionellen repräsentativen Charakter. Dies galt nicht nur für Leute der gehobenen Gesellschaftsschichten wie Beamte und Stadtdiener, sondern auch für die ländliche Bevölkerung, auch wenn der Stoffgurt mehr als individueller Gebrauchsgegenstand im Alltag verwendet wurde. Für Männer bestand er aus festen Baumwollfasern und wurde durch einen leicht aufzuziehenden Knoten um die Hüfte getragen. Für Frauen wurde das Tuch meist aus Seide oder ähnlich weichen und glänzenden Materialien hergestellt, das sie diagonal über der Schulter trugen. Das Allzweckstofftuch wurde den Überlieferungen nach mehrheitlich von Männern genutzt und diente als Handtuch zum Abtrocknen, als Hosenersatz oder auch zum Abstauben von persönlichen Dingen und dem Sitzplatz. Durch die festen Fasern konnte es ebenfalls als Schlaflager, Hängematte oder Decke benutzt werden und auf Reisen verwendete man das Tuch als Transportsack, zum Verschnüren von Gegenständen oder zum Umhüllen des Gepäcks. Es eignete sich auch als Schutz vor Regen und Sonne sowie als Schlagwerkzeug gegen Mücken und Ungeziefer am Abend und in der Nacht. Bei Ritualen wurde es ferner als Tischdecke eingesetzt, auf der rituelle Gegenstände, Speisen und Getränke platziert wurden. Das am Körper getragene Allzwecktuch hatte später auch Einfluss auf die Disziplin Sabei, auch wenn es weder eindeutig als Werkzeug noch als Waffe identifiziert werden kann. Als Graduierungsgurt wurde das Tuch vermutlich ab dem Zeitabschnitt von Nanjauw als fester Bestandteil der traditionellen Kleidung des Pahuyuth getragen.

Die Graduierungsstufen des Pahuyuth

Gelb = Probeschüler
Grün = Basisstufe
Weiß = Mittelstufe
Schwarz = höhere Stufe
Blau = Kämpfer
Rot = Lehrer

Die Unterrichtsstufen werden durch die Farbe eines Stoffgurtes symbolisiert. Probeschüler tragen einen gelben Gurt, Schüler einen grünen, weißen oder schwarzen Gurt. Nach Beendigung der Schülerstufe tragen Kämpfer einen blauen und Lehrer einen roten Gurt.

Probeschüler — Gelbgurt (Sai Lueang)
Schüler — Grüngurt (Sai Kieauw)
Kämpfer — Blaugurt (Sai Namngoen)
Schüler — Weißgurt (Sai Kauw)
Lehrer — Rotgurtgurt (Sai Daehng)
Schüler — Schwarzgurt (Sai Damm)

Die traditionelle Bewerbung

Dem Unterricht für Pahuyuth-Schüler ging schon immer eine Bewerbung bei dem Lehrer voraus. Als Bewerber (Puh Samack) werden Probeschüler (Lugsidt Todlong) bezeichnet, die sich noch vor der Prüfung zur Aufnahme in den Unterricht befinden. Bewerber dieser Vorstufe des Schülerstatus erkennt man an der goldgelben Farbe ihres Gurtes, die von den Gewändern junger buddhistischer Mönche, den Nehn, übernommen wurde und den unwissenden Bewerber symbolisiert. Dem Lehrer dient die Vorstufenzeit zur Überprüfung des Willens des Bewerbers, der eine unverzichtbare Voraussetzung für die Teilnahme am späteren Unterricht darstellt. Das traditionelle Verfahren zur Überprüfung des Willens war persönlich gestaltet und fand separat zwischen Lehrer und Bewerber statt. Die individuelle Gestaltung der Überprüfung und der Ablauf des Aufnahmeverfahrens richteten sich nach dem Verhalten des Bewerbers und waren deswegen nicht genau festgelegt.

Die Unterrichtskonzeption des Pahuyuth baut auf dem philosophischen Grundsatz des schöpferischen Verständnisses auf und strebt die Bildung eines Idealcharakters als Kämpfer an. Das Kampfwissen selbst ist eine neutrale Methodik, ein Werkzeug, dessen positive oder negative Folgen der Anwendung erst durch den jeweiligen Nutzer entstehen. Der Nutzwert der Kampfmethodik für einen Probeschüler, der sich als Unwissender um die Aufnahme zum Unterricht bewirbt, ergibt sich auf der Grundlage seines eigenen Verständnisses. Da seine Vorstellung von dem Nutzwert des Wissens zu diesem Zeitpunkt mit den philosophischen Grundsätzen der Schöpfer nicht übereinstimmt, wäre eine Ablehnung abwegig, zumal er sich nicht als Schüler bewerben würde, stimmten seine Vorstellungen mit den schöpferischen Gedanken überein. Bei der Entscheidung orientiert sich der Lehrer folglich nicht an dem momentanen Verständnis des Bewerbers, sondern überprüft in erster Linie das Vorhandensein seiner erziehbaren Persönlichkeit, die schon immer eine Voraussetzung für die Unterrichtung und die Weitergabe des Kampfwissens gewesen ist, um die Bildung eines Idealcharakters nach schöpferischem Vorbild zu ermöglichen. So ist sichergestellt, dass der Schüler nicht nur an der Vermehrung seines Wissens interessiert ist, sondern auch ein bewusstes Korrigieren des vorhandenen Wissens zulässt. Diese Überprüfung begann typischerweise bereits bei der ersten Begegnung zwischen Lehrer und Bewerber. In diesem ersten Gespräch ging es selten direkt um die Unterrichtserteilung, vielmehr wurde der persönliche Werdegang des Bewerbers bis hin zu seiner Entschlossenheit, ein Kampfschüler zu werden, besprochen. Häufig brachte der Lehrer von vornherein schon seine Ablehnung gegenüber dem Schüler zum Ausdruck, entweder mit der Begründung nicht über ausreichend Kampfwissen zu verfügen, um Lehrer zu sein, oder kein Interesse an dem Schüler zu haben. Anhand der Reaktionen des Bewerbers während der Unterhaltung verschaffte sich der Lehrer einen Überblick über dessen Wünsche und erziehbaren Charakter und stellte ihm eine Aufgabe, die oft an eine Fragestellung geknüpft war, wobei die Erfüllung der Aufgabe dem Bewerber meist freigestellt war. Für einen übermotivierten Bewerber bestand eine solche Aufgabe beispielsweise darin, ein Stück Holzkohle solange mit Wasser zu waschen, bis es sauber ist. In aller Regel führte diese Aufgabenstellung dazu, dass der Bewerber die Ausführung der Aufgabe für unmöglich hielt, weshalb er sie entweder halbherzig und ohne Überzeugung ausführte oder die offensichtliche Unmöglichkeit der Durchführung direkt ansprach. Letztendlich kam der Bewerber aber nicht umhin die Holzkohle abzuwaschen, denn dies war nun einmal seine Aufnahmebedingung für die Unterrichtserteilung.

Für den Lernprozess ist eine Anweisung des Lehrers grundsätzlich vom Schüler zu befolgen, speziell auch dann, wenn dieser durch sein Verständnis als Unwissender weder Sinn noch Bedeutung in der Erfüllung sieht. Dabei ist die Anweisung des Lehrers keineswegs ein Befehl, sondern vielmehr ein Wegweiser für den Schüler und zugleich auch ein Wegbegleiter für den wissenden Lehrer. Ihm geht es hauptsächlich um die hintergründige Bedeutung der Aufgabe, die der Schüler ergründen soll. Die Aufgabe, Holzkohle abzuwaschen, dient zum Beispiel der Überprüfung des Willens, dem Lehrer zu folgen und der Feststellung, ob ein entsprechendes Potential zur Erziehung vorhanden ist. Neben der Prüfung der Lernbereitschaft geht es auch darum, das Selbstbewusstsein des zukünftigen Schülers einzuschätzen. Da der Lehrer kein Maß für die Erfüllung der Aufgabe festgelegt hat, überlässt er somit die Entscheidung dem Bewerber, der nach eigener Überzeugung das vermeintliche Maß durch die Aufgabenumsetzung gegenüber dem Lehrer präsentieren kann. Hintergründig bezieht sich eine solche Aufgabe auch auf die Selbstüberzeugung eines Kämpfers, der sowohl sein Wissen und Können als auch die Verantwortung seiner Handlungen bewusst wahrnimmt.

Im Allgemeinen verhält sich ein Bewerber gegenüber dem Lehrer sehr motiviert und ehrgeizig. Als Grund für seine Bewerbung gibt er häufig den seiner Meinung nach guten Ruf der Kampfkunst, die Verherrlichung ihrer Kampffähigkeit oder das persönliche Ansehen des Lehrers oder der Lehrstätte an. Oft sind es gerade die Informationen über den Lehrer, der nach seinem Verständnis die Unterrichtslinie eines bekannten Lehrers vertritt, die für ihn als Bewerbungskriterium relevant sind. Die Faszination, die das Kampfwissen auf den Bewerber im Vorfeld ausübt, basiert in seiner Vorstellung auf den Erlebnissen und Geschichten über die Wirksamkeit von Kampfaktionen. Gewöhnlich beschränkt sich diese Vorstellung auf die Sichtweise eines Siegers, die zwar Vorbildcharakter hat, aber nicht der Wirklichkeit gleicht, ebenso wie die Vorstellung, das Pahuyuth-Kampfwissen sei etwas Besonderes und die einzige Alternative für sein verborgenes Lernziel und den erhofften Kampfeinsatz in allen Varianten der Eroberung und Verteidigung, die nicht mit den schöpferischen Gedanken übereinstimmen. Nach pädagogischem Grundsatz kann ein Lehrer einen solchen Bewerber für den Unterricht zulassen, ihn aber genauso auch ablehnen. Eine Ablehnung erfolgt aber selten wegen der Vorstellungen und des Lernziels des Bewerbers, die seiner Unwissenheit entstammen, da er ja noch vor der Vermittlung des Wissens steht. Gerechtfertigt wäre die Ablehnung dadurch, dass das Verständnis des Bewerbers zum Zeitpunkt der Bewerbung nicht mit dem schöpferischen Verständnis übereinstimmt und daher die Voraussetzungen für eine Unterrichtung nicht gegeben sind. Um eine Entscheidung treffen zu können, prüft der Lehrer also die Erziehbarkeit, den Willen des Bewerbers und klärt ihn über den Sachverhalt des Kampfwesens auf, damit er sich einer realen Sichtweise über das Kampfwissen annähern kann, die aus den schöpferischen Gedanken und persönlichen Erfahrungen entsteht und vom Lehrer als Leitfaden in Form von Beispielen vermittelt wird. Während dieser Zeit behält der Bewerber seinen Status als Probeschüler bei und formuliert im Anschluss sein Lernziel erneut, um dem Lehrer eine gerechte Entscheidung zu ermöglichen.

Früher gestaltete sich die Bewerbung sehr individuell und in Abhängigkeit der Unterrichtskonzeption des jeweiligen Lehrers und bestand hauptsächlich aus verschiedenen praktischen Aufgaben, die nicht zwangsläufig einen direkt erkennbaren Zusammenhang zu der Kampfmethodik aufwiesen. Dennoch enthielten sie Hinweise über das schöpferische Verständnis und ermöglichten eine Veränderung der Vorstellung über das bevorstehende Wissen und die damit verbundenen Ziele. Der Lehrer vermittelte so dem Probeschüler auch bestimmte Vorkenntnisse, die ihn körperlich auf die Teilnahme am Unterricht vorbereiteten. In verschiedenen Zeitabschnitten und Entwicklungslinien wurde die erste Begegnung zwischen dem Lehrer und dem Bewerber teilweise auch durch das Bewerbungsritual Yok Kru (den Lehrer anerkennen) vollzogen. Dieses Ritual zielte anfänglich auch auf die Überprüfung des Willens des Bewerbers ab und bestand aus einer Gabe an den Lehrer in Form von Blumen oder Geld. Im Laufe der Zeit brachte das Ritual letztlich nur noch die Fügsamkeit des Bewerbers gegenüber dem Lehrer zum Ausdruck. Die Entwicklungslinien, die das Pahuyuth mit seiner ursprünglichen Zielsetzung auf Basis des schöpferischen Verständnisses weitergaben, trennten sich daher nach einiger Zeit wieder vom Ritual. In anderen Entwicklungslinien bürgerte sich das Ritual jedoch ein und wurde zu einem traditionellen und zeremoniellen Bestandteil, das die gegenseitige Anerkennung zwischen Lehrer und Bewerber bekundet. Der ursprüngliche Sinn des Aufnahmeverfahrens ist dadurch aber nicht mehr vorhanden, da die Symbolik auf die Unterordnung des Bewerbers abzielt.

Die heutige Unterrichtsstufe des Probeschülers entstand aus diesen ersten Gesprächen und praktischen Aufgaben, die Lehrer dem Bewerber damals gestellt haben. Sie endet heute mit Bestehen der traditionellen Aufnahmeprüfung zum Grüngurt und leitet in den eigentlichen Schülerstatus über.

Das Prüfungsverfahren

Auch das Prüfungsverfahren basiert auf dem schöpferischen Verständnis des Pahuyuth und ist für die Aufnahmeprüfungen aller Graduierungsstufen gültig: Grüngurt, Weißgurt, Schwarzgurt, Blaugurt und Rotgurt (Lehrergraduierung). Das Verfahren zielt auf die Entwicklung und Aneignung einer eigenen Kampffähigkeit sowie die Bildung eines eigenen Kampfcharakters ab und unterteilt sich in die zwei Prüfungsabschnitte Qualifikation und Würdigkeit, die sich gegenseitig bedingen. Als erstes wird die Qualifikation geprüft, und erst nach Bestehen dieser wird der Prüfling zur Würdigkeitsprüfung zugelassen. Das Prüfungsverfahren dient daher ausschließlich dem Zweck der Graduierung für die Teilnahme am Kampfunterricht durch Verleihung des jeweiligen Gurtes, hat aber keinerlei Aussagekraft bezüglich der von der Qualifikation unabhängigen Kampffähigkeit oder des öffentlichen Ansehens des Schülers. Der Träger eines Gurtes präsentiert durch diesen seinen Wissensstand für die interne Unterrichtsorganisation, nicht aber zur Aufrechterhaltung einer vom Wissen losgelösten Hierarchie; die Gurtfarben haben weder einen öffentlich-repräsentativen Charakter noch dienen sie der Selbstverherrlichung.

Folgend wird das Prüfungsverfahren nur kurz durch seine wesentlichen Bestandteile beschrieben, da die Möglichkeiten der Prüfung individuell und variabel sind.

Der Termin der Prüfung, an der mindestens der Prüfling, der Prüfer und ein Beisitzer teilnehmen, wird nach einwandfreier Erfüllung der Prüfungsvoraussetzungen für jeden Schüler einzeln festgelegt und richtet sich dabei nach den Prüfungsumständen.

Für die Qualifikationsprüfung ist der Prüfer grundsätzlich ein Rotgurtträger, also ein Lehrer, der als Schirmherr für diesen Teil des Prüfungsverfahrens fungiert. Im Gegensatz dazu kann die Schirmherrschaft der Würdigkeitsprüfung auch von einem durch den Lehrer bestimmten Lehrbeauftragten ab der Weißgurtstufe übernommen werden. Der Beisitzer ist jeweils ein Schüler, dessen Graduierung mindestens eine Stufe über der des Prüflings liegt. Er tritt als neutraler Vertreter der traditionellen Gesellschaft thailändischer Kämpfer auf, indem er den kompletten Ablauf des Prüfungsverfahrens auf Richtigkeit hinsichtlich der schöpferischen Vorgaben überwacht. Ebenso obliegen ihm die Beistandsaufgaben und Betreuung des Prüflings, ohne das Prüfungsverfahren direkt zu beeinflussen oder zu behindern. Sein Beistand für den Prüfling bezieht sich in erster Linie auf die Erfüllung der Prüfungsvoraussetzungen, und während der Prüfung agiert er für ihn wie ein Anwalt gegenüber dem Prüfer. Die Übernahme eines solchen Beisitzes stellt zudem für jeden Schüler eine Voraussetzung für seine nächste Graduierungsprüfung dar.

Der Prüfling, der mindestens vierzehn Jahre alt zu sein hat und damit auch die Grundvoraussetzung der biologischen Reife erfüllt, um physische Schäden zu vermeiden, bekundet seine Bereitschaft für die jeweilige Prüfung, insofern er die Erfüllung der Prüfungsvoraussetzungen aufweisen kann, die der Prüfer vorgegeben hatte. Eine Voraussetzung ist neben der Teilnahme am Unterricht auch die Einverständniserklärung des Beisitzers, der mit Annahme der Aufgabe ein Kriterium seiner eigenen Prüfung erfüllt.

Die Prüfungsphase beginnt, wenn der Lehrer dem Schüler den aktuellen Graduierungsgurt abnimmt, wodurch dieser in den Status des Prüflings wechselt. Ungeachtet des offiziell angekündigten Prüfungstermins kann der Prüfer die Prüfung ab diesem Moment jederzeit durchführen.

Die Qualifikationsprüfung
Anhand der Qualifikationsprüfung kann sich der Lehrer von dem Willen des Prüflings nach schöpferischem Verständnis überzeugen, wobei die Willensbildung durch die Wertung des Wissensumfanges nach schöpferischen Gesichtspunkten beurteilt wird. Durch den Willen eignet sich der Schüler Kampfwissen an, dessen Umfang als Spiegel des Willens angesehen wird. Bei der Qualifikationsprüfung geht es nicht vordergründig um die Richtigkeit des Wissens nach einer bestimmten Vorlage, sondern um dessen Umsetzung. Die Fähigkeiten, die sich der Schüler angeeignet hat, drücken somit seinen Willen in Abhängigkeit der jeweiligen Wissensstufe aus und werden bei der Prüfung zur Ergebnisfindung herangezogen. Hat der Schüler die Prüfung bestanden, bindet ihm der Prüfer den Graduierungsgurt der geprüften Stufe um. Kann die Prüfung nicht erfolgreich absolviert werden, wird dem Prüfling eine Nachprüfung innerhalb der folgenden dreißig Tage gewährt, bevor er für den Unterricht der nächsten Stufe abgelehnt wird.

Die Würdigkeitsprüfung
Nach schöpferischem Verständnis entspricht die Würdigkeit, gemessen an dem schöpferischen Ideal des Pahuyuth, dem Charakter und dem Verständnis. Daher dient die Würdigkeitsprüfung dem Prüfer zur Überzeugung des gegenwärtigen Verständnisses des Prüflings, das sich durch dessen charakteristischen Ausdruck und Verhalten innerhalb der Kämpfergesellschaft erkennen und bewerten lässt. Alle am Prüfungstermin anwesenden Graduierungsträger, von denen jeder mindestens der nächsthöheren Stufe als die des Prüflings angehört, stellen dem Prüfling nacheinander unterschiedliche praktische Aufgaben, die der Prüfling zu erfüllen hat. Die erste Aufgabe stellt der Graduierte mit der niedrigsten Graduierung gefolgt vom nächsthöheren, bis der Graduierte in der höchsten Stufe an der Reihe ist. Der Beisitzer und der Schirmherr tragen dem Prüfling ihre Aufgaben erst nach dem höchsten Graduierungsträger auf. Die geforderten Aufgaben schließen dabei ein Herabwürdigen von Familienangehörigen und Personen, die vom Prüfling verehrt werden, seiner Glaubensrichtung, seiner Nationalität oder möglicher Gruppen- oder Vereinszugehörigkeiten grundsätzlich aus. Sie beziehen sich hauptsächlich auf sein charakterliches Verhalten als Kämpfer, welches sich durch die Graduierungsstufe und seinen Wissensumfang ergibt.

Alle an der Würdigkeitsprüfung teilnehmenden Graduierungsträger agieren als Entscheidungsträger für das Prüfergebnis, das nur einstimmig gültig ist. Im Falle einer negativen Bewertung eines Graduierungsträgers hat dieser unmittelbar und öffentlich eine Begründung abzugeben. Nach einstimmiger und positiver Entscheidung aller Graduierungsträger erhält der Prüfling einen internen Rufnamen, für den alle Beteiligten Vorschläge machen können, und der vom Schirmherrn ausgewählt wird. Der Schirmherr bindet dem Prüfling wie nach der bestandenen Qualifikationsprüfung den neuen Graduierungsgurt nochmals um und erklärt die Prüfung danach als beendet.

Die Schülerstufen

Gelbgurt

Grüngurt

Weißgurt

Schwarzgurt

Gelbgurt

Die gesamte Wissensvermittlung des Kampfwissens besteht aus zwei aufeinander folgenden Abschnitten. Der erste ist der des Schülers, der das Werden eines Kämpfers darstellt, das heißt, dass der Schüler durch seinen Willen, ein Kämpfer zu werden, am Unterricht teilnimmt. Diesem Abschnitt sind die Graduierungsstufen gelb, grün, blau, weiß und schwarz zugeordnet.

Der gelbe Gurt wird von allen Teilnehmern der Probestufe, die moderne Form der traditionellen Bewerbung zum Schüler, getragen. Jeder Bewerber (Puh Samack) erhält den Gurt und kann durch die Teilnahme am Unterricht in der Probestufe die Prüfung zur Aufnahme als Schüler des Kampfwissens in der Basisstufe absolvieren. Durch die Inhalte des Unterrichts und den gegenseitigen Umgang mit den anderen Graduierungsträgern innerhalb der Kämpfergesellschaft beginnt der Probeschüler (Lugsidt Todlong) in der Probestufe, seinen Willen nach schöpferischem Verständnis zu bilden. Im Rahmen der modernen Unterrichtskonzeption dient diese Stufe dem Bewerber auch dazu, sich einen Überblick über die auf ihn zukommenden Inhalte zu verschaffen und seinen Willen zu konkretisieren. Der Lehrer kann durch diesen Prozess die Willensbildung und den Charakterausdruck des Probeschülers mit dem schöpferischen Ideal vergleichen und eine Bewertung seiner Erziehbarkeit vornehmen. Die Kriterien der Qualifikationsprüfung für die Aufnahme als Schüler beziehen sich auf die Aneignungsprinzipien der Übungen, die die körperlichen Voraussetzungen bilden, sowie die erforderlichen Vorkenntnisse über das Pahuyuth. Bei der Würdigkeitsprüfung geht es wiederum um den persönlichen Charakterausdruck des Prüflings als zukünftiger Kampfschüler nach dem Leitsatz der thailändischen Kämpfertugend:

Bevor man das Kampfwissen erlernt, erlernt man das Verzeihen.

Die erfolgreich absolvierte Aufnahmeprüfung am Ende der Probestufe bestätigt den erforderlichen Willen des Bewerbers für die Teilnahme am Kampfunterricht in der Basisstufe (Grüngurtstufe). Mit Erreichen der Basisstufe wird der Bewerber unmittelbar und offiziell durch den Lehrer und Schirmherrn der jeweiligen Unterrichtstätte als Schüler (Lugsidt) des traditionellen thailändischen Kampfwissens aufgenommen.

Grüngurt

In der Grüngurtstufe oder auch Basisstufe wird die Wissensbasis der jeweiligen Disziplin erlernt.

Bis heute entwickelte sich die Kampfmethodik aus Kampferfahrungen und Erkenntnissen, die überwiegend von Bauern und Fischern stammten. Um ihre Freiheit zu bewahren und ihr Überleben zu sichern, haben diese Menschen bestimmte menschliche Werte, die sie im Angesicht des Krieges erkannt haben und als schützenswert ansahen, über die Jahrhunderte hinweg vermittelt und bewahrt. Der erste Zugang zum Kampfwissen in der Basisstufe wird daher mit dem Graduierungsgurt symbolisiert, dessen dunkelgrüne Farbe an den Wald und die ländliche Gegend der Bauern und Fischer erinnern soll. Die grüne Farbe steht ebenfalls für die Soldaten des thailändischen Heeres und ihre Taten der Vergangenheit, durch die sie die Freiheit des thailändischen Volkes unzählige Male bewahrt haben. Der Unterrichtsumfang in der Basisstufe konzentriert sich im Wesentlichen auf die erforderliche Wissensbasis innerhalb der einzelnen Kampfdisziplinen, die der Schüler ab dieser Graduierungsstufe beliebig auswählen und erlernen kann. Bevor er am Unterricht der ausgewählten Disziplinen teilnimmt, wird er sich einem traditionellen Einweihungsverfahren für die jeweilige Disziplin unterziehen, das insbesondere bei den Waffenkampfdisziplinen durchgeführt wird.

Die Einweihung der Disziplinen

Das traditionelle Einweihungsverfahren für jede Disziplin wird ausschließlich in der Grüngurtstufe durchgeführt und gibt der Gemeinschaft der Graduierungsträger Aufschluss über die Charaktereigenschaften und das grundsätzliche Verhalten des Schülers, der sich für eine Kampfdisziplin bewirbt. Das Einweihungsverfahren soll den Bewerber auf die typischen Besonderheiten der ausgewählten Disziplin nach schöpferischem Verständnis aufmerksam und ihm bewusst machen, dass er sich einer unbekannten Kampfdisziplin widmet. Obwohl manche Lehrer bestimmte Vorkenntnisse bereits in die Probestufe integrieren, ist das Einweihungsverfahren durch den Übungsleiter, also den Lehrer, Lehrbeauftragten oder Lehrpraktikanten, ein unverzichtbarer Bestandteil für die Teilnahme am Unterricht der jeweiligen Disziplin. Das Verfahren ist nicht auf einen Tag begrenzt und kann unter Umständen bis zu einem Monat dauern. Erst wenn der Schüler die typischen Besonderheiten der jeweiligen Disziplin verstanden hat, ist das Einweihungsverfahren beendet. Die gestellten Aufgaben richten sich dabei gezielt auf die biologisch-körperliche Verfügbarkeit und körperliche Funktionalität des Bewerbers.

In jeder Disziplin wird bei der Einweihung speziell auf die Sicherheitsgestaltung bei körperlichen Auseinandersetzungen wie dem Partnertraining eingegangen. Dadurch werden unnötige, aber dennoch mögliche Personenschäden so gering wie möglich gehalten. Beispielsweise wird der Übungspartner im Falle eines Sicherheitsrisikos bei einer Abwehrtechnik unmissverständlich den Abbruch der Übung signalisieren, um eventuelle Verletzungen zu vermeiden. Weiterführend geht es auch um die Schulung des eigenen Bewusstseins im Hinblick auf mögliche Gefahren, die durch Unachtsamkeit oder übersteigerte Emotionsbildung auftreten können. In den Waffenkampfdisziplinen ist auch die Herstellung eigener Übungswaffen Teil des Einweihungsverfahrens, genauso wie die Verhaltensweisen im Umgang mit originalen Kampfwaffen.

Die Einweihung des Ling Lom

Der Schüler, der an der Disziplin Ling Lom teilnehmen möchte, wird von seinen Mitschülern zur Ausführung von Körperaufbauübungen aufgefordert, die ihn an seine körperliche Belastungsgrenze heranführen sollen. Zusätzlich wird er in einen wehrlosen Zustand versetzt, beispielsweise durch Fixieren am Boden, und gleichzeitig von seinen Mitschülern angegriffen, ohne dabei nennenswerte Verletzungen oder Schäden davonzutragen. Dem Schüler wird so das Gefühl von Hilflosigkeit vermittelt, um ihm seine eigene Improvisationsfähigkeit in scheinbar ausweglosen Situationen bewusst zu machen.

Die Einweihung des Muai

Der Schüler wird bei seiner Einweihung in die Disziplin Muai von den Mitschülern zu einem Partnerkampf aufgefordert. Als Anfänger ist es ihm erlaubt, dabei alle Kampftechniken und Kampfbewegungen zum Angriff und zur Abwehr uneingeschränkt einzusetzen. Die fortgeschrittenen Kampfpartner dürfen unabhängig von Abwehrtechniken nur überwiegend Kampftechniken auf der Ebene seiner Kenntnisse und Fähigkeiten einsetzen, ihm aber dennoch eindeutig seinen eigentlich wehrlosen und unterlegenen Zustand demonstrieren.

Die Einweihung des Mied, Maih Zoog, Dab und Grabong

Der neue Schüler fertigt vor der Unterrichtung der Waffenkampfdisziplin eine Übungswaffe in doppelter Ausführung der gewählten Disziplin an und übergibt sie dem Lehrer oder Lehrbeauftragten, der sie wiederum einem Mitschüler zur Aufbewahrung aushändigt. Da der neue Schüler nicht erfährt, bei wem die Übungswaffen verblieben sind, wird er jeden Mitschüler befragen, bis er sie schließlich von demjenigen erhält, bei dem sie der Lehrer oder Lehrbeauftragte deponiert hatte. Bevor seine Mitschüler eine Auskunft geben, stellen sie dem Schüler eine Frage oder Aufgabe, die er beantworten bzw. ausführen soll. Die Einweihung ist beendet, wenn der Schüler die Forderung des jeweiligen Mitschülers erfüllen konnte und seine Waffen zurückbekommt.

Diese Art der Einweihung schult einerseits die Aufmerksamkeit des Schülers und lehrt ihn andererseits die wichtige Anforderung, niemals seine eigene Waffe, hier die Übungswaffe, aus der Hand zu geben. Die Relevanz uneingeschränkter Aufmerksamkeit beim Umgang mit Waffen spiegelt sich auch in der für alle Schüler einer Waffendisziplin gültige Regel wider, nach der derjenige, dem die Übungswaffe während der Ausführung von Drehtechniken herunterfällt, mindestens zwanzig Liegestütze zu machen hat.

Die Einweihung des Sabei

In der Disziplin Sabei braucht der neue Teilnehmer keine Übungswaffe wie in den anderen Waffenkampfdisziplinen anzufertigen. Stattdessen übergibt er ein eigenes Sabei in dem Einweihungsverfahren einem fortgeschrittenen Mitschüler der gleichen

Disziplin und führt mit ihm einen Partnerkampf durch. Dabei greift der neue Teilnehmer mit Kampftechniken aus der Disziplin Muai an und der fortgeschrittene Schüler wehrt diese durch Umlenken oder Ausweichen mit dem Sabei des neuen Schülers ab, ohne den Neuling einzuknoten. So demonstriert er die Effektivität des Sabei ohne den speziellen Einsatz von Angriffs- oder Wickeltechniken.

Nach der Einweihung der gewählten Disziplin bildet der Lugsidt seinen Willen durch die Teilnahme am Unterricht der Grüngurtstufe, dessen Schwerpunkt auf der Ausübung der Varianten der Kampfgrundtechniken der einzelnen Disziplinen liegt, sowie durch den Umgang mit seinen Mitschülern. Der Wille des Schülers ist die Voraussetzung für die weitere Teilnahme am Unterricht und die Aufnahmeprüfung zum Schüler der Mittelstufe (Weißgurt). Nach dem schöpferischen Verständnis setzt sich das Verhalten eines Schülers aus dessen Willen, aus dem die Aneignung der jeweiligen Disziplin resultiert, und seinem charakteristischen Verhalten zusammen, das durch die Geschichte Geauw präsentiert wird. Dieses Verhalten zeichnet sich durch die vier aufeinander folgenden Eigenschaften Hören (Fang), Denken (Kid), Fragen (Tham) und Ausüben (Pratibat) aus. Daher wird bei der Qualifikationsprüfung die Ausführung der erlernten Kampftechniken in Bezug auf den eigenen, sich entwickelnden Kampfcharakter des Schülers überprüft, der sich im weiteren Verlauf des Unterrichts als persönliche Kampfmethodik bzw. als Kampfstil ausprägt. Der Wille des Schülers zur Aneignung von Wissen bildet dabei – im Gegensatz zu einer reinen Nachahmung der Unterrichtsinhalte – das Prüfungskriterium und ist unverwechselbarer Ausdruck des Prüflings. Das charakteristische Verhalten des Schülers, das durch seinen Umgang mit den Mitschülern und Mitgliedern des Lehrinstituts deutlich wird, bildet das Kriterium für die sich anschließende Würdigkeitsprüfung. Besteht der Schüler die Aufnahmeprüfung, erhält er die Graduierung Weißgurt und ist somit für den Unterricht der Mittelstufe zugelassen.

Weißgurt

Das thailändische Kampfwissen war von Anfang an und in den verschiedenen Phasen seiner Entwicklung auf den qualitativen Einsatz ausgerichtet, für den die körperlich-biologischen Eigenschaften des Menschen schon immer Voraussetzung waren, auch wenn der Zweck des Einsatzes nicht davon abhängt. Das Kampfwissen als schöpferisches Werk wird traditionell mit einem weißen Tuch verglichen, das sich erst durch die Nutzung einfärbt bzw. eine strukturelle Veränderung durch Zweckgebundenheit erfährt. Um den Schüler auf den Unterschied zwischen dem Kernwissen und den durch den Nutzer entstehenden Zweck hinzuweisen, wurde Weiß als Symbol der Wirklichkeit des Kampfwissens für die Graduierung der Mittelstufe ausgewählt.

Im Gegensatz zur Basisstufe hat das Unterrichtskonzept der Mittelstufe kein festgelegtes Muster. Der Unterricht besteht aus Korrekturen des bereits angeeigneten Wissens und Hinweisen des Lehrers an den Schüler. Durch das Prinzip Lernen-durch-Lehren entwickelt der Schüler seinen Kampfstil weiter und beginnt, zwischen den Prinzipien der Methodik und dem zweckgebundenen Einsatz zu unterscheiden. Der gesamte Inhalt des Unterrichts und das sich entwickelnde Verständnis des Schülers sind in der Mittelstufe entscheidend zur Feststellung seines Willens in der nächsten Qualifikationsprüfung.

Ein Schüler der Mittelstufe hat das Kampfwissen der Basisstufe bereits erlernt. Daher wird er als Kämpfer oder Kampfwissender bezeichnet, der eine besondere Verantwortung gegenüber ungelernten Mitmenschen in der öffentlichen Gesellschaft hat. Zur Erkennung wird ein schwarzes Stoffband seitlich an das Hosenbein angebracht, das ihn innerhalb des Unterrichts als Kämpfer identifiziert. Das Band bleibt auch vorhanden, wenn er am Unterricht einer anderen Disziplin teilnimmt, die für höhere Stufen bestimmt ist. Der Unterricht unterteilt sich zum einen in die eigenständige Auseinandersetzung des Schülers mit der bereits angeeigneten Kampfmethode in Form der praktischen Ausübung und zum anderen in den Beginn des Lehrens durch Vermittlung und Weitergabe des Erlernten an Schüler der Gelb- und Grüngurtstufe der gleichen Disziplin. Die Auseinandersetzung verfolgt das Ziel, durch die praktische Erfahrung eine Selbsterkenntnis der eigenen Kampfmethodik zu erlangen sowie die eigene Leistungsgrenze einschätzen zu können. Die Unterrichtsinhalte der Gelb- und Grüngurtstufe dienen als Spiegelbild, durch das der Schüler Rückschlüsse auf sein gegenwärtiges Kampfwissen ziehen und dieses gegebenenfalls selbst korrigieren kann.

Das Kriterium für die Aufnahmeprüfung zum Unterricht der Schwarzgurtstufe basiert auf den Prinzipien Oben-Unten und Unten-Oben. So, wie ein Baum von unten nach oben wächst, wächst auch das Kampfwissen des Schülers an; demgemäß ist die Qualifikationsprüfung nach dem Prinzip Unten-Oben ausgerichtet. Die Baumkrone ist dabei abhängig von der Gesundheit ihrer Wurzeln. Das Prinzip Oben-Unten kommt in der Würdigkeitsprüfung zur Anwendung und bezieht sich auf den

Umgang und das Verhältnis – beide sind durch Respekt und Dankbarkeit charakterisiert – zwischen einem Geber und einem Nehmer innerhalb der Gesellschaft. Auf der Grundlage der gesellschaftlichen Moral befindet sich der Geber dem Nehmer gegenüber in einer höhergestellten Position, weshalb das Prinzip traditionell mit Wasser verglichen wird, das immer von oben nach unten fließt.

Schwarzgurt

Ein Schüler der Schwarzgurtstufe, die auch als höhere Stufe bezeichnet wird, gelangt durch seine Erkenntnisse der Mittelstufe irgendwann zu der Schlussfolgerung, dass der Kernpunkt der Kampfmethodik in Wirklichkeit nur aus der eigenen, gegenwärtigen Improvisationsfähigkeit im Umgang mit autodynamischen Bewegungsmustern bzw. Kampfaktionen besteht, die sich in Abhängigkeit der Umstände und der körperlichen Verfügbarkeit umsetzen lassen. Die improvisierten Kampftechniken sind sozusagen die Auswahl an Bewegungsmustern, die sich durch das gegenwärtige Verständnis des Schülers ergibt. Die gesamte Improvisation ermöglicht also einen Reaktionsablauf, der auf den in der Basisstufe erlernten Kampfgrundtechniken beruht. Obwohl die grundlegenden Bewegungsmuster der Methodik bereits in der Probestufe und der Basisstufe erlernt worden sind, kann der Schüler seinen eigenen Stil in aller Regel erst in der höheren Stufe umsetzen. So, wie auch das Kampfwissen als Existenz eigentlich die ganze Zeit vorhanden ist, wird der Stil des Schülers erst in dieser Stufe sichtbar, da er sich mit dem Wissen und der Erfahrung der vorherigen Unterrichtsstufen differenziert auseinandersetzen kann. So wird der Reaktionsablauf sichtbar, der dem persönlichen und bis dahin gebildeten Kampfstil des Schülers entspricht und durch die Annäherung an das schöpferische Verständnis erfolgte. Da diese wahrnehmbar werdende Kontur traditionell mit dem Heraustreten aus dem eigenen Schatten verglichen wird, wurde die dunkle Farbe des Schattens symbolisch für die höhere Stufe gewählt.

Der Unterrichtsinhalt konzentriert sich im Wesentlichen auf die schöpferische Selbsterkenntnis durch Selbsterfahrung des Schülers. Dabei richtet sich die Selbsterkenntnis auf den Kernpunkt der Methodik, wodurch der Schüler die Wirklichkeit über die Basis des Wissens aus dem bisherigen Unterrichtsinhalt bis hin zu seiner gegenwärtigen Kampfmethodik erkennen kann. Die Erkenntnis geht einher mit einem Bewusstsein darüber, dass alle vorhandenen Techniken und Aktivitäten einmalig in ihrer Ausführung sind, wie das Unikat eines handgemalten Bildes. Die traditionelle Unterrichtskonzeption sieht vor, dass ein Schüler der Schwarzgurtstufe zur weiteren Entwicklung seine eigenen Kampftechniken in Form einer Spezialisierung (Tah Schappo Dtoua) vorantreibt, für die ihm der Lehrer mithilfe verschiedener Leitsätze zur Seite steht.

Die eigene technische Spezialisierung ist wie Schlangengift, das für die Schlange selbst ungefährlich ist.

Der Schwarzgurtträger kann seine Kampftechnik mit den dazugehörigen Technikvarianten gegen einen Gegner erfolgreich ausführen und besitzt die Fähigkeit, die gleiche Kampftechnik abzuwehren.

In einer Kampfsituation ist der Gegner wie eine Existenz in der Dunkelheit, die durch den Verstand wahrgenommen werden kann.

Die Ausführung der Kampftechniken in einer Kampfsituation besteht zwar aus autodynamischen Bewegungen, jedoch wird die Vorlage für die Auswahl durch das unsichtbare Verständnis gesteuert.

Ein Kämpfer beherrscht seinen eigenen persönlichen Gegner, bevor er sich einem Gegner stellt.

Für einen Kämpfer ist es eine unverzichtbare Voraussetzung, sich selbst bzw. sein Verständnis zu kennen und den Umgang mit diesem zu beherrschen, um Affekte und mögliche Selbstschäden im Kampf mit einem Gegner zu verhindern.

Das Wesen des Kampfwissens ist wie ein zweischneidiges Schwert, das vom Kämpfer benutzt werden kann, sich aber auch gegen diesen richten lässt.

Bei einer körperlichen Auseinandersetzung verfolgt ein Kämpfer das Ziel, aus der Kampfhandlung, dem gegnerischen Kampfwissen und der Kampffähigkeit des Gegners einen Nutzen für sich zu ziehen. Ein Leitsatz für die Waffenkampfdisziplinen des Pahuyuth betont besonders das traditionelle und charakteristische Verhalten eines Kämpfers, der seinen Kampferfolg durch die Nutzung der gegnerischen Waffen anstrebt. Daher verzichtet ein Kämpfer generell auf das Mitführen von Waffen, speziell im Lebensalltag, und reagiert bei Bedarf bevorzugt und unmittelbar mit köpereigenen Waffen oder verfügbaren Gegenständen, die er als Waffen einsetzen kann.

Das Ende der höheren Unterrichtsstufe bedeutet für den Schüler die Schwelle zur Blaugurtstufe, in der er zu einer gelehrten Persönlichkeit und einem Schöpfer des Kampfwissens wird. Die Aufnahmeprüfung der Blaugurtstufe beendet somit den Status als Schüler und wird daher auch als Abschlussprüfung bezeichnet. Das Prüfungsverfahren beginnt bereits in der Schwarzgurtstufe, ohne dass dies öffentlich mitgeteilt wird. Erst wenn der Prüfling mindestens drei von vier erforderlichen Prüfungskriterien erfüllt, wird ihm der Graduierungsgurt abgenommen und offiziell ein Beisitzer pro forma zugeteilt. Dieser ist Träger eines blauen oder roten Gurtes und daher kein Schüler mehr. Zudem ist der Prüfling als angehender Blaugurt selbst im Begriff, eine gelehrte Persönlichkeit zu werden, die als solche keinen Beisitzer benötigt.

Die Kriterien der Abschlussprüfung beinhalten einen Vergleich zwischen dem schöpferischen Verständnis aus der Vergangenheit und dem gegenwärtigen Verständnis des Prüflings, der sich auf dem Weg befindet, selbst ein Schöpfer zu sein. Das schöpferische Verständnis als Prüfkriterium bezieht sich dabei auf die schöpferischen Ziele, die auf dem Kampfwissen gründen, und die gegenwärtigen schöpferischen Charaktereigenschaften des Prüflings als Kämpfer bestehen als gegenwärtiges Kämpferideal. Maßgeblich für die Bewertung ist der aktuelle Entwicklungsstand der Kampfmethodik und des Kämpferideals, welche auf ihren Ursprung hinweisend erkennbar dargestellt werden sollen. Eine Würdigkeitsprüfung in der vorhergehenden Form findet für die Blaugurtstufe nicht mehr statt, da der Schüler von nun an nicht mehr an eine Beurteilung von außen gebunden ist. Vielmehr obliegt ihm die Überprüfung seiner Würdigkeit selbst, indem er sein Verhalten mit seinem eigenen Verständnis als Schöpfer vergleicht und dieses sich selbst gegenüber rechtfertigt.

Kämpfer und Lehrer

Blaugurt

Rotgurt

Zwischen den Zeilen

Blaugurt

Mit dem Erreichen der Blaugurtstufe beginnt der zweite Abschnitt der Wissensvermittlung. Nach traditionellem Verständnis ist jeder Schüler, der die Blaugurtstufe erreicht hat, ein Kämpfer. Das Überreichen des Blaugurtes durch den Lehrer wird auch als „Aufsetzen zum Lehrer" (Krohb Kru) bezeichnet und symbolisiert die Beendigung des ersten Lernabschnittes und des Schülerstatus. In dem sich anschließenden Lernabschnitt, der auch „Status der Selbstfindung" genannt wird, ist der Kämpfer weiterhin Schüler, zugleich entdeckt er sich aber auch als Lehrer. Der Schüler wird nun ein Kämpfer werden, der sich in dem Bewusstsein ein Kämpfer oder eine gelehrte Persönlichkeit zu sein, mit dem Kampfwissen auseinandersetzt, um sich schließlich selbst als Kämpfer zu verstehen. Dieser Abschnitt gilt dem Sein eines Kämpfers in der Blau- und Rotgurtstufe.

Ein Blaugurtträger hat die Funktion, für Schüler der Unterrichtsstätte als Lehrassistent oder Lehrbeauftragter seines Lehrers zu fungieren und ist daher kein Mitschüler mehr. Er ist ein so genannter Funktionsträger, der durch persönliche Betreuung der Schüler und mit Erteilen von Ratschlägen agiert. Seine Befugnisse gleichen denen eines Lehrers, mit Ausnahme eigenständiger Qualifikationsprüfungen, die er allein weder durchführen noch abnehmen kann. Durch seine Tätigkeit wird er bemüht sein, seine eigene Unterrichtskonzeption umzusetzen, womit er auch die erforderliche Voraussetzung für sein Selbststudium erfüllt. Da er bereits den gesamten Kampfunterricht in einer der sieben Kampfdisziplinen, die alle die gleiche Unterrichtskonzeption aufweisen, absolviert hat, erfüllt er damit die Bedingung, um als Gastschüler auf Basis der Selbstunterrichtung und Selbstaneignung an den sechs verbleibenden Basisunterrichtsstufen (Grüngurt) der anderen Kampfdisziplinen teilzunehmen. Durch sein Wissen über die Kampfmethodik ist er berechtigt und in der Lage, seinen Unterricht bewusst einzuschätzen und voranzutreiben, ohne die jeweiligen Prüfungen in den zu erlernenden Kampfdisziplinen zu absolvieren.

Die blaue Farbe des Gurtes soll die herrschaftliche Obrigkeit symbolisieren, das blaue Blut des Adels und des Königs. Der Träger des Gurtes ist mit seinem Wissen und durch seine Lehrfunktion in der Unterrichtsstätte eine vergleichbare Obrigkeit für seine Mitschüler. Blau weist zudem auch auf den Umgang einer Obrigkeit unter Einbeziehung menschlicher Gesichtspunkte hin, speziell das Geben menschlicher Wärme. Der thailändische König gilt nach traditionellem thailändischen Verständnis als Lehrbeispiel für die Selbsterfahrung im Umgang mit diesem Obrigkeitsstatus. Dem König in Thailand begegnet man herkömmlich mit höchstem Respekt und größter Achtung. Die Verehrung rührt jedoch nicht allein von seinem Status oder von Äußerlichkeiten seiner Position her, sondern ist in erster Linie auf seine Persönlichkeit und sein charakteristisches Handeln zurückzuführen, das eine kontinuierliche Wärme zum Wohle des Volkes und seiner Untergebenen zum Ausdruck bringt. Der Status einer Obrigkeit ist tatsächlich nur eine persönliche Befugnis, die jemanden wegen seiner Fähigkeiten als

Mensch dazu ermächtigt, bestimmte Führungsaufgaben zu erfüllen. Wie auch immer diese Befugnis, die im übertragenen Sinn mit der Kampffähigkeit und dem persönlichen Charakter gleichgesetzt werden kann, entstanden ist, entspricht ihre Umsetzung gegenüber den Mitmenschen doch letztlich dem Umgang mit sich selbst.

Jeder Blaugurtträger ist unumstritten bemächtigt, seine Unterrichtsbefugnis innerhalb der Unterrichtsstätte ohne Beisein eines Lehrers umzusetzen, weshalb die Verleihung zum Blaugurt nach schöpferischem Verständnis einem Führungsdienstgrad beim Militär gleichkommt. Die ihm zur Verfügung stehende Befugnis stellt jedoch nur eine Möglichkeit für das Agieren als Lehrkörper zur Aneignung von pädagogischen Erfahrungen dar. Zu lehren, ohne dabei die Befugnisse in den Vordergrund zu stellen und damit ohne Zwang oder Einschüchterung vorzugehen, ist die eigentliche Aufgabe, um sich Respekt und Achtung zu verdienen. Die traditionelle Unterrichtsmethode des Pahuyuth, die einen rein empfehlenden Charakter hat, spielt in diesem Zusammenhang eine große Rolle.

Bei dem weiteren Lernprozess des Blaugurtträgers wird daher besonderer Wert auf den Umgang mit den Befugnissen gelegt, die als Lernaufgabe ein ständiges Abwägen und Finden von Kompromissen für das entschlossene und konsequente Treffen von Entscheidungen unter Berücksichtigung menschlich zumutbarer Gesichtspunkte darstellt.

Nach traditionellem Verständnis ergibt sich das Gemeinwohl aus der Schöpfung von Befugnissen, die sich durch die Gleichheit als Mensch rechtfertigen, zumuten und begründen lassen.

Nach schöpferischem Verständnis besteht die Kampfmethodik Pahuyuth aus kombinierten Kampfaktionen, sowohl bewaffneter als auch unbewaffneter Natur. Man geht davon aus, dass gelehrte Persönlichkeiten selbstverständlich über eine Kampffähigkeit mit und ohne Waffen verfügen, die zum Tragen des Pahuyuth-Symbols als persönliches Wissensabzeichen berechtigt. Im Rahmen seiner eigenen Unterrichtung ist ein Blaugurtträger als Wissensträger ermächtigt, das Pahuyuth-Symbol zu tragen. Zusätzlich zu dem symbolischen Wert als Wissensträger in der erlernten Disziplin kann die Verwendung des Pahuyuth-Symbols durch den Lehrer auch für Schüler im Schülerstatus zugelassen werden, um die Herkunft und Zugehörigkeit zum Pahuyuth auszudrücken. Die Berechtigung zum Tragen des Symbols im Schülerstatus ergibt sich durch die Teilnahme am Kampfunterricht in mindestens zwei Disziplinen, wobei die eine waffenlos und die andere mit Waffen ausgeübt wird. Zusätzlich hat der Schüler in einer der beiden Disziplinen mindestens über die Graduierung Weißgurt zu verfügen, die ihn als Kämpfer kennzeichnet, der die Basisstufe durchlaufen hat.

Innerhalb der traditionellen Kämpfergesellschaft ist es nicht ungewöhnlich, wenn gelehrte Persönlichkeiten mit der Zeit alle sieben Kampfdisziplinen des Pahuyuth erlernen. Dies erklärt sich durch die strukturelle Gleichheit der Kampfmethodik, die lediglich die Unterscheidung bei der Verwendung der Waffen in der Grüngurtstufe aufweist. Für einen Blaugurtträger ist es daher ohne Weiteres möglich, den Unterrichtsinhalt einer neuen Disziplin nach dem Erlernen der Basisstufe bis zum Ende selbstständig zu vervollständigen.

Er ist ebenfalls in der Lage, als Betrachter eine Analyse eines fremdartigen Kampfsystems vorzunehmen, sofern die fremde Kampfmethodik auf der Grundlage von autodynamischen Bewegungsmustern sowie menschlichen Charaktereigenschaften aufgebaut ist. Bei der Betrachtung vergangener Ereignisse kann im Sinne des schöpferischen Verständnisses in Bezug auf alle Kampfaktionen nicht von einer Gleichheit der eingesetzten Methodiken ausgegangen werden, denn es wird grundsätzlich erst einmal etwas Fremdartiges und Unterschiedliches vermutet. Durch die Verschlossenheit gegenüber anderen Kampfmethoden wird die eigene mit einem zielführenden Weg gleichgesetzt, was jedoch zum Stillstand der eigenen Kampfmethodik führt und darüber hinaus deren tatsächliche Wirklichkeit verkennt.

Die Grundlage für die Aneignung des Kampfwissens verschiedener Disziplinen ist die Auseinandersetzung mit der jeweiligen Methodik in Bezug auf die Gleichheit der biologisch-körperlichen Verfügbarkeit als Mensch. Die Erkenntnisse und praktischen Erfahrungen aus der Methodik können überleitend als Vorlagen und Beispiele für die Herangehensweise und den Umgang mit anderen menschlichen Problemen des Alltags verwendet werden. Die Fähigkeit zur Umsetzung dieser Erkenntnisse, die sich auch aus dem Zusammenwirken verschiedener Kampfdisziplinen ergeben, versteht sich dabei als ein besonderes Lehrbeispiel, das aus einen hohen Stellenwert für das menschliche Dasein innerhalb der Gesellschaft hat.

Das differenzierte Wissen über die Kampfmethodik ist mit einem persönlichen Kommentar vergleichbar. Als erstes gilt es, ihm zuzuhören, um sich danach eine Meinung bilden zu können.

Die Kampfmethodik ist an und für sich nur ein aus der Vergangenheit stammendes Reaktionsverhalten, das durch körperliche Auseinandersetzungen unter bestimmten Umständen und zu optimal geltenden Zeitpunkten offenbar wurde und zu einer bestimmten Wirksamkeit führte. Ein kritikloses oder zweifelsfreies Übernehmen wird daher aus traditioneller Sicht als Aberglauben angesehen, denn die tatsächliche Wirksamkeit der Methodik wird so weder durch eine Auseinandersetzung noch durch Aneignung überprüft, sondern lediglich angenommen. Die Umsetzung der vergangenen Wirksamkeit auf der Basis der gegenwärtigen Umstände und des aktuellen Verständnisses als gegenwärtige Wirksamkeit stellt das eigentliche Wissen oder auch die Wirklichkeit der Kampfmethodik in der Gegenwart dar. So stehen am Anfang des Lernprozesses der Wille und dessen Bildung im Vordergrund. Der Wille ist nämlich das individuelle Resultat verschiedener persönlicher Gründe oder Erlebnisse, die zur eigenen Überzeugtheit von der Wirksamkeit der Kampfmethodik dienen. Die Faszination der Wirksamkeit bezieht sich jedoch genau genommen auf eine in der Vergangenheit umgesetzte Kampfmethodik, die nach dem gleichen Prinzip entsteht wie beispielsweise Ehrfurcht vor einer bestimmten Sache oder die Erinnerung an ein von Leid gekennzeichnetes Erlebnis. Somit ist die Kampfmethodik wie eine gedankliche Schablone, mit der Umrisse vergangener Bestandteile zur Bildung des Willens gezeichnet werden können. Für die im Vergleich zur Vergangenheit veränderte Gegenwart und auch Zukunft sind die ursprünglichen Gründe nicht mehr zutreffend, da sich die Umstände und der Erfahrungsstand verändert haben, wodurch sie für die Bildung des

Willens nur teilweise relevant sein können. Daher stimmen sie auch nicht mit der Wirklichkeit der Willensbildung nach schöpferischem Verständnis überein, denn diese bestehen ausschließlich im Hier und Jetzt. Dementsprechend ist die Teilnahme am Kampfunterricht einer persönlichen Auseinandersetzung gleichzusetzen, wobei die jeweiligen Korrekturvorgaben des Lehrers dem Schüler dazu dienen, kontinuierlich eine angepasste und zutreffende Begründung für die Bildung des Willens in der Gegenwart zu ermöglichen.

Der Wille für die Teilnahme am Kampfunterricht, der dem Schüler nach schöpferischem Verständnis abverlangt wird, kann erst bewusst erkannt und verstanden werden, nachdem das Kampfwissen erlernt wurde. Einer alten Überlieferung nach wird dies mit der Frage nach dem Sinn des Lebens verglichen, die im Detail auch erst nach dem Tode beantwortet werden kann, auch wenn die Antwort „Das Leben an sich." gleichwohl allgegenwärtig ist und die Frage permanent begleitet. Dabei ist mit dem Sinn des Lebens kein festes Resultat oder Ergebnis aus dem vergangenen Lebensprozess gemeint, sondern die einzelnen Erlebnisse in den unterschiedlichsten Situationen sowie die daraus gewonnenen Erkenntnisse über das Leben als Mensch, die für den Einzelnen einen Sinn ergeben oder auch nicht. Damit liegt die Erkenntnis über die Sinnfindung in dem Erleben des Hier und Jetzt, aus dem in der Zukunft Schlüsse aus der Vergangenheit gezogen werden könnten. Der Wille zur Teilnahme am Kampfunterricht ist somit nichts anderes, als der Ausdruck eines Kämpfers, sich als Mensch in der Gegenwart zu erkennen. Mit der Geburt beginnt man ein Mensch zu sein, so, wie der Kämpfer durch seinen Willen beginnt, ein Kämpfer zu sein. Man durchlebt die verschiedensten Situationen und Abschnitte, gekennzeichnet durch aktive und passive Phasen mit emotionalen Höhen und Tiefen. Die Auseinandersetzung mit dem Erlebten und Vergangenen führt zu einem aktuellen Verständnis in der Gegenwart sowie der möglichen Wahrnehmung einer logischen Zukunft. Der Endpunkt dieser Auseinandersetzung zeigt die Faszination und Ironie der Kampffähigkeit und wird durch einen alten Leitspruch ausgedrückt:

Derjenige, der die Kampffähigkeit braucht, beherrscht sie nicht, und derjenige, der sie beherrscht, braucht sie nicht.

Die vor der Teilnahme am Unterricht verfügbaren Erlebnisse und Erfahrungen über den Nutzwert des Kampfwissens werden durch die Aneignung des Wissens bis zu seiner Beherrschung durch die bewusste Erkenntnis einer nur einmalig bestehenden Wirklichkeit bzw. einer grundsätzlich nicht wiederholbaren Vergangenheit ersetzt.

Die Antwort auf die Frage nach dem Willen liegt traditionell in der Erkenntnis über die Existenz des menschlichen Reaktionsverhaltens, wodurch die Wirklichkeit bezüglich des Willens durch die praktische Teilnahme am Kampfunterricht für den Schüler selbst als möglicher Weg der Selbstfindung wahrgenommen werden kann. Dieser Weg beinhaltet neben der sich aus dem direkten Kampfunterricht ableitenden Erkenntnis über den Willen auch die Erkenntnis über das Wesen des Kampfes im Allgemeinen sowie der Nutzung des Wissens als Werkzeug und in weiterer Folge auch die mögliche Erkenntnis über sich selbst.

Das Kampfverhalten ist vergleichbar mit dem emotionalen Ausdruck auf der Grundlage des eigenen Verständnisses, das im Hier und Jetzt die persönlichen Charaktereigenschaften widerspiegelt.

Das Reaktionsverhalten zur Ausführung von Kampftechniken ist in einem mehrteiligen Vergleich überliefert, der Lehrbeispiele anhand von alltäglicher Nahrung birgt. Die einzelnen Teile des Vergleichs beziehen sich auf den Ausführungsabstand, das Aktionsziel, die Ausführung, den Kampfgegner und die Lehrkonzeption.

Der Ausführungsabstand

Das erste Lehrbeispiel betrifft den Ausführungsabstand bzw. die Kampfaktion, durch die der Abstand zum Gegner überwunden werden soll. Für den Vergleich wurde eine Frucht (Gegner) herangezogen, die erreicht werden soll, um auf das Fruchtfleisch (Aktionsziel) zugreifen zu können. Solange der Zugriff immer nur auf die Schale der Frucht erfolgt, kann das Fruchtfleisch nicht verzehrt und genossen werden. Bedingt durch die eigenen Emotionen wollen manche Kämpfer ihr Aktionsziel zwar erreichen, jedoch sind sie nicht gewillt, die damit verbundenen Risiken auf sich zu nehmen. Daher bestehen viele Kampfsituationen bei mangelhaftem Ausführungsabstand nur aus Bewegungsabläufen, entweder in Form von Angriffstechniken oder dem Schutz vor gegnerischen Kampfaktionen, ohne das Aktionsziel tatsächlich zu erreichen. In der traditionellen Unterrichtung wird daher immer wieder folgende Frage gestellt:

Soll der Kampf mit Ernsthaftigkeit durchgesetzt werden oder handelt es sich nur um eine einfache Körperbetätigung?

Das Aktionsziel

Bei dem zweiten Lehrbeispiel geht es um das Aktionsziel, dessen Erreichen mit dem Herausgreifen eines Fisches aus einem Behälter verglichen wird. Um den Fisch optimal greifen zu können, ist es notwendig, seine natürliche Ausweichbewegung und sein Abwehrverhalten mit einzubeziehen. Viele Kämpfer, die von sich überzeugt sind, setzen ihre Kampfaktionen durch einen stark emotional gesteuerten Willen durch und übersehen dabei sehr häufig, dass im Kampf eine prinzipielle Gleichheit der möglichen Aktionen und Reaktionen gegeben ist. Dadurch wird sehr häufig das Aktionsziel verfehlt. In einem Kampf kann von beiden Seiten nicht nur von der nötigen Bereitschaft, sondern auch von einer gewissen Kampffähigkeit ausgegangen werden. Insofern ist es wenig realistisch, das Aktionsziel durch höhere Intensität der Kampfaktionen erreichen zu wollen. Dies wäre nur dann zutreffend, wenn es sich um Angriffsaktionen gegen ein wehrloses Ziel handelte, was dem Herausgreifen eines toten Fisches gleichkäme.

Für eine lohnenswerte Mühe gilt, dass die Betonung auf lohnenswert und nicht auf der Mühe liegt.

Die Ausführung

Das dritte Lehrbeispiel veranschaulicht die Ausführung der Kampfaktion. Von Anfang bis Ende erfolgt sie nach dem Grundprinzip einer fließenden Bewegung, dass eine wichtige Voraussetzung für die optimale Aneignung von autodynamischen Bewegungsmustern darstellt. Die Beschleunigung der Ausführung ist davon unabhängig und ergibt sich unter realen Bedingungen durch den emotionalen Einfluss der eigenen Zielsetzung in jeweils unterschiedlicher Intensität.

Viele Kämpfer favorisieren eine hohe Beschleunigung, um schnellstmöglich einen Kampferfolg herbeizuführen. Anhand des Zerkauens einer Mahlzeit bzw. von Nahrung wird verdeutlicht, dass weder die Beschleunigung noch die Intensität allein maßgeblich zum Erreichen des Ziels sind; vielmehr ist es die optimale Anpassung an die Art der Nahrung durch dieKaubewegung.

Nicht die beschleunigte, sondern die optimale Zerkleinerung der Nahrung stillt den Hunger.

Der Kampfgegner

In dem vierten Lehrbeispiel wird auf den Kampfgegner, speziell auf den gefährlichsten aller Kampfgegner eingegangen, der ganz unvermeidlich der erste und auch der letzte ist. Der Vergleich hierfür findet sich im alltäglichen Verhalten bei der Nahrungsauswahl unter Abwägung der tatsächlichen Bedürfnisse, die der Zielauswahl und dem grundsätzlichen Sich-Einlassen auf einen Kampf sowie der Auswahl des Gegners gegenübergestellt wird.

Bei dem natürlichen Bedürfnis nach Nahrung geht es ausschließlich um die reale Erhaltung des Lebens, wodurch sich die Kriterien für die Auswahl nur auf den jeweiligen Nährwert beziehen, ohne emotionale Einwirkung. Bedingt durch die eigene Überzeugung hinsichtlich des Nahrungsbedürfnisses handelt es sich gleichzeitig auch um eine emotionale Befriedigung und nur selten um eine reine Auswahl für das körperliche Überleben. Die emotionale Befriedigung ergibt sich durch das Verständnis, das aus der Prägung und den gesellschaftlich gewonnenen Lebenserfahrungen resultiert. Das ständige Abwägen zwischen den Bedürfnissen kann mit einem Kampf gegen den gefährlichsten aller Kampfgegner gleichgesetzt werden, dem Kampf gegen das eigene Selbst. Gleichzeitig kongruiert das Abwägen mit dem unrealistischen Verständnis, Charaktereigenschaften durch Prägung oder Belehrung verändern zu wollen. Bei der Ausführung geht es folglich darum, mithilfe des Verstands auf Emotion zu verzichten und ihrem Reiz nicht zu unterliegen, denn:

Der schwierigste Kampf ist der Kampf um den eigenen Verstand.

Die Lehrkonzeption

Das fünfte und letzte Lehrbeispiel greift die Lehrkonzeption für den Kampfunterricht auf. Nach schöpferischem Verständnis gleicht das Lernziel der Aneignung des Kampfwissens der Zubereitung von Nahrung, die erst dadurch zu einer bekömmlichen Speise wird. Das Kampfwissen des Lehrers als Wegweiser für den Schüler ist übertragen wie die Zutaten, aus denen der Schüler durch Nachahmung eine Speise herstellen kann, für deren Geschmack er aber selbst zu sorgen hat. Für einen unterrichtenden Lehrer entspricht also die zubereitete Speise, das Lehrergebnis, seiner eigenen schöpferischen Fähigkeiten.

Auch wenn Reismehl nach eigener Vorliebe geformt und modelliert wird, bleibt die Wirklichkeit des Reises in ihrem Ursprung erhalten.

Für den Unterricht eines Lehrkörpers unterscheidet die Lehrkonzeption traditionell drei Stufen, wobei der Lehrkörper als gelehrte Persönlichkeit definiert wird, die die Aufgaben eines Lehrers ausübt. Dies geschieht entweder als Lehrer in der eigenen

Weiterbildung oder im Schülerstatus in der Funktion eines Lehrbeauftragten, Lehrpraktikanten oder Lehrassistenten. Unabhängig von der Blaugurtstufe ist ein Lehrbeauftragter ein Schüler, dem die Lehraufgabe von einem Lehrer aufgetragen wurde. Eine übliche Aufgabe ist beispielsweise die Leitung des Unterrichts für Probeschüler. Ein Lehrpraktikant übt im Gegensatz dazu seine Lehrtätigkeit ohne direkten Auftrag durch einen Lehrer aus, so wie beispielsweise ein Blaugurtträger. Und der Lehrassistent hilft den Lehrbeauftragten, Lehrpraktikanten oder dem Lehrer. Die drei Stufen der Lehrkonzeption gelten für Lehrbeauftragte, -praktikanten, -assistenten und Lehrer in gleicher Weise.

Die erste Stufe besteht aus der Vermittlung der eigenen Kampfmethodik, um den Umgang mit vergleichbaren Varianten zu erlernen.

Eine Giftschlange vergiftet sich nicht mit ihrem eigenen Gift.

Die zweite Stufe besteht aus Korrekturen und Ratschlägen für die Kampfmethodik, um die Entwicklung der Schüler voranzutreiben. Dadurch ergibt sich eine Selbsterfahrung und Vertiefung der Methodik. Die Aneignung der Methodik und auch die damit einhergehende Veränderung des Verständnisses erfolgen üblicherweise mit unterschiedlicher Intensität und in Abschnitten. Die noch vorhandenen alten Muster der Schüler, die aus ihrer Zeit vor dem Beginn des Pahuyuth-Unterrichts stammen – sowohl auf körperlich-methodischer als auch auf gedanklicher Ebene – sind indirekt mit fremden Kampfmethoden vergleichbar. Durch diese Anteile besteht für den Lehrkörper die Möglichkeit, Erfahrungen mit der Wirksamkeit fremder Methoden zu machen und sich im Umgang damit weiterzubilden.

Der Weg führt zwar in eine Richtung, doch ist dies nicht die einzige.

Die dritte Stufe besteht aus dem Beistand und der Betreuung der Schüler im Kampfunterricht, um das Resultat der eigenen Handlungen und den Umgang mit den Schülern durch diese zu erfahren.

Das eigene Profil ist erkennbar, jedoch nicht im Spiegel.

Wo beginnt das Kampfwissen?

In der traditionellen Interpretation des Pahuyuth hat der Begriff des Lehrers (Kru) eine besondere Bedeutung. Um dem werdenden Lehrer (Kru, Blaugurt) den Bedeutungsunterschied zu verdeutlichen, stellt der Lehrer (Kru, Rotgurt) dem Blaugurt, der als solcher bereits keinen Schülerstatus mehr hat, gegen Ende seiner Stufe eine bestimmte Frage. Die Beantwortung dieser Frage offenbart das gegenwärtige Verständnis des werdenden Lehrers und ist Bestandteil seiner Prüfung zum Rotgurt. Dabei geht es nicht vordergründig um das Resultat der beantworteten Frage, maßgeblich ist vielmehr die Auseinandersetzung und Herleitung der Antwort, da sie der Auseinandersetzung mit sich selbst entspricht.

Wo beginnt das Kampfwissen?

Nach schöpferischem Verständnis bezieht sich der Ansatz für die Auseinandersetzung mit der Frage auf den Bewusstseinsunterschied zwischen dem Wissen und dem Glauben. Etwas zu wissen, gleicht der

Wahrnehmung eines Betroffenen, der Gewissheit über eine Sache erlangt hat, wohingegen etwas zu glauben, die Wahrnehmung eines Betrachters bedeutet, dessen Wissen sich auf eine Annahme stützt. Dieser differenzierte Ansatz über den Anfang einer Sache bzw. einer Existenz findet sich neben dem Saiyasart auch in anderen Glaubenskulturen als Grundsatzfrage und ist nicht ausschließlich auf die Frage nach dem Beginn des Kampfwissens festgelegt. Der Anfang des Kampfwissens liegt bereits hinter dem Kämpfer, so, wie der Anfang eines Menschen mit der Geburt abgeschlossen ist. Würde die Frage lauten „Wo fängt das menschliche Leben an?" könnte man leicht antworten „Mit der Geburt." Der Kämpfer (Blaugurt), der die Frage beantwortet, hat seine bisherige Qualifikation jedoch durch eigene Erfahrungen und Auseinandersetzung erlangt, daher kann diese Antwort nur als Betrachter und nicht als Betroffener gegeben werden, weil die Geburt nicht bewusst erlebt worden ist. Durch die unspezifische Formulierung der Frage und die unterschiedlichen Möglichkeiten der Wahrnehmung als Betrachter (Glauben) und als Betroffener (Wissen) ist der antwortende Blaugurtträger automatisch in der Situation, sich vor Beantwortung der Frage differenziert mit dieser auseinanderzusetzen.

Etwas zu glauben, ist eine bewusste, äußere Wahrnehmung, die für den wahrnehmenden Betrachter als unbestätigte Zukunft existiert. Er definiert diese mögliche Zukunft, die er als Betroffener noch nicht erlebt hat und auch nicht zwangsläufig erleben wird. Gewissheit über eine Sache zu erlangen, beruht im Unterschied dazu auf der Wahrnehmung eines Erlebnisses aus der eigenen Vergangenheit durch Selbsterfahrung. Bedingt durch die autodynamisch gesteuerte Funktionalität zur allgemeinen Lebenserhaltung des Menschen ist es nur möglich, die Vergangenheit wahrzunehmen. Gewissheit über eine Sache zu haben, ist folglich nur durch ein Bewusstsein der eigenen Vergangenheit möglich, so, wie man ein Buch erst lesen kann, wenn es fertig geschrieben ist. Das Bewusstsein bzw. das bewusste Wahrnehmen von menschlichen Gedanken unterscheidet also zwei parallel existierende Realitäten, die der möglichen Zukunft (Wissen durch Glauben) und die der Vergangenheit (Wissen durch Gewissheit). Hingegen ist die Gegenwart keine wahrnehmbare Realität, da sie ausschließlich aus autodynamischer Aktion und Reaktion besteht, die im Moment, in dem sie wahrgenommen wird, bereits zur Vergangenheit geworden ist. Anhand der Antwort des Blaugurtträgers kann der Lehrer nun erkennen, welche Anteile in Form einer Nachahmung (Glauben) und welche durch Selbstaneignung (Wissen) vorhanden sind.

Rein pädagogisch ist die Frage nach dem Anfang des Kampfwissens an jeden qualifizierten Kämpfer gerichtet und nicht nur auf Blaugurtträger des Pahuyuth beschränkt, da sie dem Kämpfer durch die Beantwortung und auch durch die Art, wie man sich über den Zusammenhang bewusst wird, die Möglichkeit einer Selbsteinschätzung bietet. Der Kämpfer kann also erkennen, ob er sich das Kampfwissen angeeignet hat und ein Kämpfer ist, oder ob er sich in der eigenen Realität als Kämpfer definiert und glaubt, kämpfen zu können. Kämpfen kann jeder Mensch, sich darüber bewusst zu werden, ein Kämpfer zu sein, erfolgt erfahrungsgemäß erst nach der Begegnung mit dem Lehrer.

Ein Schüler bzw. Kämpfer ist beim Erlernen der Kampfmethodik am Anfang auf das Nachahmen der fundamentalen

Bewegungsmuster, den Muttertechniken (Maeh Maih) und Kindtechniken (Lug Maih) angewiesen. Erst wenn sich der Schüler in seinem Lernprozess den Bewegungsmustern zugrunde liegenden Prinzipien bewusst wird, passt er ihre Ausführung an seine eigene körperliche Beschaffenheit und Funktionalität an. So erlangt er schließlich Gewissheit über die Bewegungsmuster, die ihm als Vorlage für das Erkennen seiner Methodik dienen. Daraus leitet sich ab, dass für jede Art körperlicher Aktivität zwischen Nachahmung und Aneignung differenziert werden kann und dass derjenige, der auf die Frage nach dem Beginn des Kampfwissens antwortet, nach schöpferischen Gesichtspunkten zwischen Glauben und Wissen unterscheidet. Die Vollständigkeit der Antwort ist dabei nebensächlich, da es auf den Entwicklungsstand seines gegenwärtigen Verständnisses ankommt. Diesen kann der Rotgurtträger auch an der Art des Kämpfens des Blaugurtträgers beurteilen, da das Erlernen des Kampfwissens an körperliche Aktivität gebunden ist und es im Kampf nicht nur um das Was und das Wie, sondern vor allem um das Warum geht.

Die Frage ist aber nicht nur auf das Kampfwissen begrenzt und führt daher auch zu der Auseinandersetzung mit jedem Wissen. Das Bewusstsein der differenzierten Wahrnehmung spiegelt sich folglich in seinem Umgang mit dem Wissen und ist Ausdruck der Realität des Kämpfers. Voraussetzung für die Differenzierung ist ein Bewusstsein davon, dass das Kampfwissen als Existenz besteht, so, wie der Mensch als Existenz betrachtet wird bei der Frage nach dem Anfang seines Lebens. Es ist daher nicht unüblich, dass es zu abweichenden Antworten kommt, wenn das Kampfwissen nicht als Existenz berücksichtigt wird. Eine Überlieferung der Pahuyuth-Linie erklärt die Existenz des Kampfwissens wie folgt:

Ein hochwertiges Schwert, das scharf genug ist, Haare zu spalten und stabil genug, Granitstein zu zerteilen, ist nutzlos, wenn es nicht mit einer optimalen Technik eingesetzt wird. Bei optimaler Technik bleiben dennoch Sieg und Niederlage als mögliches Ergebnis beim Kampf mit einem ebenbürtigen Gegner bestehen. Um den Kampf siegreich zu beenden, bleibt nur die Möglichkeit, vom Fehlverhalten des Gegners zu profitieren.

Die Aussage, dass ein hochwertiges Schwert ohne vergleichbare Technik nutzlos bleibt, zielt auf die Selbsterfahrung eines jeden Kämpfers ab, durch die eine Beurteilung zur Relevanz von Werkzeug und der dazugehörigen Methodik getroffen werden kann. Nach allgemeinem Verständnis geht es bei einem Kampf bzw. einer Kampfaktion vordergründig um die Bewaffnung und die Schutzausrüstung der Kämpfer. Daher erstrebten Kämpfer seit jeher möglichst hochwertige Waffen und hielten diese als unverzichtbar für den Sieg. Dass die Pahuyuth-Kämpfer immer noch keinen besonderen Wert auf die Qualität ihrer Waffen oder der Schutzausrüstung legen, kann darin gründen, dass sie früher nicht das notwendige Wissen zur Herstellung hatten und sich dementsprechend nur mit einfachen Waffen ausrüsten konnten. Dem steht entgegen, dass sie – nach geschichtlicher Überlieferung – Waffen aus Handwerkszeugen und Küchengeräten entwickelt hatten, deren Herstellung problemlos möglich war. Eine mangelnde Fähigkeit zur Herstellung erscheint somit fragwürdig und unlogisch.

Auch hätten die Thai ihre unzähligen Kämpfe nicht gewinnen können, was geschichtlich belegt ist. Sie waren in der Lage, ihre Kampfmethodik weiterzuentwickeln und zu verbessern, auch mit der Verwendung einfacher Waffen. Hätten sie die Kämpfe trotz schlechter Ausrüstung nur durch ihr Improvisationstalent gewonnen, wären sie um eine Weiterentwicklung der Methodik sowie die Herstellung qualitativ besserer Waffen nicht umhingekommen. Innerhalb des Pahuyuth wird jeder Kämpfer schließlich selbst eine Erklärung finden, warum über Generationen hinweg kein Wert auf die Entwicklung der Waffen und Schutzausrüstung gelegt wurde und aus welchem Grund die Qualität der benutzten Waffen weiterhin nicht im Vordergrund steht. Als Kämpfer geht man davon aus, dass sich durch technische Überlegenheit, durch Wissen und Können auch eine erfolgversprechende Überlegenheit im Kampf ergibt. Um bestmögliche Voraussetzungen für einen Kampf zu haben, erstreben Kämpfer daher oft die beste und qualitativ hochwertigste Methodik, deren Beherrschung sie als unverzichtbar für einen siegreichen Kampf ansehen. Die körperliche Aktivität bei den Kampfaktionen und auch jede andere körperliche Betätigung setzt jedoch die Beschaffenheit sowie die gegenwärtige Autodynamikfunktion des Menschen voraus, worin kein Unterschied von Mensch zu Mensch besteht. Nach dem Verständnis des Pahuyuth existiert daher ein technischer Gleichstand zwischen Kämpfern, ungeachtet der benutzten Methodik oder der eingesetzten Prinzipien.

Ein Kampf besteht aus einer fortlaufenden körperlichen Aktivität der beteiligten Kämpfer, entweder als Aktion oder als Reaktion. Näher betrachtet bezeichnet man die Aktion auch als *indirekte Reaktion* und die Reaktion als *direkte Reaktion*. Eine Aktion wird als indirekte Reaktion verstanden, weil die gedankliche Aktivität, die zu ihrer Umsetzung führt, auf der eigenen Vorstellung einer möglichen gegnerischen Aktion bzw. Aktivität beruht und eine eigene Gegenreaktion hervorruft, die nach außen als Aktion sichtbar ist. Eine Reaktion als direkte Reaktion entsteht, weil eine unmittelbare Anforderung für den Kämpfer durch eine körperliche Aktivität des Gegners besteht. Hieraus leiten sich die gebräuchlichen Fachbegriffe *Angriff* für eine Aktion und *Abwehr* für eine Reaktion ab.

Der Kampf beginnt, wenn einer der beiden Kämpfer entweder eine Aktion oder eine Reaktion ausführt und bleibt so lange bestehen, wie ein Austausch zwischen den Kämpfern erfolgt. Die Umsetzung der Kampfaktionen, ob durch Kampfaktivität oder andere körperliche Aktivität, stellt nach allgemeinem Verständnis eine Anforderung an den Gegner dar, auf die er reagiert. Eine der Aktivität beigemessene Wertigkeit wird dabei als Vor- oder Nachteil eingestuft und für den Ausgang des Kampfes als relevant angesehen, woraus die Annahme resultiert, die technische Überlegenheit sei entscheidend für den Kampf. Jedoch ist die Beherrschung möglichst vieler oder hochwertiger Kampftechniken unbedeutend. Denn das gegenwärtige Erscheinungsbild eines Kampfes besteht aus den Parteien Angreifer und Verteidiger, die sich in einer möglichst optimalen Ausgangsposition befinden. Da beide Kämpfer ihre Kampftechniken in der Zukunft ausführen, sind deren Umsetzung und Relevanz für den Kampf ausschließlich von den gegebenen Umständen abhängig. Im Pahuyuth vergleicht man den Kampf daher auch mit dem Schachspiel, bei dem unterschiedliche Figuren unterschiedliche Fähigkeiten haben. Ausschließlich die gegenwärtige Position einer jeden Figur entscheidet darüber, ob sie zum Einsatz kommen können oder nicht. Dementsprechend hat eine Kampftechnik keine Bedeutung für den Kampf, wenn die Umstände für ihre Ausführung nicht gegeben sind. Da Kämpfer bemüht sind, eine optimale Ausgangsposition zu haben und diese beim Gegner auch voraussetzen, leitet sich daraus die Erkenntnis ab, dass das Fehlverhalten des Gegners die Grundlage des siegreichen Ausgangs eines Kampfes ist.

Das Kernprinzip des Kampfes, die kontinuierliche Abfolge von Aktionen und Reaktionen, die an die jeweiligen Umstände geknüpft sind, wird traditionell auch mit den grundlegenden Prinzipien für die Aufrechterhaltung des menschlichen Lebens verglichen. Ausgehend von den biologischen Gegebenheiten ist der Mensch mit der so genannten Lebenserhaltungsfunktion ausgestattet, einer autodynamischen Funktion, die auch als Selbsterhaltungstrieb bezeichnet wird. Die Funktion ist ab Beginn des Lebens vorhanden und ihre Aufgabe besteht darin, Impulse für die körperliche Funktionalität zu erzeugen, die sowohl in einem konstanten Rhythmus als auch individuell erzeugt werden. Sie ermöglicht der körperlichen Funktionalität das Leben, Überleben und die Fortpflanzung nach den Umständen des gegenwärtigen Lebensumfeldes.

Die Lebenserhaltungsfunktion besteht aus drei unterschiedlichen Reaktionstypen. Der erste umfasst die *fundamentalen Grundfunktionen*, die jeweils eine selbstständige Reaktion in Form eines Reflexes auslösen, der sich durch konstant rhythmische Impulse überwiegend auf die Erhaltung des inneren Körperzustandes bezieht und durch individuelle Impulse auch eine Anpassung an äußere Veränderungen vornimmt. Die Anpassung erfolgt dabei auf der Grundlage bekannter, bislang geprägter Reaktionsabläufe. Der Reaktionswert bzw. die Qualität der Reaktion hängt vom Umfang der Abweichung zwischen den gegenwärtigen und den vergangenen Umständen ab und der sich daraus ergebenden Anforderung.

Die inneren Organe des Körpers sind in verschiedene Strukturen eingeschlossen und werden zuletzt von der Haut umhüllt. Sie befinden sich in einer Umgebung mit annähernd gleich bleibendem Druckwiderstand, in der es keiner starken Reaktionsanpassung bedarf. Die inneren Organe werden durch konstante Intervallimpulse angeregt, die eine optimale Reaktion im Rahmen der körperlichen Funktionalität ermöglichen wie beispielsweise den Herzschlag. Außerhalb des Körpers sind die Umstände wechselhaft und der auf den Körper wirkende Druckwiderstand kann zwischen gering bis extrem hoch schwanken, was eine Reaktionsanforderung bedeutet. Daher sorgen individuelle Impulse etwa bei starken Temperaturschwankungen oder starker Luftbewegung für eine optimale, an die Umstände angepasste Reaktion (Reflex). Dieser Reaktionstyp, der unbewusst wahrgenommen wird, stellt auch das Ausgangsprinzip des altthailändischen Heilwissens und der Körperpflege dar.

Der zweite Reaktionstyp bildet sich aus überwiegend individuellen Impulsen, die nicht selbstständig durch den ersten Reaktionstyp geregelt werden können. Sie ergeben sich durch unterschiedliche Einwirkungen von außen, die zu einer Abweichung der konstanten rhythmischen Impulse des ersten Typs führen. Da die Abweichungen bewusst wahrgenommen werden können, bezeichnet man diesen Reaktionstyp auch als *bewusste körperliche Anforderung*. Der durch den Impuls erzeugte Reaktionswert basiert ebenfalls auf erlernten Reaktionen und ist zudem von der Abweichung der gegenwärtigen Reaktionsanforderung abhängig, die sich durch die körperliche Beschaffenheit und Funktionalität und die unmittelbaren äußeren Umstände ergibt. Die körperlichen Anforderungen für die Funktionsabläufe der inneren Organe sind wegen des konstanten Druckwiderstandes im Körperinnern rhythmisch und konstant, da sie kaum Veränderungen ausgesetzt sind. Um äußere Einwirkungen wie beispielsweise das Eindringen von Fremdkörpern auszugleichen, existiert der zweite Reaktionstyp. Durch die körperliche Reaktion bei äußerer Einwirkung wird die Anforderung bewusst wahrgenommen und identifiziert und ein Impuls für eine entsprechende Reaktion (Reflex) durch eine gedankliche Entscheidung gegeben. Bewusst wahrgenommene Anforderungen sind zum Beispiel Kopfschmerzen, Bauchschmerzen, Juckreiz oder auch Bewegungsreflexe. Die Grundprinzipien der thailändischen Heilmassage und der Selbstmassage basieren auf diesem Reaktionstyp.

Der dritte Reaktionstyp ist eine *autodynamische Funktion*, die die Versorgung für die Erhaltung und Regenerierung des Körpers gewährleistet. Wie alle erschaffenen Werkzeuge unterliegt auch der menschliche Körper durch seine Beschaffenheit einer Abnutzung, die bis zu einem unbrauchbaren Zustand führt. Durch die Anpassung an die Umstände innerhalb des Existenzbereiches des Körpers und den Alterungsprozess beginnt die Abnutzung des menschlichen Körpers bereits im Moment seiner Fertigstellung. Zudem führt eine vermehrte Nutzung zu einer kürzeren Nutzungsdauer, wohingegen eine an seine Kapazität angepasste Nutzung das Maximum seiner funktionalen Nutzbarkeit ermöglicht. Bei Maschinen, die aus unterschiedlichen Teilen mit verschiedener Beschaffenheit zusammengesetzt und mit bestimmten Funktionen ausgestattet sind, können einzelne Komponenten mit hoher Abnutzung ausgetauscht und ersetzt werden, um die Nutzbarkeit wiederherzustellen und somit die Nutzungszeit zu verlängern. Wie eine Maschine besteht auch der menschliche Körper aus verschiedenen Strukturen unterschiedlicher Beschaffenheit und Funktionalität, existiert jedoch als ein Ganzes. Die Möglichkeit, einzelne Bestandteile zu erneuern oder auszutauschen, gibt es von Natur aus nicht. Durch die Erneuerungsfunktion, also die Regenerierung auf das Optimum bei zum Beispiel extremen Veränderungen der Körpertemperatur oder dem Empfinden von Hunger oder Durst ergibt sich der beste Nutzungszeitraum ab der Zellteilung. Sowohl die Zellteilung als auch die Regenerierung steuert der erste Reaktionstyp, der für die autodynamischen Impulse die erforderlichen Bau- und Wirkstoffe durch die Nahrung benötigt. Daher hat sich der dritte Reaktionstyp entwickelt, der durch körperliche Reaktionen die Erhaltung und Wiederherstellung des Körpers gewährleistet und für die Nahrungszufuhr sorgt. Der dritte Reaktionstyp gilt als Grundlage für das Gebiet des altthailändischen Heilwissens und der Gesundheitspflege.

Die drei Reaktionstypen der Lebenserhaltungsfunktionen zeigen, dass die Existenz des gegenwärtigen menschlichen Körpers an eine permanente Aktivität gebunden ist, die durch Aktionen und Reaktionen zur Anpassung entsteht. Der stetige Wechsel von Aktion und Reaktion ist auch ein charakteristisches Merkmal der Kampfaktivität, die daher einander zugeordnet werden können. Für einen Kampf zwischen Menschen sind die Kampfaktion und die Kampfreaktion an die körperliche Beschaffenheit, also die Aktionselemente (im Kampf die Waffen) und die Funktionalität, also die Funktionsmethodik (im Kampf die Kampfmethodik) als erforderliche Voraussetzungen gebunden. Das reine Vorhandensein dieser Voraussetzungen für den Kampf löst einen solchen jedoch noch nicht aus.

Ein Kämpfer kämpft, weil die Umstände es erfordern und nicht, weil er es kann.

Da die körperliche Beschaffenheit und Funktionalität nach schöpferischem Verständnis folglich nur Voraussetzungen für den Kampf bzw. für das Vorhandensein von Kampfaktivität sind, werden weder das Erscheinungsbild dieser Aktivität noch der Aktivitätswert oder das Resultat als tatsächliches Wesen des Kampfes angesehen oder wahrgenommen. Zur Verdeutlichung dient ein Beispiel aus der Überlieferung des Pahuyuth, in dem die Existenz des Kampfes und das Entstehen von Kampfaktivität mit der Existenz und dem Entstehen von Feuer gleichgesetzt werden, da beide Existenzen vergleichbare Charakteristika aufweisen. Voraussetzung für das In-Erscheinung-Treten des Feuers ist eine bestimmte Menge an Sauerstoff in seiner unmittelbaren Umgebung. Das Erhitzen stellt die Anforderungsaktion für das brennbare Element dar, welches durch seine jeweiligen Widerstandseigenschaften, dem Aggregatzustand, die Temperaturbeständigkeit und die Körpersubstanz reagiert und (ver)brennt. Das Erscheinungsbild des Feuers besteht dann als vorübergehendes Ergebnis (Verbrennungszustand) aus Anforderungsaktion und Widerstandsreaktion. So wie die Wesenseigenschaften des Kampfes sind auch die des Feuers allgegenwärtig und können durch die erforderlichen Voraussetzungen in Erscheinung treten. Um einen Kampf zu beenden, geht es demnach nicht um gute oder schlechte körperliche Voraussetzungen, denn die sind bei beiden Kämpfern gleich, sondern um ein mögliches Fehlverhalten des Gegners hinsichtlich der Kampfaktion oder -reaktion. So, wie das Feuer einer Entfachung bedarf, um sich unter weiteren Voraussetzungen verbreiten zu können, ist auch der Anfangspunkt für den Kampf vom Willen der beteiligten Kämpfer abhängig. Die Antwort auf die Ausgangsfrage „Wo beginnt das Kampfwissen?" lautet übertragen „Beim Zünder.", also dort, wo ein Funke eine Flamme entfachen kann.

Philosophisch betrachtet ist die Antwort auf die Ausgangsfrage die Summe der Erkenntnisse des Schülers, die er auf dem bisherigen Weg über das Wesen des Kampfes erlangt hat. Symbolisch entspräche dies dem Schließen eines Kreises, der den zurückgelegten Weg des Schülers zur Aneignung des Kampfwissens darstellt und zugleich auch für das Verständnis vom Kampf in all seinen Aspekten steht. Das Schließen des Kreises bedeutet dabei das Finden des vermeintlichen Endpunktes, der dennoch der ursprüngliche Anfang ist und gleichzeitig ein neuer für den weiteren Weg. Anfangs- und Endpunkt bilden so einen fortwährenden Weg bzw. Kreislauf, der Ausdruck der direkten Gegenwart eines Kämpfers ist. Der Anfang des Kampfwissens führt daher zu einem Punkt vor dem zurückgelegten Weg, weswegen es irrelevant wird, an welchem Punkt der Anfang liegt. Da Anfang und Ende und auch die Länge des Weges dazwischen nicht festgelegt sind, geht es folglich nicht um den absoluten, sondern den relativen Anfang des Wissens, der auf ein entsprechendes Bewusstsein gründet und jederzeit möglich ist. Das Verständnis des symbolischen Anfangs- und Endpunktes kann allerdings erst nach Zurücklegen des Weges erfolgen, genauso wie das Wissen bzw. der Kampf als eigenständige Existenz erst dann im Hier und Jetzt wahrgenommen werden kann.

Durch das Bewusstsein von der Existenz des Kampfes wird klar, dass das Kampfwissen das Verständnis vom Wesen des Kampfes ist, wodurch die Differenzierung zwischen Kampfwissen als Werkzeug und dem eigenen Selbst als Nutzer des Wissens möglich wird. Bestätigt wird die Differenzierung durch die Möglichkeit des Kämpfers, das angeeignete Kampfwissen willentlich einzusetzen, anstatt ein automatisiertes Instrument des Kampfes zu sein. Ferner bedeutet die Differenzierung zwischen Nutzer und Werkzeug, dass der Kampf immer durch den gleichzeitigen Anfang und das Ende sowie die dazwischenliegende Strecke des Kreises existiert und sich nicht auf den Kampf oder das Kampfwissen an sich bezieht, sondern auf den Punkt, der als Anfang wahrgenommen wird, nämlich die Gegenwart. Zur Verdeutlichung wird traditionell ein weiteres Beispiel herangezogen, in dem die Aufgabe eines Lehrers mit der eines Fährmanns verglichen wird, der den Schüler während seines Lernprozesses von einem Ufer zum anderen begleitet. Das Betreten der Fähre bedeutet für den Schüler den Beginn des Weges, sich das Kampfwissen anzueignen. Der bis zur Fähre zurückgelegte Weg gleicht der Vergangenheit des Schülers und hat zu seinem gegenwärtigen Verständnis geführt. Das Kampfwissen wird in dem Augenblick wahrgenommen, in dem die Gedanken des Schülers mit Bestandteilen des Kampfes übereinstimmen. Diese strukturelle Überlagerung der Gedanken, ob bewusst oder unbewusst durch Erlebnisse oder Umstände wahrgenommen, ist allein ausschlaggebend für die Gleichheit, da sie dem ersten Gedanken entspricht bzw. zu diesem führt. Mit dem ersten Gedanken und seinem Verständnis bildet der Schüler ein Ideal von der Existenz des Kampfes, das an bestimmte Erwartungen in der Zukunft geknüpft ist, genauso wie der zu beschreitende Weg. Die Gründe sind dabei individuell; alle Aspekte sind denkbar, die Bestandteile des Kampfes sind. Das gebildete Ideal ist die Grundlage für die Wahrnehmung des Kampfwissens und kommt der Willensbildung eines Bewerbers vor seiner Aufnahme in den Unterricht (Betreten der Fähre) gleich. Der Wille ist für den Weg zum anderen Ufer, also für den gesamten Unterricht und dem dort möglichen und realistischen Ausstieg notwendig. Die wiederkehrende Neubildung des Willens für die Dauer des Unterrichts unterliegt dabei einem kontinuierlichen Abgleich zwischen persönlicher Vorstellung und tatsächlicher Erfahrungen, der zu einer Veränderung des Verständnisses und Ideals führt. Das angestrebte Ideal des Schülers basiert daher auf einer aus der Vergangenheit stammenden Vorstellung, die zur Bildung seines ursprünglichen Willens geführt hat. Die stetige Neubildung des Willens bewirkt somit, dass sich das Ideal nicht fortwährend in der Zukunft befindet und nicht unerreichbar bleibt. Der Fährmann (Lehrer) zielt mit Hinweisen darauf ab, das in der Zukunft liegende Ideal des Schülers immer weiter in die Gegenwart zu verlagern.

Anfänglich ist der Schüler nicht in der Lage, klar zwischen dem Kampfwissen und sich selbst zu differenzieren, daher setzt er sein Ideal oft mit dem Erreichen des anderen Ufers durch den Fährmann gleich. Dies hat zur Folge, dass er sein Ideal in die Zukunft projiziert und das Kampfwissen mit der Person des Lehrers verwechselt. Die Hinweise und Korrekturvorgaben des Lehrers verfolgen daher den Zweck, die Willensbildung des Schülers in Abhängigkeit der gegenwärtigen Umstände losgelöst von seiner eigenen Person zu ermöglichen. Solange der Schüler das Erreichen seines Ideals in der gegenwärtigen Verkörperung seines Lehrers erkennt, übersieht er auch den Menschen dahinter, der in Wirklichkeit seine tatsächliche Gegenwart verkörpert. Zugleich bietet dies dem Lehrer die Möglichkeit, den aktuellen Entwicklungsstand des Schülers festzustellen.

Die tatsächliche Fähigkeit zur Differenzierung zwischen dem Werkzeug und dem Nutzer ist die bewusste Wahrnehmung des Verhältnisses zwischen dem Selbst und der Existenz des Kampfes. Der bewussten Wahrnehmung geht das Verständnis vom Wesen des Kampfes, dem inneren Aspekt, voraus. Da das Verständnis des Schülers vom inneren Aspekt des Kampfes gleichzeitig auch die Grundlage für den äußeren Aspekt ist, kann seine Entwicklung daran abgelesen werden, wie er seinen Partnerkampf führt. Daher ist der Partnerkampf für den Lehrer eine weitere Methode, die Veränderung der Willensbildung beim Schüler im Hinblick auf das ursprüngliche schöpferische Verständnis zu ermitteln.

Der Schüler hat während des Unterrichts die Möglichkeit, sich die Bewegungsmuster der Methodik, die ihm in der Anfangsstufe präsentiert wurden, entsprechend seiner Individualität anzueignen. Die Hinweise des Lehrers, die sich auf die tatsächliche Umsetzbarkeit bzw. den Realaspekt des Kampfes beziehen, führen den Schüler allmählich zu der Erkenntnis, dass nicht alle Bewegungsmuster optimal umgesetzt werden können. Zusammen mit den gesammelten Erfahrungen aus den Partnerübungen dringt sein Ideal dadurch unbewusst immer weiter in die Gegenwart. Der Erkenntnisprozess, der durch Entwicklungsschritte in den Unterrichtsstufen deutlich wird, verändert parallel dazu auch die Willensbildung des Schülers. Anstelle ein Kämpfer zu werden, geht es immer mehr darum, ein Kämpfer zu sein. Die Bildung des Willens verschiebt sich folglich vom Können-Wollen zum Wissen-Wollen. Ist der Schüler in der Gegenwart angekommen, kann er zwischen sich und dem Kampfwissen differenzieren und hat die Willensbildung bezüglich des in der Zukunft liegenden Ideals beendet. Er hat realisiert, dass er sein ursprüngliches Ziel, das andere Ufer, nicht durch Erreichen eines bestimmten Punktes erlangt, sondern durch die Erkenntnis, dass das Ziel seine tatsächliche Gegenwart ist. Kurzum hat er erkannt, dass der Weg sein Ziel ist. Da sich das Ideal nicht mehr in der Zukunft befindet, kann sich der Schüler auch als Schöpfer des Kampfwissens identifizieren. Rückblickend war er jedoch auch in all den vorherigen Momenten Schöpfer des Wissens, nur war er sich dessen nicht bewusst.

Der Kämpfer sucht nach dem Anfang seiner Vollendung.

Mit der Bildung des Willens setzt sich der Schüler mit der Existenz des Kampfes auseinander, um mit Hilfestellung des Lehrers die Kampfmethodik und ihre verborgenen

Prinzipien zu entdecken. Durch die Selbstaneignung der Kampfmethodik kann er den Weg von nun an allein als Lehrer weiter beschreiten, mit der Erkenntnis seines immer währenden Daseins als Schüler, dessen er sich als Kämpfer bewusst ist. Dem Kämpfer ist durch sein Sein als Kämpfer klar, dass er gleichwohl auch Schöpfer ist, wodurch die Voraussetzung für seine Aufgabe als traditioneller Lehrer des thailändischen Kampfwissens erfüllt. Ein Leitsatz des Pahuyuth für diese Entwicklungsstufe lautet:

Es ist schwer, einem Freund zu helfen, der im Sterben liegt!

Der Schüler stellt fest, dass er selbst der sterbende Freund ist, und ist in der Lage, den Freund als sein in der Vergangenheit liegendes Ideal zu sehen. Sein ursprüngliches Ziel, das ihm zur Bildung seines Willens diente und auf dessen Grundlage er die Fähre einst betrat, ist durch die Veränderung seines Verständnisses in der Gegenwart nicht mehr existent und im übertragenen Sinn gestorben. Der zum Ziel gewordene Weg, die aktuelle Schöpfung im Hier und Jetzt, entspricht dem fortwährenden Sterben des Freundes, der in jeder Sekunde seiner Existenz nur einmal existiert. So auch im Kampf, wo jede Technik nur zum Zeitpunkt ihrer Ausführung besteht und nicht wiederholbar ist. Lediglich die unveränderlichen und verinnerlichten Prinzipien können erneut angewendet werden, um eine den Umständen angepasste neue Technik auf der Grundlage der Bewegungsmuster auszuführen. Der Schüler versteht, dass die zur Gegenwart gewordene Zukunft bereits nicht mehr existiert und die gegenwärtige Schöpfung zur Vergangenheit geworden ist. Durch den endlosen Kreislauf der Willensbildung und die dadurch mögliche Rückschau auf den Weg kann er den Weg allein fortsetzen, wodurch die Begleitung seines Lehrers endet. Der Schüler hat sein Ziel erreicht, seinen gegenwärtigen Weg, der als Anfang und Ende zugleich besteht. Er ist an seinem Ziel angekommen, ohne es jemals in der Gegenwart, dem Moment seiner Schöpfung, erreichen zu können.

Besonders ist derjenige, der weiß, dass er nichts Besonderes ist.

Rotgurt

Die Voraussetzungen für die Stufe des Rotgurtes und dem damit verbundenen offiziellen Lehrerstatus beziehen sich nicht auf die Leistungsfähigkeit. Vor allem geht es um das erlangte Verständnis des Rotgurtträgers hinsichtlich der Kampfmethodik und die allgemeinen Charaktereigenschaften eines Lehrers nach schöpferischem Vorbild, die durch das praktische Unterrichten erlangt werden. Unterrichten bedeutet die Umsetzung der zweiten Stufe der traditionellen Lehrkonzeption, durch die der Lehrer sein Verständnis bestätigt. Der traditionellen Bedeutung folgend ist ein Lehrer eine Person, die sich gegenüber dem eigenen Lehrer bereit erklärt hat, freiwillig und nach eigenen Möglichkeiten die Aufgaben eines Lehrers zur Weitergabe des Kampfwissens zu übernehmen. Der Lehrer überreicht in dem Fall dem Blaugurtträger seinen eigenen Rotgurt und bindet ihm diesen um, wodurch die kollegiale Aufnahme in den gleichen Aufgabenstatus symbolisiert werden soll. Ein Rotgurtträger ist daher genauso ein Blaugurtträger, der die Aufgabe des Gebens in Form seiner Lehrtätigkeit übernommen hat, die er eigenständig an einem beliebigen Ort oder Lehrinstitut umsetzen kann, obwohl dazu keine Verpflichtung besteht. Auf Grundlage des schöpferischen Verständnisses handelt es sich lediglich um eine Absichtserklärung zur Unterrichtung, die nach eigenem Ermessen und den vorhandenen Umständen wahrgenommen werden kann.

Die Farbe des Gurtes symbolisiert menschliches Blut, das bei den Befreiungskämpfen der Thai über Jahrhunderte vergossen wurde. Auch soll so der Kämpfer und Lehrer gedacht werden, die das Wissen über Generationen hinweg weitergegeben haben.

Der Status eines Rotgurtträgers wird traditionell auch als „Schüler der Selbstfindung" bezeichnet oder mit der „Suche nach dem eigenen schöpferischen Gedankenverständnis" beschrieben. Durch das Umsetzen seiner Lehraufgabe versucht der Schüler anhand von Aufgaben und Beispielen, sich über die Vergänglichkeit des Seins bewusst zu werden. Das Lernziel besteht aus der Differenzierung zwischen den Aufgaben als Lehrer und seiner Selbstfindung. Dabei wird sich der Schüler zunächst mit den Begriffen Lehrer (Kru) und Oberlehrer (Ajan) auseinandersetzen, die im Allgemeinen als Titel für Personen verwendet werden, die als gelehrte Persönlichkeiten auf einem bestimmten Gebiet gelten. Da sich ein Rotgurtträger in einem nach eigener Überzeugung noch nicht abgeschlossen Lernprozess befindet, wird er seinem Status als Lehrer oder gelehrte Persönlichkeit nicht zustimmen wollen. Der Verzicht, sich selbst so zu benennen oder andere dazu aufzufordern, verdeutlicht das Bewusstsein einer differenzierten Wirklichkeit. Denn sich eigenständig als Wissender oder gelehrte Persönlichkeit zu betiteln, ist nichts anderes als ein Ausdruck von Selbstverherrlichung. Auch das Benanntwerden durch andere, egal ob aus Überzeugung oder einem äußeren Anlass, ist nur ein vorübergehender und persönlicher Ausdruck für einen bestimmten Zweck. Daher ist es selten bis auszuschließen, dass sich gelehrte Persönlichkeiten, insbesondere aus dem Bereich des Kampfwissens, selbst als Kämpfer oder Lehrer bezeichnen. Seit jeher liegt darin auch die Problematik bei der Suche nach Lehrern.

Die Schönheit einer Blume entsteht durch die Auffassung des Betrachters.

Die beiden Begriffe Kru und Ajan wurden erst seit Einzug des buddhistischen Glaubens in Thailand unterschieden; ursprünglich wurde nur der Begriff Kru für gelehrte Persönlichkeiten verwendet. In der buddhistischen Lehre sind die Inhalte auf eine bestimmte Weise geordnet und werden durch Mönche (Kru, Pra Kru) an die Gläubigen vermittelt. Ajan oder Pra Ajan hingegen nennt man ältere Mönche, die sich mit den philosophischen Inhalten auseinandersetzen und diese an junge Mönche weitergeben. Im Buddhismus haben diese Mönche einen Status, der sie beinahe zu lebenden Heiligen macht.

Im allgemeinen Sprachgebrauch in Thailand wird eine gelehrte Persönlichkeit als Kru bezeichnet, Ajan ist hingegen ein Kru, der Schüler zu gelehrten Persönlichkeiten verholfen hat. Im Pahuyuth wird zwischen Kru und Ajan nicht unterschieden. Ein Rotgurtträger ist nach schöpferischem Verständnis ein Kru, genauso wie ein Blaugurtträger, also ein Lehrbeauftragter oder Lehrassistent. Eine genaue Definition und Unterscheidung der beiden Begriffe gibt es nicht, weshalb sie sich im Pahuyuth nur auf den Altersunterschied der Rotgurtträger beziehen.

Die Selbstfindung

Das Lernziel der Selbstfindung beruht auf der Lehrtätigkeit des Rotgurtträgers. Da das Prinzip Lernen-durch-Lehren für alle Unterrichtsstufen gilt und eine Voraussetzung für das Erreichen des Lehrerstatus darstellt, ist die Selbstfindung nicht auf Rotgurtträger beschränkt. In der Praxis beschäftigen sich diese aber häufig erst durch das Unterrichten in dieser Stufe mit dem Lernprozess des Schülers, dem Ergebnis der eigenen Entwicklung und der Charaktereigenschaft des Willens. Sie erkennen, dass der gewollt angefangene Abschnitt durch seine gegenwärtige Erfüllung beendet und dies gleichzeitig und unmittelbar der Beginn eines neuen Willens ist. Die Frage nach dem Willen ist dabei gleichwohl auch Ausdruck des Willens zur Findung einer passenden Antwort. Diese ist zwar gleichzusetzen mit der Erfüllung der vergangenen Frage, also dem Abschnitt, auf den sich der vergangene Wille bezog, besteht jedoch in Wirklichkeit als Voraussetzung für die Bildung einer neuen Frage. Durch diese Verknüpfung, das Vorhandensein immer neuer Fragen, entsteht eine endlose Kette der Willensbildung. Der ursprüngliche Wille ist wie die erste Kampfaktion, die nicht als ein Anfang eines Erfolgs oder der kompletten Umsetzung des Willens endet, sondern den Einstieg in einen endlosen Prozess zwischen Aktion und Reaktion bedeutet und die Wesenseigenschaft der Kampfhandlung darstellt.

Die Selbstfindung erfolgt durch das Herstellen des Bezuges der Willensbildung zu der eigenen Existenz, also der Vergänglichkeit des eigenen Seins, indem der Grund für die Willensbildung in den Vordergrund der Wahrnehmung rückt. Dies bedeutet, dass der bekundete Wille des Bewerbers, der für die Teilnahme am Kampfunterricht vorausgesetzt wird, letztlich nicht erfüllt bzw. bestätigt werden kann, da es bei dem Lernprozess des Kampfwissens nicht um die Erfüllung, sondern um die Ursache des Willens geht. Springt man beispielsweise ins Wasser, ist man vordergründig mit dem Schwimmen beschäftigt, um sich dort aufhalten zu können. Steigt man aus dem Wasser heraus, bedeutet dies die Erfüllung des Willens durch die Schwimmfähigkeit zum nächsten Ufer. Um tatsächlich ans Ufer zu gelangen und aussteigen zu können, ist es nicht nur notwendig, sich über die Wirklichkeit des eigenen Zustandes bewusst zu werden und somit verstanden zu haben, was es bedeutet zu schwimmen, im übertragenen Sinn also zu kämpfen, sondern es erfordert ebenfalls die Erfahrung desjenigen, der bereits ausgestiegen ist, also des Lehrers.

Nach schöpferischem Verständnis bedeutet die Selbstfindung, sich des Ideals des Ich-Seins in der Gegenwart bewusst zu werden. Die Faszination der ausgeführten Kampfaktionen ist die Motivation zur Idealisierung einer Nachahmung zum Selbst-Sein. Durch die aus der Vergangenheit stammende Vorlage des Ideals wird ein eigenes Ideal des Selbst-Seins in der Gegenwart erschaffen, dessen Verwirklichung in der Zukunft vorstellbar ist.

Zur Verdeutlichung betrachtet man einen Kämpfer, der sich auf einen Wettkampf vorbereitet. Im Bewusstsein seiner verfügbaren Fähigkeiten stellt er sich die ideale Vorgehensweise für den bevorstehenden Kampf vor. Seine Fähigkeiten stammen dabei aus der Vergangenheit, seine Vorstellung befindet sich in der Gegenwart und der Wettkampf in der Zukunft. Abgesehen von seiner Realität ist die Verwirklichung seiner Vorstellung durch die Vorbereitung in der Vergangenheit sehr unwahrscheinlich. Ein Kämpfer, der sich jedoch ausschließlich seine gegenwärtige Autodynamik durch eine Überprüfung vor dem Kampf bewusst macht, wird im Wettkampf sein Ideal des Selbst-Seins durch eine optimale Möglichkeit zur Anpassung an seine Umstände umsetzen können, was der tatsächlichen Gegenwart des Selbst entspricht.

Zwischen den Zeilen

Da die Wissensvermittlung im Pahuyuth nicht auf Nachahmung, sondern eigenständiger Aneignung beruht, wurde von Anfang an auch sprachlich eine spezielle Methode für den Unterricht benutzt, um die Selbstständigkeit des Schülers anzuregen: die Blumensprache. In großen Teilen Asiens ist sie eine ältere Tradition, die auch für die Thai schon zur gesellschaftlichen Normalität gehörte, lange bevor sie in das Gebiet des heutigen Thailands einwanderten. Anders als die Blumensprache der westlichen Welt, die gegen Ende des 20. Jahrhunderts populär wurde und Unausgesprochenes durch Blumen vermitteln soll, ist sie im Thailändischen eine hintergründige und indirekte Ausdrucksform. Bildhaft und umschreibend wird oft Kritik mit ihr zum Ausdruck gebracht, wodurch sie zu einem Instrument für einen höflichen, aber auch gelehrten Umgang innerhalb der Familie und Gesellschaft wurde, das sich über Jahrhunderte hinweg etabliert hat. Dem Gegenüber werden so Achtung und Respekt entgegengebracht, aber auch das eigene Verständnis und die eigene Gewissheit können durch neutrale Hinweise oder einfache Vergleiche ausgedrückt werden. Die vergleichende Beschreibung eines Sachverhaltes, der auf den ersten Blick oft harmlos erscheint, macht diesen oft wesentlich konkreter und spricht ihn stärker an, als eine direkte Ausdrucksform.

Die Vergleiche oder Beschreibungen beziehen sich daher sehr selten auf den direkten Inhalt oder Wortlaut, weshalb es für den Adressaten erforderlich ist, zwischen den Zeilen zu lesen.

Im Kontext des Pahuyuth dient die Blumensprache ebenfalls zur Präsentation eines Sachverhaltes, ohne diesen direkt anzusprechen. Ein für das Kampfwissen relevantes Beispiel ist der Begriff Pahuyuth, der eine direkte, wörtliche und zugleich auch eine symbolische Bedeutung in sich trägt. *Pahu* des Wortes Pahuyuth ist das Wort für einen metallenen Armring, wird traditionell aber auch für Wirbelsturm verwendet. Da der Wirbelsturm oft mit einer Naturgewalt in Verbindung gebracht wird, die mit einer großen Zerstörungskraft einhergeht, findet man die gedankliche Überleitung zu den so symbolisierten Kampfaktionen. Der zweite Teil *Yuth* des Wortes heißt Krieg oder Kampf und deutet auf einen ernsten Einsatz hin. Somit könnte man annehmen, der Begriff Pahuyuth meint nicht weniger als ein Phänomen, das Kampf mit Gewalt und Kraft verbindet und ein hohes Zerstörungspotential aufweist. Diese Interpretation unterscheidet sich zu der nach schöpferischem Verständnis jedoch erheblich, das Pahuyuth als Umschreibung eines charakteristischen Ereignisses der Kampfmethodik versteht und nicht als Ausdruck der Wirksamkeit der Kampfaktionen. Verständlich wird dies, wenn man die Kampfmethodik als Sturm betrachtet. Dieser ist das Ergebnis bestimmter Voraussetzungen, meist unterschiedliche Luftdrücke, die aufeinandertreffen. Bei der Kampfmethodik bilden die im Hintergrund liegenden Prinzipien zur Ausführung autodynamischer Bewegungsmuster die Voraussetzung für den „Kampfsturm" oder „Sturmkampf". Der Fokus liegt also auf der Beschreibung des Ereignisses, das sich durch die gegebenen Umstände in der Gegenwart ergibt und dabei an bestimmte Voraussetzungen gebunden ist. Folglich beschreibt die schöpferische Interpretation den Sturm und auch den Kampf als Ereignis und Existenz, wobei für beide eine strukturelle Gleichheit existiert. Diese Deutung bezieht sich aber nicht auf mögliche Auswirkungen oder einzelne Eigenschaften des sichtbaren Ereignisses und ist auch nicht an ein Resultat gebunden. Ohne eine Wertung vorzunehmen, werden das Ereignis an sich sowie die dafür notwendigen Umstände beschrieben.

Die Prinzipien der Blumensprache, ihr Ansatz, Dinge auf hintergründige Art und Weise darzustellen, wurde im Pahuyuth seit jeher zur Wissensvermittlung genutzt, da zur Erlangung des jeweiligen Inhaltes eine tatsächliche Auseinandersetzung notwendig ist. Zwar wird so ein Verlust des Wissens vermieden und die Möglichkeit gegeben, zum Kernwissen vorzudringen, doch besteht auch das Risiko, durch mangelndes Verständnis, verkannt zu werden. Gleiches gilt für die Kampfmethodik an sich, die sich nicht durch die eine oder andere spezielle Entdeckung ergeben hat oder einfach von den Schöpfern erschaffen wurde. Sie entspricht vielmehr einer Ansammlung von Erkenntnissen über verschiedene Aktionsmuster, die aus Erfahrungen und vor allem durch den Einsatz im Kampf für ein Überleben in Zeiten kriegerischer Auseinandersetzungen resultieren und bislang als Bestandteil des Familienerbes angesehen und nur in sehr kleinem Kreis vermittelt wurde. Nach außen ist das Pahuyuth deshalb eine altbewährte Kampfmethodik, die aus ihren sichtbaren Aspekten besteht und durch ihren Werdegang tief innerhalb der thailändischen Gesellschaft verwurzelt ist. Nach innen ist es wiederum ein Weg zur Selbstfindung auf der Basis des gegenwärtigen Seins als Kämpfer.

Die Verhältnisaspekte des Kampfes

Einführung in die Geschichte des Pahuyuth

Eine lückenhafte Darstellung

Der geschichtliche Ursprung

Tauschhandel und Städtebildung

Thai und Chinesen

Eine lückenhafte Darstellung

Der Verhältnisaspekt als dritte Betrachtungsweise des Saiyasart beschreibt den eigentlichen Geschichtsverlauf des Pahuyuth von seinen Anfängen bis zur Gegenwart. Nach der Betrachtung der äußeren Aspekte (Was) und der inneren Aspekte (Wie) geht es bei den Verhältnisaspekten (Warum) um das Verhältnis von der Pahuyuth-Existenz zu seinem Umfeld, und zwar über die gesamte Dauer seiner Existenz. Es werden die vorherrschenden Umstände und Bedingungen betrachtet, denen das Pahuyuth im Laufe seiner Entwicklung ausgesetzt war und die in ihrer Summe anteilig auch seine gegenwärtige Existenz ausmachen. Die Aneinanderreihung aller vergangenen Verhältnisaspekte entspricht folglich dem vollständigen Prozess der in Erscheinung getretenen Existenz Pahuyuth. Der Prozess, der gegenwärtig andauert und demzufolge nicht beendet ist, kann zwangsläufig nur durch Momentaufnahmen veranschaulicht werden, weshalb die bekannt gewordenen Ereignisse aufgrund der zeitlichen und inhaltlichen Vielschichtigkeit nur ein lückenhaftes Bild ergeben können. Daher wurde keinesfalls der Versuch unternommen, den Geschichtsverlauf der Thai oder des Pahuyuth chronologisch komplett wiederzugeben, sondern vielmehr die Zusammenhänge zwischen gesellschaftlichen Statuten, kulturellen Gepflogenheiten und politischen Umständen, um deren Einfluss auf das Pahuyuth darzulegen.

Abgesehen von ausgewählten Werken der Thai-Literatur stammen die zusammengetragenen Informationen überwiegend aus der Überlieferung der Pahuyuth-Linie, die über Generationen hinweg nur mündlich weitergegeben wurden. Schriftliche Quellen zur Thai-Geschichte existieren lediglich in sehr geringem Umfang, sofern es sie überhaupt gibt. Man geht davon aus, dass die Mehrheit der vorhandenen Dokumente im 18. Jahrhundert während der Ayutthaya-Ära durch die Tempelplünderungen der Burmesen zerstört wurden oder abhanden kamen. Die erhaltenen Dokumente wurden zudem mehrheitlich erst lange nach den berichteten Ereignissen verfasst.

Im Verlauf der Geschichte wurden die verschiedenen Entwicklungslinien des Kampfwissens, zu denen auch das Pahuyuth gehört, nicht nur zur Sicherung des Überlebens im Krieg genutzt, sondern auch, um Vorteile für die berufliche Laufbahn und das gesellschaftliche Ansehen daraus zu ziehen. Das Wissen wurde unabhängig von seiner Ausprägung innerhalb der Entwicklungslinien schon immer als behütetes Berufsgeheimnis angesehen, um die gesellschaftliche Stellung aufrechtzuerhalten und weitere Vorteile zu erlangen. Der daraus resultierende Konkurrenzkampf zwischen den einzelnen Linien und die Geheimhaltung, die teilweise bis heute bestehen, haben viele Linien gehemmt und sogar zu ihrem Zerfall beigetragen. Das Kampfwissen, das für den beruflichen Gebrauch und besonders für die militärische Nutzung interessant war, konzentrierte sich vor allem auf den Umfang seiner technischen und leistungsbezogenen Umsetzung. Diese Aspekte waren für die militärischen Kampftruppen relevant, machten das komplette Wissen mit seinen schöpferischen Aspekten für sie jedoch nicht zwangsläufig erforderlich, weshalb die Gelehrten in ihrer Entwicklung und der Weitergabe des Wissens oft unterfordert waren. Auch deswegen, weil nur der Teil des Kampfwissens bekannt und öffentlich gefördert wurde, der durch militärische Positionen bestätigt oder im Kreis der Königsfamilie betrieben wurde. Dieser Umstand verschaffte den unbekannten Entwicklungslinien wie dem Pahuyuth indirekt den Vorteil, das Kampfwissen ungehindert und ungeachtet gesellschaftlicher Normen im kleinen Kreis weiterzuentwickeln und zu fördern. In verschiedenen Epochen der thailändischen Geschichte traten deshalb immer wieder unerwartet anonyme Kämpfer auf, die sich an der Verteidigung des Landes beteiligten und nach Beendigung des Krieges auf ihren militärischen Dienst verzichteten und sich spurlos aus der Gesellschaft zurückzogen.

Der Verlust unzähliger Kämpfer und gelehrter Persönlichkeiten bei kriegerischen Auseinandersetzungen zerstörte nicht nur verschiedene Linien, auch der gesamte verfügbare Wissensstand schwächte immer mehr ab, sodass die Weitergabe und der Zugang für nachkommende Generationen erschwert oder sogar unmöglich waren. Linien einzelner Disziplinen hatten kaum die Möglichkeit, ihre methodische Vollendung zu erreichen oder zu überleben, da viele das komplette Spektrum der technischen Fähigkeiten ihrer vorhergehenden Linie nicht vorweisen konnten. Man kam aber zu der Erkenntnis, insbesondere in der Pahuyuth-Linie, dass nicht das direkte Wissen über die Kampftechniken einzelner Entwicklungslinien den Schlüssel für seine Erhaltung und Weitergabe darstellte, sondern die Methodik mit ihren Prinzipien und das schöpferische Verständnis, das für die Bildung des charakteristischen Ideals maßgeblich ist.

Für die Gesellschaft der Thai und ein Überleben in ihr stellte das Kampfwissen einen unverzichtbaren Bestandteil dar, der für die Sicherung des Friedens von Bedeutung war. Man kann sich vorstellen, dass die Kenntnis des Kampfwissens als Instrument gesellschaftlicher Mechanismen daher schon immer auch für andere Zwecke missbraucht wurde. Machtverherrlichung, Habgier sowie andere egoistische Belange waren keine Seltenheit, auch nicht unter den Kämpfern, bei denen der Drang, das Kampfwissen dafür zu missbrauchen, immer vorhanden war. Zum Schutz des Wissens und auch der Kämpfer selbst festigte sich mit der Zeit die durch die Natur des Pahuyuth vorhandene Zurückhaltung der gelehrten Persönlichkeiten, wodurch das Wissen nur noch eingeschränkt weitergegeben wurde. Nachkommende Generationen haben die Zurückhaltung in gleicher Weise durch die Unterrichtserteilung übernommen, die noch heute in verschiedenen Linien als fest verankerter Verhaltensgrundsatz besteht.

Ab dem Zeitpunkt, in dem die verschiedenen Disziplinen durch das Aufkommen moderner Waffen im Krieg abgelöst wurden, verringerte sich ihr direkter Bedarf wesentlich. Somit verlor das bereits zurückgehaltene Kampfwissen seine Notwendigkeit und das daraufhin ausbleibende Interesse der Nachkommen, sich im Rahmen der traditionellen Konzeption unterrichten zu lassen, beschleunigte seinen Rückgang zusätzlich. Selbst diejenigen, die sich immer wieder mit Hingabe um die Pflege und Erhaltung dieser Kultur bemühten, wurden durch die standhafte Mauer der Geheimhaltung einzelner Entwicklungslinien an ihrem Vorhaben gehindert. Heute ist das Interesse an den traditionellen Inhalten wieder vorhanden, da der Bedarf an Nachhaltigkeit und essentiellen Werten in der sich immer schneller verändernden Gesellschaft durch die Informationsflut und modernen Medien wächst.

Die Zuwendung zum Kampfwissen erklärt sich auch durch dessen Wesenskern und Prinzipien, die ein modernes Zusammenleben innerhalb der Gesellschaft ermöglichen und zugleich die Voraussetzungen schaffen, sich vor kriminellen Übergriffen zu schützen.

Ursprungsgebiete und Einflussbereiche der frühen Thai bis 2500 v. Chr.

Die Karte zeigt grob die Gebiete, in denen sich die Ethnie der ursprünglichen Thai laut den Überlieferungen aus der Pahuyuth-Linie aufgehalten haben soll. Ausgehend von den Ausläufern des Altai-Gebirges im Südwesten der heutigen Mongolei gab es nach den ersten Wanderungen aus diesem Gebiet zwei zentrale Städte – Lung im Norden und Pa im Süden des heutigen Chinas, die einen Macht- und Zugehörigkeitsbereich markierten und als Zentren für weitere Entwicklungen angesehen werden. Ein Bereich, der zwischen 3000 und 2000 v. Chr. bereits weite Teile Zentralchinas ausmachte.

Der geschichtliche Ursprung

Die ursprüngliche Heimat der Thai ist noch immer unbekannt. Nach den Überlieferungen und der Forschung wird ihr erstes Erscheinen auf etwa 5043 v. Chr. datiert, als sie als Bauern und Fischer im mongolischen Altai-Gebirge nordwestlich des heutigen Chinas ansässig gewesen sein sollen. Belege für diesen sehr frühen Zeitabschnitt existieren nicht, auch nicht in der chinesischen Geschichtsschreibung. In diesen Mythen wurden zwar die so genannten Urkaiser benannt, die vor den chinesischen Dynastien geherrscht haben sollen, allerdings erst um 2500 v. Chr., also weitere 2500 Jahre später. Zu dieser Zeit existierten laut Überlieferungen aus der Pahuyuth-Linie Stämme und Gruppierungen in unterschiedlichen Gebieten; nicht nur der heutige Norden Chinas war besiedelt, sondern ganz Zentralasien sowie Teile Südostasiens, wo Menschen unterschiedlicher Herkunft lebten, wenngleich in sehr begrenztem Ausmaß und auf Ballungszentren beschränkt. Bei der Suche nach den Wurzeln der Thai, zum damaligen Zeitpunkt als Dtai gesprochen, geht es folglich um den Versuch der Identifikation der zusammenlebenden Menschen, die sich durch ihre individuelle Lebensweise und ihr typisches Gesellschaftsleben voneinander abgrenzten.

Als Ursprung dieses gesellschaftlichen Lebens und damit auch derjenige der Thai und des Pahuyuth sind die Randgebiete der Städte Pa und Lung überliefert, die in den entfernten Ausläufern und Tälern des südlichen Altai-Gebirges lagen. Das zu dieser Zeit bewohnte Gebiet soll sich in südlicher und östlicher Richtung bis zu Abschnitten des gelben Flusses Huang Ho und im Westen sogar bis zu den nördlichen Ursprüngen des Jangtse erstreckt haben, wobei sich die Angaben widersprechen. Einerseits scheint klar, dass in diesem Gebiet zwei große Städte existierten, Pa als Regierungsstadt der südlichen Gebiete (heutiges Chongqing) und Lung oder Lung Chow (vielleicht das heutige Urumchi oder südlicher) im nördlichen Bereich, deren gesamter Einflussbereich, der Mueang Lung Mueang Pa, sich über ein gewaltiges Gebiet erstreckte. Andererseits sollen die Gruppen bereits bis in die heutigen chinesischen Provinzen Sichuan, Hubei, Hunan, Anhui und Jiangxi gewandert sein und auch dieses Gebiet Mueang Lung Mueang Pa benannt haben. Ob dies auf einen entfernten Einfluss der beiden Städte oder auf tatsächliche Wanderungen in diese verhältnismäßig weit entlegenen Gebiete hinweist, bleibt unklar. Die Überlieferungen könnten aber auch ein Fingerzeig auf Bevölkerungsgruppen sein, die das Land bereits besiedelt hatten. Nach historischen Schätzungen lag die Bevölkerungsanzahl innerhalb dieses Gebietes bei etwa zwei Millionen.

Aufgrund der geografischen und vegetativen Gegebenheiten vermuten einige Historiker die tatsächliche Herkunft der Thai eher im Westen, in Richtung des Kaspischen Meeres. Sie stützen sich im Besonderen auf die Erntekultur wie dem Anbau von Reis, da dessen hoher Wasserbedarf durch das überschwemmbare Flachland gedeckt werden konnte. Hingegen geht man in der Pahuyuth-Linie davon aus, dass die Herkunft der Thai anhand der Spuren ihrer

Ernährung und ihrer Behausungen verfolgt werden kann. Grundsätzlich wurden Informationen damals mündlich weitergegeben, so auch die über den Werdegang der Thai, die zumeist in Geschichten eingebettet und stark von den Interpretationen ihrer Verfasser bestimmt waren. Selbstverständlich wurden die Interpretationen auch in den späteren schriftlichen Tradierungen festgehalten, sowohl in den ursprünglich geschriebenen als auch in den aus dem Mündlichen übertragenen, in die zwangsweise auch das Verständnis und die Sichtweise des jeweiligen Autors einflossen. Zwar stimmen einige dieser Schriften in der Chronologie der Ereignisse überein, doch es finden sich auch häufig frappierende Abweichungen wie in den mündlichen Überlieferungen. Die vorhandenen Informationen weisen jedoch eindeutig darauf hin, dass die Gruppierungen der Thai als Teil der ethnischen Landschaft jener Zeit irgendwann später der chinesischen Welt zugeordnet wurden.

Die frühen Thai hatten ein bis heute erhalten gebliebenes Verständnis geprägt, das ihre Wahrnehmung und Sichtweise weder vordergründig noch vorrangig auf eine strukturierte Lebensführung ausrichtete. Daher unterschied sich ihre Struktur und Orientierung grundsätzlich von der chinesischen, was heute noch durch die typische thailändische Gelassenheit und die häufig benutzte Redewendung Mai Pen Rei (macht nichts, ist egal) zum Ausdruck gebracht wird.

Erste Bewegungen

Die Landschaftsstruktur südlich des Altai-Gebirges bis zum gelben Fluss (Huang Ho) zeichnete sich durch klein gewachsene Bäume und Pflanzen aus. Tropischer Urwald wie auf Höhe des Äquators fand sich dort nicht. Die Talbereiche hatten Anschluss an Ausläufer des Flusses und waren ideal für den Anbau von Reis und Gemüse, da das zugelaufene Regenwasser aus den Bergen zu bestimmten Jahreszeiten die Flächen überschwemmte. Reis ist daher seit jeher ein Grundnahrungsmittel der Bevölkerung dieser Gebiete. Und auch die unterschiedlichen Heilpflanzen und Kräuter der Thai, die sich später als Bestandteile der Heilkunde entwickelten, stammten größtenteils von den Bäumen und Pflanzen aus diesem Gebiet. Die Flächen für den Reisanbau wurden nicht durch Abholzung oder absichtliche Waldbrände gewonnen, sondern durch das Aufräumen nach Überschwemmungen. Da der Lebensraum großzügig war und Nahrung im Überangebot, brauchte der Landbesitz nicht befestigt oder markiert werden. Als Folge der Regenzeit des Vorjahres ergab es sich, dass die Erschließung eines neuen Anbaugebietes zu kurzentschlossenen Umsiedlungen führte, die immer wieder Bewegungen innerhalb des gesamten Gebietes verursachten. Feste Häuser gehörten nicht zur vorherrschenden Lebenskultur, die Thai lebten in vierwandigen einfachen Holzhütten, den Gra Dtob, ohne separate Zimmer oder einer besonders gestalteten Inneneinrichtung. Solche Hütten finden sich heute immer noch in entlegenen ländlichen Regionen Thailands. Durch die Offenheit dieser Behausungen spielte der Familienzusammenhalt eine große Rolle, der eine Selbstverständlichkeit war und durch eine hierarchische Struktur aufrechterhalten wurde, die sich in erster Linie nach dem Alter der Familienangehörigen richtete. Diese Art des Zusammenlebens, in der Gastfreundschaft und Respekt gegenüber Mitmenschen eine wichtige Rolle spielten, festigte sich zu einer thailändischen Charaktereigenschaft.

Die umliegenden Waldgebiete bestanden zu einem großen Teil aus Bambus, dessen Nutzung sich in den unterschiedlichsten Bereichen des Alltags bewährt und eine große Bedeutung für alle Bewohner hatte. Aus Bambus wurden die eher bescheidenen Behausungen errichtet, Werkzeuge und Küchengeräte gefertigt und Gerichte mit Bambussprossen verfeinert, auch bei den späteren Chinesen. Die Nahrung bereitete man im Freien, außerhalb der Hütten zu und sie bestand neben Reis überwiegend aus Rohkost, gemischten Salaten und über offenem Feuer gegrillten Fisch oder Fleisch kleinerer Tiere aus der unmittelbaren Umgebung. Das Züchten und Jagen von Tieren gehörte noch nicht zu den grundlegenden Lebensbestandteilen der Thai, weshalb Schwein und andere Wildtiere erst später zur Ernährung gehörten. Die meist einfachen Alltagsgerichte waren eher scharf gewürzt und ausgeglichene Mahlzeiten, die aus den vor Ort verfügbaren Nährkörpern zusammengestellt wurden. Auf das optische Anrichten legte man wegen des größeren Zeitaufwandes kaum Wert. Ihre Esskultur bestand aus der Zubereitung frischer Zutaten, die eine Konservierung von Lebensmitteln überflüssig machte. Andere Gruppierungen verfügten aber durchaus über Methoden zur Konservierung von Fleisch.

Das Fehlen von Konservierungstechniken war auch in späteren Zeitabschnitten ein Grund für Wanderungen in fruchtbare Gebiete, die nach den ersten Auseinandersetzungen mit chinesischen Gruppierungen einsetzten. Zufolge historischer Einschätzungen sind die Nahrungsgewohnheiten ein möglicher und wahrscheinlicher Grund für Wanderungen und Umsiedlungen. In den Überlieferungen wurde davon ausgegangen, dass die Wanderungen in späteren Abschnitten zu einem Bestandteil der Lebenskultur wurden und sich zu einem entscheidenden Kriterium für die Unterscheidung einzelner Gruppierungen herausbildeten. Geschichtsforscher entwarfen anhand dieser Kultur die Theorie, das soziale Gefüge und Zusammenleben der Thai beruhte auf einer grundsätzlichen Friedfertigkeit. Streitigkeiten innerhalb der Gesellschaft bzw. den Gruppierungen gründeten lediglich auf unterschiedlichen Charakterzügen und Prägungen. Dabei könnte es um Durchgangsrechte von Tierzüchtern anderer Gruppierungen gegangen sein, deren Tiere die Anbaugebiete der Thai zerstörten. Von ernsthaften Auseinandersetzungen oder gar Kriegen geht man in diesem Zeitabschnitt nicht aus.

Tauschhandel und Städtebildung

Obwohl sich die äußeren Umstände der Menschen im Laufe der Jahrhunderte nicht bedeutend veränderten, entwickelte sich die Gesellschaft dennoch und die ursprünglichen Gruppenstrukturen verloren nach und nach an Bedeutung. Der wichtigste Faktor für diese Veränderung war der Tauschhandel, mit dem sich in bis dahin unbekannter Geschwindigkeit Handelsplätze bildeten, die zu zentral organisierten und mit Verwaltungsapparaten versehenen Städten wie Pa und Lung führten. Diese Veränderung hatte Einfluss auf fast alle sozialen Bereiche und gab die Richtung für die Entwicklung der modernen Gesellschaft vor.

Ein Platz zum Handeln mit Waren für den allgemeinen Lebensbedarf, mit Reis, Fisch und anderen Haushaltsgütern bildete den Ausgangspunkt, der langsam zu einem zentralen Treffpunkt des Tauschhandels wurde. Anfangs tauschten die Beteiligten ihre Güter direkt untereinander, später übernahmen organisierte Tauschhändler den Handel. Durch die Gewohnheit, Waren zum Tausch anbieten zu können, entstand zwischen der Landbevölkerung und den Tauschhändlern allmählich ein indirektes Abhängigkeitsverhältnis. Die Begegnungen mit den Stadtmenschen, die auf die Waren vom Land angewiesen waren, zeichneten sich aber nicht nur durch das reine Tauschgeschäft aus. Vielmehr trafen hier Menschen aufeinander, deren grundsätzliche Sichtweisen nicht mehr identisch waren und eine unterschiedliche Prägung aufwiesen. Die Zeit, in der die Angehörigen der früheren Gruppierungen mehr oder weniger einhellig vorgingen, war im Umbruch und die Gesellschaft spaltete sich in die Stadtmenschen und die Landbevölkerung. Parallel bildete sich unter den Tauschhändlern eine gewisse Art von Konkurrenz und Interessenkonflikt, die zu Meinungsverschiedenheiten bezüglich der Gunst des ersten Ansprechpartners führten. Die Unstimmigkeiten um die beste Position für den eigenen Handel häuften sich und brachen zu Streitigkeiten aus, die wiederum eine hierarchische Struktur unter den Händlern zur Folge hatte. Diese Hierarchie ist als Ausgangspunkt der wesentlich später entstandenen thailändischen Gesellschaft mit Staatsoberhaupt anzusehen, die bis heute in Form einer konstitutionellen Monarchie existiert. Das jeweilige Stadtoberhaupt war gewöhnlich auch der mächtigste und einflussreichste Tauschhändler, der die Kontrolle über den Handelsplatz übernahm und bei Streitigkeiten als Schlichter und Entscheider wie ein Richter agierte. Durch diese Funktion erlangte er einen Status als Entscheidungsträger, auf dessen Grundlage sich in späterer Zeit die typischen Charaktereigenschaften thailändischer Führungspersönlichkeiten herausbildeten und sich langfristig zu einem gesellschaftlichen Ideal entwickelten. Achtung und Respekt waren dabei nicht nur an die Person gebunden, sondern erstreckten sich auf die gesamte Familie, in der sich ein Führungswechsel durch die direkte Nachfolge ergab. Die Art der Abfolge in diesem frühen Stadium der Gesellschaftsbildung ist auch für die heutigen Thai immer noch eine Selbstverständlichkeit und nahezu unverändert erhalten geblieben. Auch die Besonderheit des thailändischen Königtums gründet auf dieser historischen Struktur und hat seit der ersten Krönung Bestand. Die Handlungen des Königs sowie sein generelles Dasein waren auf das Wohlergehen seiner Untertanen ausgerichtet und machten ihn für die Thai zu einem Ideal, dem sie Hochachtung, Dankbarkeit und Loyalität entgegen brachten. Der König regierte seine Untertanen mit einem menschlichen Verständnis, vergleichbar mit dem Verhältnis des Familienältesten gegenüber seinen Angehörigen.

Während der Entwicklung des thailändischen Volkes fühlte es sich daher sehr eng mit seinem König verbunden, der uneingeschränkt als höchstgestellte Persönlichkeit angesehen wurde. Daraus ergab sich die bis heute anhaltende, besonders ausgeprägte und unmissverständliche Sensibilität gegenüber dem König sowie die Dankbarkeit, die sich durch eine uneingeschränkte Loyalität ausdrückt. Das Verhältnis zum König erklärt auch, warum sich Kämpfer in späteren Zeitabschnitten freiwillig für den Krieg zur Verfügung stellten und auch traditionell dazu berufen fühlten, wenn er nach ihnen verlangte. Dabei ging es nicht um reine Pflichterfüllung, sondern eher um eine von Herzen kommende Bereitschaft, die Ehre zu erhalten und für den König einzustehen. Abgesehen von den regulären Soldaten gingen viele Kämpfer in Friedenszeiten zivilen Berufen nach und ordneten sich erst nach dem Aufruf des Königs freiwillig als Hilfssoldaten in die Streitmacht ein. Nach dem Krieg stellte der König den Kämpfern frei, ob sie als Soldaten in der Streitmacht verbleiben oder aus dem Dienst ausscheiden wollen.

So beeinflusste der Tauschhandel den alltäglichen Umgang miteinander, brachte schließlich eine hierarchische Gesellschaftsstruktur – besonders in den Städten – hervor und führte gleichzeitig allmählich auch zu einer ganz eigenen Lebensweise innerhalb der Städte, die sich immer stärker von der der Landbevölkerung unterschied. Die Händler in den Städten avancierten letztlich zu den Oberhäuptern der Städte, wodurch der Ursprung des Königtums immer deutlicher wurde. Die im ländlichen Umkreis der Tauschhandelsplätze lebende Bevölkerung wurde mit der Zeit dem immer größer werdenden Bereich der Stadt angegliedert. Die Städte wuchsen und mit ihnen das Gefühl der Zugehörigkeit, das langsam über die Stadtgrenzen hinausgetragen wurde. Grenzen ergaben sich durch das Ende des Zugehörigkeitsbereiches einer Stadt oder den Übergang zu einer anderen.

Der Fortbestand und die Entwicklung der Familien bauten in erster Linie auf der Zusicherung der eigenen Existenz und der Stellung innerhalb der städtischen Gesellschaft sowie auch der eigenen Familie auf. Die grundsätzliche Familienkultur war bereits mit einer Klassengesellschaft vergleichbar, in der eine Vermischung der Stellungen keine Akzeptanz fand. Es war kaum vorstellbar, dass sich eine städtische Familie bei der Familienplanung mit einer untergeordneten einließ. Verbindungen zwischen Familien aus der Stadt und vom Land waren so gut wie ausgeschlossen, denn die städtische Familienkultur betrachtete die Position der Landbevölkerung schon damals als minderwertig. Neue Familien konnten nur mit Zustimmung der Ältesten beider Familien gegründet werden, denn man versuchte so, die Lebensart und die gesellschaftliche Position des Familienklans zu sichern und zu erhalten. Der Mann sorgte als Familienoberhaupt traditionell für die Familien und die Frau kümmerte sich um die häuslichen Belange, das Wohlergehen des Oberhauptes und um alle ihr übergeordneten Familienmitglieder. Darüber hinaus war es ihre Aufgabe, den Nachwuchs zu gebären, um den sie sich auch kümmerte. Diese ausgeprägte Unterscheidung zwischen Mann und Frau spiegelte sich von Geburt an in der Erziehung und auch in der Art der Zuwendung wider. Das zusammengeführte Familienpaar entsprach weder einem Liebespaar noch einer partnerschaftlichen Liebesbeziehung nach heutigem Verständnis. Die Familie der Tochter war die abgebende, da ihre Tochter für die Zugehörigkeit zur neuen Familie von ihrem zukünftigen Mann unwiderruflich eingezogen wurde, was zugleich den Verlust eines Familienangehörigen bedeutete. Die Familie des Mannes war hingegen die bereicherte, die ihre neue Tochter als Erfüllungsgehilfin für das Gebären des Nachwuchses betrachtete. Als Aufwandsentschädigung erhielt die Familie der Tochter eine Aussteuer, die beim Aufgebotsritual übergeben wurde. Um eventuellen Uneinigkeiten vorzubeugen, sahen sich die zukünftigen Partner vorher nicht. Diese Kultur der Familiengründung legte den Grundstein für die Übergabekultur des Adels und der Königsfamilien in späteren Zeitabschnitten, bei der die Tochter als Prinzessin an einen König abgetreten wurde. Dadurch wurde Loyalität, Gehorsam und Ergebenheit zum Ausdruck gebracht wie in der Tradition der Muengkuenn. Eine Muengkuenn war eine autonom regierte Stadt, die jedoch zu einer anderen Stadt und deren König gehörte. Ihnen gegenüber war die Muengkuenn loyal und hatte den Befehlen Folge zu leisten. Die Tradition der Muengkuenn existierte bis zur Ayutthaya-Ära.

Neben den häuslichen Tätigkeiten und der Schwangerschaft war die Frau auch am Reisanbau und später am Tauschhandel beteiligt, da die männlichen Bewohner die Verwaltungsaufgaben der immer größer werdenden Zentren und Städte übernahmen.

Die typisch traditionellen Kaufleute waren daher in der Mehrzahl Frauen, während die Männer als Beamte und später auch als Soldaten arbeiteten. Diese Art der Gesellschaftsstruktur besteht in Thailand bis heute.

Ungeachtet der Entstehung von Handelsplätzen und Städten sowie der Teilung der Bevölkerung in Land- und Stadtbewohner breiteten sich die Thai langsam in südlicher Richtung aus. Ihre Ausdehnung, die von vielen Historikern als Anfang einer Völkerwanderung bezeichnet wird, bezog sich erst auf die Erweiterung der Anbaugebiete und ergab sich schlichtweg in Abhängigkeit ihres Bedarfs. Streng genommen war diese örtliche Verschiebung keine Wanderung, da sie ohne direkte Einflüsse von außen erfolgte. Eher waren die notwendigen Bedingungen für den Anbau von Reis, bestimmter Pflanzen- und Gemüsesorten ausschlaggebend – man ging dorthin, wo es flussreiches Flachland gab. Das Erschließen neuer Anbaugebiete legt gewiss eine Völkerwanderung nahe, doch fehlte die Intention, das besiedelte Gebiet zu verlassen. Und Abgrenzungen der Gebiete waren auch nicht vorhanden.

Das Verständnis und damit auch das tägliche Zusammenleben der Thai war durch eine Glaubenskultur geprägt, die sich durch Aberglauben, Visionen sowie den Glauben an ihre Ahnen auszeichnete. Sie hatten eine enge Verbindung zu ihren Familienangehörigen, die über deren leiblichen Tod hinausging. Obwohl von einigen Historikern die These aufgestellt wurde, die Glaubenskultur der Thai sei aus dem Schamanismus hervorgegangen, sprechen fehlende Trommelrituale und göttliche Wesenheiten zu Anbetungszwecken dagegen. Aus diesem Zeitabschnitt ist lediglich der Glaube an Ahnen und Naturgeister – Ahnen außerhalb der eigenen Familie – überliefert.

Thai und Chinesen

Die grundsätzliche Beziehung zwischen Thai und Chinesen kann wegen mangelnder Dokumente kaum rekonstruiert werden. Aus dem, was mündlich überliefert ist, können jedoch verschiedene Vermutungen angestellt werden.

Sehr wahrscheinlich kam es zwischen 5000 und 3000 v. Chr. durch den Tauschhandel zur Bildung von Städten, die bestimmte Veränderungen innerhalb der Gesellschaft mit sich brachten. Aufgrund der städtischen Strukturen, des dazugehörigen Verwaltungsapparates sowie einer Vielzahl soziokultureller Aspekte ist davon auszugehen, dass sich die Thai seinerzeit bereits eindeutig von den Chinesen unterschieden. Die Gebiete, in denen die Thai lange lebten, zeugen davon, dass es weder Verdrängungen noch Eroberungen durch andere Völker oder Gruppierungen gab. Sie hatten bereits eine Staatsbildung und eine Art von nationalem Zugehörigkeitsgefühl und lebten nach der Bildung gesellschaftlicher und wirtschaftlicher Strukturen bereits unter der Regierungsform des Königtums.

Ein König in dieser Zeit repräsentierte das Oberhaupt einer Stadt oder gegebenenfalls auch eines Gebietes, in denen sich durch den Tauschhandel entsprechende Wirtschaftsstrukturen gebildet hatten. Der König ernannte sich meistens selbst, stand in keiner Verbindung mit Königen anderer Städte oder Gebiete und war weder berechtigt, übergeordnet zu regieren, noch Einfluss auf ein größeres Gebiet zu nehmen. Es ist mehr als wahrscheinlich, dass es innerhalb dieser Periode bereits Auseinandersetzungen zwischen Thai und Chinesen gab. Beide Seiten verfügten über bestimmte Truppenteile, die bei Differenzen zum Einsatz kamen, obgleich sie nicht mit den viel später entstandenen Militäreinheiten zu vergleichen sind. Die Gruppierungen der Thai hatten keine direkte Kriegstruppe, woraus sich schließen lässt, dass die Existenz des thailändischen Kampfwissens bis zu diesem Zeitabschnitt unbekannt war. Trotz der Auseinandersetzungen kann nicht von einem Kriegsvolk ausgegangen werden, was darauf hinweist, dass die Thai grundsätzlich eine friedfertige Lebensweise führten.

Laut der Überlieferung hielt sich ein Großteil der chinesischen Gruppierungen über lange Zeit zwischen der Wüste Gobi und den westlichen Teilen des heutigen Chinas sowie in den noch weiter entfernten Gebieten Kasachstans auf, wo sie als Jäger und Tierzüchter lebten. Die gelegentlichen Kontakte zwischen Thai und Chinesen waren hauptsächlich wirtschaftlicher Natur, wobei es um Tauschhandel oder das Durchqueren der Gebiete mit Zuchttieren ging. Ein Teil der chinesischen Bevölkerung soll im Großraum von Kansu und Shensi etwa 2880 v. Chr. als autonomer Stamm innerhalb des Thai-Gebietes integriert gewesen sein. Die Chinesen eroberten die von den Thai bewohnte Stadt Shensi aus nordwestlicher Richtung mit ihren Kampftruppen, angeführt von Fu Hie (Fu Xi), der der Urgeschichte Chinas zugeordnet und in der Mythologie als göttergleich beschrieben wird. Fu Hie krönte sich selbst zum Kaiser über das chinesische Volk, und somit unterstanden ihm auch die von Königen regierten Thai-Städte. Die Krönung zum Kaiser bezog sich auf eine Machtposition, die über jegliche Regierungsform hinausging und nicht mehr nur für eine Stadt galt. Fu Hie degradierte die vorhandenen Könige der umliegenden Städte einfach zu Fürsten seines Reiches, das er selbst ausgerufen hatte.

Die Eroberung der Stadt Shensi durch die Chinesen galt als erster Berührungspunkt mit ernsthaften kriegerischen Auseinandersetzungen für die Thai. Dabei bleibt in chinesischen Dokumenten offen, ob es um Handelsstreitigkeiten, also die Kontrolle des Tauschhandelszentrums, oder eine tatsächliche Herrschaft über die Thai ging. Wie die Auseinandersetzungen geführt wurden, ist heute auch nicht eindeutig geklärt, da weder die Vorgehensweise noch eine Aufstellung von Beteiligten überliefert sind. Solche kriegerischen Auseinandersetzungen ereigneten sich nicht zwischen regulären Kriegssoldaten, sondern sind als Angriff einer kleinen bewaffneten Gruppe von Gefolgsleuten zu sehen, die überfallartig die Vormachtstellung in der von den Thai regierten Stadt an sich nahmen. Die ländliche Bevölkerung wird von diesen Eroberungen vermutlich kaum etwas mitbekommen oder mögliche Auswirkungen gespürt haben. Die Gefolgsleute von Fu Hie übernahmen zunächst die Kontrolle des Tauschhandelszentrums, indem sie sich die gesamten Güter des Stadtgebietes aneigneten, und gingen dann gegen die Familien des Stadtoberhauptes sowie deren Gefolgschaft vor. Die Folge war die Abwanderung des Stadtoberhauptes der Thai samt Tross in die ländlichen Gebiete, denn eine Alternative bestand nicht.

Das Verlassen der Stadt glich einer geordneten Flucht und wurde später in chinesischen Dokumenten offiziell als Volkswanderung beschrieben. Auf dem Land fand die vertriebene Gefolgschaft Grund und Boden, um ein neues Handelszentrum zu errichten. Die abwandernden Thai wurden selten von den Chinesen verfolgt, da deren Kampfkraft nicht besonders groß war und sie mit der Übernahme und Kontrolle der Stadt beschäftigt waren. Die typische Bestrafung mit dem Tode, die auch in den darauffolgenden Zeitabschnitten zur Normalität gehörte, galt nicht nur für die Verurteilten selbst, sondern für deren gesamte Familie. Entschied sich ein Stadtkönig beispielsweise gegen das Verlassen seiner Stadt, so hatte nicht nur er allein mit dem Tod zu rechnen. Und da die Familien in aller Regel mit Eltern, vielen Kindern, Enkeln sowie Onkeln und Tanten Großfamilien waren, bedeutete dies, dass insgesamt mindestens sieben Angehörige, beginnend mit den älteren Familienmitgliedern, bestraft wurden. Diese Art der Bestrafung, die in der Thai-Gesellschaft und auch bei den Chinesen galt, war gefürchtet und wurde als Jed Kohd bezeichnet, was so viel bedeutet wie „sieben Generationen". Da die Chinesen Kämpfer und Angehörige der Kriegstruppen für die Übernahme der Städte einsetzten und die Kontrolle mit dem Jed Kohd bewahrten, wurde die Bestrafung immer häufiger auch für die Durchsetzung privater Belange wie Racheakte benutzt. Dadurch entwickelte sich langsam auch eine Unterwelt, die klassische Züge einer Mafia aufwies. Den Banden dieser Unterwelt ging es im Wesentlichen um die Gewinnbeteiligung und Kontrolle des Handels und der Tauschgeschäfte. Im Gegenzug gewährten sie den Geschäftsleuten Sicherheit und Handelsfreiheit. Einige Historiker vermuten, dass die private Nachahmung der offiziellen Bestrafung durch die Stadtregierung auch den Grundstein für kriminelle Vereinigungen

(Geng oder Gog) legten. Diese Vereinigungen, deren Begrifflichkeit „Gang" im Zuge des globalen Anglizismus durch das britische Weltreich bis in die heutige Zeit erhalten ist, gab es sowohl aufseiten der Thai als auch bei den Chinesen und trugen zu einer stetig größer werdenden Unterwelt bei. Der Schutz, den diese Banden im Gegenzug ihrer Erpressungen boten, war für die Geschäftsleute unverzichtbar, da weder eine adäquate Staatsordnung noch eine funktionierende Gerichtsbarkeit existierten, was die Rolle der Banden noch stärker festigte. Als die Konturen einer Staatsform mit der Zeit immer deutlicher wurden, benutzte der Staat anfänglich auch die Methoden der Banden für offizielle Besteuerungsmodelle, deren Erpressungen einer stillen Gewinnbeteiligung glichen. Diese staatlichen Maßnahmen führten jedoch zu einer doppelten Besteuerung, die die Aktivitäten der Unterwelt allmählich in andere Bereiche verlagerten. Es wurden neue Methoden entwickelt, um den Verlust des erpressten Gewinns aus dem Handelsgeschäft auszugleichen. Prostitution und Wettgeschäfte traten deshalb in den Vordergrund, denn durch die offiziellen Steuern konnte das Geld der Geschäftsleute nicht endlos doppelt eingefordert werden. Die heutige Bandenkriminalität in Thailand hat abgesehen von ihrer einstigen Abstammung nichts mehr mit dieser Entwicklung zu tun und sich vor langer Zeit bereits anders orientiert.

Durch die Krönung des ersten chinesischen Kaisers Fu Hie wurden die verschiedenen Gruppierungen nach dem Vorbild der Regierungsstruktur der Thai, in deren Gesellschaft sich das Königtum schon vorher etabliert hatte, zu einem chinesischen Volk zusammengeschlossen, was eine offizielle Trennung zwischen Thai und Chinesen zur Folge hatte. Die Thai, die derzeit in der Stadt Shensi und ihrer Umgebung lebten, wurden entweder als Chinesen eingebürgert oder wanderten in südliche Richtung aus, um sich nicht zu unterwerfen. Das Einbürgern der Thai, die dann als Chinesen mit Thai-Abstammung galten, war eine bewährte Strategie, die von der chinesischen Kriegsführung auch in späteren Zeitabschnitten benutzt wurde, weil so eine Rückeroberung durch die Thai nicht mehr möglich war und sich die gewonnenen Gebiete als eigene festigten. Die Entscheidung zu bleiben, war für die Thai mit ihren Reisanbaugebieten und Plantagen fast schon eine Selbstverständlichkeit. Nur ein geringer Bevölkerungsanteil entschied sich für die Alternative und wanderte für ein Leben in Freiheit in den Süden. Die eingebürgerten Thai, die an ihren Behausungen festhielten, begannen im Normalfall ein friedliches Zusammenleben mit den Chinesen. Durch diese Zusammenführungen verschmolzen soziale und kulturelle Eigenarten zu einem gegenseitigen Austausch von Wissen. Während die Astrologie der Schamanen, die Reis- und Fischwirtschaft sowie die Philosophie der Thai die Chinesen bereicherten, wurde den Thai im Wesentlichen die Jagd und das Reiten sowie der Aufbau der Streitkräfte vermittelt.

Pithie Raek Na Kwann

Aufzeichnungen zufolge führte ein chinesischer Kaiser namens Suenn Lonh (Shennong), der vermutete Nachfolger von Fu Hi und Vorgänger von Huang Ti um 2637 v. Chr., das thailändische Ernteritual Pithie Raek Na Kwann persönlich zu Beginn des Reisanbaus durch, was den kulturellen Austausch beider Volksgruppen bestätigte. Aus verschiedenen Überlieferungen geht hervor, dass dem Ritual zwei wichtige Bedeutungen beigemessen wurden. Auf der einen Seite war es weit verbreitet, dass der Beginn der Erntezeit auch die Beendigung fast aller anderen Aktivitäten, sowohl zivile und bürgerliche Belange als auch Kriegshandlungen, bedeutete, um sich voll und ganz der Ernte widmen zu können. Wichtige und hochgestellte Persönlichkeiten wie etwa der Stadtkönig vollzogen das Ernteritual als symbolische Abschiedsfeier und wünschten den Bauern und Bürgern der ländlichen Gebiete damit eine fruchtbare Ernte. Die Glaubenskultur bezog sich überwiegend auf die Ahnen, mit deren Unterstützung die Ernte ertragreich werden sollte und die sie mit übersinnlichen Kräften schützten. Auf der anderen Seite galt für die anwesenden Bauern des Anbaugebietes das Ernteritual als Abnahmeversprechen des Oberhauptes der jeweiligen Stadt. Das Versprechen war unerlässlich, um den Reis auch verkaufen oder tauschen zu dürfen, weshalb die Bauern unbedingt anwesend sein sollten. Für das Ritual wurde spezieller Reis einer ausgesuchten Sorte verwendet, der nach Beendigung der Zeremonie wieder aus dem Boden ausgegraben und mitgenommen wurde und für die Bauern als magisch galt.

Im Zuge der Völkerwanderungen ging das Ritual zeitweise verloren und wurde erst viel später, während der Sukothai-Ära, mit dem Brahmanismus wieder ins Leben gerufen. Seitdem wird es ununterbrochen alljährlich vom König durchgeführt.

Das Ritual bereitet ein Brahmanenpriester vor, der im sechsten Monat des thailändischen Jahres (April) vor der Regenzeit eine Brahmanenskulptur zu einem provisorischen Anbetungsplatz bringt. Am Tag des Rituals erscheinen dort der in Weiß gekleidete König und die Königin, dem der Brahmanenpriester als erstes den goldenen Pflug (Thei Thong) überreicht, vor den zwei heilige Kühe gespannt wurden und mit dem die Erde des Vorplatzes anschließend gepflügt wird. Dabei waren früher hohe Beamte und Staatsdiener zugegen, die etwa ab der Rattanagosin-Ära das Pflügen für den König übernahmen; der seitdem nur noch anwesend ist. Dann pflügt die Königin die Erde mit einem silbernen Pflug (Thei Ngoenn), begleitet von dem Brahmanenpriester, der getrockneten Reis (Kauw Dtohg) und Blumen (Dog Maih) auf den gepflügten Acker wirft, während er auf einer Muschel (Bpau Sang) bläst. Den beiden folgt ein hoher Agrarbeamter mit bauernähnlicher Bekleidung, der den Reis fest in die gepflügte Spur drückt. Das Ritual wird danach von einem reichen, rot gekleideten Kaufmann (Pohkah Sedthieh) mit normalen Kühen fortgeführt. Wenn die heiligen Kühe abgespannt werden, bietet man ihnen Reis, Bohnen, Gras und Wasser an. Aus dem gewählten Futter und der verzehrten Menge erstellt der Brahmanenpriester eine Prognose für das Ergebnis der folgenden Ernte.

Das Ritual ist nicht zu verwechseln mit dem sehr ähnlichen Ritual Pithie Puedsch Mongkon (Erntedankritual), das nach dem Einzug des buddhistischen Glaubens entstand und teilweise sogar in Kombination mit Pithie Raek Na Kwann abgehalten wird. Die Rituale unterscheiden sich dadurch, dass ein buddhistischer Mönch anstelle des Brahmanenpriesters durch das Pithie Puedsch Mongkon führt, das erst um 1782 in der Rattanagosin-Ära aufkam.

Chinesische Geschichtsforscher vertreten die Meinung, dass die Thai nach den Übernahmen der Städte jeweils nur bis direkt hinter das chinesische Kontrollgebiet wanderten, wodurch sich das Grenzgebiet der Chinesen ständig erweiterte. Dies führte auch zu Grenzkonflikten, die erneute Wanderungen auslösten. Die Entwicklung beider Völker und der Zuwachs des chinesischen Gebietes durch die Besetzung der von Thai bewohnten Gebiete führten 2367 v. Chr. zu weiteren Eroberungskriegen, weshalb verschiedene Gruppen in den Süden zogen.

Bis dahin gilt es als gesichert, dass die Thai keine eigene Kampfmethodik beherrschten und auch nach den Eroberungskriegen keine Bewaffnung hatten. Wahrscheinlich erfuhren die Bewohner der ländlichen, weit von der Stadt entfernten Thai-Gebiete wenig oder nichts von den Kampftruppen, die durch das Gebiet zogen, und gerieten deshalb nur sehr selten in die Auseinandersetzungen.

Die Übernahmen durch die Chinesen hatten den Charakter interner Machtkämpfe innerhalb der Stadt und es wird vermutet, dass sie zum Teil auch durch die chinesischen Gruppierungen inszeniert wurden. Über einen außergewöhnlichen Umgang mit Waffen oder Handwerkszeugen seitens der Thai ist nichts bekannt, weswegen ihr Kenntnisstand als unerfahren einzustufen ist. Im Gegensatz dazu waren ihnen die Chinesen durch die Erfahrungen in der Jagd und Tierzucht im Umgang mit Waffen voraus, die damals gefürchtete Instrumente waren. Unter anderem gab es ein Schwert, bei dem die Klinge, vermutlich indischer Herkunft, aus ein oder zwei Metallbändern in einer Länge von etwa eineinhalb Metern bestand. Die gleichmäßig dünnen Bänder waren nicht geschärft und konnten wie ein Gürtel um die Hüfte getragen werden. Die Kampfmethode dieser Schwerter war ähnlich der einer Peitsche, wobei je nach Flugbahn der Metallbänder heftige Verletzungen verursacht werden konnten, gegen die eine Verteidigung sehr schwer war. Die typischen Waffen der Chinesen und auch ihre Truppenaufstellung waren in erster Linie darauf ausgerichtet, den Gegner abzuschrecken und durch Furcht zu demoralisieren, anstelle einen tatsächlichen Gebrauchswert für den Kampf darzustellen. Sie hatten überdimensional große Schwerter, an deren Klingenrückseiten Metallringe befestigt waren, sodass man den Aufmarsch ihrer Truppen durch das Klappern der Ringe schon von Weitem hören konnte. Die tatsächlichen menschlichen Verluste trotz der gefürchteten Waffen waren abgesehen von den Familien der jeweiligen Oberhäupter und im Vergleich zu heutigen Kriegshandlungen wesentlich geringer. Allein der Aufmarsch der chinesischen Truppen war für die Thai oftmals schon Grund genug, die Flucht zu ergreifen, wodurch ernsthafte oder anhaltende Auseinandersetzungen ausblieben. Eine direkte Kriegskonfrontation war somit eher Seltenheit.

Der erste Widerstand

Glie Gauw Piehnong

Ling Lom – Die Ursprungsmethodik

Vom Werkzeug zum Kampfschwert

Besitztum, Habgier und Macht

Glie Gauw Piehnong

Ab circa 2588 v. Chr. wurde das chinesische Volk von seinem Kaiser Huang Ti (Hwang Di, Gelber Kaiser) zu einer Kulturnation vorangetrieben. Während seiner Regentschaft hielten die Kutsche, das Boot, Töpferei und Malerei, die chinesische Medizin, die Sternenkunde, das chinesische Horoskop sowie Pfeil und Bogen (Gautan) Einzug in die von Thai durchmischte Gesellschaft. Die Bekleidung für hochgestellte Persönlichkeiten wurde aus Seide gefertigt, die ursprünglich auch von den Chinesen stammte. Das typisch chinesische Fortbewegungsmittel, die Rikscha, war eine einfache überdachte Box, die an zwei parallelen Stangen befestigt war und von einem Menschen gezogen wurde. Die Rikscha war eine Weiterentwicklung der Sänfte, mit der man hochgestellte Persönlichkeiten befördert hatte. Da die Federung der Rikscha für die Passagiere bei Weitem nicht so komfortabel war, wie die der getragenen Sänfte, schwand ihre Beliebtheit als Beförderungsmittel der Obrigkeit und als Kriegskutsche über lange Phasen. Fortan diente sie meist als Transportmittel verschiedener Güter vom Land in die Stadt, und man setzte Tiere zum Ziehen ein. Die chinesische Töpferei führte zu einer bis dahin unbekannten Zubereitungsart der Speisen in der Kochkultur der Thai, wodurch die Suppe in ihren Speiseplan integriert wurde. Die Konservierung von Nahrungsmitteln, die aus Reis hergestellt wurden, führte letztlich zur Produktion von Reismehl, mit dem allmählich auch Teigwaren wie Nudeln und verschiedenes Gebäck die Ernährung ergänzten. Als Teil der Esskultur blieben die Bambusstäbchen den Chinesen als Besteck vorbehalten, während die Thai weiterhin vorwiegend mit den Händen aßen. Erst viel später führte man Löffel und Gabel ein und die Gewohnheiten stellten sich langsam um. Das Wissen über die Konservierung von Speisen gelangte durch abwandernde Nachzügler aus den chinesisch besetzten Gebieten zu den Thai und ist bis zur heutigen Zeit erhalten geblieben. Spätere Konservierungsmethoden der Chinesen flossen nicht in die Kultur der Thai ein. Der chinesische Bogen war aus Bambus gefertigt, in den Sehnen aus dünn geschnittenen und getrockneten Schweinehautstreifen eingespannt wurden. Die Pfeile, ebenfalls aus Bambus, hatten einen rundlich gespitzten Kopf, den man durch Räuchern härtete. Die Reichweite dieser Bögen, mit denen ursprünglich im Dschungel gejagt wurde, betrug etwa zehn Meter. Berichten zufolge wurden sie wegen ihrer eher geringen Wirkung kaum im tatsächlichen Kriegseinsatz genutzt. Ihr Einsatz erfolgte nur in Einzelfällen, meist, wenn Jäger an den Auseinandersetzungen beteiligt waren.

Das stetige Wachstum seines Volkes veranlasste Huang Ti, gegen die verbliebenen autonomen Thai-Stämme weitere Eroberungskriege zu führen, um das chinesische Gebiet zu vergrößern. Die Thai lebten verstreut in verschiedenen Gruppierungen (Gog) über das gesamte südliche Gebiet, was die Aussicht auf einen Erfolg der Vorstöße begünstigte und Huang Ti in seiner Entscheidung bekräftigte. Etwa zur gleichen Zeit beschloss eine Gruppe von Gleichgesinnten zum ersten Mal in der Geschichte der Thai, sich den chinesischen Truppen zu widersetzen. Die Glie Gauw Piehnong (neun Brüder) traten den Chinesen bewaffnet mit Handwerkszeugen und mit dem Wissen der chinesischen Kriegsführung entgegen. Mit dieser Entscheidung, die im Nachhinein als die Geburtsstunde des Pahuyuth angesehen werden kann, wurden die Weichen für die nachfolgende Entwicklung einer eigenständigen thailändischen Kampfmethodik gestellt. Die Kampftruppe der Glie-Kämpfer bestand aus Männern und Frauen, die sich den Glie Gauw Piehnong angeschlossen hatten, und setzte sich im Wesentlichen aus drei großen Thai-Gruppierungen (Gog Glie) zusammen. Dies waren eine Gruppe Bauern (Gog Jock), die aus dem Gebiet Kansu und Shensi stammten und vermutlich den größten ethnischen Anteil an Thai bildeten, die Gebirgsgruppierung Gog Ngiew, die aus Bergbewohnern bestand, deren gesamter Körper rot tätowiert war und sich durch die verhältnismäßig vielen teilnehmenden Chinesen von den Gog Jock unterschied. Und die dritte Gruppe (Gog Paeh) setzte sich aus Fischern zusammen, die aus dem Talgebiet des Huang Ho und des Jangtse kamen. Alle Glie-Kämpfer waren mit Werkzeugen aus dem Alltag ausgerüstet, vor allem mit dem Reisschlagstock (Gab Glie). Die Gebirgsgruppierung benutzte auch andere Waffen, die die Chinesen mit einbrachten. Die Gog Paeh waren mit dem Speer (Hoog), dem Messer (Mied) oder der Sichel (Kieaw) ausgerüstet und verfügten angeblich auch über übernatürliche Kräfte, die sie aus spirituellen Beschwörungen der Ahnen gewannen.

Unter der Führung der Glie Gauw Piehnong überfielen die Glie-Kämpfer eine chinesische Grenztruppe, was den Beginn des Widerstandes markierte, auch wenn sie erhebliche Verluste dabei erlitten.

Die Chinesen waren durch die eigentümliche Art und Weise des Überfalls in ihrer Kampfpsyche so überrascht und erschrocken, dass sie sich nach weiteren Kämpfen schließlich fluchtartig aus den besetzten Gebieten zurückzogen. Insgesamt hielt der Widerstandskampf der Glie-Kämpfer fünfzig Jahre an, bis sie 2538 v. Chr. durch die chinesische Übermacht zerstört wurden und die neun Brüder und ihre Anhänger ihr Leben verloren. In den chinesischen Überlieferungen wurden die Glie Gauw Piehnong vor allem wegen ihrer unkonventionellen Bewaffnung und undefinierbaren Kampfaktionen erwähnt, die bei den Chinesen Unverständnis und Bewunderung auslösten und als unfassbare Erlebnisse geschildert wurden.

Geisterkampf, Glauben und Rituale

In einem chinesischen Kriegslehrbuch wird der Kampf der Glie Gauw Piehnong als Geisterkampf einer Geisterkampftruppe (Tappieh) bezeichnet, womit wahrscheinlich der Trancezustand der Glie-Kämpfer gemeint ist, die ihren Kampf zeitweilig durch ihre Ahnen besetzt führten. Denn die Thai verstanden den Kampf der Glie Gauw Piehnong als Kampf der Ahnen, der im Zustand der Trance geführt wurde. Die Chinesen meinten aber keineswegs die Ahnen, sondern das wahnsinnig und kaum menschlich anmutende Kampfverhalten der Glie-Kämpfer. Diese liefen hin und her, quer durch die Reihen der chinesischen Kampftruppen und hielten ihr Gab oder Gab Glie in den Händen, ohne sich auf direkte Kampfhandlungen einzulassen. Verloren sie beim Umherlaufen ihre Waffe, hoben sie sie nicht wieder auf, sondern benutzten stattdessen ihre Hände und Füße zum Kämpfen. Laut den chinesischen Schriften ließen die

Glie auch die heruntergefallenen Waffen der Chinesen liegen, die dafür keine Erklärung fanden.

Durch den Glauben waren Rituale sowie das Anbeten von Geistern und Ahnen in dieser Zeit nichts Besonderes. Anbetungszeremonien und die Trance waren allgemein bekannt und Bestandteile des Lebens, weshalb der Glaube an eine Existenz nach dem Tod gesellschaftlich genauso akzeptiert war wie übernatürliche Ereignisse und Wahrnehmungen. Die Kontaktaufnahmen zu Ahnen und Geistern zielten darauf ab, Hinweise für den eigenen Lebensweg zu finden und die Suche nach dem eigenen Ich in die richtige Richtung zu lenken sowie Erfahrungen mit verschiedenen Phänomenen zu machen. Durch die gesellschaftlichen Gebräuche mit ihren Ritualen und Zeremonien, teilweise mit Trommeln ausgeführt, entwickelte sich in der Folgezeit das differenzierte Wissen über das Nichts, das Saiyasart. Lange nach der Strukturierung des Saiyasart stellte man fest, dass die Rituale mit Trommeln aus dem Schamanismus und die ohne Trommeleinsatz aus der Linie des Saiyasart stammten. Es ist davon auszugehen, dass zur damaligen Zeit weder ein Bewusstsein über die Existenz des Saiyasart noch über den Schamanismus vorhanden war. Die Grundlage dieser erst später benannten Linien bestand bereits bei den Glie-Kämpfern und verankerte sich durch den Glauben immer stärker in der Kultur. Beide, das Saiyasart und der Schamanismus, haben das gesellschaftliche Leben der Thai bis zum heutigen Tag dahingehend geprägt, dass sie ihr gegenwärtiges Dasein als Mensch, durch Reinkarnation als Übergangsstation für ein weiteres Leben in einer Kette endloser Existenzen verstehen. Die Schwelle zwischen Leben und Tod war und ist für sie wie der Wechsel von Tag und Nacht.

Auf ihrer ständigen Suche nach natürlichen Phänomenen prägten sich die starke und heute noch vorhandene Risikobereitschaft und die typisch thailändische Lebenseinstellung aus. Daher scheint es, als wäre den Thai die Lust am Wetten und die nicht vorhandene Angst vor dem Tod in die Wiege gelegt worden. Verschiedene Gepflogenheiten und Rituale, die aus dieser Grundeinstellung entstanden, findet man auch in der heutigen Gesellschaft Thailands. Auf der Insel Phuket im Süden Thailands wird einmal im Jahr das Fastenritual (Ginje) durchgeführt, bei dem die Beteiligten mit den Geistern und Ahnen der Vorfahren durch Trance in Verbindung treten und als Medium fungieren. Wie bei einem Umzug bewegen sich die Teilnehmer durch die Stadt zu einem gemeinschaftlichen Anbetungstempel gefolgt von den Anhängern und Gläubigen. Diejenigen vorherbestimmten Männer und Frauen, die als Medium bzw. Verbindungskörper zu bestimmten Gottheiten, Geistern und Ahnen fungieren, lassen in Trance eine vorübergehende Besetzung zu und stehen in direktem Kontakt mit den besetzenden Existenzen. Den dafür benötigten Zustand der Trance erreichen die Medien durch Meditation und werden in dem Augenblick der Verbindung selbst zu den Ahnen und führen deren magische Fähigkeiten mit ihrem eigenen Körper vor. Abgesehen von unnatürlichen Bewegungen geht es dabei um die Demonstration des schmerzlos gewordenen Körpers anhand spitzer oder scharfer Metallstangen verschiedener Größen, darunter auch Schwerter, die sie sich durch die Wangen stechen und die dort für die gesamte Dauer des Umzugs verbleiben. Ihr Verhalten während der Trance weicht sehr stark von ihrem normalen ab, oftmals benutzen sie eine altertümliche Sprache, die schwer oder gar nicht zu identifizieren ist. Für einen außenstehenden Betrachter können die sichtbar werdenden magischen Fähigkeiten zu einer glaubhaften Überzeugung führen, die unter Umständen eine emotionale Unsicherheit auslösen kann. Viele moderne Thai sehen es als Selbstverständlichkeit, bei solchen Medien Ratschläge, Hilfe und Unterstützung zu suchen für Glück in der Lotterie, dem Wettgeschäft, der Gesundheit bis hin zu unterschiedlichen magischen Schutzkräften sowie natürlich auch der Liebe. Das Risiko, dabei an einen Scharlatan zu geraten, bleibt davon unberührt.

Die Überlieferung der Pahuyuth-Linie besagt, dass einer der Glie Gauw Piehnong während seiner Meditation eine Vision hatte, die Hinweise über die Art der Vertreibung und die Kriegsführung gegen die Chinesen enthielt, woraufhin er zum Widerstandskampf aufrief. Die Motivation zum Kampf bekamen die Glie durch rituelle Hilfe der Ahnen, die sie bei ihrem Widerstand stärkend begleiteten. Die Methode, ständig hin und her zu laufen und die Waffen dabei permanent zu bewegen, entstammte der Vision aus der Meditation. Durch sie gelang es ihnen, das gefürchtete chinesische Schwertband zu überwinden. Es wird berichtet, dass sich alle Glie-Kämpfer vor ihren Kämpfen an einem bestimmten Ort versammelten, um sich ein Zusammenhalten als Kampfgemeinschaft durch das gemeinsame Einnehmen von alkoholisiertem Reiswasser (Nam Kauw Marg), vermutlich Reiswein, zu schwören. Die Trinkzeremonie Pithie Duem Namsabahn (Schwurtrankritual) wurde später vom Militär übernommen, um während des Gelöbniseides Treue und Loyalität gegenüber dem König zu schwören. Heutzutage wird für diese Zeremonie buddhistisches Weihwasser verwendet anstelle des alkoholhaltigen Reiswassers.

Es ist sehr wahrscheinlich, dass die Thai-Gruppierungen einen chinesischen Dialekt gesprochen haben. Auf Chinesisch und auch auf Thai bedeutet das Wort Gauw „neun" und in der thailändischen Sprache ferner „bewegter Schritt", obgleich das Wort anders geschrieben wird (ก้าว = bewegter Schritt; เก้า = 9). Der bewegte Schritt ist eine Metapher aus der Thai-Mythologie, die grundsätzlich für einen erfolgreichen Schritt steht und unter anderem dazu führte, dass die Zahl Neun auch heute noch als Glückszahl in Thailand angesehen wird.

Zu Ehren der neun Brüder, dem Kern der Glie-Kämpfer, wählte das Militär als Angriffstag einer Auseinandersetzung einen besonderen Termin, der von drei Faktoren abhängig war. Idealerweise fiel er auf den Abend vor dem neunten Tag der Mondzunahme im neunten Monat des thailändischen Kalenders, Monat Juli im gregorianischen Kalender, an dem dann auch eine bestimmte Sternenkonstellation erreicht war. In der Praxis reichte es, wenn eines der drei Kriterien bevorstand, um einen Angriffstermin festzulegen. Der tatsächliche Aufmarsch der Glie Gauw Piehnong erfolgte, wenn eine bestimmte Sternenkonstellation erreicht war, die den eigentlichen Zeitpunkt für den Kriegstermin (Roehk Suek) bestimmte. Direkt vor dem Aufbruch der Truppe wurde eine Kriegstanzzeremonie mit dem Aufmarschritual (Pithie Jahng Tapp) abgehalten. Dabei versetzte sich ein Kämpfer in Trance und führte als Medium, bewaffnet mit dem Reisschlagstock, tänzerische Bewegungen aus, um die Anwesenheit des gerufenen Geistes zu bestätigen und die Motivation der Kampftruppe zu steigern. Die Interpretation des Tanzes diente als Voraussage des bevorstehenden Einsatzes und seines positiven Ausgangs.

In der Weiterentwicklung findet sich dieses Ritual heute in dem Tanz des Lehrers (Ram Kru) und auch als Kampfbegrüßung (Ram Muai, Ram Dab usw.). Nach Meinung chinesischer Geschichtsforscher handelt es sich beim Pithie Jahng Tapp eher um ein Glaubensritual, bei dem die moralische Stärkung der Truppe und die Demonstration der Entschlossenheit und Kampfbereitschaft Nebeneffekte darstellten. Direkt nach Beendigung der Tanzzeremonie unterzog sich die Truppe einer Seelenreinigung, indem Sandelholzöl auf den gesamten Körper aufgetragen wurde. Danach wuschen sie sich ausgiebig die Hände, um die Waffen für den unmittelbar anschließenden Kampf festhalten zu können.

In chinesischen Berichten wird das Kampfverhalten der Glie-Kämpfer als sehr unübersichtlich und unwirklich beschrieben. Das aufgetragene Sandelholzöl erzeugte in Verbindung mit dem Blut einen so schlechten Geruch, dass den Chinesen davon übel und ihre Kampfkraft dadurch geschwächt wurde.

Entgegen chinesischen Behauptungen ist es durchaus möglich, das Kampfverhalten der Glie auf eine reale Grundlage zurückzuführen. Allein der großzügige Genuss des Alkohols während des Pithie Duem Namsabahn kann ihr hochmütiges und unberechenbares Verhalten erklären. Die heruntergefallenen Waffen, die in den chinesischen Schriften erwähnt werden, waren aller Wahrscheinlichkeit nach blutverschmiert und ölig, wodurch ein Aufheben kaum möglich und sinnvoll gewesen wäre.

Ling Lom – Die Ursprungsmethodik

Der Widerstand der Glie-Kämpfer wird als Beginn der gesamten thailändischen Kampfmethodik angesehen. Diese charakteristische Kampfart strukturierte sich in den folgenden Jahrhunderten mit Unterbrechungen vom Ling Lom (Luftaffe) zu der komplexen und bis heute existenten Methodik des Pahuyuth. Interessant dabei ist, welchen Einfluss die Namensgebung auf die Entstehung des Ling Lom und des heutigen Pahuyuth hatte. Zwei Dinge waren dafür ausschlaggebend, zum einen die Benennung des Kampfes der Glie, der noch gar nicht als Methodik angesehen wurde, und zum anderen die Differenzierung zwischen Kämpfer und Kampf, die erst später zur eigentlichen Methodik führte.

Obwohl auch die Gelehrten des Pahuyuth den Kampf der Glie als Anfang der Methodik betrachten, ist die Herkunft der ursprünglichen Benennung als Ling Lom nicht eindeutig geklärt. Überlieferungen zufolge soll in den ersten Zeitabschnitten unter den Kämpfern die Bezeichnung Glie-Kampf geläufig gewesen sein. In der Pahuyuth-Linie vermutet man die Herleitung durch den Vergleich mit den frei lebenden Makaken. Diese Affen scheinen in ihrer Bewegung den Gesetzen der Schwerkraft zu trotzen und bringen mit dieser eine grundsätzliche Freiheit ihres Seins zum Ausdruck, die auch beim Glie-Kampf zu beobachten war, der nach chinesischen Berichten anscheinend ohne körperliche Grenzen geführt wurde. Als Außenstehende bezeichneten die Chinesen diese auffällige Kampfart daher als Geisterkampf (Pau Wu Tzu, Pa Wu Shu), wobei Pau und Pa für die Vorfahren der Thai aus dem Gebiet Mueang Lung Mueang Pa mit der ehemaligen Hauptstadt Pa steht und Wu Tzu bzw. Wu Shu für Kampf. Somit waren der Kampf und die Kampfart aus der Stadt Pa für sie gleichbedeutend mit dem Kampf der Thai-Ahnen. Pau Wu Tzu und Pa Wu Shu bestätigen die Existenz eines Ahnenkultes der frühen Thai, auch weil Pau mit dem heute gebräuchlichen Wort Pieh (Geister) verbunden ist.

Es ist davon auszugehen, dass der Ausdruck Ling Lom und das chinesische Pa Wu Shu für die Benennung der Thai-Kämpfer bekannt war. Wie es dann zu dem später benutzten und klangähnlichen Begriff Pahuyuth kam, ist bis heute unklar, zumal dieser eindeutig nicht von den Chinesen stammt. In der Pahuyuth-Linie ist überliefert, dass die Bezeichnung Pahuyuth ab einem unbestimmten Zeitpunkt unter den Thai ebenso geläufig war wie die des Ling Lom. Da in den frühen Abschnitten nicht zwischen dem Kämpfer und seiner Kampfart oder dem System, mit dem er kämpfte, unterschieden wurde, galten Ling Lom und Pahuyuth nur für die Kämpfer. Diese identifizierten sich selbst erst als Ling Lom oder Pahuyuth, nachdem sie so durch die Chinesen benannt wurden. Die Differenzierung zwischen dem Kämpfer als Pahuyuth und der Kampfart als Ling Lom erfolgte später in den Kreisen der Kämpfer, die sich weiterhin als Glie-Kämpfer bezeichneten. Da die Trennung von Kampfart und Kämpfer nicht allen bekannt war oder in gleicher Weise vorgenommen wurde, vermischten sich zwangsläufig die Begriffe und ihre Bedeutungen. Die eindeutige Differenzierung zwischen der Kampfart als sich entwickelnde Methodik und dem Kämpfer war nur wenigen bekannt.

Die erste Stufe des Ling Lom basierte auf Kampfaktionen, die auf spontanen Reflexen der körperlichen Autodynamik beruhten und sich als konzeptioneller Ansatz der gesamten Kampfmethodik manifestierten. Spontan und unmittelbar ausgeführte Kampfaktionen können situativ nur durch einen freien Willen und ohne emotionale Einflüsse ausgeführt werden. Sie ergeben sich durch die vorherrschenden Umstände in Verbindung mit den biologischen Gegebenheiten des ausführenden Körpers, der für sein Überleben aktiv wird. Man kann also sagen, dass die betrunkenen und in Trance befindlichen Glie-Kämpfer, die mit freiem Willen und körperlicher Autodynamik agierten, ein Vorbild für spätere Kämpfer waren, die so fundamentale Erkenntnisse über den Kampf erlangten. Gleichzeitig führten die reflexartigen Kampfaktionen zu der Bereitschaft, sich auf Situationen mit augenscheinlich hohem Risiko einzulassen. Da der Einsatz des Ling Lom einem unvorbereiteten Kampf ums Überleben entspricht, wurden Körperglieder als vorhandene Waffenelemente eingesetzt oder Gegenstände aus der unmittelbaren Umgebung, die improvisatorisch als Waffen dienten. Weil die körpereigenen Waffenelemente am häufigsten benutzt wurden, entwickelte sich das Ling Lom zu einem waffenlosen Kampf. Im Falle eines Zu-Boden-Gehens fehlten entsprechende Verhaltensmuster für einen optimalen Kampfeinsatz, was die Erfahrungen der Kämpfer immer wieder als Nachteil belegten. Um dafür einen Ausgleich zu schaffen, bildete sich das Ling Lom schon in der Anfangszeit zu einem Kampf auf dem Boden heraus. Dazu gehörten in erster Linie die Methoden des Fallens (Falltechniken), die Methoden, um sich auf dem Boden zu bewegen und in eine stehende Position zurückzukehren (Rolltechniken, Aufstehtechniken), sowie die Methoden zur Zerstörung des menschlichen Gleichgewichts (Wurftechniken), um den Gegner in eine nachteilige Position zu bringen. Später wurden die Grifftechniken bzw. Grifffesttechniken in die Methodik des Ling Lom integriert, die zur Befreiung aus gegnerischen Griff- und Klammertechniken und dem Finden eines optimalen Angriffsziels dienen. Eine typische Grifftechnik hat den Charakter einer Übergangstechnik, an die sich die eigentliche Angriffstechnik anschließt, wodurch sie sich von Grifftechniken anderer Kampfsysteme unterscheidet, bei denen die Grifftechnik häufig auch die Angriffstechnik darstellt. Kampftechniken des Ling Lom, die für einen Angriff konzipiert sind, richten sich direkt gegen körperliche Strukturen, die durch ihre Beschaffenheit bestimmte Schwächen aufweisen. Sie leiten sich grundlegend aus den Erkenntnissen der traditionellen Massage und Naturheilkunde ab und wurden direkt übernommen oder teilweise optimiert. Um die biologischen Strukturen des Gegners zu schädigen, nutzten die Schöpfer die Erkenntnisse der Heilkunde in umgekehrter Richtung. Neben den waffenlosen Anteilen der Methodik beinhaltete das Ling Lom auch den Kampf mit Waffen, da unter Umständen auch unterschiedliche Gegenstände im Kampf eingesetzt wurden. Auch die Glie-Kämpfer hatten sich schon mit Gegenständen ausgerüstet, obgleich sich zu diesem Zeitpunkt noch keine Methodik abgezeichnet hatte. Die Entstehung des Waffenkampfes richtete sich nicht nach einem speziellen Waffentyp oder einer Waffengattung, sondern nach der Beschaffenheit der

Gegenstände, die in fünf Arten unterteilt wurden. Diese Entwicklungslinien trennten sich im Zuge ihrer Entwicklung immer stärker vom Ling Lom und wurden eigenständige Disziplinen, auf die das Ling Lom nach wie vor Einfluss nahm. Nachdem sich die Waffenkampfdisziplinen ihren Platz geschaffen hatten, stellte auch das ursprüngliche Ling Lom eine eigene Disziplin dar, die insbesondere die Anteile des waffenlosen Kampfes einschloss. Diese Struktur der Methodik mit ihren unterschiedlichen Disziplinen wurde später im Volksmund als Pahuyuth zusammengefasst. Dokumente und Überlieferungen bestätigen eine solche Struktur allerdings erst in der Zeit von Nanjauw, also etwa ab 500 n. Chr. Die geschichtlichen Zusammenhänge, speziell auch die des Schwertkampfes, lassen aber darauf schließen, dass das Pahuyuth schon lange vorher in dieser strukturierten Form bestand. Da diese Entwicklung trotz der langen Dauer zu keinem Zeitpunkt in der Öffentlichkeit stattfand, sondern eingebettet in familiäre Strukturen in der bürgerlichen Gesellschaft blieb, ist es nicht verwunderlich, dass Belege oder dokumentierte Informationen fehlen. Die Existenz des Pahuyuth war ab einem bestimmten Zeitpunkt sicherlich auch öffentlich bekannt, doch die methodische Entwicklung ereignete sich zu keinem Zeitpunkt auf der Ebene des gesellschaftsbildenden Militärs.

Vom Werkzeug zum Kampfschwert

Die Glie-Kämpfer benutzten bereits während ihres ersten Widerstandskampfes Handwerkszeuge zur Verteidigung, doch kann zu dieser Zeit noch nicht von der Entwicklung eines Schwertkampfes gesprochen werden. Die Lebensumstände der Thai-Gruppierungen legen für viele Geschichtsforscher die Vermutung nahe, dass die Thai als Bauern und Fischer lebten. Geht man tatsächlich davon aus, sind die bestehenden Schwerttypen auf improvisatorisch genutzte, schwertähnliche Gegenstände aus der Landwirtschaft und dem alltäglichen Leben zurückzuführen. Die Umwandlung des Gab Glie zu den beiden ersten Schwerttypen der Thai wurde in einem chinesischen Kriegslehrbuch beschrieben. Sie bestanden aus einem Bambusrohr, in das ein Metallband für den Klingenbereich eingearbeitet war. Ein Bambusschwert mit Metall war der Reisschlagstock, ein landwirtschaftliches Handwerkszeug zum Trennen von Reis und Stroh, ähnlich des europäischen Dreschflegels. Das Dab benutzte man wie eine Sense zum Mähen von Pflanzen und Gräsern bei der Feldarbeit und auf den Reisplantagen. Beide Werkzeuge setzte man mehrere Jahrhunderte lang ein, ohne dass eine direkte und auf die Nutzung als Waffe bezogene Veränderung erfolgte. Der zeitweilige Einsatz als Waffe bildete daher die Grundlage des Thai-Schwertes und der Waffenkampfmethodik Dab oder Fandab.

In einigen Überlieferungen wird die Dab-Methodik als erste und älteste aller Waffenkampfmethodiken bezeichnet. Es scheint jedoch plausibler, sie als Methodik mit der am weitesten fortgeschrittenen Entwicklung anzusehen, da sie sehr häufig eingesetzt wurde. Als Werkzeuge verwendete man das Gab und das Dab durch eine Drehbewegung um die eigene Achse begünstigt durch das Eigengewicht, wobei sie mit einer Hand am Anfang des Griffbereiches gehalten wurden, weil dort der Drehmittelpunkt lag und das Ziel besser angesteuert werden konnte. Der Funktionscharakter dieser Werkzeuge bildete das Fundament für die Methodik des thailändischen Schwertkampfes. Irgendwann wurden nicht mehr nur Werkzeuge, sondern Gegenstände mit der Intention gefertigt, sie als Waffen im Kampf zu gebrauchen. Die Waffenkampfmethodik entstand somit erst nach der beabsichtigten Herstellung und Nutzung als Handwaffe und nicht durch die improvisierte Nutzung als Waffe.

Die Ling-Lom-Kämpfer führten grundsätzlich keine eigenen Waffen mit sich, setzten jedoch Gegenstände wie das Gab im Kampf ein. Die Entwicklungen des Gab und des Dab auf der Grundlage einer zur Verteidigung abgewandelten Nutzung spiegeln und verdeutlichen den Verlauf des gesamten Pahuyuth mit all seinen Disziplinen. So, wie sich die waffenlosen Aspekte an den zur Waffe umfunktionierten Eigenschaften des menschlichen Körpers orientierten, basiert auch die Methodik des Fandab und auch alle anderen, später entstandenen Waffenkampfdisziplinen auf den jeweiligen Eigenschaften der genutzten Gegenstände. Dieser grundsätzliche Ansatz des Pahuyuth stellt einen maßgeblichen Unterschied zu anderen Kampfsystemen dar.

Das chinesische Gwang Shu oder Kung Fu wurde beispielsweise etwa 3000 v. Chr. in der Region Gwang Tung (Guangdong) im Südosten des heutigen Chinas entwickelt und beruht auf der Beobachtung und Nachahmung des Bewegungscharakters der Gottesanbeterin (Taggataen Dtamkauw). In späteren Zeiten kamen weitere, wesentlich vielseitigere Stile hinzu, die auf die Bewegungscharaktere anderer Tiere zurückgehen und das Gwang Shu erweiterten. Somit ist das Kung Fu der Versuch, die charakteristische Funktionalität verschiedener Tiere mittels des menschlichen Körpers umzusetzen. Und obwohl der Widerstandskampf der Glie etwa 400 Jahre nach der Entstehung des Gwang Shu erfolgte, wurde die weitere Entwicklung der Kampfmethodik nicht fundamental auf der Nachahmung vorangetrieben, sondern auf der Basis des menschlichen Körpers, seiner individuellen Funktionalität sowie den Eigenschaften aller eingesetzten Waffen und Waffenelemente.

Besitztum, Habgier und Macht

Auch nach dem Widerstandskampf der Glie Gauw Piehnong waren die Thai immer noch in den Gebieten Sichuan, Hubei, Hunan, Anhui und Jiangxi entlang des Jangtse bis etwa 2543 v. Chr. beheimatet. Nach chinesischen Überlieferungen wurden diese Gebiete von 2457 bis 2367 v. Chr. von den mongolischen Gruppierungen der Gienjong belagert. Um der Bedrohung zu entgehen, unterwarfen sich auch die ansässigen Thai dem Befehl des chinesischen Stadtoberhauptes, das seine Bewohner zwang, aus dem Gebiet Shensi in das befreundete Gebiet Hunan abzuwandern.

Die Lebensweise der chinesischen und mongolischen Gruppierungen war einfach und naturverbunden sowie durch deren fortwährende Bereitschaft gekennzeichnet, den Wohnort und Lebensraum spontan zu verlassen. Daher waren sie in der Lage, sich neuen Lebensbedingungen anzupassen, um überleben zu können. Anders als bei den Thai war für sie das Mitführen von konservierten Lebensmitteln und Anfertigen benötigter Handwerkszeuge eine Selbstverständlichkeit. Das Wissen von der Konservierung ermöglichte, Nahrungsmittel länger haltbar zu machen und diese auch außerhalb der jeweiligen Erntezeit zu tauschen. Darüber hinaus wandelte sich durch die Konservierungsmöglichkeit das grundsätzliche Verständnis, was starke Auswirkungen auf das allgemeine Leben hatte. Aus der haltbaren Nahrung entstanden neue Handelsgüter, die den Handel zu einem fortschreitenden Geschäft anregten und sehr wahrscheinlich zur Bildung von Besitztum sowie eines Habgiersyndroms beitrugen.

Das immer stärker ausgeprägte Besitzdenken erweckte das Bedürfnis nach einem hierarchischen Tauschhandel, der sich nicht nur auf das Erzielen von Gewinn, sondern vielmehr auf eine Kontrolle der Handelsversorgung und das daraus resultierende Abhängigkeitsverhältnis gegenüber den Handelspartnern.

Die Kontrolle und Vormachtstellung der Handelsplätze und Städte führten häufig zu Konflikten zwischen Thai und Chinesen und gelegentlich sogar zu Eroberungskriegen. Im Hinblick auf die heutige thailändische Gesellschaft liegt es nahe, dass sich das Handelsgeschäft durch das Wissen der Konservierung überwiegend in chinesischer Hand und Familien chinesischer Abstammung befindet. Denn die Thai hatten wegen ihrer schneller verderblichen Waren eine schlechtere Handelsposition gegenüber den Chinesen, die vor allem die Waren der Thai nutzten, um haltbare Handelsgüter daraus herzustellen. So gab es Unstimmigkeiten durch den Wissensvorsprung der Konservierung, doch das trotzdem bestehende Abhängigkeitsverhältnis verhinderte ein komplettes Verhärten der Fronten. Die strukturelle Kontrolle und Stellung der Chinesen in den Städten festigte sich und wurde weiter ausgebaut. Das Streben nach Reichtum, Erhabenheit und endlosem Besitz sind Bedürfnisse der Habgier, die sich an Verlustängste knüpfen, welche gleichzeitig Schutz vor Verlust und Eroberung verlangen. Dies führte allmählich zum Aufbau einer Schutztruppe aus chinesischen Kampfsoldaten, die mit ihrer Ausrüstung und Aufstellung abschrecken wollten.

Zur Verstärkung dessen entwickelten sie überdimensionale, Furcht einflößende Waffen.

Das chinesische Königtum definierte sich im Gegensatz zum Königtum der Thai durch die Besitztümer und Größenordnung der Kampftruppe als Machtinstrumente des jeweiligen Stadtoberhauptes. Dementsprechend wuchs mit dem Streben nach Reichtum und einer wachsenden Streitmacht allmählich auch die Ausstattung des jeweiligen Königtums. Die Thai waren durch ihre Gesellschaftsstruktur eines Gruppenoberhauptes vergleichsweise weniger auf Reichtum aus und eher mit kleinen Kampftruppen ausgestattet, weshalb sie gegen die chinesischen Eroberungen machtlos waren und auswanderten bzw. aus den Städten flohen. Die kriegerischen Auseinandersetzungen der Chinesen waren aber nicht durch die Absicht einer totalen Zerstörung, Verwüstung oder dem Töten der Feinde motiviert. Kriegsschäden und Verluste wurden auf beiden Seiten so gering wie möglich gehalten, da es in erster Linie um die Integration der Thai in die eigene Gesellschaft ging, nachdem sie erobert wurden, anstelle sie gefangen zu nehmen oder gar auszurotten. Das Einbürgern der Thai führte selbstverständlich nicht nur zur Vermischung der Gruppenmitglieder, sondern auch der der kulturellen Strukturen. Beispielsweise erfolgte die Truppenaufstellung der Thai nach chinesischem Vorbild, und später wurden sogar chinesische Strukturen in der Organisation des Königshauses übernommen.

Nach der Zeit der Glie Gauw Piehnong schritt die durch Abwanderungen und Auseinandersetzungen bedingte Vermischung der Thai und Chinesen kontinuierlich voran. Innerhalb der von beiden Volksstämmen bewohnten Landstriche existierten im Großen und Ganzen vier Gruppierungen. Die Anzahl der Thai in den Gruppierungen war unterschiedlich, genau wie die Ausprägung des ursprünglichen thailändischen Verständnisses sowie der thailändisch geprägten gesellschaftlichen Lebenskultur. Als erste Gruppierung gab es die Jien, Bauern und Tierzüchter, die wie ihre Vorfahren über Generationen hinweg wanderten und offiziell als reinrassige Chinesen galten. Ihre Lebensweise bestand bereits aus vielen Gebräuchen und kulturellen Bestandteilen der Thai. Zu der Jeck-Gruppierung gehörten auch offiziell Chinesen, die ebenfalls stark von Thai geprägt, jedoch nicht als Tierzüchter ansässig waren, sondern als Händler in die von den Thai dominierten Städte kamen. Bei der dritten Gruppierung, den Jog, handelte es sich um Thai, die innerhalb der von Chinesen kontrollierten Gebiete lebten. Die übrigen Thai, die seit der Zeit der Glie-Kämpfer stetig weiter nach Süden gewandert waren, bildeten die vierte Gruppierung. Sie hatten ihren ursprünglichen Charakter und ihre Lebensgewohnheiten bewahrt und hielten ihre eigene Gesellschaftsführung und ihr eigenes Königtum aufrecht.

Etwa 2457 v. Chr. wurden die Thai und Chinesen in ihren Gebieten von den Mongolenstämmen der Gienjong (Zong Nuh) durch Überfälle und Eroberungen bedroht, was für die Thai einen Krieg mit zwei Fronten bedeutete. Durch die immer größer werdende Bedrohung durch die Gienjong entschieden sie sich letztlich für ein Bündnis mit den Chinesen und führten gemeinsam einen Vertreibungskrieg gegen die mongolischen Stämme. Aus dem Bündnis entstand später sogar eine offizielle Partnerschaft, sodass die Kampftruppen der Thai zeitweilig mit Chinesen aufgebaut wurden. Dieser Zeitabschnitt gilt als Beginn ernsthafter kriegerischer Auseinandersetzungen der Thai-Chinesen-Allianz gegen die Mongolen. Trotz des gemeinsamen und lang anhaltenden Zusammenschlusses hatten die Chinesen Bedenken. Sie fürchteten Eroberungen vonseiten der Thai und vermittelten ihnen daher auch kein Wissen über den aktiven Kriegseinsatz. Ihre Unterweisungen beschränkten sie auf interne logistische Abläufe zur Beschaffung von militärischen Gütern sowie deren Schutz. Die Entwicklung des Pahuyuth innerhalb der bürgerlichen Gesellschaftsschicht blieb während dieser Zeit von den Machenschaften der Obrigkeit und des Militärs unberührt, da sich diese ausschließlich auf die Kriegsebene und einen sehr beschränkten Austausch von Kenntnissen über die Kriegsführung bezogen. Die Gelehrten des Pahuyuth gehen davon aus, dass sich zu diesem Zeitpunkt erste feste Konturen des Wissensgebietes abzeichneten, die jedoch noch weit von der späteren Struktur der kompletten Methodik und der Unterrichtskonzeption entfernt waren. Das bekannte Wissen wurde innerhalb einzelner Familien weitergegeben, wodurch die jeweiligen Entwicklungslinien an Komplexität gewannen.

Lauw Tai Mung

Die erste Anerkennung

Dab – Der thailändische Schwertkampf

Sabei – Der weiche Waffenkampf

Die Wirren der Kriegsgeschichte

Die Tradition der Leibeigenen

Die Freikämpfer

Die Städtekriege

Die Königreichskriege

Die Zugehörigkeitskriege

Die Natur des Krieges

Die Chinesische Mauer

Der Einfluss der buddhistischen Lehre

Pahuyuth im Hintergrund

Die erste Anerkennung

Die Situation zwischen Thai und Chinesen hielt mehr oder weniger unverändert an. Sie gingen gemeinsam gegen die Gienjong an, gerieten aber auch immer wieder in Streit miteinander. Das Gebiet, in dem die Thai und Chinesen lebten, wurde immer größer und dehnte sich durch die anhaltenden Abwanderungen der Thai weiter nach Süden aus. In den betroffenen Gebieten waren beide Gruppierungen vertreten und die ethnische Vermischung schritt weiter fort. Etwa 2000 v. Chr. wurde das Gebiet, das bis dahin von unterschiedlichen chinesischen Gruppierungen bevölkert wurde, von chinesischer Seite offiziell zu einem großen Gebiet zusammengefasst. Die derzeitig von den Thai regierten und bewohnten Gebiete wurden anerkannt und fortan als Lauw Tai Mung bezeichnet. Sowohl in mündlichen Überlieferungen als auch den historischen Quellen finden sich sehr unterschiedliche und teilweise auch widersprüchliche Angaben bezüglich eines genauen Zeitpunktes und der beteiligten Regierungsebenen.

Die Bevölkerung war innerhalb und außerhalb des Gebietes Lauw Tai Mung stark vermischt. Die außerhalb lebenden Thai als Teil der chinesischen Gesellschaft wanderten nicht schlagartig in das offiziell anerkannte Gebiet und auch die innerhalb lebenden Chinesen verließen es nicht zwangsläufig. Die Völkervermischung und die jeweiligen sozialen Strukturen der Gruppierungen waren zu weit fortgeschritten, um eine möglicherweise gewollte Aufteilung in Abhängigkeit des Gebietes vorzunehmen. Auch die Städte unter der Führung chinesischer Stadtkönige existierten weiterhin. Die offizielle Gebietsanerkennung ist daher eher als ein übergeordneter Rahmen anzusehen, der unter anderem die bis dahin immer noch anhaltenden Versuche kriegerischer Übergriffe durch die Chinesen beenden sollte, obgleich eindeutige Gebiete nicht erkennbar waren. Die Mehrheit der Thai war der Ansicht, dass die Gebietsanerkennung lediglich ein strategischer Schachzug der Chinesen war, um ihr Gebiet weiter ausdehnen zu können, weshalb weitere Probleme und Konflikte entstanden. Trotz der sporadischen Auseinandersetzungen wurde das Verhältnis zwischen beiden Gruppierungen insgesamt freundschaftlicher. Die sich an die Gebietszusammenführung anschließende Handelsöffnung bewirkte zudem eine Zuwanderung von Thai und Chinesen, die zur Weitergabe eines Großteils der chinesischen Kriegsmethodik an die Thai führte. Bei diesen neuen Informationen handelte es sich im Wesentlichen um die Ausrüstung, die Truppenaufstellung sowie verschiedene Kriegsstrategien.

Ungeachtet der Gebietsanerkennung bestand immer noch die Allianz gegen die Mongolen aus dem Norden. Gelegentlich aufflammende Streitigkeiten stellten dieses Bündnis zeitweilig auf eine harte Probe, da sie die Machtsituation in verschiedenen Gebieten einfach überschatteten. Es wurde berichtet, dass die Thai um 1800 v. Chr. den Chinesen erneut bei einer versuchten Belagerung der Gienjong südlich des Jangtse im Gebiet Pang halfen. Als Folge dieser gemeinsamen Vertreibung der Gienjong kam es zu einer stärkeren Wiederbelebung

Lauw Tai Mung und Abwanderungen nach Süden

Die Karte zeigt grob das Gebiet Lauw Tai Mung. Der tatsächliche Umfang der von Thai bevölkerten Gebiete lässt sich nicht nachvollziehen, vermutlich handelte es sich um einzelne Bereiche, in denen sowohl Thai als auch Chinesen lebten. Laut Überlieferung breiteten sich die Chinesen von Nordost nach Südwest aus und setzten sich über lange Phasen gegen die aus dem Norden kommenden Gienjong zur Wehr, teilweise zusammen mit den Thai.

ihres Bündnisses, das zunehmend von Freundschaft und gemeinsamer Lebensführung gekennzeichnet war. Der Unterschied in der Gesellschaftsstruktur und auch im Verständnis beider Volksgruppen existierte nach wie vor, die Thai hatten immer noch eine eher natürliche und auf menschliche Einfachheit ausgerichtete Lebensweise, während die Grundhaltung der Chinesen auf Bereicherung und das Streben nach der Handelsmacht ausgerichtet war. Diese Abweichungen sorgten immer wieder für Uneinigkeiten, die sich nicht selten zu ernsten Auseinandersetzungen ausweiteten, sodass vor allem die Chinesen in den Ballungszentren und Städten versuchten, erneut die Macht über die von Thai regierten Gebiete zu erlangen. Auch die Dominanz ehemaliger chinesischer Stadtbewohner entlang des Jangtse-Flusses löste immer größer werdende Unstimmigkeiten zwischen Thai und Chinesen aus. Irgendwann waren die Übergriffe der Chinesen so häufig geworden, dass die Thai mit der chinesischen Obrigkeit Verbindung aufnahmen, um die Aufrechterhaltung der ursprünglichen Gebietsanerkennung einzufordern. Doch statt den Vorstellungen der Thai zu entsprechen, führten die

Chinesen nun offizielle Vertreibungskriege gegen die Thai und die freundschaftlichen Beziehungen wurden um 1740 v. Chr. abgebrochen. In einigen Fällen konnten die Thai ihre Städte zurückerobern, die Mehrheit der Bevölkerung wurde jedoch durch die chinesische Säuberungsaktion zu einer indirekten Flucht in eine neue Heimat in südliche Richtung getrieben. Die Abwanderung erstreckte sich in Abhängigkeit der Bindung und Kontakte über einen langen Zeitraum, da die betroffenen Thai in fest etablierten sozialen Strukturen lebten. Die verbliebenen Thai, die in ihrem Gebiet bleiben wollten, wurden aufgefordert, der chinesischen Regierung Treue und Loyalität zu geloben. Weil sie sich aber nicht komplett der chinesischen Herrschaft beugen wollten, brachen sie als Nachzügler nach Süden auf. Die Thai, die ihre Identität niemals abgelegt hatten, waren in Gebiete gezogen, die von Chinesen weder bewohnt wurden noch innerhalb ihres Einflussbereiches lagen.

Sowohl die Geschichtsforscher als auch die Interpretationen verschiedener Überlieferungen stellen den Werdegang der Thai und Chinesen immer wieder in einer geteilten Volksgruppierung dar. Äußerlich wurde im Wesentlichen durch die unterschiedliche Benennung der Städte und Gruppierungen differenziert, nicht aber nach dem auf Blutsverwandtschaft zurückzuführenden, nationalen Gesellschaftsgefüge. Insbesondere durch die verflochtene und übergreifende gesellschaftliche Entwicklung beider Volksgruppen konnte keine von ihnen eindeutig identifiziert werden.

Dab – Der thailändische Schwertkampf

Die improvisierte Nutzung der Werkzeuge Dab und Gab als Waffe blieb über Jahrhunderte erhalten. Der immer häufigere Einsatz als Kampfgerät erforderte die Herstellung von Schwertern für den direkten Kriegseinsatz. Da Bestandteile der Waffenkampfmethodik bereits innerhalb des Ling Lom existierten, konnten diese für den Schwertkampf genutzt werden. Wann sich diese Umstellung genau ereignete, ist nicht nachvollziehbar, aber dieser Entwicklungsschritt war der Anfangspunkt für die Methodik des späteren Fandab. Es ist überliefert, dass sich das Schwertkampfsystem der Thai nach den Streitigkeiten mit den Chinesen in den ersten Jahrhunderten des zweiten Jahrtausends v. Chr. in zwei Richtungen spaltete. Die Thai, die mit den Chinesen befreundet waren oder eingegliedert in den chinesischen Verwaltungsgebieten lebten, entwickelten ihre Kampftechnik nach chinesischem Vorbild weiter. Aus dem ursprünglichen Gab Glie mit integriertem Metallband entstanden in der ersten Entwicklungsrichtung in Form und Beschaffenheit leicht abgewandelte Schwerter mit verkürztem Griff, die chinesischen Schwerter (Dab Dschien, Dab Dschaek). Die Dab Dschaek gab es der Überlieferung zufolge in zwei Ausführungen. So hatten die einen Schwerter eine gebogene Klinge, die nach Meinung der Waffenhistoriker auf den Einfluss der mongolischen Stämme der Gienjong zurückzuführen sind, und die anderen eine gerade Klinge, die auf eine direkte Abstammung des Dab Glie hinweist. Da die Methodik unverändert blieb, wurde diese Ausführung auch weiterhin unter dem Namen Dab Glie geführt.

Der zweite Entwicklungsweg des Dab Glie ging von den Thai im Süden aus, die das Schwert weiterhin als Handwerkszeug und nicht als Waffe ansahen. Nach ihrem und damit thailändischem Verständnis waren weder die Ästhetik eines Schwertes noch seine über den normalen Gebrauch hinausgehende Stabilität für den Einsatz als Waffe von Bedeutung. Daher hatte man lange vergeblich nach einer traditionellen und guten Schwertqualität gesucht, die für den Kampf geeignet war. Auch bei späteren Varianten des thailändischen Schwertes, die zusätzlich einen Symbolgehalt aufwiesen und für hochgestellte Persönlichkeiten bestimmt waren, wurde kein besonderer Wert auf die Qualität gelegt. Diese reichte auch später bei den Kampfschwertern für den Kriegseinsatz nicht über das Maß eines zweckdienlichen Handwerkszeugs hinaus. Durch die Priorität der Nutzung als Handwerkszeug unterteilte sich das Dab in Abhängigkeit des Einsatzes in drei Formen.

Das Dab Dtoh war am Klingenende breiter und wurde zum Bahnen der Wege und Abschneiden von Ästen benutzt.

Im Vergleich dazu war das Dab Mueh am Klingenende nicht ganz so breit, weil man es hauptsächlich zum Mähen von Gras und für handwerkliche Arbeiten mit Bambus verwendet hatte. Die dritte Form hatte eine abgerundetes Klingenende und war beidseitig scharf geschliffen. Die Klinge dieses Dab Plong war in der Mitte etwas dicker, wodurch sie sich für den Kriegseinsatz und auch für landwirtschaftliche Arbeiten eignete.

1 Dtoh
2 (Dab) Bong/Plong
3 Dab Taeng (Typ Dab Mueh)
4 Dab Fan (Typ Dab Mueh)
5 Dtang

Die Modelle zeigen die überlieferten Schwerttypen aus der Zeit der Glie Gauw Piehnong (etwa 2500 v. Chr.). Die Länge der Schwerter, die sich aus Handwerkszeugen entwickelt hatten, betrug etwa 90 bis 100 Zentimeter. Sie wiesen bereits die unverkennbare Beschaffenheit des Dab Nanjauw auf und das Längenverhältnis zwischen Griff und Klinge, das maßgeblich für den Drehmittelpunkt und die Handhabung ist.

Das alte Thai-Schwert (Dab Thai, Dab Ay Lauw) entwickelte sich im Laufe der Zeit schließlich aus dem Dab Mueh, woraus sich der eindeutige und primäre Gebrauch als Waffe festlegte und nachfolgend das legendäre Dab Nanjauw herausbildete. Dessen eigene, typische Form ergab zusammen mit der Schlagtechnik, die durch das Eigengewicht und die Drehung (Drehmittelpunkt zwischen Griff und Klinge) zustande kommt, die Entstehung einer einzigartigen Methodik für den Schwertkampf, die vom Ling Lom losgelöste Waffenkampfdisziplin Fandab.

Die Magie des Schwertes

Die Thai glauben an eine Existenz nach dem Tod, die aus einer rein geistigen Form ohne Körper besteht. Sie waren davon überzeugt, dass bei einem gewaltsamen Tod Emotionen des Getöteten, beispielsweise durch Rachegedanken hervorgerufen, auf den Verursacher wirken. Genauso glaubten sie, dass der Geist des Toten die todbringende Schwertklinge unmittelbar als Abschluss der Auseinandersetzung besetzen könne. Das Aufbewahren einer solchen Schwertklinge nach einem Kriegseinsatz war daher unvorstellbar und

Dab – Der thailändische Schwertkampf 259

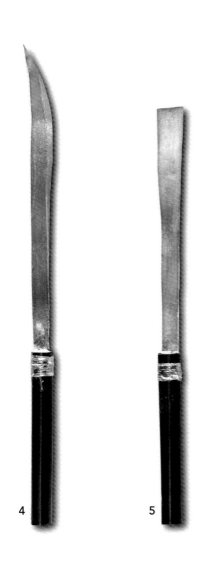

Durch das Aufeinandertreffen der Schwertklingen verschlissen diese schnell und wiesen tiefe Scharten auf. Mit den verschmutzten und teilweise rostigen Klingen fügte man dem Gegner schwere Verletzungen zu, wenn man sie am Körper entlangriss.

kam einer Selbstzerstörung gleich, da der Geist leicht Einfluss auf den Träger hätte nehmen können. Das Dab konnte wegen seiner Beschaffenheit keinem Dauereinsatz standhalten, denn das harte Aufeinandertreffen der Metallklingen verursachte nicht nur einen hohen Verschleiß, sondern auch Vibrationen, die die Verbindung zwischen Klinge und Griff zerstörten. Griffe, die sich von den Klingen gelöst hatten, wurden aber nicht weggeworfen, da man sie weiterhin in der Messerkampfmethodik einsetzen und die Identität der gefallenen Kämpfer besser ermitteln konnte. Bei den erhalten gebliebenen Schwertern wurden seit jeher die Klingen nach dem Kriegseinsatz vom Griff getrennt. Anschließend wurde die Klinge mit einer magischen weißen Schnur (Say Sinn) umwickelt und an einem geheimen Ort vergraben. Für das Umwickeln der Schnur verwendete man eine bestimmte Wickeltechnik (Dtah Sang), die auch für das Umhüllen von Verstorbenen mit Tüchern benutzt wurde. Laut den Gelehrten des Pahuyuth handelt es sich bei dieser Technik um eine präventive Maßnahme gegen das Eindringen oder Austreten von Geistern, emotionalen Gedanken oder anderweitigen Einflüssen. Der Schwertgriff wurde mit einer neuen Klinge versehen und weiterhin für Kriegseinsätze verwendet. Nach traditioneller Überzeugung ist der Schwertgriff ein Teil des Besitzers, da er ständig mit ihm in Berührung ist und sein Schweiß und sein Können an ihm

260 Lauw Tai Mung

haften. Auch deswegen ist es nach thailändischem Verständnis ausgeschlossen, eine mit dem Geist eines Verstorbenen besetzte Klinge am Griff zu belassen. In manchen Überlieferungen wird die Trennung von Schwertgriff und Schwertklinge auch damit begründet, dass dadurch feindliche Absichten, die im übertragenen Sinn noch an der Klinge hafteten, von den eigenen Reihen ferngehalten wurden. Denn der Geist wurde als Vorhut betrachtet, der dem Feind Einlass gewähren könnte, um das Lager auszukundschaften.

Der Schwertgriff spielte auch bei den Symbolschwertern, die in aller Regel hochgestellten Persönlichkeiten überreicht wurden, eine besondere Rolle. Grundsätzlich standen diese Schwerter immer für die Person, die das Schwert übergab. Überreichte beispielsweise der König einem Militär ein solches Schwert, so setzte man dieses Schwert mit dem König und seinem Status gleich. Geschah dem König etwas, konnte derjenige, der das Schwert von ihm überreicht bekam, es nicht behalten, da man seine Verbindung mit einem neuen Machthaber als

Dab – Der thailändische Schwertkampf

1 Gab Lek
2 Dab Bong
3 Dab Dtoh
4 Dab Jauw
5 Dab Mud
6 Dab Taeng Ngu

Die Schwertmodelle bilden bekannte Schwerttypen aus dem Zeitabschnitt von Nanjauw nach 650. Sie wurden speziell in der Blütezeit des Schwertkampfes und des Pahuyuth eingesetzt und stellen direkte Folgeentwicklungen aus der Zeit der Glie Gauw Piehnong dar. Die Gesamtheit aller jemals vorhandenen Schwerttypen kann nicht mehr rekonstruiert werden kann.

Verrat ansah. Weder das gesamte Schwert noch der Griff durften in einem solchen Fall aufbewahrt werden, Verstöße wurden mit hohen Strafen für die gesamte Familie geahndet. Oftmals vergrub man solche Schwerter oder versteckte sie in verschiedenen Pagoden. Schwerter mit Symbolcharakter, die es in dieser Form bei den Chinesen nicht gab, sind daher nur sehr selten bis in unsere heutige Zeit erhalten geblieben. Antiquitätensammler haben es deshalb schwer, ein echtes Kampfschwert oder gut erhaltenes Symbolschwert zu finden.

Modelle S. 262 →

1 Dab Bei
2 Dab Ngon
3 Dab
4 Dab Nueah (Dab Lanna)
5 Dab Lao
6 Dab Fak

Modelle bekannter Schwerttypen aus der Sukothai-Ära (ab 13. Jahrhundert).

262 Lauw Tai Mung

Beschreibung S. 261

Sabei – Der weiche Waffenkampf

Etwa zeitgleich mit der offiziellen Anerkennung des Gebietes Lauw Tai Mung durch die Chinesen übernahmen insbesondere die Thai der gehobenen Gesellschaftsschichten den chinesischen Brauch, eine Nebenfrau oder Konkubine zu halten. Eine solche verkörperte damals gesellschaftliches Ansehen und war in der chinesischen Kultur ein lang etablierter Bestandteil. Kurioserweise hatte die Konkubinenkultur nicht nur entscheidenden Einfluss auf die Gesellschaft der Thai und deren Familienkultur, sondern auch auf die Entwicklung der Kampfmethodik.

Der Hintergrund der Konkubinenkultur war politischer Natur. Da bestimmte Städte und Regionen teilweise größeren Städten und deren Königen unterstanden, auch wenn sie einen eigenen König hatten, entsandten sie die Königstochter an den König, dem sie untergeordnet waren. Durch diesen Loyalitätsbeweis der untergebenen Stadt oder des Gebietes sollten Folgeschäden durch vorangegangene Eroberungskriege vermieden werden. Die übersandte Tochter wurde innerhalb der Königsfamilie als Nebenfrau des Königs in die Gesellschaft integriert und hatte eine entsprechend hohe Position. Eine tatsächliche Gleichstellung mit der Königin erfolgte aber nicht. So entwickelte sich langsam die Konkubinenkultur, aus der weitere Konkubinenarten entstanden. Die Anschaffung einer Nebenfrau war seitdem eine Selbstverständlichkeit in der gehobenen Gesellschaft. Durch den Vorbildcharakter der oberen Gesellschaft bürgerte sich das Halten einer Nebenfrau auch in der Bevölkerung ein, und das familiäre Leben eines Mannes mit einer oder mehreren Konkubinen wurde zur Normalität. Diese fortgesetzte und in der thailändischen Tradition fest verankerte Eigenart veränderte sich erst in der Neuzeit mit Einführung des Standesamtes und die Beurkundung der Bindung zwischen Mann und Frau. Trotz dieser offiziellen Veränderung gehört das Halten einer oder mehrerer Konkubinen immer noch inoffiziell zum allgemeinen Kulturgut und ist Bestandteil der gesellschaftlichen Normalität, sofern die jeweilige Stellung der Hauptfrau (Mia Louang) und der Nebenfrau (Mia Noy) innerhalb der Familienordnung für alle Beteiligten eindeutig, gerecht und an ihre traditionelle Position gebunden bleibt. Das damit einhergehende, charakteristische und sehr freizügige Führen einer Liebesbeziehung (Jauw Schuh) thailändischer Männer ist für die Frauen weder besonders abstoßend noch stimmen sie diesem ausgesprochen zu. Vielmehr wird dies gesellschaftlich geduldet und akzeptiert, um das traditionelle Kulturgut aufrechtzuerhalten.

Während der Eroberungskriege waren die Konkubinen des Königs und der gehobenen Gesellschaft dem Problem ausgesetzt, bei Racheakten ein schutzloses Opfer zu sein. Die Sicherung des Königs und der Königin war für die Schutztruppe vorrangig, sodass die Konkubinen den Eindringlingen hilflos ausgeliefert waren. Flüchten konnten sie ebenfalls nicht, da dies ohne ausdrücklichen Befehl des Königs einem Akt der Untreue entsprach, durch den sie ihre Loyalität infrage gestellt hätten. Wären sie ohne Befehl geflohen, hätten sie Schande über die elterliche Familie gebracht, von der dann bis zu sieben Angehörige verschiedener Generationen mit dem Tod bestraft worden wären. Die stetigen kriegerischen Auseinandersetzungen und die daraus resultierende Unübersichtlichkeit machten es ihnen kaum möglich, eine angemessene Selbstverteidigung zu erlernen. Da ihnen das Tragen von Waffen im direkten Kontakt mit dem König strengstens untersagt war, weil es sich um einen vertrautesten Bereich handelte, bestand zusätzlich die Problematik der körperlichen Unterlegenheit gegenüber männlichen Feinden. Selbst mit einer Art der Selbstverteidigung wäre es für sie nahezu aussichtslos gewesen, gegen bewaffnete und wesentlich stärkere Männer zu bestehen. Die Konkubinen waren deshalb bei Übergriffen oder Verschleppung auf sich allein gestellt. Eine Legende besagt, dass sich aus dieser Opferrolle eine Kampfmethode entwickelte, bei der die Bekleidung der Frauen als improvisierte Waffen eingesetzt wurde. Der Ursprung dieser Methodik soll auf die Frauen der Glie-Familien und deren Nachfahren zurückgehen, deren gelehrte Persönlichkeiten das Wissen an die Konkubinen weitergaben. Das Wissen stand schon damals unter größter Geheimhaltung und wurde ausschließlich an Herrschaftsfamilien weitergegeben, sofern es dort nicht schon vorhanden war. Die Tochter wurde deshalb in der Methodik des Sabei unterrichtet, bevor sie als Geschenk und Konkubine an den Königspalast übergeben wurde. Überliefert sind ebenfalls Hinweise darauf, dass die Konkubinen während ihres Aufenthaltes im Königspalast heimlich trainierten. Ob sie die Methodik je erfolgreich zum Selbstschutz einsetzen konnten, ist nicht bekannt. Erst durch die Ausübung in späteren Zeiten gelangten der Kampfcharakter und die Wirksamkeit der Methodik durch Anwendung in regulären Kampfeinsätzen gelehrter Persönlichkeiten an die Öffentlichkeit. Durch die Geheimhaltung und die extrem geringe Verbreitung war sie bis zum Zeitabschnitt von Nanjauw über einen langen Zeitraum nahezu unauffindbar. Kru Maeh Boua, die Tochter von Kru Kun Plai, hatte die Methodik neu zusammengetragen, strukturiert und damit wiederbelebt.

Die Prinzipien des Sabei-Kampfes basieren maßgeblich auf den Eigenschaften von weichen Gegenständen. Der Kämpfer versucht damit, die kontrollierte Kampfaktion des Gegners zu behindern oder diesem sogar Schaden zuzufügen. Auch das Entwaffnen des Gegners gehört zu den möglichen Anwendungen, wobei es darum geht, seine Waffe gegen ihn selbst zum Einsatz zu bringen. Und auch die Elemente Faust, Fuß, Ellbogen und Knie werden beim Kampf benutzt, um den mit dem Sabei wehrlos gemachten Gegner anzugreifen. Durch die Beschaffenheit des Stoffes kann der Einschlag der gegnerischen Waffen gebremst und aufgefangen werden, und ein erneutes Spannen des Tuches unmittelbar nach dem Auffangen kann sogar zu einem weiteren Nachteil des Gegners führen. Eine andere Möglichkeit für den Einsatz des Sabei ergibt sich durch Umschlingen oder Umwickeln des Waffenelementes, ohne es dabei fest zu verknoten. Die daraus folgende Bewegungseinschränkung hindert die gegnerischen Kampfaktionen und verursacht somit einen Selbstschaden. Die Benutzung als Peitsche lenkt den Gegner ab und stört ihn in seiner Konzentration, ohne eine reale Wirkung zu erzeugen, die, wenn sie denn vorhanden ist, in aller Regel überschätzt wird.

Von männlichen Nutzern der Methodik wurde etwa zwischen 800 und 300 v. Chr.

berichtet, wobei von Kämpfern, die bei kriegerischen Auseinandersetzungen eingesetzt wurden, die Rede ist und einer methodischen Unterrichtung in Form einer Kampfdisziplin des Pahuyuth. Die Gelehrten des Pahuyuth gehen heute davon aus, dass die tatsächlichen Anfänge der Methodik des Sabei bereits im Zeitabschnitt der Glie Gauw Piehnong entstanden sind, in deren Reihen auch Frauen kämpften. Die Konkubinenkultur, die in der chinesischen Gesellschaft wesentlich älter ist, führte erst viele hundert Jahre später zur Methodik der Waffenkampfdisziplin.

Die Wirren der Kriegsgeschichte

Der asiatische Geschichtsverlauf ist speziell im Hinblick auf die Entwicklung der ethnischen Minderheit der Thai inmitten eines chinesisch geprägten Zentralasiens oftmals nur rudimentär und mit vielen Lücken nachzuvollziehen, so auch der Werdegang des Pahuyuth. Nachdem die Glie-Kämpfer etwa 2500 v. Chr. zum ersten Widerstand aufgerufen hatten und die offizielle Anerkennung von Lauw Tai Mung etwa 500 Jahre später verifiziert ist, finden sich für die folgenden Jahrhunderte nur wenig stichhaltige Angaben, auch aus den mündlichen Überlieferungen der Pahuyuth-Linie. Die Gelehrten des Pahuyuth vermuten aber, dass sich die einzelnen Disziplinen nach der Anerkennung von Lauw Tai Mung strukturierten.

Obwohl die Gruppierungen der Thai im Laufe der Zeit immer weiter nach Süden zogen, gab es trotz der chinesischen Übermacht in späterer Zeit, als das Gebiet eindeutig Chinesen zugeordnet wurde, auch weit im Norden immer noch vereinzelte Thai-Gruppen. In dem gesamten Gebiet, das die Thai während ihrer Wanderungen durchquerten, hinterließen sie ethnische Überreste ihrer ursprünglichen Kultur, die sich von der chinesischen unterschied. Die Wanderungen der Thai bedeuteten kein völliges Verschwinden aus den ursprünglichen Gebieten, sondern ein sich langsam veränderndes Mischungsverhältnis in südliche Richtung. Die daraus folgende kulturelle Vermischung beeinflusste zwangsläufig auch das offizielle Militär. Relevant ist, dass die Methodik des Pahuyuth während der gesamten Zeit nicht im offiziellen Fokus stand, sondern innerhalb der Familien vorangetrieben wurde.

Ihre Entwicklung war dabei weder zusammenhängend noch kontinuierlich, darum glauben die Gelehrten, dass es immer wieder Phasen gab, in denen das Wissen stärker vertreten war. Da die Methodik von Anfang an auf Prinzipien beruhte, war es durchaus möglich, dass das Wissen, das in bestimmten Entwicklungsabschnitten nicht mehr oder noch nicht bewusst vorhanden war, anderenorts oder zu einem späteren Zeitpunkt wieder als Bestandteil der Methodik existierte. Die Strukturierung erfolgte überwiegend im familiären Hintergrund, durch den das Wissen konserviert und kaum oder nicht wahrnehmbar für die Allgemeinheit wurde, obgleich anzunehmen ist, dass seine Existenz bekannt war. Wann und wo genau welcher Wissensstand vorhanden war, lässt sich letztlich nicht mehr rekonstruieren.

Vorhandene Überlieferungen halten zwischen 843 und 643 v. Chr. ein ausgeprägtes Durcheinander in den Gebieten der Thai und Chinesen fest, da beide Volksgruppen kleine und große Städte unterhielten, sodass keine eindeutige Gebietszugehörigkeit erkennbar war. Zu dieser Zeit hatten sich die Thai die von den Chinesen stammende Methode, Bewohner eines eroberten Gebietes entweder einzubürgern oder zur Abwanderung zu bewegen, bereits angeeignet. So, wie die Chinesen anfänglich gegen die Gruppierungen der Thai vorgegangen waren, nutzten nun die Thai ihrerseits die gleiche Methode erfolgreich gegen die Chinesen. Die Neuordnung von thailändischen zu chinesischen Stadtkönigen und umgekehrt gehörte zur absoluten Normalität.

Die Macht des Geldes

Durch ihre Geschäftstüchtigkeit führten die Chinesen verstärkt offizielle Zahlungsmittel ein, die aus Gold, Silber und Edelsteinen bestanden und sich rasch in den immer noch bestehenden Tauschhandel integrierten. Die Einführung der Zahlungsmittel veränderte die Handelsphilosophie grundlegend. Der neue Umstand, Ware nicht nur gegen Ware tauschen zu können, führte 756 bis 706 v. Chr. zu Zusammenstößen in den chinesischen Reihen, an denen zum Teil auch Thai beteiligt waren.

Rückblickend war die verstärkte Einführung der Zahlungsmittel in der asiatischen Welt der Beginn von Habgier und dem Streben nach Besitz. Reichtum und Macht ließen sich seitdem durch die Menge an vorhandenen Zahlungsmitteln messen, mit denen alle erdenklichen Güter erworben werden konnten, ein Wundertauschmittel, das es zuvor nicht gab. Der Besitz und die Menge der verfügbaren Zahlungsmittel waren fortan gleichbedeutend mit Macht. Sowohl die persönliche als auch die institutionelle Macht entwickelte sich rasch auf Grundlage der Besitzverhältnisse; wo vorher individuelles Charisma, ideologische Überzeugung und die Fortführung von Traditionen eine Machtposition deutlich machten, wurde diese plötzlich durch den Besitz untermauert. Wer keine Zahlungsmittel hatte, konnte durch den reinen Tausch nicht mehr alle Bedürfnisse des Alltags befriedigen. Die Gruppe derer, die mit diesen neuen Zahlungsmitteln umgingen, vergrößerte sich – ausgehend von den Handelszentren – in immer weiter entfernte Bereiche, denn wer seine Güter weiterhin in der Stadt tauschen wollte, kam um die Benutzung nicht herum. Die Veränderung und die damit verbundene Angleichung interner Strukturen verdrängte nach und nach die ursprünglichen Herrscher der Tauschhandelsplätze und legte den Grundstein für den Aufbau einer eigenen Nationalität der Thai. Die Auswirkung auf die unterschiedlichsten Bereiche der Gesellschaft betraf beispielsweise die Söldner, für die erstmals die Perspektive bestand, ihre Kampffähigkeit mit einer Option auf Bezahlung als unabhängige Kämpfer anbieten und an den Meistbietenden verkaufen konnten. Trotz vieler kriegerischer Auseinandersetzungen, in denen Kampftruppen unter offizieller Führung eines Oberhauptes, eines Königs oder im Namen eines Herrschaftsgebietes eingesetzt wurden, war die militärische Struktur dieser Truppen eine völlig andere im Vergleich zur Neuzeit. Militärische Truppen bestanden nicht aus Berufssoldaten, die unabhängig von ihrem Einsatz irgendwo stationiert in Bereitschaft standen. Zu einem sehr großen Anteil waren sie aus Kämpfern zusammengestellt, speziell für eine bevorstehende Auseinandersetzung, die nach Beendigung der Kampfhandlungen nicht weiter für das Militär tätig waren. Ein permanent bereitstehendes Militär existierte somit nicht oder nur in sehr geringem Umfang. Interessanterweise unterschieden sich die Söldner der damaligen Zeit nicht durch ihre Gruppenzugehörigkeit als Thai oder Chinesen, sondern durch die Stadt, in der sie ihre Kampffähigkeit erworben hatten. Die Pa-Wu-Shu-Kämpfer standen für die Kampfmethode der Glie-Kämpfer, die der Legende nach aus der Stadt Pa kamen. Hingegen standen die Gwang-Wu-Shu-Kämpfer für den chinesischen Kampf aus Gwang Tung. Das Aufnahmeverfahren für Söldner und auch die Abstufung der Position innerhalb der Truppe wurden durch interne Wettkämpfe entschieden, was die Thai für lange Zeit beibehielten. Die Form der

Einstufung hatte zur Folge, dass die in der Truppe bereits befindlichen Kämpfer häufig Kämpfe gegen neue Bewerber, unterschiedliche und zum Teil unbekannte Kampfmethoden zu bestreiten hatten. Daher waren sie einem hohen Verletzungsrisiko ausgesetzt und mehr oder weniger stets in der Situation, ihre Stellung innerhalb der Truppe zu behaupten, was wegen des Alters von Jahr zu Jahr schwerer wurde. Es war nicht ungewöhnlich, dass unerfahrene Bewerber allein schon durch das Aufnahmeverfahren schwere Verletzungen erlitten und sogar starben, sofern sie sich überschätzten und ihre Fähigkeiten der angestrebten Führungsposition nicht entsprachen. Bewerber, die sich im Vorfeld durch Kontakte, Absprachen und Sympathie bei den Truppenführern über ihre zukünftige Position in der Truppe einig wurden, hatten hingegen eine Chance, ihr Ziel unverletzt zu erreichen.

Durch die gesellschaftliche Rolle des Militärs entwickelten sich mit der Zeit auch Seilschaften, die auf dem Prinzip von fallendem Wasser aufgebaut waren. Dies bedeutet, dass die eigene Stellung aufrechterhalten wurde, indem man versuchte, dem Vorgesetzten oder Übergeordneten alles recht zu machen und den Untergebenen klein zu halten. So war folglich nicht das tatsächliche Können maßgeblich für das eigene Ansehen und den beruflichen Erfolg, sondern die Beziehungen innerhalb der Gesellschaft. Solche Beziehungsstrukturen gab es in beiden Volksgruppen. Wegen ihrer durchdringenden Verbreitung und ihres hohen Machtpotentials hatten sie sich in fast allen Bereichen etabliert und prägen die Gesellschaft noch heute.

Durch diese Hierarchie konnten kriegerische Auseinandersetzungen und mögliche Folgeschäden vermieden werden, da die Kompromissbereitschaft immer stärker von Beziehungen zu angesehenen Personen und der so erreichbaren Macht abhing. Für die asiatische und speziell auch die thailändische Gesellschaft brachten die Seilschaften eine ganz eigene Verhaltenskultur hervor, die immer noch Bestand hat. Eine typische seilschaftliche Beziehung entspricht dem charakteristischen Gesellschaftsverhalten, das eine Pyramidenstruktur aufweist. Die Führungsposition ist dabei mit der Spitze der Pyramide gleichzusetzen, die durch das Fundament der Gefolgschaft getragen wird. Dabei ist nicht der Werdegang zum Erreichen der gegenwärtigen Position von Bedeutung, sondern die Initiative, die aufgewendet wird, um die eigene Position aufrechtzuerhalten und innerhalb der vorhandenen Struktur zu bestätigen. Die Rangordnung orientierte sich somit an den vorhandenen Beziehungen und nicht an den Fähigkeiten jedes Einzelnen, unabhängig davon, dass sich solche Führungspersonen in der Situation befinden, einen schmalen Grat zwischen Konsequenz und Charakter zu beschreiben. Es war gängige Praxis, dass die militärische Führung einer Truppe nicht mit dem größten Wissen über Truppenführung erfolgte, sondern nach der oberen Position, der Pyramidenspitze. Die Person an der Spitze wurde durch die intern erreichte Position bestätigt, ähnlich einer Familienzugehörigkeit. Die Macht, die von ihr ausging, blieb auch erhalten, wenn sie nach Beendigung ihrer aktiven Phase ersetzt wurde. Die Treue und Loyalität gegenüber der Seilschaft war schon immer ein Faktum, das sich nicht automatisch mit offiziellen Belangen synchronisieren ließ. Eine Folge aus diesem Umstand war die Entmachtung, da die alten Strukturen auch nach einem offiziellen Führungswechsel weiter Bestand hatten.

Die Tradition der Leibeigenen

Die Taad (Leibeigene) wurden bislang nur in wenigen Geschichtsdarstellungen behandelt, obwohl sie großen Einfluss auf den Werdegang der Thai und auch das Pahuyuth hatten. Der Ursprung der Taad findet sich weit vor der Zeit der Glie Gauw Piehnong, als Tauschhandelsplätze langsam zu Städten wurden und sich der organisierte Handel in der Gesellschaft etablierte. Viele Jahrhunderte später, nachdem die Einführung von Zahlungsmitteln durch die Chinesen eine Blüte erlebte, hinkten die Gruppierungen der Thai größtenteils hinterher und beschränkten sich vielerorts immer noch auf das reine Tauschen von Waren. Durch die offenen und mit Gütern versehenen Handelsplätze waren die Tauschhändler der Gefahr ausgesetzt, bestohlen zu werden. Die Händler arrangierten sich deshalb und suchten Menschen, die die Handelsgüter beschützten. Da es keine Zahlungsmittel in den Thai-Gruppierungen gab, sorgten die Tauschhändler für das Auskommen ihrer Sicherheitsleute auf der Basis einer gegenseitigen Vereinbarung. Die Tauschhändler konnten ungehindert ihrem Geschäft nachgehen, während dem Sicherheitspersonal eine Grundlage für den Lebensunterhalt gegeben wurde. Das Interesse war daher auch groß, die Anliegen der jeweiligen Dienstherren mit allen verfügbaren Mitteln zu vertreten und umzusetzen. Die Struktur zwischen Händlern und Sicherheitsleuten festigte und entwickelte sich im Laufe der Zeit so weit, dass die Sicherheitsleute sogar bei ihren Dienstherren lebten und auch ihre Familien in das Verhältnis integrierten, das folgendermaßen umschrieben wurde:

Wenn man sich schon im Haus des Herrn aufhält, sollte man nicht tatenlos herumsitzen, sondern zumindest Wasserbüffel zum Spielen für die Kinder basteln.
(Yuh Bahn Tann Yah Ning Du Dei Bpann Wour Bpann Kway Hai Lug Tann Len)

Diese Verbindung brachte schließlich ein Abhängigkeitsverhältnis zwischen den Dienstherren und Sicherheitsleuten mit sich, in welches sich die mittlerweile als Taad bezeichneten Sicherheitsleute dennoch freiwillig begaben, ähnlich einem Beruf, den sie ausübten. Unter Berücksichtigung der Umstände und der kulturellen Aspekte entwickelte sich daraus viel später eine Konstellation, die zu einer Klassenunterscheidung führte. Einige Historiker gehen heute sogar davon aus, dass die besondere Höflichkeit, die generelle Achtung und der Respekt der Thai gegenüber hochgestellten Persönlichkeiten wie Lehrern von den verbindlichen Gepflogenheiten der Taad gegenüber ihren Dienstherren abstammen. Auch waren es genau diese Sicherheitsleute, die die Waren der Tauschhändler beschützten, die den späteren Grundstein für die Entstehung der militärischen Streitkräfte legten. Die Beziehung der Taad zu den Dienstherren entsprach einem gegenseitigen Tauschhandel, der anfänglich noch auf unbestimmte Frist geschlossen wurde. Dabei stellte jedes Mitglied der Taad-Familie seine Dienstleistung für die Herrschaftsfamilie (Poh Nay) zur Verfügung. Die Selbstverständlichkeit, die daraus allmählich einherging, brachte eine schleichende Klassenteilung unter den Menschen mit sich, die ab einem bestimmten Punkt so weit ausgeprägt war, dass in der Gesellschaft drei Klassen unterschieden wurden. Es gab die Herrschaftsfamilien, die in ihren Diensten stehenden Taad und die freischaffenden Bewohner, die ohne Taad lebten. Die Herrschaftsfamilien sorgten seitdem in vielerlei Hinsicht für die Taad. Ihr Leben, ihr Überleben, die allgemeine Verantwortung für ihre Familien, angefangen bei dem alltäglichen Lebensbedarf, den Unterkünften, der Familienentwicklung bis hin zur Berufsausbildung waren Aufgaben, um die sich die Herrschaft kümmerte, ohne dass die Taad ein Mitspracherecht hatten. Das Verhältnis entsprach aber keinesfalls der Sklaverei der westlichen Welt, im Großen und Ganzen handelte es sich um ein einfaches Geschäftsabkommen, welches stillschweigend aufrechterhalten wurde. Für eine Herrschaftsfamilie waren die Taad nicht nur Leibeigene und Bestandteil ihres Eigentums, sondern galten als Machtinstrument und gehörten zu ihrem Vermögen innerhalb der Gesellschaft. Das offizielle Vorhandensein der Taad in der Gesellschaft sowie die Verbindlichkeit gegenüber ihren Herrschaftsfamilien wurde erst in der Neuzeit durch einen staatlichen Erlass von König Rama V. aufgelöst. Heute kann man Teile der Taad-Tradition immer noch in den Muai-Camps (Kay Muai) beobachten. Die Inhaber der Camps bilden Jungen zu Kämpfern aus, deren Status direkt mit den Taad verglichen werden kann. Das Verhältnis beginnt mit einer Vereinbarung, die gegebenenfalls an eine Aufwendung für die Familie des Jungen gekoppelt ist. Sein gesamter Lebensbedarf inklusive der Schulpflicht wird durch den Camp-Inhaber organisiert, genauso die zu bestreitenden Wettkämpfe sowie die Einnahmen des Kämpfers. Erst wenn eine vereinbarte Zeit verstrichen ist und der Junge durch seine Kampfeinnahmen die Aufwendungen abgegolten hat, wird er aus diesem Verhältnis entlassen. Die Ausbildung im Muai wird allein nach Ermessen des Besitzers durchgeführt, meistens durch andere leibeigene Kämpfer, um den Kostenfaktor so gering wie möglich zu halten. Bei den Wettkämpfen kommt es nicht zwangsweise auf den Sieg oder Titel an, sondern auf den Kampfverlauf, mit dem das meiste Geld zu verdienen ist. Die Kämpfer eines Camps werden beispielsweise benutzt, um Kämpfer anderer Camps nach vorn zu bringen, eine Niederlage oder einen Karriereknick zu bewirken, damit sie durch nachfolgende Rückkämpfe weiter für Umsatz sorgen. Bei dieser Art der Geschäftsführung stehen das Kampfwissen, die Entwicklung der Kämpfer und die der Kampfmethodik nicht vordergründig im Interesse des Camp-Inhabers und bleiben den Kämpfern meist vorenthalten. Gerade für fremde Beobachter ist daher ein Rückschluss vom Wettkampferfolg eines Kämpfers auf seine tatsächliche Kampffähigkeit eine Illusion, die auf fehlende Kenntnisse kultureller Zusammenhänge zurückzuführen ist. Auch die heutigen Muai-Wettkämpfe weisen eine andere Ausrichtung als westliche Veranstaltungen auf, obgleich bei beiden der wirtschaftliche Faktor ausschlaggebend ist.

Die Freikämpfer

Schon bald nach Beginn des Widerstandskampfes der Glie entfalteten sich die ersten Konturen der Kampfmethodik in zwei voneinander unabhängigen Richtungen. Eine Richtung vertraten die so genannten Nak Yuth, Nak Pahuyuth (Pahuyuth-Menschen, Wirbelsturmkämpfer) oder auch Plai Paneejorn (Wanderkämpfer), die auch als Freikämpfer bezeichnet wurden und damit möglicherweise auch als Söldner außerhalb des gesellschaftlichen Status der Taad existierten, die die andere Richtung bildeten. Plai bedeutet wörtlich übersetzt „männlicher Elefant", obwohl er im Volksmund seit sehr langer Zeit als ein Synonym für Kämpfer besteht, auch in der heutigen Kämpfergesellschaft.

Der Ursprung für die Entstehung und Grundlage der thailändischen Kampfmethodik liegt bei den gelehrten Persönlichkeiten, die als freie Menschen lebten.

Die Taad wurden durch ihre Schutzaufgaben nach der Entstehung der Handelszentren immer wieder mit Differenzen konfrontiert, hatten durch ihre generelle Lebenssituation und ohne die Erlaubnis ihrer Herrschaftsfamilien aber keinen Zugang zu dem Wissen und der sich entwickelnden Methodik. Ein weiterer wichtiger Grund war, dass die Nak Yuth aufgrund ihrer Überzeugung keinerlei Bereitschaft zeigten, sich auf die Ebene der Taad zu begeben geschweige denn, sich in die regulären Kampftruppen der Landesverteidigung einzureihen, die überwiegend aus Taad bestanden.

Auf der anderen Seite wurden die Freikämpfer zu unterschiedlichen Zeiten durch Könige und Herrscher individuell als Söldner angeheuert, was für sie den Vorteil hatte, nicht an eine bestimmte Herkunft gebunden zu sein. Da sie für ihre Verpflegung und Unterkunft allein verantwortlich waren, lagen sie gegenüber den Taad-Kämpfern zurück.

Die Freikämpfer gehörten wegen ihrer fehlenden Loyalität auch nicht zu den regulären Truppen, sondern waren entweder gemeinsam in einer gesonderten Kampftruppe zusammengeschlossen oder übernahmen Führungsaufgaben für die Taad-Truppen. In diesem Zusammenhang ist es nicht verwunderlich, dass sich zwischen den Taad und den Freikämpfern menschliche Tragödien abspielten. In der teilweise langen Zeit, in der sie während kriegerischer Auseinandersetzungen miteinander zu tun hatten, entstanden oft sehr enge Beziehungen, die von Neid oder auch Liebe gekennzeichnet waren. Auch für die Kampfleistung der Truppe allgemein waren die Taad-Kämpfer auf der einen und die Freikämpfer auf der anderen Seite von Bedeutung. Nicht nur die unterschiedlichen Kampfsysteme erschwerten eine gemeinsame Kriegsführung, sondern auch das jeweilige Verständnis von Taktik und Methodik. So erschienen die Freikämpfer den Taad, die als reguläre Soldaten im eigenen Land in den Krieg zogen, wie Offiziere aus einem anderen Land, die ihnen nun Befehle zur Verteidigung ihrer Heimat erteilten. Im Krieg war es zudem nur bedingt möglich, Wissen an die Taad-Kämpfer zu vermitteln, da es durch die andauernde Kampfbereitschaft zu unruhig war und die Vermittlung ohne Einwilligung der jeweiligen Herrschaftsfamilien, die in aller Regel nicht vor Ort waren, eine hohe Strafe für den Taad und seine Familie bedeutet hätte.

Freikämpfer, die als spezielle Söldnertruppe angeheuert wurden, wurden in Schilderungen und Berichten über den Werdegang des Volkes nur sehr selten erwähnt, da sie im allgemein geschichtlichen Verständnis als irrelevant galten. Auch ihre Dienstleistung als Söldner, die auf Ebene der Taad klassifiziert wurde, hatte wie die Existenz der Taad an sich kaum Einzug in schriftliche Berichte gehalten und ist überwiegend mündlich überliefert. Das Wissen und die Fähigkeiten der Taad-Kämpfer waren mehr oder weniger auf den Schutzbedarf der gesellschaftlichen Herrschaft ausgerichtet und können mit den Aufgaben der heutigen Polizei verglichen werden. Da es durchaus üblich war, der Polizei im Kriegsfall auch militärische Aufgaben zu übertragen, lassen sich die hohen Verluste der Taad-Kämpfer und ihre panikartige Stimmung erklären, die häufig zur Fahnenflucht führte. Erst im Abschnitt von Nanjauw erließ König Kun Loh ein Gesetz, um der Fahnenflucht Einhalt zu gebieten. All diese Umstände waren mitverantwortlich für die ausgeprägte Zurückhaltung unter den Freikämpfern und ein Grund für das Zustandekommen einer allgemeinen Rekrutierung beim Militär, da der König möglichst gute Soldaten benötigte, die auch nach dem Kriegseinsatz Loyalität bekundeten und nicht wie die Freikämpfer untertauchten.

Die Städtekriege

Kriegerische Auseinandersetzungen und bewaffnete Streitigkeiten existierten selbstverständlich schon vor der Anerkennung des Gebietes Lauw Tai Mung. Die Art der Kriegsführung aber wandelte sich in Abhängigkeit verschiedener Faktoren. So richtete sich die Zielsetzung maßgeblich nach den vorherrschenden Umständen, und auch die Dimension des jeweiligen Krieges spielte eine große Rolle. In den 2000 Jahren nach der Bestätigung von Lauw Tai Mung kristallisierten sich deshalb drei unterschiedliche Kriegstypen heraus, die mehr oder weniger bis zum Abschnitt von Nanjauw die allgemeine Kriegsführung bestimmten: der Städtekrieg, der Königreichskrieg und der Zugehörigkeitskrieg. Städtekriege gab es im Grunde seit der Zeit, in der sich aus Tauschhandelsplätzen Städte gebildet hatten. Beherrscht wurden die Städte, die mehrheitlich von Thai oder Chinesen bevölkert waren, von den jeweiligen Stadtoberhäuptern und den späteren Stadtkönigen. Die Zugehörigkeit der Volksgruppen ergab sich zwangsläufig durch die Abstammung des regierenden Oberhauptes und wechselte möglicherweise durch eine gewaltsame Entmachtung. Da der Großteil der Bevölkerung aus der Gefolgschaft der Herrscherfamilie und deren Taad bestand, konnte anhand der Abstammung des Stadtkönigs ein vorbehaltlicher Rückschluss auf die jeweilige Bevölkerungsmehrheit gezogen werden.

Die Städtekriege entstanden fast ausnahmslos durch den Versuch einer intern organisierten Machtübernahme. Die Machtposition, die mit den Strukturen der Städte einherging, war dabei nicht immer nur für die mindere Volksgruppe interessant, auch in den eigenen Reihen kam es deshalb zu Auseinandersetzungen. Es war ebenfalls üblich, dass sich verschiedene Städte zusammenschlossen, um ein eigenes Reich aufzubauen, zu dem auch ein zentraler Machthaber gehörte, dem sich alle anderen unterzuordnen hatten. Abgesehen von Mitteln der freundschaftlichen Diplomatie wurden daher häufig kriegerische Auseinandersetzungen geführt. Auf der Ebene dieser eher internen städtischen Kriege war die Anzahl der Auswanderer verhältnismäßig gering, da es sich nicht um direkte Vertreibungen aus diesem Gebiet handelte. Die Städte wurden nicht nur durch die Familie des Regierenden nebst Gefolgschaft bewohnt, sondern selbstverständlich auch durch die reguläre Bevölkerung, die überwiegend aus Bauern der Umgebung oder Geschäftsleuten bestand. Die Kämpfer, die sich an den Städtekriegen beteiligten, stammten zum größten Teil aus den Reihen der Taad, im Speziellen die Gruppenführer und deren Familienangehörige. Bei diesen Begegnungen trafen oftmals unterschiedliche Kampfmethoden aufeinander, die aus zwei übergeordneten Richtungen kamen. Einerseits waren dies Methoden der Glie-Kämpfer und andererseits chinesische, wobei beide auf unterschiedlichen Erfahrungen und einem ungleichen Wissensstand beruhten. Durch die unvermeidbaren Todesfälle brach die Entwicklung der jeweiligen Methodik häufig ab bzw. wurde das gegenwärtige Kampfwissen zerstört. In der Praxis war es für die jeweiligen Eroberer üblich, die gegnerische Kampfkraft als

Vorsichtsmaßnahme nach der Eroberung gänzlich zu vernichten. Die drohende Beseitigung aller mit der Kampfkraft verbundenen Einrichtungen und Kämpfer rief eine Flucht der Leibeigenen (Nieh Taad) hervor, bei der die verbliebenen Taad-Kämpfer die Stadt verließen, um der Vernichtung zu entgehen. Alles in allem waren die Taad durch eine Machtübernahme grundsätzlich nur einem bemitleidenswerten Schicksal ausgesetzt. Als Besitz ihrer jeweiligen Herrschaft hatten sie keine freie Wahl und konnten mehr oder weniger davon ausgehen, dass ihre bisherige Herrschaft durch die Eroberer ums Leben gekommen war. Ob die neuen Machthaber sie am Leben ließen, war ihnen nicht gewiss, da man davon ausging, dass ein Taad seiner Herrschaft bis zum Tode diente. Die Wahrscheinlichkeit, selbst dann getötet zu werden, wenn sie sich ergaben, um eine neue Herrschaft zu finden, war daher groß. Auch die Bemühungen, eine neue Herrschaft zu finden, glichen nahezu einer vorsätzlichen Selbsttötung, weshalb die Taad oft die Flucht aus der Stadt wählten und damit in eine noch schlimmere Lage gerieten. Zwar waren sie dem sicheren Tod entgangen, trotzdem liefen sie Gefahr, von ihrer Herrschaft verfolgt zu werden, falls diese nicht ums Leben gekommen war und sich den Eroberern ergeben hatte. Zudem wurden sie als flüchtige Taad auch von den neuen Machthabern gejagt, denn diese waren daran interessiert, jegliche Kampfkraft der ehemaligen Regierungsstruktur zu eliminieren. Das Aufspüren eines flüchtigen Taad hatte normalerweise dessen Tod zur Folge, was auch für seine Familie galt. Somit blieb den Taad nur die Möglichkeit, ihre bisherige Identität zu leugnen und ihr altes Leben zu beenden. Die Familie eines geflohenen Taad, der seine Identität aufgegeben hatte und nicht zwangsläufig als Flüchtling galt, wurde meist nicht belangt. Da es neben Freikämpfern und anderen Söldnern nur Taad-Kämpfer gab, die über Kampfwissen verfügten, waren sie gezwungen, auch ihre Kampffähigkeit für den Rest ihres Lebens zu leugnen, um das eigene Überleben zu sichern. Trotz des zu jeder Zeit bestehenden Risikos einer Machtübernahme und den damit verbundenen möglichen Folgen war es für alle Taad-Kämpfer dennoch erstrebenswert, eine Militärlaufbahn einzuschlagen. Im Dienst des Militärs hatten sie die Alternative, ihr Kampfwissen und ihre Erfahrung zu erweitern und als tapfere Kämpfer in der Gesellschaft akzeptiert zu werden, denn nicht alle Städtekriege endeten mit einem Herrscherwechsel. Es gab für sie sogar die Chance, eines Tages aus dem Dienst entlassen zu werden und dadurch die Freiheit und die ehrenvolle Beendigung des Taad-Verhältnisses für sich und die Familie zu erlangen.

Die Königreichskriege

Die Königreichskriege gingen über die Städte hinaus. Unterschiedliche Gebiete, die durch Zusammenschlüsse einzelner Städte festgelegt waren, führten gegeneinander Krieg, weshalb sich die Machtstruktur nicht nur innerhalb der Städte änderte. Die eingesetzten Kämpfer der Königreichskriege kamen aus drei möglichen Gruppierungen, entweder waren es Taad-Kämpfer, reguläre Soldaten der normalen Militärkampftruppe aus der Stadt oder vom Lande oder auch Freikämpfer. Die Freikämpfer, meist Söldner, konnten sowohl aus der Gruppierung der Thai als auch aus der der Chinesen kommen. Wie alle anderen Kriege auch forderten die Königreichskriege Verluste durch die direkten Folgeschäden der Kriegsaktivitäten. Es kamen aber auch viele Soldaten durch interne Machenschaften zu Tode, was einen großen Anteil an Todesfällen erfahrener Kämpfer und gelehrter Persönlichkeiten bedeutete. Hauptsächlich ging es um die Loyalität gegenüber der Militärführung des gegenwärtigen Königs, die innere Unruhen bis hin zum Putsch verursachte. Im Zuge der Ausweitungen solch interner Entmachtungsszenarien schwanden nicht nur die betroffenen Kämpfer, sondern auch ihre Erfahrungen und das damit verbundene Kampfwissen. Nach einer erlittenen Niederlage führten die Sieger Säuberungsaktionen und Schutzmaßnahmen gegen einen erneuten Widerstand in den gewonnenen Gebieten durch. Durch diese Aktivitäten drohte selbst den überlebenden Kämpfern und Soldaten der unterlegenen Seite und teilweise sogar ihren Familienangehörigen der Tod oder die Gefangenschaft. Nur durch die Bereitschaft und die Bekundung ihrer uneingeschränkten Loyalität gegenüber der neuen Herrschaft konnten sie diesem Schicksal entkommen. Einzig aufseiten der Sieger konnten die Kämpfer normal weiterleben, die nach eigener Einschätzung der Kriegssituation häufig zu Überläufern wurden. Doch auch das Überlaufen barg hohe Risiken, weil neben der Akzeptanz der gegnerischen Seite auch der richtige Zeitpunkt dafür notwendig war. Ein Überlaufen bedeutete immer den unmittelbaren Verrat an der eigenen Familie und stellte daher kaum eine Alternative dar. Die beteiligten Kämpfer waren in erster Linie Opfer, egal für welche Variante sie sich entschieden. Um dieser anscheinend ausweglosen Situation zu entgehen, verletzen sich die Kämpfer und Soldaten zum Teil gegenseitig oder selbst, um kampfunfähig zu sein und von den direkten Kriegseinsätzen abgezogen zu werden. Als verletzter Kämpfer war man nicht mehr für den Kriegseinsatz zu gebrauchen, egal ob diese Verletzung aus einem gestellten Szenario oder einer wirklichen Kampfsituation stammte. Eine Art stillschweigendes Einverständnis bildete sich unter den Kämpfern, das wie eine Geheimabsprache bestand. Unter den Freikämpfern entwickelte sich später auch die auf Menschlichkeit basierende Tugend, einen Kampf nicht bis zum absoluten Ende zu führen, sondern die Ehre und das Überleben eines bereits kampfunfähigen Kämpfers zu wahren.

Erwähnenswert sind auch hier die Berufskämpfer oder Söldner, die nicht unter der direkten Führung eines Herrschers kämpften, sondern als Einzelkämpfer oder auch in Kampftruppen gegen Bezahlung einzelne Kampfaufträge ausführten. Weder die Abstammung der einzelnen Söldner noch die des Auftraggebers waren von Bedeutung, sodass auch chinesische Söldner im Auftrag der Thai kämpften und umgekehrt. Die Loyalität der Söldner richtete sich ausschließlich nach der Höhe der vereinbarten Bezahlung, ein unerwarteter Abbruch des Auftrags gehörte bei einem besseren Angebot daher zur Normalität.

Im Verlauf der Zeit organisierten sich die Söldner zu einer eigenständigen Gruppierung von Kampfgenossen mit gleicher Gesinnung, die sowohl aus Freikämpfern als auch aus ehemaligen Taad-Kämpfern bestand. Ihre berufliche Tätigkeit als Kämpfer ermöglichte eine intensive und fortschrittliche Weiterentwicklung der Kampfmethodik innerhalb ihrer Gruppierung sowie wesentlicher Prinzipien des Pa Wu Shu bzw. Pahuyuth, die durch diese Gruppierungen bis heute erhalten werden konnten. Bedingt durch das allgemeine Verständnis vom Kampf wurde der Fokus schon damals nicht primär auf die einzelnen Kampftechniken gelegt, sondern im Wesentlichen auf die Entwicklung der Methodik für den improvisierten Kampfeinsatz mit allen zur Verfügung stehenden, vorübergehend benutzten Gebrauchswaffen. Ihr Wissen und ihre besonderen Fähigkeiten hielten sie in der Gruppierung geheim, um diese nur in den seltensten Fällen nach außen zu tragen. Der Schutz des Wissens sicherte gleichzeitig auch das Fortbestehen ihrer Existenz und ihres Berufsstandes, da die Söldner für ihre Auftraggeber unentbehrliche Werkzeuge darstellten. Verriet ein Kämpfer die Gruppierung, wurde ein Exempel durch die hohe Bestrafung all seiner Angehörigen vor den Augen des Betroffenen statuiert, bevor er selbst die gleiche Strafe erhielt. Das daraus resultierende Grundverhalten der Geheimhaltung unter den Pahuyuth-Kämpfern beinhaltet zwar die Freigabe der Kampffähigkeit nach dem Söldnerprinzip, niemals aber die der Kampfmethodik. Für ihre Auftraggeber waren die Söldner hoch präzise und äußerst wertvolle Kampfkräfte, derer sie sich zur Umsetzung ihrer Ziele und Befriedigung ihrer Bedürfnisse bedienen konnten, vorausgesetzt die erworbene Loyalität war durch die Bezahlung gesichert. Durch den Wert, den die Söldner für beide Kriegsparteien darstellten, hatten sie selbst auf der Seite der Verlierer keine Bestrafung zu erwarten, da sie als Überlebende mit sofortiger Wirkung für die Gegenseite tätig werden konnten. Normalerweise kämpften die Söldner dann ohne Bezahlung für den neuen Auftraggeber, als Ausgleich dafür, am Leben gelassen worden zu sein. Da der Einsatz von Söldnern bei beiden Kriegsparteien üblich war, hatten sich die ursprünglichen Herrscher mit diesem Umstand abzufinden. Eine Regelung dafür war dementsprechend unausweichlich. Nach der Überlieferung wich die allgemeine Gesellschaftsstruktur der Söldner von der normalen Familienhierarchie ab. Das hatte damit zu tun, dass die Gesellschaft der Söldner fast ausnahmslos aus Kämpferpersönlichkeiten bestand. Durch die Kampferlebnisse entsprachen ihr Beruf und ihr tägliches Leben einer Gratwanderung zwischen Leben und Tod. Verglichen mit der heutigen Zeit und Kriegsveteranen führte eine solche Lebensführung sehr oft zu Kriegstraumata. Weder konnte man sie richtig einem normalen Gesellschaftsleben zuordnen noch überlebten sie ohne die gesellschaftliche Zuwendung und das Teilhaben an dieser.

Die Gesellschaftsstruktur kann mit einer Ansammlung von Gleichgesinnten im Rahmen einer Interessengemeinschaft beschrieben werden. Die Umstände innerhalb der Söldnergemeinschaft führten dazu, dass die Kämpfer zum Teil auch eine gewisse Unabhängigkeit anstrebten, die sie sogar so stark anvisierten, dass sie gegen ihre Herrschaft vorgingen und diese entmachteten. Danach war es durchaus üblich, die bis dahin für die Herrschaft tätigen Taad aus ihrem Status zu entlassen und ihr Abhängigkeitsverhältnis zu beenden, um sie in die Gemeinschaft der unabhängigen Kämpfer aufzunehmen. Weil aufseiten der Herrschaft kaum eine Möglichkeit zum Widerstand gegen die eigene Kampftruppe bestand, war dieses Vorgehen eine der begehrtesten Alternativen unter den Kämpfern. Die aus dieser Zeit gewonnenen Erfahrungen wurden später als gängige Praxis bei typisch thailändischen inneren Machtübernahmen eingesetzt und werden auch heute noch angewendet.

Die Zugehörigkeitskriege

Ein Zugehörigkeitskrieg bezeichnet die kriegerischen Auseinandersetzungen zwischen den Thai und den Chinesen, bei denen es neben territorialer Ausbreitung um die gesellschaftliche Entwicklung innerhalb der eigenen Gruppierung ging und auch um das Streben nach Macht und der Festigung der Machtherrschaft. Der Krieg war auf zwei Ziele ausgerichtet und teilte sich deshalb in den Eroberungskrieg und die Säuberungsaktionen. Auslöser für die Eroberungskriege waren fast ausnahmslos interne Aktivitäten, die durch Anstiftung und Putsch einen Machtwechsel zum Ziel hatten. Ein offizieller Krieg, der daraus resultierte, sollte die Kontrollherrschaft über autonome Städte sowie fremdes Gebiet und die Unterordnung des Kriegsherrn erwirken. Im Gegensatz dazu benutzte man die Säuberungsaktionen zur Vertreibung ansässiger Volksgruppierungen direkt im Anschluss an erfolgreich durchgeführte Eroberungskriege, um gegen einen eventuellen Widerstand geschützt zu sein oder das eigene Gebiet zu sondieren und von fremdartigen, speziell kulturellen Einflüssen zu säubern. Ein Zugehörigkeitskrieg löste daher eine Völkerwanderung in zwei Etappen aus. Zuerst wanderte zumeist eine kleinere Gruppe unmittelbar nach der Eroberung aus, der dann nach der Säuberungsaktion eine größere mit zeitlicher Verzögerung folgte. Die Folgen der Eroberungskriege in diesem Zeitabschnitt und die damit verbundenen Volkswanderungen hatten insgesamt einen großen Einfluss auf die Entwicklung der Kampfmethodik, sowohl aufseiten der Thai als auch der Chinesen.

Während der Friedenszeiten zwischen einzelnen Zugehörigkeitskriegen, die teilweise für die gesamte Dauer einer Generation anhielten, erzählten die ansässigen Kämpfer Geschichten und Legenden über die Erfahrungen vergangener Kriegserlebnisse und berichteten über die Kampfmethodik. Obwohl diese Geschichten zum großen Teil ihre eigenen waren, präsentierten sie sie als Legenden oder Überlieferungen ihrer Vorfahren, um sich auf diese Weise Schutz vor eventuellen Racheakten zu verschaffen und als Kämpfer anonym zu bleiben.

Da sich der Bedarf an Kämpfern in Friedenszeiten verringerte, wurde das Kampfwissen folglich nicht gebraucht und die Kämpfer betätigten sich überwiegend für die allgemeine Sicherheit oder als Dienstpersonal. Das Fortbestehen der Kampfmethodik und Kampferlebnisse in Legenden und Sagen verlagerte sich in bestimmtem Umfang vom eigentlichen Kriegsschauplatz hin zu künstlerischen Darbietungen bei kulturellen Veranstaltungen. Die versuchte Darstellung des ursprünglichen Kampfes und der gewonnenen Erkenntnisse war dabei selbstverständlich an die Interpretationen der jeweiligen Zuschauer gekoppelt, woraus sich die Entstehung einer sehr außergewöhnlichen und schier magischen Kampfmethodik erklären lässt. Die Unwissenheit und das Unverständnis der Zuschauer über die Geschehnisse der Vergangenheit brachten somit noch heute bestehende Legenden über wundersame und übernatürliche Kampfkraft hervor.

Die Auswanderer, die nach Beteiligung an den Zugehörigkeitskriegen weiter nach Süden zogen, hatten sich in den neuen Gebieten natürlich auch mit den dort lebenden Einwohnern auseinanderzusetzen, sofern diese bewohnt waren. Um ihren eigenen neuen Lebensraum zu schaffen, brach für sie in aller Regel unmittelbar der nächste Eroberungskrieg aus. Die ständigen Auseinandersetzungen und Erlebnisse setzten speziell für die auswandernden Taad-Kämpfer das Prinzip der Stärke durch, was zur Bildung einer dominanten Kampfmethodik nach chinesischem Vorbild führte. Diese auf den schnellen Sieg ausgerichtete Methodik wurde in späteren Zeiten für den Aufbau der militärischen Kampfmethode benutzt, bei der es sich speziell um Kampfaktionen handelte, die durch eine einheitliche Angriffsmethodik gekennzeichnet waren, welche nach Waffengattungen geordnet und gruppenweise ausgeführt wurden. Die Methodik favorisierte Härte und Schnelligkeit in Verbindung mit einer vorwärts gerichteten Ausführung wie der japanische Angriffscharakter der Kamikaze. Die Bewaffnung dieser Taad-Kämpfer bestand hauptsächlich aus einem Dab mit auffällig breiter Schwertklinge und einem etwas kürzeren Griff. Die typische Schlagmethodik war eine doppelte Kreisbewegung, die in Form einer Acht durch endloses Überkreuzen immer wieder ausgeführt wurde, um sich im Vorwärtsgang gegen den Gegner zu bewegen und in diesen hinein.

Nach den Zugehörigkeitskriegen veränderten sich die Lebensgewohnheiten auch für die Freikämpfer, und damit auch die Entwicklung ihrer Kampfmethodik. Als Söldner gehörten die kriegerischen Auseinandersetzungen der Zugehörigkeitskriege zu ihren persönlichen Umständen, ihrem Lebensraum und zu ihren Gewohnheiten. Die Differenzen ab Ay Lauw führten insgesamt zu einer Vergrößerung der chinesischen Gebiete sowie einer Auswanderung der Thai in immer neue Regionen. Dadurch befand sich ihr Lebensraum zwangsläufig immer wieder in den kontrollierten Grenzbereichen zwischen Thai und Chinesen, wo sie ihrem Beruf nachgehen und für ein Auskommen sorgen konnten.

Die Natur des Krieges

Die großen Kriege der asiatischen Geschichte waren fast alle Zugehörigkeitskriege. Ihre Logistik und Umsetzung ist in der Moderne kaum vorstellbar, ebenso wenig wie diese Kriege ausgetragen wurden, da sich so gut wie alle Umstände verändert haben. Die Kriege verliefen trotz eines sehr langen Zeitraums und mit variierenden Kriegsparteien nach einem bestimmten Schema, das für nahezu 2000 Jahre aufrechterhalten wurde und zumindest für die Thai erst nach der Epoche von Nanjauw seine Gültigkeit verlor.

Die Mobilisierung und Zusammenstellung der Kampftruppen erfolgte im Kriegsfall oder für ein bestehendes Vorhaben durch einen Aufruf des Kriegsherrn, der an die Herrschaftsfamilien der Taad-Kämpfer weitergeleitet wurde. Die Herrschaftsfamilien übergaben ihre Taad dann für eine befristete Zeit in die Obhut des Kriegsherrn oder militärischen Oberbefehlshabers. Dafür zahlte der Kriegsherr eine Aufwandsentschädigung oder Vergütung, die ausschließlich an die Herrschaftsfamilie ging. Ein Taad konnte durch den Kriegsherrn auch abgelöst werden. Durch die Ablösung (Bplien Nay), bei der es sich üblicherweise um eine Schenkung handelte, wurde der Taad von den Verpflichtungen gegenüber seiner Herrschaft entbunden und wegen seiner Verdienste im Kriegseinsatz entweder gänzlich freigelassen oder er wechselte zu seiner neuen Herrschaft, der Familie des Kriegsherrn. Diese Möglichkeit war zwar als Verdienst gemeint, in der Praxis erzeugte sie jedoch einen sehr hohen psychischen Druck auf die Taad. Der Wechsel zu einer neuen Herrschaft riss nicht nur den betroffenen Taad-Kämpfer aus seinem gewohnten Umfeld, sondern auch dessen Familie. Somit änderte sich schlagartig ihr gesamtes soziales Umfeld, ihre freundschaftlichen Beziehungen wurden gekappt und sie begaben sich in eine neue, unbekannte und ungewisse Lebenssituation. Auch für den Kriegsherrn bedeutete dies interne Umstellungen und eine zusätzliche Belastung. Daher galt die Ablösung eher als eine Option, als dass daraus eine ernsthafte Regelung entsprang. Ähnlich dramatisch verhielt es sich im Falle der Freiheit für den Taad. Durch die plötzliche Unabhängigkeit entstand auf einmal ein Gefühl, nicht überlebensfähig zu sein, vergleichbar mit einem in freier Wildbahn ausgesetzten Haustier. Daher meldeten sich die meisten Taad nach ihrer Entlassung in die Freiheit freiwillig zurück oder baten ihre alte Herrschaft, sie erneut als Taad zu beschäftigen. Manche Taad nahmen die ausgesprochene Freiheit erst gar nicht an, was für den Kriegsherrn natürlich nur gut war. Durch diese Umstände war die Förderung der Kampffähigkeit der Taad letztendlich eine sehr unfreie Angelegenheit, da sie lediglich auf die Bedürfnisse und das Interesse ihrer Herrschaft ausgerichtet und durch sie eingeschränkt war.

Eine typische Kampfmethodik von heute, die aus der Zeit der Taad stammt, findet sich in einigen professionellen Muai-Camps, bei der im Wesentlichen der eingesetzte Kraftaufwand anstelle der benutzten Technik während der Kampfaktion ausschlaggebend ist. Dabei liegt das Hauptaugenmerk aber mehr auf der Nachahmung als der eigenständigen Entwicklung und entspricht dem typischen Charakter der Taad mit einer stark ausgeprägten Mitläufermentalität.

Aus heutiger Sicht ist der damalige Krieg mit all seinen Aspekten und in seinem Ausmaß kaum vorstellbar. Die Gegebenheiten sowie die Notwendigkeiten und Probleme sind bis auf wenige Ausnahmen unbekannt und nicht erhalten geblieben. Eine Truppenbeschreibung aus dem Jahr 110 v. Chr. gibt Aufschluss über die damalige Kriegsführung und die Umstände, wie sie während der Zugehörigkeitskriege herrschten. Im Rahmen der Kriegsvorbereitungen wurden zuerst die Dinge organisiert, die den alltäglichen Bedarf der Kampftruppe gewährleisteten. Dazu gehörten die Nahrungsversorgung, der Aufbau von Unterkünften, die Sicherstellung des Sanitärbedarfs und auch die strukturelle Organisation der Truppen. Die Truppen setzten sich aus kampfbereiten Soldaten zusammen, die in Abhängigkeit der erforderlichen Anzahl Pahuyuth-Kämpfer, also Freikämpfer, Taad-Kämpfer und auch reguläre Soldaten waren. Die jeweilige Größenordnung der Kampftruppen brachte gleichsam auch ein enormes logistisches Problem mit sich, bevor das eigentliche Kriegsziel überhaupt anvisiert, geschweige denn durchgesetzt werden konnte. Da die Fähigkeit zur Konservierung von Lebensmitteln bei den Chinesen weit ausgeprägter war als bei den Thai, ergab sich für sie auch eine wesentlich bessere Versorgung. Auch aus diesem profan erscheinenden Grund war die militärische Struktur der Thai eher auf eine Verteidigung vor Ort ausgerichtet, als auf einen Angriff in fremdem Territorium.

Eine Kriegstruppe der damaligen Zeit konnte allgemein in drei große Truppen bzw. Truppenteile unterschieden werden. Die vordere Kriegstruppe (Tap Nah) hatte die Aufgabe das Truppenlager und die dazugehörige Versorgung bereitzustellen und zu sichern. Der Überlieferung nach entsprach der Abstand der vorderen Truppe zur Haupttruppe (Tap Loung) ungefähr der Strecke eines dreitägigen Fußmarsches. Zur Absicherung der Versorgung tauschten die Tap Nah Nahrungsmittel bei den einheimischen Bauern gegen Gold oder andere Edelsteine. Für den Fall, dass das angestrebte Gebiet freiliegend oder in zu großer Entfernung zu Ansiedlern war, wurden Bauern dorthin entsandt, die dort neu zu siedeln und die benötigten Nahrungsmittel wie Reis und Gemüse vor Ort anzupflanzen und zu konservieren hatten. Da dies natürlich viel Zeit in Anspruch nahm, wurde der bevorstehende Kriegsausbruch in aller Regel schon frühzeitig bekannt gegeben. Eine zur Tap Nah gehörende Schutztruppe bewachte anschließend die konservierten Nahrungsmittel und bot gleichzeitig Schutz für die Bauern. Parallel dazu kundschafteten sie den Stand der gegnerischen Vorbereitungen aus.

Die Versorgungskapazität war maßgeblich für die Zusammenstellung der Tap Loung. Es war durchaus möglich, dass sich der Aufmarsch der Tap Loung wegen unzureichender Versorgung verzögerte oder erst gar nicht stattfand. In einem solchen Fall wurden die schon zur Versorgung gesammelten Güter für den Tauschhandel in der nächsten Stadt freigegeben.

Die Bauern, die bis dahin mit der Bereitstellung der Nahrungsgüter beschäftigt waren, hatten dadurch eine neue Heimat gefunden und wurden dauerhaft ansässig, sofern es sich nicht um angehörige der Taad handelte. Die Tap Loung als eigentliche Kampftruppe des Kriegseinsatzes setzte sich aus verschiedenen Gruppen zusammen,

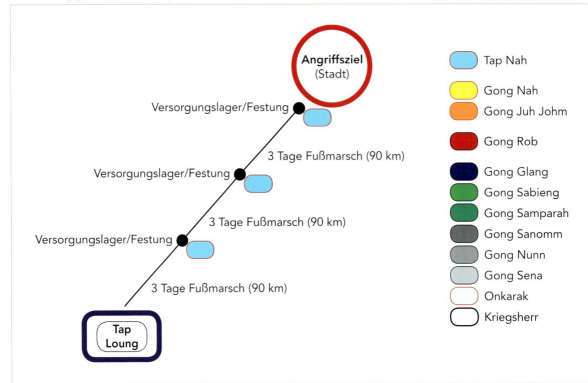

Truppenaufstellung um 110 v. Chr.

Um das jeweilige Kriegsziel durchzusetzen, stellte die vordere Kriegstruppe (Tap Nah) die Versorgung der Haupttruppe (Tap Loung) sicher. Anderenfalls verzögerte sich der Aufmarsch der Tap Loung auf unbestimmte Zeit. Die Haupttruppe bestand aus verschiedenen Truppen und war je nach Kriegsherr und Kriegsziel unterschiedlich strukturiert. Dabei konnte sowohl das Verhältnis der Gong Nah und der Gong Juh Johm als auch die intern aufgeteilt waren. Die Sturmtruppe (Gong Juh Johm) bestand größtenteils aus erfahrenen Kampfsoldaten, darunter viele Freikämpfer, die sich aus Loyalität bereiterklärten, für das Land zu kämpfen. Andere Gruppen bestanden aus ausländischen Söldnern (Tahan Rabjang) und den geringeren Anteil bildeten Sklavenkämpfer (Tahan Taad). Die Vorhut (Gong Nah) der Haupttruppe war dafür vorgesehen, die Kampfkraft und die Moral der gegnerischen Truppe bei der ersten Begegnung so weit wie möglich zu zerstören. Ihre Operationsreichweite ergab sich durch die Entfernung eines siebentägigen Fußmarsches zur Haupttruppe. Sie sollten die gegnerischen Truppen schwächen und öffnen, um den gegnerischen Kämpfern eine Fluchtmöglichkeit zu offerieren und dadurch auch unnötige Verluste auf beiden Seiten zu vermeiden bzw. zu verringern. Die Truppe hatte sich selbst zu versorgen und war somit auf sich allein gestellt. Ihrem Führer oblagen alle Entscheidungen, die Angriffszeit, die Übernachtungen und auch die Kampftaktik zur Erfüllung seines Aufgabenziels. Für die Verbindung zur Haupttruppe, beispielsweise zur Übermittlung von Lageberichten, verfügte die Gong Nah über zwei Pferde. Einer der Reiter war im Besitz der zu überbringenden Information und der andere sollte ihn schützen oder seine Aufgabe bei Schwierigkeiten oder dessen Tod übernehmen. Im Allgemeinen hatte die Gong Nah eine hohe Kampffähigkeit, ähnlich einer

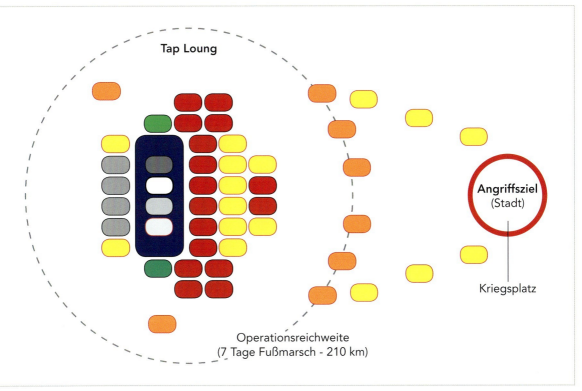

die grundsätzliche Aufstellung variieren. Im Allgemeinen hielten sich die zur Tap Loung gehörenden Truppen maximal in einem Abstand von etwa sieben Tagesmärschen zur Gong Glang auf, bis sie das Kriegsziel erreicht hatten und die eigentlichen Kriegshandlungen auf dem Kriegsplatz begannen.

heutigen Spezialeinheit oder schnellen Eingreiftruppe und wurde in der Mehrzahl aus Freikämpfern aufgestellt. Dadurch konnte sie den Ausgang des Krieges unter Umständen entscheidend beeinflussen oder sogar dessen Ende herbeiführen. Aufgrund dieser Tatsache war es für die Gong Nah nicht ungewöhnlich, auf gleichwertige gegnerische Truppen zu stoßen; der hohe Verschleiß und mögliche Verlust des Lebens gehörte für sie zur Normalität. Die Kriegstaktik beinhaltete, dass die Gong Nah durch ihren ersten Angriff das bestehende Kriegsrisiko für beide Seiten abschätzte, um dem Kriegsherrn die Möglichkeit einer Kapitulation oder eines risikolosen Rückzuges der Haupttruppe zu eröffnen. Die Kampfmethodik der Gong Nah beruhte auf einzeln operierenden Kämpfern, die sich darauf spezialisiert hatten, allein auf mehrere Gegner zu stoßen und meist mit Schwert und Messer bewaffnet waren. Ferner waren sie in der Lage, im freien Dschungel zu überleben und sich vor als auch nach der Angriffsaktion zurechtzufinden, anders als der Großteil der Bevölkerung. Da die Freikämpfer über ein entsprechendes Wissen verfügten, konnten sie Kräuter und Heilpflanzen vor Ort auffinden und Verletzungen oder Erkrankungen selbst behandeln. Nach der Erfüllung ihres Auftrags warteten sie das Eintreffen der Pioniere der Haupttruppe in der umliegenden Umgebung ab und verstärkten sie oder schirmten diese während eines nötigen Rückzuges ab. Die eigentliche

Haupttruppe (Gong Glang) der Tap Loung ließ nach ihrer Ankunft am Ziel zuerst ein provisorisches oder befestigtes Lager für die Versorgung und die Unterkunft des Kriegsherrn durch eine Versorgungstruppe (Gong Sabieng) aufbauen. Die Versorgung kam direkt durch die Tap Nah zustande, die die Gong Sabieng belieferte. Der Abstand zwischen dem Lager der Haupttruppe und der gegnerischen Stadt betrug nach Überlieferungen ungefähr zwei bis drei Kilometer. Da die Aufstellung der Haupttruppe von dem jeweiligen Kriegsherrn abhängig war, unterschied sie sich von Truppe zu Truppe. In der Regel bestand sie aus der Kampftruppe (Gong Rob), der Begleitschutztruppe (Ongkarak), der Truppe mit dem Dienstpersonal und den Begleiterinnen (Gong Sanomm), zum Teil Hofdamen, der Truppe der Versorgungsträger (Gong Samparah) sowie der Transporttruppe für den Bedarf des Kriegsherrn. Zusätzlich wurde die Haupttruppe durch eine Verwaltungstruppe (Gong Sena, Gong Nunn) als Sondereinheit begleitet, die generell zur gesamten Kriegstruppe gehörte. Die Tap Loung benutzten für ihre Kriegsmethodik einzelne kleinere Gruppen bestehend aus verschiedenen Einheiten, die mit einer bestimmten Anzahl an Soldaten und Kämpfern ausgestattet waren. Nur bei einer direkten Beteiligung des Kriegsherrn auf dem Kriegsplatz (Sanam Rob) erhöhte sich die Anzahl der Kämpfer durch die anwesende Begleitschutztruppe. Die Gong Sanomm waren wie auch die Gong Samparah nicht an den eigentlichen Kriegsaktionen beteiligt, sondern hielten sich für die Entspannung und den Komfort der Kämpfer in der jeweiligen Festung oder dem Lager auf. Bei einer erfolgreichen Übernahme der Stadt durch die Truppen konnte die Gong Sena die notwendigen Verwaltungsaufgaben dieser direkt weiterführen und den Kriegsherrn über die weitere Vorgehensweise beraten. Die Aufstellung für die Verteidigung war in identischer Art und Weise strukturiert. Vor der eigentlichen Kriegshandlung berieten sich beide Parteien über die Absicht und ihren jeweiligen Standpunkt, meistens in einem neutralen Bereich wie der Mitte zwischen Stadt und Kriegslager. Dabei kam es häufig schon im Vorfeld zur Kapitulation einer Partei, die eine kriegerische Auseinandersetzung hinfällig machte. Einigte man sich nicht, lag die meistverbreitete Kampfstrategie in der Belagerung der gegnerischen Stadt sowie der Blockade der Versorgungswege. Der Kriegsherr bezog sein provisorisches Quartier und wartete die gegnerische Kapitulation ab. Die Auseinandersetzungen erfolgten durch die gegenüberliegende Aufstellung beider Kampftruppen auf einem neutralen Kampfplatz ungefähr mittig zwischen Stadt und Lager. Die Kampfhandlungen wurden unterbrochen, sobald sich eine der beiden Kriegsparteien in ihre Festung zurückzog oder die Dämmerung eintrat. Nach einer Unterbrechung war es die Aufgabe der Gong Samparah, im Schutz der Dunkelheit die Verletzten und Toten zu bergen, die herumliegenden Waffen einzusammeln und die Gefallenen am nächsten Tag schnell zu beerdigen. Durch die Kriegskultur dieser Zeit hielten beide Kriegsparteien nach einer Unterbrechung einen Waffenstillstand ein. Es ist überliefert, dass damals nur bei Tageslicht gekämpft wurde, obgleich diese Regelung nur für die Tap Loung und den Hauptkrieg galt. Die Formierung der Kampftruppe und ihr taktisches Vorgehen wurden in Abhängigkeit der verfügbaren Truppenteile täglich neu festgelegt. Kampfunfähige, nicht ums Leben gekommene Soldaten hielten sich in der Stadt oder im Lager auf, je nachdem welcher Kriegspartei sie angehörten. Damit die Ausfälle die Truppenstärke nicht schwächten, übernahmen Kämpfer aus der dritten und letzten großen Truppe (Tap Rang) die Positionen ihrer verletzten oder getöteten Kameraden. Die Tap Rang bestand überwiegend aus Angehörigen der Taad oder aus sonstigen, verhältnismäßig unerfahrenen und erst spät rekrutierten Kämpfern. Oft gab es auch unerfahrene Verwandte von hochgestellten Persönlichkeiten in dieser höchst selten eingesetzten Truppe, die einfach nur dabei sein wollten.

Nachdem die kriegerischen Auseinandersetzungen beendet waren, führte der Kriegsherr das so genannte Entlassungsritual (Ploy Suek) durch. Dieser Akt war eine öffentliche Anerkennung und Belohnung für die Kämpfer, vergleichbar mit einer militärischen Auszeichnung für ihren Einsatz im Krieg. Reguläre Soldaten erhielten häufig eine Auszeichnung oder wurden befördert, die verbliebenen Söldner wurden ausbezahlt und aus dem Dienst entlassen. Für die Taad ergaben sich in Abhängigkeit der Umstände mehrere Alternativen. Durch das Ploy Suek hatten sie die Möglichkeit, ihren Taad-Status zu beenden und als reguläre Soldaten in der Armee zu verbleiben. Dies war oftmals dann der Fall, wenn ihre vorherige Herrschaft durch den Krieg ums Leben kam. Sie hatten auch die Wahl, ihre Herrschaft zu wechseln, um unter der neuen Herrschaft innerhalb des Militärs zu verbleiben. Gelegentlich änderte sich für sie auch nichts, dann bekam lediglich ihre Herrschaft eine Belohnung in Form von Geld oder Edelsteinen, die in aller Regel nach den Umständen und dem Ermessen des Königs verteilt wurden. Für die Freikämpfer verhielt es sich anders. Da ihre Beteiligung am Krieg im Normalfall auf ihrer Loyalität beruhte, wurde im Vorfeld auch keine Aufwandsentschädigung vereinbart. Bekamen sie dennoch eine Belohnung, geschah dies frei nach Belieben des Kriegsherrn. Da die Freikämpfer meist kein Interesse daran hatten, im Kriegsdienst zu verbleiben, baten sie normalerweise um ihre Entlassung.

Die allgemeinen Umstände innerhalb der Gesellschaft sind aus heutiger Sicht kaum zu begreifen. Die Zustände, die zu Zeiten des Krieges geherrscht haben, seine Dauer und auch seine Konsequenzen führten besonders während der Zugehörigkeitskriege zu einer alltäglichen Normalität, die in keiner Weise mit unserer heutigen verglichen werden kann, ebenso wenig wie das Selbstverständnis der Menschen dieser Zeit. In der Zeit von etwa 500 v. Chr. bis zum Beginn des Reiches Nanjauw herrschte in großen Teilen Zentralasiens und auch Südostasiens ein nahezu ununterbrochener Kriegszustand. Chinesische Schriften bezeichnen diese Zeit auch als die der kriegerischen Reiche und Eroberungen. Die Eroberungskriege bezogen sich nicht allein auf den einzunehmenden Lebensraum der verfeindeten Volksgruppen, sondern hatten einen heute völlig fremd anmutenden Hintergrund, nämlich die Notwendigkeit eines Auskommens zum Überleben durch eine kriegerische Betätigung. Die Auseinandersetzungen stellten ein bedeutendes Instrument für die grundsätzliche Regierbarkeit der Menschen dar, sodass sowohl der Grund für den Krieg als auch sein Ausgang nicht als primäre Aspekte der Wirklichkeit angesehen wurden, und schon gar nicht von der breiten Masse. Krieg stellte eine Normalität dar, mit der man lebte und durch die man das Leben erhalten konnte.

Die Chinesische Mauer

Obwohl sich die Thai-Gruppierungen im Verlauf der Geschichte immer weiter nach Süden bewegten, waren über das gesamte chinesische Gebiet immer noch einzelne Gruppierungen verteilt, die sich eindeutig als Thai identifizierten. So bestanden auch kurz vor der Wende zum ersten Jahrtausend weiterhin Allianzen an den nördlichen Grenzen des eigentlich chinesischen Reiches, wo die Thai als Verbündete der Chinesen gegen die Stämme der Zong Nuh zu Felde zogen. Der Bau der Chinesischen Mauer, deren Anfänge etwa in dieser Zeit liegen, ist aus der Sicht des Pahuyuth ebenfalls ein Indiz für die unterschiedlichen Sichtweisen zwischen Thai und Chinesen. Über den genauen Beginn sind sich indes nicht alle Historiker völlig einig; manche datierten Abschnitte der Mauer auf etwa 500 v. Chr., andere hingegen gehen davon aus, dass die ersten Teile zwischen der Bucht des Sees Pe Ji Lhie und der Sandwüste Ging Gang Zug erst 214 v. Chr. durch den ersten chinesischen Kaiser Jin Zi Hong Taeh (Qin Shi Huangdi, Qin Shihuangdi) erbaut worden sind. Hauptsächlich sollten durch den Bau der Mauer die Reiterstämme Zong Nuh aus dem Norden aufgehalten werden, wodurch sie einer Verteidigungsfestung glich. Alle südlich der Mauer lebenden Anwohner wurden zu der Zeit als die eigentlichen Chinesen betrachtet.

In den folgenden Zeitabschnitten wurde die Mauer immer weiter ausgebaut und gilt heute unumstritten als eines der monumentalsten Bauwerke der Erde. Ob sie tatsächlich als Schutz gegen angreifende Stämme aus dem Norden dienen sollte, bleibt dahingestellt, denn sie hätte durchaus überwunden werden können. Die Vermutung liegt nahe, dass die Bedeutung der Mauer eher als Machtdemonstration und Ausdruck eines chinesischen Statussymbols zu verstehen war, denn die Taktik der chinesischen Kriegsführung beruhte überwiegend auf Abschreckung. Im Bereich des Grenzgebietes zwischen ansässigen Thai und Chinesen wurde im chinesischen Reich um 136 v. Chr. von Kaiser Buh Thie auch Krieg gegen die Stämme der Zong Nuh geführt, der zu erneuten Konflikten zwischen den Gruppierungen führte. Es wird erwähnt, dass die Vertreibung der Zong Nuh bis 121 v. Chr. andauerte, wonach die verbliebenen Stämme nach Turkestan auswanderten.

Chinesische Mauer

Der Einfluss der buddhistischen Lehre

Vereinzelte Thai-Gruppierungen bewohnten immer noch ganz China, die teilweise autonom durch eigene Stadtkönige regiert wurden und mit den Chinesen im Streit lagen. Weiter südlich, im eigentlichen Ballungsgebiet der Thai, kam es nach wie vor zu Auseinandersetzungen mit den Chinesen, bei denen die Thai um 108 v. Chr. Teile des heutigen Sichuan verloren, was eine größere Wanderung gen Süden in die nördlichen Teile von Yunnan auslöste. Zu den Bewohnern Yunnans zählten die Volksstämme der Miew, Jauw, Kah, Ga Rieng und Lah Wah, die wegen ihres nicht vorhandenen oder stark unterlegenen Widerstandes den Einzug der Thai nicht verhindern konnten. Sie wurden schließlich als Thai-Bevölkerung in ihr eigenes Gebiet integriert. Die alte Stadt Tien, die von den Thai besiedelt wurde, entwickelte sich zur neuen Hauptstadt und sollte einige hundert Jahre später eine bedeutende Rolle für das Reich Nanjauw spielen. Das besiedelte Gebiet, in dem Tien lag, wurde Taehn oder auch Ay Lauw genannt und bedeckte Teile des heutigen Yunnan und wahrscheinlich auch die westlichen Ausläufer Guizhous, aus dem die Thai-Gruppierungen nach den verlorenen Auseinandersetzungen im Gebiet Hunan kamen.

Taehn wurde von König Kun Mueang ab 122 v. Chr. regiert. Zu dieser Zeit interessierte sich der chinesische Kaiser Buh Thie sehr für die buddhistische Lehre der Thai, die in Taehn lebten. Die ursprünglich aus Indien stammende Lehre war offiziell noch

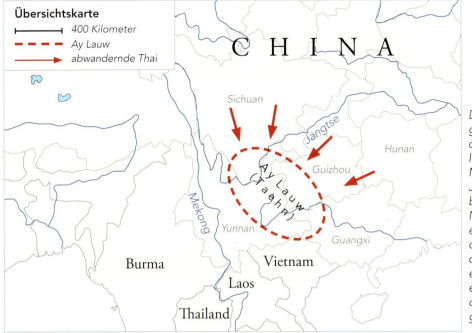

Ay Lauw

Das Reich Ay Lauw gilt als Vorläufer des späteren legendären Reiches Nanjauw. Um die Jahrtausendwende bis zum Reich von Nanjauw um 650 erlebte der Einsatz des Pahuyuth durch die Freikämpfer eine Blüte, obwohl es schon stark in den Hintergrund gerückt war.

nicht verbreitet, durch die fehlenden Landesgrenzen aber innerhalb der Bevölkerung teilweise bekannt und bis nach Taehn vorgedrungen. Mit zum Teil politischer Motivation beauftragte Kaiser Buh Thie im Jahr 110 v. Chr. eine Delegation von hohen Beamten nach Indien zu reisen, um Informationen über den Buddhismus einzuholen. Auf ihrem Weg mussten die chinesischen Beamten Taehn durchqueren und bekamen so den Auftrag, bei dieser Gelegenheit die herrschenden Umstände der Thai auszuspionieren. Als Kun Mueang jedoch davon erfuhr, untersagte er der Delegation die Durchreise. Buh Thie reagierte darauf mit Verärgerung, führte aber erst zehn Jahre später wegen der Zurückweisung einen offenen Krieg gegen die Thai, der Sieg und Niederlage auf beiden Seiten brachte und sich insgesamt über 13 Jahre erstreckte. Da die Chinesen über gewaltige Streitkräfte verfügten und in der Anzahl den erfahrenen Kämpfern der Thai überlegen waren, hatten diese schwere Verluste und Gebietseinbußen hinzunehmen. Schließlich endete der Krieg 97 v. Chr. durch die Kapitulation der Thai, da es ihnen schlicht an Soldaten mangelte und sich viele verbliebene Kämpfer den Chinesen unterordneten. Durch die großen Verluste der Thai während dieses Krieges begann eine weitere große Abwanderung in südliche und vor allem auch westliche Richtung. Das ehemalige Gebiet Taehn (Ay Lauw) wurde zweigeteilt und in Yie Shoh und Yie Jauw umbenannt, um einen eventuellen Widerstand abzuschwächen. Beide Gebiete wurden

Anfang des 1. Jahrtausends, als die Chinesen die buddhistische Lehre aus Indien nach China holen wollten und dazu das Gebiet Ay Lauw zu durchqueren hatten, gab es erneut schwere Auseinandersetzungen zwischen Thai und Chinesen, die weitere Wanderungen nach Westen und Süden zur Folge hatten.

fortan von hohen chinesischen Beamten als Stadtoberhäupter regiert. Die ehemaligen Bewohner der nördlichen Gebiete erhielten die Bezeichnung Nguh Ay Lauw und die der südlichen Gebiete Ay Lauw. Die Abwanderung der Thai hatte ihren Höhepunkt zwar kurz vor ihrer Kapitulation, doch emigrierten sie auch unabhängig von den Auseinandersetzungen. Die Wanderungen erfolgten in die Bereiche des Flusses Maeh Nam Kong (Mekong), in das Gebiet des Maeh Nam Giev zwischen dem heutigen Thailand und Laos sowie in das heutige Myanmar nördlich des heutigen Thailands und des Flusses Maeh Nam Satong, westlich des Mekong.

In den Überlieferungen über das thailändische Königreich Chang Kieng wird erstmals von einer offiziellen Berührung zwischen der buddhistischen Lehre und den Thai nach der Zuwanderung in diese Gebiete berichtet. So auch, dass König Chang Kieng im Jahre 19 aus Überzeugung einen buddhistischen Tempel erbauen ließ, um die Lehre für alle zugänglich zu machen. Durch ihre einhergehende Verbreitung innerhalb der Bevölkerung fanden sich nach und nach immer mehr Anhänger unter den Thai und es entstand ein menschlich und gesellschaftlich engeres Verhältnis. Diese Veränderungen der Thai-Gesellschaft betrachteten die Chinesen, die in diesen Gebieten schon vor den Wanderungen der Thai gelebten hatten, als eine indirekte Besetzung und Gefahr ihrer eigenen Struktur. Der neue Zusammenhalt durch den Buddhismus erschien ihnen mit der Zeit immer bedrohlicher, sodass das Königreich Chang Kieng abgesetzt und im Jahre 20 durch das neue Königreich Pay Yai abgelöst wurde. Den Verlust ihres Königreiches Chang Kieng führten viele Thai auf die buddhistische Lehre zurück, woraufhin ihre Spuren zerstört wurden. In chinesischen Erzählungen wird erwähnt, dass eine Minderzahl thailändischer Anhänger des Buddhismus in Richtung Burma außerhalb von Ay Lauw auswanderte und dass einige chinesische Anhänger innerhalb des Gebietes ihre Unruhe und ihren Widerstand gegen das chinesische Kaiserreich Buh Hong Teh bis in das Jahr 36 beibehielten und danach aufgaben. Erst circa 58–59, nachdem Buh Hong Teh durch Han Meng Teh abgelöst wurde, sandte dieser erneut eine Delegation nach Indien, um den Buddhismus offiziell nach China zu bringen. Die Verbreitung der buddhistischen Lehre war aber nicht nur auf das chinesische Reich begrenzt, auch die im besetzten Ay Lauw lebenden Thai bestätigten die Annahme des Glaubens offiziell im Jahr 69.

Ursprünglich war die buddhistische Lehre nur ein aus Verhaltenshinweisen bestehender Wissensbereich, der über die Ursachen menschlicher Leiden auf der Grundlage eigener Selbsterfahrungen aufklärte. Die Lehre etablierte sich mit ihrer Verbreitung einfach als Buddhismus. Er geht auf Siddhartha, den Sohn eines indischen Stadtoberhauptes, circa 543 v. Chr. zurück. Angeblich hatte ihn seine Mutter im Stehen geboren, wobei sie sich mit der Hand an einem Baum festhielt. Unmittelbar nach seiner Geburt soll er sieben Schritte gegangen sein, die von Blüten der Wasserrose aufgefangen wurden. Das allgemeine Verständnis der Menschen interpretierte dies als Ankunft eines höheren Wesens in menschlicher Gestalt, das einen Weg der Erleuchtung auf irdischer und menschlicher Ebene verkündete. Für viele moderne Menschen ist diese Darstellung übertrieben, nicht nachvollziehbar und grenzt an das Übernatürliche, weshalb sie Ablehnung empfinden. Eigentlich gibt es keinen direkten Zusammenhang zwischen der buddhistischen Botschaft und einer überirdischen Göttlichkeit, wie sie in vielen anderen Glaubensrichtungen vorhanden ist. Daher wurde und wird der Buddhismus auch nicht als Glaubensrichtung oder Religion aufgefasst, die eine göttliche Botschaft beinhaltet, sondern als Lehre. Das Spektrum der speziell mit übernatürlichen Fähigkeiten in Verbindung gebrachten Angaben unterscheidet sich dabei erheblich in den verschiedenen Überlieferungen. Während manche Schilderungen die Göttlichkeit in den Vordergrund stellen, beziehen sich andere wiederum stärker auf die Sichtweisen, die sich für jedermann durch Logik nachvollziehen lassen, um somit das eigene Wissen zu vergrößern, anstelle den reinen Glauben zu festigen.

Siddhartha wuchs als normaler Mensch in der gehobenen Gesellschaftsklasse auf. Bereits im Kindesalter beschäftigte er sich hin und wieder mit Ereignissen und Phänomenen des menschlichen Lebens, fragte nach deren Bedeutungen und suchte Erklärungen. Als er erwachsen war, gründete er eine Familie, und seine Frau gebar ihm ein Kind. Durch die Geburt seines Kindes erkannte er die unabdingbare Vergänglichkeit des Lebens sowie aller Dinge und verstand den Prozess vom Leben bis zum Tod. Und ihm wurde klar, dass er nach dem Grund und der Erklärung dafür auf sich allein gestellt war und fernab von seiner Familie und der Gesellschaft zu suchen hatte. So begann er, indem er seine Familie verließ, als Mittelloser den Weg seiner Selbsterfahrung zu beschreiten und begab sich sozusagen in einen Zustand, der in der gesellschaftlichen Ordnung nicht existierte. Der Weg der buddhistischen Lehre beginnt deshalb auch für jeden Gläubigen mit einer Distanzierung bzw. dem Verzicht auf das gesellschaftliche Leben. Dies soll Siddhartha sinngemäß mit folgenden Worten an seine Gläubigen bekundet haben: „Um meinem Weg zu folgen, beginnt damit, Haare und Augenbrauen zu rasieren, um dem Reiz der Gesellschaft zu entsagen. Tragt Gewänder in der Farbe des Baumharzes, um gleicher Gesinnung zu sein."

Für die Gläubigen, die den Buddhismus leben und an ihm teilnehmen, ist der Verzicht auf gesellschaftlicher Ebene obligatorisch. Die gesellschaftliche Überlassung erzeugte parallel zu den glaubensrelevanten Veränderungen in der Gesellschaft jedoch auch einen Nährboden für machtmotivierte Bestrebungen und somit auch optimale Umstände für Eroberungen. Die grundsätzliche Verhaltenslehre des Buddhismus zielt auf Harmonie und inneres Gleichgewicht ab, das durch die aus der vorangegangenen Existenz resultierende Akzeptanz der gegenwärtigen Lebensumstände erreicht wird. Die gegenwärtige Existenz ist dennoch ausschlaggebend für die Reinkarnation sowie die daran gekoppelte künftige Existenz. Somit geht es darum, eine vorhandene Altschuld aus vergangenen Existenzen gegenwärtig zu begleichen und keine neue Schuld durch alltägliche Handlungen zu erzeugen. Dieser Ansatz führt zu einer charakteristischen Lebensart, die in Bezug auf gesellschaftliche Macht und Eroberungen von ausgeprägter Inaktivität gekennzeichnet ist, durch die die Gläubigen sehr anfällig für die chinesische Eroberungspolitik waren, selbstverständlich auch auf diplomatischer Ebene. Da die Anhänger des Buddhismus nicht auf Eroberungen aus waren, kam es konsequent zu einem verstärkten Einzug der Chinesen in das Reich Ay Lauw.

Schon seit Beginn der buddhistischen Zeitrechnung (543 v. Chr.) existierten zwölf Untersagungsgründe, die einen Zugang zum Buddhismus als Mönch verweigerten.

Untersagungsgründe
– Jünger als 20 Jahre
– Zwei Geschlechtsteile
– Kriminelle Handlungen gegen weibliche Mönche
– Bekenntnis zur Homosexualität
– Angehöriger einer anderen Religion oder Umsteiger
– Mord an der Mutter
– Mord an dem Vater
– Mord an einem Mönch
– Mord an einem Glaubenslehrer des Buddhismus, Schändung einer buddhistischen Skulptur oder Abbildung
– Eine blutige Verletzung an einem buddhistischen Gläubigen, gleichbedeutend mit Skulptur- oder Zeichnungsschändung
– Streitanstiftung oder Beleidigungen innerhalb der Mönchsgesellschaft
– Entfernung des Geschlechtes (Eunuch)

Dadurch, dass der Buddhismus für die Thai seit geraumer Zeit die Hauptreligion darstellt, hat er das gesellschaftliche Leben und die Entwicklung des Volkes zwangsläufig in fast allen Bereichen beeinflusst und gesteuert. Gelegentlich führten der Ursprung für die Zurückhaltung gegenüber der Gesellschaft und die Suche nach Erleuchtung irrtümlich auch dazu, dass der Beitritt zum Buddhismus als Mönch missbraucht wurde, da der Glaube als Zwielichtzone und Zufluchtsort abseits der gesellschaftlichen Ordnung existierte, woraufhin die Untersagungsgründe als Barriere des Staates erlassen wurden.

Nach seiner Entscheidung, auf ein aktives Gesellschaftsleben zu verzichten, begab sich Siddhartha allein in den tropischen Dschungel, wo er durch Meditation und Selbstexperimente, ähnlich denen des indischen Yoga, zur Erleuchtung gelangte. Seine Erkenntnisse werden heute als Buddhismus bezeichnet, mit Siddhartha selbst als Buddha oder Pra Bput, wie er von seinen Anhängern genannt wird. Das wesentliche Ergebnis seiner Erleuchtung waren bestimmte Sichtweisen, die sich auf unterschiedliche Ebenen der Reinkarnationszyklen aller Wesen beziehen. Die immer wiederkehrende Existenz lebt dabei nur durch die eigene Aktion und Reaktion aus der eigenen Vergangenheit, die wie ein Ball in einem Tischtennisspiel hin und her springt. Die Akzeptanz dessen birgt die Möglichkeit für ein Verständnis des eigenen Schicksals, wodurch der Reinkarnationszyklus mit einer Lösung oder Unterbrechung wie ein Tischtennisspiel beendet werden kann. Nach der Lehre des Buddhismus verkörpert die gegenwärtige Existenz das Resultat der vorangegangenen Reinkarnation. In der Gegenwart dieser Existenz herrscht dabei sowohl die Akzeptanz der negativen Handlungen aus der vergangenen Reinkarnation vor als auch ein Bewusstsein über alle gegenwärtigen Handlungen im Hinblick auf die zukünftige Existenz. Dies führt zu einer Unterscheidung aller Handlungen in das Gute (Bunn) und das entgegenstehende Ungute (Baab), vergleichbar mit dem Existenzpaar Schwarz und Weiß. Beide reflektieren aber nur ein gesellschaftlich definiertes Verständnis, das sich im indischen, chinesischen und auch thailändischen Kulturkreis im Laufe der Zeit etablierte und durch den jeweiligen Entwicklungsstand in den Zeitabschnitten heute in unterschiedlichen Ausprägungen vorhanden ist.

Der Überlieferung folgend stellt das Gleichgewichtszeichen Yin Yang ein fundamentales Struktursymbol dar, das die buddhistische Erkenntnis der Erleuchtung zu einem gewissen Teil widerspiegelt. Das Gleichgewicht bezieht sich dabei auf die Bezeichnung der gegenwärtigen Zufriedenheit, die sich aus einem Anteil der Akzeptanz (gut) und einem Anteil des Verzichtes (ungut) zusammensetzt. Das Töten eines Lebewesens ist im Buddhismus beispielsweise als ungut definiert, wenn diese Handlung nicht dem eigenen Überleben dient oder unbewusst erfolgt. Auseinandersetzungen, speziell kriegerische Auseinandersetzungen, lassen sich zwar mit dem Schutz für das eigene Überleben begründen, die tatsächliche Wirklichkeit ist dies allerdings nicht. Aus den von Generation zu Generation weitergegebenen Informationen der Kämpfergesellschaft geht hervor, dass Kriege, egal wie sie sich auch ereignet haben, immer mit dem Glauben in Zusammenhang standen und so gut wie nie mit der Wirklichkeit begründet wurden. Der Unterschied zwischen dem Töten auf Grundlage des Glaubens oder durch emotionale Lust erfolgte daher bei allen buddhistischen Kämpfern schon immer per Definition. Die Tötung durch den Glauben legalisiert sich für sie insofern, als dass sie letztendlich an einen guten Zweck gebunden ist. Trotzdem hinterließen die Kämpfer und Soldaten im allgemeinen Gesellschaftsverständnis immer ein unangenehmes Gefühl, weil sie zwar etwas für das Land taten, ihre Handlungen aber dennoch moralisch zwiespältig waren. Ihr Dasein als Kämpfer rückte ihre Gleichwertigkeit auf menschlicher Ebene stets in den Hintergrund und verband ihre Begehrtheit mit einer gewissen Distanz. Ihre Handlungen waren durch den an das Gute gekoppelten Glauben gesellschaftlich akzeptiert, jedoch war das Verhältnis zueinander alles andere als neutral. Der Akt der Tötung als schlechte Handlung konnte daher nie gänzlich verleugnet werden. Der Zwiespalt, der für die Kämpfer mit dem Buddhismus einherging, barg für sie trotzdem die Möglichkeit, sich gesellschaftlich zu rehabilitieren. Indem sie sich nach Ende eines Krieges zum Buddhismus bekannten, konnten sie sich reinwaschen (Lahng Baab), ihre kämpferische Vergangenheit mit guten Handlungen neutralisieren und für ihr zukünftiges Leben sorgen sowie ihr möglicherweise moralisches Ungleichgewicht wiedererlangen. In der Vergangenheit haben sehr viele Kämpfer von dieser Rehabilitation Gebrauch gemacht, was den großen Anteil an Wissenden innerhalb des Buddhismus erklärt. Auch das Pahuyuth-Wissen war neben den Familien, in denen es weitergegeben wurde, über lange Zeit nahezu ausnahmslos bei den buddhistischen Mönchen zu finden, vermutlich aus gesellschaftlichen Gründen.

Die Mönche und das Wissen

Die buddhistischen Mönche nahmen über Jahrhunderte hinweg, als die Schulpflicht noch nicht existierte und Lesen und Schreiben für die meisten Thai alles andere als selbstverständlich war, eine zusätzliche Rolle innerhalb der Gesellschaft ein. Weil sie die buddhistische Lehre befolgten, hatten sie im Vergleich zu vielen Menschen einen höheren Wissensstand, der nicht nur auf dem Buddhismus beruhte. Dadurch wurden sie als allgemeine Wissensquelle angesehen und waren anerkannte Bezugspersonen, die von der Gesellschaft als gelehrte Persönlichkeiten gewürdigt und mit großem Respekt behandelt wurden. Die Teilnahme am Unterricht der Mönche, egal ob als Kampfschüler oder ganz allgemeiner Schüler, bedeutete für diese, sich vorübergehend in die Obhut der Mönche zu begeben und bei ihnen im Tempel zu leben. Da die Schüler über den Unterricht hinaus auch Dienstleistungen für die Mönche in der Freizeit erbrachten, führte dies allmählich zur Kultur der so genannten Tempelkinder (Dek Watt). Ein Mönch (Pra Song) fungierte für die Dek Watt nicht nur als Lehrer und Erzieher, vielmehr übernahm er auch die Rolle eines Vaters, was ihn im Volksmund zum Amtsvater (Loung Poh) machte. Darauf beruhen die fest in der Kultur verankerte Achtung und der Respekt gegenüber Lehrern, allgemein gehobenen Persönlichkeiten und auch Älteren sowie der sehr ausgeprägte zwischenmenschliche, höfliche Umgang innerhalb der thailändischen Gesellschaft. Obwohl heute andere Umstände und Voraussetzungen gegeben sind, halten manche Mönche daran fest und sehen in der Nichterfüllung dieses Respekts einen Grund zur Ablehnung der Unterrichtserteilung. Durch die Tätigkeit und das Wissen der Mönche wurde der allgemeine Begriff des Lehrers allerdings immer stärker auf die Mönche selbst und die damit verbundene hierarchische Struktur bezogen, obwohl weder die Beugsamkeit noch der Respekt mit dem Pahuyuth und der Wissensvermittlung in Verbindung stehen. Die kulturelle und gesellschaftliche Entwicklung der Mönche und auch der Vertreter des Buddhismus im Allgemeinen, die auch das Pahuyuth unterrichteten, führte schließlich zu einer Vermischung, derer man sich in der Gesellschaft keineswegs bewusst war. So kam es, dass die Vermischung beider Ansätze immer häufiger zu Missbrauch führte. Insbesondere im Bereich des Kampfwissens vermehrten sich die Selbsternennungen zum Lehrer, um den damit verbundenen Status als Machtmittel für niedere Zwecke einzusetzen. Die Folgen waren die Abwertung und der Vertrauensverlust gegenüber Lehrern (Kru) und Oberlehrern (Ajan), die innerhalb des Buddhismus bis in die heutige Zeit spürbar sind, und der Verlust der qualitativen Definition eines Lehrers. Innerhalb der Entwicklungslinie des Pahuyuth blieb der Stellenwert eines Lehrers nach wie vor erhalten, ohne Beugsamkeit oder hierarchische Struktur. Das Kampfwissen wird nach der buddhistischen Definition eindeutig als ungutes Wissen (Ah Vicha) eingestuft, da man mit diesem Lebewesen Schaden zufügen kann. Die so entstehende Sünde bedeutet eine emotional motivierte Tötung und ist damit eine negative Handlung. Angesichts des Bedarfs einer Beteiligung von Kampfwissenden an kriegerischen Auseinandersetzungen und des bestehenden Abhängigkeitsverhältnisses zwischen Staat und Buddhismus wurde auf der Suche nach einem geeigneten und akzeptablen Kompromiss die Erteilung des Kampfunterrichts durch die Mönche schon mit dem Einzug des Buddhismus als Selbstschutz vom Staat zugelassen. Daher war es sowohl bei den Chinesen als auch bei den Thai verbreitet, dass die buddhistischen Mönche über Kampfwissen verfügten und es auch unterrichteten.

Nach seiner Rückkehr ins gesellschaftliche Leben, die keine Wiedereingliederung in die vorhandenen Strukturen bedeutete, ließ Siddhartha andere an seinen Erkenntnissen teilhaben. Bei der Verbreitung seiner auf seinen Erfahrungen basierenden Lehre unterstützten ihn die ersten fünf Anhänger, die seine Worte interpretierten und schriftlich festhielten. Die Verkündung der buddhistischen Erleuchtung diente als gangbare Lebensberatung und Seelsorge, für die eine

Spende als Gegenleistung für den notwendigen Bedarf des Überlebens entrichtet wurde. Dadurch wurde der Buddhismus in der Gesellschaft zu einem völlig integrierten Bestandteil, der eine Sonderstellung einnahm. Selbstverständlich erfordert der Buddhismus von seinen Anhängern und Gläubigen, dass sie ihr Tun in einem Bewusstsein ausführen, das auf die buddhistische Lehre ausgerichtet ist. Der Anspruch, im gegenwärtigen Leben Gutes zu tun, um im nächsten Leben eine bessere Position zu haben, bewirkt ein ständiges Abgleichen der eigenen Taten mit dem eigenen Gewissen. Die Spendengewohnheit (Tamm Bunn) der Buddhisten, bei der die Mönche als Verkörperung der Lehre für die Gläubigen auftreten, ist daher oftmals auch in übertriebener Form zu finden. Bei dem Tamm Bunn handelt es sich grundsätzlich um eine mögliche Spende für den Lebensbedarf der Mönche, die sich in erster Linie auf die Nahrung, aber auch auf alle anderen persönlichen Dinge bezieht. Dazu gehören neben Speisen und Getränken auch Blumen, Kerzen oder Räucherstäbchen für Gebete. Das Tamm Bunn hatte sich in einem zumutbaren Rahmen für den Spender in allen Schichten der Gesellschaft als Möglichkeit, Gutes zu tun, eingebürgert. Obwohl es keinerlei Verpflichtung für das Tamm Bunn gab, entwickelte sich eine solche, die mit den Ursprungsgedanken des Buddhismus nur noch wenig gemein hatte. Auch unter den Anhängern des Buddhismus wurde dies kritisch betrachtet, weil die ärmere Bevölkerung an ihre Grenzen stieß, dieser indirekten Verpflichtung nachzukommen. Der Buddhismus reagierte darauf, indem der Bedarf an Nahrung für die Mönche von drei auf bescheidene zwei Mahlzeiten reduziert wurde. Daraufhin stieg die Spendenbereitschaft allmählich wieder und das Überleben der buddhistischen Gesellschaft wurde unterstützt und gestärkt.

Der Buddhismus profitierte von der eigennützigen Spendenbereitschaft, die durch die Vorstellung einer indirekten Verbesserung der eigenen Zukunft geprägt war, und gewann somit auch Anhänger aus sozial sehr schwachem Umfeld. Diese mit sehr beschwerlichen Lebensumständen konfrontierten Menschen waren davon überzeugt, durch das Spenden eine bessere Zukunft zu erlangen. Aus wirtschaftlicher Sicht stellte die buddhistische Spendenkultur für das städtische Gesellschaftsleben einen positiven Faktor dar, denn es wurde eine künstliche Verbrauchsstelle geschaffen, die das gesamte Wachstum aller beteiligten Parteien begünstigte. Auch für die Mönche direkt entstand nicht nur eine Zusicherung ihres Überlebens, sondern eine Akzeptanz ihrer Beschäftigung und eine Stärkung ihrer Daseinsberechtigung in der Gesellschaft.

Anfangs wurde die buddhistische Lebensart durch Wanderer verkündet, die die Lehre an verschiedene Orte brachten, woraus sich jedoch kein dauerhafter wirtschaftlicher Vorteil ergeben konnte. Deswegen schwand die Popularität des Buddhismus nach Buddhas Ableben ganz rapide. Erst durch die großzügige Spende eines indischen Kaufmanns wurde ein Tempel für den permanenten Aufenthalt der Mönche erbaut, und das noch bevor der Buddhismus nach Thailand gelangte. Mit dem Tempel, der ursprünglich für die Regenzeit gedacht war, wurde eine dauerhafte Präsenz an einem Standort geschaffen, die auch wirtschaftlich eingesetzt werden konnte. Dieser feste Bezugspunkt führte letztlich zu der gesamten Entwicklung der buddhistischen Tempelkultur, in deren Verlauf der Buddhismus zu einem unverzichtbaren Bestandteil des Gesellschaftslebens avancierte, speziell nachdem sie um die Beerdigung und andere buddhistische Rituale erweitert worden war. Somit entstand eine erste Abhängigkeit zu den buddhistischen Gläubigern mittels einer Interessengemeinschaft, die durch menschlichen Beistand und gegenseitiges Mitgefühl gekennzeichnet war. Die Tempelkultur existierte als eigenständige Gruppierung, war aber dennoch in der Gesellschaft integriert. Durch ihre Offenheit und die geschaffenen Rahmenbedingungen sowie die psychische Verbundenheit ihrer Anhänger trug sie entscheidend zum Aufbau des thailändischen Reiches bei. Das buddhistische Beerdigungsritual, bei dem der Tempel als Bestattungsort und Ruhestätte bereitgestellt wurde, festigte zusammen mit der Seelenbegleitung, bei der ein buddhistischer Mönch den Verstorbenen begleitete, indirekt die Bindung zwischen dem Buddhismus und seinen Gläubigern, die bedeutend zur Bildung der Gesellschaftskultur und somit auch der Politik beitrug.

Ab dem Zeitabschnitt von Ay Lauw waren die Chinesen und die Thai in gleichem Maße vom Buddhismus beeinflusst, der durch seine gesellschaftliche Bedeutung einen Zufluchtsort und zugleich auch eine Wissensquelle für Veteranen und Kämpfer darstellte. Somit wurden seine Städte und Tempel während der Eroberungskriege zu den begehrtesten Zielobjekten der Zerstörung, die aber immer wieder aufgebaut wurden.

Pahuyuth im Hintergrund

Während der Zugehörigkeitskriege gab es mehr oder weniger permanenten Bedarf an Freikämpfern, deren Kampffähigkeiten über die der normalen Soldaten hinausgingen. Mit der Zeit bildeten sich zwei Gruppen von Freikämpfern heraus, die jeweils eine andere Kampfmethodik nutzten. Die Gruppe der Chinesen wendete eine Methodik an, die meist auf eine überdimensionale und dadurch unüberwindbar erscheinende Kampfkraft ausgerichtet war. Sie versuchten, möglichst schnell und mit wenigen Verlusten zu agieren, da sich die Gegner in aller Regel sowieso fürchteten. Diese Methodik wurde später auch von den chinesischen Streitkräften übernommen. Im Zuge der Säuberungsaktionen wurde die Zugehörigkeit der Freikämpfer immer bedeutender für die chinesischen Kampftruppen. Sie waren ohnehin ein wichtiges Instrument zur Aufrechterhaltung und Gewinnung von territorialer Macht, was ihnen eine besondere Position verschaffte, speziell im Vergleich mit den Taad-Kämpfern. Durch die zunehmende Aufteilung in zwei unterschiedliche Kampfmethoden wurde auch die kämpferische Abstammung der Freikämpfer immer wichtiger. Die Freikämpfer, die mit der Glie-Methodik des Pa Wu Shu, also des Pahuyuth kämpften, trennten sich unmittelbar nach dem Beginn des Reiches Nanjauw endgültig von der chinesisch orientierten Methodik. Die von den Glie abstammende Methodik favorisierte überwiegend defensive Kampfaktionen, die im Wesentlichen nicht auf einen direkten Widerstand ausgerichtet waren. Vielmehr stellten sie einen Begleitschutz bei den Wanderungen dar und wurden zur Sicherung bei Übergriffen in angrenzenden Bereichen eingesetzt. Nach der Trennung der Methodiken bzw. der Freikämpfer wurde die Kampfmethodik des Pahuyuth offiziell auch als Ling Lom bezeichnet, unter der man seinerzeit eine Kampfdisziplin des Pahuyuth verstand. Im allgemeinen Verständnis bezog sich diese Kampfmethodik auf die Eigenständigkeit als Einzelkämpfer nach Vorbild der Glie, die bei ihren Kampfaktionen die herrschenden Umstände berücksichtigten und daran angepasst mit und ohne Waffen kämpften und improvisierten. Nach allgemeinem Verständnis war Pahuyuth kein unbekannter oder außergewöhnlicher Begriff. Seine eindeutige Definition oder eine richtige Interpretation gelang jedoch in den seltensten Fällen an die Öffentlichkeit, da die Kämpfer seit Beginn den sehr eingeschränkten Bekanntheitsgrad des Pahuyuth und auch des Ling Lom bewusst gesteuert und gepflegt hatten. Abgesehen von Zeiten anhaltender kriegerischer Auseinandersetzungen gab es wegen der Verschwiegenheit der Pahuyuth-Kämpfer zudem kaum Berührungspunkte der Freikämpfer mit der öffentlichen Gesellschaft. Neben der individuellen Kampfkraft diente auch die Anonymität der Kämpfer zur Sicherung ihres Überlebens, worauf sich die traditionelle und bis heute bestehende Geheimhaltung zurückführen lässt. Der breiten Öffentlichkeit war zwar ihre Existenz bekannt, meist aber nur durch Erzählungen oder Legenden der Vergangenheit. Basierend auf den Überlieferungen gehen die Gelehrten heute davon aus, dass die Methodik des Pahuyuth in diesem Zeitabschnitt bereits die Stufe einer komplexen Strukturierung erreicht hatte, weil die eigenen Erlebnisse und Erfahrungen mit den Überlieferungen übereinstimmen und immer wieder auf die gleiche Weise zu den Prinzipien der Methodik führen.

Die Suche nach der Wirklichkeit des Pahuyuth bzw. des Ling Lom ist wie die Frage nach der Tiefe eines Brunnens, die dem schöpferischen Werk aus der Vergangenheit entspricht. Dabei geht es keineswegs um die Entdeckung der vergangenen Tiefe, sondern um die Ermittlung der Tiefe nach eigenem Entwicklungsstand und der eigenen Wissensstufe, die das Prinzip der Kampfmethodik zum Ausdruck bringt und mit der maximal erreichbaren Tiefe in der Gegenwart übereinstimmt. Diese Gleichheit der fundamentalen Prinzipien des Pahuyuth findet sich unverändert auch in den einzelnen Disziplinen. Das erste Prinzip besteht dabei aus dem typisch defensiven Charakter der Kampfaktionen, die nach den unmittelbaren Umständen ausgeführt werden und zu einer angepassten Reaktionsfolge für die Verteidigung führen. Diese stellt zudem auch ein Spiegelbild des schöpferischen Sinns der Verteidigung des eigenen Lebens dar. Das zweite Prinzip beruht auf dem jeweiligen Waffeneinsatz, der improvisiert und zweckgebunden erfolgt. Durch das öffentliche Tragen von Waffen waren die Kämpfer in der Vergangenheit identifizierbar, da die Zivilbevölkerung grundsätzlich unbewaffnet war. Sich als Kämpfer zu bekennen, war wegen der politischen Lage höchst gefährlich. Um ihre Fähigkeiten und ihr Wissen geheim zu halten, trugen die Kämpfer des Pahuyuth keine Waffen mit sich, konnten aber mit der Kampfmethodik Gegenstände spontan als Waffen einsetzen. Somit gaben sie zwar ihre Identität nicht preis, dafür geriet das Wissen immer weiter in den Hintergrund und schwand in seinem Umfang weiter aus der Gesellschaft.

Nanjauw

Das erste Königreich Kun Loh

Dab Nanjauw

Schamanismus

Saiyasart

Der Mythos Zaiyuh

Der Weg nach Süden

Das erste Königreich Kun Loh

Auch nach dem Zeitabschnitt von Ay Lauw wanderten die Thai-Gruppierungen durch anhaltende und neue Konfrontationen mit den Chinesen weiter nach Süden und in westliche Richtung. Das von den Chinesen eroberte Gebiet, in dem Thai nur noch vereinzelt ansässig waren, wurde kontinuierlich größer, dennoch konnten die Thai einzelne Bestandteile ihrer Kultur weiter erhalten. Auch diese Zeit war durch Königreichskriege geprägt. Aus den Überlieferungen über die Gebietseroberungen und den Aufbau des chinesischen Reiches nach den Zugehörigkeitskriegen geht hervor, dass die Chinesen bis zum Jahr 620 in den von ihnen besetzten Gebieten selbst unter Königreichskriegen litten, bevor sie schließlich in der Tang-Dynastie (618–907) ihren ersten Kaiser Tang Gau (Tang Gaujo Hongteh) krönten, der die vorhandene Lage des Gebietes verändern sollte. Doch das Reich war viel zu groß, um zeitnah Veränderungen herbeiführen zu können. Und auch die Lücke, die zwischen der gehobenen Gesellschaft und dem Großteil der provinziellen Bevölkerung klaffte, war enorm, sodass sich Neuerungen nur langsam verbreiteten, wenn überhaupt.

Sechs Thai-Städte nutzten die Gelegenheit der anhaltenden Unruhen im chinesischen Reich für einen Zusammenschluss, um ihre Unabhängigkeit als Thai-Gruppierung durchzusetzen. Dies waren die Gruppierungen Mung Kwei Jauw, Yik Zig Jauw, Long Gung Jauw, Teng Yim Jauw, Zieh Long Jauw (Mueang Nohng Saeh) und Mong Zeeh Jauw (Mueang Saeh), die durch den Stadtkönig der Gruppierung Zieh Long Jauw regiert wurden und dem sich die anderen Stadtkönige durch die Loyalitätsbekundung unterordneten. Der Stadtkönig, der die Gruppierungen von der Stadt Nohng Saeh aus führte, benannte 648 den 33-jährigen Prinzen Si Nu Loh (Si Now Loh) als Nachfolger, was Unstimmigkeiten in den anderen fünf Gruppierungen auslöste. Sie erkannten ihn als Oberhaupt der Gruppen nicht an und brachten ihm auch keine Loyalität entgegen. Zwar konnte Si Nu Loh, der aus einer Freikämpferfamilie stammte, trotz der Differenzen durch geschicktes Vorgehen die Sympathie und Unterstützung der Bevölkerung für sich gewinnen, dennoch kam es zu Städtekriegen mit den fünf Gruppierungen und er hatte seine uneingeschränkte Stellung als Stadtkönig für das gesamte Gebiet mit kriegerischen Mitteln zu behaupten. Als amtierender König verkündete er 649, nachdem er aus den Städtekriegen siegreich hervorgegangen war, zum ersten Mal in der Geschichte der Thai die Unabhängigkeit gegenüber den chinesischen Gebieten. Somit existierte erstmals ein eigenständiges Reich mit der Bezeichnung Thai Mueang, in dem Mueang Saeh weiterhin Hauptstadt war, die im nördlichen Gebiet Sib Song Juh Thai und östlich des schwarzen Flusses Maeh Nam Dam lag. Als König des ersten Thai-Reiches hieß er fortan Kun Loh und hatte in diesem nicht nur die Thai-Gruppierungen von den Einflüssen und der Unterdrückung der chinesischen Herrschaft befreit, sondern auch eine Festlegung des ersten Thai-Gebietes herbeigeführt, das über die ursprünglichen sechs Gebiete hinausging.

Das Reich Nanjauw um 650

Das Reich von Nanjauw (Nanzhao) ist geschichtlich umstritten. Während die Überlieferung der Pahuyuth-Linie davon berichtet, dass unter König Kun Loh ein erstes Thai-Königreich entstanden war, gehen die Historiker nicht von einer bestimmbaren Völkermischung ist. Auch der Einfluss des Reiches, die Umstände seines Niedergangs und die exakte Ausbreitung sind nicht bekannt, was darauf zurückzuführen ist, dass die Zugehörigkeit einzelner Gruppierungen zu dieser Zeit schon nicht mehr eindeutig war. Der Zeitabschnitt und das Reich von Nanjauw gelten als ein Höhepunkt in der Geschichte des Pahuyuth, in der die Strukturierung der Methodik bereits vollständig vorhanden gewesen sein soll. Ausgehend von Nanjauw zogen die Thai in den folgenden Jahrhunderten weiter nach Süden und fanden ihre heutige Heimat – Thailand.

Während der Herrschaft von Kun Loh umfasste das Gebiet Thai Mueang die chinesischen Gebiete Yunnan, Guizhou, einen Teil des Gebietes Sichuan, Guangxi, die südlichen Bereiche des Maeh Nam Dam und Maeh Nam Daehng im Gebiet Tang Gier (Hainan). Um die Unabhängigkeit des gegründeten Reiches zu erhalten, schloss Kun Loh eine diplomatische Vereinbarung mit dem chinesischen Kaiser Gau Jong Hong Taeh (Gau Zong), dem dritten Kaiser der Tang-Dynastie, die eine gegenseitige Anerkennung der Gebiete beinhaltete. Dadurch wurde das Thai-Reich von chinesischer Seite in Nang Jauw oder Nanjauw umbenannt, das das ehemalige Reich im Süden war.

In seiner 36-jährigen Regierungszeit (649–685) schuf Kun Loh die wesentlichen Grundlagen für die Einheit des Reiches und dessen Sicherheit, die die verschiedenen Gesellschaftsbereiche entwickelten und auch für die Kämpfer von Bedeutung waren. Die Regierungsstruktur war aus drei Hauptministern, dem Premierminister, dem Außenminister und dem Innenminister zusammengesetzt, die als Regierungsgremium agierten. Jeder Minister hatte wiederum ein mehrstufiges Sekretariat unter sich, das aus weiteren Hauptministern bestand. Laut chinesischer Schätzungen umfasste ein komplettes Gremium zu dieser Zeit ungefähr fünfzehn Personen. Unterhalb des Regierungsgremiums gab es neun weitere Ministerien, die nach ihrer Wichtigkeit geordnet waren: das Militärministerium, das Einwohnerministerium, das Ministerium für königliche Rituale, das Justizministerium, das Innenministerium, das Bauministerium, das Finanzministerium, das Außenministerium und das Wirtschaftsministerium. Darunter waren gesonderte Beamte für die Steuerangelegenheiten angeordnet, die in die drei Ministerien Steuerausgaben, Steuereintreibung und Steuerrechnung aufgeteilt waren, sowie weitere individuelle Beamte, die im Informationsdienst arbeiteten. Aus dieser Regierungsstruktur geht bereits hervor, dass kein demokratischer, sondern ein monarchischer Ansatz der Führung des Reiches zugrunde lag. Die Städte des Reiches waren in Abhängigkeit ihrer strategischen oder wirtschaftlichen Bedeutung in verschiedene Ebenen eingeteilt, von denen insgesamt fünf existierten, die Hauptstadt Mueang Saeh mit eingerechnet. Jede Stadt wurde von einem Regierungsbeauftragten regiert, dem ein Stellvertreter zur Seite stand. Städte der ersten und wichtigsten Ebene nannte man Mueang Aak, das Stadtoberhaupt Jiehn Jab und den Stellvertreter Jiehn Lahm. Städte der zweiten Ebene oder Klasse hießen Mueang Toh, das Stadtoberhaupt Sin Juy und der entsprechende Stellvertreter Sin Lahm. In der dritten Ebene bezeichnete man die Städte Mueang Trie, das Stadtoberhaupt Tan Jauw und den Stellvertreter Tan Lahm. In der vierten und kleinsten Ebene wurden die Städte Mueang Jattava genannt, das Stadtoberhaupt Moh Fay und der Stellvertreter Moh Lahm. Zusätzlich entsandte die Hauptstadt zwei Beamte in jede Stadt, von denen einer die Aufgabe eines Stadtschreibers (Toh Yau) übernahm und der andere die eines Stadtrichters (Toh Sai). Zudem wurden in den Städten Oberhäupter oder Familienräte eingesetzt, die für eine bestimmte Anzahl von Familien als Regierungsbeauftragte zuständig waren. Je nach Anzahl der Familien nannte man die verantwortlichen Familienräte Jong Joh oder auch Pu Yai Baan (ab 100 Familien), Jieh Jang Gunt (ab 1000 Familien) und Gow Gog oder Toh Gog (ab 100000 Familien).

Die ernannten Personen bekamen eine Beurkundung für ihr jeweiliges Aufgabengebiet und ein Grundstück als Anerkennung durch das Stadtoberhaupt übereignet, was eine neue Ära des Gesellschaftslebens bedeutete, da das Besitztum Einzug in das thailändische Leben hielt. Das umstrukturierte gesellschaftliche Miteinander trug maßgeblich dazu bei, das neu gegründete Reich regierbar zu machen. Auch für die Freikämpfer hatten sich Veränderungen ergeben; sie wurden nun zur Überwachung und Sicherung über das gesamte Reich verteilt eingesetzt und erhielten als Belohnung ebenfalls Grund und Boden. Mit der Zeit wurde es daher zur gängigen Praxis, Land anstelle von Wertgegenständen als Eigentum zu vergeben. Selbst im privaten Bereich bürgerte es sich ein, Grundbesitz als Entlohnung zuzuteilen oder zu erhalten, wovon auch die Taad betroffen waren. Deren Verhältnis zu ihrer Herrschaft endete nämlich meistens durch die Vergabe von Besitz im privaten Bereich, sodass sie an den Königshof gehen oder in die Reihen des Militärs wechseln konnten. Somit hatte Kun Loh die Grundfesten der thailändischen Gesellschaftsstruktur in doppelter Hinsicht unterstützt: Er versah das Herzstück der Gesellschaft, das eigene Land, wieder mit Wertigkeit und veränderte dadurch indirekt auch den Status der Taad. Die zentrale Regierungsstruktur dieses Zeitabschnittes führte schließlich nicht nur zum Ende der kriegerischen Auseinandersetzungen zwischen den Städten, sondern bewirkte im Wesentlichen die Einigkeit der Thai und ihr Zugehörigkeitsgefühl als solche. Der eigene Grundbesitz schaffte ein Heimatbewusstsein in der Bevölkerung und führte sie zu ihrer ursprünglichen Lebensart als Bauern und Fischer in einem eigenen Gebiet zurück. Viele Freikämpfer, die als Gruppenführer aktiv waren, wurden von Kun Loh in chinesische Grenzstädte geschickt, um dort als Regierungsbeauftragte oder Stadtoberhäupter tätig zu sein. Dies bedeutete für die Kämpfer die Übereignung von Grundbesitz, Wohlstand und den Aufstieg vom Söldner zum Regierungsbeauftragten. Als Stadtoberhäupter verfügten sie durch die Steuereinnahmen über die erforderlichen Mittel zum Aufbau einer regulären Kampftruppe, die aus ihren Gefolgsleuten und in einer neuen Struktur bestand. So konnte der Grenzbereich gefestigt und Nanjauw immer besser durch die erfahrenen Krieger vor Übergriffen der chinesischen Kampftruppen geschützt werden. Gleichzeitig sank die Anzahl an Söldnern und Auftragskämpfern unter den Thai, da diese in den Kampftruppen als Regierungsbeauftragte hinzugezogen wurden, wodurch die Zugehörigkeit und Loyalität gegenüber der Regierung indirekt wuchs und auch die Gefahr interner Unruhen verringert war, nicht zuletzt dadurch, dass sich ein Großteil der Kämpfer in den Randbereichen des Reiches aufhielt.

Für die Taad hatte Kun Loh durch Erlass eines neuen Rekrutierungsgesetzes zu einer entscheidenden Wende beigetragen. Viele der kämpfenden Taad konnten als Soldaten des Reiches von der zuständigen Militärführung in den Militärdienst einberufen oder auch aus diesem entlassen werden. Die plötzlich hohe Anzahl einberufener Soldaten führte allerdings dazu, dass das Reich diese Truppenstärke in Friedenszeiten nicht unterhalten konnte. Um Abhilfe zu schaffen und dabei die Qualität der Soldaten zu berücksichtigen, prüfte die Militärführung oder das Stadtoberhaupt die Kampffähigkeit der Soldaten, insbesondere bei den zu rekrutierenden Taad. Dafür stellte die Behörde einen ihrer Soldaten auf, der über festgelegte Fähigkeiten verfügte und gegen den der Rekrut anzutreten hatte. Der Kampf, bei dem es um die Demonstration der Methodik und Kriegserfahrung des Rekruten ging, wurde in der Regel mit Übungswaffen ausgetragen und nur in einzelnen Fällen oder bei besonderen Anforderungen an den Rekruten mit Originalwaffen durchgeführt. Da eine gewisse Qualifikation und ein bestimmter Wissensumfang vorausgesetzt wurden, war der Ausgang des Kampfes nicht gleichbedeutend mit dem Ergebnis der Prüfung. Der entscheidende Aspekt lag in der Einordnung ihrer Kampffähigkeit, nach der sie entweder als reguläre Soldaten, militärische Ausbilder oder Führer kleinerer Truppen als Unteroffiziere eingestuft wurden. Nur selten trat ein Rekrut nach der Prüfung in den gehobenen Dienst oder in die Schutzgarde (Jue Nov How Juy) ein. Speziell in der ersten Zeit der Kämpfe standen sich zwei Kämpfer mit unterschiedlichen Kampfmethodiken gegenüber. Auf der Seite des Militärs zog man meist ehemalige Freikämpfer zur Prüfung heran, die mit der Methodik des Pahuyuth kämpften, und auf der anderen Seite standen die rekrutierten Taad, die oft eine chinesisch orientierte Methodik nutzten. Das Bestehen der Prüfung bedeutete für viele junge Männer den Einstieg in die Militärlaufbahn und in aller Regel auch das Ablösen von der Herrschaft, sowohl persönlich als auch für die gesamte Familie, ebenso bei den Taad. Es war in Abhängigkeit der Qualifikation für sie ebenso möglich, zusätzlich ein Grundstück und eine Ausstattung nebst ausreichender Besoldung zu erhalten, um als freier Mann mit einer freien Familie leben zu können. Einige Taad wechselten ihre Herrschaft nur für die Dauer ihres Militärdienstes und gingen nach ihrer Entlassung zurück in den Dienst ihrer alten Herrschaft. Die steigende Anzahl von Soldaten im Militärdienst erhöhte die Anzahl unabhängiger Bürger und stärkte die Kampfkraft des Reiches. Auch die Zwiste zwischen den Herrschaften nahmen ab, da sie nicht mehr auf ihre kampffähigen Taad zurückgreifen konnten, die die Streitigkeiten austrugen.

In Friedenszeiten waren die allgemeine Einberufung in den Militärdienst und die zugehörige Kampfausbildung auf ein Jahr befristet. Danach hatten die Soldaten die Option, dem Militär weiterhin zu dienen, da keine Altersgrenze festgesetzt war. Jeder einberufene Soldat erhielt ein Hemd und eine Hose und diejenigen, die länger als ein Jahr blieben, für jedes Jahr ihrer Militärzugehörigkeit eine Lederschnur, die sie wie ein Gürtel um den Bauch trugen. Für ihre jeweilige Bewaffnung hatten sie selbst zu sorgen. In Abhängigkeit ihrer Kenntnisse und Fähigkeiten teilte man die Soldaten nach Waffengattung der entsprechenden Kampftruppe zu. Soldaten, die im Besitz von Pferden waren, kommandierte man zur Pferdekampftruppe ab. Es wurden auch Elitekampftruppen aufgestellt, die so genannten Mong Juymang, die sich aus Männern und Frauen der gleichnamigen Gruppierung zusammensetzten. Die Gruppierung kam aus Gebieten östlich des Mekong (Maeh Nam Lan Shonk, Maeh Nam Kong) und konnte durch eine besondere Reittechnik ohne Sattel reiten. Ihre bevorzugte Waffe war die Langwaffe Hoog Dab, die einem Schwert mit überlangem Griff ähnelte. Die Kampftruppen der Mong Juymang, die als schnelle Eingreiftruppe im Bereich des Mekong stationiert wurden, trugen aus Leder gefertigte Panzer (Gosann) im Brust- und Bauchbereich sowie Mützen mit angehängten Katzen- oder Kuhschwänzen als Abzeichen.

Das Modell eines Hoog Dab zeigt die aufgeflochtene Kordel, die direkt unterhalb der Klinge angebracht war, um heruntergelaufenes Blut aufzusaugen, damit der Lanzengriff nicht rutschig werden konnte. Die Kordel diente aber auch dazu, Signale zu geben und die Position der Klinge zum Gegner bei schnellen Bewegungen einschätzen zu können.

Unabhängig von den regulären Soldaten des Militärs und der Elitetruppe existierte zusätzlich eine Schutzgarde für das Königreich, die aus acht Männern bestand, die die Kampfmethodik des Ling Lom und des Gab Glie beherrschten. Es waren Freikämpfer aus dem engsten Familienkreis des Königs, die zugleich auch Truppenführer einer jeweils hundert Mann starken Kampftruppe mit dem Namen Tahan Raksah Pra Ong waren. Seit Nanjauw war die Schutzgarde, chinesisch Jue Nov How Juy und thailändisch Ongkarak genannt, eine gesonderte Kampftruppe, die ausschließlich zum Schutz des Königreiches, der Königsfamilie sowie für Aufgaben des Nachrichtendienstes zuständig war und immer noch ist. Direkter Oberbefehlshaber für die gesamte Schutzgarde mitsamt den Tahan Raksah Pra Ong war der König, der von den acht Männern wie ein Schatten 24 Stunden am Tag begleitet wurde. Sie durften mit voller Bewaffnung in seiner Nähe sein, obwohl es allen anderen Personen streng untersagt war, Waffen im Königspalast zu tragen. Neben der Gewährleistung der Sicherheit war die Schutzgarde auch für die Beseitigung interner Gefahren zuständig, die sich direkt gegen den König richteten, da das reguläre Militär dafür nicht herangezogen wurde. Sie hatte zudem die Befugnis, in Gegenwart des Königs ohne weiteren Befehl jemanden zu töten, wenn nach ihrer Überzeugung eine Gefahr für Leib und Leben des Königs bestand. Diese eigenmächtige Vorgehensweise, die gerade während der Nachtruhe des Königs von Bedeutung war, wurde im Volksmund als Dab Aya (königliches Strafschwert) bezeichnet und meinte sowohl die beschützende Person, die Dienst hatte, als auch das gleichnamige Schwert. Später bürgerte es sich ein, Handlungen, die im Namen des Königs und ohne dessen Anwesenheit durchgeführt wurden, als Dab Aya zu benennen. Und auch die ausführende Person, deren Schwert das Dab Gasandt war. Solche Dab Aya gehörten allerdings nicht zur Ongkarak, sondern waren ihr untergeordnete Männer der Tahan Raksah Pra Ong.

Reichskönig Kun Loh erließ auch dasjenige Militärgesetz, nach dem ein verletzter Kämpfer nur dann medizinisch behandelt wurde, wenn er von vorn verwundet worden war. Bei Verletzungen auf der Rückseite des Körpers ging man von Kriegsflucht und Pflichtverletzung aus, die mit der Todesstrafe geahndet wurden. Die Hinrichtung war dadurch gerechtfertigt, dass die Flucht vor dem Feind eine beschleunigte Erfüllung des gegnerischen Kriegsziels bedeutete. Hintergrund und Entscheidung für dieses Gesetz beruhten auf der Strategie zur erfolgreichen Durchsetzung des militärischen Kriegseinsatzes bzw. der Befehlsausführung. Die Ausbildung und die verfügbare Kampfmethodik der regulären Soldaten waren vorwiegend Techniken für den Angriff des Kriegsgegners, die keine wirklichen Kampfaktionen ermöglichten. Die Soldaten hatten lediglich schnell und hart nach vorn zu marschieren, was selbstverständlich keine Erklärungen für rückseitige Verletzungen zuließ, weshalb sie als Folge eines Fluchtverhaltens gewertet wurden. Die Durchsetzungsstrategie basierte auf der Erkenntnis über die Führung des allgemeinen Militärs zur Bestimmung und Anweisung der Bewegungsrichtung in Kriegssituationen, streng nach dem Motto: Die Soldaten marschieren nur vorwärts, weil sie Respekt und Ehrfurcht vor dem Vorgesetzten haben. Der Unterschied zwischen der Methodik des Pahuyuth und der eingeschränkten Methodik der normalen Rekruten, die ausschließlich auf das schnelle Erreichen des Kriegsziels ausgerichtet war, führte in diesem Zeitabschnitt verstärkt zu einer Spaltung des Kampfwissens und zu Missverständnissen. Das Pahuyuth, das vornehmlich in den Reihen der Freikämpfer und des gehobenen Militärs bekannt war, wurde durch mangelhafte Kenntnisse mit dem in der Öffentlichkeit existierenden Kriegswissen gleichgesetzt und dies führte nicht nur zu der Annahme, das gesamte Kampfwissen entspräche dem Wissen des offiziellen Militärs, sondern auch zu einer fehlerhaften Definition von Kampf und Krieg.

Im Pahuyuth ist eine Kampfhandlung eine Form der körperlichen Auseinandersetzung zwischen zwei Parteien und keine kriegerische Handlung, bei der es in erster Linie eine Kriegspartei als Angreifer (Jäger) und eine als Verteidiger (Opfer) gibt. Eine Kampfhandlung ist eine biologisch gesteuerte Kettenreaktion aus Aktionen und Reaktionen zweier Kampfparteien, die sich eins zu eins gegenüberstehen. Zur Unterscheidung kann man eine Kampfhandlung durchaus als Paarung beschreiben, während eine Kriegshandlung eher einer Jagd entspricht. Bei einem Kampf bezieht sich das Verhältnis von eins zu eins primär auf die biologische Beschaffenheit und den Willen zur körperlichen Auseinandersetzung, wobei für die einzelnen Kampfaktionen Menschen als Aktionseinheiten herangezogen werden. Ein Kampf ist also als Paarung unter genau diesen Rahmenbedingungen zur Ausführung von Kampfaktionen zu verstehen, die sowohl mit als auch ohne Handwaffen ausgeführt werden können, vorausgesetzt sie bilden eine Einheit mit dem Kämpfenden. Der Kampfausgang ergibt sich durch ein Aktionsmoment, das entweder den Abbruch oder die Beendigung herbeiführt, weil die aktuelle Kampffähigkeit einen Sieg durch Überlegenheit oder eine Niederlage durch Unterlegenheit herbeiführt. Das Prinzip Eins-gegen-Eins ist in der Praxis auch bei mehreren Gegnern anwendbar, insofern sich die Situation zu einem jeweiligen Eins-gegen-Eins umgestalten lässt. Bei einer kriegerischen Auseinandersetzung existiert hingegen nur eine Einheit gegen mehrere Gegner wie bei Jäger und Opfer. Der Ausgang des Krieges liegt vor, wenn das Kriegsziel erreicht ist, und bedeutet nicht zwangsläufig den Verlust der Kriegsfähigkeit, was auch bei der Flucht des Opfers gilt. Der Kriegseinsatz ist eine zielgerichtete Handlung, bei der sich die jeweiligen Kriegsparteien auf nur einer Seite positionieren, entweder als Angreifer oder als Verteidiger. Da die Anwendung ihrer verfügbaren Kampfmethodik zur beschleunigten Durchsetzung ihres strategischen Kriegsziels dient, begründet das Wesen des Krieges, dass dem Angreifer ein genereller Vorteil gegenüber dem Verteidiger zugesprochen wird. Der Verteidiger ist als Angegriffener nur in der Lage, dem Verhalten des Angreifers entgegenzutreten und entsprechend zu reagieren. Dadurch gab es natürlich auch Fälle, in denen das Kriegsgesetz missbraucht wurde und den Gegnern Verletzungen von hinten zugefügt wurden, um so den feindlichen Widerstand zu brechen. Letztendlich wurden alle eingesetzten Soldaten durch das Kriegsgesetz benachteiligt. Bei den Freikämpfern minderte dies darüber hinaus die Loyalität gegenüber dem König, was die Rekrutierung neuer Kriegssoldaten mit sich brachte.

Das Kriegsgesetz mit seinen konventionellen Bestrafungen beeinflusste besonders die Entwicklung der Methodik des Dab Nanjauw, vor allem die Bestandteile, mit denen Verletzungen von hinten vermieden werden konnten, weshalb sie stark gefördert und in die allgemeine Kampfmethodik integriert wurden.

Die Schwertkämpfer der Linie des Dab Nanjauw ehren den thailändischen König Kun Loh als Gründer und Schöpfer der heutigen Kampfmethodik Fandab.

Dab Nanjauw

Dem Bericht eines chinesischen Stadtschreibers aus dem Jahr 649 zufolge bezeichnet Dab Nanjauw die Kampfmethodik mit dem Thai-Schwert. Volkstümlich wird Dab Nanjauw (Dab Nang Jiew) als „die Kampfart desjenigen, der aus dem Süden kommt" übersetzt, womit also die Thai gemeint waren. Der chinesische Kaiser Tang Gaujo Hongteh soll laut diesem Bericht vor einer eigenartigen und unberechenbaren Schwertkampftechnik gewarnt worden sein, die im Thai-Gebiet Nanjauw unter König Sieh Noloh (Kun Loh) existiere und sehr schwer zu besiegen sei. Daher wollte man so lange keinen offenen Krieg gegen das Gebiet Nanjauw führen, bis Näheres über diese Methodik in Erfahrung gebracht werden konnte.

In chinesischen Überlieferungen wurde das Dab Nanjauw belustigend dargestellt, ähnlich wie die Schilderungen über die Glie-Kämpfer. Die Chinesen amüsierten sich über seinen unkonventionellen Einsatz, den Wechsel der Hand und die Integration körpereigener Waffenelemente bei der Ausführung. In unterschiedlichen chinesischen Legenden benutzten sie den Einsatz des Dab Nanjauw dazu, ihre eigene Schwertkampfmethodik zu verherrlichen, da ihnen die kombinierte Nutzung mehrerer Waffenelemente bis dahin fremd gewesen war. Sie betrachteten die Methode mit ihrer integrierten Nutzung auf dem Boden und die an ein Jonglieren erinnernden Bewegungen des Schwertes eher als gewollte, denn gekonnte Ausführungsform. Eine sachliche Darstellung der Methodik, die zu diesem Zeitpunkt bereits sehr fortgeschritten war, gab es seitens der Chinesen nicht.

In dem Bericht finden sich aber auch Angaben über die Besonderheit des Dab Nanjauw, die sich neben dem ungewöhnlichen Körpereinsatz der Kämpfer auch auf die gleichzeitige Benutzung von zwei Schwertern (Dab Song Mueh) beziehen. Gerade die Art, das Schwert von einer Hand in die andere zu wechseln, fiel den Chinesen besonders auf, da so unkalkulierbare Techniken entstehen konnten. Und auch der Einsatz des Schwertgriffs stach heraus, den die Thai genauso wie die Schwertklinge benutzten. Zwar verursachte das Stechen mit dem Griffstück keine sichtbaren Verletzungen, doch führten die Stiche sofort zu qualvollen Schmerzen, die den Gegner bewegungsunfähig machen konnten.

Einige Geschichtsforscher vertreten auf Grundlage der chinesischen Dokumente die These, dass die Methodik um 650 immer noch keine Struktur aufwies, ganz im Gegensatz zu den darauffolgenden Zeitabschnitten, in denen durch Experimente und Kampferfahrungen die bis heute vorhandene und systematische Kampfmethode des Fandab bzw. Dab entstand. Die Pahuyuth-Linie bestätigt diese Ansicht nicht, denn den Gelehrten nach stellte die Schwertkampfmethodik zu dieser Zeit bereits ein komplexes System dar. Der Schwertkampf verfügte darüber hinaus von allen Waffengattungen über die meisten Entwicklungslinien.

Schamanismus

Aus dem Zeitabschnitt von Kun Loh sind drei unterschiedliche Glaubensrichtungen in der Bevölkerung überliefert, zu denen der aus dem Norden stammende Schamanismus, das Saiyasart der Freikämpfer und der aus Indien stammende Buddhismus zählten, der allerdings aus China zu den Thai gelangte. Die Glaubenslehren hatten schon damals einen starken Einfluss auf den allgemeinen Umgang und die gesellschaftliche Prägung, sodass auch das Kampfwissen unterschiedlich stark davon betroffen war. Auch heute gibt es noch Teile der verschiedenen Glaubensrichtungen, die ungeachtet ihrer kontextbezogenen Bedeutungen von dem eigentlichen Wissen unabhängig sind.

Der tatsächliche Ursprung des Schamanismus ist immer noch unklar. Durch seine inhärente Glaubensphilosophie des Übernatürlichen und die Verehrung bestimmter Gottheiten und Naturphänomene bestehen zwar viele Ähnlichkeiten zu alten Glaubenskulturen wie der der Mayas oder Inkas, eine eindeutige Abstammung ist bislang aber nicht nachweisbar. Grundsätzlich unterscheidet der Schamanismus zwischen einer sichtbaren und einer unsichtbaren Sphäre, wobei die wahrnehmbare Existenz nur eine vorübergehende Erscheinung in der als menschlich bezeichneten Sphäre ist. Die Überzeugung erklärt sich durch einen Zusammenhang aller existierenden Existenzen, die auf Schwingungen, Schwingungsabschnitten und Schwingungssequenzen basieren. Dabei wird die Schwingungssequenz oder Schwingungseinheit des Lichtes als Gottheit definiert, die für das menschliche Schicksal, alle Naturereignisse und die Entstehung aller Existenzen und Ereignisse verantwortlich ist. Obwohl Schwingungseinheiten grundsätzlich von allen Menschen wahrzunehmen sind, ist der moderne Mensch evolutionsbedingt nicht mehr ohne Weiteres dazu in der Lage. Da Schwingungseinheiten als Vibrationen nur in einem Trancezustand wahrgenommen werden können, wird dieser mithilfe einer Flachtrommel herbeigeführt. Der durch rhythmisch monotones Schlagen erzeugte Klang führt so zu einer Kanalisierung der Wahrnehmung über die Hörorgane. Ziel ist es, die eigenen Gedanken und Empfindungen in dem hergestellten Schwingungskanal zu fokussieren, um in Trance zu gelangen. Der durch das Schlagen der Trommel evozierte Schwingungskanal dämpft durch Schwingungsüberlagerung andere Schwingungen aus der Umgebung, wodurch das Spüren und Wahrnehmen mit den Sinnen nur in diesem Schwingungskanal erfolgt. Die Monotonie des kanalisierten Hörens und Spürens verhindert die Wahrnehmung weiterer Informationen aus der Umgebung, so wie bei dem Blick durch ein Fernrohr. Obgleich die gesamte Gegend weiterhin existent ist, richtet man die Aufmerksamkeit nur auf den Teil, der durch das Fernrohr sichtbar ist.

Die Prinzipien der Schwingungsüberlagerung und der gezielten Wahrnehmung beeinflussten die unterschiedlichsten asiatischen Kampfsysteme. Auf der Basis der schamanischen Glaubensphilosophie haben sich dadurch verschiedene Bestandteile entwickelt, die für Kampfaktionen benutzt wurden bzw. als allgemeines Vorbild. Auch das Pahuyuth war durch Kriegsgesänge oder akustische Untermalung bei kriegerischen Auseinandersetzungen davon berührt. Beispielsweise versetzt der Kampfschrei den Kämpfer vor seiner Ausführung der Kampfaktion in den Zustand einer kanalisierten Empfindung der Wirklichkeit, durch den er seine Kampfaktion ähnlich wie ein Betrachter wahrnehmen kann. Dadurch setzt er die maximale Kraft für die Kampfaktion frei, ohne Rücksicht auf den möglichen Widerstand gegen seine biologische Beschaffenheit. Schmerzen oder Verletzungen als unmittelbare Folge einer Kampfaktion werden sozusagen überlagert und demzufolge nicht mehr in die Entscheidungsfindung eingeschlossen. Der klassische Bruchtest ist hierfür ein Beispiel.

Die innere Kraft (Gamlang Pay Nei) gilt nach chinesischen Überlieferungen als magische Besonderheit und soll übernatürliche Wirkungen durch Kampfaktionen erzeugen können. Durch diese mehr oder weniger extremen Fähigkeiten kann zum Beispiel eine an die gegnerische Brust angelehnte Faust des Kämpfers trotz des geringen Abstands zum Gegner maximale Schlagwirkung erreichen. Die innere Kraft kann durch einen Spannungsaufbau und das anschließende Auspressen von Luft durch die Bauchmuskulatur hervorgerufen werden, ähnlich wie bei einem Luftballon, wenn die Luft ausströmt. Real gesehen ist dies weder magisch noch übernatürlich, sondern eine normale Eigenschaft der menschlichen Funktionalität. Auch die Chinesen benutzten für ihre Kriegsstrategien verschiedene Arten von Kampfschreien und Tonsequenzen mit unterschiedlichen Rhythmen vor ihren Angriffen, um die gegnerischen Kampftruppen in eine eingeschränkte Wahrnehmung zu versetzen und deren Widerstand zu lähmen und zu beeinträchtigen. Heutzutage nutzen Spezialeinheiten der Polizei diese Techniken als Vorgehensweise, und auch im Pahuyuth ist die Wirkung anerkannt, etwa im Bereich der Selbstverteidigung und der Kampftaktik. Der Schamanismus gleicht also einer Selbstfindung, bei der mittels bestimmter Techniken eine eingeschränkte Wahrnehmung aller Existenzen und Naturereignisse für die Position eines Betrachters resultiert. Die kanalisierte Schwingungseinheit fungiert als Verbindungsglied zu allen möglichen Existenzen und Ereignissen, auf die der Fokus gerichtet wird. Diese Art der Selbstfindung basiert auf persönlichen Erfahrungen, die zu individuellen Erkenntnissen führen können. Es besteht keine Lehre oder Verhaltensregel, die an die Anhänger des Schamanismus weitergegeben wurde, sodass der Schamanismus keiner typischen Glaubenskultur oder Religion zugeordnet werden kann. Durch die Verbundenheit mit den Existenzen der Natur, den Tieren, Bäumen und Pflanzen, die als den Menschen gleiche Existenzen wahrgenommen werden, konnten Erkenntnisse über verschiedene Heilkräuter und Heiltöne auf der Basis der Schwingungseinheiten gesammelt werden. In verschiedenen Theorien wird das damalige Heilwissen in der Region nördlich des heutigen Chinas schamanischer Abstammung zugerechnet, was bis heute nicht widerlegt ist. Daher geht man davon aus, dass das chinesische und auch das thailändische Heilwissen über Kräuter, Energiemassage und Heilkörper aus Tierorganen auf den Schamanismus zurückzuführen sind.

Saiyasart

Auch das Saiyasart war zu einem gewissen Grad als Glaubensrichtung in der Bevölkerung verbreitet. Woher das Saiyasart-Wissen stammt, konnte bisher nicht eindeutig ergründet werden. Erste Hinweise über seine Existenz gab es in den mündlichen Überlieferungen der Glie Gauw Piehnong, also etwa 2500 v. Chr., in denen das Saiyasart Lueck Lab (mysteriös, geheimnisvoll) oder Vinyahn Glie (Glie-Geister) genannt wurde. In chinesischen Überlieferungen wurde erwähnt, dass es bereits zur Zeit von Lauw Tai Mung (um 1860 v. Chr.), südlich des heutigen Chinas in der Grenzregion zwischen dem heutigen Thailand, Laos und Myanmar (Goldenes Dreieck), in zwei unterschiedlichen Fassungen unter den Thai existiert haben soll.

Die Bedeutung des Saiyasart, das Wissen (Sart) über das Nichts (Sai), wurde als altertümlicher Wegweiser für die fundamentalen Fragen über das *Ich* und das *Nichts* tradiert. Der eigentliche Wegweiser liegt in der Betrachtungslehre des Saiyasart, die die Wahrnehmung unter anderem explizit in die als Betrachter und die als Betroffener unterscheidet. Während der Betrachter eine nicht zum Ich gehörende Existenz zum Zeitpunkt der Betrachtung wahrnimmt, identifiziert sich der Betroffene mit dem Wahrgenommenen. Das Besondere ist, dass dabei nicht nur zwischen den Wahrnehmungen differenziert wird, sondern auch die eigene Wahrnehmung entsprechend zugeordnet werden kann. Der Wegweiser, den das Saiyasart darstellt, wird primär vom Betrachter wahrgenommen, der sich durch das, was er verstanden hat, auch als Betroffener identifiziert oder identifizieren kann. Das Ergebnis der Auseinandersetzung mit den wahrgenommenen Existenzen und Ereignissen durch den Betrachter sowie der daran geknüpften Identifikation als Betroffener entspricht den Erfahrungen und Erlebnissen für die Selbstfindung. In diesem Zusammenhang wird die Symbolfigur des Pahuyuth auch mit einem Spiegel verglichen, durch den jeder sein eigenes Ergebnis finden kann oder auch nicht.

Die Methodik für die Selbstfindung im Saiyasart wurde als Hinweis von Generation zu Generation mündlich übermittelt. Anders als in vielen anderen Lehren beinhaltet das Saiyasart weder eine Gesellschaftsbildung noch einen dogmatischen Leitfaden, an den man gebunden wäre, warum es sich nicht mit anderen Glaubenskulturen oder Religionen vergleichen lässt. Ganz im Gegenteil fördert es die Eigenständigkeit einer individuellen Existenz, die das gesellschaftliche Zusammenleben vorerst aus einem menschlichen Fokus betrachtet und wahrnimmt. Das Wissen basiert auf einem Urtext, einer Reihe aufgestellter Thesen und Hinweise, die zum Denken anregen und dadurch zur Selbstfindung animieren sollen. Die mündlichen und schriftlichen Fassungen über das Saiyasart unterscheiden sich einzig durch ihre Interpretationen des Begriffes Nichts voneinander. Die älteste bezieht sich auf die Wahrnehmung von Existenzen und Ereignissen, die nicht mit den klassischen fünf Sinnesorganen des Menschen wahrnehmbar sind. Eine andere durch die indische und kambodschanische Glaubensrichtung aus der Region des heutigen Thailands beeinflusste Deutung sieht das Nichts als etwas Übersinnliches an und ordnet es der Magie sowie bestimmten Phänomenen zu. Da die verbreiteten Glaubensrichtungen zwangsläufig aufeinander einwirkten, stand auch der thailändische Buddhismus unter dem Einfluss des Saiyasart. Erste Spuren einer Verbindung lassen sich bis in die Sukothai-Ära (1257–1378) zurückverfolgen, in der die buddhistische Gebetslehre Pra Treipidock unter König Poh Kun Ramkamhaeng aus dem Ceylonesischen in Thai übersetzt und neu zusammengestellt wurde. Die Inhalte der Pra Treipidock stammten aus dem indischen Brahmanismus und waren dort als Gesangs- und Gebetstexte in Sanskrit verfasst. Einige dieser Texte waren an Rituale gekoppelt, die zu verschiedenen Anlässen wie dem Tod, Geburtstagen oder anderen Feierlichkeiten mit Kerzen oder Räucherstäbchen abgehalten wurden. Im thailändischen Zweig Nigay des Buddhismus wurden diese Rituale praktiziert, hingegen kam die buddhistische Linie Tammayuth ohne aus. Ungeachtet der Texte aus der Pra Treipidock gibt es weitere, ebenfalls aus dem Brahmanismus stammende Sprüche, mit deren Hilfe es möglich sein soll, eine bestimmte Magie zu erzeugen. Die magischen Sprüche hielten als Katha Einzug in den Buddhismus.

Nachdem die Pra Treipidock übersetzt war, bildete sich im thailändischen Buddhismus eine eigene Interpretationslinie heraus, die sich speziell auf bestimmte Phänomene und die Magie bezog und bis heute als fester Bestandteil für die buddhistischen Anhänger besteht. Unter Berücksichtigung dieser Einflüsse lässt sich verdeutlichen, wie aus dem ursprünglichen Wissen über das Nichts im thailändischen Buddhismus ein Wissen wurde, welches sich vorrangig mit der Magie beschäftigte. Das eigentliche Saiyasart-Wissen blieb dennoch eigenständig neben dem Buddhismus bestehen.

Zusätzlich waren die Texte mit Inhalten der indischen Gebetslektüre Dtrai Peth ergänzt worden, die auch dem indischen Brahmanismus entstammt und sich im Wesentlichen mit drei Gottheiten befasst: dem Gott der Schöpfung (Pra Prom, Brahma), dem Gott der Gestaltung (Pra Vishnu) und dem Gott der Macht (Pra Shiva). Alle drei Gottheiten zusammen können mit dem Wort Ohm oder Om zugleich angesprochen werden. Inhaltlich unterteilen sich die Gebetstexte des Dtrai Peth in vier Bereiche: Marueh Veht (magische Verehrung), Yaschura Veht (magische Sympathie), Sahm Veht (magische Rituale) und Attan Veht (magische Wirksamkeit).

Marueh Veht

Diese Gebetstexte stellen ein Bekenntnis und die Anerkennung der magischen Eigenschaften und der Übernatürlichkeit der angebeteten Gottheit dar, in dessen Obhut sich der Gläubige begibt. In Abhängigkeit der Intensität der Anbetung sollen die magischen Fähigkeiten an den Betenden übertragen werden, beispielsweise die Magie der Unverwundbarkeit (Kong Grapann).

Yaschura Veht

Durch das Aussprechen dieser Texte soll von dem Betenden eine magische bzw. höchste Sympathie (Maha Niyom) ausgehen, die ihm zu Anerkennung und Ansehen in der Gesellschaft verhelfe.

Sahm Veht

Bei speziellen magischen Zeremonien und Ritualen werden diese Texte ausgesprochen. Je nach Zielsetzung werden zusätzlich bestimmte Umstände geschaffen, um magische Gegenstände (Kong Klang) herzustellen. Die Art der Ritualführung und auch die Zielsetzung ähneln denen des Voodoo.

Attan Veht

Sollen übernatürliche Phänomene herbeigeführt werden, verwendet man diese Gebetstexte. Laut Überlieferungen könnten die Texte aus dem Wissensgebiet des Saiyasart stammen. Sie bestehen aus zusammengesetzten Wortlauten, Sätzen oder Sprüchen (Katha, Akohm), die laut ausgesprochen

Die acht Bereiche des Attan Veht

Erster Bereich	Der magische Spruch zum Heilen oder Hervorrufen einer Erkrankung, zum Beispiel um Gliederschmerzen zu lindern oder Gliederschmerzen zu erzeugen.
Zweiter Bereich	Der magische Spruch zum Zusammenfügen oder Trennen biologischer Körperstrukturen, zum Beispiel um gebrochene Knochen zu heilen oder Blutbahnen zerreißen zu lassen.
Dritter Bereich	Der magische Spruch zum Ablösen oder Befestigen molekularer Strukturen oder biologischer Körper, um zum Beispiel ein Schloss ohne Schlüssel aufzuschließen, einen Durchgang unsichtbar zu machen, einen Schwangerschaftsabbruch einzuleiten oder eine Fehlgeburt zu verhindern.
Vierter Bereich	Der magische Spruch zum Erzeugen von Unverwundbarkeit oder Verwundbarkeit gegenüber konventionellen Waffen, zum Beispiel ein magisches Messer, das ohne Körperkontakt Verletzungen herbeiführen oder umgekehrt die Unversehrtheit des Körpers trotz erfolgtem Angriff gewährleisten kann.
Fünfter Bereich	Der magische Spruch zum Erzeugen von Wundern oder magischer Macht, zum Beispiel um ein eigenes unsichtbar machendes Phantombild zu erstellen, über Wasser oder durch Feuer laufen zu können oder an verschiedenen Orten gleichzeitig zu erscheinen.
Sechster Bereich	Der magische Spruch für Angriffe auf fremde molekulare oder biologische Körper, zum Beispiel um Gegenstände wie Leder, Metall, faules Fleisch oder Geister in Körper hineinzubringen oder aus Körpern herauszuholen.
Siebter Bereich	Der magische Spruch für den Umgang und die Beherrschung von Geistern verstorbener Körper (Seelen) sowie die Erschaffung magischer Gegenstände (Amulette), zum Beispiel um einen Geist zum persönlichen Diener zu machen oder sich aus einer zwanghaften Dienerschaft zu befreien.
Achter Bereich	Der magische Spruch für Liebe und Ehre (Hörigkeitsmagie) oder Hass (Dämonenmagie), um zum Beispiel eine Frau dazu zu bringen, sich in eine Person zu verlieben, oder um zu bewirken, dass Fremde Böses tun.

Die Sprüche wurden für magische Rituale im Saiyasart benutzt.

werden, und unterteilen sich in acht Bereiche, je nachdem, was bewirkt werden soll.

In der Praxis des Saiyasart unterscheiden sich die magischen Sprüche in den weißen Bereich (Nigay Kauw) und den schwarzen Bereich (Nigay Damm), die sich im Vergleich wie gut und böse gegenüberstehen. Nach dem Verständnis des Saiyasart gehört die Magie grundsätzlich zum Nigay Damm, da es sich um zwanghaft gesteuerte Aktionen handelt, die Existenzen oder Ereignisse entgegen ihrer Natürlichkeit oder ihres natürlichen Verlaufes beeinflussen oder in eine Veränderung zwingen. Der natürliche und ungezwungene Verlauf eines Ereignisses zeigt sich am Beispiel von abgefallenem oder gepflücktem Obst. Beide Varianten zur Ernte sind möglich und führen dazu, dass sich das Obst nicht mehr an der Pflanze befindet. Das Abfallen erfolgt durch den natürlich verlaufenden Prozess der Existenz, wohingegen das Abpflücken eine Veränderung oder Zwangsentfernung ist, die ein manipuliertes Ereignis darstellt, das der Suche nach der Wirklichkeit bzw. der Wahrheit nach dem Verständnis des Saiyasart entgegensteht. Das Saiyasart vergleicht die Wirklichkeit jeglicher Magie mit dem Binden eines Knotens, der durch das Wissen wieder gelöst werden kann. Erst dadurch, also den Knoten aufzulösen und eine magische Wirkung zu beseitigen oder zu neutralisieren, beschäftigte man sich im Saiyasart ernsthaft mit der Magie. Die zwangsorientierte Magie wird auch als Vicha Tam Attan bezeichnet, als Wissen über die Magie. Der Nigay Kauw beinhaltet die Neutralisation einer magischen Wirkung und wird auch Vicha Gaeh Attan genannt, das Wissen über den Umgang mit Magie.

Das Wissen des Saiyasart bezieht sich auf eine persönliche Erkenntnis über jegliche Existenzfragen sowie logische Phänomene und Ereignisse durch eine eigene Antwort. Anhand der verschiedenen Überlieferungen, die durch ihre unterschiedlichen Sichtweisen und dem zugrunde liegenden Verständnis der Vergangenheit zur Verfügung stehen, kann sich der Lernende mit seiner gegenwärtigen Wahrnehmung durch eigene Denkprozesse auseinandersetzen und so den Weg der Selbstfindung erreichen.

Das Saiyasart ist nur eine Sichtweise und das Erlebnis einer individuellen, aus der Vergangenheit stammenden Wahrheit, die unabhängig von der gegenwärtigen Sichtweise oder Wertschätzung des Betrachters besteht. Daher ist es für die Auseinandersetzung abwegig, die tradierten Angaben zu glauben, anstelle sie durch Selbstüberzeugung zu verinnerlichen. Für den Lernprozess sollte die Möglichkeit zu glauben, vor der zur eigenen Wahrheit führenden Interpretation durch das gegenwärtige Verständnis ausgeräumt sein, da diese Aneignung von Wissen lediglich ein Nachahmen ist. Vom Wesen her ist das Saiyasart keine Glaubensrichtung, weshalb mit den Überlieferungen nicht nach glaubhafter Überzeugung, sondern nach persönlicher, auf dem gegenwärtigen Verständnis beruhender Erkenntnis umgegangen werden sollte. Die Überlieferungen des Saiyasart gliedern sich in vier Sachgebiete, die inhaltlich wieder unterteilt sind.

Der Urtext
Der Urtext (Dton Bod) ist der symbolische Beginn des Saiyasart und wurde von Generation zu Generation mündlich weitergegeben. Er bezieht sich in erster Linie auf die Selbsterkenntnis über die Vergänglichkeit (Mai Naeh Non) aller sichtbaren und unsichtbaren Existenzen und Ereignisse und damit

allen Seins. Die Vergänglichkeit entsteht aus der Erkenntnis eines Betrachtungsfokus, der gegenwärtig und folglich vorübergehend ist. Mithilfe des Fokus soll durch die gedankliche Auseinandersetzung der Unterschied zwischen angenommener und tatsächlicher Wirklichkeit erkannt werden. Während die angenommene Wirklichkeit (Rabbpen Kvam Dsching) die individuelle Realität betrachtet, ist die tatsächliche Wirklichkeit (Kvam Naehnohn) die unveränderliche Vergangenheit, unabhängig von jeglicher Betrachtung und Interpretation. Das Erkennen und Ausarbeiten des Unterschiedes zwischen diesen beiden Wirklichkeiten bildet den Leitfaden für das Verstehen der Vergänglichkeit des Seins. Der vorübergehende Betrachtungsfokus und auch alle durch diesen wahrgenommenen Existenzen und Ereignisse sind nur als Momentaufnahme vorhanden, losgelöst von ihrem Existenzzeitpunkt in der Vergangenheit, der Gegenwart oder der Zukunft. Mit anderen Worten existieren und erlöschen alle im Mittelpunkt liegenden Existenzen durch das Vorhandensein des gegenwärtigen Betrachtungsfokus, der die angenommene Wirklichkeit festlegt. Die unveränderliche Vergangenheit ist eine tatsächliche Wirklichkeit. Die Differenzierung und das Verstehen des Unterschiedes beider Wirklichkeiten bilden den Weg des Lernenden zu seiner persönlichen Erkenntnis über die Vergänglichkeit.

Der Begriff Dton Bod für den Urtext ergab sich durch beispielhafte Vergleiche alter Überlieferungen und wird auch für die unveränderliche Vergangenheit oder die tatsächliche Wirklichkeit verwendet, die nach der Logik des Saiyasart ausschließlich in der Vergangenheit existiert.

Der vorübergehende Betrachtungsfokus ist im Saiyasart aus drei Aspekten zusammengesetzt: dem äußeren Aspekt (Nohg), dem inneren Aspekt (Nai) und dem Verhältnisaspekt (Rohbsampann), die das Fundament für die Betrachtungslehre des Saiyasart bilden. Die Betrachtungslehre, die auf eine Erkenntnis von Existenz und Nichtexistenz abzielt, geht von zwei Parteien aus, dem Betrachter und die in dessen Fokus liegende betrachtete Existenz, wobei der Betrachter nicht zwingend eine menschliche Existenz ist. Da sich der Lernende als Mensch mit dem Saiyasart auseinandersetzt, wird die Existenz des Betrachters anfänglich auf eine menschliche Existenz reduziert. Erst nachdem man in der Lage ist, zwischen menschlichen und nichtmenschlichen Existenzen zu differenzieren, wird auch die nichtmenschliche Existenz für den Betrachter in seiner Auseinandersetzung berücksichtigt.

Der äußere Aspekt bezieht sich auf die unmittelbare menschliche Wahrnehmung durch die eigenen Sinnesorgane, woraus sich ein eigener äußerer Fokus auf die Beschaffenheit des Betrachteten ergibt, der jedoch nicht mit der tatsächlichen Wirklichkeit übereinstimmt und mehr eine definierte und vorübergehende Annahme darstellt. Der durch den Fokus der eigenen Wahrnehmung entstehende Umriss ist mit der unmittelbaren Abgrenzung zu anderen Existenzen und Ereignissen gleichzustellen. Als verdeutlichendes Beispiel soll die Existenz der Menschen auf der Erde dienen. Nach allgemeiner Auswertung des auf die äußere Beschaffenheit gelegten Fokus lebt der Mensch auf der Erde bzw. auf der Erdoberfläche. Tatsächlich lebt er aber nicht auf der Erde, sondern in der Existenz Erde, da die zugehörige äußere Atmosphäre nicht direkt wahrnehmbar ist. Das Leben auf der Erde ist somit durch die Wahrnehmung im Fokus der äußeren Beschaffenheit definiert, nicht aber durch die tatsächliche Wirklichkeit.

Der innere Aspekt bezeichnet die eigenen funktionalen Eigenschaften, also das gegenwärtig vorhandene Verständnis des Menschen, das nicht mit seiner Denkfähigkeit verwechselt werden sollte. Durch das vorhandene Verständnis des Betrachters führt der Wahrnehmungsfokus der äußeren Beschaffenheit zu einem eigenen Fokus auf die innere Beschaffenheit der wahrgenommenen Existenz. Dieser entspricht jedoch weder der gegenwärtigen Realität der wahrgenommenen Existenz oder des Ereignisses noch der tatsächlichen Wirklichkeit. So wird das Geschenk eines Mannes an seine Frau, dessen äußere Beschaffenheit sich wahrnehmen lässt, häufig als Liebesbeweis interpretiert. In Wirklichkeit ist dies aber nur eine allgemeine Definition, denn der tatsächliche Grund des Geschenks als Resultat seines eigenen Verständnisses ist ohne Weiteres nicht wahrnehmbar und weicht unter Umständen vom interpretierten Liebesbeweis ab.

Die gesamten begleitenden Umstände von Existenzen und Ereignissen umfasst der Verhältnisaspekt. Die Umstände bzw. Rahmenbedingungen der Existenz beinhalten ihren gesamten Prozess von der Entstehung bis zum Zeitpunkt der gegenwärtigen Betrachtung. Die Momentaufnahme der Betrachtung in der Gegenwart gleicht dabei dem Verständnis des Betrachters bedingt durch die Wahrnehmung des inneren und äußeren Aspektes der betrachteten Existenz. Das Wahrnehmen der Rahmenbedingungen beruht dann auf einem Wahrscheinlichkeitsprinzip, da nur die Rahmenbedingungen zum Zeitpunkt der gegenwärtigen Betrachtung herangezogen werden können. Somit kann die Betrachtung des Verhältnisaspektes nicht mit der tatsächlichen Wirklichkeit übereinstimmen, da der Betrachtungsfokus nur eine Momentaufnahme ist, die den gesamten Prozess nicht umfassen kann. Als Erklärung kann die Zubereitung eines Gerichtes herangezogen werden. Für dessen gegenwärtige Geschmacksqualität ist neben den ausgewählten Zutaten auch der gesamte Prozess der Zubereitung verantwortlich.

Der Anfang oder Anfangspunkt einer Existenz oder eines Ereignisses entsteht nur dann, wenn ein Zusammentreffen aller drei Aspekte gegeben ist. Eine Veränderung ihrer Konstellation führt hingegen zu einem sofortigen Erlöschen der Existenz und damit auch zu ihrem Endpunkt. Das bedeutet, dass sich die Eigenschaften aller Existenzen und Ereignisse aus einem fortwährenden Dasein und Erlöschen in einem einzigen Punkt zusammensetzen, da die Konstellation der Zusammenkunft einer permanenten Veränderung unterliegt. Somit ist der Fortbestand einer Existenz, ihr Überleben bzw. der Ereignisprozess an die Voraussetzung einer Aneinanderreihung von Existenzen oder Ereignissen durch die Abfolge der Veränderungen der drei Aspekte geknüpft. Die Art der Veränderung ist dabei beliebig und kann einzeln oder gemeinsam erfolgen. Die Existenz ist daher eine Aneinanderreihung von abwechselnden Anfangs- und Endpunkten und wird somit in ein und demselben Moment gebildet. Die Gegenwart wird in diesem Moment durch eine neue Gegenwart ersetzt und wird zur unmittelbaren Vergangenheit. Da der Anfang zugleich auch ein Ende ist, führt dies bei weiterer

Betrachtung zu der Erkenntnis, dass Vergangenheit und Zukunft in Wirklichkeit in der Gegenwart existieren, wobei die Gegenwart lediglich eine Momentaufnahme unseres Bewusstseins ist, nämlich des gegenwärtigen Betrachtungsfokus. Im Mittelpunkt der Betrachtung einer angenommenen Wirklichkeit definiert das Saiyasart die vergangene Gegenwart als unveränderliche Vergangenheit. Sieht man alle Existenzen und Ereignisse als bereits fertig geschriebenen Text eines Buches, entspricht dieser der unveränderlichen Vergangenheit, während das Lesen des Buches die Vergänglichkeit des Seins durch den Fokus auf den Text widerspiegelt. Im Hinblick auf die drei Aspekte lassen die Buchstaben durch ihre unterschiedlichen Existenzeigenschaften und ihre Aneinanderreihung einen bestimmten Zusammenhang erkennen, der einen Inhalt bildet und durch das Auffassungsvermögen sowohl vom Verfasser als auch vom Leser gleichermaßen wahrgenommen werden kann. Die Erkenntnis aus diesem Inhalt setzt sich entsprechend aus dem Erkennen und der Unterscheidung zwischen der vorübergehend angenommenen Wirklichkeit als Vergänglichkeit des Seins und der tatsächlichen Wirklichkeit als unveränderliche Vergangenheit ungeachtet der gleichzeitigen Existenz beider Wirklichkeiten zum Zeitpunkt der Betrachtung zusammen.

Der Interpretationstext

Der Interpretationstext (Dthie Kvam Maih) entspricht durch seine Existenz der Vergänglichkeit des Seins und somit einer vorübergehenden und eigenen Wahrheit, die die angenommene Wirklichkeit des Interpretierenden bzw. dessen Betrachtungsfokus ist. Der Fokus besteht als eigene logische Wahrheit zum Zeitpunkt der Betrachtung, deren Resultat einer angenommenen Wirklichkeit keinesfalls der unveränderlichen Vergangenheit gleichkommt.

Im Gegensatz zum mündlich weitergegebenen Urtext ist der Interpretationstext in Schriftform überliefert und kann als Sekundärliteratur bezeichnet werden. Die vorhandenen Interpretationen des Urtextes unterscheiden sich durch den jeweiligen Kontext, aus dem heraus sie entstanden, in vier Richtungen. Die erste Richtung umfasst den Bereich der glaubhaften Überzeugung (Kvam Shueah Tueh), die den Urtext vor dem Hintergrund der Glaubenskultur und Glaubenslehre bzw. der Religion interpretiert. Die zweite Richtung betrachtet den Urtext vor dem Hintergrund des Übersinnlichen (Sing Saksidt) wie Visionen, Wunder oder magische Phänomene im Bereich unantastbar geltender Gottheiten. Bei der Erleuchtung (Bann Lu) als dritte Richtung wird der Urtext philosophisch durch Weisheiten zur unveränderlichen Vergangenheit bzw. tatsächlichen Wirklichkeit erörtert, und die vierte Richtung nach Wahrheit (Kvam Dsching) durch Selbsterfahrung, die die Vergänglichkeit des Seins als angenommene Wirklichkeit beinhaltet.

Die größte Anzahl verfügbarer und in der Gesellschaft verbreiteter Interpretationen kommt aus der Richtung der Glaubenskultur und Glaubenslehre und wird dem äußeren Aspekt zugeordnet, da die Wahrnehmung durch den Charakter der Interpretation bedingt nicht über die äußere Präsentation hinauskommt, geschweige denn diese hinterfragt. Die Prägung durch die Glaubenskultur und die Religion, die wie ein Leitfaden für die Wahrnehmung des Betrachters vorhanden ist, verbindet mit diesen Interpretationen auch das größte Maß einer unkritischen Übernahme und Verinnerlichung einer überlieferten und damit angenommenen Wahrheit der Glaubenslehre. Nach dem Saiyasart steht dieser Fokus einer tatsächlichen Wahrheit entgegen und schließt diese indirekt sogar aus.

Die hinter Wundern oder Übernatürlichkeit stehenden Interpretationen befassen sich mit dem Ergründen von Existenzen und Ereignissen, die sich mit den herkömmlichen Sinnesorganen nicht ohne Weiteres wahrnehmen lassen, wodurch sie dem inneren Aspekt entsprechen. Obwohl diese Interpretationen von Existenzen und Ereignissen als logische Wahrheit angenommen werden, befinden sie sich außerhalb des gegenwärtigen Auffassungsvermögens und Verständnisses. Ungeachtet dessen bilden die Wunder und das Übernatürliche auch das Fundament für die Bildung von menschlichem Zusammenleben für alle Formen von Klassengesellschaften. Mit dem Übernatürlichen wird eine unüberwindbare und als göttlich angesehene Wissensstufe deklariert, die zur Bildung eines pyramidalen, hierarchischen und keinesfalls gleichberechtigten Gesellschaftssystems führte.

Die Interpretationen der philosophischen Weisheiten werden als der Verhältnisaspekt bezeichnet. Sie beziehen sich auf die Rahmenbedingungen von Existenzen bezüglich des äußeren und inneren Aspektes und werden mit dem Lesen zwischen den Zeilen verglichen. Letztlich sind sie die Wiedergabe vergangener Interpretationen, die inhaltlich zwar auf die tatsächliche Wirklichkeit abzielen, in eben dieser aber nur die angenommene Wirklichkeit darstellen. Die unterschiedlichen Weisheiten ermöglichen die Bildung von Kultur, Mentalität, Sitten, Gebräuchen und Ritualen für einzelne menschliche Gruppierungen. Durch die Prägungen dieser Weisheiten stehen sie eigentlich für gleich bleibende Rahmenbedingungen der menschlichen Existenz in einer bestimmten Gruppierung der Gesellschaft und verknüpfen so die gegenwärtigen Existenzen mit den Umständen der Vergangenheit. Die Selbsterfahrung ist zudem eine angenommene und logische Wirklichkeit, die durch die Auseinandersetzung mit Existenzen und Ereignissen durch das gegenwärtige Verständnis entsteht und verinnerlicht werden kann. Das Verinnerlichen oder Einprägen führt dabei zu einer möglichen Selbstfindung, die ausschließlich von dem Interpretierenden abhängig ist. Die Differenzierung hinsichtlich des Betrachtungsfokus zwischen der Vergänglichkeit des Seins und der unveränderlichen Vergangenheit bildet die Voraussetzung für den Weg der Selbsterkenntnis, die frei von glaubhafter Überzeugung oder eigener Wertigkeit ist und somit nicht länger eine Interpretation. Vielmehr entspricht sie dem Istzustand des Bewusstseins auf einer Ebene mit dem Urtext und dem Ausgangspunkt für die Interpretation und Selbsterfahrung der ursprünglichen Frage. Die sich verändernden Interpretationen im Verlauf der Selbstfindung beruhen auf dem sich gleichermaßen verändernden Verständnis und gleichen somit dem jeweiligen Wissen und der gegenwärtig angenommenen Wahrheit des Interpretierenden. Die Frage bleibt solange bestehen, bis eine Antwort durch den Zustand der Selbsterkenntnis gefunden wurde, die daher das Erlöschen der eigenen Frage bedeutet und in das Hier und Jetzt mündet, das weder eine Frage noch eine Antwort beinhaltet. Das Wissen ist folglich nur für die Dauer der Selbstfindung vorhanden; seine Existenz endet in dem Augenblick, in dem die Antwort auf die ursprüngliche Frage aus der Vergangenheit gefunden wurde. Es erlöschen somit nicht nur die Antwort und die Frage, die als eins bestehen, sondern auch die angenommene Wirklichkeit als eigene Wahrheit bzw. Interpretation. Wenn die Interpretation, das Wissen und die eigene Wahrheit im Moment der Selbsterkenntnis erlöschen bzw. ihre Existenzen enden, bleibt nur das Nichts zurück. Das auf dem Prozess der Selbstfindung beruhende Wissen über dieses Nichts ist also auf die ursprüngliche Frage zurückzuführen. Das Hier und Jetzt entspricht daher der Vergangenheit, der Gegenwart und auch der Zukunft, was zu der Bezeichnung des Saiyasart als das Wissen über das Nichts führte.

Mythos und Magie

Diese Texte beinhalten Beschreibungen über den Umgang und die Wahrnehmung von undefinierbaren und unerklärlichen Phänomenen, die deshalb als Wunder oder Magie verstanden werden. Das Wahrnehmen dieser Phänomene liegt außerhalb des Spektrums der als normal angesehenen menschlichen Sinne und Fähigkeiten und des allgemein gültigen logischen Verständnisses. Der Umgang mit den Texten soll als symbolische Verständnisbrücke zwischen der angenommenen Überzeugung und der tatsächlichen Wirklichkeit helfen, verschiedene Wahrnehmungen und Betrachtungsaspekte zu erfassen. Ohne eine Wertung vorzunehmen, streben die Texte eine Kommunikation zwischen beiden Seiten an, wodurch automatisch auch eine Veränderung des gegenwärtigen Verständnisses erfolgt. Die Existenz eines Mythos, Phänomens oder der Magie ist nach dem Verständnis des Saiyasart das Ergebnis von manipulierter Funktionalität einer Existenz und durch anfängliche Gleichsetzung von Existenz und menschlicher Existenz vom Verständnis des Betrachters in seiner als real angenommen Wirklichkeit abhängig. Ein simuliertes Umfeld, das das Verhältnis bildet, erzeugt die Manipulation und ersetzt in der Gegenwart die Normalität, die aus der interpretierten angenommenen Realität resultiert. Die Magie stimmt somit mit den gegenwärtigen Existenzeigenschaften der manipulierten Funktionalität überein und lässt für den Betroffenen eine reale Existenz entstehen, die als Manipulationsergebnis einer möglichen Variante der realen Wirklichkeit in der Zukunft nahekommt und nicht etwa der tatsächlichen. Mit anderen Worten stellen Phänomene und Magie eine mögliche zukünftige Realität dar, die aus der Annahme einer manipulierten logischen Wahrheit in der Gegenwart entstand, wie etwa der Glaube an ein persönliches Schicksal. In den Überlieferungen setzte man Phänomene mit dem Wahrsagen gleich, da die Vorhersage des Schicksals einer Vorgabe für eine manipulierte Wahrheit ähnelt, durch die sich gegenwärtig eine durch Bestimmung glaubhaft gemachte Zukunft ergibt. Für den Fragesteller führt dies unabhängig von der gegenwärtigen Wirklichkeit zu einer Selbstsimulation der Rahmenbedingungen für die Zukunft, wodurch die Vorhersage des Wahrsagers wie magisch wirkt.

Fundamentale Sinne

Unter den fundamentalen Sinnen (Dschidt Samnuek) wird das eigene Verständnis in der Gegenwart verstanden. Im Vordergrund steht die Fähigkeit, zwischen der angenommenen Wirklichkeit als eigene Wahrheit (Kvam Dsching) und der Wahrheit nach der Definition des Saiyasart als unveränderliche Vergangenheit differenzieren zu können und dies bewusst zu verstehen. Damit ist ein Bewusstsein gemeint, mit dem die Existenz nicht nur beide Wahrheiten isoliert voneinander wahrnehmen kann, sondern auch die Existenz des eigenen Verständnisses durch Betrachtung seines inneren Aspektes. Die Wahrnehmung setzt sich hierbei aus zwei Faktoren zusammen. Einerseits aus der gesellschaftlichen Prägung als angenommene Wahrheit und andererseits aus den eigenen Erfahrungen als Wahrheitserlebnisse der eigenen Realität. Beide Faktoren verändern sich im Verlauf des Lebens kontinuierlich, entweder durch Intensivierung und Verhärtung des Vorhandenen oder durch Abschwächung oder Auflösung. Die Veränderung an sich hat dabei wiederum eine Entsprechung in der Vergänglichkeit des Seins, weshalb das gegenwärtige Verständnis dem eigenen Wissen als angenommene Wahrheit in der Gegenwart gleichkommt. Ein permanenter Fokus oder ein Bewusstsein über das eigene Verständnis, also den inneren Aspekt, in Form dieser Differenzierung treibt die Entwicklung des eigenen Wissens voran und auch die Selbstfindung auf dem Weg zur Erkenntnis über die tatsächliche Wirklichkeit durch eine unveränderliche Vergangenheit. In der Überlieferung wird Verständnis, das sich eigentlich auf das Gedankenverständnis (Ruh Suek Kauw Jai) bezieht, anhand der Muttersprache erklärt. Das gesammelte Wissen über die Muttersprache, die Erkenntnisse über einzelne Worte, deren Bedeutung und grammatische Kombination zur Bildung von Sätzen lassen sich mit der Erziehung oder auch der gedanklichen Prägung aus dem Lebensumfeld vergleichen und beginnen bereits mit der Geburt. Durch die Sprachkenntnis entsteht eine Kommunikation mit dem gesellschaftlichen Umfeld, die zum Verständnisumfang führt, der die Weiterentwicklung des eigenen Wissens und neue Erkenntnisse durch Erfahrungen einbezieht. Die gegenwärtige Beherrschung der Sprache ist mit dem gegenwärtigen Gedankenverständnis gleichzusetzen, das seinen gedanklichen Ausdruck durch das Verständnis präsentiert, wobei durch die vorhandene Denkstruktur (Rabohb Kwam Kid) und die Identifizierung der Bedeutung einzelner Worte und Laute kommuniziert wird. Abgesehen von der Herkunft, die zur Bildung des Sprachgebrauchs beiträgt, können in einer Sprachgemeinschaft Verständigungsprobleme auftreten und die Kommunikation stören oder unterbinden, beispielsweise zwischen Erwachsenen und Kindern. Die fundamentalen Sinne befassen sich mehr oder weniger mit der Suche nach einer Verständigungsbrücke für die Kommunikation innerhalb und außerhalb des gesellschaftlichen Lebens und ermöglichen so ein Erkunden und Ergründen hinsichtlich der Entstehung aller Existenzen und Ereignisse. Einerseits nimmt derjenige dadurch am gesellschaftlichen Leben unter den gesellschaftlichen Rahmenbedingungen wie Recht und Ordnung teil. Andererseits führt die Auseinandersetzung zu einer Präsentation der eigenen Existenz, die durch eine bestimmte Art von selbstlosem Verhalten gekennzeichnet ist und Existenzen und Ereignisse lediglich als Betrachter erlebt. Dieser Umstand ist ein weiterer Baustein für die Erklärung des typischen Verhaltensgrundsatzes der Gelehrten des Pahuyuth. Die Überleitung vom Saiyasart zum Kampfwissen ergibt sich durch Übereinstimmungen beider. Während die Frage „Wer bin ich?" im Saiyasart oft bewusst gestellt wird und sich der Lernende durch Logik bestimmte Erkenntnisse erarbeitet, beginnt ein Schüler des Kampfwissens seinen Weg durch die erhoffte Bestätigung seines Ideals. Dieses setzt er in aller Regel nicht mit der Frage gleich, da die Frage erst im Verlauf seiner Entwicklung langsam in den Vordergrund tritt durch die gewonnene Erkenntnis über das Pahuyuth als Werkzeug sowie die Differenzierung zwischen ihm und dem Kampfwissen. Denn das Erlernen des Kampfwissens ereignet sich durch praktische Auseinandersetzung.

Da das Ereignis eines Kampfes unweigerlich seinen Existenzbedingungen unterliegt und ungeachtet des Verständnisses nur unmittelbar gegenwärtig ist, sind die ihm zugrunde liegenden Prinzipien zwangsläufig allgemeiner Natur und decken sich im Rahmen der Betrachtungslehre mit den Erkenntnissen bei der Erkundung allen Seins. Folglich besteht die Herausforderung darin, das Kampfwissen durch seine praktische Umsetzung in der erkenntnistheoretischen Logik des Saiyasart zu bestätigen und zu spiegeln.

Der Mythos Zaiyuh

Die Geschichte Zaiyuh stammt aus einer buddhistischen Legende chinesischen Ursprungs, vermutlich aus dem frühen Zeitabschnitt von Nanjauw. In ihr werden der Ursprung der Waffenkampfmethodik des Langstocks (Grabong) und weitere Aufschlüsse über kulturelle Zusammenhänge beschrieben, die Einfluss auf die Methodik des Pahuyuth nahmen. Zaiyuh war im Laufe der Zeit zu einem Mythos geworden und besteht noch heute in unterschiedlichen Interpretationen, Dramen und durch philosophische Weisheiten. Die ursprüngliche Geschichte soll auf einer wahren Begebenheit beruhen und schildert den chinesischen Expeditionsauftrag, der die buddhistische Lehre offiziell aus Indien nach China gebracht haben soll. Der chinesische Mönch Tang Kam Jang, von dem die Geschichte handelt, wurde in unterschiedlichen chinesischen Versionen als erleuchteter Buddhist bzw. als Gottheit in Menschengestalt angesehen, der von drei heiligen Dienern begleitet wurde. Die Diener, die als Engel auftraten, waren jeweils halb Mensch und halb Tier: der Affenmensch, der Schweinemensch und der Ziegenmensch. Da ihre Charaktereigenschaften visuell dargestellt waren, hatten sie eine symbolische Bedeutung für die Menschen dieses Zeitabschnitts (etwa 100 v. Chr.) und entsprachen nach damaligem Gesellschaftsverständnis auch einer Sünde. Durch ihre Darstellung konnte die Geschichte als phantasievolle Erzählung präsentiert werden, was rückblickend als allgemeiner Ausdruck des derzeitigen Verständnisses anzusehen ist.

Ausgangspunkt der Geschichte war das Scheitern einer Delegation von chinesischen Regierungsbeauftragten auf dem Weg nach Indien. Die Regierungsbeauftragten sollten beim Durchqueren des als magisch geltenden Gebietes Nanjauw – gemeint ist das Gebiet Yunnan im Süden des heutigen Chinas, das der Durchgang zu dem burmesischen Gebiet Kachin in indischer Richtung war – von Geistern und magischen Gestalten überfallen und belästigt worden sein. Es wurde berichtet, dass es den Mitgliedern der Delegation physisch und psychisch so schlecht erging, dass sie gezwungen waren, umzukehren. Das chinesisch-burmesische Grenzgebiet nördlich des heutigen Goldenen Dreiecks war ein dichter Dschungel und von tiefen Schluchten durchzogen. Die wenigen Bewohner waren Bergmenschen (Ga Rieng) und wenige Einsiedler. Nach Ansicht einiger Gelehrter ist der in der Zaiyuh beschriebene Zustand der Delegation eher auf gewöhnliche Dschungelerkrankungen wie Fieber und Halluzinationen zurückzuführen. Während die erschöpften und schwer verletzten Reisenden um die Hilfe Buddhas baten, erschien ihnen die gleichermaßen magische und menschliche Mönchsgestalt Tang Kam Jang, die versprach, die buddhistische Lehre selbst nach China zu bringen. Aus Sicht der buddhistischen Glaubenslehre war der Mönch ein Erleuchteter (Bann Lu) sowie ein Geisterwesen, da er mit übernatürlichen Fähigkeiten ausgestattet war. In verschiedenen Fassungen wurde sein Erscheinen ähnlich dokumentiert, in die buddhistische Weisheiten und andere Komponenten der Glaubenslehre einbezogen wurden. Beispielsweise ist die Existenz des zum Buddhismus gehörenden Reinkarnationszyklus erwähnt, bei dem Handlungen von vergangenen Existenzen als maßgeblich für das gegenwärtige Schicksal angesehen werden.

Gutes zu tun, ist ebenfalls in der Zaiyuh erwähnt, um eine Unterbrechung der Reinkarnation sowie den Zustand der Erleuchtung nach buddhistischer Definition zu erlangen. Die Hilfe, die Tang Kam Jang der Delegation anbot, gilt als Bekenntnis einer solchen guten Absicht. Doch die Umsetzung war durch die Konsequenzen der vorangegangenen Existenzen erschwert, woraus sich die übernatürliche Hilfe als gerechtfertigte Unterstützung bildete.

Auf dem Weg nach Indien traf der Mönch den Affenmenschen Haeng Jiea, den er aus einer magischen Falle befreite und der ihn deshalb begleitete. Die Falle soll ein magischer Käfig eines Magiers oder Dschungelzauberers gewesen sein, den er für sein entlaufenes Haustier aufgestellt hatte. Berücksichtigt man die Umstände der Zeit, deutet dies auf die Verfolgung eines entflohenen Sklaven hin. Der gefangene Affenmensch steht hier für einen Freikämpfer, da er dem Affen als freies Wildtier ähnelt und durch die magischen Kräfte bestimmter Gegenstände seine Selbstständigkeit und Freiheit verlor. Die magischen Fähigkeiten von Tang Kam Jang entsprachen nach Auslegung der buddhistischen Glaubenslehre der Auslösung für den Affenmenschen. Demnach hatte Tang Kam Jang seine eigenen magischen Fähigkeiten gegen die Magie des Dschungelzauberers eingesetzt, um ihn zu befreien. Auch wird in den unterschiedlichen Erzählungen immer wieder auf den Umgang zwischen Tang Kam Jang und Haeng Jiea angespielt, der Parallelen zwischen einem Lehrer bzw. einer gelehrten Persönlichkeit und einem Ungläubigen aufzeigt. Die Art, mit dem Affenmenschen umzugehen, basiert dabei auf dem Prinzip Zuckerbrot-und-Peitsche, das bis heute Teil der Unterrichtskonzeption des Pahuyuth ist. Die spielerische Art und der Ungehorsam von Haeng Jiea veranlassten Tang Kam Jang, ihm einen magischen Ring (Vaen Saksidt) am Kopf anzubringen, der einen unangenehmen Schmerz verursachte, sobald sich der Affenmensch unanständig verhielt. Chinesische Geschichtsforscher bringen diesen Ring in Zusammenhang mit den typischen chinesischen Kopftüchern der damaligen Zeit und nehmen an, dass daraus das Mongkon, das Kopfschutzsymbol der thailändischen Kämpfer entstand.

Auf seinem Weg begegnete der Mönch auch dem Schweinemenschen Dtue Poy Gai, den er als einzigen Überlebenden nach einem Überfall auf eine durch den Dschungel ziehende Karawane von Kaufmännern antraf. Im Gegensatz zu vielen westlichen Ländern symbolisiert das Schwein in China Wohlstand und kaufmännisches Geschick, was von den Thai später übernommen wurde. Dtue Poy Gai hatte den Überfall auf die Karawane wegen seiner Faulheit verschlafen, sodass die Räuber ihn für bereits tot gehalten hatten. Nachdem die Räuber weitergezogen waren, blieb nur er mit dem Proviant der Karawane zurück. Aus Bequemlichkeit hatte er keine Anstrengungen unternommen, alleine weiterzuziehen, stattdessen wollte er mit dem Proviant an Ort und Stelle auf vorbeiziehende Reisende warten.

Tang Kam Jang und der Affenmensch waren die ersten, die ihn dort trafen. Um bis zur nächsten Stadt mitgenommen zu werden, bot Dtue Poy Gai den beiden den

Proviant zum Tausch an. Aus Neugier auf die buddhistische Lehre blieb er aber nach Erreichen der Stadt bei Tang Kam Jang und dem Affenmenschen und ging mit ihnen. Erst nachdem die drei Gefährten burmesisches Gebiet erreicht hatten, heuerten sie den Ziegenmenschen Zou Jaeng wegen seiner Gebirgskenntnisse an, der ihnen auch das Gepäck tragen half. Die Ziege steht für den typischen Charakter der Einwohner dieser Region, die durchaus schon in Berührung mit dem Buddhismus gekommen waren. Sie soll ein eigenbrötlerisches Verhalten zum Ausdruck bringen, das gepaart mit Einfachheit nur der eigenen Überzeugung folgt. In einigen chinesisch-buddhistischen Erzählungen wurden die drei Begleiter von Tang Kam Jang mit den niederträchtigen menschlichen Gedanken der Habgier (Lohb), Bösartigkeit (Grohd) und Hörigkeit (Long) verglichen, die der Mönch bekehren sollte. Der Mission wurden die unterschiedlichsten Begegnungen und Auseinandersetzungen nachgesagt, die alle durch die Weisheiten der buddhistischen Lehre und mithilfe Haeng Jieas und seinem Kampfstock überwunden werden konnten.

Durch den Mythos Zaiyuh gilt dieser Zeitabschnitt als Geburtsstunde der Waffenkampfmethodik des Stockkampfes Grabong, obgleich sein tatsächlicher Ursprung nicht eindeutig nachweisbar ist. Der Kampfstock des Affenmenschen wurde eigentlichen als Tragestock (Maih Haab) benutzt, der in Kombination mit Kenntnissen des Pahuyuth sowie den magischen Kräften des buddhistischen Stirnringes vorübergehend als Waffe eingesetzt wurde. Das Tragen von Waffen war aus buddhistischer Sicht nicht erlaubt, da es als Gewaltbereitschaft und Tötungsabsicht angesehen wurde. In vielen, der verschiedenen Fassungen der Geschichte war der buddhistische Mönch konsistent als Moralapostel vertreten. Er löste sich nach Beendigung der Mission unerklärlich von selbst auf und soll in den Himmel zurückgekehrt sein. Zufolge der chinesischen Erzählungen soll der Affenmensch nach Beendigung der Mission in seine Heimat Nanjauw zurückgekehrt sein; seitdem diente wohl auch sein magischer Stirnring (Mongkon) als Erkennungszeichen und Schutzpatron für die thailändischen Freikämpfer. Der Schweinemensch selbst sei zu einem buddhistischen Mönch geworden und habe das erste Kloster Chinas gegründet, in dem er viele Jahre später zur Erleuchtung fand. Auch die in heutiger Zeit noch weit verbreiteten Figuren und Skulpturen des molligen Mönches stehen symbolisch für die wohlwollende buddhistische Ausgeglichenheit und sind ihm zu Ehren als Erkennungszeichen entstanden. Der Ziegenmensch ließ sich in China nieder und begründete mit seinen Kenntnissen des Yoga, des Hinduismus und der buddhistischen Lehre den Zenbuddhismus, der die Yogameditation beinhaltet.

Der thailändische Stockkampf

Der traditionelle Kampfstock Grabong ist ein etwa körperlanger, einfacher Holzzylinder. Durch seine Beschaffenheit wurde er ursprünglich als Tragestock benutzt, mit dem Gepäck und Gegenstände über der Schulter getragen wurden. Die Kampfmethodik des Grabong ist trotz seiner Länge für den Nahkampf konzipiert worden. Die Länge und der Vergleich zu ähnlichen Waffen aus anderen Kampfsystemen führten mit der Zeit zu dem Irrtum, er gehöre der Kategorie der militärischen Langwaffen an. Obwohl sich die Methodik von der der Langwaffen maßgeblich unterscheidet, ist dieser Irrtum auch heute noch verbreitet. Erst um die Jahrtausendwende im Zeitabschnitt von Utong wurden bestimmte Teile in die militärische Langwaffenmethodik integriert, doch war der Einsatz des Grabong in seiner ursprünglichen Konzeption in dieser Zeit eher rückläufig, da sein traditioneller Waffencharakter nicht mit dem der militärischen Langwaffen übereinstimmte. Es vermischte sich der Ursprung mit seiner Anwendung und seine eigentliche Methodik wurde vernachlässigt, weil er im Militär ausschließlich als Langwaffe verwendet wurde. Bei der Nutzung des Grabong geht es überwiegend darum, die gegnerischen Kampfaktionen so zu steuern, dass man sich einen Positionsvorteil verschafft und die Kraft des Gegners für die Umsetzung eigener Kampfaktionen umgeleitet wird. Die stumpfen Enden werden als Angriffsseiten zum Stoßen genutzt und die Länge zum Umleiten oder Hebeln des gegnerischen Körpers. Die körpereigenen Waffenelemente Faust, Fuß, Ellbogen und Knie werden zusätzlich in den Kampf integriert, woraus der typische Kampfcharakter des Grabong für den Nahkampf entsteht.

Die Bezeichnung Grabong steht ganz allgemein für den Einsatz von körperlangen Gegenständen in einer Waffenkampfmethodik, warum später auch ähnliche Gegenstände wie Paddel, Bambusstäbe oder Floßstöcke benutzt wurden. Der Legende nach soll der Grabong für den Kriegseinsatz auch aus Metallrohren bestanden haben oder durch Metallbänder oder Schnüre verstärkt worden sein. Allerdings halten dies die Gelehrten des Pahuyuth im Hinblick auf seinen eigentlichen Kampfcharakter für sehr unwahrscheinlich, da das Metallvorkommen relativ gering war und der thailändischen Schmiede dafür notwendige Arbeitstechniken fehlten.

Nachbildung des magischen Kampfstockes von Tang Kam Jang aus der Geschichte Zaiyuh.

Das Mongkon

Das Mongkon ist eine Art Stirnband, das ähnlich einer Krone auf dem Kopf getragen wird. Der Überlieferung nach bestand es aus einhundertacht magischen weißen Baumwollfäden (Day Dibb), deren Länge ungefähr dem Umfang des Kopfes zuzüglich zwei

Faustbreiten entsprach. Die weißen Fäden, die an neun Stellen mit roten Baumwollfäden umwickelt und zusammengebunden waren, symbolisieren mögliche Gefahrentypen aus dem jeweils vorherrschenden Glauben. Durch die Seelen der Glie Gauw Piehnong – gekennzeichnet durch die roten Fäden – sollen diese Gefahren unterdrückt werden, um nicht zum Träger vordringen oder auf ihn wirken zu können; das Mongkon fungierte also als Schutzpatron für den Träger.

Das ursprüngliche Mongkon (oben) bestand aus weißen Baumwollfäden, die an neun Stellen mit roten Fäden umwickelt waren. Da es vor magischen Einflüssen schützen sollte, war es wichtig, dass es keine Knoten hatte. Dies galt genauso für das ursprüngliche Pra Jet (unten), einer am Oberarm getragenen Schnur. Die Ausführungen, die seit der Neuzeit bei professionellen Muai-Wettkämpfen getragen werden, entsprechen nicht mehr dieser Originalform.

In späteren Zeiten gab es Abwandlungen, beispielsweise wurde ein Stoffband aus dem Unterteil der elterlichen Kleidung (Pah Nung, Salohng) herausgerissen und um den Kopf gewickelt getragen. Entsprechend der Farbe der Kleidung war das Stoffband meist blau, was Liebe und Fürsorge für das Kind symbolisierte. Dieses Mongkon trugen hauptsächlich rekrutierte Soldaten, die in den Krieg zogen.

Der Ursprung des Mongkon kann zwar in zwei Richtungen verfolgt werden, ist jedoch nicht eindeutig belegt. Man vermutet zum einen, es geht auf die Geschichte Zaiyuh zurück, in der Tang Gam Jang dem Affenmenschen einen Ring am Kopf befestigte, um ihn kontrollieren und zugleich vor äußeren Einflüssen schützen zu können. Zum anderen ist die Tradition, ein Stirnband zu tragen, fast überall in Zentral- und Südostasien verbreitet. So ist es wahrscheinlich, dass sich das Mongkon daraus entwickelte und ganz einfach als Talisman getragen wurde. Bis heute tragen Kämpfer bei Muai-Wettkämpfen ein Mongkon, das unmittelbar vor dem Kampf abgenommen wird, ihnen Glück bringen und sie schützen soll.

Der Weg nach Süden

Die Zeit vor der Einwanderung der Thai in das Gebiet des heutigen Thailands weist nach wie vor große Lücken auf. Auch wenn es mit der Gründung des Reiches Nanjauw ein eigenständiges Gebiet mit einer Regierungsstruktur und einer von Thai geprägten Gesellschaft gab, lässt sich kein direkter Zusammenhang zu einer Gebietsverschiebung zwischen dem Reich Nanjauw und dem späteren Thailand rekonstruieren. Die Thai-Stämme in Nanjauw waren trotz aller Veränderungen im Reich nach wie vor dem Druck der chinesischen Truppen ausgesetzt. Die durch die Wanderungen ausgelöste innere Unruhe, die damit verbundene Populationsverschiebung und die schwer kontrollierbare Reichsgrenze wirkten sich ungünstig auf eine langfristige Festigung des Reiches aus. Trotz aller Veränderungen, die Kun Loh herbeiführte, glaubten viele Thai, dass die Struktur nicht von Bestand sei, zumal immer noch einzelne Thai-Stämme aus dem Norden und Nordosten durch das Gebiet wanderten. Neben dieser Unruhe führte vermehrt auch die Suche nach geeigneteren Anbaugebieten zum Weggang und zu weiteren Wanderungen.

Ihre jahrhundertelange Gewohnheit, weiterzuziehen, erschwerte den Thai, sich an die neue stationäre Lebensweise in einem eigenen Reich anzupassen. Es ist zu vermuten, dass sich in der Gesellschaft irgendwann die Information verbreitete, weiter südlich hinter den Ausläufern des Gebirges gebe es geeignetere Landstriche für die Landwirtschaft und den Anbau von Reis, woraufhin weitere Wanderungen nach Süden erfolgten, die für die Thai die letzte große Etappe auf dem Weg in das heutige Thailand war. Die südlichen Bereiche galten auch als politisch unabhängig, da sie außerhalb der chinesischen Reichweite lagen. Laut der Überlieferung waren im Bereich des heutigen Zentralthailands zu dieser Zeit bereits Thai ansässig, was bis nach Nanjauw vorgedrungen war. Umgekehrt stellte die Informationsweitergabe von Nanjauw nach Süden eine Herausforderung dar, denn die Vegetation des Gebirges und des Dschungels machte ein Vorankommen für größere Gruppen schwer. Die unterschiedlich großen Gruppierungen, die nach Süden und Südwesten wanderten, wurden nicht weiter von chinesischen Truppen verfolgt, da die Bedingungen nicht günstig waren und die Chinesen sich auch nicht mehr mit den weiter südlich gelegenen Landstrichen identifizierten.

Die Thai zogen aus dem Gebiet Nanjauw nach Süden und orientierten sich dabei an den Flussläufen, bis sie in ein Gebiet kamen, das nicht nur ihre endgültige Heimat wurde, sondern in dem auch das Pahuyuth, das durch die Freikämpfer im Reich Nanjauw bereits eine Blütezeit erlebte, seine endgültige Struktur erhalten sollte. Den Überlieferungen nach teilte sich die spätere thailändische Bevölkerung grob in drei Gruppierungen, die auf ihre Herkunft zurückzuführen waren. Dies waren die Mung (Thai Mung), die aus den Gebieten Gansu und Shaanxi stammten, und die Lung (Thai Lung, Thai Loung, Thai Jung, Pa oder Thai Nung) aus den nördlichen und südlichen Bereichen, in denen sich die Städte Pa, Lung und Mung befanden und die daher die Gruppierung

Herkunft der Thai-Gruppierungen

Die Bevölkerung des Gebietes Nanjauw und damit auch die des späteren Thailands setze sich aus drei großen Gruppierungen zusammen: Mung (1), Lung (2) und Shan (3).

mit der ursprünglichsten Abstammung darstellten. Die dritte Gruppierung war die der Shan aus dem Gebiet Sichuan.

Die eigentlichen Wanderungen in das Gebiet Laemtong bzw. der goldenen Küste, wie der südostasiatische Küstenstreifen genannt wurde, brachten vier größere Gruppen hervor, die sich zu unterschiedlichen Anteilen aus den drei Bevölkerungsgruppierungen zusammensetzten. Die erste Gruppe Thai Ahom (Thai Yaih) durchquerte Burma von Norden her, aus der in Nanjauw gelegenen Stadt Mau kommend, wanderte durch die Stadt La Woh und zog quer durch den Norden des heutigen Thailands in die bereits existierende Stadt Lobburi im Nordosten. Im Chinesischen wurde Lobburi auch Schaerto Gog genannt, was so viel wie „Stadt der über La Woh gekommenen" bedeutet. Sie galt als damalige Hauptstadt dieser Gruppierung und war lange Zeit eigenständig. Diese Gruppierung hatte den Großteil des Pahuyuth-Wissens wie das Ling Lom oder das Dab Irawadie – den Schwertkampf aus der Stadt Irawadie – in das Laemtong-Gebiet gebracht und gilt als direkter Nachfolger der Freikämpfer aus dem Zeitabschnitt von Nanjauw.

Die zweite Gruppe wurde Ay Lauw, Nan Tjauw oder auch Fu Nan genannt und kam aus dem mittleren und südöstlichen China sowie der heutigen Inselprovinz Hainan (früher Tang Gier) und wanderte in Richtung Sukothai, aber auch nach Laos und Kambodscha. Es ist bekannt, dass sie zum Großteil aus Bauern und Fischern bestand, die auf der Suche nach fruchtbaren Gebieten und einer neuen Heimat waren. Eine eindeutige Abstammung von den Thai-Gruppierungen, die über das Kampfwissen verfügten, ist nicht bekannt, obwohl über die Jahrhunderte eine unausweichliche Vermischung stattgefunden hatte.

Die dritte Gruppe, die Thai Noy, bezeichnete sich von Anfang an als Thai (frei). Sie kam aus dem westchinesischen Gebiet Talifu, nordwestlich von Nanjauw und wanderte nach Süden bis in das heutige Thailand. Nachdem sie das nördliche Thailand erreicht hatte, zog sie weiter und durchquerte die teils schon von anderen Gruppierungen bevölkerten Gebiete. Diese Gruppe bestand überwiegend aus den Herrschaftstruppen (Grumm Jauwnay), die Schicht der gehobenen Stadtmenschen, die sich aus vertriebenen Herrschaftsfamilien und ihren Sklaven nebst Gefolgschaft zusammensetzte. Typisch für diese Gruppe war die unmittelbare Gründung von Städten, die an eine direkte Machtübernahme in den neuen Gebieten geknüpft war. Zu ihrer Kampftruppe gehörten hauptsächlich reguläre Soldaten oder Sklaven und kaum Freikämpfer. Die vierte Gruppe wurde als Sichuan-Gruppe bezeichnet und kam aus der gleichnamigen Region im mittleren Westen des heutigen Chinas nordwestlich des Mekong-Oberlaufes und nördlich des Gebietes Yunnan. Sie zog bis in das Suwannapum-Gebiet, den Bereich des heutigen Nakornpratom in der Mitte Thailands, und hinunter zur Malayu-Küste im Süden nahe der Grenze zu Malaysia.

Das Gebiet in der Mitte wurde bereits 43 v. Chr., lange vor der großen Bewegung von Thai besiedelt, folgt man den Angaben der gemeißelten Steinschriften Sila Jarueck von König Ramkamhaeng. Die Hauptstadt dieser als Goldgrubengebiet bezeichneten Region war Suwannapum Raschatanie. Das Suwannapum-Gebiet bot optimale Voraussetzungen für den Reisanbau und

Einwanderung nach Thailand

Die Wanderungen der einzelnen Gruppierungen in das Gebiet des heutigen Thailand vollzog sich insgesamt in vier größeren Bewegungen und zeitlich versetzt.

1 Thai Ahom (Thai Yaih)
2 Sichuan-Gruppe
3 Thai Noy (Thai)
4 Ay Lauw (Nan Tjauw, Fu Nan)

gewährleistete dadurch die Versorgung der Bevölkerung. „Der Fisch im Wasser und der Reis im Boden" (Nay Nam Mi Bpla Nay Na Mi Kauw) ist ein Sprichwort der damaligen Zeit, das die Fruchtbarkeit des Gebietes zum Ausdruck bringt, denn Goldgruben nannte man die Umstände zum Überleben und die Qualität der Erde und nicht etwa eine Goldmine.

Betrachtet man die Wanderungen der einzelnen Thai-Gruppierungen nach Süden, so stellt man fest, dass die Auseinandersetzungen mit den Chinesen zwar an Bedeutung verloren, da sie ihnen nur – wenn überhaupt – bis in naheliegende Gebiete folgten, dass dafür aber neue Auseinandersetzungen, Unruhen und auch Kriege für die einzelnen Gruppierungen und die Gesamtheit der immer weiter vordringenden Thai entstanden. Die vorhandene Bevölkerung südlich von Nanjauw gehörte zum Beispiel keineswegs nur einer einzelnen Volksgruppe an, was weitere Komplikationen zur Folge hatte. Auch waren die Wanderungen der Gruppen untereinander nicht abgesprochen und die Entfernung der einzelnen Stämme zueinander viel zu groß, um vereint und geordnet nach Süden zu ziehen. Zwar hatte sich unter Kun Loh ein bestimmtes Zusammengehörigkeitsgefühl entwickelt, doch in der Realität gab es keine übergeordnete Instanz, die sie tatsächlich einte. Ferner hatten nicht alle Thai-Gruppierungen die gleichen Ziele in Bezug auf ihre neue Heimat, sofern sie welche hatten. Und ungeachtet dessen deckte sich die Überzeugung ihrer Führer auch nicht zwangsläufig mit der der Gruppe.

Die Ausbreitung der thailändischen Stämme in südwestlicher, südlicher und südöstlicher Richtung ist eher als langsame Erweiterung denn zielstrebige Wanderung in festgelegte Gebiete anzusehen. Sie war für alle Gruppierungen ein eigenmächtiges Unterfangen, da sie durch den unterschiedlichen Grad kultureller Vermischung und politischer Einflüsse bereits eigenständige Volksgruppen gebildet hatten, die im weiteren Verlauf zu unabhängigen Thai-Völkern wurden. Über mehrere Jahrhunderte war das Gebiet des späteren Thailands mitsamt seinen umliegenden Bereichen, dem heutigen Laos, Kambodscha und auch dem heutigen Myanmar, ein Schauplatz der Unruhe und des Durcheinanders. Die sich ausdehnenden Gruppen der Thai führten Kriege gegen ansässige Volksgruppen, verbündeten sich mit ihnen, um anschließend wieder Krieg gegeneinander zu führen. Eine eindeutige Identifikation der Ereignisse dieses Zeitabschnittes scheint kaum möglich, da die offiziellen Berichte von den Überlieferungen abweichen und zum Teil auch unterschiedlich von den einzelnen Völkern dokumentiert wurden. Die Thai-Völker unternahmen zwar immer wieder Versuche, die einzelnen Gruppen zu vereinen, doch weder nach dem Zerfall von Nanjauw noch in den Abschnitten von Suwannapum, Sukothai oder zu Beginn von Ayutthaya traten sie als geschlossene Einheit auf. Es gab keine übergeordnete und einheitliche Thai-Struktur. Nach wie vor gab es verschiedene Könige, auch innerhalb einzelner Staaten, die sich nach dem Vorbild der Stadtkönige aus der Vorzeit einen Geltungsbereich verschafften. In dieser Jahrhunderte überdauernden Vermischung in den Gebieten veränderte sich nicht nur die charakteristische Identität der Thai durch die Verschmelzung kultureller Werte und philosophischen Gedankenguts, auch ein beträchtlicher Teil des zusammengetragenen Kampfwissens ging verloren.

Tam Kuha Sawann

Die Legende der himmlischen Höhle

Kru Kun Plai

Kru Maeh Boua

Kru Srie Treiradt

Kru Lahm

Kru Fong

Die Legende der himmlischen Höhle

Im westlichen Thailand, nördlich der Stadt Ganjanaburi im Talbereich des nahe gelegenen Staudamms Kuean Kau Laem (Kuean Jula Long Gorn) soll es die Höhle Tam Kuha Sawann (himmlische Höhle) gegeben haben. Um diese ranken sich bis heute unterschiedliche Mythen und Geschichten, die im direkten Zusammenhang mit dem thailändischen Kampfwissen stehen und einen maßgeblichen Evolutionsschritt für das Pahuyuth darstellen.

Die ursprüngliche Geschichte der Tam Kuha Sawann betraf jedoch nicht das Pahuyuth, sie berichtet über die weibliche Gottheit Nang Fah, die die Höhle als magischen Ort nutzte. Laut der Überlieferung hatte sich Nang Fah dort einen Vergnügungsort in der Menschenwelt geschaffen, der zugleich eine direkte Verbindung zum Himmel war, welche nur von denen passiert werden konnte, die im Besitz bestimmter magischer Fähigkeiten waren und sich in Begleitung der Nang Fah befanden. Abgesehen von Gottheiten war der Zugang zur Höhle auch für Sterbliche möglich, insofern sie durch Selbstfindung und das Saiyasart ein Stadium der Erleuchtung erreicht hatten, das den Kern und das Wesen aller Dinge offenbart. Die Höhle soll gelegentlich auch von anderen Gottheiten als Durchgang zur Welt der Lebewesen genutzt worden sein, um Menschen oder Tieren den erbetenen Beistand bei Bösem oder Leiden zu leisten.

Eines Tages wurde eine Gottheit in Gestalt eines goldenen Rehs (Gwangthep), das sich im Dschungel aufhielt, von einem Dämon (Yak) bis zu der Höhle gejagt und verfolgt, da er das Reh nicht als Gottheit erkannt hatte. In der Höhle versuchte die Gottheit, so schnell wie möglich in den Himmel zu flüchten. Da der Yak die Höhle bereits betreten hatte, zerriss sich die Nang Fah auf ihrer Flucht das Gewand an einem Stein, sodass ein Fetzen in der Höhle zurück blieb, bevor sie durch die Verbindungstür entkam. Durch die Anwesenheit des Dämons verlor die Höhle ihre magische Unsichtbarkeit, wodurch sie nicht weiter als Durchgang zum Himmel geeignet war, da sich die Verbindungstür für immer verschlossen hatte.

Nach dem Beginn der Einwanderung in das Gebiet des heutigen Thailands wurde die Höhle über Generationen hinweg regelrecht als Brutstätte des Pahuyuth angesehen. Viele Gelehrte hatten sich in Suwannapum niedergelassen und begannen, die vorhandenen Informationen über das Kampfwissen zusammenzutragen, um es erstmalig übergeordnet zu strukturieren. Das Pahuyuth und auch der thailändische Schwertkampf, der gerade in der Zeit von Nanjauw seine Blütezeit hatte, existierten bereits lange vorher. Durch die Wanderungen und die endlosen Kriege der vergangenen Jahrhunderte verschwanden viele Entwicklungslinien, und auch die bis dahin bestehenden problematischen Umstände der Taad und Freikämpfer hatten keine klare Strukturierung ermöglicht. Die konkrete Ausarbeitung der Methodik und Aufteilung in unterschiedliche Disziplinen hatte bis zu diesem Zeitpunkt noch nicht stattgefunden. Erst durch die Ereignisse in der Tam Kuha Sawann entstand die bis zum heutigen Tag erhalten gebliebene Struktur des Pahuyuth. Die spätere Legende der Höhle erzählt von fünf gelehrten Persönlichkeiten, durch deren Werk die Höhle zur ersten Lehrstätte des Pahuyuth ernannt wurde. Da die Anwesenheit der fünf Pahuyuth-Lehrer mal als Geistererscheinung, mal als reale Lebensgeschichte dargestellt wurde, konnte bis heute keine Einigkeit darüber erzielt werden, ob es sich tatsächlich um wahre Begebenheiten handelte. Die fünf Gelehrten, die auch als Ursprungslehrer (Porama Jahn) des Pahuyuth bezeichnet und geehrt werden, waren Kru Kun Plai, Kru Lahm, Kru Srie Treiradt, Kru Fong und Kru Maeh Boua, die Tochter Kru Kun Plais.

Kru Kun Plai

Der Erzählung nach war Kun Plai ein ehemaliger Freikämpfer aus Nanjauw, der zusammen mit seiner Tochter Boua nach Süden in die alte Stadt Suwannapum auswandern wollte. Auf ihrem Weg wurde er in seinen täglichen Träumen von den Geistern verstorbener Kämpfer immer wieder auf die magische Höhle Tam Kuha Sawann aufmerksam gemacht. Die Geister berichteten ihm unablässig von der Geschichte der Nang Fah und erzählten, dass die Höhle der geeignete Ort für die Entwicklung seiner magischen Fähigkeiten und seine Selbstfindung nach dem Vorbild des Saiyasart sei. In seinen Träumen wiesen ihn die Geister darauf hin, dass er die Höhle durch das verbliebene Gewandstück der Nang Fah finden könne, und die zudem einen auffällig großen Innenraum hätte, ähnlich einer Tanzfläche. Die Geister ließen Kun Plai so lange keine Ruhe, bis er von seinem Vorhaben nach Suwannapum zu gehen, abließ und die magische Höhle nördlich der Stadt Ganjanaburi aufsuchte. Durch sein Wissen als Freikämpfer beherrschte er die traditionelle Kampfmethodik Pahuyuth. Seine Hauptdisziplin und sein Wissensschwerpunkt war die Waffengattung Grabong, die vom magischen Kampfstock aus dem Mythos Zaiyuh stammen soll. Zudem soll er die Fähigkeit der magischen Unverwundbarkeit besessen haben, die ihn im Kampf schützte, sowie die Fähigkeit, die ihn umgebenden Geister zu bezwingen, um sie als Soldaten einzusetzen. Durch diese Fähigkeit sollen sich später das Wissen und die Rituale im Umgang mit Mensch und Tier, die Kommunikation und der Umgang mit unnatürlich verstorbenen Lebewesen entwickelt haben. Dieses Wissen nennt sich Puht Pieh Pie Sart und gilt neben den magischen Sprüchen und dem Ritual Plug Sek zum Erzeugen von Magie nach heutigem Verständnis der Thai als Hauptwissensbestandteil des Saiyasart. Daraus bürgerte sich ab einem bestimmten Zeitabschnitt die Bedeutung des Saiyasart fälschlicherweise als Wissen der schwarzen Magie ein. Lediglich in engem Kreis einiger Wissender wurde es als magischer Wissensanteil (Vicha Attan) bezeichnet und der Anwender als Geistdoktor (Moh Pieh).

Puht Pieh Pie Sart (Geistwesen/Geisterwissen) definiert die zwei wesentlichen Gruppen von Geistern (Pieh). Die Gruppe Puht setzt sich aus den körperlosen Geistern zusammen, die nur in der Vision des Betrachters in körperlichen Gestalten wie Dämonen oder Menschen wahrnehmbar werden und in Abhängigkeit ihres Charakters und der jeweiligen Betrachtung gut oder böse sein können. Die Gruppe Pie Sart sind eindeutig bösartige Geister, die überwiegend aus der Hölle oder von gewaltsam zu Tode gekommenen Lebewesen stammen und magische Macht steuern.

Allgemein steht der Begriff Puht Pieh Pie Sart für einen Geisterzustand, der zwischen Tod des biologischen Körpers und der Geburt als neues Lebewesen liegt und als unglücklicher körperloser Zustand zwischen Leben und Nichtleben angesehen wird. Eine alte Bezeichnung dafür lautet Sam Pa Ve Sieh, was so viel wie Geist bedeutet und für alle Geister in körperlosem Zustand, also nicht nur für Geister von Lebewesen, gilt.

Der Zustand des Puht oder Pie Sart ist ein unglücklicher und zwanghafter Zustand, in dem der Geist auf unbestimmte Zeit weder lebend noch tot ist. Nach dem Saiyasart entsteht dieser Zustand unter anderem auf der Grundlage des eigenen Verständnisses unmittelbar vor dem Ableben durch ein Nichtloslassen.

Bestimmte Erscheinungen und Phänomene, die als Spuk oder unerklärlicher Schreck auftreten, sind nach dem Saiyasart falsch interpretierte und negativ bewertete Hilferufe nach Aufmerksamkeit aus der Geistersphäre. Der in der Legende beschriebene Umgang von Kun Plai mit den Geistern bezieht sich größtenteils auf die Nutzung des Saiyasart, um die Geister aus ihrem Zustand auszulösen bzw. zu befreien. Das bedeutet, dass der Geist von dem Körper, an dem er haftet, getrennt wird, speziell in der Konstellation einer Besetzung. Ferner stellt es auch das tatsächliche Auflösen des Geistes dar, also die Befreiung von seiner eigenen verbliebenen Frage bzw. das vollständige Loslassen auf gedanklicher Ebene. Nach westlicher Definition gleicht das Auslösen der Geister dem Exorzismus.

Kun Plai löste jedoch nicht nur Geister aus, vielmehr ging er mit ihnen um wie mit den Menschen in der Gesellschaft.

Geisterwissen
Eine umfassende Erklärung über Geister ist an dieser Stelle nicht möglich, da die Menge an Informationen den Rahmen dieses Buches übersteigt. Daher beschränken sich die Ausführungen auf grundlegende Zusammenhänge, die einen Einblick in die Komplexität des Themas geben und einen überleitenden Zusammenhang ermöglichen.

Nach dem Saiyasart wird das Wissen über Geister in das von körperlosen Wesen, also den Geist, der durch seine Schwingungsdichte und Struktur auch Geistkörper (Vinyahn) genannt wird, und in einer Art konkretem Gedanken (Yahn) in Abhängigkeit der Schwingungsdichte des Geistkörpers unterschieden.

Der Geistkörper ist vergleichbar mit einem vorgefertigten Programm von komplexer Struktur, eine Art schematische Vorgabe mit eigener Auswertung, das für existente Körper von Lebewesen konzipiert ist und für deren Steuerung und Funktionalität durch die darin befindlichen Gedanken zuständig ist. Das Programm beginnt mit der Entstehung des Existenzkörpers, beim Menschen im Moment der Befruchtung des Eis durch das Sperma. Es endet, wenn der Zweck seines Daseins nicht länger besteht, wobei dies unabhängig von dem Zustand oder der Funktionalität des angesteuerten Körpers ist. Unter normalen Bedingungen ist der Daseinszweck des Vinyahn mit der Existenz des Körpers verbunden. Eine Zerstörung des Körpers bedeutet aber nicht automatisch eine Beendigung des Programms. Laut Saiyasart kennzeichnet der Daseinszweck das charakteristische Schicksal einer Existenz.

Der Existenzkörper Rang Gay (Körperhülle) eines Lebewesens ist mit einer entsprechenden Ausstattung und Funktionalität sowie einem eigenständigen Erneuerungsprozess versehen und wird von dem Vinyahn angesteuert. Damit der Existenzkörper existieren kann, benötigt er Lebensenergie, die aus der zugeführten Nahrung entnommen und durch die körperliche Funktionalität umgewandelt und freigesetzt wird. Ohne ansteuerbaren Körper befindet sich das Programm Vinyahn in einem Ruhezustand.

Erst durch die Berührung eines Lebewesens und die damit verbundene Entnahme von Lebensenergie wird es bei einem vom Existenzkörper gelösten und freien Vinyahn aktiviert, wie bei einem Spuk (Pieh Lohck). Wenn ein solches freies Programm gänzlich in einem Existenzkörper verbleibt, um ihn in Abhängigkeit seines Programms zu bedienen und nicht nur kurzfristig Lebensenergie von ihm erhält, spricht man von einer Besetzung (Pieh Sing).

Bei einem Verlust des Existenzkörpers auf unnatürliche Weise wird die Ausführung des Programms durch das Fehlen des ursprünglich angesteuerten Körpers dennoch in reduzierter Form fortgesetzt, bis die Lebensenergie restlos aufgebraucht ist. Eine Zuführung von Lebensenergie, beispielsweise durch eine Berührung mit Spendern wie Menschen, Tieren oder Pflanzen, führt zu einer unmittelbaren Wiederaufnahme der Programmausführung an der Stelle der letzten Unterbrechung. Die Intensität der Ausführung ist dabei von der Menge an verfügbarer und nutzbarer Lebensenergie abhängig.

Der Geist (Pieh) ist der aktive Zustand eines nicht an einen Existenzkörper gebundenen Vinyahn. Er ist also ein in seinem Ablauf unterbrochenes Programm durch den Verlust des Existenzkörpers, das über die Eigenschaft verfügt, seinen Ablauf unmittelbar wieder aufnehmen und fortsetzen zu können. Der Abbruchmoment ist wie eine Nahtstelle, an der das Programm bei Energieverlust immer wieder startet, um bis an sein Ende, den Daseinszweck zu gelangen. Problematisch ist der Moment der Ansteuerung des nicht mehr vorhandenen Existenzkörpers. Das Programm sendet einen Impuls, die so genannte Schwingungssequenz der Gedanken, an den abwesenden Existenzkörper, der keine Rückantwort geben kann, sondern eine Schwingungsresonanz erzeugt. Es entsteht ein endloses Ansteuern und der Versuch, das Programm an der Nahtstelle fortzusetzen. Der beständige Versuch ist somit der eigentliche Zustand als Geist. Die impulshaft freigesetzte Schwingungssequenz Yahn ist zwar für die Umsetzung in dem nicht mehr bestehenden Existenzkörper vorgesehen, kann aber auch andere Existenzkörper des gleichen Typs in Bezug auf Ausstattung und Funktionalität ansteuern, wodurch eine Besetzung ermöglicht wird.

Der Fachbereich, der sich mit solcherart Wissen über Schwingungssequenzen beschäftigt, ist in westlichen Ländern als Parapsychologie bekannt. Je nachdem zu welchem Zeitpunkt der Existenzkörper vom Vinyahn getrennt wird und welcher Anteil seines Programms dann noch nicht durchlaufen wurde, kommt es nach thailändischem Verständnis zu einer Aufteilung in unterschiedliche Typen von Geistern.

Die Wahrnehmung von Geistern ist durch das indirekte Empfangen der freigesetzten Gedankenschwingung in Abhängigkeit ihrer jeweiligen Intensität möglich. Die Schwingung kann dabei von einem Geist stammen oder einem Geistkörper, der an einen Existenzkörper gebunden ist, also Menschen, Tieren oder Pflanzen. Das indirekte Empfangen der Gedankenschwingung ist eine unbewusste Form der Wahrnehmung durch die Sinnesorgane, beispielsweise das Sehen oder das Berühren, die nicht gewollt oder gesteuert erfolgen. Diese Wahrnehmung kommt durch das eigene Yahn zustande, das diese Schwingungssequenz als Resonanzschwingung des eigenen Existenzkörpers auswertet. Die Intensität der vorhandenen

Geisterarten

Der Hausgeist	Der Hausgeist (Pieh Baan Pieh Ruehn) stammt von einem Familienangehörigen, der mit Konflikten beladen im familiären Umfeld verstarb und gedanklich voller Sorge und Leid an diesem haftet.
Der Gewaltgeist	Der Gewaltgeist (Pieh Dtay Hong) ist von einem Menschen, dessen Existenzkörper durch äußere Gewalt unnatürlich verstarb.
Der Krankengeist	Der Krankengeist oder Krankheitsgeist (Pieh Dtay Hah) entsteht nach der Trennung vom Existenzkörper ausgelöst durch eine Infektion oder Erkrankung, die mit qualvollen Leiden einhergeht sowie durch unterschiedliche Varianten gedanklicher Haftung. Dies können sowohl Liebe oder Zuneigung als auch Formen der Habgier sein.
Der unvollendete Geist	Der unvollendete Geist (Pieh Pray) entspringt dem Tod einer kurz vor der Geburt stehenden Frau (Pieh Tay Thang Glom), bei dem auch das ungeborene Kind stirbt (Pieh Lug Grook). Nach dem Tod beider entwickelt sich durch die vorhergehende Bindung ihrer Programme eine Existenz als magischer Geist (Pray). Auch wenn allein das ungeborene Kind im Mutterleib verstirbt, kann ein Pieh Pray entstehen.

Die Aufteilung der Geister kann in den unterschiedlichen Wissenslinien variieren.

Gedankenschwingung des Geistes ist dabei maßgeblich für die visuelle und akustische Qualität verantwortlich, die durch die Resonanz zu einer zusammengesetzten Darstellung führt. Bei der Wahrnehmung der Darstellung kann es zu Angstzuständen oder unbegründeten und abwegigen Gedanken kommen, die dann als eigene Existenzerfahrung im Existenzkörper abgespeichert werden und im weiteren Verlauf der eigenen Gedanken sowohl positiv als auch negativ Einfluss nehmen können. Nach dem Saiyasart ist dies die Grundlage für die Erklärung von plötzlichen und unnatürlich anmutenden Verhaltensstörungen, die bis zur Schizophrenie führen können.

Der Überlieferung nach kommt das Wissen über Geister von Kun Plai, der diesbezüglich als erste Wissensquelle angesehen wurde und Anführer der Geister war. Sein Name beruht daher neben seinem Kampfwissen auch auf seinen Kenntnissen über Geister und Magie.

Plai steht für einen männlichen Elefanten und ist nach der Überlieferung auf sein Geschlecht als Mann bezogen. Es scheint sich zudem von dem Wort Pray bzw. Prai (magischer Geist) abzuleiten, aus dem durch Lautverschiebung Plai wurde (Aussprache des Buchstaben r als l).

Die Geister, die Kru Kun Plai anführte, sollen eine unverwundbare Truppe von Kriegern gewesen sein, die er auch in den Krieg gegen die Chinesen schickte. Einige Geschichten berichten davon, dass er derjenige gewesen sei, der die buddhistische Mission in der Erzählung Zaiyuh in Gestalt des Haeng Jiea an der Seite Tang Kam Jangs begleitet hatte. Auch wird erwähnt, dass die Affen, die die Stadt Lobburi auf wundersame Weise besiedelt hatten, aus seinem Gefolge stammten und seinem Aufruf gefolgt waren. In Thailand gibt es noch heute verschiedene Orte und Städte, in denen Affen zusammen mit Menschen leben, wobei nach wie vor ungeklärt ist, aus welchem Grund es die Affen dorthin zieht.

Auf Kun Plai lassen sich auch verschiedene Rituale zum Einweihen und Herstellen (Plug Sek) verschiedener magischer Gegenstände zurückführen. Im Zuge der später aufkommenden Popularität des Buddhismus stellte man auf der Grundlage seiner Rituale auch die buddhistischen Amulette (Pra Klueang) her. Bis heute werden Geister in Thailand als normaler Bestandteil des Alltags angesehen. Je nach Art des Geistes gibt es unterschiedliche Behausungen, die eine tief in den gesellschaftlichen Traditionen verwurzelte Bedeutung haben. Eine Behausung für Geister ist der Altar in Augenhöhe (Sahn Piean Dtah), von dem verschiedene Rituale und Behausungsarten abstammen wie beispielsweise der Sahn Pra Prom (Geisterhäuschen), der Guman Tong (goldener Junge) oder der Rak Jomm (Zweibaumjunge).

Der Sahn Pra Prom ist für Gottheiten oder Geister von Familienangehörigen gedacht und eine Miniatur eines einfachen Holzhauses oder einer Tempelanlage. Die Miniatur steht auf einer quadratischen Plattform, die auf einer Säule in Augenhöhe befestigt ist. Diese Behausung leitete sich speziell von den Schutzgeistern aus dem Brahmanismus, den so genannten Gebietsgöttern (Pra Prom) ab und ist bis heute noch vor jedem Grundbesitz in Thailand zu finden. Der Sahn Piean Dtah hingegen wird mit einem bestimmten Ritual üblicherweise dort aufgestellt, wo sich entweder der Sterbeplatz oder der Erscheinungsort des Geistes befindet. Für dieses Ritual wird mindestens eine weiße Kerze, ein Räucherstäbchen, ein Knäuel weißer Baumwollschnur, ein Becken mit klarem Wasser (Regenwasser), ein Gegenstand als Symbol für den Existenzkörper des Geistes sowie ein Ritualführer benötigt, der ein Gelehrter im Umgang mit dem Geisterwissen ist, also ein Saiyasart-Lehrer. Durch die brennende Kerze sollen die Koordinaten für die Ankunft und die Anwesenheit des Geistes festgelegt werden und mit dem Rauch des Räucherstäbchens der Aufruf und die Kommunikation mit dem Geist erfolgen. Die weiße Baumwollschnur (Say Sinn), ebenfalls ein hergestellter magischer Gegenstand, dient zur Abschirmung gegen fremde Geister und Einflüsse während der Durchführung des Rituals. Das klare Wasser hat eine leitende Eigenschaft für unsichtbare Existenzen aller Arten und Formen und wird wie Klebstoff als Bindemittel für die Verbundenheit zwischen Geist und Existenzkörper verwendet. Während des Rituals wird der

Die für Thailand typischen Geisterhäuschen (Sahn Pra Prom) finden sich nahezu vor jedem Grundbesitz.

Ein Altar in Augenhöhe (Sahn Piean Dtah), der weitaus seltener zu finden ist, als die Geisterhäuschen.

Ritualführer zuerst den Geist zum Erscheinen und Identifizieren aufrufen. Der Geist verstorbener Familienangehöriger wird durch das bewusste Empfangen der Schwingungsgedanken wahrgenommen, wodurch eine Kommunikation erfolgt und letztlich auch die Feststellung über den Werdegang des Geistes bis zu seinem Todesmoment, nicht zuletzt um Fremdgeister auszuschließen.

Es gehört mehr dazu, als ein einfaches Wissen über Geister und Geistwesen, um den richtigen Geist aufrufen zu können. Das Ritual ist mit viel Erfahrung und Sensibilität der eigenen Wahrnehmung verbunden sowie der Auswertung der empfangenen Schwingungsgedanken. Den Überlieferungen zufolge ereigneten sich in der Vergangenheit oft verschiedene Phänomene während des Rituals durch unerfahrene Ritualführer, und teilweise war das Gegenteil von dem eingetreten, was ursprünglich vorgesehen war.

Kann die Identität des Geistes festgestellt werden, besteht der Hauptteil des Rituals aus einer Kommunikation zwischen dem Ritualführer und dem Geist, wobei es vordergründig um die vorgesehene Behausung des Geistes geht, in aller Regel die Symbolfigur oder den Altar als Existenzkörper mit den entsprechenden Rahmenbedingungen, sowie die Leistungswünsche an den Geist. Die Kommunikation kann zu einem schnellen und für beide Seiten zufriedenstellenden Abschluss kommen, wohl aber auch uneinig verlaufen, was in ungünstigen Fällen bis zur Erpressung führen oder sogar unnatürliche Folgen durch den Einfluss des Geistes verursachen kann. Dann wird dem Geist unter Zuhilfenahme der Baumwollschnur und magischer Sprüche seine Herrschaft und die daran gekoppelte Bewegungsfreiheit für seine neue Behausung zugewiesen. Nach Beendigung des Rituals bezieht der Geist seinen neuen Platz, um seine ausgehandelte Aufgabe zu erfüllen. Die Lebensenergie, die er zur Erfüllung benötigt, erhält er durch Gaben und die ihm gewidmete Anbetung. Die magische Wirkung durch das Anbeten wird nach dem Saiyasart damit erklärt, dass der Betende seine Gedankensequenz mit der Bitte um Hilfe oder Unterstützung durch die magischen Fähigkeiten des Geistes sendet. Der im Altar befindliche Geist empfängt diese Schwingung als Frage und kann durch sein bisheriges Wissen und seine Fähigkeiten zu Lebzeiten auf die gleiche Art eine Antwort geben, wenn er will. Diese Rückschwingung wird bei dem Anbetenden gespeichert und kann bewusst oder unbewusst verwendet werden.

Eine weitere Behausung für einen Geist ist das goldene Kind (Guman Tong), dessen Ritual zu seiner Erstellung vom Sahn Piean Dtah abstammt. Die ursprüngliche

Behausung eines Guman Tong war die Leiche eines Kindes, weshalb man aus moralischen Gründen später eine symbolische Miniatur eines Kindes verwendete. Dadurch gibt es zwei Arten des Guman Tong. Es wird in den Pieh Lug Grook, der in seinem eigenen Existenzkörper, also der Kinderleiche residiert, und den Pieh Guman unterschieden, der in die Symbolfigur entsandt wurde. Tong bezeichnet den Wunsch zur Erfüllung einer Aufgabe an den Geist durch den Ritualführer, ein Pieh Guman wird dafür zusätzlich mit Blattgold überzogen.

Die Behausung eines Guman Tong als Pieh Lug Grook entsteht durch das Herausnehmen einer Kinderleiche aus dem Mutterleib, bevor der Verwesungsprozess beginnt, oder durch das Herausholen eines Fötus einer verstorbenen Schwangeren (Tay Thang Glom). Ausschlaggebend dabei ist das Wachstumsstadium des Ungeborenen, das vollständig ausgebildete Organe braucht und daher mindestens sechs Monate alt zu sein hat. Der Guman Tong ist nach dem männlichen Geschlecht des Kindes benannt. Bei einem weiblichen Kind spricht man von einer Gumarie.

Während des eigentlichen Behausungsrituals wird die Kinderleiche geräuchert, um ihr sämtliche Feuchtigkeit zu entziehen und somit eine Verwesung zu unterbinden. Ein Sonderfall stellt das Phänomen der Selbstaustrocknung (Lug Grook) dar, welches in der westlichen Welt kaum bekannt ist. Hierbei handelt es sich um einen augenscheinlich unerklärlichen Prozess, bei dem sich das Ungeborene im Mutterleib selbst austrocknet und verstirbt und somit kein Ritual zur Verwendung als Guman Tong benötigt. Der Geist dieser heiligen Kinder oder heiligen Körper (Rang Tehp) steht den Eltern zum Schutz oder als Ratgeber zur Verfügung und ist nicht an eine Behausung gebunden.

Die Behausung der Symbolfigur erfolgt durch das Zuweisen von magischer Wirkung, weshalb sie keinen Geist beherbergen. Die Magie, die von ihnen ausgeht, entsteht durch die Schwingung, die vorher an sie übertragen wurde und entsprechend freigesetzt werden kann. Ein Beispiel hierfür ist der so genannte Zweibaumjunge (Rak Jomm), der Kindgeist für Liebe und Begehren. Er besteht aus zwei Symbolfiguren, die Kinder darstellen und aus zwei Bäumen gefertigt wurden. Bei einem handelt es sich um den Liebesbaum (Thon Rak, lat. Calotropis gigantea), aus dessen Kern (Gaenn) die Figur geschnitzt wird. Der andere Baum ist der Mayom (Thon Mayom, lat. Phyllanthus acidus), dessen Holz nur für die Herstellung der zweiten Figur

Der Guman Tong wurde mit Blattgold überzogen und kann als Kette um den Hals getragen werden.

Die beiden Liebenden des Rak Jomm werden in Öl eingelegt und in einer kleinen Flasche aufbewahrt.

benutzt werden kann, wenn ein Blitz in den Baum eingeschlagen hat, da er dann nicht mehr weiterwächst oder verwest. Man nennt einen solchen Baum Juen Dtay (Tod im Stehen).

Durch das Ritual wird eine Symbolfigur mit der Schwingung von Liebe und die andere mit der Schwingung des Begehrens versehen, damit sie diese dem Besitzer durch die magische Wirksamkeit bescheren können, und anschließend werden die Figuren gemeinsam in Öl aufbewahrt.

Symbolfiguren, die als Behausung für einen Geist hergestellt werden, entfalten ihre magische Wirksamkeit durch ihre jeweilige Charaktereigenschaft. Die Geister werden nach ihrer Behausung unterteilt, was sich aber nur auf eine bestimmte Entwicklungslinie des Saiyasart bezieht. Nach der Aufteilung gibt es den Pieh Dib, ein Geist eines Verstorbenen, dessen Leiche weder eine Feuerbestattung erhalten hat noch auf einem dafür vorgesehenen Friedhof durch ein Todesritual begraben wurde. Dies betrifft beispielsweise gefallene Soldaten.

Der Pieh Tag Pah Ohm ist ein schwebender Geist, der im Schatten der untergehenden Sonne auf öffentlichen Plätzen erscheint. Pieh Bpah ist der Geist eines im Dschungel verstorbenen Menschen, der kein ordentliches Bestattungsritual erhalten hat und dessen Leiche entweder von Tieren gefressen wurde oder bis zur Unkenntlichkeit verwest ist. Ein Pieh Jauw Poh (männlich) oder Pieh Jauw Maeh (weiblich) ist der Geist eines Verstorbenen, der nach dem Tod durch seine magische Wirksamkeit für Anbetungen zur Verfügung stehen soll. Ein Pieh Sang ist der Geist eines verstorbenen Tigers, der zu Lebzeiten viele Menschen gefressen hatte und dadurch von Menschengeistern besetzt ist, wodurch er zu Lebzeiten bei der Jagd für seine Opfer unsichtbar bleiben konnte. Der Pieh Sang kann aber auch ein freier Geist sein, der einen Menschen permanent besetzt. Ein Geist, der einen Lebenskörper vorübergehend für einen bestimmten Zweck belegt, in aller Regel zur Kommunikation, ist ein Pieh Fah, dessen Herkunft unterschiedlich ist. Der besetzte Körper wird zu einem Medium (Rang Song), weil sich sein Yahn unterordnet und so das Yahn des Geistes aus ihm sprechen oder kommunizieren kann. Das bewusste Agieren als Medium, also das Zulassen der eingeschränkten Kontrolle durch den Pieh Fah wird Kauh Song genannt.

Ein Pieh Pra oder auch Pra Klueang ist der Geist eines verstorbenen buddhistischen Mönches, ähnlich dem Pieh Jauw Poh bzw.

Pieh Jauw Maeh, der nach buddhistischer Sichtweise zu Lebzeiten die Erleuchtung erlangte.

Neben Symbolfiguren, die eine Behausung darstellen, gibt es auch welche, die diese Funktion nicht erfüllen, zum Beispiel eine Buddhastatue. In solchen Figuren ist lediglich eine bestimmte Gedankenschwingung als Programmteil und Antwort gespeichert, die durch Zufuhr von Lebensenergie nach außen reflektiert und wahrgenommen werden kann. Das Speichern erfolgt durch das Aussprechen oder Singen eines Gebetstextes durch einen Mönch oder Priester. In Tempeln und Kirchen existieren unzählige solcher Symbolfiguren sowie buddhistische Anhänger und Amulette. Nach der neuzeitlichen Einwanderung in das heutige Thailand wurde in Lobburi der Anbetungsplatz Pra Galn (Geisterführer) oder göttlicher Vater von Lobburi (Jauw Poh Lobburi) als Behausung für den Geist von Kru Kun Plai errichtet. In der Stadt Supanburi existiert eine Behausung, in der der Geist als Beschützer des Dschungels, als göttlicher Vater der Tigergeister (Jauw Poh Smingplai) angesehen wird, wie auch in den Städten Ganjanaburi und Pettburi, wo er als göttlicher Vater aus dem grünen Gebirge (Puh Jauw Kauw Kieaw) durch weitere Symbolfiguren und Behausungen verehrt wird.

Amulette aus Thailand erfreuen sich immer noch großer Beliebtheit. Rechts ist die ursprüngliche Form zu sehen, die durch das Aufhängen von Blättern am Stiel entstand, sodass die Blattspitze nach unten zeigte.

Kru Maeh Boua

Boua (Wasserrose), die in manchen Erzählungen auch Maeh Boua (Mutter Wasserrose) genannt wird, war die Tochter von Kun Plai. Trotzdem sie von ihrem Vater das Kampfwissen und das Wissen über Magie erlernt hatte, beschäftigte sie sich vorrangig mit der Heilkunde, im Besonderen der Kräuterkunde und der Wassertherapie. Die Symbolfigur der Maeh Boua stellt eine sitzende Frau dar, die Wasser bzw. Regenwasser aus ihren Haaren presst, welches von den heutigen Gläubigen als geweihtes Heilwasser angesehen wird. Nach dem Saiyasart gehört Wasser neben Feuer und Luft zu den drei magischen Elementen (Trei Sid), die wegen ihrer Unzerstörbarkeit und Regenerationsfähigkeit als magisch gelten und teilweise auch wiederkehrende Existenzen genannt werden. Dadurch unterscheiden sie sich von allen anderen Existenzen. Wasser hat eine zusätzliche magische Eigenschaft, weil es ein Grundbestandteil aller Existenzen ist, sowohl der sichtbaren als auch der unsichtbaren. In Bezug auf Schwingungen hat es eine anziehende und auch isolierende Eigenschaft, weshalb es seit jeher unverzichtbar für die Durchführung verschiedenster magischer Rituale ist. Die optimale Nutzung seiner magischen Eigenschaften hängt von dem Aggregatzustand und seinen Existenzumständen in Bezug auf Stillstand oder Bewegung ab. Beispielsweise zieht Regenwasser mit seinem wechselnden Aggregatzustand vor dem Abregnen bestimmte Partikel durch Schwingungssequenzen an und isoliert diese, um sie zu Boden zu tragen. Daher kann Regenwasser aus bestimmten Gebieten durch die darin enthaltenen Schwingungssequenzen zur Heilung und für magische Rituale verwendet werden. Auch ein Spaziergang in der Morgendämmerung kann durch die hohe Luftfeuchtigkeit, also dem Übergang von einem Aggregatzustand in einen anderen, bewusst oder unbewusst positive Emotionen oder eine Heilwirkung auslösen. Wasser aus einem Wasserfall wiederum, das durch seine fließende Bewegung überwiegend anziehende Eigenschaften aufweist, kann zum Reduzieren oder Abtragen von bestimmten magischen Gedankeneinflüssen oder emotionalem Stress eingesetzt werden. Auch das Duschen in der heutigen Zeit hat eine reinigende Wirkung in Bezug auf Schwingungssequenzen.

Heilwasser (Nam Ya) befindet sich hingegen im Ruhezustand, wenn auch nicht in absolutem Stillstand. Durch den Kontakt zu dem Gefäß, in dem es sich befindet, kommt es automatisch zu einer Aufnahme der Schwingung des jeweiligen Materials. Wasser kann zum Beispiel in einem Metallbehälter oder einer Kristallschüssel über Nacht stehen gelassen werden, damit es die Schwingung des Materials annimmt. Dadurch verändert sich sowohl sein Geschmack als auch seine Schwingung und die darin enthaltenen Substanzen. Weihwasser (Nam Plug Sek) befindet sich genau wie Heilwasser im Ruhezustand, wird aber unabhängig von den Schwingungen durch das Material, zu dem es Kontakt hat, mit einer zusätzlichen Schwingung versehen, um ihm bestimmte Eigenschaften zuzuweisen. Voraussetzung dafür ist jedoch, dass das Wasser nicht schon andere Schwingungen in sich trägt, die die gewünschte überlagern und somit

Die Statue zeigt eine Darstellung von Kru Maeh Boua (Jauw Maeh Torranie), die magisches Wasser aus ihren Haaren presst, um es zur Reinigung der Seele zu verwenden.

den Effekt zerstören. Eine moderne Anwendung, die auf diesem Prinzip beruht, ist zum Beispiel ein homöopathisches Medikament.

Nach der Überlieferung presste Kru Maeh Boua magisches Wasser aus ihren Haaren und benutzte es zur Reinigung und Heilung der Seele. Sie soll ein ehemaliges Waisenkind aus der nordthailändischen Stadt Lampun gewesen sein und wurde erst später von Kun Plai während einer Durchreise adoptiert. Ihre Eltern kamen durch Malaria (Keih Pah) ums Leben, weshalb Maeh Boua Interesse für die Heilkunde entwickelte. In ihrem Geburtsort Lampun befindet sich der Anbetungsplatz San Jauw Maeh Boua. In der Neuzeit wurde auch in Bangkok ein Anbetungsplatz errichtet, wo sie als göttliche Mutter der Erde (Jauw Maeh Torranie) verehrt wird.

Kru Srie Treiradt

Der Jäger Srie Treiradt stammte aus einem Gebiet nördlich des heutigen Myanmars. Mittels seiner Fähigkeit, bestimmte Schwingungen fokussieren zu können, erfuhr er von der Höhle Tam Kuha Sawann als Ort des Kampfwissens. Sein Wunsch und seine Suche nach der Vollendung des Kampfwissens veranlassten ihn, sich dorthin auf den Weg zu machen. Ursprünglich gehörte seine Familie zu den Thai Ahom, er wurde jedoch durch eine chinesische Übermacht von dieser getrennt und nach Süden vertrieben. Seine Kenntnisse des Pahuyuth und der Jagd hatte er bei verschiedenen Lehrern während seiner Reise nach Süden erlangt. Er bestritt seinen Lebensunterhalt durch die Jagd, und viele gelehrte Persönlichkeiten gehen bis zum heutigen Tag davon aus, dass die Geschichte über Gaeuw von ihm stammen könnte. Den Erzählungen nach traf Srie Treiradt kurz nach Kun Plai in der Höhle Tam Kuha Sawann ein. Von beiden wird berichtet, dass sie trotz ihrer grundverschiedenen Charaktere eine beispielhafte Freundschaft pflegten. Die Art ihrer Freundschaft gilt bis heute als Maßstab unter Kämpfern, obgleich sie bisweilen als höchst dramatisch überliefert wurde. Einerseits geht es um eine ernsthafte Beziehung mit Verbindlichkeit und Beistand, andererseits aber auch um das unnachgiebige Durchsetzen der eigenen Überzeugung, des eigenen Verständnisses und der eigenen Fähigkeiten. Die gemeinsamen alltäglichen Erlebnisse von Kun Plai und Srie Treiradt weiteten sich häufig zu blutigen Auseinandersetzungen aus, von denen die Freundschaft aber unberührt blieb.

Aus ihrer Beziehung leiten sich die drei Grundregeln für eine Freundschaft nach traditionellem Vorbild ab, das Dtrai Mit (drei Freunde). Obwohl es ursprünglich um den Umgang und das Verhalten zwischen Srie Treiradt und Kun Plai ging, also die Freundschaft zwischen zwei Kämpfern, wurden die Regeln im Nachhinein hauptsächlich für partnerschaftliche Beziehungen zwischen Männern und Frauen übernommen und finden bis heute erfolgreich ihre Verwendung. Der Inhalt der Dtrai Mit stellt die traditionelle Rahmenbedingung für die Bildung, das Aufrechterhalten sowie die Beendigung einer Beziehung dar.

(1) Als dein Freund bin ich nach wie vor ein Raubtier.

Die Aussage bezieht sich in erster Linie auf das individuelle Dasein als Mensch, der mit eigener Prägung und eigenen Erfahrungen, sowohl den positiven als auch den negativen, aufgewachsen ist und gelebt hat. Bei einem Freund geht es darum, den gesamten Menschen zu sehen, ihn zu akzeptieren und zu respektieren und die Freundschaft nicht nur auf ausgesuchte Aspekte seiner Persönlichkeit zu beziehen, denn zu einer Freundschaft gehört neben der geteilten Freude auch das geteilte Leid. Das Raubtier steht für die Individualität eines Menschen, seine Lebensart, sein gesamtes Sein und seine damit verbundene, zwangsläufig eigene Wirklichkeit. Diese ist gleichwohl Ausdruck seiner eigenen Freiheit, Aktivität und seines generellen Handelns.

Lass mich, wie ich bin, und mach mich nicht zu dem, was du dir wünschst.

Ferner repräsentiert das Raubtier den sinnbildlichen Freund, der gerade durch seine Eigenschaften als Raubtier zum Freund geworden ist. Durch Gefangenschaft in einem Lebensraum nach den Vorstellungen des Halters mutiert es zu einem Haustier, das seine Lebensart nach den Bedingungen der Gefangenschaft zu verändern hat. Der Reiz, das Tier zu fangen, basierte jedoch gerade auf seinen ursprünglichen Eigenschaften und Verhaltensweisen. Das Einsperren bedeutet nicht nur eine Veränderung des ehemaligen Raubtieres, sondern auch den Verlust des von ihm ausgegangenen Reizes, wodurch es letztlich nicht mehr erwünscht ist und ausgesetzt wird. Das ausgesetzte Haustier hat durch die Anpassung an die Umstände nach den Wünschen des Halters seine Instinkte und ursprüngliche Lebensweise verlernt und ist in der neuen Freiheit deshalb nicht mehr (über)lebensfähig.

(2) Zwinge mich nicht zu einer Notlüge im Rahmen unserer Freundschaft.

Hier geht es um Wahrheit bzw. Ehrlichkeit, die von jedem innerhalb einer Freundschaft erwartet wird. Ungeachtet der Relativität einer jeden individuellen Wahrheit geht es vordergründig um das Vertragen einer möglichen Wahrheit, die häufig nicht thematisiert wird. Die Diskretion, also etwas zurückzuhalten, bezieht sich nicht primär auf einen bestimmten Umstand, sondern vielmehr auf die Reaktionsfolge durch eine mögliche Freigabe von Wissen. Um eine unliebsame Folge durch die Auswertung des eigenen Verständnisses zu vermeiden, kommt es daher zu der oftmals falsch verstandenen Entscheidung der Diskretion.

Im Rahmen einer Freundschaft ist ein gewisses Maß an Ehrlichkeit und gegenseitigem Vertrauen eine Selbstverständlichkeit, die ebenbürtig neben der Akzeptanz des Anderen und seiner Entscheidungsfreiheit bestehen. Stehen sich zum Beispiel zwei befreundete Kämpfer in einem Partnerkampf gegenüber, sind gegenseitiges Vertrauen und Freundschaft vorhanden, doch geht es darum, ernsthafte Kampfaktionen auszuführen. Daher wird der Kämpfer seine Kampftechniken im Rahmen der bewussten Möglichkeiten seines Partners ohne Einschränkung durchführen. Techniken, die über die Fähigkeiten des Partners hinausgehen, werden nicht ausgeführt, auch wenn sie durch die eigenen Fähigkeiten erfolgen könnten. Die Selbstverständlichkeit von Handlungen im Rahmen einer Freundschaft ereignet sich daher nicht durch die gegenwärtigen eigenen Möglichkeiten, sondern durch die des Freundes und die damit verbundene und wahrscheinliche Folge nach Einschätzung des eigenen Verständnisses.

(3) Wenn ich mein Dasein als überflüssig empfinde, ziehe ich mich unmittelbar zurück.

In einer Freundschaft ist ein Miteinander eine Selbstverständlichkeit, die sowohl das Nehmen als auch das Geben beinhaltet. Sie basiert nicht auf einer Verpflichtung oder einem Zwang zur Aufrechterhaltung eines Status, vielmehr ist sie Ausdruck der eigenen Bereitschaft und des eigenen Willens, etwas zu tun oder nicht, ohne Aufforderung und frei von Erwartungen. Das selbstverständliche Geben und die dazugehörige Bildung des Willens gleichen der Handlung, jemandem etwas zu schenken. Das Bedürfnis zu schenken, geht aus dem Verhältnis zueinander und bestimmten Umständen hervor, die zur Umsetzung führen. Die Auswahl des Geschenks und die Art und Weise etwas zu schenken, also zu geben, entsteht immer durch das Verständnis des Schenkenden und ist vordergründig für die Gunst des Empfängers bestimmt. Für den Schenkenden ist es dabei meist selbstverständlich, dass sein Geschenk von dem Empfänger angenommen wird. Die Auswahlentscheidung und die Art der Umsetzung bleiben aber faktisch Sache des Schenkenden und sind von den Vorstellungen des Nehmers unabhängig. Genau genommen ist der Nehmer nichts weiter als ein Erfüllungsgehilfe für den Schenkenden, der mit seinen Absichten, etwas Gutes für den Empfänger zu tun, lediglich eine Rechtfertigung für das von ihm erwartete Nehmen schafft. Die Selbstverständlichkeit stimmt mit dem Dasein einer Freundschaft oder einer ähnlichen Konstellation überein, in der die gegenseitige Bestätigung des Gebens und Nehmens ständig praktiziert wird. Beispielsweise kann man bei kleinen Kindern beobachten, dass sie sich die Selbstverständlichkeit ihres Daseins gerade in besonders ungünstigen Momenten für die Eltern nur allzu gern bestätigen lassen. Etwas zu schenken, ist somit eigentlich nur der Ausdruck des eigenen Bedürfnisses, welches vordergründig umgesetzt wird. Dabei geht es jedoch nicht um das Erfüllen des Gebens, sondern um die Akzeptanz des Nehmens, die einer Bestätigung und somit auch einer Aufrechterhaltung der Selbstverständlichkeit in dem bestehenden Verhältnis gleichkommt. Ein Verlust dieser Selbstverständlichkeit hat zur Folge, dass das Verhältnis nicht länger erhalten werden kann und ein unmittelbares Zurückziehen ausgelöst wird.

Srie Treiradt hatte zudem die drei Systemlehren Schlagen, Fallen und Rollen sowie die Grifffesttechniken strukturiert und als Fundament und Leitfaden für die Disziplin Ling Lom zusammengestellt, was ihm den Namen Treiradt (drei Glaskristalle) einbrachte. Der Erzählung nach hieß er nur Srie (leuchten), wird in den Überlieferungen aber immer als Srie Treiradt erwähnt. Sein richtiger Name ist nicht bekannt, da Srie Treiradt die Weitergabe nicht wünschte, was in späterer Zeit zu der traditionellen Vergabe von internen Rufnamen für die Kampfschüler bei der Trägerwürdigkeitsprüfung geführt haben soll. Der interne Rufname spiegelt die differenzierte Betrachtung des Kampfwissens, indem zwischen dem eigentlichen Wissen auf der einen Seite und der Persönlichkeit des Kämpfers auf der anderen unterschieden wird. Die Differenzierung wird deutlich, sieht man den Besitz des Wissens als Ware eines Verkäufers, die durch den eigentlichen Handel an den Käufer übergeht. Im Fokus steht dabei die Ware und nicht der Verkäufer als Person. Der Handel und das damit verbundene Ritual stellen lediglich die Rahmenbedingungen für die Weitergabe der Ware dar. Gerade in der westlichen Welt ist die Tendenz stark ausgeprägt, den Händler in den Fokus des Handels zu stellen, anstelle sich mit der Ware zu beschäftigen, durch die man mit dem Verkäufer zu tun hat. Daher steht nicht der Lehrer als symbolischer Fährmann im Fokus der Wissensvermittlung, sondern die Überfahrt und das andere Ufer, das für den Schüler das eigentliche Ziel ist. Und auch das Verhältnis zu dem Lehrer bleibt eine Angelegenheit zwischen Schüler und Lehrer.

Aus überlieferten Erzählungen seiner Schüler geht hervor, dass man Srie Treiradt im

Dschungel antreffen konnte. Als Bedingung für die Vermittlung von Wissen gab er dem Schüler Rätsel auf, die in Blumensprache verfasst und aus beispielhaften Vergleichen zusammengesetzt waren, um ihn zur Praxis zu führen. Angeblich existiert eine Geschichte, in der es heißt, dass die Kampftechniken Srie Treiradts vor etwa dreihundert Jahren in Gedichtform beschrieben wurden. Jedoch wurde diese Geschichte und speziell auch die Zeitangabe genauso schon vor vielen Jahrhunderten wiedergegeben. Einige Gelehrte glauben daher, dass die Geschichte an sich ein typisches Rätsel von ihm sein könnte, mit dem sich der suchende Schüler auseinandersetzen kann.

In der Stadt Tak gibt es einen Anbetungsplatz für ihn mit dem Namen Jauw Poh Srie Treiradt (göttlicher Vater der drei leuchtenden Kristalle).

Kru Lahm

Lahm war der Sohn eines Bauern vom Stamm der Ngiew, die aus den Flussregionen des Jangtse in die nördlich des heutigen Thailands gelegene Stadt Chingtung zugewandert waren. Sein Ansinnen zur Tam Kuha Sawann aufzubrechen, galt ursprünglich der Suche nach dem besten Kämpfer, der dort zu finden sei.

Lahm (eingedrungen) war von Kopf bis Fuß tätowiert und man vermutet, dass er damit ein Vorbild für die späteren Thai-Kämpfer war. Ihm wird auch nachgesagt, dass er die magischen Tätowierungen einführte, die später mit blauer Farbe hergestellt wurden. Der Ursprung der magischen Tätowierungen stammt aus dem Wissensbereich des Saiyasart. Ihrer Entwicklung lagen magische Texte oder Abzeichen zugrunde, die entweder ausgesprochen oder mit sich getragen wurden, um den Körper in Gefahrensituationen zu schützen, beispielsweise durch Unverwundbarkeit. Für die Mitnahme eines magischen Gegenstands wurde die menschliche Haut als Träger für die jeweiligen Schwingungen benutzt.

Die Tradition des Tätowierens aus der Vorzeit geht auf den Stamm der Ngiew zurück und war lediglich kultureller, magieloser Bestandteil. Die Symbole, die mit roter Farbe gestochen wurden, da Blau als Farbe noch unbekannt war, zeigten Blumen, Tiere oder verschiedene Ornamente, die man als Schmuck trug. Die Idee, den Körper oder die Haut zu einem magischen Gegenstand zu machen, entwickelte sich aus den Erfahrungen der Kämpfer, die ihre mitgeführten magischen Gegenstände im Kampf oft verloren hatten. Das Tätowieren verhinderte den Verlust der Gegenstände und damit auch den der magischen Wirkung. Mit der Zeit wurde der magische Inhalt der Tätowierungen, der ursprünglich nur auf Schutz abzielte, auch um Tätowierungen mit eigener aktiver Wirkung erweitert wie beispielsweise das Erhöhen der Schlagkraft.

Der Besitz magischer Gegenstände unterliegt nach traditionellem Kämpferverständnis strenger Geheimhaltung, insbesondere gegenüber dem Kampfgegner, der diese sonst ins Gegenteil und somit zum Nachteil für den Träger umwandeln könnte. Um diesem Risiko entgegenzuwirken, wurden die magischen Tätowierungen aus der Linie von Kru Lahm mit Sandelholzöl (Nam Man Dschann) tätowiert und waren dadurch unsichtbar.

Die magischen Tätowierungen hielten irgendwann auch Einzug in den Buddhismus. Ihre Integration in die Glaubenslehre beeinflusste die bestehende Tätowierkultur, sodass man nur noch im Bereich des Oberkörpers tätowierte und die Symbole zusätzlich mit buddhistischen Ornamenten, Texten oder Beschreibungen versah. Durch die Inhalte der buddhistischen Glaubenslehre weitete sich auch der Anwendungsbereich der Tätowierungen aus und Bereiche wie Liebe und Glückseligkeit kamen hinzu. Auch die ursprüngliche Verschwiegenheit rückte immer weiter in den Hintergrund, da sich der Buddhismus nicht mit den Symbolen für Kriegs- und Kampfeinsätze identifizierte. So veränderten sich nicht nur nach und nach die Symbole, Beschreibungen und Verzierungen, auch die blaue Farbe wurde

Die Bronzefigur aus der späten Sukothai- oder der frühen Ayutthaya-Ära wurde mithilfe magischer Rituale gefertigt und zeigt einen Freikämpfer der damaligen Zeit, der den schöpferischen Charakter des Pahuyuth symbolisiert. Er ist mit zwei Maih Zoog ausgerüstet, die für die defensive Vordergründigkeit des Pahuyuth stehen, im Notfall aber auch für den Angriff eingesetzt werden können. Er trägt ein Mongkon, wie es zur damaligen Zeit üblich war.

zu einem Standard, der die unsichtbaren Sandelholzöltätowierungen (Sak Sai) ablöste.

Das Zusammentreffen mit Kun Plai und Maeh Boua nach Ankunft in der Tam Kuha Sawann ist unterschiedlich überliefert. Alle Erzählungen führen aber zu den Erkenntnissen, die in der Folge zu den Tugenden eines Pahuyuth-Kämpfers wurden und das schöpferische Verständnis des Kampfwissens und der Fähigkeiten eines Kämpfers darstellen. Die Erkenntnisse wurden innerhalb der Pahuyuth-Linie überliefert und bilden auch heute noch die pädagogische Leitlinie für den Unterricht in allen Disziplinen.

Als Kämpfer beherrschte Kru Lahm den Umgang mit improvisierten Handwaffen aus alltäglichen Handwerkszeugen, was den aus der Fischerei stammenden Unterarmknüppel (Maih Zoog) einschloss. Traditionell wird für die Anbetung Kru Lahms die Skulptur eines Kämpfers genutzt, der mit zwei Maih Zoog sowie symbolischen Schienbeinschilden ausgerüstet ist. Eine solche Figur, die in der Unterrichtsstätte aufgestellt wird, ist heute kaum noch zu finden. Da die Einteilung der Waffen in Gattungen auf Srie Treiradt zurückgehen soll, wird er bis zum heutigen Tag als Lehrer des thailändischen Waffenkampfes Awud Thai geehrt.

Kru Fong

Die Lehrerschwerter (Dab Kru) werden in vielen Unterrichtsstätten über Kreuz am Lehrerplatz aufgehängt.

Fong war ein Freikämpfer, der aus einer ehemaligen Taad-Familie geflohen war und zu den Thai Ju Jieng (Tu Ren) gehörte. Seine Vorfahren stammten aus der Region Guizhou in der Mitte des heutigen Chinas. Auf der Suche nach einem Lehrer, der das Schwertkampfwissen seiner Familie erweitern konnte, kam er zufällig mit der himmlischen Höhle in Berührung. Den überlieferten Angaben zufolge war sein Verhalten in der Tam Kuha Sawann ähnlich dem eines heutigen vorbildlichen Lugsidt.

Neben dem Schwertkampfwissen des Pahuyuth hatte Fong auch den speziellen Unterricht für den Schwertkampf seiner Familie (Dab Kru Fong) entwickelt, dessen Methodik nur ein oder zwei Einhandschwerter einsetzt und keine körpereigenen Waffen. Dieses Schwertkampfwissen ist die Weiterentwicklung und Vollendung der Schwertkampflinie Dab Taad, die bis heute zu Ehren ihrer Vorfahren besteht. In späterer Zeit wurde die Methodik für den militärischen Einsatz populär und gilt bis heute als Standard des thailändischen Schwertkampfes. Das Dab Kru Fong wird unter anderem in der Schwertkampfschule Samnag Dab Ayutthaya unter dem Namen Dab Ayutthaya gelehrt, in der Schule Samnag Dab Sriesawann in Jantaburi als Dab Sriesawann und in der Schule Samnag Dab Chiengsaend in Nordthailand als Dab Nueah. Zur Ehrung und als Anbetungssymbol werden die bekannten Lehrerschwerter (Dab Kru) diagonal gekreuzt am Lehrerplatz aufgehängt.

Die Strukturierung des Pahuyuth

Das Wissen

Die Lehrer und das Wissen

Die Schüler und die Lehrer

Der Wille des Lernenden

Die Waffenkampfmethodik Mied

Das Wissen

Nach ihrem Eintreffen in der Tam Kuha Sawann nutzten die fünf Gelehrten Kru Kun Plai, Kru Maeh Boua, Kru Srie Treiradt, Kru Lahm und Kru Fong die Höhle als Ruheort und für die Beschäftigung mit dem Kampfwissen. Fernab von gesellschaftlichen Einflüssen trugen sie Informationen zusammen, arbeiteten diese aus und schufen so erstmalig eine einheitliche und umfassende Struktur der Methodik und Unterrichtskonzeption. Im Laufe der Jahrhunderte hatten sich zwangsläufig unzählige Entwicklungslinien gebildet, die sich in Abhängigkeit ihres Erfahrungsreichtums und den Prinzipien, auf denen sie beruhten, voneinander unterschieden. Ihre Strukturierung unterschied im Wesentlichen zwischen dem Waffenkampf und dem unbewaffneten Kampf und legte die bis heute erhaltenen Disziplinen fest. Abgesehen von dem erst später entstandenen Muai, dem waffenlosen Stehkampf, unterteilten sie in die Disziplinen Ling Lom (waffenloser Kampf), Mied (Messerkampf), Maih Zoog (Unterarmknüppel), Fandab (Schwertkampf), Grabong (Stockkampf) und Sabei (Weichwaffenkampf) sowie die gesonderte Disziplin Dab Kru Fong, den eingeschränkten Schwertkampf. Die Unterschiede der einzelnen Waffengattungen waren nicht besonders auffällig und die Zuordnung der vorhandenen Informationen zu den jeweiligen Disziplinen relativ eindeutig. Eine Ausnahme bildete der Schwertkampf, der mit Abstand die höchste Anzahl unterschiedlicher Linien und Entwicklungszweige aufwies. Diese Sonderstellung ergab sich durch seine Bedeutung für den Krieg, da es eine Vielzahl verschiedener Prinzipien aus sehr weit voneinander entfernten Gebieten gab. Bei der Ausarbeitung der verschiedenen Linien bemerkten die Lehrer, dass sich die Mehrheit aller Grundprinzipien speziell in drei Linien häuften: das unbesiegbare Schwert (Dab Krong Chai), das Glie-Schwert (Dab Glie) und das grüne Bergschwert (Dab Kauw Kieaw).

Die Linie des Dab Krong Chai stellte eine Kampfmethodik mit einem überdimensional großen Schwert dar, das nur mit zwei Händen geführt werden konnte. Durch seine Beschaffenheit war es herkömmlichen Schwerttypen hinsichtlich der Reichweite überlegen, was auch zu seiner Bezeichnung führte. Die typische Methodik des Dab Krong Chai bestand aus horizontalen Kreisbewegungen und verschiedenen Drehungen, die für den Einsatz in langer Distanz zum Gegner konzipiert wurden. Diese Spezialisierung auf die lange Distanz zeigte sich auch im militärischen Kampfeinsatz, dem umzingelnden Kampf (Dtalumbon) gegen gegnerische Truppen als vorteilhaft, ähnlich dem Einsatz der militärischen Langwaffen oder des Grabong.

Das Dab Glie galt als Schwertkampfmethodik, die von den Freikämpfern, den Vorfahren der Pahuyuth-Kämpfer seit den Glie Gauw Piehnong, stammte und bei der unbestimmte, etwa armlange Schwerttypen wie Handwerkszeuge verwendet wurden. Die Bezeichnung Dab Glie weist auf das ursprüngliche Ling Lom hin, das nicht nur das Schwert als Waffe integriert, sondern auch alle anderen Waffentypen.

Das Dab Kauw Kieaw bezeichnete eine ausgesonderte Kampfmethodik des Dab Glie, die auf den Gebrauch eines Einhandschwertes zugeschnitten war. Die aussortierten Anteile beruhten auf den praktischen Kampferfahrungen der Vergangenheit und erlerntem Kampfwissen der Freikämpfer, Kriegsflüchtlinge und ehemaligen Sklaven. Die Kampfmethodik war auf ein Überleben unter Zuhilfenahme geringster Mittel ausgerichtet und zeichnete sich durch sparsame und schnörkellose Bewegungen aus. Die Bezeichnung Kauw Kieaw (grüner Berg) hat ihren Ursprung in der nordöstlichen Region des thailändisch-burmesischen Grenzgebietes zwischen den Städten Tak und Petschburi. Mit seinen Schluchten und dichtem Dschungel galt dieses Gebiet als geeigneter Zufluchtsort für Einsiedler, um in Abgeschiedenheit leben zu können. Zusätzlich standen sie unter dem magischen Schutz des Puh Jauw Kauw Kieaw, dem Geist des Großvaters der grünen Berge, einem Freikämpfer, der dort selbst als ehemaliger Kriegsflüchtling gelebt haben soll. Die Entwicklungslinie des Dab Kauw Kieaw bildet zusammen mit den Prinzipien des Dab Krong Chai und des Dab Glie die Grundlage für die Methodik des heutigen Fandab.

Bei ihrer Auseinandersetzung mit dem Wissen und der Methodik gelangten die fünf Lehrer durch Experimente und tradierte Erfahrungen zu der Erkenntnis, dass der Wissenskern – die verschiedenen Prinzipien – und der strukturelle Kampfcharakter – der tatsächliche Einsatz und Umgang mit Waffen – zu unterscheiden sind. Vordergründiges Ziel ihrer Bemühungen war die klare Unterscheidung zwischen der prinzipiellen Charakteristik der Kampftechniken und dem davon untrennbaren persönlichen Charakter des Kämpfers.

Das Wissen ist das Wissen, aber der Kämpfer kämpft.

Diese Erkenntnis trennt das Kampfwissen als Werkzeug von dem jeweiligen Anwender, beinhaltet aber auch deren Verbindung. Der Wissenskern des Pahuyuth besteht aus einem Weg der Selbstfindung, der durch die Beherrschung des Kampfes zu einer Erkenntnis über sich selbst führt und damit auch zu einer Beherrschung seiner selbst.

Ein Kämpfer ist derjenige, der einen ebenbürtigen Feind beherrscht.

Da der Kämpfer selbst sein ebenbürtiger Feind ist, ging es den fünf Lehrern nicht um das Herausarbeiten leistungsbezogener Aspekte des Kampfwissens, sondern um philosophische Hintergründe und die Auseinandersetzung mit dem schöpferischen Gedankengut, also das Kämpferideal.

Durch ihre Strukturierung des Wissens und die Aufteilung in einzelne Kampfdisziplinen ging der Begriff Pahuyuth immer weiter zurück, weil sich das Wissen nun auch unter dem Namen der jeweiligen Disziplin einbürgerte. Dies führte dazu, dass Pahuyuth nicht mehr als Oberbegriff für das gesamte thailändische Kampfwissen mit seinen Disziplinen verwendet und sogar als eine der traditionellen Disziplinen missverstanden wurde. Durch immer weniger öffentlich verfügbare Informationen mutierte das Pahuyuth schließlich zu einer Sage und es war nicht mehr eindeutig, ob es sich dabei um einen Kampf, ein Wissensgebiet oder eine Disziplin handelte.

Die Zeit, in der sich die Lehrer in der Höhle aufhielten, war stark von der städtischen Gesellschaft beeinflusst, wie auch schon in der Zeit davor. Im Fokus der Öffentlichkeit standen die Belange und sozialen Essenzen der Stadtmenschen, die in die Regierungsstruktur eingegliedert waren und eine Machtposition in der Gesellschaftshierarchie einnahmen. Das Landleben unterschied sich davon in hohem Maße durch nicht vorhandene Kommunikationswege. Die Ausarbeitung des Pahuyuth war ein Unterfangen am Rande des öffentlichen Gesellschaftslebens, ohne die Chance, die Informationen verbreiten zu können, auch nicht in der Folgezeit. In den Überlieferungen heißt es, die fünf Lehrer wären in der Lage gewesen, ihre Seelen (Jidt) von ihren Körpern zu lösen und das Ende ihres menschlichen Daseins selbstbestimmt herbeizuführen. Seitdem existiere in der Höhle ihr jeweiliges Verständnis in Geistform (Pieh), das die Fähigkeit besäße, als Heiliger Geist (Tehp) in jedweder Gestalt zu erscheinen oder den Körper anderer Lebewesen zeitweise zu besetzen.

In den Überlieferungen heißt es weiter, die fünf Lehrer könnten auf unerklärliche Weise an unterschiedlichen Orten in Menschengestalt erscheinen und ihr Wissen wie zu Lebzeiten vermitteln, um anschließend ebenso unerklärlich wieder zu entschwinden.

Von einem Besuch der Höhle wird Sterblichen abgeraten, da die magischen Kräfte negative Auswirkungen bis hin zur Todesfolge haben könnten.

Die Legende über die Höhle Tam Kuha Sawann, die bislang nicht offiziell bestätigt werden konnte, ist widersprüchlich überliefert worden. Sie wurde bereits vor der großen Einwanderung in das heutige Thailand von Generation zu Generation weitergegeben, wodurch ihre zeitliche Einordnung noch schwieriger ist. Sowohl in den Überlieferungen des Pahuyuth als auch in denen des Saiyasart wird immer wieder betont, dass die Informationen nicht als tatsächliche Wirklichkeit zu verstehen sind, sondern als ein Ansatz zur individuellen Interpretation und Meinungsbildung.

Erst Jahrhunderte später, etwa in der Mitte der Ayutthaya-Ära, soll der buddhistische Wandermönch (Pra Tudong) Pra Maha Jitowaadt sein Nachtlager zufällig in der Nähe der Höhle aufgeschlagen und während seiner Abendmeditation von ihrer Existenz und Legende erfahren haben. Er betete zu den fünf Lehrern und bat um Erlaubnis, die Höhle jederzeit betreten zu können, um sich Vorort mit dem Pahuyuth zu beschäftigen und seine Erkenntnisse auszuarbeiten. Neben der Höhle errichtete er eine Holzhütte als Tempel mit dem Namen Wat Tam Kuha Sawann, um die fünf verstorbenen Lehrer auf buddhistische Weise anbeten zu können. Nachdem Pra Maha Jitowaadt die Überreste der fünf Lehrer nach buddhistischem Ritual beerdigt hatte, begann er die vorgefundenen Zeichnungen und verbliebenen Unterlagen über das Pahuyuth zusammenzutragen. Somit war er einer der ersten, die die Geschichte des Pahuyuth in Schriftform konservierten, um sie für die Nachkommen zu hinterlassen. Die Tam Kuha Sawann entwickelte sich unter den Kämpfern zu einem geheimen Ort, der als eine der ältesten Lehrstätten und Wissensquellen des Pahuyuth existierte und an dem die Kämpfer ihr Wissen vervollständigen und ausarbeiten konnten, um es weiterzugeben, ohne sich einem Risiko auszusetzen und ihre Person zu gefährden. Um diese Sicherheit aufrechtzuerhalten, folgten sie dem Kodex, den genauen Ort der Höhle nicht preiszugeben.

Die Lehrer und das Wissen

Obwohl das Pahuyuth beinahe vollständig aus dem öffentlichen Bewusstsein verschwunden war, wussten Kämpfer und Eingeweihte natürlich von der Existenz der Tam Kuha Sawann. Die Höhle und auch die Gegend, in der sie lag, entwickelte sich immer mehr zu einem Gebiet, indem sich das Wissen konzentrierte. Die umliegenden Städte Ganjanaburi, Supanburi, Petschburi und Nakornpratom sowie die benachbarten Gegenden galten bald als Hochburgen ansässig gewordener Kämpfer, unter denen auch viele Schwertkämpfer waren. Sie gingen dorthin, um sich vom Gesellschaftsleben zurückzuziehen und anonym zu leben, um sich auf den Weg ihrer Kämpfervorfahren und der Gelehrten zu begeben und das Wissen an seinem Ursprung zu erlernen.

Der Weg der Kämpfervorfahren war gleichbedeutend mit einer Abkehr vom gesellschaftlichen Leben, ohne eine Identität als Kämpfer nach außen zu verkörpern. Ein Kämpfer lebte als einfacher Bürger, übte einen ortsüblichen Beruf aus oder wendete sich der Heilkunde zu, um einen Neuanfang zu beginnen. Einige Kämpfer nutzten das von Schluchten durchzogene, mit dichtem Dschungel bedeckte Gebiet, um zurückgezogen als Einsiedler den Weg der Selbstfindung zu gehen. Anfänglich wurde unter den ansässigen Anwohnern selten öffentlich über das Kampfwissen gesprochen und keinesfalls die Identität ehemaliger Kämpfer preisgegeben. Den Überlieferungen folgend gelangten erst ab der Sukothai-Ära Informationen über das Pahuyuth an die Öffentlichkeit, die sich langsam und spärlich verbreiteten, wenn bei bevorstehenden Kriegen danach gefragt wurde. Zufolge der Geschichte der Freikämpfer wurden ihr Wissen und ihre Erfahrungen von anderen oft nicht nach schöpferischem Verständnis eingesetzt, sondern benutzten sie immer wieder als Mittel für kriegerische Eroberungen und auch aus Habgier zur Erlangung von Macht. Dieser Missbrauch begleitete die unterschiedlichen Entwicklungslinien über die Jahrhunderte immer wieder. Obgleich das Pahuyuth-Wissen in der Gegend von Suwannapum durch die Lehrer und Wissbegierigen eine grundsätzliche Strukturierung erfuhr, vertrat die Mehrheit der Gelehrten dieses Zeitabschnitts die Meinung, das Wissen absterben zu lassen, um es vor Missbrauch zu schützen. Dieser Widerspruch innerhalb des Pahuyuth, der der Ausarbeitung und Strukturierung des Wissens entgegensteht, intensivierte die bereits geprägte Zurückhaltung des Pahuyuth und der Lehrer. Seit der Einwanderung in das Gebiet des heutigen Thailands war es sehr schwer, einen Pahuyuth-Lehrer zum Bekenntnis seines Wissens zu bewegen. Bis heute blieb die Zurückhaltung der Vergangenheit erhalten, auch aus Gründen des Selbstschutzes. Nach pädagogischen Gesichtspunkten hat die Verschwiegenheit auch mit der Charakterbildung als Kämpfer zu tun, sodass nicht nur die äußeren Umstände dafür verantwortlich sind, sondern auch die persönliche Entwicklung der Kämpfer selbst.

Unabhängig von seinen Fähigkeiten ist ein Lehrer in der Lage, lediglich die Wissensgrundlage der Kampfmethodik, die er selbst erlernt und verstanden hat, als Leitfaden und Verhaltensmuster an seine Schüler zu vermitteln. Seine Erlebnisse und Erfahrungen dienen dem Schüler als Beispiele, der die verborgenen Prinzipien entschlüsseln und sich die Methodik mithilfe der pädagogischen Unterstützung des Lehrers aneignen kann. Ob ein Schüler in der Lage ist, sich zum Kämpfer zu entwickeln, bleibt seinem Potential und seiner Verantwortung überlassen. Den eigenen Lehrer öffentlich als solchen bekannt zu geben, kam und kommt für einen Schüler nicht in Betracht, denn nach schöpferischen Gesichtspunkten ist dies mit einem Missbrauch gleichzusetzen. Die Verschwiegenheit bringt den Schüler dazu, sein Wissen und seine Fähigkeiten selbstständig zu vertreten, wozu er gleichwohl nur in der Lage ist, wenn er sein Wissen durch persönliche Auseinandersetzung erlangt hat, anstelle die Einsatzbeispiele des Lehrers zu kopieren. Seine persönliche Empfindung, Achtung und Dankbarkeit gegenüber dem Lehrer sind davon unabhängig.

Die Lehrer des Pahuyuth vertraten immer wieder die Ansicht, dass das Wissen, welches sie vermitteln können, weder ihre eigene Schöpfung sei noch zwingend einer Weitergabe bedarf. Dies bedeutet, dass der Lehrer nicht versucht, die Techniken, die er selbst gut beherrscht, zu vermitteln, sondern seinen Unterricht auf die Prinzipien und die Methodik hinter den Techniken ausrichtet, um dem Schüler eine eigenständige Aneignung zu ermöglichen. Darüber hinaus ist es dem Lehrer egal, ob der Schüler überhaupt in der Lage ist, die von ihm erhaltenen Lehren nach schöpferischen Gesichtspunkten umzusetzen, womit er in seiner Eigenschaft als Vermittler des Wissens verbleibt. Der Lehrer gleicht daher einem Buch, in dem zu stöbern, allein dem Schüler obliegt. Ebenso bleibt es ihm überlassen, sich selbstständig mit dem Inhalt auseinanderzusetzen. Dabei spielen die Achtung und Verehrung, die ein Schüler seinem Lehrer entgegenbringt, bei der Frage ob und inwieweit er unterrichtet wird, keine Rolle. Tatsächlich existieren sie nur durch die persönliche Sichtweise des Schülers, die auf seinem Verständnis beruht. Einzig und allein ausschlaggebend für die Unterrichtung durch den Lehrer ist der durch den Schüler bezeugte Wille, durch den er einen Zugang zum Wissen erlangt oder auch nicht.

Ein Lehrer übernimmt durch seine Lehrtätigkeit die Aufgabe eines Fährmanns, der den Weg der Fähre bereits hinter sich gebracht hat. Dies bedeutet jedoch nicht zwingend, dass zukünftige Schüler ihm dies gleichtun, auch wenn sie die Fähigkeiten dazu hätten. Der Weg, den ein Lehrer mit seinem Schüler zurücklegt und ihn mit ihm verbindet, hat seine eigene Integrität und Verbindlichkeit; jedes Lehrer-Schüler-Verhältnis ist einmalig und nicht mit dem Verhältnis zu anderen Schülern vergleichbar. Das aus der Vergangenheit geprägte legendäre Bild eines alten Pahuyuth-Lehrers, in dem das Verhältnis zu seinem Schüler scheinbar romantisch und auf mitfühlende Weise beschrieben wird, ist lediglich ein Mythos, der weder mit dem tatsächlichen Unterricht noch mit dem persönlichen Verhältnis zwischen beiden zu tun hat.

Ein traditioneller Lehrer ist sich seiner eigenen Fähigkeiten und seines Wissens bewusst und kann diese durch seinen eigenen Willen bekannt geben. Einer zusätzlichen Anerkennung oder Bestätigung von außen bedarf er in keiner Weise. Gleichbedeutend kann und darf sich ein Kämpfer in einer Kampfsituation nicht auf die

Sichtweise eines anderen einlassen, sondern hat sich ausschließlich auf sich selbst zu verlassen.

Die Lehrtätigkeit als Wissensgeber hat nach schöpferischem Verständnis keinen Bezug auf eine gesellschaftliche Machtposition oder das Erstreben eines Titels, da dies eine Sonderstellung gegenüber Anderen bedeuten würde. Für einen Lehrer ist es nicht nur unüblich, sondern ausgeschlossen, sich selbst öffentlich als solchen zu benennen, da die Bezeichnung Kru lediglich die Beschreibung seiner Tätigkeit und Aufgabe wiedergibt. Traditionell wird sein Verhalten mit einer Blume verglichen – existent und wahrnehmbar, ohne Anspruch oder Erwartung tatsächlich wahrgenommen zu werden. Diese Grundeinstellung der Lehrer erschwert allerdings den Zugang zum Pahuyuth, da sie ihre Fähigkeiten und ihr vorhandenes Wissen nicht in der Öffentlichkeit preisgegeben.

Die Schüler und die Lehrer

Der Begriff Sidt (Wissbegieriger) stammt von dem Ausspruch Kah Pen Sidt Mie Kru (ich bin Schüler meines Lehrers), der die erste Benennung eines Bewerbers als Schüler darstellt und durch den der Schüler zum Ausdruck bringt, dass ihn jemand unterrichtet. Lugsidt (Kindschüler) bedeutet so viel wie niedrig gestellter Wissbegieriger und ist beispielsweise ein Tempelkind (Dek Watt) im Vergleich zu einem älteren Wissenden, also dem Mönch. Diese Bedeutung ist tief in der thailändischen Gesellschaft verwurzelt, bezieht sich aber nur auf den Unterschied zwischen einem Anfänger und einem Fortgeschrittenen. Heutzutage wird Lugsidt ganz allgemein für einen Schüler verwendet. Genau genommen steht Sidt für einen äußeren Betrachter, der durch die Wahrnehmung des äußeren Aspektes des Kampfwissens einen Informationszugang zu diesem hat. Dieser ist einzig durch die äußere Erscheinung des Kampfwissens gegeben, wie etwa der Kampfleistung oder der Wirksamkeit. Die Initiative, sich das Kampfwissen anzueignen, entspricht dabei der Überzeugung, es für eigene Zwecke nutzen zu wollen. Die Auswahl des Lehrers als personifiziertes Ideal und Vorbild des Kampfwissens nach eigenem Verständnis spielt dabei eine große Rolle. Als mögliches Mittel zum Zweck war, ist und bleibt das Kampfwissen nur eine emotional bedingte Lösungsalternative, die weder positiv noch negativ zu bewerten ist. Jeder Nutzer des Kampfwissens sieht den Einsatz durch seine eigene Sichtweise als gerechtfertigt an. Dass sein Gegenüber diese Sichtweise teilt, ist sehr unwahrscheinlich, genauso wie die tatsächliche Wirklichkeit des Nutzers kaum in seine Betrachtung einfließen wird.

Der schöpferische Zweck für den Einsatz des Kampfwissens ergibt sich aus einer Handlung zum Selbstschutz. Da das Wesen einer Kampfhandlung in Wirklichkeit aber aus untrennbar miteinander verbundenen Aktionen und Reaktionen besteht, widerspricht es somit einem reinen Selbstschutz. Eine Kampfhandlung bezweckt sogar die Zerstörung des Gegners und stellt daher einen Angriff dar.

Ein bestimmter Grund für die Bewerbung eines Schülers stellte wegen dieser Diskrepanz zwischen dem schöpferischen Verständnis und dem Wesen des Kampfwissens bisher keine Voraussetzung für die Aufnahme bei einem Lehrer dar. Der Wunsch des Schülers, sich das Wissen für seinen eigenen Zweck anzueignen, dient als Zugangsinformation für den Lehrer, aus der Rückschlüsse über das momentane Verständnis des Schülers gezogen werden können.

Das Wissen und die mit dem Pahuyuth-Nutzer verbundenen Fähigkeiten setzen sich, bezogen auf ihr Wesen, aus den drei fundamentalen Betrachtungsaspekten zusammen. Die nach außen wahrnehmbare Erscheinung sowie die auf den Fähigkeiten des Nutzers basierende Wirksamkeit bilden den äußeren Aspekt, das schöpferische Verständnis bezüglich des Einsatzzweckes den inneren Aspekt und das Verständnis des jeweiligen Nutzers, sein persönlicher Charakter, den Verhältnisaspekt. Demzufolge ist das Kampfwissen nur ein selbst gesteuerter

Teil der körperlichen Funktionalität eines Menschen, mit dem er bereits von Geburt an ausgestattet ist. Das Erlernen des Kampfwissens ist in Wirklichkeit kein Erlernen von tatsächlich Neuem, sondern das Bewusstmachen bereits vorhandener Fähigkeiten durch Selbstfindung. Der Unterricht eines Lehrers ist daher als nutzlos anzusehen, wenn der Schüler keine Initiative zur Selbstfindung mittels eigener Aneignung aufbringt.

Das Vorhaben zur Nutzung des Kampfwissens und die Fähigkeiten des noch Unwissenden ergeben sich durch sein gegenwärtiges Verständnis, das sich durch seine Prägung und seine von Geburt an gesammelten Erfahrungen entwickelt hat. Es unterliegt einer ständigen Neudefinition und ist weder Teil des genetischen Erbgutes noch seines Charakters. Durch selbstständige Aneignung des Wissens wird seine Prägung mit der Zeit immer geringer und der Anteil an Erfahrungen immer größer. Nach schöpferischen Gesichtspunkten ist die Entwicklung des Verständnisses frei von prägungsrelevanten Einflüssen, wie auch das Schicksal eines Menschen. Daher ist das gegenwärtige Verständnis eines Wissbegierigen kein Kriterium für die Unterrichtung, sondern dient dem Lehrer dazu, einen geeigneten Ansatzpunkt für die Aufklärung zu wählen. Die Aufklärung und Erziehung eines menschlichen Charakters steht nach schöpferischen Gesichtspunkten des Pahuyuth vor der Unterrichtung des Kampfwissens.

Lehrt erst den Menschen, dann das Wissen.

Der Ausspruch „Ich bin Schüler meines Lehrers." bildet die Basis für das Verhältnis zwischen Schüler und Lehrer (Kru). Rein logisch ist es eine Voraussetzung für den Wissbegierigen, einen Lehrer als solchen erkennen zu können, um von ihm zu lernen. Dazu wäre es aber erforderlich, dass der Bewerber das Wesen eines Lehrers nach schöpferischem Verständnis bereits erkennen kann, was in der Regel nicht der Fall ist. Deshalb bleibt die Entscheidung zur Aufnahme eines Schülers allein dem Lehrer vorbehalten. Die Identität, also die charakterliche Erscheinung des Wissbegierigen, die Ausdruck seines Willens ist, dient dem Lehrer als Grundlage für seine Entscheidung.

Für Wissbegierige war es insbesondere im Bereich des Pahuyuth kaum möglich einen traditionellen Lehrer zu finden, ohne Hinweise von außen zu erhalten. Anwärter, die sich bei einem Lehrer bewarben, hatten in der Regel Hinweise von Dritten erhalten.

Zur Zeit der Wanderungen nach dem Zeitabschnitt von Nanjauw wurde nicht nur das Kampfwissen in Disziplinen unterteilt, auch die Unterrichtskonzeption wurde von vielen Gelehrten nach der Vorlage der fünf Lehrer vereinheitlicht. Seit Bestehen des Pahuyuth gibt es eine Probezeit für Bewerber, um ihre Bereitschaft und ihren Willen zu prüfen. Da in der Vergangenheit, besonders vor Nanjauw, keine einheitliche Unterrichtsstruktur vorlag, gestaltete jeder Lehrer diese Phase auf individuelle Art. Erst seit den Ereignissen in der Tam Kuha Sawann bildete sich die heute noch erhaltene Unterrichtsvorstufe, die jeder Bewerber nach seiner Aufnahme als Probeschüler durchläuft. Ursprünglich basierte die Unterrichtung des Kampfwissens auf dem so genannten gespendeten Wissen (Vitjatan) und wurde fast ausschließlich innerhalb der Familie weitergegeben. Vitjatan hat seinen Ursprung in den Anfängen der strukturierten Unterrichtung, die sich auf den Charakter der Lehrtätigkeit eines Lehrers bezieht. Durch seine Tätigkeit kann sich der Lehrende über sein Verständnis, sein angeeignetes Wissen und seine Erfahrung bewusst werden, wodurch das Unterrichten eine Selbstfindung darstellt. Für den Lehrer war der Schüler daher nur Mittel zum Zweck, der das erzielte Lehrergebnis widerspiegelte, weshalb er auch keinen Anspruch auf eine Gegenleistung erhob. Als Erfüllungsgehilfe erwarb er zwangsläufig das freigesetzte Wissen, obwohl es eigentlich ein Abfallprodukt auf dem Weg der Selbstfindung des Lehrenden war. Das Wissen, das der Schüler vermittelt bekam, wurde daher als gespendetes Wissen bezeichnet. Dennoch war es üblich, dass der Schüler – auch als Erfüllungsgehilfe – dem Lehrer aus Dankbarkeit bestimmte Gaben überreichte, die sich nach den jeweiligen Sitten und Gebräuchen richteten. Meistens reichte als solche die Mithilfe bei den alltäglichen Belangen als Familienmitglied. Heute wird diese Tradition durch den Unterrichtsbeitrag der Lehrstätte fortgeführt.

Dek Watt

Nach dem Einzug des Buddhismus waren die Tempel oft allgemeine Bildungsstätten, weshalb die Tempelkinder (Dek Watt), die Schüler der unterrichtenden Mönche, mit dem Pahuyuth in Berührung kamen, und das erstmals außerhalb der Familie. Vorausgesetzt die buddhistischen Mönche waren Gelehrte des Pahuyuth, die sich dem Buddhismus zugewendet hatten.

Für viele Eltern war es erstrebenswert, ihren Sohn in die Obhut eines Mönches zu geben und dort aufwachsen zu lassen. Es ging weniger um die Unterrichtung im Kampfwissen als um eine Allgemeinbildung, die zu dieser Zeit schwer zu erhalten war. Neben der buddhistischen Erziehung beinhaltete sie auch das Lesen und Schreiben. Die Aufnahme der Kinder in den Tempel wurde zu einem festen Bestandteil des Buddhismus. Sie lebten dort für eine gewisse Zeit und getrennt von ihrem Elternhaus. Mit der Verbreitung der buddhistischen Glaubenslehre wurden schließlich auch verwahrloste Waisenkinder und schwer erziehbare Jugendliche als Tempelkinder untergebracht. Nur selten wurden freiwillige Bewerber aufgenommen.

Obwohl die Tempelkinder im Kampfwissen unterrichtet wurden, war der Zugang zum Pahuyuth immer noch sehr schwer. Mädchen war der Zugang durch die buddhistischen Gebote ohnehin verwehrt. Sie wurden zwar auch von den Mönchen unterrichtet, doch eher wie in der Schule. Und sie hatten nicht den Status eines Dek Watt, was sie automatisch vom Kampfwissen ausschloss.

Das Leben als Dek Watt war damals ein ganz besonderes Erlebnis und stellte eine einschneidende Erfahrung dar. Einerseits erhielten die Dek Watt durch den Mönch, in dessen Obhut sie sich begeben hatten, die buddhistische Erziehung mit ihren Tugenden, eine philosophisch-buddhistische Prägung, nebst einem gut angesehenen und streng gläubigen Unterricht, ähnlich wie in einem Internat. Andererseits gab es unter den Novizen den realen Kampf ums Überleben, als Ventil für das Ausleben des eigenen Temperaments, der eigenen Emotionen, das Aufwachsen auf der Straße ohne elterliche Zuwendung und der Strenge des offiziellen Alltags im Tempel. Die Dek Watt, die als Diener der Mönche ihren Unterricht erhielten, befanden sich grundsätzlich in einer schwierigen Lage. Anders als

Eine Gruppe junger buddhistischer Mönche (Nehn) begibt sich nach einem Besuch in der Stadt zurück zum Tempel.

die jungen Mönche (Nehn), die sich als bekennende Buddhisten ausschließlich der Glaubenslehre unterordneten, waren die Tempelkinder nicht zwingend an den Buddhismus gebunden. Sie trugen keine buddhistischen Gewänder und waren dem Buddhismus, abgesehen von ihrem Unterricht, in keiner Weise verpflichtet. Die Nehn als werdende Priester hatten keine Möglichkeit das Kampfwissen zu erlernen, da es die buddhistische Glaubenslehre nicht erlaubte.

Der Alltag der Tempelkinder war von Zwiespältigkeit geprägt, die ihrem Überleben ein hohes Maß an Selbstdisziplin abverlangte. Der Mangel an menschlicher Wärme, die durch die philosophisch-buddhistischen Weisheiten ersetzt wurde, führte oft zu einer charakterlichen Eigenart. Denn nach innen hatten sie sich gut zu benehmen, nach außen entwickelten sie sich aber oft zu gefühllosen Einzelgängern.

Der Unterricht im Kampfwissen durch die Mönche war schon immer ein kritischer Aspekt und stellte eine Gratwanderung innerhalb des Buddhismus und damit auch in der Gesellschaft Thailands dar. Als ehemalige Kämpfer, die sich dem Buddhismus untergeordnet hatten, verkörperten sie die buddhistische Glaubenslehre, unterrichteten aber dennoch die Dek Watt im Kampfwissen, was kein Bestandteil der buddhistischen Erziehung war. Das Erlernen des Kampfwissens wurde ausschließlich den als Dienern im Tempel lebenden Kindern gewährt, was auch zu emotionalen Problemen der Nehn führte. Erschwerend kam hinzu, dass die Erziehung der Dek Watt nach dem Buddhismus erfolgte, obwohl die angeeignete Anfangsstufe des Kampfwissens eine erforderliche Voraussetzung war, um als Tempelkind bei einem Mönch zu leben. Da der Unterricht der buddhistischen Glaubenslehre nicht mit der Selbstfindung eines fortschreitenden Schülers im Kampfwissen vereinbar war, endete der Unterricht irgendwann durch die überwiegend buddhistische Prägung. In diesem Dilemma verbreitete sich das Pahuyuth zwar langsam durch den Buddhismus, wurde jedoch durch die Rahmenbedingungen der eigenen Lehre gehemmt, wodurch die Schüler nur selten eine höhere Stufe erreichten.

Die Mönche und das Wissen

Ein Pahuyuth-Kämpfer kam im Alltag kaum in Berührung mit dem Buddhismus, da allein durch die Definition der buddhistischen Lehre das Töten und das Zufügen von Schaden strengstens abgelehnt wurden. Nur durch die ausschließlich auf den Schutz des eigenen Lebens und Überlebens sowie die im weiteren Sinne auf Fortpflanzung ausgerichtete Grundkonzeption des Pahuyuth war es überhaupt möglich, es neben dem Buddhismus zu dulden. Wendete sich ein Kämpfer dem Buddhismus zu, um Mönch zu werden, lagen meist zwei Hauptgründe vor. Der Kämpfer konnte sich so aus dem öffentlichen Fokus und der aktiven Teilnahme am gesellschaftlichen Leben zurückzuziehen, ohne dieses gänzlich zu verlassen. In aller Regel sollte seine Vorgeschichte verschleiert werden, um eventuellen Konsequenzen vorhergegangener Säuberungsaktionen oder bestehenden Herrschaftsverhältnissen zu entkommen und ein weiteres Leben zu ermöglichen. Dazu kam, dass die Kämpfer durch ihr Bekenntnis zum Buddhismus und Kampfwissen die Möglichkeit erhielten, den Weg der Selbstfindung einzuschlagen und ihr Wissen im Rahmen der buddhistischen Erziehung weiterzugeben. Diejenigen Gelehrten, die aus politischen Gründen den buddhistischen Lebensweg einschlugen und ihre Identität als Kämpfer ablegten, trugen letztendlich nur dazu bei, eine neue Weiche für den Niedergang des Wissens zu stellen und diesen indirekt sogar zu beschleunigen.

Nur vereinzelt wurde davon berichtet, dass Dschungelprediger oder Einsiedler (Rueh Srie) das Pahuyuth verbreiteten, was jedoch eher eine Legende ist und nicht der gängigen Praxis der Vergangenheit entspricht.

Der Wille des Lernenden

Um Schüler des Pahuyuth zu werden, hatten die Bewerber zunächst das Aufnahmeritual zu bestehen, das sich auf den ersten Berührungspunkt zwischen dem Wissenden und dem Unwissenden bezog, welcher durch einen charakteristischen Vertrauensgrundsatz definiert war. Das Aufnahmeritual begann, nachdem der Wissbegierige seine Absicht des Erlernens gegenüber dem Lehrer bekundet hatte. Ab diesem Moment bewertete der Lehrer sein charakteristisches Verhalten als maßgebliches Kriterium für die weitere Kommunikation. Traditionell wurde es in vier Typen unterteilt: der Untergebene (Borivan), der Pfeil (Lug Sorn), das Stiefkind (Lug Fag) und der Wissbegierige (Sidt).

Der Untergebene
Der Untergebene begegnet dem Wissenden typischerweise mit übertriebener Ehrfurcht und übersteigerter Achtung, speziell in Bezug auf seine Fähigkeiten. Die nahezu vergötternde Haltung gegenüber dem Lehrer symbolisiert im Sinne des Pahuyuth eine falsche Vorstellung und Interpretation des bevorstehenden Lehrer-Schüler-Verhältnisses. In aller Regel wird ein solcher Schüler an einen anderen Lehrer verwiesen, wobei der Verweis nach schöpferischen Gesichtspunkten nicht als Annahme oder Ablehnung verstanden wird, sondern als versteckter Hinweis bezüglich der Identitätsfrage eines Lehrers im Allgemeinen, um den Wissbegierigen zum Überprüfen seiner bisherigen Vorstellungen zu bewegen. Ohne eine entsprechende Aufklärung, die erfahrungsgemäß lange dauern kann, wird ihm keine Zusage für eine Unterrichtung erteilt.

Der Pfeil
Diesem Charakter entspricht ein temperamentvoller Schüler, der voller Tatendrang ist und zum Ausdruck bringt, das Wissen und die Fähigkeiten möglichst schnell erlernen zu wollen. Oft verfügt er bereits über gewisse Fähigkeiten, die er auch zeigt, weil er nicht als Anfänger eingestuft werden möchte. Ohne den eigentlichen Grund bekannt zu geben, wird ein solcher Schüler von dem Lehrer abgelehnt. Er geht traditionell davon aus, dass es sich um einen Schüler handelt, der den Unterricht eines anderen Lehrers abgebrochen hat oder von diesem nicht weiter unterrichtet wird. Um einer Aufnahme zuzustimmen, bedarf es daher einer ausdrücklichen Empfehlung des Lehrers, der den Schüler zuletzt unterrichtet hat.

Das Stiefkind
Dieser Schüler kommt aus unterschiedlichen Gründen aus dem Kreis der Bekannten oder Angehörigen des Lehrers. Ihn zu unterrichten, wird dem Lehrer empfohlen, wobei es neben der Vermittlung des Kampfwissens meistens auch um eine grundsätzliche Erziehung geht. Die Empfehlung eines solchen Schülers bedeutet normalerweise eine Verpflichtung für den Lehrer, obgleich der Schüler in den meisten Fällen gar nicht unterrichtet werden will und sich dementsprechend verhält. Ungeachtet dessen wird der Lehrer seine Aufgabe mit all seinem Wissen und seinen Fähigkeiten bis zu ihrem Erfolg ausführen.

Der Wissbegierige

Dieser Schülercharakter ist ein Zufallstreffer zwischen Lehrer und Schüler. Es handelt sich um einen Schüler, dessen Erscheinungscharakter seine Wissbegierde unabhängig von der Persönlichkeit des Wissensträgers und ohne eigene Maßgaben bei der Bewerbung zum Schüler zum Ausdruck bringt. Dieser Charaktertyp wird von dem Lehrer bereits bei der ersten Begegnung deutlich wahrgenommen, da er in aller Regel auf Empfehlung zu dem Lehrer kommt. Der Lehrer wird bereits vorher über seinen zukünftigen Schüler informiert, woraus sich die spätere Bezeichnung Sidt für einen Schüler entwickelt hat.

Ein Lehrer hat die Bestätigung seines Wissens und seiner Fähigkeiten durch die Erfüllung der Anforderungen im Rahmen seiner Wissensvermittlung erlangt. Dabei stellt jede Lehraufgabe eine neue Schöpfung dar, durch die der Unwissende zu einem Wissenden werden kann. Die Erfüllung einer reibungslosen Unterrichtung, die sich durch die charakterliche Ausprägung des Schülers ergibt, bedeutet für den Lehrer entsprechend eine geringere Anforderung.

    Die erste Hürde bei der Aufnahme zum Schüler entsteht bei der Feststellung des Willens, der entweder bereits vorhanden oder unter Umständen zu entwickeln ist. Unabhängig von den Erwartungen des Schülers wird der Lehrer seinen Willen durch Fragen und Aufgaben überprüfen.

Nach traditionellem Verständnis ist der Wille durch die Charaktereigenschaften Selbstdisziplin, Selbstbewusstsein und Selbstliebe – ein erforderliches Kriterium für das Erlernen des Kampfwissens – definiert.

Tatsache ist, dass jeder Mensch in unterschiedlichen Umständen geboren wird und unterschiedlich aufwächst, sodass seine Erziehung und die ihn prägenden Erfahrungen den Anforderungen nach traditioneller Definition des Willens nur selten gleichen. Eine Aufnahmeentscheidung aufgrund dieser schöpferischen Kriterien ist zwar gerechtfertigt, doch würden sie einem Bewerber mit ungünstiger und unverschuldeter Prägung die Entwicklungsmöglichkeit verwehren. Um eine gerechte Entscheidung für den Bewerber zu treffen, wird daher auch seine Entwicklungsfähigkeit bewertet.

Keiner wird als Verbrecher geboren, doch jeder kann zu einem werden.

Die Fragen zur Willensprüfung wurden daher in Abhängigkeit des Charakters des Bewerbers gestaltet. Im Allgemeinen präsentierte der Lehrer dem Bewerber bestimmte Lehrhindernisse (Uppasak Ajan), um ihn von seinem Vorhaben abzubringen und anhand seiner Reaktion den Willen festzustellen. Sie stellten also einen Widerstand gegen den Willen des Bewerbers dar. Um den Lehrer von seinem Willen zu überzeugen, hatte er die Lehrhindernisse durch seine Antworten und sein Verhalten zu durchbrechen. Ein typisches Lehrhindernis war beispielsweise eine altersbedingte Ablehnung (Geji Sangkan). Dabei gab der Lehrer gegenüber dem Bewerber vor, nicht mehr genügend Zeit für den praktischen Unterricht zu haben. Oder er klärte den Bewerber über seinen gewählten Lebensweg (Geji Niyam) auf, durch den er Abstand vom gesellschaftlichen Leben genommen habe, um sich seiner Selbstfindung zu widmen. Von jungen Lehrern wurde auch gerne die eigene Selbsteinschätzung (Geji Pigan) als Hinderungsgrund angegeben, nach der sie nicht über genügend Wissen verfügten, um zu unterrichten. Die Lehrhindernisse befanden sich für den Lehrer nicht in der tatsächlichen Wirklichkeit, sondern wurden dem Schüler als Aufgaben präsentiert. Nach schöpferischen Gesichtspunkten stellen sie einen Widerspruch dar, der jedoch nur auf der Verständnisebene des Lehrers offensichtlich ist.

Überzeugte ein Bewerber den Lehrer entgegen der Ablehnung, war es dem Lehrer allein dadurch möglich, einen indirekten Rückschluss auf dessen Willen zu ziehen.

Im Anschluss an die Willensüberprüfung bekundete der Lehrer seine Aufnahmebereitschaft, die trotzdem noch keine endgültige Entscheidung war. Die Bereitschaft zur Aufnahme wurde früher durch das Ritual Yok Kru ausgedrückt, das an einen vom Lehrer vergebenen Termin gebunden war. Es stellte eine gegenseitige Absichtserklärung dar, nach der der Bewerber zu einem Schüler auf Probe wurde. Als ein solcher Probeschüler bereitete man ihn zum einen auf die Erfüllung der körperlichen Voraussetzungen zum Erlernen des Kampfwissens vor und zum anderen überprüfte man ihn weiterhin auf seine Belehrbarkeit. Zu dem Ritual brachte der Bewerber traditionell Blumen, zwei weiße Kerzen, fünf Räucherstäbchen, sechs Münzen mit gleichem Wert sowie Obst und andere vorbereitete Mahlzeiten mit. Die Münzen konnten entweder sechs Sateng, Salueng oder Baht sein, wobei die Gabe der Baht gebräuchlich war. Der Bewerber stellte die Kerzen und Räucherstäbchen auf den vom Lehrer errichteten Altar, der mit einem Lehrersymbol versehen war. Anschließend begrüßte er das Lehrersymbol, legte seine mitgebrachten Präsente hinzu und begab sich vor den Lehrer, der ihm die Bereitschaft bekundete, ihn als Probeschüler zu unterrichten. Das Einverständnis wurde durch das Aufsetzen eines Mongkon sowie das erstmalige Benennen als Lugsidt zum Ausdruck gebracht.

Gelehrte Persönlichkeiten, die auch buddhistische Mönche waren, führten das Ritual durch ihre buddhistische Zugehörigkeit nicht durch, sondern benannten den Bewerber direkt als Lugsidt.

Die Vermischung der verschiedenen Entwicklungslinien betraf von Anfang an auch deren Rituale, teilweise schon vor dem Zeitabschnitt von Nanjauw. Das traditionelle Aufnahmeritual zum Schüler wurde und wird daher in unterschiedlichen Linien in leicht veränderter Form durchgeführt. In der Linie des Pahuyuth wurde es spätestens ab dem Ende der Ayutthaya-Ära nicht mehr praktiziert, da die schöpferischen Ziele nicht mit den zum Teil durch den Buddhismus entstandenen Ritualen im Einklang standen. Die Grundvoraussetzung der Überprüfung des Willens wurde nur noch in verkürzter Form in die Zeit als Probeschüler und die sich daran anschließende Prüfung integriert.

Durch die Strukturierung des Pahuyuth bezüglich der Disziplinen und Konzeption der Wissensvermittlung hatte sich zum Ende der Ayutthaya-Ära das traditionelle Prüfungsverfahren entwickelt, das bis heute angewendet wird. Die ursprünglichen Fragen und Aufgaben des Lehrers sind heute Bestandteile der Trägerwürdigkeitsprüfung, die für jeden Schüler verpflichtend ist. Eine Unterrichtung erfolgt heute durch die persönliche Vorstellung bei dem Lehrer, meistens durch Empfehlungen aus dem Bekanntenkreis oder zufällig.

Eine gelehrte Persönlichkeit geht mit ihrem Wissen auf zwei Arten um. Einerseits lässt ein Lehrer durch seine offenkundige Bereitschaft gegenüber anderen sein Wissen und seine Fähigkeiten erkennen. Wenn es um die Aneignung des Wissens und der Fähigkeiten geht, agiert er andererseits mit starker Zurückhaltung. Damit verhält er sich ähnlich wie ein Kaufmann. Dieser ist bereit, dem Interessenten die Qualität seiner Ware offen zu legen, ohne ihn im Besonderen davon zu überzeugen. Bei dem Preis geht er jedoch keinen Handel ein und hält an diesem fest. Bei differenzierter Betrachtung stehen sich also der Nutzer und das wertungsfreie Kampfwissen gegenüber.

Da das Kampfwissen durch seine Eigenschaften als Methodik für körperliche Auseinandersetzungen erschaffen wurde, geht es entsprechend um die Erkenntnis der eigenen funktionellen Aktionsfähigkeit als Mensch. Das Erkennen dieser Tatsache durch das eigene Verständnis ist mit einem praktischen Weg der Selbstfindung identisch und stimmt mit der Nutzbarmachung des Wissens im Umgang mit dem alltäglichen Leben durch philosophische Hinweise überein. Die Initiative des Interessenten, das Kampfwissen zu erlernen, wird durch die unterschiedlichsten Gründe vorangetrieben. Sein Werdegang zum Nutzer beginnt im Schülerstatus mit der Bildung des Willens und endet mit dem Bewusstsein über sich selbst. Insbesondere durch die Charaktereigenschaften des Nutzers entspricht dies der Beherrschung eines Werkzeugs für dessen optimalen Gebrauch. Damit ist sowohl die Routine funktioneller Abläufe als auch die improvisierte Umsetzung in anderen Lebensbereichen gemeint.

Die Trägerwürdigkeitsprüfung, die neben der Qualifikationsprüfung elementarer Teil der Prüfung ist, dient dem Lehrer zum Erkennen des Fortschritts auf dem Weg der Selbstfindung des Schülers. In dem Augenblick, in dem der Lehrer seine Vermittlungsaufgabe beendet, verkündete er früher das Ritual Krohb Kru zur Auflösung, die eine persönliche Anerkennung ist und den einst aufgenommenen Schüler zum Lehrer (Kru) benennt. Das Mongkon wurde dem Schüler dabei abgenommen. Ab diesem Moment ist der Lernprozess für das Kampfwissen abgeschlossen und der Schülerstatus beendet. Der zum Kru ernannte Lehrer ist kein Unwissender mehr, obgleich er seine Graduierung nur in einer Disziplin erlangt hat.

Für das Erlernen weiterer Disziplinen gilt das Prinzip des Wissensaustausches, das weder eine weitere Prüfung noch Benennung erfordert. Seine Qualifikation in weiteren Disziplinen obliegt ausschließlich seiner eigenen Verantwortung und Selbstbeurteilung als Lehrer. Da das traditionelle thailändische Kampfwissen in allen Disziplinen gleich strukturiert ist, kann ein Lehrer mit der Zeit über Wissen und Fähigkeiten in mehreren Disziplinen verfügen.

Die Waffenkampfmethodik Mied

Durch die Strukturierung des Wissens und die Legende der Tam Kuha Sawann wurde auch die Waffenkampfmethodik des Mied (Messer) erstmals erwähnt. Während der tatsächliche Entstehungszeitpunkt der Methodik unbekannt ist, vermuten die Gelehrten des Pahuyuth ihren Ursprung vor der Einwanderung in das heutige Thailand als eine Entwicklung der Methodik des Dab durch Veteranen der Freikämpfer. Die Methodik des Mied ist wie alle anderen eine Entwicklung, die auf der Ursprungsmethodik des Pahuyuth basiert und im Laufe der Zeit eine eigenständige Disziplin geworden ist. Anfänglich wurde das Messer als Gebrauchsgegenstand im Alltag benutzt. Durch seine Beschaffenheit im direkten Vergleich mit dem Dab, dem Grabong oder auch chinesischen Waffengattungen hielt man es für kriegerische Einsätze nicht geeignet. In außergewöhnlichen oder aussichtslos erscheinenden Notsituationen allerdings, in denen ein Messer mitgeführt oder vorgefunden wurde, setzte man es dennoch ohne besondere Methodik ein. Aus diesem gelegentlichen Einsatz wurde das Messer als traditionelle Bewaffnung für Notfälle eingeführt, damit den Kampfsoldaten eine letzte Verteidigungsmöglichkeit gegeben war. Innerhalb des Militärs bildete sich später eine Nahkampfmethodik für das Messer (Mied Sandt, Mied Tahan) heraus, die speziell auf den Kriegseinsatz ausgerichtet war und von Sondereinheiten genutzt und vermittelt wurde. Die eigentliche Waffenkampfmethodik Mied ist allerdings nicht durch die direkte Nutzung des Messers entstanden, sondern durch die Freikämpfer bzw. deren Erfahrungen. Während des Einsatzes brachen ihre Schwertklingen oft, sodass sie mit dem Schwertgriff weiterkämpften. Diese Erlebnisse wurden mit spielerischen Experimenten ergänzt und führten letztlich zu der komplexen Methodik des Mied.

Da der Ausgangspunkt für die Entstehung nicht auf die spezifische Form und Beschaffenheit eines Messers, sondern eines Schwertgriffs zurückzuführen ist, gab es von Anfang an keine spezielle Zuordnung zu einem bestimmten Messertyp. Grundlage war allein die Beschaffenheit der Gegenstände, die mit einem Schwertgriff vergleichbar und für die sich entwickelnde Methodik geeignet waren. Daher ist es nicht seltsam, dass in unterschiedlichen Berichten Küchenmesser, Zirkel, Handäxte oder einfache Holzstangen als Waffen im thailändischen Kriegseinsatz erwähnt wurden. Spezielle Messer wie Tauchermesser, Bajonette oder phantasievoll geformte Klingen, wie sie bei den Chinesen üblich waren, ließen sich hingegen schwer oder mit bestimmten Einschränkungen im Rahmen der Methodik verwenden.

Aus der Nutzung des Schwertgriffs (Dahrm Dab) bildete sich das typische Einsatzprinzip heraus, bei dem nicht die eigenen Waffen, sondern die des Gegners benutzt wurden, um einen Sieg herbeizuführen. Aus diesem Prinzip, das seit langer Zeit für alle Disziplinen des Pahuyuth besteht, resultierte später ein Verhaltenskodex, nach dem Kämpfer keine eigenen Waffen mehr mit sich führten, speziell in der Disziplin Mied.

Die militärische Linie hingegen führte das Messer später offiziell als Ausrüstungsbestandteil für die Soldaten ein. Obwohl die spitze Beschaffenheit der Messerklinge den Einsatz zum Stechen begünstigt, zielte er überwiegend auf die Schneidewirkung ab. Angriffsziele waren Muskulatur, Sehnen, Gelenke und Blutbahnen sowie alle anderen Weichteile des Körpers. Auch das für gewöhnlich stumpfe Ende des Griffs wurde als Angriffsteil zum Schlagen benutzt. Gestochen wurde lediglich mit dem gegnerischen Messer, und zwar dann, wenn sich der Gegner mit diesem vermeintlich – verursacht durch den Angreifer – selbst stach. Dadurch konnte der Gegner sein Messer nur erschwert wieder einsetzen, da es aus dem Körper mühsam zu entfernen war und zudem die Folgen der Verletzung förderte.

Die Methodik des Mied wurde in erster Linie konzipiert, um sich gegen eine stärkere Bewaffnung wie etwa ein Schwert oder einen Stock des Gegners verteidigen zu können. Die Einsatzvarianten waren dabei sehr eng mit denen der Methodik des Ling Lom verbunden, woraus sich die gleichzeitige Verwendung von zwei Messern ergab sowie die Kombination aus einem Messer und einer anderen Waffe.

Sowohl das Ling Lom als auch das Mied gehören zu den gefährlichsten und am schwersten zu überwindenden Methodiken des Pahuyuth. Das Wissen und die Vermittlung beider standen von Anfang an unter Geheimhaltung und wurden nur unter bestimmten Umständen im engen Familienkreis weitergegeben. Der Zugang zu diesem Wissen war auch während der Zeit der Freikämpfer nicht ohne Weiteres möglich; erst nach der Wiederentdeckung der Lehrunterlagen aus der Tam Kuha Sawann wurde es mithilfe der verschiedenen Überlieferungen und Legenden allmählich bekannter.

Das Kurzmesser ist noch heute in Thailand üblich. Form und Beschaffenheit leiten sich aus den Prinzipien der Methodik ab (Gesamtlänge 30 Zentimeter). Obwohl diese Ausführung typisch für thailändische Kurzmesser ist, vertritt sie nicht die Waffenkategorie Mied (Messer), da sich diese ausschließlich an der Beschaffenheit orientiert und somit alle erdenklichen Gegenstände eingesetzt werden können.

Die Waffenkampfmethodik Mied

1 Mied Bla
2 Mied Dtahn
3 Mied Dat
4 Mied Dtoh
5 Mied Tchieng
6 Mied Zuy
7 Mied Zuy (Mied Fak)

Die Modelle zeigen unterschiedliche Messertypen, die im Verlauf der Geschichte des Pahuyuth bekannt geworden sind. Die Länge dieser Kurzmesser betrug im Allgemeinen etwa 30 Zentimeter. Innerhalb der Methodik werden sie aufgrund ihrer Beschaffenheit der Kategorie „kugelförmig" zugeordnet.

Suwannapum und Utong

Die verlassene Stadt

Elefantenkampf

Der Ursprung des Muai

Das Wettgeschäft

Ram Wai Kru

Musikalische Begleitung

Die verlassene Stadt

Die alte Stadt Suwannapum liegt im Westen Thailands und trägt heute den Namen Nakornpratom. Lange bevor sich die Thai aus dem Norden dort angesiedelte, hatten sie die Inder gegründet. Wie sich die Geschichte der Stadt im weiteren Verlauf genau zugetragen hat, lässt sich nicht mehr rekonstruieren. Fest steht, dass sie ab einem bestimmten Zeitpunkt verlassen und verfallen war. Etwa um die Jahrtausendwende bauten einwandernde Thai eine neue Stadt auf die alten Ruinen und nannten sie Suwannapum. Die Gelehrten des Pahuyuth gehen davon aus, dass die Stadt auch schon vor der Neubesiedlung von Thai bewohnt war, da die Informationen über ein fruchtbares Gebiet im Süden bis nach Nanjauw gelangt waren und so die Abwanderung der dortigen Bewohner angeregt hatte.

Suwannapum fungierte nachfolgend als Hauptstadt in diesem als Ladyah bezeichneten Gebiet, dem heutigen Ganjanaburi. Ihr waren die vier Königsstädte Raschburi, Singburi, Pettburi und Dtranausri zugeordnet, die in unmittelbarer Nähe lagen.

Der Überlieferung nach wurde im Anschluss an den Niedergang Nanjauws und der anschließenden Einwanderung der Thai Noy in die Städte Tak sowie das heutige Ganjanaburi in der Mitte Thailands eine Folgemethodik des Dab Nanjauw von Veteranen entwickelt, die fortan als Dab Ganjanaburi oder Dab Suwannapum bezeichnet wurde, weshalb man in Suwannapum Spuren des Schwertkampfes Fandab finden konnte. Bei dieser Methodik soll es sich um eine alte, militärisch orientierte Konzeption gehandelt haben, die Bestandteile des Dab Nanjauw benutzte und auf den gleichzeitigen Einsatz von zwei Schwertern ausgerichtet war. Militärisch wurde sie in geschlossenen Kampftruppen für kriegerische Einsätze genutzt. Geschichtsforscher vermuten, dass in diesem Zeitabschnitt die Trennung vom Dab Nanjauw aus der Linie des Pahuyuth und der rein militärischen Nutzung des Schwertes erfolgte, aus der dann später auch das Grabieh Grabong sowie weitere Entwicklungslinien hervorgingen.

Kun Paen
Aus der etwas weiter östlich gelegenen Stadt Utong, dem späteren Ayutthaya, wurde von einem Kämpfer namens Kun Paen berichtet, dessen Geschichten bis heute bekannt sind. Sie wurden nicht nur in der thailändischen Literatur erwähnt, sondern in heutiger Zeit sogar verfilmt.

Die überlieferten Erzählungen und Beschreibungen über ihn lassen Rückschlüsse auf seinen Kampfstil zu, der mit Geistern der Vorfahren und Gottheiten verbunden gewesen sein soll, unabhängig von der technischen Ausführung. Der thailändische Autor und Dichter Sunthorn Puh aus der Ayutthaya-Ära hatte die Lebensgeschichte von Kun Paen in seinem Werk „Kun Schang – Kun Paen" in Gedichtform beschrieben und darin sowohl die Fähigkeiten des Pahuyuth und des Fandab erwähnt als auch die charakteristischen Eigenschaften eines idealen Thai-Kämpfers dargestellt. Sein Werk zeigt eindeutig, dass das Fandab zu diesem Zeitpunkt bereits hinreichend unter den Kämpfer bekannt war. Kun Paen soll sich neben dem Kampfwissen auch sehr gut mit Magie, Geisterwissen und insbesondere auch mit den Frauen ausgekannt haben, was ihn später zum thailändischen Casanova werden ließ. Mit seinem Pferd Mah Sieh Mhock (hellgraues, nebelfarbenes Pferd) konnte er sich laut Erzählung telepathisch verständigen. Mah Sieh Mhock wurde auch als intelligentes und magisches Pferd beschrieben, mit dem er lediglich von Ort zu Ort, niemals jedoch in die Schlacht geritten sein soll. Nach dem Tod Kun Paens wurden buddhistische Amulette (Pra Kun Paen) erstellt, die sich auf seine magischen Fähigkeiten und seinen Geist bezogen und noch heute begehrte Sammelobjekte für Jugendliche sind.

Praya Parn
In einer Pagodengeschichte der Stadt Tvaradie finden sich Hinweise darüber, dass in diesem Zeitabschnitt nicht nur die Grundsteinlegung Suwannapums erfolgte, sondern auch die Kriegsführung mit Elefanten ihren Anfang nahm.

In der thailändischen Geschichtsschreibung findet man eine Geschichte, die den Kampf mit Elefanten dieser Zeit schildert und von dem Wahrsager des amtierenden Thai-Königs Praya Gong handelt. Er hatte der hochschwangeren Königin vorausgesagt, dass ihr künftiger Sohn seinen Vater, den König, durch eine Wendung des Schicksals ermorden würde. König Praya Gong war darüber so empört, dass er das Kind nach der Geburt töten ließ. Die Königin jedoch, die von dem Plan ihres Mannes wusste, hatte ihr Kind gegen ein anderes ausgetauscht und es der Pflegemutter Jay Hohm anvertraut. So konnte der Königssohn Parn ungehindert als normaler Bürger aufwachsen.

Wie das Schicksal es wollte, machte er schon in jungen Jahren als Oberbefehlshaber Praya Parn Karriere beim Militär und war in der Stadt Raschburi stationiert. Bald schon wollte er die Stadt eigenmächtig regieren, was Praya Gong veranlasste, seine Königstruppen gegen ihn aufmarschieren zu lassen. Als Praya Parn von dem Aufmarsch erfuhr, positionierte er seine eigenen Truppen nach indisch-kambodschanischem Vorbild und forderte den König zu einem Duell auf Leben und Tod um die Freiheit der Stadt Raschburi. Den Kampf unter sich auszufechten, sollte den Verlust thailändischer Soldaten so gering wie möglich halten. Praya Gong konnte sich dieser begründeten Aufforderung nicht entziehen, auch wenn er mit dem Kampf auf Elefanten nicht besonders vertraut war. So kam es, dass Praya Parn seinen eigenen Vater unwissentlich direkt auf dessen Sitzplatz am Elefantenhals tötete. Nach seinem Sieg befehligte er seine Soldaten nach Ganjanaburi, um die Stadt zu übernehmen.

Um einem möglichen Widerstand oder einer Rebellion entgegenzuwirken, wollte er nach Aneignung Ganjanaburis die Königin zu seiner Frau machen. Nachdem er erfahren hatte, dass sie seine leibliche Mutter und der getötete König sein Vater war, machte er seine Pflegemutter für die Situation verantwortlich und ließ sie enthaupten. Seine Schuldgefühle veranlassten ihn im Nachhinein schließlich doch die Pagode Pra Pratomjedie erbauen zu lassen, die in Suwannapum seine Reue und Entschuldigung zum Ausdruck bringen sollte.

Von Pra Pratomjedie wurde auch in verschiedenen buddhistischen Erzählungen berichtet, die sich teilweise an die Geschichte von Praya Gong und seinen Sohn anlehnen, teils aber völlig losgelöst davon sind. In den meisten Fassungen geht es um die Befriedigung von Schuldgefühlen, weshalb der Lebensweg von Parn so dargestellt wurde, dass sein Vater im Krieg verstarb. Nach dem Tod seines Vaters sei Parn ein Vagabund geworden, der widerwillig die Arbeit auf einer Reisplantage übernahm, die jedoch nicht seinen Vorstellungen entsprach.

Die Erzählungen schildern in unterschiedlicher Intensität teils dramatische Auseinandersetzungen mit seiner alleinstehenden Pflegemutter, die auf der Verzogenheit Parns basierten. Eines Tages bereitete sie ihm eine Mahlzeit aus Klebreis zu und brachte sie zur Plantage. Da sie in einen Reisbehälter gepresst war, hielt Parn sie auf den ersten Blick für zu klein, woraufhin er sich beschwerte, davon nicht satt zu werden. Er beschuldigte seine Mutter, nicht richtig für ihn zu sorgen und wurde zornig. Die Erklärung der Mutter, dass der Klebreis nur zusammengedrückt sei und ihn ganz bestimmt satt machen würde, beschwichtigte Parn nicht, stattdessen steigerte er sich weiter in seinen Zorn, bis er schließlich sogar handgreiflich wurde und seine Mutter im Affekt tötete. Nachdem er sich beruhigt hatte, begann er die mitgebrachte Mahlzeit zu essen und stellte fest, dass er bereits nach der Hälfte satt war. Ihn überkamen so starke Schuldgefühle, dass er weder im Stande war, seine Arbeit fortzuführen noch seinen Alltag zu ertragen. Um seine Tat wieder gutzumachen, wurde er buddhistischer Mönch und erbaute aus Reue eine Pagode, die so hoch war, wie die Taubenart Nog Kauw fliegt. Des Weiteren schwor er, seine Sünde so lange zu reuen und das leidende Schicksal eines Geistes ohne Wiedergeburt zu ertragen, bis die Pagode dem Erdboden gleich und zerstört sein werde. Während der Rattanagosin-Dynastie ließ König Rama IV. (Somdet Pra Jomglauw Jauw Yuh Houa, 1850–1868 im Amt) die teilweise verfallene Pagode vollständig restaurieren. Zusätzlich hatten die Buddhisten um die Pagode Tempelanlagen erbaut und pflegen seither das gesamte Denkmal unter ihrer Schirmherrschaft. Einige Kilometer von dieser Anlage entfernt, am Sterbeplatz der Pflegemutter, wurde ebenfalls ein Anbetungsplatz errichtet, zu dem eine weitere Legende besteht. Diese besagt, dass bei ihrem Anbetungsplatz ein Gegenstand zu ihren Ehren aufgestellt worden war, der zu ihrer täglichen Hausarbeit passte. Dabei handelte es sich um einen Mörser mit Stößel, der Ausdruck ihrer Arbeit in der Küche war und von dem es hieß, dass derjenige, der ihn mit rechten Gedanken und Worten benutzen werde, den Stößel vergolden könne. Wie auch immer die Legende zu deuten ist, der Mörser ist heute nicht mehr an ihrem Anbetungsplatz zu finden.

Elefantenkampf

Für eine gewisse Zeit war der Elefantenkampf in Südostasien ein populäres Mittel der Kriegsführung. Geschichtlich wurde er manchmal Yuttahatti (Duell mit Elefanten) genannt, war aber auch als Schon Schang (Elefantenrammen) bekannt, wie ihn das Volk nannte.

Laut Überlieferung hatten die Thai ihre Kriegstruppen erst nach der offiziellen Gründung des heutigen Thailands nach indisch-kambodschanischem Vorbild mit Elefanten ausgestattet. Ursprünglich wurden die Elefanten bei Umzügen für die Königsfamilie eingesetzt, um die Unnahbarkeit und Pracht des Hofes zu demonstrieren. Für Befehlshaber und hochgestellte Persönlichkeiten, die auf ihnen saßen, waren sie aber auch komfortable Beobachtungspunkte, die viel Übersicht boten. Abgesehen von Einsätzen im Krieg wurden die Elefanten indes nur als Hilfs- und Arbeitstiere im Wald benutzt.

Durch die massive körperliche Beschaffenheit der Elefanten ergaben sich für die Reiter und andere aufsitzende Personen Vor- und auch Nachteile gegenüber den normalen Kriegstruppen. Sie boten zwar mehr Sicherheit, waren im Einsatz aber auch gegen bestimmte Dinge anfällig. Um das Risiko für Mensch und Tier so gering wie möglich zu halten, gab es für den Kriegseinsatz eine spezielle Sitzordnung und verschiedene Positionen.

Die Kriegsfront

Der Nahsuek (Kriegsfront) war der Krieger, der während eines Einsatzes vorn auf dem Elefantenhals saß. Er war mit Langwaffen ausgestattet, hatte eine Vorrichtung zur Kontrolle der Bewegungen des Elefanten und bekleidete mindestens eine militärische Befehlsposition wie beispielsweise den Rang eines Oberbefehlshabers (Praya).

Die Pfauenfedern

Der Grabouan (Pfauenfeder) war der Elefantenwärter, dem das Wohlbefinden und die Ausbildung des Elefanten für den Kriegseinsatz oblagen. Bei friedlichen Expeditionen oder Aufmärschen zum Kriegsplatz übernahm er dessen Führung und saß vor dem Nahsuek. Erst direkt am Kriegsplatz wechselte er mit ihm die Position und begab sich auf ein Holzgestell in der Mitte des Elefantenrückens. In seinen Händen hielt er je einen Strauß Pfauenfedern, mit denen er die Anweisungen und Zeichen des Nahsuek an die eigene Truppe weiterleitete. Durch die Posten des Rückenschutzes und des Beinschutzes war er ständig über den Zustand und eventuelle Verletzungen des Elefanten informiert.

Zusätzlich versorgte der Grabouan den Nahsuek mit neuen Waffen, wenn dieser seine eigenen verloren hatte oder die Waffen beschädigt worden waren. War es notwendig, den Nahsuek auf dem Elefantenhals zu unterstützen, schritt der Grabouan sofort ein und bewegte sich von seinem Sitzgestell nach vorn. Obwohl der Abstand zwischen ihm und dem Nahsuek weniger als zwei Schritte betrug, war das Risiko sehr hoch, durch die abrupten und hastigen Bewegungen von dem instabilen Elefantenrücken zu fallen oder zusammen mit dem Nahsuek zu Boden gerissen zu werden. Da die Gefahr bei einem Sturz, der im Krieg zur Normalität gehörte, besonders im Tumult sehr groß war, verfügte der Grabouan über spezielle Kenntnisse des Ling Lom. Zog der Grabouan den hochgestellten Nahsuek bei einem Sturz vom Elefanten – auch unabsichtlich – mit zu Boden, wurde er nach vorherrschendem Gesetz mit dem Tode bestraft.

Aus den Angaben des Tamrab Pichaisongkram geht hervor, dass spezielle Techniken für das Fallen vom Elefanten entwickelt wurden, die so genannten Vicha Togschang. Laut den überlieferten Statistiken über die Elefantenkämpfe verzeichnete man die höchsten Verluste in den Reihen der Grabouan.

Der Rückenschutz
Der Grabang Lang (Rückenschutz) war die dritte Person auf dem Elefantenrücken, die direkt hinter dem Sitzgestell des Grabouan am Ende des Elefantenrückens saß. Zum Schutz vor Angriffen von hinten war er mit einem Langstock oder anderen Langwaffen ausgerüstet. Bei Expeditionen oder während eines Aufmarsches war es ihm nach herrschendem Gesetz untersagt, scharfe Waffen zu tragen, um Missverständnisse zu vermeiden und mögliche Verletzungen zu minimieren, sofern sich der König oder andere hochgestellte Personen in seiner Nähe befanden. Während der Kampfhandlungen verhinderte er Angriffe gegen den Körper des Elefanten und hielt mit seinen langen Waffen rammende Elefanten der Gegner fern. Das Risiko, vom Elefanten zu stürzen, war durch die ungesicherte Position, die ständigen Bewegungen sowie den eingeschränkten Bewegungsfreiraum sehr hoch, sodass der Grabang Lang über umfangreiche Kenntnisse des Pahuyuth in mehreren Disziplinen, speziell auch des Grabong verfügte.

Der Beinschutz
Der Elefant wurde auch von vier Personen auf dem Boden begleitet, den Pragob Bart (Beinschutz). Sie hatten ihre Positionen an den Beinen des Tieres und verteidigten im Wesentlichen Angriffe am Boden. Zudem schützten sie vom Elefanten gefallene Personen und schirmten diese gegen Angreifer ab. Die Pragob Bart informierten den Grabouan über den Zustand des Elefanten, insbesondere bei Verletzungen. Ihre Positionen dicht an den Beinen des Elefanten erforderte eine hohe Aufmerksamkeit für den Eigenschutz, um auf die Schritte des Elefanten reagieren zu können. Zur eigenen Verteidigung waren die Pragob Bart mit je zwei Kampfschwertern ausgestattet.

Diese Art des Kämpfens, bei der man einerseits aufmerksam das Geschehen beobachtete und andererseits auf die eigene Sicherheit bedacht war, wurde später als Taktik und Ausbildungskonzept für den Personenschutz und die persönliche Schutzgarde des Königs genutzt.

Der Ursprung des Muai

Nach der Neugründung und dem Wiederaufbau der Stadt Suwannapum wurde in der Nähe des Flusses Jorakaeh Sampan auch die Stadt Utong aufgebaut, das spätere Srie Ayutthaya, die in der Folgezeit beide als Hauptstädte fungierten. Zwischen den Jahren 916 und 1006 soll Pra Pansa, Thai-König der Stadt Utong und der späteren Hauptstadt Ayutthaya, erstmalig offizielle Kampfvorführungen veranstaltet haben.

Das Pahuyuth, durch das sich im Verlauf der Geschichte auch verschiedene militärische Seitenlinien entwickelten, beinhaltete bis zur Jahrtausendwende weder ein separates Stehkampfsystem noch wurde es als Wettkampf betrieben. Erst durch die Kampfvorführungen unter Pra Pansa wurde der Grundstein für ein eigenständiges Stehkampfsystem mit dem Namen Muai gelegt. Obwohl die verfügbaren Informationen über das Muai lediglich bis in die Zeit Pra Pansas zurückverfolgt werden können, vermuten die Gelehrten den Beginn dieser Entwicklung wesentlich früher.

Muai, als Bezeichnung des waffenlosen Stehkampfes, bedeutet so viel wie einknoten, umringen, miteinander verschlingen oder zu einer Knolle verdrehen. Vermutlich stammt der Begriff aus dem balinesischen Volksmund, denn Indonesier waren bereits vor den zugewanderten Thai in dem Gebiet um Utong ansässig. Im Sprachgebrauch der Thai wurde unter dem Begriff spätestens ab dieser Zeit der waffenlose Stehkampf verstanden, der als Schaukampf unter Verwendung von Faust, Fuß, Ellbogen und Knie bekannt wurde.

Der Ursprung des Muai leitet sich aus den traditionellen Schaukampfdarbietungen der Freikämpfer ab, die an verschiedenen Volksveranstaltungen teilnahmen. Durch die Darbietungen hatten die Kämpfer eine Einnahmequelle in Friedenszeiten und bekamen die Möglichkeit, neue Schüler anzuwerben, so, wie es zum Teil noch heute praktiziert wird. Die Schaukämpfe, die sich anfänglich an Kampfhandlungen aus der Methodik des Pahuyuth orientierten, waren Inszenierungen realitätsnaher Kampfhandlungen bestehend aus einzelnen Kampfaktionen. Ziel war es, die Zuschauer durch ein passives Kampferlebnis zu unterhalten und dafür im Gegenzug eine Spende zu bekommen. Die Kontrahenten waren mit gleichen oder unterschiedlichen Waffen ausgestattet und traten in Absprache gegeneinander an. Trotz der Absprachen und Erprobung verletzten sich die Kämpfer durch die Benutzung von Waffen häufig schwer und sogar tödlich.

Die Popularität dieser Schaukampfdarbietungen breitete sich aber nicht zu allen Zeiten in allen Teilen der Bevölkerung aus. Es gab Kämpfer unter den Zuschauern, die gerade erst aus dem Kriegseinsatz zurückgekehrt waren und ihr Kriegstrauma nicht überwunden hatten, sodass die Beliebtheit in Zeiten anhaltender Kriege stark rückläufig war. Um die Zuschauer weiterhin für die Schaukämpfe zu begeistern, kämpfte man nun ohne Waffen, um die Brutalität abzuschwächen. Dies war die Geburtsstunde der waffenlosen Schaukämpfe, bei der Kämpfer vorerst die Methodik des Pahuyuth nutzten. Aus dem Verzicht, Handwaffen wie speziell das Schwert zu benutzen und der Methode, den Griff der Waffe zu halten, entstand die typische Faustform des Muai als neues körpereigenes Waffenelement. Die Faust auf diese Weise zu formen, gilt als Ursprung für den Fausteinsatz, sowohl in der Disziplin Muai als auch in allen anderen Disziplinen des Pahuyuth. Zwar nutzte man die Faust schon vorher im Pahuyuth, doch die strukturierte Methodik dieses körpereigenen Waffenelementes entwickelte sich erst zu dieser Zeit.

Die waffenlosen Schaukämpfe beinhalteten Techniken für den Kampf im Stehen und auf dem Boden, da im Pahuyuth in allen erdenklichen Positionen gekämpft wurde. Kampfaktionen bestanden aus der kombinierten Anwendung einzelner Körperelemente als Waffen und den autodynamischen Reaktionsmustern der körperlichen Funktionalität und schlossen Roll- und Wurftechniken mit ein. Da die auf dem Boden ausgeführten Aktionen für die Zuschauer unübersichtlich waren und mit einem hohen Verletzungsrisiko für die Kämpfer einhergingen, wurden die Kämpfe häufig vorzeitig und ungewollt unterbrochen, wodurch das Ziel der Kampfdarbietung nicht mehr mit den Erwartungen der Zuschauer übereinstimmte. Das führte dazu, dass sich der waffenlose Schaukampf in zwei unterschiedlichen Linien weiterentwickelte. Die erste Linie beinhaltete weiterhin alle waffenlosen Bestandteile der Methodik, sowohl im Stehen als auch auf dem Boden, was eigentlich eine Rückentwicklung zum ursprünglichen, von Kennern als Ling Lom genannte Pahuyuth darstellte. Der einzige Unterschied war, dass in diesem Schaukampf keine Waffen eingesetzt wurden, weshalb diese Linie auch den Einsatz der Faust enthielt. Diese Linie wurde mit der Zeit nicht nur von Kennern, sondern ganz allgemein als Ling Lom bezeichnet, was die Identifizierung ihres Ursprungs immer komplizierter machte und zu einer eigenständigen Disziplin des Pahuyuth werden ließ. Durch den Bodenkampf und die Nutzung des gesamten Körpers wurden die Kämpfe für die Zuschauer aber immer uninteressanter, da sie auf die Benutzung der vier Elemente Faust, Fuß, Knie und Ellbogen fixiert waren. So verloren die Veranstaltungen des Ling Lom an Popularität, bis sie schließlich nicht mehr aufgeführt wurden. Abgesehen von den öffentlichen Veranstaltungen blieb dieses Ling Lom durch die Gelehrten des Pahuyuth als Disziplin

  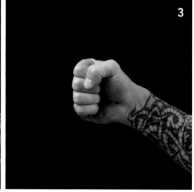

Die ursprüngliche Form der als körpereigenes Waffenelement genutzten Faust ergab sich durch den Einsatz bzw. das Halten von Handwaffen, allen voran das Schwert.

erhalten und wird heute als eigenständige waffenlose Kampfmethodik praktiziert.

Die zweite Linie, ebenfalls eine Entwicklung des bereits eingeschränkten Pahuyuth, führte indes zu einer Revolution. Um das Interesse der Zuschauer zu erhalten und das Verletzungsrisiko zu minimieren, wurden die Kampfaktionen nur noch im Stehen ausgeführt, was die Teilnahme der Zuschauer schlagartig erhöhte. Dieser neue Stehkampf, der sich zu der Disziplin Muai weiterentwickelte, hatte nicht nur Einfluss auf die Popularität bei den Zuschauern, sondern auch auf die anderen Disziplinen des Pahuyuth. Es bürgerte sich ein, auch die Waffendisziplinen überwiegend im Stehen auszuführen, was im ursprünglichen Pahuyuth nicht der Fall war. Innerhalb der komplexen Methodik des Pahuyuth bzw. des ursprünglichen Ling Lom wurden die Waffen sowohl im Stehen als auch auf dem Boden in jeder erdenklichen Kombination körperlicher Möglichkeiten eingesetzt.

Die Entwicklung des Schaukampfes Muai vollzog sich in unterschiedlichen Schritten. In der Anfangszeit sollten sich die Kämpfer die Kampfaktionen am Boden abgewöhnen. Dazu gehörten Wurftechniken und verschiedene Griffmethoden, die durch den Einsatz der Hände im Ling Lom üblich waren. Mithilfe von Handbandagen wurde die Hand meist nur noch als Faust benutzt, damit der Gegner nicht mehr gegriffen oder festgehalten werden konnte. Die traditionelle Handbandage des Muai entstand folglich als Mittel zum Zweck, um die ursprüngliche Methodik einzuschränken und die Benutzung der Hand zu unterbinden. Die Bandagen waren eingerollte dreieckige Tücher (Pah Jierg), die um die Handflächen gewickelt wurden. Manche Kämpfer versahen ihre Tücher durch den verbreiteten Glauben an magische Unverwundbarkeit mit magischen Symbolen und Zeichnungen. Es wurden aber auch Stoffschnüre (Schueag) verwendet, aus denen man eine Schnürbandage (Kad Schueag) um die Hände wickelte. Hieraus ergab sich das Muai Kad Schueag (Muai mit Schnürbandage).

Die Beliebtheit des Muai wuchs kontinuierlich, sodass die Veranstaltungen langsam zu einem Konkurrenzgeschäft für die Organisatoren wurden. Es kam zu Streitereien und Auseinandersetzungen, da die Gunst der Zuschauer einen immer größeren Wirtschaftsfaktor darstellte. Die aufkommende Rivalität färbte auch auf die teilnehmenden Kämpfer ab; der reine Schaukampf wurde zu einer Art Duell zwischen den unterschiedlichen Lagern und beeinflusste die Darbietungen. Die Veranstaltungen mutierten zu offenen Wettbewerben, bei denen die Kämpfer direkt gegeneinander antraten, da sie nicht mehr der gleichen Organisation angehörten. Muai wurde zu einem Kampfwettbewerb und über die Jahrhunderte sogar zum thailändischen Nationalsport, der bis heute besteht.

Eine typische Muai-Veranstaltung definierte sich in erster Linie durch den Veranstalter. Er bestimmte die jeweiligen Regeln für die Kämpfer, die dann über den Ausgang der Veranstaltung entschieden. Das Ändern einzelner Regeln oder des gesamten Regelwerkes verstärkte die Veränderung des Veranstaltungscharakters vom ursprünglichen Schaukampf zu einem profitorientierten Wettbewerb. Die Regeländerungen zielten aber auch auf die Förderung eines eigenständigen Muai-Kampfcharakters ab, die in Abhängigkeit einiger Regelwerke auch zu einzelnen Muai-Linien

(Say Muai) führten, beispielsweise Muai Nueah aus dem Norden oder Muai Lobburi.

Diese Linien wiesen mit der Zeit eindeutig identifizierbare Merkmale auf, die gefördert wurden und den Zuschauern die Möglichkeit zur Unterscheidung boten. Der ursprüngliche Kampfcharakter des Schaukampfes war nun dem Ziel des Wettbewerbs gewichen, was selbstverständlich Konsequenzen für die Kämpfer hatte. Denn es ging nunmehr fast ausschließlich um ihre persönliche Kampffähigkeit und immer weniger um die charakteristischen Bestandteile der Linie, die sie vertraten. Dies führte zu einer weiteren Teilung des Muai, die eine vom Wettkampf unabhängige und eigenständige Linie definierte.

Die Kämpfer konnten sich zum einen in Richtung des regelbedingten Kampfcharakters und einer Steigerung ihrer persönlichen Kampffähigkeit innerhalb ihrer Linie entwickeln. Durch die Loyalität gegenüber dem Lehrer und der eigenen Lehrstätte war es für die meisten Kämpfer selbstverständlich, ihrer eigenen Linie die Treue zu halten. Dadurch bot sich ihnen aber nur ein eingeschränkter Werdegang, der nicht den gesamten Entwicklungsmöglichkeiten des Stehkampfes und seiner Methodik entsprach. Da die Kampfwettbewerbe überwiegend auf die Kampffähigkeit ausgerichtet waren, ging die ursprüngliche Unterscheidung zwischen dem Wissen und dem Nutzer verloren und die persönliche Leistungsfähigkeit galt stellvertretend für die technische Ausprägung der Linie. Aus diesem Grund hing nicht nur die Verbreitung einzelner Linien, sondern auch ihr mögliches Aussterben von den Erfolgen einzelner Kämpfer bei den Wettbewerben ab. Der Druck, den diese Struktur für die Kämpfer mit sich brachte, wirkte wie ein Teufelskreis und verschlimmerte sich von Wettbewerb zu Wettbewerb.

Zum anderen konnten sich die Kämpfer in Richtung des Kampfwissens orientieren, um ihre Kenntnisse über die Methodik des Stehkampfes zu erweitern. Da diese Variante nicht der leistungsbezogenen Kampffähigkeit ihrer Entwicklungslinie entsprach, waren es nur wenige Kämpfer, die sich für diesen Weg entschieden. Die Distanzierung vom Wettbewerbsgeschäft fiel ihnen schwer, weil ihr Lebensunterhalt und damit ihr Überleben davon abhing. Diejenigen jedoch, die der Richtung des Wissens folgten, wendeten sich in Wirklichkeit wieder ihrem eigentlichen Ursprung zu und konnten sich die Prinzipien und die Methodik aneignen. Diese Linie brachte neben dem eigenständigen Ling Lom die zweite waffenlose Kampfmethodik des Pahuyuth hervor, das Dtie Muai, dass das Muai-Wissen beinhaltete und die gesamte Methodik des Stehkampfes vereinte.

Durch die Popularität der Wettkämpfe setzte sich der Begriff Muai als Synonym einzelner Entwicklungslinien mit ihren charakteristischen Unterscheidungsmerkmalen nach und nach in der Gesellschaft durch. Der Bezeichnung Dtie Muai, unter der man die waffenlose Kampfmethodik verstand, schenkte man kaum Beachtung.

So bürgerte sich Muai schließlich als Bezeichnung für zwei unterschiedliche Linien ein. Muai (Dtie Muai) bezog sich auf die Kampfmethodik und das Kampfwissen mit seinen fundamentalen Prinzipien für Kampfaktionen, die im Rahmen der menschlich-biologischen Gegebenheiten auf dem schöpferischen Verständnis aufbauten, so wie

Die Entwicklung der Schaukämpfe

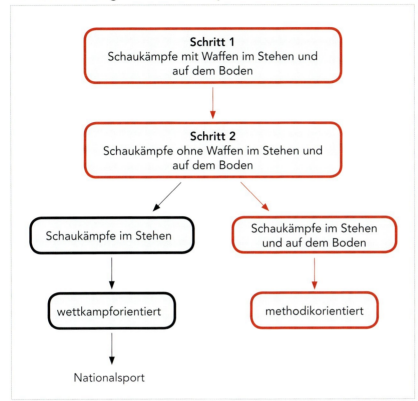

Die Schaukämpfe entwickelten sich von der ursprünglichen Methodik des Pahuyuth hin zum reinen Stehkampf mit Wettbewerbscharakter. Diejenigen Kämpfer, die sich innerhalb dieser Entwicklung wieder der Methodik zuwendeten, zogen sich gleichzeitig aus der Öffentlichkeit zurück.

alle anderen Disziplinen des Pahuyuth. Das wettkampforientierte Muai richtete sich hingegen auf typische Kampfaktionen, die dem jeweiligen Regelwerk untergeordnet waren und von der Beliebtheit bei den Zuschauern und den Bedingungen der Veranstalter abhingen.

Das Wettgeschäft

Wetten war schon immer eine Leidenschaft der Thai. Obwohl es offiziell eher negativ bewertet wurde und wird, wettet man bis heute ganz selbstverständlich in fast allen Gesellschaftsschichten – nicht nur bei Muai-Wettbewerben, sondern auch um viele andere Dinge. Nach Überlieferungen aus der Pongsavadan Nueah, der nördlichen Volksgeschichte Thailands, wurde der Begriff Panann (wetten) von König Pra Pansa im Zeitabschnitt von Utong öffentlich erwähnt. „Aou Kon Plam Panann Mueang" heißt es dort, was so viel bedeutet wie „Lasst die Menschen miteinander ringen, damit wir um die Stadt wetten können.", wobei Plam (kämpfen, ringen) den Muai-Wettkampf meint. Aus diesem Grund haben die Thai König Pra Pansa später als Schöpfer dieser Wettkampfart bezeichnet, wofür er bis heute geehrt wird. In der Anfangszeit der Wettkämpfe wurden die Regeln im Vorfeld durch Absprachen zwischen den Veranstaltern festgelegt. Gekämpft wurde auf ebener Bodenfläche ohne Pflanzen, manche Kampfflächen waren durch vier einfache, etwa kniehohe Holzsäulen (Lag Muai) markiert, auf denen die Betreuer der Kämpfer saßen und von dort aus die Wetten annahmen. Die Veranstalter stellten zusätzlich zwei weitere Säulen außerhalb des Kampfplatzes auf, die für die freie Wettannahme bestimmt waren. Die Zuschauer konnten entweder auf dem Boden sitzen oder entfernt von den Säulen stehen, um den Kämpfen beizuwohnen.

Durch Handzeichen wurden die Wetten angezeigt und von den Veranstaltern ebenso verbindlich bestätigt, was auch heute gängige Praxis ist. Meist war der Veranstalter auch der Schiedsrichter, der über Kampfdauer und Sieg oder Niederlage entschied, weil er von den Wetten lebte. Handelte es sich um Wettkämpfe, die durch das Königshaus organisiert wurden, setzte man Beamte des Königs als Kampfrichter ein, die selbst keine Wetten abschließen konnten. Vor dem Beginn des Wettkampfes führten beide Kontrahenten eine Tanzzeremonie (Ram Wai Kru) auf, in der sie die Geister der Vorfahren sowie Lehrer und Gottheiten anriefen. Die Tanzzeremonie wird bis heute praktiziert.

Ram Wai Kru

Ursprünglich stammt die Zeremonie Ram Wai Kru (Kampfbegrüßung) von einem Aufmarschritual, das die Krieger direkt vor dem Aufbruch zum Krieg abhielten, weswegen es Jang Suek (Kriegsaufmarsch) genannt wurde. Für das Muai hat die Tanzzeremonie als Kampfbegrüßung eine mentale Bedeutung, indem der Ausführende gegenüber bestimmten Persönlichkeiten, nicht zuletzt auch gegenüber seinem Gegner Verehrung und Respekt zum Ausdruck bringt. Fachlich gesehen dient das Ram Wai Kru zur körperlichen Vorbereitung auf den bevorstehenden Kampf durch Erwärmung und mentales Fokussieren.

Die Kämpfer konnten durch die tänzerische Darbietung indirekt ihre Kampffähigkeit demonstrieren, aber auch den Versuch unternehmen, ihr Kampfvorhaben durch die inhaltliche Darstellung der Zeremonie zu verbergen, woraus unterschiedliche pantomimische Bewegungsabläufe entstanden. Die erfahrenen Zuschauer zogen daraus Rückschlüsse und indirekte Hinweise über den vermeintlichen Kampfverlauf und schlossen ihre Wetten ab. Die Zeremonie war zudem Ausdruck einer letzten Verabschiedung, die letzte Gelegenheit, Verehrung und Respekt zu bekunden, denn der Kampf konnte für jeden Kämpfer auch der letzte sein. Traditionell dankten sie dem Schöpfer, der neben dem Leben auch den Lebensraum erschaffen hat. Sie dankten den Eltern, die sie gezeugt und während ihres Heranwachsens umsorgt haben, sie dankten ihrem Lehrer, der sein Wissen und insbesondere auch das Kampfwissen vermittelt hatte, und dankten Freunden, Angehörigen und Bekannten, die ihnen auf ihrem bisherigen Lebensweg beigestanden hatten, sowie dem Kampfgegner. Ihm brachten sie auch Respekt entgegen, da er in dem bevorstehenden Kampf sein Leben verlieren oder körperliche Verletzungen erleiden konnte.

Die Anzahl aller jemals existierenden Tanzzeremonien ist unbekannt, doch liegt die Vermutung nahe, dass es annähernd so viele Tanzzeremonien gab wie öffentlich antretende Kämpfer. Der Großteil dieser Inszenierungen ging im Laufe der Zeit verloren. Erst später, im ersten Drittel des 20. Jahrhunderts entstand eine Lehrschrift, die sich auf Techniken und Kampfbegrüßungen des 18. Jahrhunderts bezog. In dieser sind neun unterschiedliche Formen des Ram Wai Kru zu finden.

Auf den ersten Blick scheint es, als würden sich die Tanzzeremonien nur entfernt auf den Kampf beziehen. Kenner können aber anhand der Bewegungsabläufe, der einzelnen Stellungen und der Haltepositionen Rückschlüsse auf die zugrunde liegende Methodik, Präzision und Beherrschung einzelner Kampfaktionen mit den Elementen Faust, Fuß, Ellbogen und Knie ziehen sowie die Standfestigkeit des Kämpfers beurteilen. Es ist üblich, dass jeder Kämpfer eine Zeremonie aufführt, die sich von der des Gegners unterscheidet.

Begrüßungen

Ram Tehp Pranomm (Begrüßungstanz der Engel)	Eine Tanzzeremonie in sitzender Position, in der von Engeln erzählt wird, die als loyale Untertanen eine Gottheit verehren.
Ram Hanuman Tawai Waehn (Tanz des Affengottes, der den Ring überreicht)	Eine mit vielen aktiven Bewegungen versehene Tanzzeremonie, durch die der magische Ring (Mongkon) sowie die Kampffähigkeiten des Kämpfers demonstriert werden.
Ram Rueh Srie Jamsinn (Tanz des meditierenden Dschungelpredigers)	Eine langsame und mit filigranen Bewegungen ausgeführte Tanzzeremonie, in der die alltäglichen Bewegungen eines alten Lehrers dargestellt werden. Der Überlieferung zufolge symbolisiert diese Form den Ursprungslehrer Kru Kun Plai in der Gestalt eines Dschungelpredigers.
Ram Naray Dohn Dong (Tanz des Gottes Naray durch den Dschungel)	Eine Tanzzeremonie mit eleganten und prachtvollen Bewegungen, die den Gott Naray in Menschengestalt anrufen soll, um das Böse zu bekämpfen. Diese Zeremonie wurde aus der indischen Sage Rammagiern übernommen.
Ram Hanuman Kam Kau (Tanz des Affengottes, der den Berg überquert)	Eine hektisch und sprunghaft anmutende Tanzzeremonie, die überwiegend im Stand mit gebeugten Knien ausgeführt wird. Sie demonstriert die Art, mit der der Affengott seine Hindernisse und Gegner überwunden hat.
Ram Tehp Tida (Tanz der Gottestochter)	Diese Tanzzeremonie wurde wegen ihrer kleinen und zurückhaltenden Bewegungen im Volksmund auch als Ram Nang Ay (schüchterne Frau) bezeichnet.
Ram Kru Tau (Tanz des alten Lehrers)	Diese Tanzzeremonie ahmt den Alltag eines erfahrenen Kämpfers nach, wie etwa das Aufstehen, Waschen, das Ankleiden und Kämpfen bis hin zum Schärfen seiner Waffen.
Ram Pran (Tanz des Jägers)	In dieser Tanzzeremonie wird der Gegner symbolisch als Reh dargestellt, das von dem Jäger Naray gejagt wird. Später wurde die Zeremonie auch als Ram Naray Lah Gwang (Tanz des Gottes Naray, der das Reh jagt) bezeichnet.
Ram Tod Haeh (Tanz mit dem Fischernetz)	Die Tanzzeremonie drückt pantomimisch aus, wie ein Fischer mit seinem Netz Fische fängt.

Die neun Begrüßungen wurden in einer Lehrschrift des 20. Jahrhunderts erwähnt.

Musikalische Begleitung

Die Art der Veranstaltungen, die den damaligen Schaukämpfen sowie auch den daraus entstandenen Muai-Wettkämpfen einen Rahmen gab, war vergleichbar mit heutigen Volksfesten. Sie wurden bereits unter Pra Pansa musikalisch begleitet, und das aus zwei Gründen.

Laut Überlieferung aus der Tamnan Nueah spielten die Zuschauer zum einen zu Beginn des Kampfes selbst Instrumente zur Anregung der Kämpfer, was sich mit der Zeit einbürgerte. Zum anderen sollte dem Wettkampf durch die musikalische Begleitung etwas von seiner Ernsthaftigkeit genommen werden, damit die Zuschauer den Kampf leichter genießen konnten. Zudem untermauerte die Musik das Kampfgeschehen, wies auf unmittelbar bevorstehende Wendungen im Kampf hin oder gab den Kämpfern akustische Signale. Sollte beispielsweise der Kampfverlauf aktiver gestaltet werden oder ergab sich eine interessante oder heikle Situation, wurde mit schnellerem Tempo gespielt. Am Anfang des Kampfes und während der Kampfbegrüßung war die Musik eher langsam.

Durch die musikalische Begleitung war somit eine Möglichkeit gegeben, von außen Einfluss auf den Kampfverlauf zu nehmen. Diese war traditionell mit drei Instrumenten besetzt: die indonesische Flöte (Bpie Sachawa), indische Trommeln (Glong Kaeck) und kupferne Schellen (Sching). Die indischen Trommeln unterschieden sich in männliche Trommeln (Glong Kaeck Dtoupuh) mit hohem Klang und weibliche Trommeln (Glong Kaeck Dtoumiah) mit tiefem Klang. Das Zusammenspiel der Instrumente klingt für europäische Ohren seltsam anmutend und orientalisch-schrill.

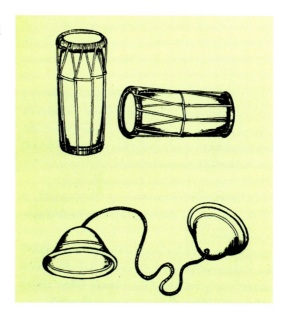

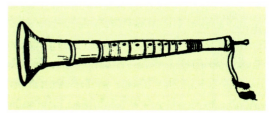

Die Schaukämpfe wurden musikalisch durch die indonesische Flöte, indische Trommeln und kupferne Schellen begleitet, um den Kampfverlauf zu beeinflussen. Diese Tradition wird bis heute bei Muai-Wettbewerben praktiziert.

Sukothai

Das Schwert als Statussymbol

Das Tamrab Pichaisongkram

Die Freikämpfer und das Militär

Das Schwert als Statussymbol

Die Stadt Sukothai wurde etwa 500 v. Chr. von dem Herrscher Praya Ganvannadist gegründet. Bis zur Ernennung als Hauptstadt durch die Krönung von Poh Kunsrie Intradtidt 1240 war das Gebiet größtenteils von den Khmer bevölkert. Der Geschichtsverlauf ab dieser Zeit wird als die Wiege des späteren Thailands angesehen. Die dort vorherrschende Kultur war von den Khmer geprägt, sodass ihre Traditionen und Gepflogenheiten in allen Gesellschaftsschichten zu finden waren. Nach der Krönung Poh Kunsrie Intradtidts und der einhergehenden Ausbreitung der Thai vermischten sich die beiden Kulturen zwangsläufig und verschiedene Gebräuche und Rituale der Khmer hielten Einzug in die Kultur der Thai. Bislang geht man davon aus, dass König Poh Kun Ramkamhaeng, der Sukothai ab 1279 regierte, die berühmte Steinschrift Silajaruek Wat Pahmahmoung schuf, um die unterschiedlichen Kulturbestandteile zu strukturieren und eine einheitliche thailändische Identität zu etablieren. Im Zuge dessen soll auch das erste thailändische Alphabet erstellt worden sein, das sich aus der Khmer-Sprache und dem Sanskrit zusammensetzt und bis heute Gültigkeit hat. Der Versuch, die Gepflogenheiten der Khmer aus der Thai-Kultur zu isolieren, gelang jedoch nur bedingt, weshalb auch heute noch viele Fragmente der Khmer-Kultur zu finden sind.

Die Historiker vermuten, dass die vorhandene Thai-Kultur in diesem Abschnitt durch die fremden Rituale und die Vermischung beider Kulturen eine Reformierung erfahren hat. Beispielsweise stammte der Hauptteil der rituellen Feierlichkeiten der Krönung von Poh Kunsrie Intradtidt, der die Übergabe von drei speziellen Gegenständen (Pra Ratschgudpannt) beinhaltete, aus der Khmer-Tradition und wird auch heute in derselben Weise durchgeführt. Der erste Gegenstand ist die Pra Mongud, eine mit feinen Verzierungen und Edelsteinen besetzte goldene Krone in Pagodenform. Sie symbolisiert die Obrigkeit und wird dem König bei der Zeremonie und beim Regieren aufgesetzt. Die Pra Mongud soll auch Vorbild für die späteren Mützen der Thai-Soldaten gewesen sein. Als Zweites werden die Prakann Chaisrie, zwei überlange Messer mit säbelähnlicher Form, übergeben und zuletzt der Pra Sawetaschadt, ein dreistöckiger Königsschirm, der ursprünglich von Albanien nach Indien kam und schließlich von den Khmer übernommen wurde.

Der Stadtkönig Poh Kun Pahmueng von Sukothai erhielt die beiden überlangen Messer nach dem Niedergang des Khmer-Königs Pratum Suriwong, die ein Machtsymbol und die Alleinherrschaft des Königs darstellten. Als von den Khmer rezipiertes Macht- und Statussymbol bereicherten sie in der Folgezeit die bestehenden Entwicklungslinien des Thai-Schwertes um eine weitere Linie. In dieser setzte man die Schwerter nicht im direkten Kampf ein, sie waren lediglich Machtsymbole zur Repräsentation des Königshauses. Die Schwerter hatten zudem auch hölzerne Schwerthüllen, die mit kunstvollen Schnitzereien und Verzierungen aus Edelmetallen verschönert waren und die es bei den Kampfschwertern nicht gab.

Während der Sukothai-Ära bekamen die Beauftragten und Helfer aus dem Königshaus das so genannte Thronschwert (Dab Banlang) vom König verliehen, das seinen Machtstatus anzeigte und Hinweise auf den Umfang der Befugnisse des Trägers gab. Beispiele sind das Dab Montienban (Gesetzesschwert), das auch Dab Aya (Strafschwert) genannt wurde und für die Gerichtsbarkeit im Land stand, oder das Dab Pichaiyuth, welches ein Symbol für die Kriegsführung war. Ferner gab es auch das Dab Yotha (Dab Prawissangorn), das dem Regierungsbeauftragten verliehen wurde, der für die Beschlagnahmen von Grund und Boden, das Zuweisen von Besitz und das Errichten von Tempeln oder Palästen im Namen des Königs zuständig war.

Die Thronschwerter dienten allein der symbolischen Präsentation und waren grundsätzlich Einzelanfertigung. Erst später fertigte man auch Paare, die dann bei Vorführungen und anderen zeremoniellen Anlässen benutzt wurden. Ihre Schwertklingen waren überwiegend zierlich gehalten, um die Schwerthülle besser kunstvoll gestalten zu können. Für den Transport legte man die Schwerter auf eine Metallschale (Pahn). Ihre kunstvolle Motiv- und Farbgestaltung ist immer wieder zu bewundern, wodurch die Schwerter heute noch ein beliebtes Souvenir für Thailandbesucher darstellen.

Auch in den Lehrstätten des thailändischen Schwertkampfes benutzte man die aus der Tradition der Khmer stammenden Schwerter mit Hülle. Sie wurden dem Schüler als Lehrerschwerter (Dab Kru) nach erfolgreicher Absolvierung der Lehrerprüfung verliehen. Aus dieser Zeit stammt auch die bis heute erhaltene Tradition, die Schwerter öffentlich in der Lehrstätte aufzuhängen, an deren Hüllen Kupferbänder angebracht werden, die die Anzahl der Lehrjahre des Besitzers anzeigen. Die Lehrerschwerter werden auch bei Vorführungen und den Lehrerbegrüßungen (Ram Dab) benutzt und immer paarweise angefertigt.

Die Kupferbänder an der Schwerthülle zeigen traditionell die Anzahl der Lehrjahre an.

Auch beim Militär war es üblich, das Schwert nicht nur als Kriegswaffe zu gebrauchen, sondern als Statussymbol durch Rang- und Einheitsabzeichen an der Schwerthülle. Es war bereits im Tamrab Pichaisongkram, einer Lehrschrift für Kriegsführung, als Symbolträger beschrieben und als Herrscherschwert (Dab Tann, Dab Pra Kun Jauw) bezeichnet. Um erkennen zu können, ob ein Schwert zum Königshaus oder zum Militär gehörte, lackierte man Schwerthülle und -griff der Thronschwerter schwarz und verwendete nur goldene und silberne Ornamente. Bei den Schwertern des Militärs konzentrierte man sich hingegen nicht so sehr auf Schönheit und Verzierungen, sondern legte mehr Wert auf Stabilität und persönliche Handhabung in Bezug auf den Drehmittelpunkt.

König Poh Kun Ramkamhaeng soll neben der Festlegung des thailändischen Alphabets auch einige Schriftsammlungen über Symbolschwerter seiner Zeit erstellt haben, die er auch in das Tamrab Pichaisongkram integrierte, um den thailändischen Kontext der Symbolschwerter stärker zu untermauern.

Das Tamrab Pichaisongkram

Eine thailändische Identität, die eng mit der Entwicklung des Volkes verknüpft war, existierte lange vor der Sukothai-Ära, lässt sich jedoch nur bis zur Einführung der Thai-Schrift zurückverfolgen. Da die Thai-Schrift etwa 800 Jahre alt ist, können ältere Werke der Thai-Literatur nicht eindeutig zugeordnet werden. Und falls doch, dann sind sie zumindest nicht in Thai-Schrift verfasst.

Eines der ältesten Werke der Thai-Literatur, das nach der Einführung der Schrift entstand, ist das Tamrab Pichaisongkram, eine zusammengetragene Schriftsammlung aus den Anfängen der Sukothai-Ära. Tamrab bedeutet so viel wie Lehrschrift und Pichaisongkram steht sinngemäß für den Sieg im Krieg und war eigentlich eine laotische Bezeichnung eines militärischen Oberbefehlshabers oder Generals. Es bürgerte sich ein, die Schriftsammlung als Kriegslehrbuch oder Kriegsschrift zu benennen.

Der Überlieferung folgend gab es schon um 1700 v. Chr. Textnotizen über das Kampfwissen der Thai-Gruppierungen. Diese Glie Shu, die den Glie-Kampf beschrieben, waren eine lose Aneinanderreihung verschiedener Ansichten über den Kampf und das Kampfwissen, die als geheime Schriften ausschließlich dem Königshaus und den Herrschern vorbehalten war. Ob die Glie Shu von Chinesen oder Thai erstellt wurden, ist ungewiss; laut Überlieferung fand man sie erstmalig bei den Chinesen. Die Skizzen und Aufzeichnungen waren in chinesischer Sprache auf Bambuspapier festgehalten und bezogen sich vor allem auf verschiedene Geisterrituale, Angriffstaktiken, Sagen, Traditionen und Notizen über Kampftechniken der Geistervorfahren.

Innerhalb des Pahuyuth gehen die Gelehrten davon aus, dass sowohl die Thai als auch die Chinesen irgendwann nach den Glie Gauw Piehnong nach diesen Textsammlungen trachteten. Es ist anzunehmen, dass die vorhandenen Glie Shu eines Königs bis zu einem gewissen Grad auch seiner umsetzbaren Macht entsprachen oder man zumindest davon ausging, dass dies so sei. Da keine anderen Schriften mit entsprechenden Inhalten zur Verfügung standen, wurden die Glie Shu immer begehrter. Durch Kriege und Machtübernahmen wechselten die Dokumente innerhalb der chinesischen Gruppierungen, der Thai-Gruppierungen und auch unter beiden Volksgruppen über die Jahrhunderte hinweg die Besitzer. Auf politischer und wirtschaftlicher Ebene gewannen die Schriften zusehends an Bedeutung und wurden immer wieder gestohlen und verfolgt.

Die Inhalte wurden nach und nach um die Belange des Königs, Regierungsinformationen und Absprachen mit Verbündeten erweitert. Vermutlich befanden sich unzählige Dokumente in Umlauf, da es sowohl bei den Thai als auch den Chinesen viele Könige gegeben hatte. Im Gegensatz zu den Thai waren die Chinesen nicht von Geistern und magischen Ritualen überzeugt, sodass sie diese Inhalte nicht immer übernahmen.

Der chinesische König Buh Thie hatte um 950 v. Chr. alle Glie Shu aus den

Eroberungskriegen gegen die Thai an sich genommen und die Inhalte aus dem chinesischen Dialekt der Thai ins Chinesische übersetzt, umgestaltet und daraus ein erstes chinesisches Kriegslehrbuch, das Wo Shu, verfasst. Allmählich ergänzte man dieses um die chinesische Kampftaktik und die Führungsphilosophie und behielt glaubensbedingt nur jene Teile, die sich auf den Geisterkampf der Thai und die Kampfbewegungen bezogen. Das Wo Shu wurde mit Einzug des Buddhismus in China um 976 v. Chr. um die buddhistische Lehre und die Astrologie erweitert.

Die Thai hatten ihre ausführlichere Version der Glie Shu ebenfalls immer wieder mit Teilinhalten der Wo Shu aktualisiert und eigene Inhalte hinzugefügt. Sowohl die Wo Shu als auch die Glie Shu unterlagen permanent den Veränderungen ihrer Zeit und variierten inhaltlich durch die Abstammung und den Aufenthaltsort der jeweiligen Verfasser. In der Anfangszeit waren die Aufzeichnungen rein chinesisch geprägt und bestanden noch aus Papierrollen, die durch indische und kambodschanische Einflüsse zu Faltblättern zusammengeheftet wurden, ähnlich einer Ziehharmonika. Auch die Sprache veränderte sich in Abhängigkeit des jeweiligen Verfassers, teilweise wurden Abschriften auch in anderen Sprachen verfasst.

Laut Überlieferung hatte Thai-König Poh Kun Ramkamhaeng die in thailändischem Besitz befindlichen Ansammlungen aller auffindbaren Glie Shu und Wo Shu zusammengetragen und ein Dokument daraus erstellt, das als Urexemplar des Tamrab Pichaisongkram in die Geschichte einging. Der Inhalt setzte sich zusammen aus dem Kulturgut, Sitten und Gebräuchen, den Kriegserfahrungen der Vorfahren und deren Wanderungen, der Sternenkunde, dem Kriegshoroskop, der Regierungsstruktur und ihrer Verwaltung, dem Bericht über die offizielle Einladung des ceylonesischen Buddhismus nach Sukothai und die Herkunft des wertvollen Jadebuddhas Pra Buddha Sihing, der Ausländerpolitik, Angaben über königliche Rituale sowie den gesammelten Informationen über Symbolschwerter und weitere Statussymbole. Im Tamrab Pichaisongkram war beispielsweise festgelegt, dass der König mit den hohen Militärs bei Kriegsaktivitäten anwesend zu sein hatte. Auch war darin erwähnt, dass das Militär in zwei unterschiedliche Kategorien strukturiert war: mit Handwaffen ausgerüstete Fußsoldaten (Tahan Tauw) und Elefantensoldaten (Tahan Schang). Die Reitersoldaten stufte man nicht als Kampftruppe ein, da sie individuell für Transportaufgaben, als Vorposten oder die grundsätzliche Mobilität der Militärführung eingesetzt wurden. Auch das Abhalten traditioneller Kampfvorführungen wurde in der Schrift angeführt, die von der Kampffähigkeit der Soldaten überzeugen sollten. Ferner wurde erwähnt, dass speziell im Bereich des Kampfwissens und im Militärdienst kein Unterschied zwischen Männern und Frauen gemacht wurde, was auch in der Volksgeschichte von Sukothai (Pongsavadan Sukothai) beschrieben wurde.

Wie zuvor handelte es sich auch bei dem Urexemplar um eine Ansammlung mehr oder weniger loser Beiträge, also kein festes Werk oder Buch. Teile davon wurden mit glühendem Holzstift auf getrockneten Palmblättern geschrieben bzw. eingebrannt, einer Technik, in der auch andere buddhistische Texte (Pra Kampie) niedergeschrieben waren. Ein weiterer Teil war mit roter Tinte auf Bambusblättern geschrieben und behandelte das Kampfwissen und die Kriegsführung. Die Tinte, die auch als Blutseife bezeichnet wurde, stellte man aus unverwundbar machenden magischen Kräutern (Vahn Sabuh Luead, lat. Stephania venosa) her. Dieser Textteil wurde geheim gehalten, existierte jedoch in doppelter Ausführung. Das Original wurde dem König bzw. der Militärführung ausgehändigt und die Abschrift bekamen die Freikämpfer, über die der König offiziell nicht verfügen konnte, weil sie dem Militär nicht angehörten.

Das niedergeschriebene Kampfwissen hatten die Gelehrten des Pahuyuth verfasst. Als Erkennungszeichen enthielt die Schrift auf der zweiten Seite das Pahuyuth-Symbol. Das Deckblatt sowie auch das letzte Blatt waren geschwärzt und mit goldenen Ornamenten (Lay Tong) verziert, auf denen auch die Informationen standen, wie man bei Bedarf einen Aufruf an die Freikämpfer schicken konnte. Somit hatte der Besitzer die Macht, die Freikämpfer des Landes für sich zu mobilisieren und ihnen Befehle zu geben, die sie durch ihre Loyalität und ihren Schwur ausführten, vorausgesetzt der dazu Aufrufende war tatsächlich im Besitz dieses Dokuments. Die Teile des Tamrab Pichaisongkram wurden in einem roten, mit magischen Zeichen bemalten Stoffsack aufbewahrt, der mit einer magischen Schnur zugebunden war.

Die Abschriften, die den Aufruf der Freikämpfer nicht beinhalteten, wurden nachträglich um Beiträge zu unterschiedlichen Themen ergänzt und zudem für die Regierungsbeauftragten der verschiedenen Städte vervielfältigt.

Verfasser, die dem Militär angehörten, legten die Schwerpunkte ihrer Themen auf die Kriegsstrategie, die Befehlsstruktur, die Aufstellung und Ausstattung der Soldaten sowie auf verschiedene Kriegsrituale und den Kriegsherrn. Nur selten wurden besondere Themen wie spezielle Arten der Bewaffnung und der dazugehörigen Ausbildung der Soldaten behandelt, wobei es sich in aller Regel um Waffen und Methodik fremder Herkunft handelte. Auch der streng geheime Teil der politischen Verbindlichkeit der gegenwärtigen Herrschaft, sowohl nach innen als auch nach außen, und die vorgesehene Thronfolge nebst internen Absprachen gehörten dazu. Die Anfertigung dieser besonderen Inhalte war der Militärführung vorbehalten und bedurfte der Einwilligung des Königs. Zum Schutz wurden bestimmte Abschnitte voneinander getrennt aufbewahrt, sodass sich Außenstehende nicht ohne Weiteres Zugang zum gesamten Inhalt oder zu besonders sensiblen Themen verschaffen konnten. Mit der Aufzeichnung solcher Themen wurden traditionell nur enge Vertraute der Militärführung und des Königs oder Gelehrte des Pahuyuth beauftragt, die zudem geeignete Aufbewahrungsorte für die Dokumente zu finden hatten.

Verfasser, die aus dem Pahuyuth-Lager kamen, legten den Schwerpunkt ihrer Themen unter anderem auf die Kampfmethodik und die charakteristische Vorgehensweise des Kriegsherrn nach schöpferischem Vorbild des Kämpferideals. Der Verfasser des jeweiligen Eintrags bewahrte das Dokument normalerweise auch auf und unterlag der strengsten Geheimhaltungspflicht. Nur ein sehr enger Kreis von Nutzern, der König und die Militärführung hatten Kenntnis darüber und Zugriff darauf.

Waren die Verfasser Amtsträger des Staates, verpflichteten sie sich, nach Erstellung der in Auftrag gegebenen Inhalte von ihrem Amt zurückzutreten. Dies führte in den meisten Fällen dazu, dass sie buddhistische Mönche wurden und in einem bestimmten Stadttempel residierten. Ebenso lebten viele Bedienstete der Militärführung nach ihrem Ausscheiden als Mönche, weshalb eine hohe Anzahl buddhistischer Mönche in der Lage war, spontan Aufgaben zur Verteidigung des Landes zu übernehmen. Schon das enthaltene Wissen über die Kriegsführung, Geheimabsprachen und die Führungsstruktur als unverzichtbare Instrumente des Machthabers war ausreichend für ein unerbittliches Streben nach einem Tamrab Pichaisongkram und der Grund für unzählige Kämpfe zwischen verschiedenen thailändischen Gruppierungen.

Derjenige, der die Dokumente aufbewahrte, war nach Fertigstellung eines neuen Exemplars oder dem Ableben des Nutzers, also des Königs, verpflichtet, das vorhandene Tamrab Pichaisongkram an einem unzugänglichen Ort zurückzulegen. Der legitime Nachfolger hatte sich dann erst zu identifizieren, bevor ihm der Aufbewahrungsort mitgeteilt wurde. Da die Identifikation für viele Nachfolger nicht immer möglich war, wuchs für viele Kämpfer der damaligen Zeit die Verlockung, nach den verbliebenen Schriften zu suchen, um ein Exemplar aus vergangenen Zeiten aufzuspüren. Gelang dies, waren die Dokumente sehr oft zerfallen und unbrauchbar, zum Teil auch naturbedingt zerstört. Aus diesem Grund hatte fast jede bedeutende Stadt der Sukothai-Ära eine eigene, inhaltlich leicht veränderte Abschrift. Nach dem Ende der Sukothai-Ära wurden die bis dahin zusammengestellten Dokumente zum Teil durch den Krieg zerstört oder waren auf unterschiedliche Orte verteilt. Die von den Burmesen durchgeführten Tempelschändungen, Plünderungen und Zerstörungen gehen vermutlich auf die Suche und die Sucht nach einem Tamrab Pichaisongkram zurück, nicht aber auf eine mutwillige Zerstörung.

Die Kriegslehrschrift wurde allmählich zu einem Mythos, und auch die Historiker sind sich uneinig, ob es heute noch Exemplare gibt oder sich diese eventuell in Privatbesitz befinden.

Die Freikämpfer und das Militär

Seit seiner Entstehung wurde das Pahuyuth nach schöpferischem Verständnis weitergegeben und erhalten. Die militärische Entwicklungslinie aber, die durch ihre vom Pahuyuth abweichende Zielsetzung nur über bestimmte Wissensbereiche verfügte, hatte sich eigenständig weiterentwickelt. Durch unvermeidliche Berührungspunkte kam es zwischen den Freikämpfern und dem Militär zwangsläufig auch zu einer gegenseitigen Beeinflussung. Häufig bestand der Kontakt zueinander in Kriegszeiten, um für ihr Land einzustehen. Das nach außen hin auffälligste Unterscheidungsmerkmal der Freikämpfer gegenüber den regulären Soldaten war ihre Kenntnis des Ling Lom und das ausgeprägte Wissen über den Bodenkampf. Auch wenn sie für ihr Land kämpften und sich unter den Befehl des Königs stellten, behielten die Freikämpfer ihren eigenen Kampfcharakter bei, durch den sie sich sichtbar vom regulären Militär abhoben. Sie waren in erster Linie mit Messern ausgerüstet, trugen aber auch Weichwaffen mit sich. Durch das Ling Lom setzten sie alle körpereigenen Waffenelemente auch im Bodenkampf ein, was beim Militär kaum üblich war. Ihre Bewegungen und ihre Kampfart entsprachen nicht der der Soldaten, wodurch sie als unberechenbar und außergewöhnlich eingestuft wurden. Auch beschworen sie vor dem Kampf Geister und führten seltsam anmutende Rituale durch. Aus der Sicht des Pahuyuth war dies nichts Besonderes, weil alle Freikämpfer einen persönlichen Kampfstil hatten, der sie auszeichnete. Da sie nur im Kriegsfall mobilisiert wurden, sind sie mit heutigen Spezialeinheiten vergleichbar, die aus gegenwärtiger Sicht ein kurioser und unstrukturierter Haufen gewesen zu sein schienen.

Entgegen dem individuellen Kampfstil der Freikämpfer nutzten die militärischen Truppen der Sukothai-Ära überwiegend drei unterschiedliche Waffengattungen, die Langwaffen Grabong, Ngauw und das Dab als Standard-Handwaffe sowie die speziellen Schutzwaffen Loh, Kehn, Dang und das Maih Zoog. Das Wissen für den Einsatz der Langwaffen (Vicha Togschang), speziell für den Einsatz auf Elefanten bezog sich auf die Distanztechniken.

Einberufene Freikämpfer und Söldner wurden nur selten den regulären Kampftruppen zugeteilt, sofern sie über Wissen und Fähigkeiten des Pahuyuth verfügten. Je nach Bedarf führten sie besondere Aufgaben durch oder wurden für den persönlichen Schutz des Königs oder hochgestellter Persönlichkeiten der Schutzgarde verpflichtet. Es war auch möglich, dass man sie einzeln oder in kleinen Gruppen als Späher (Sod Naem) zur Beobachtung oder beim Nachrichtendienst einsetzte, und auch als Dschungelsoldaten (Tahan Bpah) beauftragte, um als kleine Guerillatruppen den feindlichen Aufmarsch zu schwächen oder zu zerstören. Weiterführend übertrug man ihnen die Zusammenstellung und Ausbildung der Kampftruppen, die nicht aus regulären Soldaten, sondern einfachen Bürgern der ländlichen Gebiete bestanden, um eine Unterstützung für die Truppen zu haben.

Durch die kriegerischen Einsätze und Nutzung der militärischen Kampfmethodik und der des ursprünglichen Pahuyuth hatte sich das vorhandene thailändische Kampfwissen in vier Bereiche entwickelt: Sillapa Ganthosuh, Vicha Rob, Panann Muai und Pahuyuth. Aus diesen resultieren alle bis heute erhaltenen Folgeentwicklungen.

Sillapa Ganthosuh
Der erste Bereich war die Kampfkunst (Sillapa Ganthosuh) und beinhaltete inszenierte Schaukämpfe. Das Wissen über die einzelnen Kampfaktionen wurde traditionell eins zu eins übernommen und genauso an die nächste Generation weitergegeben. Der Fokus der Kampfaktionen lag in erster Linie auf der Ästhetik und den tänzerischen Aspekten der Bewegungen, was zu einer entsprechend konzeptionellen Unterrichtung führte. Obwohl die Bewegungen auch auf Erfahrungen und Erkenntnissen aus tatsächlichen Kampfaktionen beruhten, waren sie durch ihren Darstellungscharakter eher ein realitätsnahes Ideal und kaum für den tatsächlichen Kriegseinsatz geeignet. In den Kampfdisziplinen waren im Bereich des waffenlosen Kampfes der Muai-Tanz (Ram Muai) und im Bereich des Waffenkampfes der Schwerttanz (Ram Dab, Ram Fornt) traditionelle Bestandteile dieser Linie, wobei der reine Schaukampf auch heute noch als Vertreter der traditionellen Waffenkampfkunst existiert. Nach der Verbreitung moderner Kriegsmethoden wurde die Linie in den Hintergrund gedrängt und von dem in der Öffentlichkeit wesentlich interessanteren Wettkampf abgelöst. Im Theater und bei den darstellenden Künsten findet man heute noch vereinzelte Vertreter dieser Linie, die innerhalb ihrer Familien gepflegt wird, aber auch in der Filmindustrie zur Umsetzung realitätsnaher Kampfszenen.

Vicha Rob
Vicha Rob war das militärische Kampfwissen, das sich aus den Erfahrungen militärischer Kriegseinsätze sowie bewährten und bekannten Kampfaktionen zusammensetzte. Dabei wurden nicht nur die Erfahrungen des methodischen Ansatzes Eins-gegen-Eins weitergegeben, die Techniken wurden auch so verbessert, dass sie für den Einsatz gegen mehrere Gegner geeignet waren. Das Wissen für den direkten Kriegseinsatz, das auch den Einsatz von Waffen beinhaltete (Rob Douy Awud), wurde sehr unterschiedlich übermittelt. Es war für den direkten Kriegseinsatz konzipiert und wurde an Soldaten und Militärangehörige vermittelt. Aufgrund seines eingeschränkten technischen Umfangs konnte es in verhältnismäßig kurzer Zeit unterrichtet werden und war somit optimal für den allgemeinen Militärdienst geeignet. Mit der Zeit passte man die Unterrichtsinhalte entsprechend der gewonnenen Erfahrungen und Analysen vergangener Kriege an. Jedoch stagnierte die Erweiterung des Wissens mit Einführung moderner Schusswaffen und die traditionellen Inhalte der überlieferten Kampftechniken verloren an Bedeutung. In verschiedenen Zeitabschnitten und in Abhängigkeit der Verteilung über das ganze Land variierten die Inhalte des Vicha Rob daher erheblich, was zu der hohen Anzahl unterschiedlicher Entwicklungslinien führte, in denen das Wissen von Militärveteranen eingeschränkt weitergegeben wurde und nicht selten auf eine Selbstverteidigung reduziert war.

Für das aus den Schaukämpfen hervorgegangene Wettkampf-Muai, das unabhängig vom Militär entstanden war, verlief die Entwicklung nach ähnlichem Muster. Die Kampfaktionen und Kampftechniken wurden durch das veränderte Regelwerk nach und nach aus dem Wettkampf ausgeschlossen und entfalteten sich zu einer Art traditioneller waffenloser Selbstverteidigung. Die aussortierten, nicht mehr zeitgemäßen Kampftechniken wurden fortan als Muai Boran an die Nachkommen weitergegeben. Da diese Techniken nun nicht mehr an ihre ursprüngliche Methodik gekoppelt waren, konnten sie auch nicht mehr in ihrer bisherigen Konzeption vermittelt werden. Die Gelehrten dieser Boran-Linien sahen sich deshalb selbst oft als Schöpfer und Vertreter ihrer Entwicklungslinie. Durch die vielen Linien, die so entstanden waren, tendierte man dazu, das Wissen nicht nur zu sammeln und zu behüten, sondern es zu verbergen und nicht mehr mit anderen zu tauschen, was sogar so weit ging, dass kein Wissen mehr aus anderen Linien in die eigene aufgenommen wurde. Daher starben immer mehr Linien aus und mit ihnen das Wissen.

Weil sich die Gelehrten gegenüber allen anderen Linien verschlossen hatten, konnten sie speziell in späteren Entwicklungsstadien lediglich einen Teil des gesamten Wissens repräsentieren, was zu einer endlosen und andauernden Diskussion über die tatsächlichen Ursprünge der noch bekannten Linien führte. Erst während der Regierungszeit von König Rama IV. (1850–1868) lebte das noch bestehenden Kampfwissens Vicha Rob wieder auf. Rama IV. fasste die noch verbliebenen Entwicklungslinien des waffenlosen Kampfes und des Waffenkampfes zusammen und nannte sie Grabieh Grabong (Schwert und Stockkampf). Für diese Zusammenfassung des mehrheitlich militärischen Wissens entstand auch eine Unterrichtskonzeption, die den traditionellen Schaukampf und die Selbstverteidigung beinhaltete. Der Versuch Ramas IV., die einzelnen Entwicklungslinien zusammenzuführen, stiftete letztendlich noch mehr Verwirrung und trug zu Missverständnissen bei, die bis heute bestehen.

Das Wissen des Vicha Rob wurde ursprünglich durch den Einsatz der Taad im Namen des jeweiligen Königshauses und dem unterstehenden Militär zusammengetragen. Damit stellte es zwar eine Auswahl des Wissens der verschiedenen Linien dar, bezog aber das aus dem öffentlichen Fokus verdrängte Pahuyuth nicht mehr mit ein. Das Wissen und die Fähigkeiten der Freikämpfer wurden nicht mehr erwähnt und im weiteren Verlauf der Entwicklung sogar gänzlich negiert, da man davon ausging, das gesamte verfügbare Kampfwissen in der Vicha Rob vorzufinden. Dementsprechend glaubte man, das Grabieh Grabong sei die Essenz des thailändischen Kampfwissens – ein Irrtum, der die Ursprünge der methodischen Entwicklung der vergangenen 4000 Jahre einfach unterschlug. Da die Lehrer des Pahuyuth durch ihr Verständnis keinen Anlass sahen, dieses Missverständnis aufzuklären, hält es bis heute an.

Panann Muai
Der Ursprung dieses Entwicklungsbereiches lag ausschließlich im Muai bzw. Panann Muai als waffenlose Form des Wettkampfes, auf dem der heutige Kampfsport aufbaut. In bestimmten Abschnitten entsprach das Panann Muai dem Entwicklungsstand des waffenlosen Kampfes aus der Linie des Vicha Rob.

Unter den Muai-Kämpfern, die an Schaukämpfen teilnahmen, wurde der Konkurrenzdruck immer größer und führte schließlich zu den Kampfwettbewerben, bei denen nun hauptsächlich die Kampffähigkeit einzelner Kämpfer mit jeweils unterschiedlicher Wissensherkunft aus verschiedenen Entwicklungslinien im Mittelpunkt stand. Ungeachtet des Wissens, das die Kämpfer repräsentierten, war jeder Wettbewerb nur ein Wettkampf, der an Regeln und vorbestimmte Rahmenbedingungen gebunden war, die vom Veranstalter festgelegt wurden. Da das Regelwerk von der Popularität einzelner Techniken in verschiedenen Zeitabschnitten abhing und das Hauptinteresse des Veranstalters wirtschaftlicher Natur war, wurde auch der erforderliche Wissensumfang für die Kämpfer bestimmt. Die Weitergabe des Kampfwissens richtete sich folglich nach den vorherrschenden Kampfregeln, wodurch sich der Wissensumfang entweder erweitern oder verringern konnte, je nach Entwicklung des Regelwerks. Ob und in welchem Maß hing entscheidend von den Zuschauern ab, deren Erwartungen durch das Regelwerk entsprochen werden sollte.

Da die Kämpfer auch als Stellvertreter ihrer Entwicklungslinie antraten, wurden in Abhängigkeit ihres Kampferfolges Rückschlüsse auf die Qualität ihrer Entwicklungslinie gezogen, was dazu führte, dass die Vertreter einer einzelnen Entwicklungslinie nur an einem Veranstaltungsort kämpften. Heutzutage weisen die beiden großen Boxstadien Lumpinie und Ratschdamnoen in Bangkok eine solche Klassifizierung auf: Das Lumpinie favorisiert immer noch stärker Knietechniken, während im Ratschdamnoen Fausttechniken sowie ein ausgewogener Einsatz aller Körperwaffen beliebt sind. Weniger stark vertretene Entwicklungslinien, aus denen auch heute keine Kämpfer bei Wettkämpfen antreten, wurden so dem Muai Boran zugeordnet. Ebenso Kämpfer, die das Wissen aus den Muai-Wettkämpfen anderer Linien zu ihren Schaukämpfen oder ihrer Selbstverteidigung hinzugefügt und umgewandelt haben.

Letzten Endes war der ausschlaggebende Faktor für die gesamte Entwicklung dieser Linie das jeweilige Regelwerk. In der Neuzeit entwickelten sich auch aus wirtschaftlichem Interesse immer neue Muai-Arten und -varianten wie Kickboxen oder das populäre K1, die jedoch vom eigentlichen Ursprung und der Zielsetzung des traditionellen Muai weit entfernt sind.

Pahuyuth

Die vierte Entwicklung stellte die traditionellste dar und beinhaltete das Pahuyuth in seinem vollen Umfang. Jenseits des Militärs und der Wettkämpfe wurde das ursprüngliche Kampfwissen durch die Übermittlung des schöpferischen Werkes von den Freikämpfern und gelehrten Persönlichkeiten erhalten. Der gesamte Wissensumfang der Kampfmethodik bestand aus zwei Komponenten: zum einen aus den Erkenntnissen über die Prinzipien der körperlichen Voraussetzungen durch die biologischen Gegebenheiten und die dazugehörige Funktionalität als Kampfmethodik, also der Nutzbarmachung des Körpers im Kampf, und zum anderen aus den Erfahrungen der eingesetzten Kampfaktionen unter realen Bedingungen. Die Vermittlung der Methodik erfolgte von allen Gelehrten nach dem gleichen Prinzip, dem Eins-gegen-Eins. Die Kampfaktionen waren aber durch die körperliche Individualität für jeden verschieden und damit auch die Erfahrungen, nicht zuletzt durch den unterschiedlichen Grad der Aneignung der Methodik.

Bereits in der entfernten Vergangenheit hatte der Verlust von Gelehrten durch Kriege dazu geführt, dass nur die schöpferischen

Kernprinzipien Eins-gegen-Eins der Methodik hinterlassen wurden. Auf der Grundlage dieses Kerns in Kombination mit vorhandenen Erfahrungsbeispielen der Vergangenheit ist es für jeden Kämpfer möglich, den Wissensumfang in seiner Vollständigkeit zu erlangen und unter Berücksichtigung der gegebenen Umstände das gesamte schöpferische Werk zu erfahren und zu begreifen. Angeregt durch die fünf Gelehrten in der Tam Kuha Sawann war das Pahuyuth seit der Sukothai-Ära strukturiert, der Zugang zu dem Wissen jedoch nach wie vor sehr schwer.

Der Überlieferung nach wies die Unterrichtskonzeption bereits in der Anfangszeit eine Abstufung des Wissens durch Farben auf, obwohl es damals noch keinen Stoffgurt wie in der heutigen Zeit gab. Die Lehrer des Pahuyuth gehen davon aus, dass sich die farbliche Unterscheidung des Wissensstandes eines Schülers bereits in der Zeit von Nanjauw herausbildete. Da es kein anderes äußeres Erkennungszeichen gab, benannte man die Schüler ergänzend nach der jeweiligen Farbe der Unterrichtsstufe. Vereinzelt wurde von Schülern berichtet, die Gewänder oder Stoffbänder für den Arm in der Farbe ihrer jeweiligen Stufe trugen. Die einheitliche Benutzung eines farbigen Stoffgurtes ergab sich allerdings erst in der Neuzeit, da das Tuch seit jeher Bestandteil der traditionellen Bekleidung und als Gebrauchsgegenstand bei den Thai vorhanden war. Die heutige Bekleidung gleicht der traditionellen Militärkleidung aus der Ayutthaya-Ära und wurde zusammen mit dem Gurt als Erkennungszeichen der Unterrichtsstufe erst am 23. Juni 1952 bei einem Treffen von Gelehrten des Pahuyuth, bei dem es um die Vereinheitlichung und Reformierung der Unterrichtskonzeption ging, festgelegt. Auch das genannte Datum wurde bei dieser Zusammenkunft zum Lehrergedenktag (Wan Rah Luek Kru, Wan Wai Kru) bestimmt, der traditionell alljährlich zelebriert wird.

Nach der Einteilung ist die gelbe Unterrichtsstufe gleichbedeutend mit der Schaffung physischer und psychischer Voraussetzungen zum Erlernen des Pahuyuth. Die grüne Stufe entspricht dem Erlernen der fundamentalen Kampfaktionen in den jeweiligen Kampfdisziplinen, die in der weißen Unterrichtsstufe durch den Einsatz angeeignet werden sollen. Die schwarze Unterrichtsstufe verkörpert die Schöpfung einer eigenen Kampfmethodik auf der Grundlage der fundamentalen Prinzipien und des Experimentierens und Erprobens mit der eigenen Leistungsgrenze. Die blaue Stufe beinhaltet das Lehren zur Findung des eigenen Selbst. Durch dieses Konzept besteht für den Schüler die Möglichkeit, auch bei Abwesenheit des Lehrers sowohl in der eigenen als auch in anderen Kampfdisziplinen durch andere Lehrer zu lernen.

Obgleich die unterschiedlichen Gurtfarben erst in der Neuzeit entstanden sind, gaben sich Lehrer des Pahuyuth schon in der Zeit von Nanjauw durch ein rotes Bekleidungsstück als solche zu erkennen. Dies konnte ein Kopftuch, ein Stoffband oder etwas anderes sein. Der tatsächliche Schöpfer und der genaue Zeitabschnitt dieser Tradition sind jedoch nicht überliefert.

Im Pahuyuth bezeichnet man einen Lehrer als Kru, wobei der Begriff Lehrer nicht der westlichen Definition eines Lehrers gleicht. Ein Lehrer ist im Pahuyuth eine Person, die sich im Wesentlichen über das eigene Wissen hinsichtlich des Wesens des

Kampfes bewusst ist und sich ohne Einschränkungen in der Lage befindet, dieses zu vermitteln. Das eigene Wissen repräsentiert demnach die Fähigkeit und Eigenschaft, eine Existenzgleichheit zwischen dem eigenen Selbst und der Methodik des Pahuyuth im Sinne seiner schöpferischen Gedanken in der Gegenwart herzustellen. Ein Wissender des Pahuyuth wird selbst zum Pahuyuth, wenn er den schöpferischen Sinn erkannt hat und durch sein eigenes Verständnis zu einem gegenwärtigen Schöpfer wird. Dies wird im Vergleich zu einer Baumart deutlich: Das Pahuyuth existiert wie eine Baumart seit seiner Schöpfung in der Vergangenheit bis zur aktuellen Gegenwart. Jede neue Schöpfung oder jeder neue Baum besteht als eigenständige Existenz, auch wenn er der gleichen Baumart angehört. Im übertragenen Sinn stammen die Gene eines Pahuyuth-Lehrers aus der Vergangenheit, wodurch er selbst zum gegenwärtigen Schöpfer wird. Die Vermittlung des Pahuyuth gleicht daher der Übertragung der genetischen Information und der eigenen Erfahrungen, die letztlich nur Aspekte der gegenwärtigen Rahmenbedingungen darstellen.

Die Benennung eines Schülers zum Kru erfolgt ausschließlich durch den eigenen Lehrer und nach Vollendung der blauen Unterrichtsstufe in der erlernten Kampfdisziplin. Die Lehrergraduierung wird dabei als symbolischer Wissensstatus verliehen. Ab diesem Moment hat die Person den Lernprozess der Kampfmethodik als Schüler beendet und ist in der Lage, aus den Erfahrungen eigener Kampfaktionen Lehrbeispiele für die Unterrichtung abzuleiten.

Mit dem Lehrerstatus verkörpert sie nicht nur eine Wissensquelle, sondern hat auch die Prinzipien und die Verantwortlichkeit als Schöpfer verinnerlicht, um bewusst damit umzugehen. Traditionell und im Einklang mit den schöpferischen Gedanken wird ein Schüler, der selbst zum Lehrer ernannte wurde, seinen Lehrer als Ajan bezeichnen, um seinen Respekt auszudrücken. Beide bleiben bzw. sind aber Lehrer (Kru), die sich in Bezug auf das Wissen nur durch ihren Erfahrungsschatz unterscheiden. Die Ernennung zum Ajan stammt von einem königlichen Belohnungsritual, das bereits im Reich Nanjauw praktiziert worden sein soll. Die Freikämpfer und Kriegsveteranen, die für den König im Krieg waren und überlebt hatten und somit ihre Kampferfahrungen an die nachkommenden Generationen weitergeben konnten, wurden für ihre Tapferkeit belohnt. Anschließend entließ man sie aus dem militärischen Dienst, damit sie ihre Lehraufgabe wahrnehmen konnten.

Im Pahuyuth erinnert die Bezeichnung Ajan immer noch an die mühevollen Einsätze der Freikämpfer, die das Wissen über das schöpferische Verständnis hinterlassen haben.

Heute decken sich aber das allgemeine Verständnis und die daran geknüpfte Vorstellung eines werdenden Kämpfers bei Weitem nicht mit den Voraussetzungen, um das Pahuyuth nach schöpferischem Vorbild zu erlernen. Es ist daher schwer, geeignete Nachkommen zu finden, und auch die Verfügbarkeit traditioneller Lehrer geht altersbedingt allmählich weiter zurück.

Ayutthaya

Jedie Srie Suriyothai

Somdet Pra Naresurn

Somdet Pra Jauw Prasarttong

Somdet Pra Naray

Pra Jauw Sueah

Rammagiern

Die Festung Kay Bang Rajan

Die Legende von Nay Kanom Tom

Praya Tak

Praya Pischai Dabhak

Jedie Srie Suriyothai

Nach dem Beginn der großen Wanderungen aus dem zerfallenen Reich Nanjauw war das Gebiet des heutigen Thailands gegen Ende der Sukothai-Ära nach wie vor in verschiedene Königreiche, Fürstentümer und auch Stadtstaaten unterteilt. Unter dem Regenten Pra Jauw Utong, einem als charismatisch beschriebenen Herrscher, wurde die Stadt Grung Srie Ayutthaya 1351 zur Hauptstadt des Thai-Reiches und leitete damit den Beginn der Ayutthaya-Ära ein. Etwa hundert Jahre später hatte der achte Thai-König Somdet Pra Barommatrei Logganad das nach wie vor begehrte Tamrab Pichaisongkram der Sukothai-Ära während seiner Regierungszeit (1448–1488) bearbeitet und neu gefasst. Nach den Unterlagen beziehen sich seine Änderungen hauptsächlich auf die militärische Rangordnung innerhalb der Generalsebene; der oberste General wurde als Siehah Descho bezeichnet und der ihm untergeordnete Rang des Oberbefehlshabers der Elefantentruppe, vergleichbar mit einem Generalleutnant, als Peth Raschah. Auch für das Heer gab es drei Oberbefehlshaber auf Generalsebene, ähnlich dem Rang eines Generalmajors: Pichaisongkram, der Pichaischanrit und der Pichitnarong. Aus diesen Titeln geht hervor, dass die Bezeichnung der Kriegslehrschrift auf einen zu dieser Zeit etablierten Rang des Militärs zurückzuführen ist, obgleich nach wie vor unklar bleibt, wie genau es dazu gekommen ist.

Als erster Europäer nahm der portugiesische König Manuel 1518 diplomatische Beziehungen mit Thailand auf; die Einfuhr des Gewehrs nach Thailand folgte, wo es bald fest ins Militär integriert wurde. Portugiesische Söldner kämpften 1537 mit den neuen Militärwaffen zusammen mit den Thai zum ersten Mal siegreich gegen die Burmesen, wobei auch indische und thailändische Söldner an ihrer Seite waren. Durch die modernen Feuerwaffen schwanden die Bedeutung und Effektivität der traditionellen Kampfmethodik für den Krieg, sodass das Wissen, abgesehen von den methodischen Grundlagen für das Militär, im weiteren Verlauf stark in den Hintergrund rückte.

Burma war in den vergangenen Jahrhunderten immer stärker geworden und hatte sich zu einer ernst zu nehmenden Größe neben weiteren Staaten entwickelt, trotz immer wieder aufflammender Uneinigkeit in den eigenen Reihen. 1548 erfuhr der burmesische König Dtahbeng Schwetie, dass in Thailand Angehörige aus dem engen Familienkreis des Königs einen Putschversuch unternommen hatten. Aufgrund der instabilen Lage in Thailand sah er seine Gelegenheit, gegen die Thai vorzugehen und nutzte die Gunst der Stunde, um die Hauptstadt Ayutthaya anzugreifen. Die burmesischen Soldaten überschritten den Grenzbereich Dan Jedie Samm Ong (Grenze der drei Pagoden) im Westen des heutigen Thailands und zogen in Richtung Ayutthaya. Thai-König Pra Maha Jakapatt, der zu dieser Zeit regierte, war erst sieben Monate zuvor gekrönt worden. Zusammen mit der Königin Srie Suriyothai, der späteren Großmutter König Naresurns, und seinen zwei Söhnen Prinz Pra Ramesourn und Prinz Pra Maha Intratirat führte er die

Soldaten Ayutthayas zum Stadtrand, um am Platz der goldenen Berge (Tung Pukaowtong) zur Verteidigung Stellung zu beziehen. Als die Burmesen Ayutthaya erreicht hatten, kam es zu einem Elefantenduell zwischen den Kriegsparteien, über das in der späteren thailändischen Kriegsgeschichte überliefert wurde, dass beide Seiten Kriegselefanten und normale Soldaten, sowohl Männer als auch Frauen, eingesetzt hatten. Es heißt, dass der Elefant des Thai-Königs Pra Maha Jakapatt während des Kampfes durch einen burmesischen Angriff am Hinterfuß verletzt wurde und seine Kampfkraft geschwächt war. Der burmesische Stadtkönig Pra Jauw Prae, der sich in unmittelbarer Nähe befand, erkannte die günstige Situation und rammte mit seinem eigenen Elefanten den des Thai-Königs. Die Königin Pranang Srie Suriyothai sah dies und eilte auf ihrem Elefanten zu Hilfe und genau zwischen die beiden sich rammenden Tiere. Dabei geriet sie in die Schlaglinie des burmesischen Königs und wurde durch seine Langwaffe getötet. Die Söhne nahmen die Leiche ihrer Mutter in Obhut und befehligten die thailändischen Soldaten in die Hauptstadt zurück. Pra Maha Jakapatt überlebte und trat mit seinen Soldaten ebenfalls den Rückzug an, auf dem viele ihren Verletzungen erlagen, was die Truppen stark dezimierte.

Nachdem sie die Thai verfolgt hatten, belagerten die Burmesen die Tore der Hauptstadt, sodass weder Verstärkung noch Proviant in die Stadt gelangen konnte. Die Thai verteidigten sich mit Kanonen und Truppen, die an der Stadtmauer stationiert waren, doch die Burmesen setzten ihre Angriffe weiter fort.

In burmesischen Überlieferungen wurden die Belagerung Ayutthayas und die Umstände, unter denen sie sich ereignete, als problematisch geschildert. Die vor der Stadt befindlichen Burmesen wurden demnach während ihrer Belagerung von verschiedenen Phänomenen und Geistern belästigt, besonders in der Nacht, was die burmesische Initiative und Kampfmoral geschwächt haben soll. Denn in den Nächten kamen burmesische Soldaten auf rätselhafte Weise ums Leben. Am Morgen fand man sie aufgeschlitzt an ihren Schlafplätzen und auch die Lagerwachen waren ermordet, dabei fehlte jede Spur von den vermeintlichen Kampfgegnern. Die Burmesen konnten sich die nächtlichen Verluste nicht erklären, da die Thai in Ayutthaya eingeschlossen und in der Umgebung keine Bewohner zu finden waren. Ebenso mysteriös war das Verschwinden ausgesandter Patrouillen, die in jeglicher Truppenzusammenstellung nicht von ihren Rundgängen zurückkehrten. Zudem wurde der Proviant knapp und die Versorgung blieb seltsamerweise aus.

Neben den rätselhaften Todesfällen und der fehlenden Versorgung stellten die abhandengekommenen Handwaffen der Soldaten das größte Problem dar. Sie waren innerhalb des Lagers auf unerklärliche Weise verschwunden, ohne dass irgendein Anhaltspunkt dafür zu finden war. In den Truppen hatte sich der Glaube verbreitet, dass die seltsamen Geschehnisse Geisterhandwerk seien, was sie teilweise sogar dazu veranlasste, Vertreibungsrituale durchzuführen.

So kam es, dass die Burmesen bei dem Versuch in Ayutthaya einzumarschieren, scheiterten. Nach Überzeugung der Gelehrten des Pahuyuth waren es damals keine Geister, die den Burmesen auf anscheinend übernatürliche Weise zusetzten, sondern thailändische Freikämpfer, die sich an der Verteidigung ihres Landes beteiligten und für ihren König einstanden. Die Freikämpfer bildeten keine reguläre Kampftruppe und waren als inoffizielle Kämpfer nur dem König unterstellt. Den Kontakt zu den Freikämpfern konnte der König durch das Tamrab Pichaisongkram herstellen, insofern er über die Version mit roter Schriftfarbe verfügte. Dies war auch ein Grund, warum die Abschriften, über die das jeweilige Königshaus verfügte, stets an einem geheimen Ort aufbewahrt wurden. Die Freikämpfer waren Gelehrte des Pahuyuth sowie Kriegsveteranen und ihrer Heimat gegenüber nach wie vor loyal. Der Schwur, den die unter der Herrschaft und Weisung des Königs agierenden Soldaten und Militärangehörigen in Bezug auf die Verteidigung des Landes in ihrer aktiven Soldatenzeit geleistet hatten, war nicht der ausschlaggebende Faktor. Vielmehr war es der Schwur der Pahuyuth-Kämpfer, der sich nach dem Vorbild der Glie Gauw Piehnong darauf bezog, das Heimatland ein Leben lang zu verteidigen, unabhängig davon, ob sie im militärischen Dienst waren oder nicht. Es war für alle Pahuyuth-Kämpfer eine Selbstverständlichkeit, für das eigene Land und den König einzutreten, falls dieser dazu aufrief. Die Selbstverpflichtung wurde immer als strenges Geheimnis gehütet und für die Erfüllung des Schwurs keine Gegenleistung oder Anerkennung gefordert. Auch aus diesem Grund war und ist es für die Öffentlichkeit so schwer, etwas über die Existenz des Pahuyuth in Erfahrung zu bringen, geschweige denn Kenntnis von diesem Schwur zu haben.

In Friedenszeiten führten die Freikämpfer ein normales ziviles Leben, ohne militärischen oder staatlichen Aufgaben unterstellt zu sein. Erfuhren sie jedoch von einer drohenden Gefahr für den König oder das Land, ergriffen sie aus eigener Initiative Gegenmaßnahmen, um ihrem Schwur nachzukommen. Dadurch entsprachen sie ihrem schöpferischen Ideal, zu dem sie selbst geworden waren, um sich an der Bewahrung der Freiheit ihres Landes und ihres Lebensraumes zu beteiligen.

In Überlieferungen über die Königin Srie Suriyothai wurde erwähnt, dass die Freikämpfer die Kampftruppen der Burmesen schwächten und deren Versorgung mit Proviant unterbanden. Auf diese Art der Unterstützung stößt man in der thailändischen Geschichte unzählige Male in den verschiedensten Kriegssituationen, sogar die in der Neuzeit. Beispielsweise gehen auch die Bemühungen und der Widerstand der so genannten Serie Thai auf das Konto der Freikämpfer, die in Erscheinung traten, als japanische Truppen zur Zeit des Zweiten Weltkrieges durch Thailand marschierten.

Mithilfe des Tamrab Pichaisongkram konnte der König in Kriegszeiten oder Krisensituationen Kampftruppen durch Freikämpfer aufstellen und ausbilden lassen, um die regulären Soldaten des Militärs zu unterstützen, oder sie an den Befehlshaber der regulären Militärführung verweisen. Der Schwur der Pahuyuth-Kämpfer galt zwar dem König und dem Land, war nichtsdestotrotz vor allem an den verbindlichen Befehl durch die Kriegslehrschrift gebunden. Daher hatten manche Könige keinen Zugang zu den Freikämpfern, weil sie nicht im Besitz des originalen Tamrab Pichaisongkram waren oder über eine Abschrift mit dem entsprechenden Teil verfügten. Zwar konnten sie sich darauf verlassen, dass die Freikämpfer im Falle einer Bedrohung oder auch in Friedenszeiten aus eigenem Antrieb für den König und das Land einstanden, der Zugang zur direkten Erteilung von Befehlen blieb ihnen jedoch verwehrt.

In verschiedenen Zeitabschnitten der thailändischen Geschichte, speziell ab der Ayutthaya-Ära, kam es wegen der begehrten Kriegsschrift vermehrt zu inneren Machtkämpfen gegen den König, für den die Freikämpfer immer ein wichtiges Zielobjekt waren. Und auch für die Gegner Thailands, die sie stetig verfolgten und töteten.

Durch die vorherrschende Situation verringerte sich die Chance der Burmesen, die Hauptstadt Ayutthaya zu erobern. Als der Stadtkönig Pra Maha Tammarascha von der Belagerung Ayutthayas durch die Burmesen erfuhr, zogen seine Truppen aus dem Norden Richtung Hauptstadt. Für den burmesischen König Dtahbeng Schwetie hätte dies einen Krieg mit zwei Fronten bedeutet. So entschloss er sich, die Belagerung Ayutthayas aufzugeben und seine Truppen nach Nordwesten in die Stadt Tak zurückzuziehen. Während des Rückzuges wurden die Truppen heftig von den thailändischen Soldaten und Freikämpfern angegriffen, sodass sie enorme Verluste zu verzeichnen hatten, woraufhin sich die Burmesen entschlossen, den kompletten Rückzug nach Burma anzutreten.

Der gescheiterte Aufmarsch hatte Dtahbeng Schwetie schwer mitgenommen, weshalb er versuchte, seine Verbitterung im Alkohol zu ertränken. Sein Leid war so groß, dass er schon bald nicht mehr in der Lage war, sein Land zu regieren. Es kam zu Unruhen und Widerständen und einzelne burmesische Städte riefen sogar ihre Unabhängigkeit aus, was zu internen Eroberungskriegen führte. Der Schwager Bureng Nong übernahm während dieser Zeit stellvertretend die Regierungsaufgaben des Königs und begann, abtrünnig gewordene Städte zurückzuerobern. Bedingt durch seine Abwesenheit wurde Dtahbeng Schwetie schließlich bei einem Putsch ermordet. Als Bureng Nong heimgekehrt war, wurde er selbst zum König gekrönt. Nach den Rückeroberungen mehrerer Städte und der einhergehenden Vergrößerung seines Reiches wurde die neue Hauptstadt Hongsavadie gegründet. Von der burmesischen Bevölkerung wurde Bureng Nong als König Hongsavadie mit der schwarzen Zunge (Pra Jauw Hongsavadie Lindamm) – er hatte ein Muttermal auf der Zunge – oder als König der Siege in den zehn Himmelsrichtungen (Pra Jauw Schanah Sibtid) genannt, um ihn zu ehren.

Rückblickend rettete Pranang Srie Suriyothai nicht nur den thailändischen König aus einer riskanten Situation, sondern hatte sich auch um die Bewahrung der Freiheit gegen eine totale Zerstörung Ayutthayas und Thailands verdient gemacht. Zu Ehren ihrer Taten und als Ausdruck der Dankbarkeit ließen die Thai eine Pagode und Grabstätte für sie am Tempel Wat Sournloung Sobsawannt in der Hauptstadt Ayutthaya errichten. Nach dem Untergang Ayutthayas und dem Ende dieser Ära durch die Plünderung und Zerstörung der Burmesen wurde auch ihre Grabstätte in Mitleidenschaft gezogen. Erst unter der späteren Herrschaft von Rama VI. wurde sie wieder aufgebaut und restauriert, wo sie noch heute unter dem Namen Pra Jedie Srie Suriyothai als Anbetungsplatz für die Nachkommen besteht. Nach seiner Krönung begann König Hongsavadie mit der Rückeroberung aller Städte, die sich unter Dtahbeng Schwetie in die Unabhängigkeit begeben hatten. Diese inneren Auseinandersetzungen sorgten für eine 15-jährige Friedenszeit zwischen Thai und Burmesen.

Die weißen Elefanten

Im Jahr 1563 entfachten erneut Auseinandersetzungen zwischen beiden Ländern, die schließlich zur Eroberung Thailands durch die Burmesen führten. Grund dafür waren weiße Elefanten oder Albinoelefanten (Schang Puerk), deren Herkunft unbekannt war. Sie galten als ehrenvoll und dem König eines Landes zugehörig, sofern er in ihrem Besitz war. Der regierende Thai-König Pra Maha Jakapatt verfügte über sieben solcher Elefanten, weshalb er von der Bevölkerung den Namen Pra Jauw Schang Puerk (König der weißen Elefanten) bekam. Der Krieg wurde ausgelöst, weil Pra Maha Jakapatt die Aufforderung des burmesischen Königs Hongsavadie, ihm zwei seiner Elefanten zu überlassen, ablehnte. Die Burmesen belagerten die Thai auf die gleiche Weise wie schon 15 Jahre zuvor; die Thai konnten sich nur von Ayutthaya aus verteidigen, während die Burmesen die Stadt mit Kanonen beschossen, ohne sie dadurch erobern zu können – eine missliche Situation für beide Seiten. Die Thai waren sich über ihr weiteres Vorgehen uneinig und spalteten sich in zwei Lager. Eine Seite vertrat die Ansicht, es sei das Beste, den Zustand der Verteidigung bis zum Einsetzen der Regenzeit beizubehalten. Sie waren der Meinung, die Burmesen würden die Belagerung dann von allein beenden. Die andere Seite sprach sich dagegen aus, da die täglichen Kanonenangriffe die Verteidigung zu stark schwächten und die Bauern sich nicht um die bevorstehenden Erntevorbereitungen kümmern könnten, wodurch unabsehbare Folgen für die gesamte Bevölkerung entstehen würden.

Auch dieses Mal wurden die Burmesen des Nachts von Freikämpfern angegriffen, was die Kampfmoral der Truppe rasch sinken ließ. Obwohl die Thai innerhalb der Stadtmauern stillhielten und sich keinen offenen Gefechten außerhalb der Stadt stellten, waren die Burmesen bislang nicht im Stande, die Stadt einzunehmen. Da auch ihre Kampftruppen zum Teil aus Bauern bestanden, die wegen der Ernte vor der Regenzeit in Burma zurück sein wollten, bot König Pra Maha Jakapatt dem burmesischen König ein Friedensabkommen (Sanja Sangobsuek) an, welches König Hongsavadie 1569 annahm. Das Friedensabkommen besagte, dass die Burmesen ihre Belagerung aufgaben und beide Parteien künftig Frieden hielten. Der thailändische König überließ dem burmesischen König vier seiner weißen und dreißig normale Elefanten und zusätzlich jedes Jahr eine festgelegte Summe aus der Hauptstadtkasse, die zur damaligen Zeit 300 Schang betrug. Auch beinhaltete das Friedensabkommen die Abtretung der gesamten Steuereinnahmen der Stadt Mahrid an die Burmesen. Als Faustpfand bzw. Garant für die Einhaltung des Abkommens sowie als Zeichen der Ernsthaftigkeit wurden drei militärische Oberbefehlshaber (Pra Ramesourn, Praya Jaggrie, Praya Suntornsongkram) mitsamt ihren Familien, Angehörigen und Taad nach Burma umgesiedelt, die dann dort in der Hauptstadt wohnten.

Des Weiteren ernannte Pra Maha Jakapatt den Stadtkönig Pra Maha Tammarascha von Phitsanulok zum Vizekönig (Pra Uprasch) und ließ dessen ältesten Sohn, den dreizehnjährigen Prinzen Pra Ongdamm, in der burmesischen Königsfamilie.

Nach Bewertung der historischen Überlieferung verloren die Thai im Zuge dieses

Krieges zum ersten Mal ihre Souveränität und Freiheit an Burma. Dabei war das Abkommen keineswegs mit einem tatsächlichen Sieg der Burmesen vergleichbar, da allein die Reparationsforderung bei einer tatsächlichen Übernahme Ayutthayas weit größer gewesen wäre, als die geleisteten Abgaben an die Burmesen. Die Thai konnten sich weiterhin als souveränes Land behaupten und waren lediglich der Treue zur Freundschaft gegenüber Burma verpflichtet. Weder gab es eine Besatzungsmacht noch wurde über Kriegsgefangene berichtet. Genauso wenig wurden Schadenersatzansprüche gestellt, denn auf beiden Seiten waren Soldaten gefallen, wodurch dieser Krieg kein typischer Eroberungskrieg war. Dennoch führte die Friedensvereinbarung zu Unzufriedenheit bei den Thai, sowohl in Teilen der Bevölkerung als auch bei verschiedenen Stadtkönigen, die ihre Unabhängigkeit gegenüber der Hauptstadt erklärten. Insbesondere der Umstand, dass Pra Maha Tammarascha den burmesischen König militärisch unterstützte, war der Bevölkerung Ayutthayas ein Dorn im Auge. Kurze Zeit später riefen auch die im Norden gelegenen Städte wie Praeh, Lampang und Schieng Saeng nicht nur gegen die Hauptstadt Ayutthaya, sondern auch gegen Burma Aufstände aus. Diese vereinzelten Übergriffe verstießen gegen das geltende Recht auf der Grundlage der Friedensvereinbarung, woraufhin König Hongsavadie zusammen mit dem Pra Maha Uprasch gemeinsam Krieg gegen die aufständischen Städte führten und diese zerschlugen. Im Zuge dieser Auseinandersetzungen wurden die Stadtkönige aus Chiang Mai und Schieng Saeng verhaftet. Die Stadtkönige aus Nan, Praeh und Lampang flüchteten in die laotische Stadt Grung Srie Santanahut, die von Stadtkönig Pra Schei Schetta regierte wurde. König Hongsavadie beauftragte den Pra Maha Uprasch, die laotische Hauptstadt Viengjan (heutiges Vientiane) anzugreifen und die Königsfamilie mit allen Angehörigen in die burmesische Hauptstadt bringen zu lassen. Pra Schei Schetta hatte sich jedoch mit einer Freikämpfertruppe im Dschungel verschanzt, um die Versorgungstruppe der Burmesen zu überfallen und den nahenden Truppen aufzulauern. Als Pra Schei Schetta in die Hauptstadt Viengjan zurückkehrte, war diese bereits von den Thai-Truppen und Burmesen angegriffen worden, und er fand nur noch eine unbewohnte und verlassene Stadt vor.

Nach dem Verlust Vienjangs versuchte Pra Schei Schetta Thai-König Pra Maha Jakapatt ein Angebot zu machen, indem er sich durch die Abgabe einer Prinzessin mit ihm verbünden wollte, um gemeinsam gegen die Burmesen zu Felde zu ziehen. Zwar missfiel Pra Maha Jakapatt das Abkommen mit den Burmesen, doch konnte er durch die umgesiedelten Thai, zu denen auch Pra Ongdamm gehörte, nicht in das Angebot einwilligen. Die Enttäuschung durch die Vorkommnisse führte dazu, dass König Pra Maha Jakapatt seinen Thron freiwillig an Pra Mahin abgab und sich selbst als buddhistischer Mönch aus der Gesellschaft zurückzog. Sein Übertritt zum Buddhismus wurde laut Überlieferung von unzähligen Beamten und Familienangehörigen begleitet.

Die Regierungsarbeit und auch die Kampfstärke der Thai litten unter dieser Unruhe sehr, was zu einer instabilen Lage Thailands beitrug. Weder der neue König noch König Pra Schei Schetta, der, obwohl er als Laote und kein Thai war, aber dennoch auf irgendeine Art Zugang zu den

Freikämpfern hatte, waren im Besitz des Tamrab Pichaisongkram von Pra Maha Jakapatt, weil es angeblich abhandengekommen war.

Laos war zu diesem Zeitpunkt kein souveränes Land. Die Identität der Laoten wurde lediglich durch Pra Schei Schetta verkörpert, und die um Laos liegenden Gebiete waren mehr oder weniger von Thai besiedelt. Den verfügbaren Informationen zufolge soll Pra Maha Jakapatt das Tamrab Pichaisongkram nach seinem Übertritt zum buddhistischen Glauben an den Vizekönig Pra Maha Uprasch, den späteren König Pra Maha Tammarascha, übergeben haben. Aufgrund der Wichtigkeit und Begehrtheit des Tamrab Pichaisongkram hatten sich Pra Mahin und Pra Schei Schetta intern verbündet und versuchten, ein Attentat auf König Pra Maha Tammarascha auszuüben, da sie glaubten, er besäße es. So sandten sie Praya Siharat Descho mit einem Vortrupp zur vermeintlichen Unterstützung des Militärs nach Phitsanulok. Praya Siharat Descho berichtete Pra Maha Tammarascha entgegen seinen Befehlen von dem geplanten Attentat, der daraufhin einen Angriff auf die Hauptkampftruppe Pra Mahins vorbereitete, um gegen seinen eigenen König zu putschen. Pra Mahin erfuhr erst von dem Verrat, nachdem er in Phitsanulok einmarschiert war, woraufhin er den Befehl zum Rückzug nach Ayutthaya gab. Vizekönig Pra Maha Tammarascha, der sich immer noch an die Vereinbarungen des Friedensabkommens hielt, berichtete dem burmesischen König von dem Vorfall, der ihn einseitig als neuen König (Pra Srie Sanpetsch Phitsanulok, Pra Jauw Song Kver) mit seiner neuen Hauptstadt Phitsanulok anerkannte. Dies führte zu viel Verwirrung und Unruhen im Land, da es nun zwei Könige gab.

Nachdem Pra Mahin wieder in Ayutthaya war und von den Umständen erfuhr, sorgte er für die Verschleppung der Tochter und des Enkels Pra Tammaraschas aus Phitsanulok nach Ayutthaya. Im Gegenzug veranlasste der burmesische König Hongsavadie die Belagerung Ayutthayas und Befreiung der Familienangehörigen durch eine der größten Kampftruppen der damaligen Zeit, die aus mehr als einer halben Million Soldaten bestanden haben soll. Da Pra Mahin die Freikämpfer nicht aufrufen konnte, waren die Verluste aufseiten der Burmesen wesentlich geringer. Dennoch gelang es ihnen nicht, die Verschleppten zu befreien.

Nach sieben vergeblichen Monaten der Belagerung entschied sich der burmesische König zu einer List, indem er Praya Jaggrie als Lockvogel entsandte, der nach der vergangenen Übereinkunft zwischen König Hongsavadie und Pra Maha Jakapatt mitsamt seiner Familie nach Burma umgesiedelt war. Praya Jaggrie erzählte Pra Mahin, dass er mit einer kleinen Anzahl von Kämpfern aus Burma fliehen konnte. Da er über einen gehobenen Dienstgrad beim Militär verfügte, übertrug ihm Pra Mahin den Oberbefehl für die Verteidigung gegen die Belagerung der Burmesen, worauf König Hongsavadie spekuliert hatte. So ermöglichte Praya Jaggrie den burmesischen Truppen, ohne große Verluste in die Hauptstadt Ayutthaya zu gelangen und Pra Mahin 1569 samt Gefolge zu verhaften und nach Burma bringen zu lassen. Nach der Befreiung seiner beiden Familienangehörigen wurde Pra Maha Tammarascha mit Einvernehmen von König Hongsavadie und unter Einhaltung des Friedensabkommens von Pra Maha Jakapatt zum offiziellen Thronfolger Thailands mit dem Namen Somdet Pra Srie Sanpetsch gekrönt.

Von einigen Historikern und auch dem Großteil der damaligen Bevölkerung wurde das Verhalten Praya Jaggries und den Freikämpfern, die ihn begleiten, als Landesverrat angesehen. Nach dem Bericht über die Größenordnung der burmesischen Kampftruppe, die auf eine halbe Million Kämpfer beziffert wurde, hätten sie die Hauptstadt problemlos ohne die Hilfe von Praya Jaggrie einnehmen können. Das steht einem direkten Landesverrat entgegen, zumal in keinem geschichtlichen Dokument von einer Zerstörung oder sonstiger kriegerischer Aktionen berichtet wurde, abgesehen von der Verhaftung Pra Mahins. Durch die Haltung der Bevölkerung seiner Person gegenüber kehrte Praya Jaggrie nach Burma zurück und das Ansehen der Freikämpfer und des Pahuyuth veränderte sich entscheidend. Die thailändische Gesellschaft brachte eindeutig zum Ausdruck, dass die gelehrten Persönlichkeiten des Pahuyuth durch den Landesverrat, den man verteufelte und ihnen zuschob, nicht mehr erwünscht seien. Im Zuge dieses gesellschaftlichen Wandels verstärkte sich die Zurückhaltung aller Kämpfer und Gelehrten noch mehr. Die Existenz des Pahuyuth wurde von der Gesellschaft ausgeschlossen und lebte nur noch in Erinnerung weiter.

Bis zu diesem Zeitpunkt waren es lediglich die Thai, die versucht hatten, sich dem Friedensabkommen zu widersetzen, obgleich ein tatsächlicher Verlust ihrer Souveränität nicht gegeben war. Im Großen und Ganzen kam die Situation einem Zwangsbündnis gleich.

Somdet Pra Naresurn

Die Geschichte von Somdet Pra Naresurn beginnt im Jahr 1569, als Pra Maha Tammarascha zum Vizekönig Pra Maha Uprasch ernannt wurde und sein ältester Sohn Pra Ongdamm in die Familie des burmesischen Königs übergeben wurde. König Hongsavadie behandelte den kleinen Prinzen wie seinen eigenen Sohn, sodass er die gleiche Ausbildung und Erziehung wie der Rest der Königsfamilie genoss. Es ist bekannt, dass es Neid und Wortrangeleien wegen der internen Familienposition mit Manggajoh Schava, dem Enkel des Königs, gab.

Während der Zeit der vorangegangen Auseinandersetzungen zwischen den Thai und den Burmesen, an denen auch sein zum König gekrönter Vater beteiligt gewesen war, lebte Pra Ongdamm ununterbrochen in Burma. Sechs Jahre später, als er neunzehn Jahre alt wurde, entsprach König Hongsavadie der Bitte Pra Maha Tammaraschas, seinen Sohn nach Ayutthaya zurückkehren zu lassen, damit er ihn bei den Regierungsaufgaben unterstütze. Neben dem rein militärischen Wissen, das innerhalb der Königsfamilie vorhanden war, hatte sich auch das Schwertkampfwissen aus dem Reich Nanjauw in dem Machtgebiet von König Hongsavadie weiterentwickelt, was eng mit der Ausbreitung und Abstammung der Bevölkerung verknüpft war. Man geht davon aus, dass Burma seinerzeit von drei unterschiedlichen Volksgruppen bewohnt wurde. Vom Norden bis hinunter zur Mitte stammte die Bevölkerung größtenteils von den Thai Yai ab. In Zentralburma war sie überwiegend ceylonesischer Herkunft und im Süden lebten Nachfahren der Mon, im Chinesischen als Maevjueh bezeichnet, deren ursprüngliche Abstammung ungeklärt ist. Im 17. Jahrhundert führte die Entwicklung dieser drei Volksgruppen durch Kriege, wechselnde Vorherrschaft und Vermischung zu einem Volk und einem Land: Burma. Die Geschichte Burmas enthält viele Hinweise über mehrere Entwicklungszweige des Schwertkampfes, die in späteren Abschnitten unterschiedlich bezeichnet wurden. Auch die Wanderungen der Thai wurden erwähnt, teilweise jedoch anders interpretiert und widersprüchlich wiedergegeben. So nehmen manche Historiker an, dass es sich bei den Wanderungen mehr um ein natürliches Ausbreiten und Sesshaftwerden handelte. Sie bezweifeln, dass die Ausbreitung eine Flucht vor den Chinesen oder ein konkretes Ziel war. Ihre These stützt sich größtenteils auf ökonomische Gründe bzw. die Suche nach fruchtbarem und landwirtschaftlich nutzbarem Boden.

Im Zuge dieser Verbreitung wurde die thailändische Schwertkampfmethodik immer wieder durch die Umschichtung der Gesellschaftsstrukturen und die daran geknüpfte Wertschätzung beeinflusst, wodurch es zu erheblichen Unterschieden in der Ausprägung einzelner Linien kam. Beispielsweise ist die Linie der Schwertkampfmethodik Dab Nanjauw nach Schilderungen aus der Tamnan Thai Yaih Thai Ahom eine Weiterentwicklung der Linie der Freikämpfer aus Nanjauw, die in Burma als Dab Irawadie oder Dab Thai Yaih fortgeführt wurde. Im Unterschied zum typischen Dab Nanjauw hatten diese Schwerter einen etwas kürzeren Griff und eine breitere Klinge, die an der Spitze nach Vorbild der Knospe einer Wasserrose leicht gebogen und geformt war. Durch die übermäßige Klingenbreite hat das Dab Irawadie im Vergleich zum Dab Nanjauw ein größeres Gewicht für den Drehschlag.

Die Kampfaktionen beschränkten sich auf diagonale Schläge von oben und setzten weder den Schwertgriff noch die Kombination mit Schlagtechniken ein. Durch die etwas andere Form der Klinge orientierte sich die Entwicklung des Dab Irawadie hauptsächlich auf einfache und gezielte Kampfaktionen, die im Kriegseinsatz auch vom Pferd aus ausgeführt werden konnten. Der gleichzeitige Einsatz von zwei Schwertern hat sich in dieser Linie daher nicht weiterentwickelt und ging verloren. Die Kenntnisse über das Schwertkampfwissen, die Pra Ongdamm durch seine Zugehörigkeit zum Königshause erwarb, stammten aus der Linie des Dab Irawadie. Als er nach seiner Krönung Kontakt zu den Freikämpfern hatte, erweiterte er die Kenntnisse um Bestandteile aus dem Pahuyuth.

Vom Prinzen zum König

Nachdem König Pra Maha Tammarascha gekrönt worden war, befand sich die Hauptstadt Ayutthaya in einem schwachen Zustand und die Bevölkerung war durch die Belagerung der Burmesen dezimiert. Die Verantwortlichen der Militärführung waren entweder ums Leben gekommen oder zwangsweise nach Burma umgesiedelt worden. Die unbeteiligten Bürger waren in ländliche Gebiete oder den Dschungel geflohen, um sich vor den anhaltenden Auseinandersetzungen in Sicherheit zu bringen. Auch die ohnehin schon enttäuschten Freikämpfer zogen sich zurück und mieden die Öffentlichkeit, besonders nachdem Praya Jaggrie wieder nach Burma zurückgekehrt war.

Der zu dieser Zeit regierende kambodschanische König Pra Baromrascha erkannte, dass die thailändischen Strukturen geschwächt waren und nutzte die Gelegenheit, Ayutthaya anzugreifen. Trotz aller Kriege gab es in Asien seinerzeit keine eindeutigen Landesgrenzen wie vergleichsweise in Europa. Schätzte ein Regent eine Situation als vorteilhaft ein, griff er die unterlegen erscheinende Partei prompt an. Auch in ihrer weniger guten Lage konnten die Thai dem Angriff standhalten und den kambodschanischen General Pra Jam Pa töten, was dessen Truppen zum Rückzug zwang. Dennoch gelang es diesen auf dem Rückmarsch, einen beträchtlichen Anteil verstreut lebender Thai nach Kambodscha zu verschleppen.

Das Pahuyuth-Wissen, das in erster Linie durch die nach Süden wandernden Thai in das Gebiet um Ayutthaya gelangt war, war durch die vielschichtige Vermischung zwischen den einzelnen Volksgruppen ohnehin nicht nur in dem als thailändisch angesehenen Gebiet vorhanden. Genauso wie im Gebiet des ehemaligen Nanjauw gab es sowohl in Burma als auch Laos und Kambodscha Bestandteile verschiedener Linien in unterschiedlicher Ausprägung. Da die Entwicklungslinien ungeachtet ihres Kernwissens von den jeweiligen kulturellen Gegebenheiten beeinflusst wurden, wies das Wissen in den östlich gelegenen kambodschanischen Gebieten hingegen kaum inhaltliche Bestandteile der Linien aus den westlichen Gebieten und Burmas auf. Durch die Verschleppung und Zwangsumsiedlung der

Thai gelangte auch ein Teil des Wissens der thailändischen Kultur und Kampfmethodik nach Kambodscha und in die östlichen Gebiete.

Nachdem Prinz Pra Ongdamm aus Burma nach Ayutthaya zurückgekehrt war, wies ihn sein Vater an, die Stadt Phitsanulok als Vizekönig zu regieren. Der Überlieferung folgend verfügte der Prinz über das Tamrab Pichaisongkram in der Version des Pra Maha Jakapatts, die ihm zur Verfügung gestellt worden war. Dies war der Augenblick, in dem der Prinz zum ersten Mal mit dem Pahuyuth in Berührung kam, da er es trotz seiner Ausbildung bei König Hongsavadie nur aus der Erzählung kannte. Mit seinem in Burma erworbenem Kriegswissen bei der Militärführung und dem Zugang zum Pahuyuth konnte er nun sein Wissen über den Kampf und den Krieg durch alltägliche Erfahrungen erweitern. Durch die Unterstützung verschiedener Gelehrter des Pahuyuth wurde er nicht nur selbst zu einem Kämpfer und einer gelehrten Persönlichkeit, sondern schaffte es sogar, die enttäuschten Freikämpfer für sich zurückzugewinnen.

Pra Ongdamm gilt unter den Gelehrten des Pahuyuth als einer der wenigen, die durch die Praxis des Alltags zu einer gelehrten Persönlichkeit wurden, anstelle durch reinen Unterricht. Wegen seines idealen Charakters, der dem schöpferischen Vorbild entsprach, verehrten und verehren ihn die Nachkommen des Pahuyuth unstrittig als gelehrte Persönlichkeit.

Während seiner Zeit als Vizekönig baute er das reguläre Militär wieder auf, um die Verteidigung des Landes gewährleisten zu können, und sorgte dafür, dass unzählige Kampfeinheiten aus Freikämpfern aufgestellt wurden, die ohne Kenntnis der Öffentlichkeit als geheime Einsatzkommandos agierten. Daher finden sich in den geschichtlichen Aufzeichnungen weder Informationen über die Existenz des Pahuyuth oder der Freikämpfer noch Angaben über die tatsächliche Truppenstärke. Lediglich in Berichten der Burmesen, Laoten und Kambodschaner wurde die herausragende und teils unüberwindbare Kampfkraft der thailändischen Truppen erwähnt.

Heute ist es für jeden Pahuyuth-Kämpfer eine Selbstverständlichkeit zu Ehren von Pra Ongdamm, dem späteren König Naresurn, einen Lehrerbegrüßungstanz (Ram Dab) an seinem Anbetungsplatz auszuführen. Da es um die Ehrung eines Kämpfers der vergangenen Zeit geht, der selbst ein König war, ist es nicht erlaubt, Waffen mitzubringen. Stattdessen benutzen die Pahuyuth-Kämpfer die verfügbaren Waffen am Anbetungsplatz, die die ihm einst überreichten Waffen repräsentieren.

1581 starb der burmesische König Hongsavadie und sein Sohn Pra Jauw Nanntabureng wurde neuer König. Es war der Wunsch des Königshauses, dass den Feierlichkeiten der Krönung alle untergeordneten Städte beiwohnen sollten. Da das zwischen König Hongsavadie und Pra Maha Jakapatt geschlossene Friedensabkommen immer noch bestand, waren somit auch die Vertreter der thailändischen Städte dazu aufgefordert. Die Abwesenheit des Stadtkönigs der Stadt Kang wurde als Ungehorsam und grober Verstoß angesehen, sodass der frisch gekrönte König einen Angriffsbefehl erließ. Die beauftragten Kampftruppen waren aus burmesischen und auch thailändischen Soldaten aufgestellt. Die Burmesen befanden sich unter der Führung von Prinz Mangscheising, die von den Mon abstammenden Soldaten unter der Führung von Prinz Nadjinnong und die thailändischen Soldaten unter der Führung von Prinz Pra Ongdamm. Alle drei Prinzen kannten sich gut. Sie waren ehemalige Schulkameraden aus der burmesischen Kampfschule und Schüler desselben Lehrers gewesen. So kam es, dass jeder von ihnen mit der Überzeugung, der Beste zu sein, an den Auftrag heranging. Anstelle gemeinsam gegen die Stadt Kang vorzugehen, veranstalteten sie einen Wettbewerb, bei dem jeder von ihnen die Möglichkeit hatte, die Stadt sieben Tage lang anzugreifen bzw. einzunehmen. Die Truppenstärke von Pra Ongdamm war verglichen mit dem Aufgebot seiner zwei Jugendfreunde eher gering. Da er jedoch Kontakt zu den Freikämpfern hatte und sich diese an dem Angriff beteiligten, konnte er Kang mittels Taktik und dem Wissen des Pahuyuth erfolgreich einnehmen, was den burmesischen König wiederum misstrauisch machte. Es erschien ihm seltsam, dass ausgerechnet Pra Ongdamm mit der geringsten Truppenstärke siegreich die Stadt eroberte.

Im Jahr 1584 erklärte Pra Jauw Grung Angvah, der den Burmesen unterstehende König der Mon und Schwager Pra Jauw Nanntaburengs, seine Unabhängigkeit als Land gegenüber Burma. Als direkte Antwort setzte der burmesische König seine Kampftruppen in Richtung der Stadt Angvah in Bewegung. Die vom König bestimmten Kampftruppen bestanden aus einem Truppenzusammenschluss der Städte Plae, Tong Au, Chiang Mai und Ayutthaya. Laut Befehl des burmesischen Königs sollten sich zunächst alle Truppen in Hongsavadie (heutiges Bago) treffen, um dann gemeinsam mit der gesamten Kampfstärke aller vier Truppen nach Angvah zu marschieren. Prinz Pra Ongdamm hatte sich mit der Zeit einen guten Ruf und eine respektable Position geschaffen, die zugleich das Misstrauen aufseiten Nanntaburengs weiter schürten. Der Prinz verlangsamte den befohlenen Aufmarsch seiner Truppen nach Hongsavadie absichtlich und in der Hoffnung, dass der burmesische König voreilig, und ohne auf die Truppen zu warten, Angvah im Süden Burmas angreifen würde.

Pra Ongdamm hatte diesen Entschluss erst während seines Aufmarsches gefasst. Sollte der burmesische König den Eroberungskrieg gegen den Mon-König Pra Jauw Grung Angvah verlieren, sei es an der Zeit, das bestehende Zwangsbündnis mit Burma aufzulösen, da die Burmesen dann geschwächt wären. Seiner Meinung nach wurden die Thai mit ihren militärischen Truppen ohnehin durch das Friedensabkommen von den Burmesen ausgenutzt, ohne Thailand tatsächlich einen Dienst zu erweisen. Da er nach den vorherigen Königen als erster wieder Zugang zu den Freikämpfern hatte, war es an der Zeit, die Unabhängigkeit Thailands herbeizuführen. Sollte sich der burmesische König als Sieger herausstellen, wollte Pra Ongdamm bei seiner Rückkehr die nach Burma zwangsumgesiedelten Thai nach Thailand nehmen.

Die Eroberung der Stadt Angvah durch den Aufmarsch der Bündnispartner war von Pra Ongdamm aus unterschiedlichen Gründen von Anfang an nicht gewollt gewesen. Zum einen war es seine eigene Familie, gegen die er sich hätte stellen sollen, und zum anderen waren es die durch ihn verfügbar gemachten Kampfsoldaten, die ihr Leben für Burma und nicht für Thailand riskieren sollten. Auch für den burmesischen König stellten der Aufmarsch und der bevorstehende Eroberungskrieg eine familiäre Angelegenheit dar. Die Unterstützung der Thai wäre nicht zwingend erforderlich gewesen, denn die burmesischen Truppen hatten bereits eine enorme Stärke. Als er die Nachricht über das verzögerte Eintreffen der thailändischen Truppen erhielt, beschloss er, nicht länger zu warten, und marschierte gen Angvah, so, wie es Pra Ongdamm erwartet hatte. Zur Verteidigung hinterließ er den Regierungsvertreter Manggajoh Schava in der Hauptstadt, der auch Prinz Pra Ongdamm abfangen sollte, falls dieser gegen Hongsavadie vorging, womit man bereits rechnete. Der Regierungsvertreter bereitete auf Befehl des Königs zusammen mit Praya Gierd und Praya Ram, zwei Angehörigen der Militärführung, ein Attentat gegen Pra Ongdamm vor, das seine immer größer werdende Widerstandskraft brechen und damit auch die Bedenken des Königs ausräumen sollte.

Auf dem Weg nach Hongsavadie marschierte Pra Ongdamm mit seinen Truppen auch durch die Stadt Kraeng, in der sich sein alter Lehrer Mahaten Kanschon aufhielt. Der Prinz stattete ihm einen Besuch ab und erzählte ihm von seinem Vorhaben. Von diesem erfuhr er dann indirekt von dem geplanten Attentat und erhielt den Rat, sich zunächst um die eigene Sicherheit zu kümmern, anstelle den Belangen und Aufforderungen des burmesischen Königs nachzukommen. Der Prinz fasste einen Entschluss und versammelte die Militärführung, um sie über die aktuelle Situation zu informieren. Waren er und seine Truppen bis dahin noch auf Befehl und Geheiß des burmesischen Königs marschiert, rief er nun vor versammelter Mannschaft seine Unabhängigkeit aus und ordnete unter thailändischem Befehl den Rückzug seiner Truppen an.

Das traditionelle Ritual eines ordentlichen Militärrückzugs war das Rang Sinotock, bei dem Wasser auf würdevolle Art ausgegossen wurde, um die Eigenständigkeit und Kriegsbereitschaft eines Kriegsherrn zum Ausdruck zu bringen. Prinz Pra Ongdamm, der sich mit voller Kriegsausrüstung vor den versammelten Soldaten erhob, goss als Kriegsherr sein eigenes Trinkwasser vor sich auf den Boden. Dabei verkündete er die sofortige Unabhängigkeit gegenüber Burma und die wieder hergestellte Freiheit der Thai. Dies und die Bedeutung, die sich damit verband, sollten sowohl die Menschen als auch die Geister erfahren, wobei der genaue Wortlaut Pra Ongdamms in keinem Dokument erwähnt oder überliefert wurde. Das gleichzeitige Erreichen der Menschen und der Geister gelang durch die Benutzung des Wassers, denn als Träger von Schwingungen hat es eine Relevanz in der sichtbaren und auch in der unsichtbaren Welt. Das Rang Sinotock weist große Ähnlichkeit mit dem noch heute im Buddhismus praktizierten Ritual Song Nam (Wasser gießen) auf, das ebenfalls durchgeführt wird, um eine Verbindung zwischen Diesseits und Jenseits herzustellen. Das Spenden von Nahrungsmitteln und anderen Gegenständen an buddhistische Mönche, die der Tradition nach eigentlich für Verstorbene oder Geister bestimmt sind, werden mit diesem Ritual begleitet. Dabei gießt der Ritualführer Trinkwasser aus einem Gefäß über den ausgestreckten Zeigefinger auf den Boden und spricht dabei die Botschaft des Spendenzwecks für die Verstorbenen oder Geister.

Die Thai waren durch das zwischen König Hongsavadie und Pra Maha Jakapatt geschlossene Zwangsbündnis zwar an Burma gebunden, hatten jedoch in der gesamten Zeit ihre Souveränität nicht verloren. Daher trifft die in die Geschichte eingegangene Bezeichnung Unabhängigkeitserklärung für das Ritual Rang Sinotock eigentlich nicht zu. Viele Historiker setzten das Zwangsbündnis aber mit dem Verlust der thailändischen Souveränität gleich, weshalb das am 14. Juni 1584 in der Stadt Kraeng abgehaltene Ritual als solche in die Geschichte einging.

Nachdem das Ritual vollzogen war, trat Pra Ongdamm seinen Marsch zurück nach Ayutthaya an und motivierte die nach Burma umgesiedelten Thai-Familien, ihm zu folgen, indem er ihnen Schutz zusicherte, um in Thailand eine eigene Heimat aufbauen zu können. Viele nach Burma umgesiedelte Thai schlossen sich ihm an, sodass es zu einem Volksaufbruch in Burma kam. Das ursprünglich geplante Attentat des burmesischen Regierungsbeauftragten Manggajoh Schava war fehlgeschlagen. Erbost über den Aufbruch der Thai ordnete er seiner Militärführung (Sura Gam) an, Kampftruppen zusammenstellen, um die Auswanderung zu verhindern. Unter dem Geleitschutz von Pra Ongdamm hatten die Familien gerade den Fluss Satong überquert, als die burmesischen Verfolger das andere Ufer erreichten. Pra Ongdamm schoss mit dem berühmt gewordenen Gewehr Pra Saeng Puenjauw, das Gewehr mit einem drei Meter langen Lauf, über den Fluss und traf den Sura Gam, was die Burmesen veranlasste, die Verfolgung abzubrechen. Das historische Gewehr bekam später den Namen Pra Saeng Bpuen Kahm Maeh Nam Satong (das königliche Gewehr, mit dem über den Fluss Satong geschossen wurde). In Ayutthaya angekommen, berichtete der Prinz seinem Vater Somdet Pra Maha Tammarascha von den Vorfällen, der ihm Anerkennung und Tapferkeit aussprach und die Verteidigungsaufgaben der Hauptstadt weiterhin anvertraute. In der Folgezeit kümmerte er sich mit viel diplomatischem Geschick um ein Zusammenwachsen der Thai und rückte immer weiter in den Mittelpunkt dieses wachsenden und stärker werdenden Bündnisses. Trotz seiner Position war er noch sehr jung, und wie überall gab es unter den Stadtkönigen Zweifler und Kritiker, die ihm seine Stellung nicht zutrauten. Um den Zusammenhalt des Bündnisses zu gewährleisten, blieb es nicht aus, dass er seine Führungsstärke und seine Kampffähigkeiten ein ums andere Mal unter Beweis zu stellen hatte.

Als Kämpfer hatte er Seite an Seite mit seinen Soldaten von den Kampffähigkeiten Gebrauch gemacht, um für sein Land und die Befreiung der burmesischen Herrschaft zu kämpfen. Aus den Überlieferungen der Thai-Geschichte geht eindeutig hervor, dass er der einzige war, der als Mitglied des Königshauses beispielhaft an der Front kämpfte, so wie einst die Glie Gauw Piehnong, anstelle nur im Militärstab der Kriegsführung mitzuwirken.

Das berühmte Festungseroberungsschwert Dab Kabkay von Pra Ongdamm hielt er zwischen seinen Zähnen, während er die burmesische Belagerungsfestung Kay Prayanakorn erklomm. Dabei wurde er mehrfach durch die Speere der burmesischen Verteidiger verletzt und stürzte herab. Nur durch den Einsatz seines Schwertes konnte er sich schließlich retten, schwere Verletzungen abwenden und letzten Endes zum Erfolg gelangen. Während des Kampfes verhielt er sich wie ein

Kämpfer und nicht wie ein Führer, sodass ihm seine Gefolgschaft Hochachtung und Respekt aussprach, die bis heute anhalten.

In all den Jahren widmete er sich im Wesentlichen dem Kampf für die Freiheit und Einheit Thailands und wurde 1590 schließlich als Somdet Pra Naresurn zum König gekrönt. Auch begegnete er der Ausbildung und Ausrüstung der thailändischen Soldaten mit diplomatischem Geschick und Offenheit, wodurch mehrere offizielle und auch inoffizielle Kampfausbildungsstätten für verschiedene Waffengattungen und unterschiedliche, teilweise aus dem Ausland stammende Kampfsysteme entstehen konnten. Abgesehen von dem Ritual Rang Sinotock, das als Zeichen der thailändischen Unabhängigkeit durchgeführt wurde, hatte König Pra Ongdamm andere, teils vergessene oder nicht mehr praktizierte Rituale wiederbelebt. Beispielsweise war er es, der das Ritual Pithie Duem Namsabahn (Loyalitätseid) umformte und als Weihwasserschwur mit dem Namen Nam Pipatsattaja (Militärgelöbnis) praktizierte. Das gemeinschaftliche Trinken von buddhistischem Weihwasser anstelle von Reiswein, so, wie es einst bei den Glie-Kämpfern praktiziert wurde, und das Schwören auf Eigenständigkeit, Freiheit und Einheit für das thailändische Volk bis zum Lebensende waren dabei inhaltliche Bestandteile.

Das Ritual wurde später bei Allianzen thailändischer Gruppierungen durchgeführt, die sich Thailand offiziell anschlossen. Verräter und Verweigerer wurden hingegen exemplarisch durch die Vollstreckung ihres Todesurteils während des Rituals bestraft. Um seine Soldaten zu ermuntern und ihren Willen zu stärken, führte er auch das aus dem traditionellen Geisterwissen des Saiyasart stammende Dtad Maihkomnam wieder ein, und später auch das Ritual Pithie Pratomgramm, das er gegen den kambodschanischen König Praya Lawaek durchführte.

Dtad Maihkomnam

Das Ritual Dtad Maihkomnam war ursprünglich ein Freikämpferritual, das sich aus dem Ritual Jang Suek (Pithie Jahng Tapp) entwickelte. Die Gelehrten des Pahuyuth vermuten, dass es in der von König Naresurn wiederbelebten Form letztmalig im Zeitabschnitt von Nanjauw durchgeführt wurde. Dtad Maihkomnam (Schneiden von Holz, um den Namen zu unterdrücken) bedeutet symbolisch, den Kriegsgegner bereits zu besiegen, noch bevor man in die eigentliche Schlacht zieht. In seiner traditionellen Form wurde das Ritual bei den Freikämpfern direkt vor dem eigenen Aufmarsch abgehalten.

Zuerst wurde ein offener Pavillon im Freien aufgebaut und auf dem Dach eine weiße Fahne befestigt. Anschließend modellierte man den Feind symbolisch aus Erde, die von zwölf unterschiedlichen Orten stammte und aus drei unterschiedlichen Kategorien. Erde, die man unter vier verschiedenen Brücken oder ähnlichen Konstruktionen fand, bildete das erste Drittel. Ein umgefallener Baum, der den Übergang über einen Fluss ermöglichte, galt auch als solcher Ort. Erde von Ufern vier verschiedener Häfen oder Anlegestellen waren das zweite Drittel und Erde von vier verschiedenen Friedhöfen das letzte Drittel. Aus der Gesamtheit der vermischten Erdmengen formte man den Feindkörper in Lebensgröße. Das Körpermodell wurde seiner Herkunft entsprechend gekleidet, mit echten Waffen

Somdet Pra Naresurn 419

Die Statue zeigt Prinz Pra Ongdamm bei der symbolischen Durchführung des Rituals Rang Sinotock, der so genannten Unabhängigkeitserklärung gegenüber den Burmesen im Jahr 1584. Sechs Jahre später wurde er zum Thai-König mit dem Namen Somdet Pra Naresurn gekrönt.

ausgestattet und anschließend der Name des Feindes zusammen mit der magischen Schrift Buddajak Tanlayjak (der magische Kreisel zerstört den Kreisel) auf die Brust des Modells graviert. Zusätzlich band man den Ast eines Baumes am Nacken des Modells fest, dessen Namen dem Namen des Feindes ähnlich war. Zuletzt fixierte man die Feindfigur mit weißen Baumwollfäden an einen Bananenbaum, der extra vor dem Pavillon eingepflanzt wurde. Zu der festgesetzten Zeit um neun Uhr morgens übergab der König oder das ausführende Oberhaupt des Rituals das symbolische Machtschwert Dab Prasaeng Ayasit sowie den Kampfauftrag an den Oberbefehlshaber (Pra Tammarong Nauvaraht). Das Schwert war Symbolträger für die praktische Kampfkraft der Soldaten, die den Feind in der bevorstehenden Schlacht besiegen sollte. Für die Dauer der Zeremonie begab sich der Oberbefehlshaber, der dafür vorübergehend den Titel Kun Suek (Kriegsherr) erhielt, in den Pavillon, um die geistige Anwesenheit der drei Gottheiten Pra Insurn (viergesichtiger Gott), Pra Naray (Kriegsgott) und Pra Visavagorn (Gott der Magie) durch Gebete zu erbitten. Danach ging er mit dem Dab Prasaeng Ayasit zu dem Feindmodell vor den Pavillon und führte in Trance als symbolischer Henker und Vollstrecker einen Kriegsschwerttanz (Ram Dab Suek) auf. Der Tanz war eine pantomimische Bewegungsfolge, die sowohl über die Kampffähigkeiten als auch über die Herkunft des Ausübenden Aufschluss gab. Er wurde weder erklärt noch anderweitig kommentiert, sondern einfach nur ausgeführt. Mit dem Abschlagen des Kopfes des Feindmodells, möglichst mit einem einzigen Hieb, wurde der Tanz beendet. Der Kun Suek übergab dem König oder Ritualführer dann das Dab Prasaeng Ayasit mit den Worten: Der Auftrag zum Besiegen der Feinde ist erfüllt. Die Rückgabe des Schwertes an den König symbolisierte die Erfüllbarkeit des Auftrags, was durch das Abschlagen des Kopfes bestätigt und bekräftigt wurde. Durch den Kriegsbefehl des Königs wurde der Auftrag anschließend direkt in die Tat umgesetzt, wobei die gesamte Truppe über das Feindmodell samt Baum marschierte und den Platz dem Erdboden gleich machte.

Heute wird dieses Ritual in einer fortentwickelten Variante als Lehrerschwerttanz (Ram Dab Kru) ausgeführt, bei dem als zeremonieller Bestandteil nur der Kriegstanz eines Lehrers mit seinen Schwertern vollzogen wird. Der Tanz beginnt damit, dass sich der Lehrer bzw. Tänzer durch Meditation in einen Trancezustand versetzt. Die Bewegungen und der Inhalt des Tanzes ergeben sich durch den Meditationszustand, weshalb sie sich bei jedem Ritual unterscheiden. Der Tänzer kann und darf den Tanz vorher nicht proben. Die anwesenden Zuschauer können während der Meditation des Tänzers eigene Wünsche oder Fragen bezüglich ihres eigenen Schicksals an den Lehrergeist stellen, vorausgesetzt sie sind in der Lage, geistig mit ihm zu kommunizieren. Die Bewegungen und der gesamte Tanz werden im Nachhinein als Antwort gedeutet. Die beiden Lehrerschwerter gelten als magische Schwerter, die in sich Macht und Kraft des in der Meditation erschienenen Lehrers oder der göttlichen Persönlichkeit tragen. Es wird gesagt, dass die Schwerter durch Berührung auch für eine magische Geistheilung benutzt werden können. Der Lehrer bzw. die göttliche Persönlichkeit, die einem Kämpfer während seiner ersten Meditation erscheint, bleibt bedingt durch die Schwerter auch für alle weiteren Tänze bestehen. Dem Aberglauben folgend wird der Ram Dab Kru daher nur einmal pro Kalenderjahr durchgeführt, damit sich die in dem Schwert befindlichen Schwingungen nicht überlagern und aufgehoben werden oder sich gegenseitig stören.

Pithie Pratomgramm

Während der Jahre der anhaltenden Auseinandersetzungen zwischen Thailand und Burma, die zum Verlust der Hauptstadt Ayutthaya geführt hatten, überfiel und plünderte der kambodschanische König Praya Lawaek immer wieder die umliegenden Thai-Städte, obwohl er zeitweise sogar Untergeordneter der Thai war.

Nachdem König Naresurn 1584 die Unabhängigkeit Thailands verkündet hatte und sich im Anschluss dem Ausbau und Zusammenhalt der Nation widmete, gab er bekannt, durch die Umsetzung des Rituals Pithie Pratomgramm (Reinigung von Sünden) die kambodschanischen Fehltritte wiedergutzumachen. Seine Ankündigung setzte er schließlich einige Jahre später in die Tat um, nachdem die Freiheitskämpfe zwischen Thailand und Burma beendet waren. Er ließ seine Truppen gegen die kambodschanische Hauptstadt Lawaek marschieren und nahm König Praya Lawaek gefangen, um ihn zu seiner Vorgehensweise zu befragen:

„Ihr seid ein König, der sein eigenes Land regiert, ebenso wie ich. Wenn Ihr habgierig nach unseren Gebieten trachtet, weshalb dann nicht auf die übliche Art durch Eroberungskriege, wie es sich für einen König gehört, anstelle räuberische Überfälle auf unsere Provinzen zu führen?"

Praya Lawaek hatte den Anschuldigungen nichts entgegenzusetzen und sah seine Sünden ein. Er bat um sein Leben, doch König Naresurn konnte darauf nicht eingehen, da er die Umsetzung des Pithie Pratomgramm vorher öffentlich verkündet hatte. Nachdem es vollzogen war, sorgte er jedoch für das Wohlergehen der Familienangehörigen des Königs, was nicht üblich war. Normalerweise wäre nicht nur der König getötet worden, sondern auch ein Großteil seiner Familie, und sein gesamter Besitz wäre beschlagnahmt worden. Da König Naresurn es aber als gerecht empfand, nur den eigentlichen Befehlsgeber und Täter zu bestrafen und nicht die gesamte Familie, setzte er damit ein Zeichen der Menschlichkeit und Gerechtigkeit gegen die vorherrschende Tradition.

Das Pithie Pratomgramm war ein Hinrichtungsritual, bei dem am Ort des Geschehens eine zweistöckige Pagode errichtet wurde. Im oberen Stockwerk saß König Naresurn auf einem Sitzgestell, während der zur Hinrichtung vorbereitete König Praya Lawaek im unteren kniete. Ein Henker schlug den Kopf des kambodschanischen Königs ab und sammelte das auslaufende Blut in einem Gefäß. Anschließend übergoss er damit die Füße von König Naresurn, sodass das Blut von dort zurück auf den Leichnam tropfte.

Mit diesem erniedrigenden Ritual symbolisierte man die über den Täter stehende Herrschaft. Seinerzeit empfand man diese Darstellung als Genugtuung und Wiedergutmachung der Sünden des Täters. Das Ritual hatte eine äußerst abschreckende Wirkung auf Feinde und Verräter, weil es die Macht und Entscheidungsgewalt des Königs darstellte. In der Zeit der Befreiung und erneuten Zusammenschlüsse war dies auch notwendig und verhinderte letztlich einen drohenden Krieg mit den Kambodschanern.

Die Umsetzung eines Todesurteils durch eine Hinrichtung gab es bereits seit langer Zeit. Durch den Symbolgehalt des Pithie Pratomgramm wurden auch Hinrichtungen der Folgezeit mit symbolischen Bestandteilen versehen. Dort, wo Praya Lawaek hingerichtet worden war, erbaute man in späterer Zeit eine zweistöckige Pagode, in der die Hinrichtung nachgestellt ist.

Elefantenkampf des Königs

Zur Zeit König Naresurns war es nach wie vor üblich, Elefanten im Krieg einzusetzen. Zu den bedeutendsten Kämpfen, bei denen Kriegselefanten eingesetzt wurden und die in die Geschichte eingegangen sind, zählt der zwischen König Naresurn und dem burmesischen Prinzen Pra Maha Upparascha 1592 geführte Kampf, der teilweise auch auf 1593 datiert wurde. Der burmesische Prinz hatte seine Truppen Richtung Ayutthaya marschieren lassen und wollte König Naresurn in der kleinen Kreisstadt Tombon Dtahpangruh überfallen. Während des Kampfes wurde der Elefant von König Naresurn im Getümmel von seiner Truppe getrennt. Abgeschnitten von seinen Leuten traf er etwas abseits der Kampfhandlungen auf den burmesischen Prinzen, der die Situation im Schatten eines Baumes beobachtete. Plötzlich mit dem burmesischen Prinzen konfrontiert, nahm König Naresurn die Gelegenheit wahr, den Prinzen zu einem Kampfduell herauszufordern. König Naresurn sprach zu dem burmesischen Prinzen:

„Verehrter Bruderprinz, warum ruhst du hier im Schatten? Der Kampf ist noch nicht vorbei und viele Menschen sind verletzt und sterben unseretwegen bemitleidenswert. Als geborener Mann und als Mitglied der Königsfamilie fordere ich dich zu einem Duell, um diesen Kampf ehrenvoll zu entscheiden. Dies ist ein besonderes Duell und eine besondere Form der Machtdemonstration, die es künftig nicht mehr geben wird."

Durch die Ehre, die ihm als König erwiesen wurde, konnte sich der burmesische Prinz dieser Aufforderung nicht entziehen und nahm das Duell an. Die beiden kannten sich aus ihrer Jugend und hatten als Schulkameraden denselben Lehrer, von dem sie mehr oder weniger dasselbe Wissen erworben hatten und deshalb auch die Schwächen und Stärken des anderen kannten.

Elefantenduelle (Yuttahatti) waren auch damals etwas Besonderes und gehörten gewöhnlich nicht zum Verlauf kriegerischer Auseinandersetzungen. Insofern hatte König Naresurn recht, denn dieses Duell würde sich in der Form nicht wiederholen.

Während König Naresurns Elefant den des burmesischen Prinzen rammte und beide Elefanten dadurch zum Stehen gekommen waren, schlug Pra Maha Upparascha mit seinem Ngauw zu. König Naresurn wich seitlich, eng an den Hals seines Elefanten geschmiegt, aus, wodurch der Ngauw, eine Lanze mit Sichelaufsatz, nur seinen Hut am Rand durchbohrte. Der König nutzte den Schwung seiner Ausweichbewegung und wandelte diesen in Schlagkraft für seinen Ngauw um, traf den burmesischen Prinzen und schnitt ihm eine diagonale Wunde von den Hüften bis zur Schulter, sodass dieser kurz darauf starb.

Der Verlust ihres Führers schockierte die Burmesen, die in Panik gerieten und so den thailändischen Soldaten ermöglichten, zu ihrem König vorzudringen und ihn aus den Reihen der burmesischen Soldaten zu befreien. Der Hut von König Naresurn wurde fortan als Pra Mahla Bieng bezeichnet, als Hut, der durch den Schlag geschnitten wurde. Sein Ngauw, der bis dahin Prasaeng Kohngauw (königliche Langwaffe) genannt wurde, hieß fortan Jauw Praya Saennponplai (Fürst, der den Feind besiegt). Der Name des Elefanten änderte sich von Jauw Praya Cheiyanupab (Fürst aller Mächtigen) zu Jauw Praya Prabhongsavadie (Fürst der Sieger der Stadt Hongsavadie).

In der Historie wird dieser Zeitabschnitt als einer der Höhepunkte der Entwicklung des Pahuyuth und auch der thailändischen Kampfgeschichte angesehen, und dies, obwohl die Mehrheit der Gelehrten des Pahuyuth bereits nicht mehr in der Öffentlichkeit auftrat.

Somdet Pra Jauw Prasarttong

Der 21. König der Ayutthaya-Ära, Somdet Pra Jauw Prasarttong, der als Thronräuber zur Macht gekommen war und 1630–1655 regierte, ließ in Ayutthaya den kleinen Palast Peiyon Mahaprasat errichten, in dem Waffenkampfvorführungen veranstaltet wurden. Ursprünglich war er als Übungsplatz für die Leibgarde vorgesehen, um dem König die Möglichkeit zu geben, dieser zuzuschauen. Zwar konnte der König überall zugegen sein, doch wann immer er offiziell auftrat, hatte sein Verwaltungsapparat mit erheblicher Logistik für seine Sicherheit zu sorgen, sodass er spontan keinem Training beiwohnen konnte. Die Idee für die Vorführungen ergab sich bei der Suche nach geeigneten Mitgliedern für die Leibgarde.

Die Veranstaltungen waren dadurch begünstigt, dass sich der vom Volk abgelegene Palast optimal für das Training der Leibgarde unter Beobachtung des Königs eignete, ihn gleichwohl aber auch so gut gegen das Volk abschirmte, dass Waffenkampfvorführungen für normale Bürger im Beisein des Königs möglich waren.

Der heute noch in Thailand praktizierte Sportkampf mit Waffen geht der Überlieferung nach auf den Bau dieses Palastes für die königliche Leibgarde und die sich daran anschließende Entwicklung der Waffenkämpfe zurück. Bis heute wird Somdet Pra Jauw Prasarttong daher auch als Gründer des thailändischen Sportkampfes (Giela Gan Dtohsuh) angesehen.

Zum Teil hatten die Waffenkämpfe bereits Wettkampfcharakter, wurden aber auch noch als reine Waffenkampfvorführungen abgehalten. Die Teilnahme an den Veranstaltungen erfolgte in der Anfangszeit mit imitierten Waffen aus Rattan oder Bambus, die es bisher nicht gab und die die Verletzungsgefahr minimieren sollten. Die Kämpfer konnten die Waffen frei wählen, auch wenn diese besonders ausgefallen waren, und erhielten für die Teilnahme Belohnungen, die nicht vom Kampfergebnis abhingen.

Für das Muai, das sich seinerzeit bereits größerer Beliebtheit erfreute, wurde wieder die alte Bezeichnung Dtie Muai eingeführt. Zum ersten Mal in der Geschichte des Muai und auf dem Weg zu einem reinen Stehkampfsystem erließ Pra Jauw Prasarttong Regeln und Richtlinien, die einen bedeutenden und richtungsweisenden Einfluss hatten. Das Einführen der alten Bezeichnung Dtie Muai (Schlag-Muai) war dabei lediglich ein formeller Aspekt, der aber die inhaltliche Veränderung der Entwicklung zum Ausdruck brachte. Am Anfang des Dtie Muai im Zeitabschnitt Utong war das Greifen und Halten des ursprünglichen Ling Lom bereits ausgetrennt, klare Richtlinien durch eindeutige Regeln gab es jedoch noch nicht. Die Absprachen bezogen sich zwar auf die jeweiligen Vorführungen, waren aber von staatlicher Seite nicht bindend festgelegt. Genauso kämpfte man anfänglich im Stehen und führte den Kampf später auf dem Boden weiter ohne den Einsatz von Griff-, Wurf- oder Hebeltechniken. Die Handbandage, die bereits zu Beginn des Muai eingesetzt wurde, erfuhr durch die Verstaatlichung eine neue Bedeutung. Ursprünglich wurden sie verwendet, um den Gegner nicht Greifen zu können und die aus dem Kampf ausgesonderten Grifftechniken zu unterbinden. Nun wurden sie zu einem tatsächlichen Ausrüstungsgegenstand mit der Zielsetzung, die Schlagwirkung abzuschwächen, was zuvor gar nicht berücksichtigt worden war. Auch wurde der Kampfverlauf nun unterbrochen, wenn die Kämpfenden auf den Boden gerieten.

Angeregt durch diese Veränderungen entwickelte sich allmählich eine speziell auf den Faustschlag ausgerichtete Kampfbewegung, die dadurch begünstigt wurde, dass Fall-, Roll- und Grifftechniken im weiteren Verlauf komplett abgelegt wurden. Die offiziellen Richtlinien des Königs stellten somit ein Regelwerk für das Dtie Muai dar, das die endgültigen Weichen für die Entwicklung zum heutigen Nationalsport der Thai stellte, dem Muai Thai (Muay Thai). Sowohl in aktuellen Darstellungen der Geschichte des Muai als auch in der thailändischen Kampfkunst wird davon berichtet, dass die Handbandagen der Kämpfer durch das Auftragen von Sand, Muschel- oder Glassplittern verhärtet wurden. Dadurch sollte die Schlagwirkung erhöht werden, um die Faust als Waffe zu intensivieren. Diese Art der Modifizierung ist jedoch in keiner Weise historisch belegt. Nach Überzeugung der Gelehrten des Pahuyuth handelt es sich hierbei ausschließlich um eine Erzählung, die auf einer Vorstellung beruht. Ein solches Verhärten wäre weder für die zu einem Geschäft gewordenen Muai-Veranstaltungen noch für den Kriegseinsatz vertretbar gewesen. Die Umstände der kriegerischen Auseinandersetzungen und des Kriegsalltags waren im Allgemeinen ungeeignet für reine Faustkämpfer. Das Verhärten der Bandagen stellt in der Methodik des Pahuyuth eine Einschränkung der gegebenen Funktionalität dar, die mit den schöpferischen Gedanken des Pahuyuth nicht übereinstimmt.

Somdet Pra Naray

Während der Regentschaft Somdet Pra Narays (1656–1688), dem Sohn Pra Jauw Prasarttongs, mangelte es im Reich Ayutthaya an Kämpfern für das Militär. Um sich den Umständen optimal anzupassen, änderte Somdet Pra Naray die vorhandene Militärstruktur kurzerhand nach europäischem Vorbild ab. Die normalen Soldaten wurden standardmäßig nur noch mit drei Waffengattungen ausgerüstet: die traditionellen Waffen Schwert und Speer und als neue Waffe das Gewehr. Im Bereich der Schutzausrüstung wurde der rohrförmig gewölbte Schild (Dang) durch den rechteckigen flachen Schild (Kehn) abgelöst und der Metallhelm als Ausrüstungsgegenstand eingeführt. Neu war ebenfalls, dass die Soldaten neben dem Schwertkampfunterricht den Umgang mit dem Gewehr erlernten und in europäischer Truppenorganisation ausgebildet wurden.

Nachdem die Thai etwa ab 1687 mit weiteren europäischen Ländern, speziell auch mit England zu tun hatten, wurde nach englischem Vorbild auch der Rundschild (Loh) in die Ausrüstung der Thai-Soldaten aufgenommen. Der Speer wurde nur noch als Wurfwaffe und nicht mehr für den direkten Personenkampf genutzt. Bis zu diesem Zeitpunkt war die grundsätzliche Organisation der Soldaten immer noch weit von der Organisation europäischer sowie auch anderer asiatischer Truppen entfernt. Für die regulären Soldaten war es weiterhin gang und gäbe eigene Waffen im Dienst des Militärs zu benutzen. Das immer noch vorhandene Maih Zoog ließ sich nicht weiter verwenden, da die moderne Bewaffnung es ablöste und Schilde nicht mehr an den Körper gebunden wurden. Erst in dieser Zeit strukturierte sich das Militär komplett nach europäischem Vorbild. Die Schutz- und Leibgarde war im Zuge der vorherigen Öffnung des Thai-Reiches gegenüber dem europäischen Ausland überwiegend aus Söldnern wie Portugiesen, Spaniern, Franzosen und Holländern aufgestellt. Die nahe beim König befindlichen Soldaten waren durch die Gesetzgebung ausschließlich Thai. Es existierten ebenfalls ein berittener chinesischer sowie ein indischer Söldnertrupp, die mit Pfeil und Bogen ausgestattet waren und eine Sondereinheit des Militärs darstellten.

Seit 1673 unterhielten die Thai auch diplomatische Beziehungen zu den Franzosen. Thailand wurde derzeit durch König Pra Naray vertreten, den 24. König der Ayutthaya-Ära, während in Frankreich der Sonnenkönig Ludwig der XIV. regierte. In Überlieferungen wird davon berichtet, dass französische Kaufleute und Seeleute gelegentliche Auseinandersetzungen mit einheimischen Thai hatten. Die Franzosen waren von der Kampfart der Thai sehr beeindruckt, empfanden es aber als unschicklich, den gegnerischen Körper mit den Füßen zu treten. Trotzdem brachten sie den Dtie-Muai-Faustkampf in eingeschränkter Form nach Frankreich und nannten diesen Kampf fortan Savate (abgetragener Schuh). Ein solcher Savate-Kampf entspricht dem europäischen Boxen, setzt aber zusätzlich die Füße zum Treten ein. Die Tritte beschränken sich auf tiefe Ziele, Knie und Ellbogen werden nicht direkt zur Ausführung der Techniken benutzt. Die Kampfbegrüßung, die im Dtie Muai seinerzeit üblich war, wurde auch nicht übernommen.

Bis heute sind sich die Historiker nicht einig, ob es sich beim Savate um ein reduziertes Dtie Muai oder eine selbstständige Entwicklung handelt, die durch die Begegnungen mit den Thai angeregt wurde.

Pra Jauw Sueah

Pra Jauw Sueah (Tigerkönig), der 25. König der Ayutthaya-Ära hatte das Dtie Muai und Muai während seiner Regierungszeit von 1703–1708 indirekt revolutioniert – die Auswirkungen reichen bis in unsere heutige Zeit. Das von ihm gezeichnete Bild und die ihm zugeschriebene Rolle in der Entwicklung des thailändischen Kampfwissens entstanden zu einem großen Teil durch Missverständnisse und falschen Interpretationen. Erst seit Beginn des 21. Jahrhunderts wurden die Bemühungen, auch international, immer stärker, die über lange Zeit verbreiteten Informationen ins rechte Licht zu rücken. Laut den Angaben der Pongsavadan Ayutthaya, der Volksgeschichte Ayutthayas, interessierte sich der Tigerkönig für das Fischen und Jagen und war ein begeisterter Zuschauer der veranstalteten Faustkämpfe. Er selbst war kein Kämpfer und verfügte auch nicht über Kampfwissen irgendeiner Entwicklungslinie. Da die Faustkämpfe Anfang des 18. Jahrhunderts auch im Rahmen organisierter Veranstaltungen nach wie vor sehr häufig mit schweren Verletzungen endeten, sank die Anzahl der Kämpfer, die bei den Veranstaltungen antraten, und damit auch das Spektrum der benutzten Techniken. Denn gerade die Ausführung besonders attraktiver Techniken barg ein höheres Verletzungsrisiko.

Weil auch Pra Jauw Sueah als Zuschauer an schönen Techniken interessiert war und die Veranstalter der Kämpfe die Unzufriedenheit des Königs und seines Apparates zu fürchten hatten, entstanden gegen Ende seiner Regierungszeit Kampfregeln. Somit blieben die Faustkämpfe, die man nun Ram Mad Ram Muai (Fausttanz Boxtanz) nannte, weiterhin attraktiv und das Risiko schwerer Verletzungen minimal. Laut der neuen Regeln wurden die Handbandagen (Pann Mad) der Kämpfer vor Beginn einer jeden Runde in Wasser eingetaucht, wodurch sie weicher wurden und stärker auf der Trefferfläche rutschten. Die Kämpfer hatten nun auch einen Unterleibschutz aus Baumwolle (Gra Djab) anzulegen, den sie eingewickelt in ihrem Gurt fixierten, der ohnehin Teil der normalen Bekleidung war. Zudem wurde der Kampfplatz festgelegt, bei dem es sich entweder um eine quadratische Bodenfläche (Koch Muai) oder um ein Podest (Sanam Muai) handelte. Der Kampf wurde in Runden unterteilt und verlief nicht mehr ununterbrochen bis zu seinem Ende. Die Dauer der Kampfrunden (Jog) war ebenfalls vorgeschrieben; zur Messung der Zeit benutzte man halbierte Kokosnussschalen, die von Natur aus über ein Loch in der Mitte verfügen. Zu Beginn einer Kampfrunde wurde die Halbschale auf Wasser gelegt, das langsam in die Schale floss. War diese versunken, wurde die Kampfrunde beendet. Eine festgelegte Gesamtanzahl von Kampfrunden gab es im Allgemeinen nicht, unter Umständen wurde sie durch Zuruf des Tigerkönigs vorgegeben. Die Kämpfe endeten so entweder durch Erreichen der festgelegten Runden oder wegen schwerer Verletzungen.

Die traditionell aufgeführte Kampfbegrüßung erfuhr auch eine Änderung – die Tanzbewegungen wurden zu einer pantomimischen Erzählung erweitert. Durch die Tanzbewegungen stellten die Kämpfer sowohl den Zuschauern als auch dem Gegner eine bestimmte Geschichte dar, die meist aus der indischen Sage Rammagiern stammte und das Kampfvorhaben des Kämpfers ausdrückte. Größtenteils unterschieden sich die Inhalte durch zurückhaltende oder offensive Darstellungen des Kampfcharakters.

Durch die neuen Regeln wollte man die Kämpfer animieren, spektakuläre und schön anzusehende Techniken einzusetzen, für deren Anwendung sie teilweise sogar eine Belohnung vom König erhielten. Da dieser damit indirekt dazu beitrug, bürgerte es sich ein, diese Techniken als Techniken des Tigerkönigs (Tah Pra Jauw Sueah) zu bezeichnen. Durch Unkenntnis schrieb man diese Techniken später nicht nur seiner Regentschaft, sondern fälschlicherweise auch seiner Person zu. Nachfolgende Generationen gingen daher davon aus, dass er ein Kämpfer war, der diese Techniken besonders gut ausführen konnte.

Zur damaligen Zeit wurden die Techniken immer noch nach ihren Merkmalen bezeichnet und hatten keine eigentlichen Namen. Erst im ersten Drittel des 20. Jahrhunderts brachte man die Techniken aus der Zeit des Tigerkönigs mit Namen aus der zu dieser Zeit populären indischen Sage Rammagiern in Verbindung. Dies führte zu der Entstehung des Lehrbuchs der Techniken des Tigerkönigs (Tamrab Pra Jauw Sueah), das dem verbreiteten Missverständnis weiteren Nährboden lieferte. In dem Buch, das man trotz der viel späteren Entstehung obendrein dem Tigerkönig zurechnete, wurden die Techniken zum Beispiel Salab Fan Bla (sägende Fischzähne) oder Baksaa Weag Rang (der Vogel öffnet sein Nest) benannt. Auf der Suche nach den Wurzeln des Muai werden die zusammengefassten Techniken bis heute von vielen Anhängern als Ursprungstechniken angesehen, was eine falsche Grundlage des Muai Boran darstellt. Aus Sicht der Gelehrten des Pahuyuth sind diese Techniken keine Ursprungstechniken und stehen auch nicht in Zusammenhang mit den Techniken des Muai Boran. Es sind lediglich Techniken, die zu Beginn des 18. Jahrhunderts häufig von den Teilnehmern der öffentlichen Faustkampfveranstaltungen benutzt wurden.

Rammagiern

Neben der buddhistischen Lehre sind in Thailand weitere indische Kulturgüter verbreitet. Das Heldentum und auch der Respekt vor bestimmten Gottheiten, die sich im Laufe der Jahre in Thailand etablieren konnten, gehen auf den indischen Hinduismus zurück. Neue Gottheiten und mit ihnen in Verbindung stehende Sagen flossen durch die grundsätzliche Offenheit der Thai ohne Weiteres in den bereits von Naturgeistern durchzogenen Lebensalltag ein. Die neuen Heldensagen wurden von den Thai nicht nur akzeptiert, sondern gänzlich zu eigen gemacht und in Präsentationen und phantasievollen Vorstellungen variiert, sodass die Ursprünge – zumindest in Thailand – nur noch zu einem geringen Teil erhalten blieben. In die Sagen wurden die in der thailändischen Kultur vorhandenen verborgenen Wunder der Naturgeister und Gottheiten sowie die thailändische Geschichte allmählich eingearbeitet, sodass sich wirkliche Geschehnisse und Phantasie kaum noch auseinanderhalten lassen.

Seit der Ayutthaya-Ära besteht eine besondere und bisweilen untrennbare Verbundenheit zu der ursprünglich indischen Sage Rammagiern, die sich darin spiegelt, dass viele Könige nach den Helden der Sage benannt worden sind. Durch die Art der gesellschaftlichen Integration der Sage ist es unverzichtbar, zwischen der indischen Version und der neueren thailändischen Interpretation zu unterscheiden. Die Differenzen werden deutlich, wenn man die Originalversion der Sage mit einem Rammagiern-Theaterstück (Kohn) aus der Rattanagosin-Ära unter König Rama II. vergleicht.

Die Sage handelt von einem Dämon, der sich als Diener der Götter vor der Eingangstür zum Himmel aufhielt. Seine Aufgabe war es, die Füße der Engel und Gottheiten vor der Tür zu reinigen. Doch nicht alle Gottheiten würdigten seine Arbeit und gingen entsprechend mit ihm um. Einige machten sich über ihn lustig, und anstelle sich zu bedanken, klopften sie mit ihren Fingerknöcheln auf seinen Kopf. Mit der Zeit fing sein Kopf allmählich an zu glänzen und er hatte diese Entwürdigung nun schon tausende Jahre hilflos ertragen. Eines Tages kam die oberste Gottheit Pra In selbst zu der Tür, um den Himmel zu betreten, und erkundigte sich bei dem Dämon nach dessen Lebensumständen. Der Dämon nutzte die Gelegenheit, um sich gegen seine entwürdigende Behandlung zur Wehr zu setzen und berichtete der obersten Gottheit, dass er keine magischen Fähigkeiten wie die Engel oder Gottheiten besäße, um sich gegen boshafte Angriffe verteidigen zu können. Er wäre daher glücklich, wenn er einen magischen Zeigefinger hätte, der seine Feinde zerstörte, wenn er damit auf sie zeigte. Die oberste Gottheit hatte Verständnis für seine Sorge und erfüllte ihm den Wunsch, bevor sie in den Himmel verschwand. Der Diener der Götter hatte nun die Gelegenheit, sich für die jahrelange Entwürdigung zu rächen. Und so geschah es, dass alle Engel und Gottheiten, die nach dem Waschen ihrer Füße wieder auf seinen Kopf klopften, durch seinen magischen Zeigefinger zerstört wurden. Die Geschehnisse wurden dem Schöpfergott Pra Prom berichtet, der vier Gesichter hatte. Eines stellte die geschaffene Erde dar, eines das Wasser, eines

Der Affengott Hanuman aus der indischen Sage Rammagiern in einer modernen Darstellung des polnischen Künstlers Damian Terlecki.

das Feuer und eines die Luft. Er war derjenige, der für das Bestehen und die Ordnung des gesamten Universums verantwortlich war. Als er von den Vorkommnissen am Eingang zum Himmel erfuhr, beauftragte er den Kriegsgott Pra Naray, sich um das Anliegen zu kümmern. Pra Naray hatte zehn Gesichter und trug an jeder Hand seiner acht Arme eine andere Waffe. Trotz aller Bewaffnung konnte er nichts gegen den magischen Zeigefinger des Götterdieners ausrichten. Daher hatte er die Idee, sich in eine Tänzerin zu verwandeln und den Dämon zum Tanz zu animieren. Während des Tanzes richtete der Dämon in einer bestimmten Stellung seinen Zeigefinger versehentlich gegen sich selbst. Kurz vor dem Tod des Dämons verwandelte sich Pra Naray in seine göttliche Gestalt zurück, um den Dämon erkennen zu lassen, von wem er besiegt worden war. Wütend und enttäuscht über seine Niederlage äußerte er vor dem Kriegsgott, dass er durch die Verwandlung hinterlistig und nicht als Krieger besiegt worden sei. Er wünschte sich die umgekehrte Verteilung der Kräfte und war der Auffassung, den Kriegsgott dann leicht besiegen zu können. Durch seinen Stolz konnte Pra Naray die Sache nicht auf sich beruhen lassen und verabredete sich mit dem Dämon zu einer Revanche. Der Dämon sollte in der Welt der Menschen mit zehn Gesichtern und zwanzig Armen wiedergeboren werden, Pra Naray selbst würde ohne magische Kräfte als normaler Mensch auf die Welt kommen, um den Kampf wie gewünscht auszutragen. Der Dämon wurde daraufhin in der Dämonenstadt Langka auf der Insel Srie Langka im Indischen Ozean als Königssohn namens Tossagan (Zehngesicht) geboren. Der Kriegsgott Pra Naray kam in der Gestalt von zwei Brüdern auf die Erde: Rak der Liebende und Ramma der Mächtige. Die Brüder kamen als normale Menschen auf dem indischen Festland an und wurden wegen ihrer göttlichen Herkunft Pra Rak und Pra Ramma genannt. Ihr Gefolge bestand aus Affen, deren Anführer der Affenmensch Hanuman war. Der Hauptteil der Sage handelt von der Entführung Nang Siedas, der Geliebten Pra Rammas, und dem Versuch ihrer Befreiung, die durch den Aufmarsch einer Affentruppe vom indischen Festland nach Sri Langka eingeleitet wurde, bevor die eigentlichen Kampfhandlungen begannen.

Die Kampfhandlungen und Auseinandersetzungen werden in Abhängigkeit des Zeitabschnittes und der Darstellungsform unterschiedlich abgehandelt, wobei sich die thailändischen Fassungen des Theaterstücks dadurch von den indischen Originalen unterscheiden, dass sie in Anlehnung an die thailändische Gesellschaftsordnung die hierarchische Struktur der Macht zwischen Bürger und Machthaber durch moralische Inhaltsstränge stärker in den Vordergrund rücken, während sich die indische Version eher mit der dahinter liegenden Philosophie und den Glaubensaspekten beschäftigt.

Die Festung Kay Bang Rajan

Im 18. Jahrhundert, während der Ayutthaya-Ära und der Zeit der andauernden Streitigkeiten zwischen Thai und Burmesen, führten einige thailändische Dorfbewohner einen Widerstandskampf, der als bedeutungsvolle Begebenheit in die Geschichte einging. Der Kampf gegen die Burmesen, der von einem einzigen Dorf ausging, gilt als legendäres Musterbeispiel der thailändischen Freiheitsliebe und untermauert den Nationalstolz und die Tapferkeit der thailändischen Kämpfer.

In der überlieferten Geschichte wird das Dorf Bang Rajan als eine Festung des Widerstandes beschrieben. Es ist zu berücksichtigen, dass eine typisch asiatische Festung dieser Zeit keinesfalls mit einer Festung nach europäischem Vorbild zu vergleichen ist. Wegen der Vegetation, des Klimas und der soziokulturellen Entwicklung war es eher eine Art Fort. Im Fall von Bang Rajan handelte es sich um ein kleines Dorf, das zur Verteidigung einen Schutzzaun aus Baumstämmen errichtet hatte, die durch Schnüre und Seile, hergestellt aus der Rinde von Bambus- oder Rattanbäumen, zusammengehalten wurden. Der von Bang Rajan ausgehende Widerstand gegen die Burmesen im Jahr 1774 wurde in der thailändischen und auch der burmesischen Volksgeschichte (Pongsavadan Pamah) der Kong-Bong-Dynastie erwähnt. Jedoch finden sich unterschiedliche Angaben zu den Jahreszahlen, die von Dokument zu Dokument variieren.

Der burmesische König Pra Jauw Mang Rah hatte einen Kampfverband von etwa 27 Kampftruppen bestehend aus hundert Elefantensoldaten, tausend Pferdesoldaten und zwanzigtausend Fußsoldaten unter der Führung des Oberbefehlshabers General Nemieaw Sahabordie entsandt, um einen Aufstand in der nördlich gelegenen Stadt Lanna niederzuschlagen und im Anschluss daran die thailändische Hauptstadt Ayutthaya zu erobern. Interessanterweise finden sich in der thailändischen und der burmesischen Volksgeschichte unterschiedliche Angaben über die Dauer dieses Eroberungsfeldzuges. Während die Burmesen in ihren Aufzeichnungen von drei Jahren und einem Monat sprechen und das Ende auf den 11. April 1766 datieren, ist in den thailändischen Geschichtsbüchern nur von einem Jahr und zwei Monaten und einem Ende durch die Zerstörung Ayutthayas am 7. April 1766 die Rede.

Nachdem die burmesischen Truppen ihren Auftrag in Lanna ausgeführt hatten, zogen sie Richtung Ayutthaya und belagerten die Stadt. General Nemieaw erteilte seinen Soldaten den Befehl, Bewohner aus der Umgebung in Gewahrsam zu nehmen, um sie später nach Burma umzusiedeln. Die bevorstehende Umsiedlung und Verschleppung nach Burma, insbesondere der weiblichen Dorfbewohner, auf die es die burmesischen Soldaten abgesehen hatten, gab den Anlass für den Widerstand der Dorfbewohner in Bang Rajan. Der Widerstandskampf des zur Festung Kay Bang Rajan gewordenen Dorfes wurde der Überlieferung nach bis auf das Äußerste geführt, sodass die Burmesen insgesamt acht Anläufe brauchten, um das Dorf einnehmen und zerstören zu können. Der erste Angriff erfolgte von den burmesischen

Soldaten der nahe gelegenen Stadt Visaed Chaischan. Der burmesische Hauptmann Raung (Pan Raung) war dem Flusslauf des Bang Rajan gefolgt und hatte das Dorf entdeckt. Die Bewohner waren bereits auf die burmesischen Truppen vorbereitet und hatten ihr Dorf zur Festung aufgerüstet. Ein Dorfbewohner namens Nay Taen war zu diesem Zeitpunkt als Wachposten stationiert. Er hatte die burmesischen Soldaten frühzeitig bemerkt und überquerte daraufhin mit etwa zweihundert Dorfbewohnern den Fluss, um den Widerstand zu organisieren. Die burmesischen Soldaten waren eine etwa hundert Mann starke Truppe, die im Gegensatz zu den mit Handwerkszeugen und Küchengeräten ausgerüsteten Dorfbewohnern zum Teil über Gewehre verfügten. Den Überlieferungen nach konnten die Dorfbewohner die Soldaten bis auf zwei Flüchtende allesamt am Ufer des Flusses töten. Die Flüchtlinge überbrachten die Nachricht der zerschlagenen Truppe an den Befehlshaber in Visaed Chaischan. Nachdem auch General Nemieaw von diesem ersten Misserfolg erfuhr, entsandte er fünfhundert Kampfsoldaten unter der Führung von Nga Jun Vunn, um Bang Rajan zu zerstören. Die Truppe, die Nay Taen zusammengestellt hatte, kannte das Gebiet und war den Burmesen in diesem Punkt überlegen. Auch diesmal konnten die Dorfbewohner die burmesischen Soldaten besiegen und sogar weitere siebenhundert Kampfsoldaten, die zur Unterstützung nachgerückt waren. Der Überlieferung nach bestand die Taktik der Dorfbewohner darin, verstreut anzugreifen und kleineren burmesischen Trupps aufzulauern. Die Aktionen wurden vorzugsweise in der Nacht oder in der Mittagshitze geführt, wobei direkte Konfrontationen zwischen Thai und Burmesen nach Möglichkeit vermieden wurden. Nach dem unerwarteten Verlust von mehr als tausend Kampfsoldaten begannen die Burmesen ernsthaft, auf den Widerstandskampf der Thai aufmerksam zu werden. Die Umstände des geleisteten Widerstandes hatten den Nebeneffekt, dass Freikämpfer und Veteranen davon hörten und in das Dorf kamen, um zu helfen und die Gegenwehr zu unterstützen. Die Dorfbewohner sammelten zudem die Waffen der gefallenen Burmesen ein, die sie bei weiteren Angriffen verwenden konnten. Die größte Schwierigkeit für die Burmesen stellte die Lage des Dorfes dar, denn der Fluss Maeh Nam Bang Rajan machte einen unbemerkten Angriff so gut wie unmöglich. So kam es, dass auch der dritte Versuch der Burmesen, das Dorf mit neunhundert Soldaten zu zerstören, als Misserfolg endete.

Durch die Unterstützung der Freikämpfer und Veteranen erlernten die Dorfbewohner eingeschränkt auch das Kämpfen, und die Kampfkraft wuchs weiter an.

Nachdem die Burmesen nach drei vergeblichen Angriffen mehr als 1500 Kampfsoldaten gegen vermeintlich einfache Dorfbewohner verloren hatten, setzten sie nun eine noch größere Truppe von tausend Fußsoldaten und sechzig Pferdesoldaten unter der Führung von Surin Johkong in Marsch, um die Festung erneut anzugreifen. Die Dorfbewohner hatten sich inzwischen mit den Waffen der Burmesen ausgerüstet und eine Aufstellung zur Verteidigung organisiert, die aus drei Kampftruppen mit jeweils zweihundert Mann bestanden. Die Hauptkampftruppe in der Mitte wurde von Nay Taen angeführt. Nay Tong Mehn führte die rechte Kampftruppe an und der Kriegsveteran Captain Roung (Pan Roung) den linken Flügel. Durch ihre

Kenntnisse der Umgebung sowie den Einsatz einer erbeuteten burmesischen Kanone war es den Dorfbewohnern auch diesmal möglich, den Angriff der Burmesen abzuwehren. Dabei benutzten sie auch Taktiken aus dem Tierreich wie das Aufstellen von Fallen.

Der damalige Krieg ist mit unserem heutigen Verständnis nur schwer vorstellbar, insbesondere dann, wenn man nicht über Kampfwissen verfügt oder keinerlei militärische Kenntnisse hat. Und auch die Darstellungen des Krieges in unterschiedlichen Medien haben zu einem weit von der Realität entfernten Bild des Kriegsalltages geführt. Beispielsweise kann allein die Angabe über die Truppenstärke leicht ein falsches Bild erzeugen, denn eine Truppe mit tausend Mann verfügte nicht gleichbedeutend über tausend bewaffnete Kampfsoldaten. Mit Ausnahme der Führungsebene führte ein Kampfsoldat maximal Proviant für fünf Tage mit sich, der durch eine eigene Versorgungstruppe bereitgestellt wurde. Für einen Aufmarsch von tausend Mann wurden entsprechende Wasservorräte benötigt, provisorische Schlafplätze und Lager sowie auch sanitäre Möglichkeiten zur Körperpflege und die menschlichen Bedürfnisse. Auch das medizinische Personal, die Leichenbestatter und nicht zuletzt das Säuberungspersonal für den Kriegsplatz waren Teile dieser Truppe. Zusätzlich gab es Dienstpersonal für die höheren Dienstgrade und eine Transporteinheit, die für das Kriegsgepäck zuständig war. Für schweres Gerät, etwa Geschütze, kam das jeweilige Dienstpersonal hinzu, und auch für Elefanten und Pferde wurden Pfleger benötigt. Den überlieferten Angaben zufolge bestand die tatsächlich kämpfende Einheit einer tausend Mann starken Truppe aus etwa dreihundert bewaffneten Kriegssoldaten. Als Faustregel rechnete man mit etwa einem Drittel der gesamten Truppenstärke, um deren tatsächliche Kampfkraft einzuschätzen.

Bei einem Truppenaufmarsch wurde von den etwa dreihundert bewaffneten Kriegssoldaten in Abhängigkeit der jeweiligen Umgebung und Vegetation etwa ein Viertel, also 75 Mann, als Geleitschutz eingeteilt, die der eigentlichen Truppe nicht mehr direkt zur Verfügung standen. Die verbliebenen drei Viertel, 225 bewaffnete Soldaten, bildeten die eigentliche Truppe für den Kampfeinsatz, von denen etwa 25 in die Führungsebene gehörten, sodass zweihundert für den aktiven Kampfeinsatz verblieben, die in drei Gruppen eingesetzt wurden: einer Frontgruppe, bestehend aus fünfzig Soldaten, einer Hauptgruppe mit schwerer Bewaffnung aus hundert Soldaten sowie einer Gruppe für den Nachschub mit den restlichen fünfzig Soldaten.

Eines der größten Probleme für die Kampftruppen war die Kommunikation und Befehlsweiterleitung sowie die grundsätzliche Einhaltung der Befehlskette. Ohne moderne Kommunikationsmittel war es schwer, eine hundert Mann starke Truppe mit Befehlen zu versorgen, die sich im Kriegseinsatz befand. Daher gab es in der Regel spezielle Befehlsboten, meist zu Pferde, die ausschließlich dazu abgestellt waren, Befehle weiterzuleiten oder einen Lagebericht an den Führungsstab zu übermitteln. Diese Befehlsboten waren ausschließlich für ihren Selbstschutz bewaffnet.

Üblicherweise schlugen die Kriegsparteien ihr Lager als provisorische Festung etwa einen Kilometer voneinander entfernt auf, bevor die eigentlichen Kriegshandlungen begannen. Die Kanonen hatten eine maximale Reichweite von etwa hundert Metern und konnten wegen der Überhitzungsgefahr nur alle fünf bis zehn Minuten abgefeuert werden. Das bedeutete, dass nicht nur die Kanone selbst, sondern auch das Zündmaterial sowie die Kanonenkugeln von den Dienstsoldaten eine Strecke von neunhundert Metern transportiert wurden, bevor sie in Stellung gebracht werden konnten. Während dieses Transports waren weitere fünf bis zehn Soldaten nicht in der Lage, etwas anderes zu tun. Soldaten, die mit einem Bogen bewaffnet waren, hatten eine Reichweite von etwa dreißig Metern und konnten zwei bis drei Mal pro Minute nachladen, bis ihre zwanzig oder dreißig Pfeile verbraucht waren. Sofern sie keine weiteren Waffen hatten, waren sie im Anschluss daran kampfunfähig. Soldaten mit Handwaffen, die einen maximalen Aktionsradius von etwa zwei Metern hatten, sahen sich bei einem Angriff in der Situation, eine Strecke von insgesamt zwei Kilometern für den Hin- und Rückweg zurückzulegen, was ihre Ausrüstung entsprechend einschränkte.

Durch das Zusammenspiel zwischen Mensch und Tier waren die Kriegseinsätze zwangsläufig auch von alltäglichen Bedürfnissen wie der Nahrungsaufnahme und den Ruhephasen abhängig. Zur Übersichtlichkeit wurde überwiegend bei Tageslicht gekämpft und dies zwischen den Mahlzeiten. Die Einsatzleistung der Soldaten begrenzte die damalige Kriegsdauer auf maximal vier Stunden pro Tag, unabhängig von dem jeweiligen Kriegsergebnis. Überliefert ist, dass vormittags bis kurz vor Mittag gekämpft wurde und dann wieder am späten Nachmittag, wenn die Hitze erträglich geworden war, bis zur einsetzenden Dämmerung.

Zu Beginn einer Auseinandersetzung stellten sich beide Kriegsparteien gegenüber auf, ungefähr 110 Meter voneinander entfernt, sodass sie außerhalb der Reichweite der gegnerischen Kanonen waren. Der Abstand bildete automatisch auch das Schlachtfeld, das sich wie ein Korridor zwischen den in Stellung gegangenen Truppen befand. Dem Brauch nach trafen sich zunächst die Vertreter der jeweiligen Militärführungen in der Mitte des Kriegsplatzes, der Demarkationslinie, um den Krieg eventuell im Vorfeld auszuhandeln. Kamen beide Kriegsparteien zu einer Übereinkunft, wurde nicht gekämpft, was nur selten der Fall war.

Während der Auseinandersetzung galt es als Selbstverständlichkeit, dass bewaffnete Soldaten innerhalb des Kriegsplatzes als Kriegsgegner betrachtet wurden. Da man unbewaffnete Soldaten nicht angriff, bestand für die Verletzten die Möglichkeit, ihre Waffe fallen zu lassen, um sich gefahrlos vom Kriegsplatz zurückziehen zu können. Die Eigenart, einen unbewaffneten Soldaten zu schonen, hat sich auch in der Kämpfergesellschaft zu einer Tugend entwickelt und ist ein Ausdruck des Respekts gegenüber einem Menschen. Diejenige Kriegspartei, die den Kriegsplatz als letzte verließ, hatte das Vorrecht, ihre verletzten oder gefallen Soldaten zuerst abzutransportieren sowie Waffen und Ausrüstung einzusammeln. Mit Beginn des Abends wurden dann meist die Bestattungsrituale abgehalten, normalerweise Feuerbestattungen. Während der Verbrennungen setzte man die Angriffe nicht fort, als Ausdruck des gegenseitigen Respekts vor den gefallenen Soldaten.

Diese allgemein praktizierte Kriegsführung hatte in Bezug auf den Widerstand des Dorfes Bang Rajan jedoch kaum eine Relevanz, da die Dorfbewohner in keinerlei militärischer Struktur organisiert waren. Ganz im Gegenteil entsprachen sie eher einer kollegialen Kampfeinheit, die eigenständig agierte und ein gemeinsames Ziel verfolgte. Ihr Operationsgebiet ergab sich durch die Entfernung eines Tagesmarsches, wodurch sie sich weder um Proviant noch um provisorische Lager oder Ruhestätten zu kümmern hatten. Durch die fehlende Struktur in ihrer Kriegstruppe entsprach die Anzahl tatsächlich einsatzfähiger Kämpfer auch nahezu der gesamten Truppenstärke. Ihr Vorgehen, in kleinen Gruppen vereinzelt anzugreifen, schuf eine ungewöhnliche Situation für die burmesischen Gegner, die dadurch einem Krieg ohne Pause ausgesetzt waren. Nach Einschätzung der Gelehrten des Pahuyuth war diese neuartige psychische Belastung einer der Hauptgründe für das Versagen der burmesischen Soldaten.

Etwa zehn oder elf Tage nach ihrer letzten Niederlage versuchten die Burmesen, mit den verbliebenen Soldaten zum nunmehr fünften Mal das Dorf Bang Rajan zu zerstören. Der kommandierende Mie Jae Joh Ahgah griff erneut auf direktem Weg an, konnte aber von den seitlich aufgestellten Dorfbewohnern attackiert werden, die den Verlust der burmesischen Soldaten herbeiführten.

Die sechste Kampfhandlung ging von den Dorfbewohnern aus. Sie überfielen eine Versorgungstruppe der Burmesen, die in der Nähe ihres Dorfes unterwegs war und von dem Regierungsvertreter der Stadt Tavay angeführt wurde. Die etwa hundert Mann große Truppe war allein durch die Überzahl der Dorfbewohner unterlegen und wurde von ihnen ohne Weiteres zerschlagen, was ihnen weiteren Proviant und Waffen verschaffte. Durch diesen Überfall waren die Burmesen so verärgert, dass General Nemieaw eine 2500 Mann starke Kampftruppe mit etwa tausend bewaffneten Kampfsoldaten unter der Führung von Aga Pan Kayie in Bewegung setzte. Die Truppe hatte den Auftrag, Kay Bang Rajan durch einen Blitzkrieg komplett zu zerstören und den Widerstand ein für alle Mal zu brechen. Die auch zahlenmäßig stärker gewordenen Widerstandskämpfer hatten davon erfahren und griffen die nahenden Burmesen an, bevor diese überhaupt Stellung beziehen konnten. Den Berichten zufolge erfolgte der überraschende Angriff am späten Nachmittag, als die burmesischen Truppen gerade dabei waren, ein provisorisches Lager zu errichten. Die völlig unvorbereiteten Soldaten wurden durch eine Truppe von tausend Kämpfern, angeführt von Nay Jan Noud Kieaw, erneut zerschlagen. Sie verzeichneten unzählige Tote und Schwerverletzte, sodass der übrige Teil der Soldaten floh, anstelle den Kampf bis zum Ende zu führen. So kam es, dass die burmesischen Soldaten geschlagen waren, noch bevor sie mit ihrem eigentlichen Auftrag beginnen konnten.

Nach insgesamt sieben erfolglosen Auseinandersetzungen um das Dorf Bang Rajan begannen die Burmesen sich Sorgen zu machen, denn sie sahen die Kriegsvorbereitungen gegen die Hauptstadt, ihr eigentliches Interesse, durch den Widerstand von Kay Bang Rajan gefährdet. Das Gebiet, in dem sich das Dorf befand, war als Durchgang für die Kampftruppen vorgesehen und sollte auch für die zukünftige Nahrungsbeschaffung dienen. Ihr Hochmut gegenüber dem kleinen Dorf drohte zu einem ernsthaften Problem für die gesamten Kriegsaktivitäten zu werden. General

Nemieaw betraute daher eine noch größere und stärkere Kampftruppe unter Führung von Oberst Sukie mit der Lösung des Problems. Der Oberst war ein gebürtiger Mon, der eine fünftausend Mann starke Truppe mit zweitausend Kampfsoldaten befehligte, ursprünglich war er als Stratege für den Überfall auf Ayutthaya vorgesehen. Er war in Thailand aufgewachsen und hatte sich später beim burmesischen Militär hochgearbeitet.

Der Oberst machte sich die Erfahrungen der bislang gescheiterten Aufmarschversuche zunutze und änderte seine Strategie. Um nicht schon während des Aufmarsches überfallen zu werden, richtete er insgesamt drei Zwischenlager ein, damit nicht alle Soldaten auf einmal bis in die Nähe von Bang Rajan vorrückten. Gleichzeitig legte er gesonderten Wert auf die Verteidigung seiner Truppe während des Aufmarsches. Insgesamt dauerte dieser dadurch mehrere Monate, doch erreichten die Burmesen ihre Stellung, ohne von den Dorfbewohnern angegriffen worden zu sein. Nach ihrer Ankunft bauten sie ihr Lager zunächst zu einer Art Festung aus, um gegen Angriffe optimal vorbereitet zu sein. So schafften es die Dorfbewohner trotz mehrerer Versuche nicht, die Stellung der burmesischen Soldaten einzunehmen, letztendlich auch dadurch, weil es ihnen an Strategie und Logistik mangelte. In der Zwischenzeit ließ der burmesische Oberst mehrere unterirdische Tunnel in Richtung des Dorfes anlegen, um bis auf Reichweite seiner Kanonen an das Dorf heranzukommen. Nachdem die Kanonen in Stellung gebracht worden waren, beschoss er das Dorf nach den ununterbrochen geführten Angriffen am Tage. Die Kanonen richteten zwar keine großen Schäden an, hatten dafür jedoch eine enorme Auswirkung auf die Psyche der Dorfbewohner, die sich in ihrer Festung fortan nicht mehr sicher fühlten.

Ein Teil der Bewohner verließ das Dorf, was zu einer merklichen Schwächung der Kampfstärke führte. Um sich gegen die dauernden Kanonenangriffe zur Wehr setzen zu können, benötigten sie Kanonen mit höherer Reichweite. Sie sandten Boten nach Ayutthaya, um Hilfe aus der Hauptstadt zu erbitten, doch die Militärführung lehnte das Gesuch ab, da sie fürchtete, die Kanone könne unterwegs in die Hände der Burmesen fallen und gegen Ayutthaya eingesetzt werden. Durch die ausbleibende Unterstützung aus der Hauptstadt fiel die Moral der kämpfenden Dorfbewohner drastisch. Ungeachtet dieses indirekten Rückschlages versuchten die im Dorf verbliebenen Kämpfer aus eigener Initiative und ohne ausreichendes Fachwissen, selbst zwei Kanonen zu gießen. Da ihre Kenntnisse zu beschränkt waren, wiesen die Kanonen Risse auf, sodass sie nicht zum Einsatz kommen konnten.

Durch die stetigen Angriffe und den immer größer werdenden Verlust eigener Kämpfer waren die Dorfbewohner allmählich kaum noch in der Lage, die Festung zu verteidigen. Die Mehrheit der Kämpfer bestand ohnehin aus Freikämpfern, die durch ihre Treue den Widerstand bis zum Schluss aufrecht hielten. Als der burmesische Oberst schließlich den Sturmbefehl auf die Festung gab, unterlagen die Dorfbewohner den burmesischen Soldaten.

Zu Ehren der Tapferkeit aller Kämpfer aus Kay Bang Rajan wurde die Festung 1975 vor Ort als historisches Museum und Mahnmal wieder aufgebaut.

Die Legende von Nay Kanom Tom

Anders als in der westlichen Welt war die typische Kriegsführung Asiens seit jeher dadurch gekennzeichnet, die Verlierer umzusiedeln. Die Zwangsumsiedlung stellte eine unverzichtbare Absicherung gegen Rückeroberungen oder aufkeimenden Widerstand dar. Auch nach der Eroberung der thailändischen Hauptstadt Ayutthaya im Jahr 1767 siedelte man Thai nach Burma um. Die Art der Umsiedlung führte durch unterschiedliche historische Überlieferungen zu Missverständnissen in der westlichen Welt, da eine aus dem Kontext herausgelöste Betrachtung fälschlicherweise die Definition von verschleppten Kriegsgefangenen festigte. Dabei entsprach die Zwangsumsiedlung keinesfalls einer Verschleppung nach westlichem Verständnis.

Wie alle asiatischen Kriegsherren verfolgten auch die Burmesen das Ziel, durch die Umsiedlung junger Familien und alleinstehender Jungen und Mädchen ihre gewonnenen Gebiete zu festigen, ohne mit Vergeltung oder Aufständen zu rechnen. Für die Umsiedlung wurden die Betroffenen zwar unter Zwang ausgesucht, erfuhren in der Summe aber keine Behandlung als Sklaven oder Kriegsgefangene. Weder wurden sie gefesselt noch eingesperrt oder geschlagen. Üblich war, die Umsiedler vor die Hauptstadt ihres neuen Heimatlandes zu bringen und dort in einer Art Siedlung oder Reservat zu sammeln, bis sich neue Familien gebildet hatten oder ein bestimmter Abschnitt der Sozialisation vollzogen war. Erst danach wurde ihnen Siedlungsfreiheit in ihrem neuen Umfeld gewährt. Dies hatte zusätzlich den Effekt, dass vermeintliche Angriffe von thailändischer Seite das Überwinden der eigenen Landsleute bedeutet hätte, die vor den Stadtmauern lebten und in der Übergangsphase wie ein Schutzwall der Stadt wirkten.

Nach dem Verlust Ayutthayas und der Umsiedlung der Thai entstand die Erzählung von Nay Kanom Tom, die bis in unsere heutige Zeit erhalten geblieben ist. Sie berichtet davon, dass der burmesische König Mang Rah seine eigenen Kämpfer im Rahmen einer Siegesfeier gegen thailändische Kriegsgefangene antreten ließ. Ursprünglich war geplant, die waffenlos ausgetragenen Kämpfe dazu zu nutzen, die Kampffähigkeit der burmesischen Soldaten zu demonstrieren. Während der Vorführung hatte König Mang Rah dann die Idee, seine Kämpfer gegen die Thai aus dem Reservat kämpfen zu lassen. Zu diesem Zweck soll eine Truppe von neun burmesischen und neun thailändischen Kämpfern aufgestellt worden sein. Als erster Thai hatte Nay Kanom Tom den Kampf zu bestreiten. Die Burmesen sollten von ihrem Sieg sehr überzeugt gewesen sein, weil sie davon ausgingen, dass ihr Wissen und ihre Kampfkraft des Pa Wu Shu, einer abgewandelten Entwicklungslinie des Pahuyuth, den Thai überlegen seien. Denn deren Ram Mad Ram Muai, das sie aus der damaligen Zeit kannten, verfügte als reduzierte Form des Pahuyuth nicht über Roll- und Falltechniken. Laut der Erzählung bestätigten sich die burmesischen Spekulationen nicht, denn Nay Kanom Tom kämpfte mit dem umfassenden Wissen des Ling Lom, wodurch er in der Lage war, die neun Burmesen nacheinander zu besiegen. Durch diese unverhoffte Wendung und den Sieg Nay Kanom Toms war der burmesische König so beeindruckt, dass er folgende, durch die Erzählung berühmt gewordene Bemerkung gemacht haben soll:

„Schade, dass ihr Thai im Moment keinen guten Herrscher habt. Unter der Führung eines guten Herrschers wärt ihr mit eurem Kampfwissen unbesiegbar."

Die Erzählung hatte sich in der Folgezeit nicht nur in der Linie des wettkampforientierten Muai, sondern auch darüber hinaus für die gesamte thailändische Kampfkunst zu einer Legende und Heldengeschichte entwickelt, sodass selbst die heutige Generation noch von dem Sieg Nay Kanom Toms gegen die burmesischen Kämpfer spricht und er für viele Anhänger das Ideal eines Thai-Kämpfers darstellt.

Trotz dieser verbreiteten Erzählung gibt es keinen tatsächlichen Bericht über die Ereignisse und auch der Name Nay Kanom Tom lässt sich in keinem historischen Dokument finden. Die Erzählung geht angeblich auf einen Vernehmungsbericht zurück, der nicht dokumentiert wurde, obgleich andere Vernehmungsberichte aus dieser Zeit existieren. Die Gelehrten des Pahuyuth glauben, dass es sich eher um einen Kommentar handelt, dessen eigentlicher Inhalt sich nicht auf die Geschichte von Nay Kanom Tom bezieht, sondern als politisch orientierte Aussage über die Unfähigkeit des thailändischen Herrschers zu verstehen ist. Laut der Erzählung soll Nay Kanom Tom nach seinem Sieg nach Thailand zurückgekehrt sein, was angesichts der Umsiedlung gar nicht möglich gewesen wäre. In den von den Mon geführten Vernehmungsberichten finden sich weder Angaben über Nay Kanom Tom noch über die neun angeblich besiegten Burmesen.

Praya Tak

Die Geschichte von Praya Tak begann im Jahr 1765 in der Stadt Tak, wo er als Stadtregent im Nordwesten Thailands im Amt war. Da er mit bürgerlichem Namen Sin hieß, wurde er von der Bevölkerung später Praya Taksin genannt. Am 17. April 1734 wurde er als Sohn von Hai Hong (Vater) und Nok Leng (Mutter) geboren. Als er alt genug war, gaben ihn seine Eltern in die Obhut des Praya Jaggrie, bei dem seine militärische Laufbahn begann. Als einfacher Soldat war er zunächst bei der Leibgarde und stieg später in die Ränge des höheren Militärs auf, was ihn in die Stadt Tak führte, wo er als Praya Tak unterschiedliche Staatsaufgaben übernahm. In der letzten Stufe war er als Regierungsbevollmächtigter in der Stadt Gampaeng Pet tätig.

Als die Burmesen Ayutthaya laut einer weiteren Überlieferung im Jahr 1765 erneut belagerten, wurde Praya Tak von König Kun Loung Suriya Amarin aus Ayutthaya zur Verteidigung in die Hauptstadt einberufen. Durch seine neue Aufgabe in der Militärführung wechselte sein Rang nun in die Generalsebene (Praya Vaschirapragan); er war für die Verteidigung des östlichen Stadtteils zuständig, in dem die Burmesen ununterbrochen versuchten, die Stadtmauern zu erobern, um in Ayutthaya einmarschieren zu können. Praya Taksin wollte Kanonen gegen die Burmesen einsetzen, doch die Munition in der Hauptstadt war knapp und die Militärführung lehnte sein Gesuch ab. Diesem Befehl widersetzte er sich und nutzte die Kanonen ohne Erlaubnis, woraufhin er eine Strafandrohung wegen Missachtung erhielt und nach dem Krieg eventuell zur Rechenschaft gezogen werden sollte. Seine Entscheidung war in der akuten Situation ein spontaner Akt der Verteidigung, der die Burmesen vorerst auch tatsächlich an der Eroberung der Stadtmauer hinderte. Für Praya Taksin war es unverständlich, dass er keine Freigabe für die Verwendung der Kanonen bekommen hatte. Er war von der Reaktion und der angedrohten Strafe sehr enttäuscht.

Da ihm seine Verteidigungsaufgabe nicht durchführbar erschien, entschloss er sich, die Belagerung der Burmesen mit einer Gefolgschaft von etwa fünfhundert bewaffneten Soldaten, zum Teil auch zu Pferde, zu durchbrechen, um die Hauptstadt ohne strategische Einschränkungen gegen die Angreifer verteidigen zu können. Unter den Soldaten befanden sich wie bei nahezu jeder Verteidigung des Landes unter Führung des Königs auch Freikämpfer. Durch die Befehlsverweigerung und sein eigenmächtiges Handeln kam es unter ihnen zu Unstimmigkeiten und ein Großteil der Kämpfer zog sich zurück. Die Freikämpfer beurteilten sein Verhalten und auch die Gesamtsituation sehr unterschiedlich. Sie waren enttäuscht, weil der von Praya Taksin erbetene Einsatz der Kanonen von der Militärführung abgelehnt worden war. Die Treue der Freikämpfer gegenüber dem König und ihrem Land beruhte nicht auf der Pflichterfüllung eines Berufssoldaten, sondern auf dem Schwur, als Freikämpfer für das Land und die Heimat unter der Führung des Königs einzustehen. Erst kurz zuvor, bei der Belagerung des Dorfes Bang Rajan, war bereits ein Unterstützungsgesuch von der Militärführung abgelehnt worden, was in den Reihen der Freikämpfer zu Unverständnis und Enttäuschung geführt hatte. Kurioserweise ging es auch im Fall von Bang Rajan um eine Unterstützung durch Kanonen. Für die Freikämpfer bedeutete dies, dass ihnen der König, für den sie einstanden und dem sie ihre Treue und Loyalität durch den Einsatz ihres Lebens zum Ausdruck brachten, erneut in den Rücken fiel. Sie empfanden die Ablehnung der angeforderten Unterstützung als Versagen ihres Dienstherrn. Nach ihrer Kampferfahrung betrachteten sie den Schritt Praya Taksins, aus der Stadt auszubrechen, um die Verteidigung von außerhalb führen zu können, als richtig.

Da sie sich innerlich bereits von der Treue und Loyalität, die auf dem Tamrab Pichaisongkram beruhte, verabschiedet hatten, verteidigten sie die Hauptstadt nur halbherzig. So kam es, dass sich die Freikämpfer auch nach der Verteidigung Ayutthayas mehr und mehr zurückzogen und den Schwur gegenüber dem König als beendet ansahen. Diese Entwicklung stellte den letzten großen Bruch der Freikämpfer und Gelehrten des Pahuyuth gegenüber der öffentlichen Gesellschaft und Führung des Landes dar, woraufhin das Pahuyuth kaum noch Bestandteil des öffentlichen Lebens war.

Ein Teil der Freikämpfer empfand die eigenmächtige Entscheidung Praya Taksins eindeutig und ausschließlich als militärische Pflichtverletzung. Streng nach der Devise „den Befehl ausführen, ohne ihn zu hinterfragen" bewerteten sie sein Verhalten indirekt als Fahnenflucht, da er sich den Befehlen widersetzt hatte. Daher verweigerten diese Freikämpfer Praya Taksin jegliche Unterstützung und machten ihn im Nachhinein sogar dafür verantwortlich, zum Verlust der Hauptstadt beigetragen zu haben.

Auch seine Abstammung war ein Aspekt, warum seine Entscheidung missbilligt wurde. Nach seiner späteren Krönung zum König verurteilten ihn gerade diejenigen, die ihn bereits als Verräter und Verletzer der Pflichten ächteten, wegen des fehlenden Abstammungsrechts innerhalb der Linie des Königshauses. Die Vertreter dieser Fraktion waren der Ansicht, dass das Wissen fortan nur noch unter Ausschluss der thailändischen Gesellschaft existieren sollte und keinesfalls mehr eine Rolle beim Krieg oder bei der Verteidigung des Landes spielen durfte. Praya Taksin hatte zwar eine militärische Laufbahn als Beamter hinter sich, pflegte jedoch schon zuvor engen Kontakt zu den Freikämpfern durch familiäre Beziehungen. So kannte er das Pahuyuth bereits vor seiner Karriere, und auch in der Folgezeit hatte er die Beziehung zu den Freikämpfern aufrechterhalten. Durch seine halbchinesische Abstammung brachte ihm die Bevölkerung keine echte Treue und Loyalität entgegen. Und auch die Freikämpfer entzogen ihm nach dem Ausbruch mehrheitlich ihre Unterstützung. Mit nur einer kleinen Anzahl von Getreuen und Soldaten ließ man ihn gegen die Burmesen allein und ohne weitere Unterstützung kämpfen. Seine Enttäuschung und Verbitterung hielt bis weit nach seiner Krönung an und einige Historiker vermuten, dass sich seine bis zu seinem Tode anhaltende Depression darauf begründete.

Nachdem Praya Taksin mit seinen Soldaten ausgebrochen war, befand sich die Hauptstadt in einem geschwächten Zustand. Um den Ausbruch weiterer thailändischer

Truppen zu verhindern, verdichteten die Burmesen ihre Belagerung und bereiteten den Sturm auf Ayutthaya vor. In der Nähe der zwei Tempel Wat Samvihan und Wat Jedidaeng schlugen sie eine Brücke über einen kleinen Fluss, den die Thai als Verteidigungslinie nutzten, bis zum Festungsturm Pom Mahaschei und legten gleichzeitig mehrere Tunnel an, die bis zur Stadtmauer führten. In der Nacht des 18. März 1767 gab der burmesische General Nemieaw Siehabordie schließlich den Befehl, die thailändische Hauptstadt von allen Seiten zugleich anzugreifen. Durch die unzureichende Verteidigung konnten die Burmesen auf diese Weise in die Stadt gelangen. Ihr Kriegsziel war das Berauben und die Zerstörung Ayutthayas, nicht aber die Aneignung des Landes. Dieses wollten sie durch die Entmachtung des Königs regierungsunfähig machen. Daher begannen sie nach ihrer Eroberung sofort, sämtliche Bauwerke und zivile Behausungen anzuzünden und zu zerstören, was eine Panik in der Bevölkerung auslöste und die Verteidigung gegen die Eindringlinge zusätzlich erschwerte. Da sie das Land nicht besetzen und im traditionellen Sinn erobern wollten, ging es hauptsächlich darum, ein Zeichen für die thailändische Bevölkerung zu setzen, das den Verlust ihrer Souveränität zum Ausdruck bringen sollte. Die Tatsache, letztendlich nicht das Land, sondern lediglich den amtierenden Herrscher zu verlieren, war in Wirklichkeit nicht mit dem Verlust der Souveränität gleichzusetzen. Dennoch zogen sich die Burmesen nach ihrem erfolgreichen Angriff nach Burma zurück.

Vor dem Rückzug ließ der burmesische General durch seinen Oberbefehlshaber Suki Manjah die flüchtigen Thai-Soldaten und auch den thailändischen König Somdet Pra Rahmatibbordie (Pra Jauw Utong) gefangen nehmen und mit seinem gesamten Vermögen nach Burma bringen. Die genauen Ereignisse des weiteren Verlaufs und das Schicksal des Königs sind umstritten, er starb, bevor Burma erreicht wurde. Einige Schilderungen berichten von seiner körperlichen Schwäche und einer Todesfolge durch Strapazen, andere von einer Befreiungsaktion durch thailändische Soldaten auf dem Weg nach Burma, die er nicht überlebte. Ebenfalls bleibt unklar und spekulativ, was mit dem Tamrab Pichaisongkram aus der Ayutthaya-Ära passiert war. Seit dem Angriff auf Ayutthaya war es verschwunden; es soll versehentlich verbrannt sein, nachdem die Burmesen die Hauptstadt angezündet hatten.

Nach der Zerschlagung der Hauptstadt verteilten sich die Thai in mehreren Gruppierungen über das ganze Land, die von Militär- und Kriegsveteranen oder ehemaligen Regierungsbeamten angeführt wurden. Zunächst existierten die Gruppierungen unabhängig voneinander, ohne eine vereinende Hauptstadt zu haben. Kurze Zeit später aber hatten die fünf größten Gruppierungen die Wiedervereinigung Thailands ermöglicht.

Gog Jauw Praya Phitsanulok
Die erste Gruppierung befand sich in der nördlich von Ayutthaya gelegenen Stadt Phitsanulok, die von dem Freikämpfer Nay Rueang regiert wurde. Er sorgte dafür, dass die Veteranen unter den Flüchtlingen Zuflucht in seiner Stadt finden konnten, und bildete eine Kampftruppe für die Rückeroberung Thailands aus.

Gog Pra Jauw Fang
Das Gebiet dieser Gruppierung befand sich nordöstlich von Ayutthaya und wurde von

Pra Jauw Fang, einem gelehrten buddhistischen Mönch aus Swankaburi geleitet, der sich durch die Notsituation des Landes vorübergehend von seinen Aufgaben als Mönch losgesagt hatte. Er besaß ein weit entwickeltes Geisterwissen und hatte viele Anhänger, die an Naturgeister glaubten. Bevor er sich selbst zum König seiner Gruppierung ernannte, hieß er Roehn.

Gog Jauw Nakorn
In dieser Gruppierung regierte der Stellvertreter des Stadtbeauftragten aus Nakorn Srietammarat im Süden des heutigen Thailands. Er kümmerte sich um die Sicherheit und Regierbarkeit dieser Region. Sein Name war Nuh.

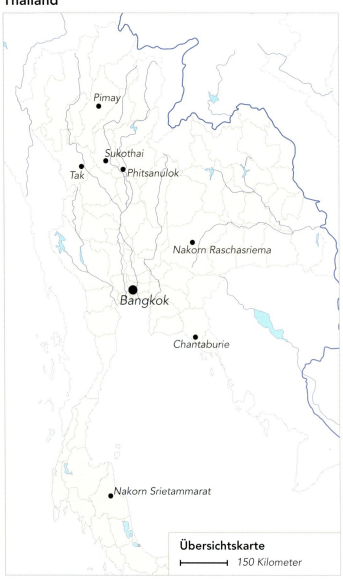

Fünf Gruppierungen hatten sich nach dem Ausbruch von Praya Taksin über das ganze Land verstreut. Praya Taksin gründete wenig später die neue Hauptstadt Thonburi und wurde zum König gekrönt.

König Taksin

Gog Jauw Pimay

Der Anführer dieser Gruppierung war ein Angehöriger dritten Grades des ehemaligen Königs von Ayutthaya. Er hatte sich im Norden des heutigen Thailands in der Stadt Pimay niedergelassen. Viele Soldaten und Flüchtlinge fühlten sich zu ihm hingezogen, da er wegen seiner Familienabstammung die Hoffnung auf die Wiederkehr des Königtums weckte.

Gog Praya Tak

Diese Gruppierung wurde von Praya Taksin angeführt. Nach dem gelungenen Ausbruch war er in Chantaburie stationiert und wendete sich mit seinen Soldaten an verschiedene Gruppierungen unter den Thai. Zum einen wollte er seine Geschichte erzählen und zum anderen versuchte er die einzelnen Gruppierungen zusammenzuführen, um als Einheit die erneute Freiheit Thailands anzustreben. Da Praya Taksin selbst ein guter Kämpfer war, gelang es ihm, zusammen mit den an seiner Seite verbliebenen Freikämpfern, kollegiale Soldaten anzuheuern und deren Vertrauen zu gewinnen. Sie bildeten diese Soldaten im Waffenkampf aus und setzten sie in kleinen Gruppen oder als Einzelkämpfer ein. Seine Kampfeinheiten waren in der Lage, Waffen aus unterschiedlichen Waffengattungen zu benutzen, ohne diese bei sich zu führen, wodurch sie als Kämpfer schwer zu identifizieren und aufzuspüren waren. Drangen sie in den Bereich gegnerischer Truppen vor, waren sie nur mit einem kurzen, flachen Messer bewaffnet und nahmen erst bei direktem Kontakt mit den gegnerischen Soldaten deren Waffen an sich. Diese ursprünglich von den Freikämpfern stammende Kampfart in fünf oder sechs Mann starken Einheiten hielt so erstmalig auch offiziell Einzug in das thailändische Militär, das bis dahin immer noch der traditionell üblichen Truppenaufstellung folgte. Trotz der Integration dieses Guerillakampfes hatte auch die ursprüngliche Ausbildung des Militärs, die unter dem verantwortlichen Praya Jaggrie erfolgte, weiterhin große Bedeutung für die Landesverteidigung.

Um die Jahreswende 1767 gründete Pra Jauw Taksin die neue Hauptstadt Thonburi und wurde zum König der Thonburi-Ära gekrönt. Da durch die Zerstörung der ehemaligen Hauptstadt Ayutthaya auch die Spuren des Tamrab Pichaisongkram verloren gegangen waren, konnte er den Kontakt zu den Freikämpfern nicht mehr herstellen, um diese zum Kampf aufzurufen.

Aufgrund des immer stärker werdenden Einflusses aus dem Westen, der voranschreitenden Waffentechnologie und der steigenden Anzahl ausländischer Söldner hatte das traditionelle Pahuyuth, das schon nahezu in Vergessenheit geraten war, noch weniger Chancen, wieder in den Vordergrund zu treten. So verschwand das Pahuyuth zusammen mit dem Ende der Ayutthaya-Ära endgültig aus dem öffentlichen Bewusstsein.

Praya Pischai Dabhak

Ein Thai-Kämpfer namens Joiy, der als Sohn einer Bauernfamilie aus der Stadt Pischai, dem heutigen Bezirk der Stadt Autaradit, stammte, hatte bereits in jungen Jahren Kampfwissen aus unterschiedlichen Stilrichtungen erworben, um eines Tages Soldat werden zu können. Seine Wissensgebiete waren Fandab und Dtie Muai, der waffenlose Stehkampf. Er nahm erfolgreich an zahlreichen Wettkämpfen teil und brachte seine Gegner häufig dazu, aufzugeben. Seine Siege waren in der ganzen Umgebung bekannt und sein Ruf eilte ihm soweit voraus, dass sogar Praya Tak auf ihn aufmerksam wurde, als er noch Stadtbeauftragter der Stadt Tak war. Praya Tak bot ihm an, in seine Dienste zu treten und sich seinem Gefolge anzuschließen, um so den ersten Schritt in seiner Laufbahn als Staatsdiener zu tun. In manchen historischen Schriften wurde berichtet, dass Joiy, der auch Nay Tongdie genannt wurde, nur mit einem Messer bewaffnet einen Tiger töten konnte. Diese Geschichte ist bis heute erhalten, um die Kampffähigkeiten Joiys zu unterstreichen.

Das Verhältnis zwischen ihm und Praya Tak wurde wie das Verhältnis zwischen Vater und Sohn beschrieben, sowohl hinsichtlich der Charakterzüge eines Kämpfers als auch ihrer ähnlichen Denkweise. Beide waren patriotische Kämpfer und stellten ihre Kampffähigkeit uneingeschränkt in den Dienst ihres Landes. Darüber hinaus strebten sie mit unermüdlicher Faszination stetig nach mehr Wissen und bemühten sich um ein immer tieferes Verständnis des Kampfwissens. Manchen Angaben zufolge war Nay Tongdie einer der wenigen, der nahezu alle Stilrichtungen des Fandab beherrschte. Als Kämpfer und persönlicher Begleiter war er nicht nur Kampfgefährte von König Taksin, sondern gehörte auch der von ihm aufgebauten Guerilla-Truppe an. Nach Angaben der Pongsavadan Panjantanumas nahm Nay Tongdie neben weiteren einundzwanzig Kämpferpersönlichkeiten an dem Ausbruch von Praya Tak aus dem belagerten Ayutthaya teil, denen damals etwa fünfhundert weitere Soldaten folgten. Später waren die einundzwanzig Kämpfer Lehrer für verschiedene Kampfstile, die dementsprechend nach ihnen benannt wurden. Diese Kämpfer waren Nay Tongdie, Nay Bunmie, Nay Saeng Tahan, Kun Pitie Vatie, Nag Ong Ram, Kun Schamnan Paisohn, Nay Gongschang, Nay Glamm, Nay Bunrod Kaen Ohn, Nay Bunma, Nay Yuh Sriesongkram, Nay Nahk, Nay Tammarong, Nay Aihm, Kun Jahmueng, Nay Suehrahy, Nay Muehntong, Nay Pueckyoun, Nay Nagmakamaen, Nay Bunma Banglamung, Nay Jienjiehm und Roungnay Sack.

Nach der Krönung Praya Taksins wurde Nay Tongdie in die strategisch bedeutsame Stadt Pischai versetzt, wodurch er seine Bezeichnung Praya Pischai (Regierender der Stadt Pischai) erhielt. Obwohl die Stadt häufig von burmesischen Kampftruppen angegriffen wurde, konnten diese während seiner Amtszeit keinen Erfolg für sich verzeichnen. Praya Pischai kämpfte nicht nur mit zwei Einhandschwertern (Dab Kuh), sondern gilt auch als der Urheber der Kampfmethode, bei der der Schwertgriff an der Hand oder dem Handgelenk festgebunden wurde, um ein Herunterfallen des Schwertes zu verhindern. Als die Burmesen die Stadt 1772 angriffen, stolperte Praya Pischai und stützte sich mit dem Schwert auf dem unebenen Boden ab, wobei seine Schwertklinge zerbrach. Trotzdem kämpfte er weiter, ohne sein Schwert zu wechseln, was ihm im Volksmund den Namen Praya Pischai Dabhak (General Pischai mit dem gebrochenen Schwert) einbrachte. Die Technik, das Schwert an der Hand zu fixieren, wurde danach zwar gelegentlich kopiert, in der Praxis jedoch kaum angewendet, sodass man schnell zu der herkömmlichen Handhabung zurückkehrte.

Zu Ehren seiner Tapferkeit als Kämpfer errichteten die Bürger der Stadt Autaradit 1968 ein Denkmal vor dem Rathaus und bauten einen Anbetungsplatz vor dem Rathaus der Stadt Pischai.

Rattanagosin

Eine Kämpferin aus Talang

Tauw Suranarie

Nachwort

Eine Kämpferin aus Talang

Nach dem Ende der Thonburi-Ära siedelte König Rama I. 1797 auf die andere Seite des Flusses Jauw Praya. Die heutige Hauptstadt Bangkok entstand und leitete die Rattanagosin-Ära ein. Rama I., der von 1782–1809 regierte, war selbst ein Kämpfer unter König Taksin gewesen. Er besaß ein umfangreiches Kampfwissen und beeindruckte mit seinen Fähigkeiten auch den burmesischen General Ah Zaehvungie, der in verschiedenen Dokumenten erwähnt wurde.

Nachdem sich die Freikämpfer wegen König Taksin aus der Öffentlichkeit zurückgezogen hatten, trat auch das Pahuyuth nicht länger für die Aufrechterhaltung des Friedens und die Verteidigung des Landes in Erscheinung. Lediglich innerhalb des Militärs gab es noch Wissen, das jedoch als isoliertes technisches Überbleibsel nicht mehr in Bezug zum schöpferischen Kontext stand.

Während seiner Regentschaft ließ Rama I. den Palast Samnak Puttaisawann (Nah Plappasung) erbauen, der als Ort für den Schwertunterricht der Leibgarde und Angehörigen der Königsfamilien dienen sollte. Zu diesem Zeitpunkt wich die Kampftechnik des Militärs durch die zunehmende Integration ausländischer Bestandteile immer stärker von ihrer ursprünglichen Linie ab. Da es für das Militär nach wie vor darauf ankam, den neuen Soldaten möglichst schnell Kampftechniken zu vermitteln, wurde der traditionelle Schwertkampf schon lange nicht mehr unterrichtet. Durch den Kontakt zu den Europäern wurde der französische Degen in Thailand eingeführt, wodurch das neuartige Thai-Schwert Grabieh entstand. Dieses neuzeitlich orientierte Schwert diente auch als Symbolschwert für Offiziere und wurde nach europäischem Vorbild getragen. Da sich die Techniken des thailändischen Schwertkampfes aus der militärischen Entwicklungslinie langsam mit denen des Degens vermischten, führte die Verwendung des Grabieh zu einer neuen Seitenlinie des ursprünglichen Schwertkampfes.

1785, drei Jahre nach der Krönung von Rama I., fingen die Burmesen erneut an, Thailand anzugreifen. Der burmesische General Gaengvun Maengyieh führte seine 10000 Mann starke Armee Richtung Südthailand und belagerte die Stadt Grah, das heutige Rahnong. Nachdem er den gesamten Südteil der Stadt ausgebeutet hatte, setzte er seinen Weg weiter in Richtung Talang – heute Phuket – fort. In Talang fand derzeit die Trauerfeier für den verstorbenen Stadtregenten Praya Talang statt, und Gaengvun Maengyieh wollte die Stadt noch vor der Ernennung des neuen Regenten einnehmen. Praya Talangs Witwe Kunying Jann hatte die Nachricht über den Aufmarsch der burmesischen Armee bekommen, da sie in der Übergangszeit die Aufgaben ihres verstorbenen Mannes übernahm. Zusammen mit ihrer Schwester Nang Mug rief sie daraufhin sofort alle verfügbaren Kampftruppen zur Verteidigung auf.

Als eine kleine Inselstadt verfügte Talang über weniger Bewohner als die nahende burmesische Armee über Kampfsoldaten und war wegen seiner Lage nur schwer zu verteidigen. Mit etwa siebenhundert Soldaten und wenigen Freikämpfern war sie zwar unzureichend gegen den bevorstehenden Angriff gerüstet, trotzdem informierte Kunying Jann alle Bewohner Talangs über die Lage und stellte ihnen die berühmt gewordene Frage:

„Wir sind hier als Thai geboren, um frei leben zu können. Wenn ihr auch dieser Meinung seid, dann frage ich euch, ob wir gemeinsam unsere Heimat und die Freiheit unseres Lebens verteidigen wollen?"

Obwohl nur wenige Kämpfer unter ihnen waren, stimmten alle Bewohner der Verteidigung zu, woraufhin Kunying Jann zwei Lager außerhalb der Stadt errichten ließ, um die Verteidigung gegen die Burmesen vorzubereiten. Ein Lager wurde hinter dem Tempel Wat Pranangsrang aufgeschlagen und von Aaj, dem Ehemann Nang Mugs, befehligt. Seine Truppe verfügte über eine Kanone (Maihnang Glangmuehng), etwa zweihundert Kampfsoldaten und fünfzig Freikämpfer.

Das zweite Lager befand sich in der Nähe des Hafens Nob Nangdag und besaß eine Kanone mit einer etwas größeren Reichweite (Pra Pirunsanghan) und etwa 350 Soldaten, die von Tongpun, dem Bruder Kunying Janns angeführt wurden. Kunying Jann war als Oberbefehlshaber in Talang stationiert und hatte etwa 150 Soldaten und einige Freikämpfer zur Verfügung. Nang Mug sollte mit einer kleinen Truppe von Freikämpfern und Zivilisten die Verbindung zwischen den Lagern und der Stadt aufrechterhalten und unterstützen.

Kunying Janns Kampftaktik beruhte auf der Verteidigung am Tage und in der Nacht. Tagsüber wurden die Zivilisten aus Talang als Soldaten verkleidet und mit imitierten Waffen ausgerüstet. Sie versammelten sich vor der Stadt, um den Eindruck zu erwecken, dass Vorbereitungen für den bevorstehenden Angriff der Burmesen getroffen wurden. Ein Teil dieser verkleideten Soldaten verschwand immer wieder in der Stadt, um zusammen mit weiteren Soldaten erneut vor den Stadttoren aufzumarschieren. So täuschten sie den Burmesen eine stetige Truppenverstärkung vor, die deshalb davon auszugehen hatten, dass die Stadt schwer bewaffnet zur Verteidigung bereit war.

Durch die Lage von Talang hatten die burmesischen Soldaten einen schmalen Weg zu passieren, um zur Stadt zu gelangen. Als die Truppen zum Kampf aufmarschierten, beschossen die Thai den Weg und verhinderten das Vorrücken der Burmesen.

In der Nacht versteckten sich Soldaten und Freikämpfer, um die tagsüber durch den Kanonenbeschuss in den Wald geflohenen Burmesen anzugreifen. Zusätzlich versteckten sich Zivilisten in Soldatenuniformen im Wald, um am nächsten Morgen von vorn in die Stadt einzumarschieren und eine weitere Verstärkung der Stadt vorzutäuschen. Schon bald hatten die Burmesen auf diese Weise fast viertausend Mann verloren, ohne Talang gefährlich geworden zu sein. Zu diesen erheblichen Verlusten kam die Nachricht über nahende Hilfstruppen aus Bangkok, sodass sie sich schließlich freiwillig zurückzogen.

Ihre Tapferkeit und Verdienste wurden von König Rama I. belohnt, der Kunying Jann zur Tau Tepgasatrie und ihre Schwester Nang Mug zur Tau Sriesuntorn ernannte. Der Bürgermeister Oun Suragul von Phuket errichtete zu ihren Ehren später ein Denkmal an der Kreuzung zur Hafenstadt, das bis zum heutigen Tag ein beliebter Anbetungsplatz für Kämpferinnen aus den südlichen Regionen ist.

Der Überlieferung nach wurden in der Rattanagosin-Ära die noch im militärischen Einsatz befindlichen Freikämpfer gänzlich von ausländischen Söldnern abgelöst. Die übrigen Kämpfer, die noch über die traditionelle Kampffähigkeit des Pahuyuth verfügten, waren nur noch vereinzelt unter den älteren Soldaten vertreten. Im zivilen Bereich und der allgemeinen Öffentlichkeit war die Existenz des Pahuyuth nicht mehr vorhanden.

Da sich die verbliebenen Freikämpfer nach dem Verlust der Hauptstadt und dem Verschwinden des Tamrab Pichaisongkram nicht weiter in der Verpflichtung sahen, ihrem geleisteten Loyalitätseid nachzukommen, traten sie nur noch in Ausnahmefällen auf und waren nicht mehr in der Hauptstadt vertreten. Da aber einzelne Disziplinen des Pahuyuth immer wieder in der Öffentlichkeit erwähnt wurden, verwechselte man diese im Laufe der Zeit mit dem gesamten Pahuyuth, da ohnehin kaum noch jemand von dessen Existenz wusste. Die Missverständnisse über das Pahuyuth und seinen tatsächlichen Umfang konnten seitdem nie wieder aufgeklärt werden, da sich die Vertreter völlig aus der Öffentlichkeit zurückgezogen hatten und haben.

Tauw Suranarie

Während der Regierungszeit von Rama III. 1824–1851 ereignete sich eine Begebenheit, die in den historischen Dokumenten als eine der bedeutendsten Legenden über den Mut und die Tapferkeit der Thai beschrieben wurde. Zu Beginn seiner Regentschaft waren die Laoten immer noch der thailändischen Besatzungsmacht unterstellt; Laos war kein eigenständiges Land.

Im Jahr 1826 unternahm der laotische König Anuwong aus der Hauptstadt Wiengjann den Versuch, sich von seiner Besatzungsmacht zu befreien. Er hatte den Plan, zuerst die äußeren, strategisch wichtigen Thai-Städte zu überfallen und zu besetzen, um danach ungehindert das unterstützungslose Bangkok anzugreifen. Anuwong wollte sich nicht nur aus seiner momentanen Position befreien, sondern auch Thailand erobern.

Die Thai waren zu dieser Zeit in Auseinandersetzungen mit den Burmesen verwickelt und hatten auf diplomatischer und wirtschaftlicher Ebene Kontakt mit Europäern.

Fast alle Kampftruppen waren in Bangkok stationiert, um die Machtposition zu stabilisieren und dem Risiko, die Souveränität zu verlieren, entgegenzuwirken. König Anuwong nutzte die Gelegenheit, die im Osten gelegene Stadt Nakorn Raschasriema anzugreifen, die zu diesem Zeitpunkt ohne Regent und Soldaten war. Er besetzte die Stadt und beschlagnahmte alle Waffen und Wertgegenstände, um sie zusammen mit der Bevölkerung nach Wiengjann umzusiedeln. Unter den Frauen und Kindern befand sich auch Mo, die Ehefrau von Praya Nakorn Raschasriema. Sie war eine Schwertkämpferin, die das Pahuyuth-Kampfwissen bereits vor ihrer Ehe erlernt hatte. Trotzdem sie keinerlei Waffen besaß, war sie nicht gewillt, die Gefangenschaft ohne Gegenwehr hinzunehmen und rief unter ihren Mitgefangenen zum Aufstand auf. Ihr Plan bestand darin, die Waffen der laotischen Soldaten und deren Interesse an den thailändischen Frauen zu nutzen, um Widerstand zu leisten und ihre Freiheit zurückzuerlangen. Zunächst besorgten die jungen und hübschen Thai-Frauen unter dem Vorwand, Fleisch schneiden und Feuerholz hacken zu wollen, ein paar Messer und Schwerter von den laotischen Soldaten. Die anderen sollten die Entführung verlangsamen, indem sie Schwäche und Krankheit vortäuschten. Dadurch wuchs die Hoffnung auf kommende Hilfe und auch die Anzahl der Gefangenen durch Familienangehörige, die als Nachzügler bei ihren Familien bleiben wollten. Während das Essen vorbereitet wurde, schnitzten die Gefangenen heimlich Holzmesser und Holzspeere, die sie zwischen dem Brennholz versteckten. In der Stadt Tung Samrit, etwa vierzig Kilometer östlich von Nakorn Raschasriema, schlugen die laotischen Soldaten ein provisorisches Lager auf, um Gefangene einzusammeln. In der Nacht gegen drei Uhr morgens wurde dann durch lautes Schreien das Signal für den Aufstand gegeben, und die Gefangenen nahmen ihre angefertigten Holzwaffen aus den Verstecken und töteten die überwiegend betrunkenen Soldaten.

In den Erzählungen wurde der Verlauf dieser Nacht unterschiedlich beschrieben.

Sicher ist, dass bis auf wenige flüchtende Soldaten alle Laoten ums Leben kamen. Bei Sonnenaufgang wurden die Leichen in einem kleinen See nahe dem Lager versenkt, der seitdem den Namen Ngong Houlauw (See der laotischen Köpfe) trägt.

Der erfolgreiche Widerstand und ihr persönlicher Einsatz führten dazu, dass alle Gefangenen befreit werden konnten und Mo zur Anführerin erhoben wurde. Sie ließ das Lager zu einer Festung umbauen, die zu einem Zufluchtsort für Flüchtlinge aus den umliegenden Städten wurde. Die Festung hieß fortan Tung Samrit und bekam im Laufe der Zeit erhebliche Verstärkung aus den benachbarten Gebieten. Mo übernahm weiterhin die Initiative und unterrichtete die Thai-Frauen im Kampfwissen, wodurch schließlich die Motivation resultierte, Nakorn Raschasriema zurückzuerobern.

Es gibt Hinweise, dass in der Festung die größte jemals bekannt gewordene Ansammlung weiblicher Kämpferinnen in der Geschichte Thailands existierte.

Für ihre Verdienste wurde Mo 1892 von König Rama III. zur Tauw Suranarie, zur Fürstin Suranarie, ernannt. Bis heute wird sie von den Bürgern aus Nakorn Raschasriema und besonders von weiblichen Kämpferinnen verehrt und im Volksmund als Mutter Mo (Maeh Mo) oder Großmutter Mo (Jah Mo) bezeichnet. Am Stadttor von Nakorn Raschasriema wurde der Anbetungsplatz Anusavarie Tauw Suranarie für sie erbaut.

Ab 1892 verliert sich die historische Spur des Pahuyuth. Nur selten wurde in kleinem Kreis über seine Existenz und sein Fortbestehen berichtet. Es verschwand aus dem öffentlichen Fokus.

Nachwort

Am Ende dieses Buches wird klar: Die Existenz des Pahuyuth ist in vielerlei Hinsicht und besonders im Zusammenhang mit der Betrachtungslehre des Saiyasart von komplexer Natur. Komplex im Umfang und in der Erkenntnistiefe der methodischen Grundlagen, komplex in Bezug auf die Einbettung und Verwobenheit innerhalb südostasiatischer Glaubensstrukturen und Kulturen – allen voran die thailändische. Aber auch das ihm zugrunde liegende schöpferische Verständnis ist vielschichtig und gewöhnungsbedürftig und ermöglicht dem westlichen Leser eine unbekannte weitere Sichtweise auf den Kampf.

Die unterschiedlichen Aspekte, mit denen das Pahuyuth den Kampf betrachtet, werden allgemein kaum berücksichtigt. Trotz der inhaltlichen Tiefe des Wissens, die auf einer menschlichen und vor allem auf einer von Herkunft und Prägung unabhängigen Ebene zu finden ist, tritt immer wieder die Frage in den Vordergrund, wie es sich abseits der Öffentlichkeit entwickeln und bis heute über einen so gewaltigen Zeitraum bestehen konnte.

Die Entwicklung der Kampfmethodik verlief bis zu ihrem heutigen Stand parallel mit dem Werdegang des thailändischen Volkes, beginnend mit den Wanderungen aus dem Gebiet des Altai-Gebirges im Südwesten der Mongolei bis in den Bereich des heutigen Thailands. Die Umstände dieser Wanderungen haben die Kampfmethodik und die sich ableitenden philosophischen Sichtweisen kontinuierlich beeinflusst und zu einer Lebenseinstellung der Thai geführt. Insbesondere die Erlebnisse kriegerischer Auseinandersetzungen, die für ein friedliches Leben in einer freien Heimat mit immensen Verlusten und großem Leid einhergingen, resultierten in einer ganz besonderen moralischen und auch kulturellen Wertschätzung des Lebens. Die Selbsterkenntnis, die auf diesen Erfahrungen beruhte, wurde fortan zu einer unverzichtbaren Tugend für die thailändischen Kämpfer. Der Gegner verdient allen Respekt und eine Hochachtung als Kämpfer, auch wenn er durch die Kampffähigkeit und Erfahrung eines Kämpfers bezwungen werden soll. Er erhält das Mitgefühl und das Verständnis für den möglichen Verlust seines Lebens oder möglicher körperlicher Leiden um des Sieges willen, die es nach Möglichkeit zu vermeiden gilt.

Unabhängig vom Ausgang eines Kampfes ist eine Kampfaktion immer mit der Gefahr verknüpft, Leiden oder den Verlust der Gesundheit oder des Lebens zur Folge zu haben. Nach schöpferischer Sichtweise bestand in Zusammenhang mit der kulturellen Prägung deswegen nie ein Interesse daran, aus dem Kampfwissen oder den erlangten Fähigkeiten ein Instrument zur Selbstverherrlichung zu machen oder es für Eroberungen zu missbrauchen. Mit diesen Werten diente das Kampfwissen traditionell zum Schutz des Lebens und zur Bewahrung der Freiheit. Schon in frühen Zeitabschnitten entwickelte sich das Verständnis und auch die Sichtweise auf eine erstrebenswerte Lebenskultur, die auf den Werten als Leitfaden aufbaute.

Durch Weitergabe des Wissens unter Ausschluss der Öffentlichkeit ist es bis heute speziell für Außenstehende kaum möglich, wenn nicht sogar aussichtslos, mit dem Wissen in Berührung zu kommen oder gar Zugang zu ihm zu erlangen. Der so entstandene Mythos und die Legende über das Pahuyuth beinhalten mehr oder weniger die Tapferkeit der tugendhaften Kämpfer und ihrer außergewöhnlichen Kampffähigkeiten und auch das Ideal eines thailändischen Kämpfers. Durch unzählige Kampferfahrungen und damit verbundene Risiken, die sich aus der Wirksamkeit und damit auch aus dem Scheitern einer technisch präzisen Umsetzung ergeben, wurde die Kampfmethodik bis zu ihrer bestehenden Form vorangetrieben. Auf der Grundlage der biologischen Gegebenheiten führt die Methodik zu der Erkenntnis, dass der Kampf, betrachtet man ihn als eine Existenz, letztlich ein Werkzeug ist, das in Abhängigkeit der körperlichen Beschaffenheit und unter Berücksichtigung aller Umstände zweckgebunden eingesetzt werden kann. Der Lernprozess für die Aneignung des Kampfwissens basiert auf einem Verständnis, das zwei parallele Bewusstseinsebenen einschließt – die angenommene Prägung und das Bewusstsein, das sich aus den eigenen Erfahrungen und Erlebnissen zusammensetzt. Daher ist die Kampfmethodik nur eine menschliche Ausdrucksform wie ein emotionales Lachen oder Weinen, die als Wirklichkeit bestehen. Verherrlicht der Kämpfer die Kampffähigkeit durch die Intensität der Kampfaktionen, übersieht er die tatsächliche und der Kampfaktion zugrunde liegende Ursache und fokussiert stattdessen ihre Form. Gleiches gilt für die Verherrlichung des eigenen Wissens und aller anderen Fähigkeiten.

Die Lebensumstände formten das Verständnis von der Kampfmethodik zwar in verschiedenster Weise, die nachkommenden thailändischen Kämpfer führten die jeweiligen Erfahrungen und Erlebnisse des überlieferten Wissens jedoch immer wieder zu einer Erkenntnisgleichheit zusammen. In kleinen Schritten wurde das Wissen von Generation zu Generation überprüft und korrigiert.

Über die Jahrtausende wurde das Pahuyuth aber auch auf eine Weise genutzt, die seinen schöpferischen Grundlagen sehr entgegen stand und die Zurückhaltung der Vertreter forcierte. Denn als Instrument und Spielball politischer Macht, Gewalt und persönlicher Habgier war das Pahuyuth über weite Abschnitte ein unliebsamer Gefährte, dem man mit einer Art Hassliebe begegnete. Die Zurückhaltung der Kämpfer gründete sich aber nicht nur auf Selbstschutz, sondern auch auf Erkenntnissen, durch die sich ihre grundsätzliche Sichtweise von der öffentlichen Meinung unterschied und allgemein gültige Sachverhalte relativierte. Daher war es für Kämpfer schon immer abwegig, ihre Kampffähigkeit in den Vordergrund zu stellen. Das schöpferische Verständnis hemmt somit von sich aus, dass das Pahuyuth in den Vordergrund tritt, und ein Großteil seiner Vertreter ist auch heute noch der Ansicht, das überlieferte Wissen eher verschwinden zu lassen, als es ungefragt und grundlos zu präsentieren.

Da die Kampfmethodik und ihre Prinzipien unveränderlich sind, verglichen die Vorfahren die Pahuyuth-Überlieferungen mit einem fertigen literarischen Werk, das die Waffengattungen, ihre Einsatzmethoden und deren Umsetzung in den entsprechenden Zeitabschnitten basierend auf dem jeweiligen Verständnis enthält. Es umfasst nicht nur die Erkenntnisse über die Wesenseigenschaften von Menschen wie die körperliche

Beschaffenheit als biologische Grenze, sondern im Wesentlichen auch die Sichtweise und das Verständnis der jeweiligen Zeitabschnitte mit der dazugehörigen Lebenskultur und Mentalität. Daher kann die Kampfmethodik ab dem Entwicklungsstadium, in dem sie als Pahuyuth bezeichnet wurde, unter Berücksichtigung der biologischen Rahmenbedingungen als Entwicklungsgrenze, als vollendet angesehen werden, was dem unveränderlichen Inhalt eines geschriebenen Buches entspricht.

Obwohl sich der tatsächliche Inhalt des Pahuyuth nach schöpferischen Gesichtspunkten nie in seinem Kern verändert hat, wurde er durch ein unterschiedlich ausgeprägtes Verständnis immer wieder anders interpretiert. Das schöpferische Verständnis in Bezug auf das Kämpferideal entspricht einer Wesensart, die auf einer physischen und psychischen Normalität beruht. Gesellschaftlich sowie kulturell ist dies mit einer grundsätzlichen Einfachheit und einer individuellen Anpassung vergleichbar, wodurch man sich ein auf Gewissheit und Verständnis beruhendes, charakteristisches Dasein aneignen kann. Das Leben nach dem Kämpferideal bedeutet eine Gratwanderung zwischen Zurückhaltung und Anonymität auf der einen Seite und Pflichterfüllung und Aufopferungsbereitschaft für eine gesellschaftliche Zugehörigkeit auf der anderen. Hinzu kommt das philosophische Verständnis vom Einsatz des Kampfwissens, das vorrangig aus der Sicherung des eigenen Lebens und Überlebens besteht. Der Einsatz des Wissens geschieht nach einem natürlichen Vorbild aufbauend auf den Lebensprinzipien von Lebewesen und erweitert sich bei der Anwendung gegen Missbrauch und zum Schutz anderer.

Der Versuch, dem Leser das schöpferische Verständnis der Vergangenheit und das ursprüngliche Ideal aufzuzeigen, ist auch heute an dessen Interpretation gebunden. Die vorliegende Darstellung des Pahuyuth und seiner Geschichte ist aus Sicht der Verfasser nicht mehr als eine Momentaufnahme, die nach schöpferischen Gesichtspunkten einem weiteren äußeren Aspekt innerhalb der Gesamtexistenz entspricht. Die Darstellung beinhaltet zweifelsohne die Erfahrungen und auch das dazugehörende Verständnis sowie den überlieferten Werdegang, bleibt aber in der Summe zwangsläufig rudimentär. Die Relevanz dieses Buches könnte darin liegen, dass durch den Zusammenhang eine Überleitung zum eigenen Verständnis hergestellt wird, die über den äußeren Aspekt der Präsentation hinausgeht und das Buch zu einem Werkzeug der eigenen Erkenntnis macht. Der Schöpfer war, ist und bleibt man in der Gegenwart selbst.

Anhang

Quellen

Transkription

Index

Danksagung

Quellen

Die Quellen entstammen ausschließlich der thailändischen Literatur. Da keines der Werke bisher in eine andere Sprache übersetzt wurde, sind die Titel im Original angegeben, um eine Recherche zu ermöglichen.

หนังสือ แหลมอินโดจีนสมัยโบราณ   เสฐียร โกเศรษฐ์
หนังสือ ชาติไทย   เสฐียร โกเศรษฐ์
หนังสือ เรื่อง ไทย - จีน   เสฐียร โกเศรษฐ์
หนังสือ ประเทศไทยในตำนานจีน   เสฐียร โกเศรษฐ์
หนังสือ จ่อ ประวัติศาสตร์ไทย   อาสา สุขมงคล
หนังสือ ประวัติศาสตร์ ชาติไทย   พระ บริหาญเทพธานี
หนังสือ นิทานโบราณคดี   พระยาดำรงราชานุภาพ
หนังสือ ตำนานพุทธเจดีย์สยาม   พระยาดำรงราชานุภาพ
หนังสือ สยามในอดีต   พระยาดำรงราชานุภาพ
หนังสือ ไทยรบพม่า   พระยาดำรงราชานุภาพ

หนังสือ ประวัติศาสตร์ ชาติไทย   ชัย เรื่องศิลป์
หนังสือ ประวัติศาสตร์ไทย   อาจารย์ อาสา ศุกระมงคล
หนังสือ ประวัติศาสตร์ไทย   เจริญ ชัยชนะ
หนังสือ รักไทย   ขุน วิจิตมาตรา
หนังสือ ชาวไทย   พระยา นครปราม
หนังสือ เมืองจีน   อัสสภาหุ
หนังสือ วิเคราะห์ เรื่องเมืองไทย   ประภาสิริ
หนังสือ เมืองไทย   ปราโมทย์ ทัศนาสุวรรณ
หนังสือ สมเด็จพระเจ้าตากสินมหาราช   มูลนิธิ สมเด็จพระเจ้าตากสินมหาราช
หนังสือ ศิลป์อู่ทอง   มานิจ วริโพดม

หนังสือ ตำนาน ไทยสังเขป   พระ อาหาญบริรักษ์
หนังสือ พงศาวดารกรุงศรีอยุธยา   ฉบับสมเด็จกรมพระปรมานุชิตชิโนรส
หนังสือ พระราชพงศาวดาร   ฉบับสมเด็จกรมพระปรมานุชิตชิโนรส
หนังสือ พระราชพงศาวดาร   ฉบับพระราชหัตถเลขา
หนังสือ พงศาวดาร ชาติไทย   พระยา บริหารเทพธานี
หนังสือ พงศาวดาร พม่า   พระ นราทิพย์ ประพันธ์พงศ์
หนังสือ พงศาวดาร โยนก   พระยา ประชากิจกรจักดิ์
หนังสือ พงศาวดาร ไทยใหญ่   พระ นราทิพย์ ประพันธ์พงศ์
หนังสือ พงศาวดารเมืองพัทลุง   หลวงวิจิตรวาทการ
หนังสือ พงศาวดารโยนก   หลวงวิจิตรวาทการ

หนังสือ หลักไทย   ขุนวิจิตรมาตรา
หนังสือ ความกระจัดกระจายแห่งเมืองจีน   อัศวพาหุ (รัชกาลที่ ๖)
หนังสือ ไทยจุฬาลงกรณ์   มหาวิทยาลัยจุฬาลงกรณ์
หนังสือ จดหมายเหตุพระวิสูตรสุนทร   โกษาปาน
หนังสือ เครื่องถ้วยไทย   พระยานครพระราม
หนังสือ โบราณคดี อาจารย์ เรื่อง บริหารบุรีพันธ์
หนังสือ กรุงศรีอยุธยา   วีระ อำพันสุข
หนังสือ สามก๊ก   ฉบับพระยาพระคลังหน
หนังสือ เที่ยวเมืองพระร่วง   พระราชนิพนธ์ รัชกาลที่ ๖
หนังสือ ราชินีบำรุง   * Nr. 1,2,3 im Jahr 1929

หนังสือ คัมภีร์ไสยศาสตร์   อาจารย์ ญานโชติ
หนังสือ อัขรานุกรมภูมิศาสตร์   ฉบับราชบัณฑิตสถาน
หนังสือ เมืองไทย   ปราโมธ ทัศนสุวรรณ์
หนังสือ สามก๊ก   ร. ๒ รัตนโกสิน
หนังสือ เมืองทอง   วัฒนาธร
หนังสือ คู่มือร่างทรง   ว. จีนประดิษฐ์
หนังสือ พิธีการ แก้อาถรรพ   ว. จีนประดิษฐ์
หนังสือ พรหมชาติ ฉบับพิสดาร   เทพย์ สาริกบุตร
หนังสือ คงกระพันชาตรี   เทพย์ สาริกบุตร
หนังสือ ภูมิเทพยพิธี   เทพย์ สาริกบุตร

หนังสือ พระคาถา   อาจารย์ อั้น
หนังสือ ตำรามหายันต   อาจารย์ อั้น
หนังสือ ประเพณีและพิธีมงคลไทย   จ. เปรียญ
หนังสือ คู่มือฝึกถอดจิต   แสง อรุณกุศล
หนังสือ สรรพคุณยาไทย   คล้อย ทรงบัณฑิตย์
หนังสือ พระอินทร์กับเทวดา   สายรุ้ง กรุงธน

Transkription

Ah Vicha	อวิชา	ungutes Wissen
Ajan	อาจารย์	Oberlehrer
Aou Kon Plam Panann Mueang	เอาคนปล้ำพนันเมือง	„Lasst die Menschen miteinander ringen, damit wir um die Stadt wetten können."
Attan Veht	อาถรรพ์เวทย์	magische Wirksamkeit
Awud	อาวุธ	Waffen/Handwaffen
Awud Tahan	อาวุธทหาร	Waffenkampf beim Militär
Baab	บาป	ungut
Bann Lu	บรรลุ	Erleuchtung
Benjangkapradit	เบญจางคประดิษฐ์	Position der magischen drei Säulen
Bod Soud	บทสวด	Gebetstexte
Borivan	บริวาร	der Untergebene (Schüler)
Boua	บัว	Wasserrose
Bpau Sang	เป่าสังข์	Muschel
Bplien Nay	เปลี่ยนนาย	Ablösung eines Taad
Bugkalig Naksuh	บุคคลิกนักสู้	Idealcharakter eines Kämpfers
Bunn	บุญ	gut
Dab	ดาบ	Schwert
Dab Ay Lauw	ดาบอ้ายลาว	früher Schwerttyp, aus Dab Mueh entwickelt
Dab Aya	ดาบอาญา	königliches Strafschwert
Dab Banlang	ดาบบัลลังค์	Thronschwert
Dab Bei	ดาบใบ	Schwerttyp (Sukothai-Zeit)
(Dab) Bong/Plong	(ดาบ) บอง / พลอง	Schwerttyp (Glie-Zeit)
Dab Dschaek	ดาบเจก	chinesischer Schwerttyp
Dab Dschien	ดาบจีน	chinesischer Schwerttyp
(Dab) Dtang	(ดาบ) ตั้ง	Schwerttyp (Glie-Zeit/Nanjauw-Zeit)
Dab Dtoh	ดาบโต๊	Schwert mit breitem und bauchigem Klingenende
Dab Fak	ดาบฝัก	Schwerttyp (Sukothai-Zeit)
Dab Fan	ดาบฟัน	Schwerttyp (Glie-Zeit)
Dab Gasandt	ดาบกสรรพ์	im Namen des Königs benutztes Schwert
Dab Glie	ดาบกลี	Glie-Schwert
Dab Jauw	ดาบยาว	Schwerttyp (Nanjauw-Zeit)
Dab Kabkay	ดาบคาบค่าย	Festungseroberungsschwert von König Naresurn
Dab Kauw Kieaw	ดาบขาวเขียว	grünes Bergschwert
Dab Krong Chai	ดาบกรุงชัย	unbesiegbares Schwert
Dab Kru	ดาบครู	Lehrerschwert
Dab Lao	ดาบลาว	Schwerttyp (Sukothai-Zeit)
Dab Montienban	ดาบมนเฑียรบาล	Gesetzesschwert
Dab Mud	ดาบหมุด	Schwerttyp (Nanjauw-Zeit)
Dab Mueh	ดาบมือ	früher Schwerttyp
Dab Nanjauw	ดาบนานเจ้า	Urform des Fandab; Schwerttyp (Sukothai-Zeit)
Dab Ngon	ดาบง้อน	Schwerttyp (Sukothai-Zeit)
Dab Nueah (Dab Lanna)	ดาบเหนือ (ดาบลานนา)	Schwerttyp (Sukothai-Zeit)
(Dab) Taeng Ngu	แทงงู	Schwerttyp (Nanjauw-Zeit)

Dab Pichaiyuth	ดาบพิชัยยุทธ์	Symbol- und Herrscherschwert
Dab Pra Kun Jauw	ดาบพระคุณเจ้า	Symbol- und Herrscherschwert
Dab Prawissangorn	พระวิสรรกรณ์	Regierungsschwert
Dab Sohng Kom	ดาบสองคม	zweischneidiges Schwert
Dab Song Mueh	ดาบสองมือ	gleichzeitige Benutzung von zwei Schwertern
Dab Taeng	ดาบแทง	Schwerttyp (Glie-Zeit)
Dab Tahan	ดาบทหาร	Militärschwert
Dab Tann	ดาบท่าน	Symbol- und Herrscherschwert
Dab Thai	ดาบไท	früher Schwerttyp
Dab Yotha	ดาบโยธา	Regierungsschwert
Daehng	แดง	rot
Dahrm Dab	ด้ามดาบ	Schwertgriff
Dang	ดั้ง	rohrförmig gewölbter Schild
Day Dibb	ด้ายดิบ	magische weiße Baumwollfäden
Dek Watt	เด็กวัด	Tempelkind
Deraschan Vicha	เดรฉานวิชา	niederträchtiges Wissen
Djab Zoog	จับศอก	Ellbogentechnik mit Zielkontrolle
Djab/Lagsanah Djab	จับ / ลักษณะจับ	Griffmethode
Djud God	จุดกด	Druckpunkttechniken
Dog Maih	ดอกไม้	Blumen
Douan Mied Dtay Saeng Jann	ดวลมีดสั้นใต้แสงจันทร์	Messerduell unter Mondlicht
Dschidt Samnuek	จิตสำนึก	fundamentale Sinne
Dtad Maihkomnam	ตัดไม้ข่มนาม	magisches Kriegsritual
Dtae	เตะ	Fußschlag/Drehschlag
Dtah Sang	ตราสังข์	Wickeltechnik für Schnüre
Dtalumbon	ตลุมบอน	umzingelnder Kampf
Dthie Kvam Maih	ตีความหมาย	Interpretationstext
Dtie Muai	ตีมวย	ursprünglicher waffenloser Schaukampf
Dtohsuh	ต่อสู้	Kampf
Dton Bod	ต้นบท	Urtext/am Anfang des Textes
Dtrah Gud	ตะกุด	magische Schnur
Dtrai Mit	ไตรมิตร์	Regeln für den Umgang zwischen Freunden
Dtrai Peth	ไตรเพท	indische Gebetslektüre
Dtukgadta Lommlug	ตุ๊กตาล้มลุก	Technik: Aufstehpuppe
Duey Awud	ด้วยอาวุธ (อาวุธพาหุยุทธ์)	Waffenkampf innerhalb des Pahuyuth
Fandab	ฟันดาบ	Kampfdisziplin: Fandab
Fang	ฟัง	hören
Gab Glie	กาบกลี	Reisschlagstock
Gab Lek	ดาบเล็ก	Schwerttyp (Nanjauw-Zeit)
Gaeuw	แก้ว	Protagonist der gleichnamigen Geschichte
Gamlang Pay Nei	กำลังภายใน	innere Kraft
Gangeng Sahmsouan	กางเกงสามส่วน	dreiviertellange Hose
Gautan	เกาทัณฑ์	Pfeil und Bogen
Geji Niyam	เกจินิยาม	Lebensweg
Geji Pigan	เกจิพิการ	Selbsteinschätzung
Geji Sangkan	เกจิสังขาร	altersbedingte Ablehnung
Geng (Gog)	แก๊ง (ก๊ก)	kriminelle Vereinigung
Giela Gan Dtohsuh	กีฬาการต่อสู้	thailändischer Sportkampf
Giela Muai	กีฬามวย	Sport-Muai
Ginje	กินเจ	thailändisches Fastenritual
Glie Gauw Piehnong	กลีเก้าพี่น้อง	neun Brüder
Glie Shu	กลีชู	Vorläufer des Tamrab Pichaisongkram
Gob Gradoot	กบกระโดด	Technik: Froschsprung

God Naksu	กฎนักสู้	Kämpfertugend
Gog	กก	Gruppierung
Gong Glang	กองกลาง	Haupttruppe/Hauptkampftruppe
Gong Juh Johm	กองจู่โจม	Sturmtruppe
Gong Nah	กองหน้า	Vorhut
Gong Rob	กองรบ	Kampftruppe
Gong Sabieng	กองสะเบียง	Versorgungstruppe
Gong Samparah	กองสำภาระ	Versorgungsträger
Gong Sanomm	กองสนม	Truppe aus Dienstpersonal und Begleiterinnen
Gong Sena/Gong Nunn	กองเสนา	Verwaltungstruppen
Gosann	โกสัน	aus Leder gefertigte Schutzkleidung
Gra Djab	กระจับ	Unterleibschutz aus Baumwolle
Gra Dtob	กระต๊อบ	vierwandige Holzhütte/Holzhaus
Grabang Lang	กระบังหลัง	Rückenschutz (Position auf Elefantenrücken)
Grabieh Grabong	กระบี่กระบอง	Schwert/Stockkampf
Grabouan	กระบวน	Pfauenfeder (Position auf Elefantenrücken)
Grarock	กระรอก	Unterarmknüppel
Grohd	โกรธ	Bösartigkeit
Grumm Jauwnay	กลุ่มเจ้านาย	Herrschaftstruppen
Guman Tong	กุมารทอง	goldener Junge (magischer Gegenstand)
Gumarie	กุมารี	goldenes Mädchen (magischer Gegenstand)
Gwangthep	กวางเทพ	goldenes Reh
Hoog	หอก	Speer
Jang Samkuhm Kum Samliehm	ท่าย่างสามขุมคุม สามเหลี่ยม	Kampfausgangsposition
Jang Suek	ย่างศึก	Kriegsaufmarsch
Jann	ยันต์	magische Symbole
Jauw Schuh	เจ้าชู้	freizügige Liebesbeziehung
Jed Kohd	เจ็ดโคตร	Todesstrafe für sieben Familienangehörige („sieben Generationen")
Jidt	จิต	Seele
Jod Zoog	จดศอก	Technik: Ellbogen mit Justierung
Juen Dtay	ยืนตาย	Tod im Stehen (lebloser Baum durch Blitzeinschlag)
Kad Schueag	คาดเชือก	Schnürbandage
Kah Pen Sidt Mie Kru	ข้าฯ เป็นศิษย์มีครู	„Ich bin Schüler meines Lehrers."
Kampie Ya Bahn	คัมภีร์ ยาบ้าน	Wissen über Hausheilkörper
Kampie Ya Bpah	คัมภีร์ ยาป่า	Dschungelheilkörper
Katha	คาถา	magische Sprüche
Kauh Song	เข้าทรง	Channeling
Kauw	เข่า	Knie
Kauw Dtad	เข่าตัด	Technik: paralleles Knie
Kauw Dtohg	ข้าวตอก	getrockneter Reis
Kauw God	เข่ากด	Technik: fallendes Knie
Kauw Soehy	เข่าเสย	Technik: steigendes Knie
Kay Muai	ค่ายมวย	Muai-Camp
Kehn	เขน	rechteckiger Schild
Kid	คิด	denken/mitdenken
Kieaw	เคียว	Sichel
Koch Muai	คอกมวย	quadratischer Kampfplatz

Kong Grapann Schadtrie	คงกระพันธ์ชาตรี	Unverwundbarkeit
Kong Klang	ของขลัง	magische Gegenstände
Krohb Kru	ครอบครู	Aufsetzen zum Lehrer (Ritual)
Kru	ครู	Lehrer
Kru Puh Ruh	ครูผู้รู้	Wissenslehrer
Kruanweih Dtoayang	เคลื่อนไหวตัวอย่าง	Bewegungsmuster
Krueang Lang	เครื่องลาง	nichtbuddhistische magische Gegenstände
Krueang Lang Kong Klang	เครื่องลาง ของขลัง	Amulett
Kun Suek	ขุนศึก	Kriegsherr
Kvam Dsching	ความจริง	Wahrheit/Wirklichkeit
Kvam Naehnohn	ความจริงแน่นอน	tatsächliche Wirklichkeit
Kvam Sahmahd	ความสามารถ	körperliche Fähigkeiten/Qualifikation
Kvam Shueah Thueh	ความเชื่อถือ	glaubhafte Überzeugung
Kvamruh Puentahn	ความรู้พื้นฐาน	Wissensbasis
Kwan Sandt	ขวานสั้น	Handaxt
Lahng Baab	ล้างบาป	sich von Sünden reinwaschen
Lak Suhdt	หลักสูตร	Vermittlungskonzeption
Lauw	หลาว	Lanze
Lay Tong	ลายทอง	goldene Ornamente
Ling Lom	ลิงลม	Kampfdisziplin: Ling Lom (Luftaffe)
Ling Toehn Gratang	ลิงเติ่นกระถาง	Technik: der Affe trägt die Vase
Lob (Lagsanah Lob)	หลบ (ลักษณะหลบ)	ausweichen
Loh	โล่ห์	Rundschild
Lohb	โลภ	Habgier
Long	หลง	Hörigkeit
Loung Poh	หลวงพ่อ	Amtsvater
Lueck Lab	ลึกลับ	mysteriös/geheimnisvoll
Lug Fag	ลูกฝาก	Stiefkind
Lug Grook	ลูกกรอก	Selbstaustrocknung (biologisches Phänomen)
Lug Maih	ลูกไม้	Kindtechnik
Lug Sorn	ลูกศร	Pfeil
Lugsidt	ลูกศิษย์	Schüler (Probeschüler)
Lugsidt Todlong	ลูกศิษย์ทดลอง	Probeschüler
Mad	หมัด	Faust
Mad Dtrong	หมัดตรง	Technik: gerader Fauststoß
Mad Kohng	หมัดโค้ง	Technik: Kurvenfauststoß
Mad Phasom	หมัดผสม	Technik: gemischter Fauststoß
Maeh Maih	แม่ไม้	Muttertechnik
Maha Niyom	มหานิยม	höchste Sympathie
Mai Naeh Non	ไม่แน่นอน	Vergänglichkeit
Mai Pen Rei	ไม่เป็นไร	„Macht nichts."
Maih Fahfaed	ไม้ฝาแฝด	Zwillingsholz
Maih Gwad Lahn	ไม้กวาดลาน	alter Besen
Maih Haab	ไม้หาบ	Tragestab
Maih Jan Ruea	ไม้ยันเรือ	Bootswerkzeug (Vorläufer des Maih Zoog)
Maih Jauw	ไม้ยาว	langer Stock
Maih Sandt	ไม้สั้น	kurzer Stock
Maih Ti Kauw	ไม้ตีข้าว	Reisschlagstock
Maih Zoog	ไม้ศอก	Kampfdisziplin: Unterarmknüppel (Holzellbogen)
Marueh Veht	มฤเวทย์	magische Verehrung
Mia Louang	เมียหลวง	Hauptfrau
Mia Noy	เมียน้อย	Nebenfrau

Mied	มีด	Messer
Mied Bla	มีดปลา	Messertyp
Mied Dtahn	มีดตาล	Messertyp
Mied Dat	มีดดาบ	Messertyp
Mied Dtoh	มีดโต้	Messertyp
Mied Fak	มีดฝัก	Messertyp
Mied Sandt	มีดสั้น	Kurzmesser
Mied Tahan	มีดทหาร	Soldatenmesser (Bajonett)
Mied Tchieng	มีดจริง	Messertyp
Mied Zuy	มีดซุย	Fischmesser
Moh Dtamyeah	หมอตำแย	Geburtshelfer/Hebamme
Moh Noud	หมอนวด	Massageheiler
Moh Pieh	หมอผี	Geistdoktor
Moh Sennt	หมอเส้น	Heilmasseur
Moh Ya	หมอยา	medizinischer Heiler
Mong Juymang	มวงจุยมาง	Elitekampftruppen
Mongkon	มงคล	magischer Stirnring
Muai	มวย	Kampfdisziplin: Muai
Muai Boran	มวยโบราณ	antikes Muai
Muai Dueckdammbann	มวยดึกดำบรรพ์	prähistorisches Muai
Muai Kad Schueag	มวยคาดเชือก	Muai mit Schnürbandage/Muai im Ring mit Seilen
Muai Vethie	มวยเวที	Muai im Ring
Mueh	มือ	Hand
Muengkuenn	เมืองขึ้น	autonom regierte Stadt
Nahsuek	นักสู้	Kriegsfront (Position auf Elefantenrücken)
Nai	ใน	innerer Aspekt
Nak Yuth, Nak Pahuyuth	นักยุทธ์ นักพาหุยุทธ์	Pahuyuth-Mensch
Nam Kauw Marg	น้ำขาวหมาก	alkoholisiertes Reiswasser
Nam Man Dschann	น้ำมันจันทร์	Sandelholzöl
Nam Pipatsattaja	น้ำพิพัธสัตยา	Militärgelöbnis (Ritual)
Nam Plug Sek	น้ำปลุกเศก	Weihwasser
Nam Ya	น้ำยา	Heilwasser
Nay Nam Mi Bpla Nay Na Mi Kauw	ในน้ำมีปลา ในนามีข้าว	„der Fisch im Wasser und der Reis im Boden"
Nehn	เณร	junger buddhistischer Mönch
Ngauw	ง้าว	Lanze mit Sichelaufsatz
Ngu Hau	งูเห่า	Kobra
Nieh Taad	หนีทาส	Flucht von Leibeigenen
Nigay Damm	นิกายดำ	magische Sprüche (schwarze Magie)
Nigay Kauw	นิกายขาว	magische Sprüche (weiße Magie)
Nohg	นอก	äußerer Aspekt
Nong	น้อง	Schwester
Noud Raksa	นวดรักษา	thailändische Heilmassage
Ongkarak	องครักษ์	Begleitschutztruppe
Otton	อดทน	Ausdauer
Pa Wu Shu	พาวูซู, พาวูชู	Geisterkampf
Pah Jann	ผ้ายันต์	Stofftuch
Pah Jierg	ผ้าเจียก	eingerollte dreieckige Tücher
Pah Kadpung	ผ้าคาดพุง	Stoffgurt
Pah Kauwmah	ผ้าขาวมา	Mehrzweckstofftuch
Pah Nung, Salohng	ผ้านุ่ง สะโหล่ง	Unterteil der elterlichen Kleidung
Pahkad Aeuew	ผ้าคาดพุง	Stoffgurt

Pann	พาน	Metallschale/Schwertständer
Palang God	พลังกด	Drücken (Energieübertragungsmethode)
Palang Jao	พลังเจาะ	Bohren (Energieübertragungsmethode)
Palang Sabat	พลังสะบัด	Federn (Energieübertragungsmethode)
Palang Tammada	พลังธรรมดา	Normal (Energieübertragungsmethode)
Palang Thaih	พลังใถ	Schleifen (Energieübertragungsmethode)
Panann	พนัน	Wette
Panann Muai	พนันมวย	waffenloser Wettkampf mit Wette
Pangporn	พังพอน	Mungo
Pann Mad	พันหมัด	Handbandagen
Phie	พี่	Bruder
Pie Sart	ปีศาจ	bösartige Geister
Pieh	ผี	Geister
Pieh Baan Pieh Ruehn	ผีบ้านผีเรือน	Hausgeist
Pieh Bpah	ผีป่า	Waldgeist
Pieh Dib	ผีดิบ	untoter Geist
Pieh Dtay Hah	ผีตายห่า	Krankengeist
Pieh Fah	ผีฟ้า	Medium
Pieh Guman	ผีกุมาร	Pieh Lug Grook in einer Symbolfigur
Pieh Jauw Maeh	ผีเจ้าแม่	heiliger Geist (weiblich)
Pieh Jauw Poh	ผีเจ้าพ่อ	heiliger Geist (männlich)
Pieh Lohck	ผีหลอก	Spuk
Pieh Lug Grook	ผีลูกรอก	unvollendeter Geist
Pieh Pra/Pra Klueang	ผีพระ / พระเคลื่อง	Mönchsgeist
Pieh Pray	ผีพราย	unvollendeter Geist
Pieh Sang	ผีสาง	Tigergeist
Pieh Sing	ผีสิง	Geistbesetzung
Pieh Tag Pah Ohm	ผีตากผ้าห่ม	schwebender Geist
Pieh Tay Hong	ผีตายโหง	Geist von gewaltsam zu Tode gekommenen Menschen/Gewaltgeist
Pieh Tay Thang Glom	ผีตายทั้งกลม	unvollendeter Geist
Pithie Duem Namsabahn	พิธีดื่มน้ำสาบาล	Loyalitätseid/Schwurtrankritual
Pithie Jahng Tapp	พิธีย่างทัพ	Aufmarschritual im Krieg („Holz schneiden, um den Namen zu unterdrücken")
Pithie Pratomgramm	พิธีปฐมกรรม	Hinrichtungsritual (Reinigung von Sünden)
Pithie Puedsch Mongkon	พิธีพืชมงคล	Erntedankritual
Pithie Raek Na Kwann	พิธีแรกนาขวัญ	Ernteritual
Plai Paneejorn	พลายพเนจร	Wanderkämpfer
Plod Awud	ปลอดอาวุธ	waffenlose Linie der Pahuyuth-Kampfmethodik
Plong	พลอง	Langstock
Ploy Suek	ปล่อยศึก	Entlassungsritual
Plug Sek	ปลุกเสก	Ritual zum Erzeugen von Magie
Poh Nay	ผู้นาย	Herrschaftsfamilie
Pohkah Sedthieh	พ่อค้าเศรษฐี	reicher Kaufmann
Porama Jahn	ปรมาจารย์	Ursprungslehrer
Pra Buddha Sihing	พระพุทธสิหิงส์	wertvoller Jadebuddha
Pra Insurn	พระอินทรศวร	viergesichtiger Gott
Pra Jet	พระเจตุ	magischer Armring
Pra Kampie	พระคัมภีร์	buddhistische Texte
Pra Klueang	พระเคลื่อง	buddhistische Amulette
Pra Mongud	พระมงกุฎ	Krone in Pagodenform
Pra Naray	พระนารายณ์	Kriegsgott
Pra Prang Sadungmahn	พระปรางสะดุ้งมาร	angespannter Buddha (Position einer Buddhafigur)

Pra Prom	พระพรมณ์	Gebietsgötter
Pra Ratschgudpannt	พระราชกฎพรรณ์	Gegenstände des Krönungsrituals
Pra Saeng Bpuen Kahm Maeh Nam Satong	พระแสงปืนข้ามแม่น้ำสโตง	königliches Gewehr, mit dem über den Fluss Satong geschossen wurde
Pra Sawetaschadt	พระเศวษฉัตร	dreistöckiger Königsschirm
Pra Song	พระสงฆ์	Mönch
Pra Tammarong Nauvaraht	พระธรรมรงนวราช	Oberbefehlshaber
Pra Treipidock	พระไตรปีดก	buddhistische Gebetslehre
Pra Tudong	พระธุดงค์	Wandermönch
Pra Ud	พระอุด	sitzender Buddha (Position einer Buddhafigur)
Pra Uprasch	พระอุปราช	Vizekönig
Pra Visavagorn	พระวิศวกรณ์	Gott der Magie
Pra Yodtong	พระยอดธง	Buddha der Fahnenspitze (Position einer Buddhafigur)
Pragob Bart	ประกอบบาท	Beinschutz (Position auf Elefantenrücken)
Prakann Chaisrie	พระขรรค์ชัยศรี	überlange Messer mit säbelähnlicher Form
Prasidtipab Vicha Dtohsuh	ประสิทธิภาพ วิชาต่อสู้	Qualität des Aktivitätscharakters
Prasop Gan	ประสพการณ์	Erfahrung
Pratibat	ปฏิบัติ	ausüben/praktizieren
Pratigariya Dtoayang	ปฏิกริยาตัวอย่าง	Verhaltensmuster
Pratigariya Kohng Gongei	ปฏิกริยา ของกลไก	körperliche Funktionalität
Pratigariya Kohng Rang	ปฏิกริยา ของร่างกาย	körperlicher Einsatz
Pratigariya Sahmahd	ปฏิกริยาสามารถ	Reaktionsvermögen
Pray	พราย	magischer Geist
Puh Ruh	ผู้รู้	Wissender
Puh Samack	ผู้สมัคร	Bewerber
Puht	พุทธ	körperloser Geist
Puht Pieh Pie Sart	ภูตผีปีศาจ	Wissen über unnatürlich verstorbene Lebewesen/Geistwesen
Rab (Lagsanah Rab)	รับ (ลักษณะรับ)	auffangen
Rabbpen Kvam Dsching	รับเป็นความจริง	angenommene Wirklichkeit
Rabohb Kwam Kid	ระบบความคิด	Denkstruktur
Rak Jomm	รักยม	Zweibaumjunge
Ram Dab	รำดาบ	Schwerttanz/Begrüßung
Ram Dab Kru	รำดาบครู	Lehrerschwerttanz
Ram Fornt	รำฟ้อน	Schwerttanz
Ram Hanuman Kam Kau	รำหนุมานข้ามเขา	Tanz des Affengottes, der den Berg überquert (Begrüßungsform)
Ram Hanuman Tawai Waehn	รำหนุมานถวายแหวน	Tanz des Affengottes, der den Ring überreicht (Begrüßungsform)
Ram Kru	รำครู	Lehrertanz
Ram Kru Tau	รำครูเฒ่า	Tanz des alten Lehrers (Begrüßungsform)
Ram Mad Ram Muai	รำมัดรำมวย	Fausttanz Boxtanz
Ram Mied	รำมีด	Messertanz/Begrüßung
Ram Muai	รำมวย	Muai-Kampftanz/Begrüßung
Ram Nang Ay	รำนางอาย	Tanz der schüchternen Frau (Begrüßungsform)
Ram Naray Dohn Dong	รำนารายณ์เดินดง	Tanz des Gottes Naray durch den Dschungel (Begrüßungsform)
Ram Plan	รำพราน	Tanz des Jägers (Begrüßungsform)
Ram Rueh Srie Jamsinn	รำฤาษีจำศีล	Tanz des meditierenden Dschungelpredigers (Begrüßungsform)
Ram Tehp Pranomm	รำเทพพนม	Tanz der Engel (Begrüßungsform)
Ram Tehp Tida	รำเทพธิดา	Tanz der Gottestochter (Begrüßungsform)

Ram Tod Haeh	รำทอดแห	Tanz mit dem Fischernetz (Begrüßungsform)
Rang Gay	ร่างกาย	Körperhülle
Rang Sinotock	หลั่งสิโนฑก	Ritual (thailändische Unabhängigkeit)
Rang Song	ร่างทรง	Medium
Rang Tehp	ร่างเทพ	heiliger Körper
Rob Douy Awud	รบด้วยอาวุธ	Waffenkampf
Roehk Suek	ฤกษ์	Kriegstermin
Rohbsampann	รอบสัมพันธ์	Verhältnisaspekt
Rud Pah	รูดผ้า	Stofftuchziehen
Rueh Srie	ฤาษี	Dschungelprediger
Ruh Suek Kauw Jai	รู้สึกเข้าใจ	Gedankenverständnis
Sabei	สไบ / สะไบ	Tuch
Sahm Veht	สามเวทย์	magische Rituale
Sahn Piean Dtah	ศาลเพียงตา	Altar in Augenhöhe
Sahn Pra Prom	ศาลพระภูมิ	Geisterhäuschen
Sai	ไสย์	Nichts
Sai Daehng	สายแดง	Rotgurt
Sai Damm	สายดำ	Schwarzgurt
Sai Kauw	สายขาว	Weißgurt
Sai Kieauw	สายเขียว	Grüngurt
Sai Lueang	สายเหลือง	Gelbgurt
Sai Namngoen	สายน้ำเงิน	Blaugurt
Saiyasart	ไสย์ศาสตร์	Saiyasart
Sak Sai	สักไสย์	Sandelholzöltätowierungen
Sak Srie	ศักดิ์ศรี	Selbstbewusstsein
Sakjann	สักยันต์	tätowierte Symbole
Saksidt	สักสิทธิ์	Magie
Sanam Muai	สนามมวย	Kampfpodest
Sanam Rob	สนามรบ	Kriegsplatz
Sanja Sangobsuek	สัญญาสงบศึก	Friedensabkommen
Sart	ศาสตร์	Wissen
Say Sinn	สายสิญจน์	magische Baumwollschnur
Say Sorn	สายสอน	Unterrichtsleitlinie
Schang Puerk	ช้างเผือก	Albinoelefanten
Schon Schang	ชนช้าง	Elefantenrammen
Schueag	เชือก	Seil
Sidt	ศิษย์	Wissbegieriger
Sillapa Ganthosuh	ศิลปการต่อสู้	Kampfkunst
Sing Saksidt	สิ่งศักดิ์สิทธิ์	übersinnlich
Sod Naem	สอดแนม	Spähersoldaten
Souan (Lagsanah Souan)	สวน (ลักษณะสวน)	kontern
Srie	ศรี	leuchten
Suea Jann	เสื้อยันต์	magisches Hemd
Sueah Kohlaem	เสื้อคอแหลม	Oberteil mit V-Ausschnitt
Sura Gam	สุรกัม	Militärführung
Taad	ทาส	Leibeigene/Sklaven
Taggataen Dtamkauw	ตักแตนตำข้าว	Gottesanbeterin
Tah Djab	ท่าจับ	Grifftechnik
Tah Dtohsuh Pratom	ท่าต่อสู้ปฐม	Kampfgrundtechniken
Tah Gon	ท่ากล	Tricktechnik
Tah Habnammt	ท่าหาบน้ำ	Technik: Wassertragen
Tah Jam Poo	ท่าจำเพาะ	Techniken unter Übungsbedingungen
Tah Jang Samkuhm	ท่าย่างสามขุม	Technik: Drei-Punkte-Schritt

Tah Juen Dtang Lag	ท่ายืนตั้งหลัก	Fußstellung/Stehkampfposition
Tah Kru	ท่าครู	System des Lehrers
Tah Kumschoeng	ท่าคุมเชิง	Ausgangsposition
Tah Lag	ท่าหลัก	Haupttechniken
Tah Lomm	ท่าล้ม	Falltechnik
Tah Palang Matratan	ท่าพลังมาตราฐาน	Leistungstest
Tah Plodpai	ท่าปลอดภัย	Sicherheitswissen
Tah Ponggan Dtoua	ท่าป้องกันตัว	Selbstverteidigung
Tah Pratom	ท่าปฐม	Grundtechniken
Tah Rab/Tah Pokpong	ท่ารับ / ท่าปกป้อง	Abwehrkenntnis
Tah Samliehm Nillapai	สามเหลี่ยมนิลภัย	Technik: gefahrloses Dreieck (Handstellung)
Tah Schappo Dtoua	ท่าเฉพาะตัว	technische Spezialisierung
Tah Schoehng	ท่าเชิง	Kampftaktik
Tah Tauw Dtad	ท่าเท้าตัด	Technik: paralleler Fuß
Tah Tauw God	ท่าเท้ากด	Technik: fallender Fuß
Tah Tauw Soehy	ท่าเท้าเสย	Technik: steigender Fuß
Tah Thumm	ท่าทุ่ม	Wurftechnik/Zu-Fall-Bringen
Tahan Bpah	ทหารป่า	Dschungelsoldaten
Tahan Rabjang	ทหารรับจ้าง	ausländische Söldner
Tahan Schang	ทหารช้าง	Elefantensoldaten
Tahan Taad	ทหารทาส	Sklavenkämpfer
Tahan Tauw	ทหารเท้า	Fußsoldaten
Tamm Bunn	ทำบุญ	Spendengewohnheit/Spenden
Tamnan Rueh Srie	ตำนานฤาษี	Lehrschrift der Dschungelprediger
Tamrab Pichaisongkram	ตำรับพิชัยสงคราม	Kriegsschrift, Kriegslehrbuch
Tap Loung	ทัพหลวง	Haupttruppe
Tap Nah	ทัพหน้า	vordere Kriegstruppe
Tap Rang	ทัพหลัง	Nachhut
Tappieh	ทัพผี	Geisterkampftruppe
Tauw	เท้า	Fuß
Taway Bangkom	ถวายบังคม	Technik: Sitzbegrüßung
Tehp	เทพ	heiliger Geist
Tham	ถาม	fragen
Thei Ngoenn	ใถเงิน	silberner Pflug
Thei Thong	ใถทอง	goldener Pflug
Tieb	ถีบ	Technik: Fußstoß
Trei Sid	ตรัยสิทธิ์	drei magische Elemente
Treiradt	ไตรรัตน์	drei Glaskristalle
Udomkati Naksuh	อุดมคตินักสู้	Kämpferideal
Uppasak Ajan	อุปสรรค์อาจารย์	Lehrhindernisse
Vaen Saksidt	แหวนศักดิ์สิทธิ์	magischer Ring
Vahn	ว่าน	magische Kräuter und Pflanzen
Vahn Sabuh Lued	ว่านสบู่เลือด	Blutseife (Stephania venosa)
Vicha	วิชา	Wissen
Vicha Dtohsuh	วิชาต่อสู้	Kampfwissen
Vicha Gaeh Attan	วิชาแก้อาถรรพ์	Wissen über den Umgang mit Magie
Vicha Rob	วิชารบ	militärisches Kampfwissen
Vicha Tam Attan	วิชาทำอาถรรพ์	zwangsorientierte Magie
Vicha Togschang	วิชาตกข้าง	Techniken für das Fallen vom Elefanten
Vinyahn	วิญญาณ	Geist
Vithie Djab Naenn	วิธีจับแน่น	Grifffesttechniken
Vithie Lomm	วิธีล้ม	Fallmethodik
Vithie Mohngsanget	วิธีมองสังเกต	Betrachtungslehre

Vitjatan	วิทยาทาน	gespendetes Wissen
Wan Wai Kru/Wan Rah Luek Kru	วันรำลึกครู / วันไหว้ครู	Lehrergedenktag
Wo Shu	โวชู	chinesisches Kriegslehrbuch vor dem Tamrab Pichaisongkram
Ya Bahn	ยาบ้าน	Hausheilkörper
Yahn	ญาน	konkreter Gedanke (Schwingung)
Yak	ยักษ์	Dämon
Yaschura Veht	อชุรเวทย์	magische Sympathie
Yok Kru	ยกครู	den Lehrer anerkennen (Ritual)
Yuh Bahn Tann Yah Ning Du Dei Bpann Wour Bpann Kway Hai Lug Tann Len	อยู่บ้านท่าน อย่านิ่งดูดาย ปั้นวัวปั้นความให ลูกท่านเล่น	„Wenn man sich schon im Haus des Herrn aufhält, sollte man nicht tatenlos herum sitzen, sondern zumindest Wasserbüffel zum Spielen für die Kinder basteln."
Yuttahatti	ยุทธหัตถี	Elefantenduell
Zong Nuh	ซองนู	mongolische Truppen
Zoog	ศอก	Ellbogen
Zoog Dtad	ศอกตัด	Technik: paralleler Ellbogen
Zoog Dtamm	ศอกต่ำ	Technik: fallender Ellbogen
Zoog Suhng	ศอกสูง	Technik: steigender Ellbogen

Index

Personennamen und zentrale Stellen sind **fett gedruckt**.

A

Abwehrkenntnis 63 f., 74, **89 ff.**, 104, 118
Ah Vicha 137, 293
Ah Zaehvungie 450
Ajan 214 f., 293, 366, 402
Akkupressur 128, 131 f.
Akohm 313
Aktion 34, 39, 44, **52 ff.**, 66 ff., 89 f., 98 f., 104, 109, 111, 118, 136 f., **148 ff.**, 168, 202, 205, 207 f., 210, 291, 306, 314, 360, 380 ff., 411, 434, 436
Altai 226 ff., 455
Altar in Augenhöhe 338 f.
Amulett 30 f., 124, 134, 141, 313, 338, 342, 375
Anuwong 453
Attan Veht 312 f.
Ausdauer 63, 66 f., **69 f.**, 72, 111
äußere Aspekte 21, 44 f., **52-142**, 148, 153, 212, 224, 315 ff., 360
Autaradit 447 f.
Autodynamik 64, 104, 207, 216, 246
Awud 54, 103, **105 f.**, 110, 112, 115, 117 f.
Awud Pahuyuth 100 ff.
Awud Tahan 100, 102 f., 105 f.
Awud Thai 350
Ay Lauw 279, 287 ff., 295, 300, 328
Ayutthaya 224, 232, 330, 356, 367, 374, 379, 401, **404-448**

B

Baab 291
Bang Rajan **433 ff.**, 441 f.
Bangkok 166, 344, 400, 450 f., 453
Bann Lu 317, 322
Basiskampfübungen 74 f.
Basisstufe 153, 181, 188 f., 192, 194, 199
Basisübungen 66, 72
Beisitzer 185 f., 195
Benjangkapradit 134
Besetzung 237, 242, 289, 335 f.
Betrachtungslehre 21 ff., **43 ff.**, 52, 139 f., **311-321**, 455, 458
Bewegungseinheit 60
Bewegungsmuster 55, 57 f., **60 ff.**, 74, 76, 91 f., 97, 150 f., 194, 200, 202, 206, 212 f., 217
Blaugurt 181, 185, 195, **198-215**
Blumensprache **217 f.**, 348
Bod Soud 30
Boran 399
Borivan 365
Bpau Sang 236
Bpie Sachawa 387
Bplien Nay 280
Buddajak Tanlayjak 420
Buddha 125, 291, 294, 322, 342
Buddha Sihing 394
Buddhismus 28, 35, 122 ff., 139, 215, **288 ff.**, 309, 312, 322, 324, 338, 349, **362 ff.**, 367, 394, 409, 416
Buddhistische Lehre **287-295**, 322, 324, 394
Bugkalig Naksuh 137
Buh Hong Teh 289
Buh Thie 286 ff., 393
Bunn 291
Bureng Nong 407

C

Chang Kieng 289
Chinesische Mauer 286

D

Dab 54, 82, **102 f.**, 112 ff., 154, 190, 248, **257 ff.**, 279, 308, 369, 397
Dab Ay Lauw 258
Dab Aya 305 f., 391
Dab Ayutthaya 351
Dab Banlang 391
Dab Bei 262
(Dab) Dtang 258
Dab Dschaek 257
Dab Dschien 257
Dab Dtoh 257, 261
Dab Fak 262
Dab Fan 258
Dab Ganjanaburi 374
Dab Gasandt 306
Dab Glie 257, 354 f.
Dab Irawadie 328, 412 f.
Dab Jauw 261
Dab Kabkay 417
Dab Kauw Kieaw 354 f.
Dab Krong Chai 354 f.
Dab Kru 351, 354, 391
Dab Kuh 447
Dab Lao 262
Dab Montienban 391
Dab Mud 261
Dab Mueh 257
Dab Nang Jiew 308
Dab Nanjauw 258, **307 f.**, 374, 412 f.
Dab Ngon 262
Dab Nueah (Dab Lanna) 98, 262, 351
Dab Pichaiyuth 391
Dab Plong 257
Dab Pra Kun Jauw 392
Dab Prasaeng Ayasit 420
Dab Prawissangorn 391
Dab Sohng Kom 136
Dab Song Mueh 114, 308
Dab Sriesawann 351
Dab Suwannapum 374
Dab Taad 351
Dab Taeng 258
(Dab) Taeng Ngu 261
Dab Tahan 103, 105
Dab Tann 392
Dab Thai 258, 412
Dab Yotha 391
Daehng 157, 181, 302

Dahrm Dab 369
Dan Jedie Samm Ong 404
Dang 397, 426
Day Dibb 325
Dek Watt 293, 360, **362 f.**
Denkstruktur 320
Deraschan Vicha 137
Djab 90
Djab Zoog 87
Djud God 92
Douan Mied 108 f.
Druckpunkttechnik 74, 91 ff.
Dschidt Samnuek 319
Dschungelprediger **155**, 157 ff., 170, 364, 386
Dtad Maihkomnam 418
Dtae 85
Dtah Sang 259
Dtahbeng Schwetie 404, 407
Dtalumbon 354
Dthie Kvam Maih 317
Dtie Muai **118 f.**, 382 f., 424 f., 427 f., 447
Dtohsuh 45,
Dton Bod 314 f.
Dtrah Gud 124
Dtrai Mit 345
Dtrai Peth 312
Dtue Poy Gai 323
Dtukgadta Lommlug 91
Duey Awud 100, 102, 119

E

Einsiedler 155, 322, 355, 357, 364
Einweihung 189 ff.
Elefantenduell 405, 422
Ellbogen 44, 54, **74 ff.**, 83, **87**, 103, 111, 118, 264, 325, 379 f. 385, 426
Entlassungsritual 285
Ernteritual 235 f.

F

Fandab 137, 248, 257 f., 307 f., 354 f., 374, 447
Fang 167, 191
Faust 44, 54, 62, 69, 74 f., **78 ff.**, 85, 87, 90, 92 f., 113, 118, 172 f., 264, 310, 325, **379 ff.**, 400, 425 f.
Freikämpfer 109, 141, 180, **271-285**, 296, **300 ff.**, 323 ff., 332 ff., 351 ff., 369 f., 379, 395, **397 ff.**, 405 ff., 434 ff., 450 ff.
Fu Hie 233 ff.
Fu Nan 328
Fuß 44, 54, 58 f., 71, 74 ff., **85 ff.**, 90, 103, 118, 134, 172, 264, 325, 379 f., 385, 426

G

Ga Rieng 287, 322
Gab 103, 112, 241, 248, 257 f., 261
Gab Glie 112, 241, 248, 305
Gab Lek 261
Gaengvun Maengyieh 450
Gaeew **155 ff.**, 345
Gamlang Pay Nei 310
Gangeng Sahmsouan 180
Gau Jong Hong Taeh 302
Gautan 240
Gedankenverständnis **23 f.**, 154, 214, 320
Geist 27 ff., 109, 122 ff., 242, 244, 245, 258 ff., 311, 313, 322, **333 ff.**, 355 f., 374 ff., 384, 393, 397, 405, 416
Geistdoktor 334
Geisterkampftruppe 241
Geisterwissen **335 ff.**, 375, 418, 444
Geji Niyam 366
Geji Pigan 366
Geji Sangkan 366
gelber Fluss 227
Gelbgurt 181, **188**
Gewaltgeist 337
Giela Gan Dtohsuh 424
Giela Muai 119
Gienjong 250 f., 254, 257
Ginje 242
Glie 100, 112 f., 241 ff., 266 f., 271, 273, 296, 308, 418
Glie Gauw Piehnong 58, 106, **240 ff.**, 250 f., 258, 265, 269, 311, 326, 354, 393, 406, 417
Glie Shu 393 f.
Glong Kaeck 387
Glong Kaeck Dtoumiah 387
Glong Kaeck Dtoupuh 387
Gob Gradoot 91
God Naksu 172 f.
Gog Glie 241
Gog Jauw Nakorn 444
Gog Jauw Pimay 445
Gog Jauw Praya Phitsanulok 443
Gog Jock 241
Gog Ngiew 241
Gog Paeh 241
Gog Pra Jauw Fang 443 f.
Gog Praya Tak 445 f.
goldener Junge 338
Gong Glang 282, 284
Gong Juh Johm 282
Gong Nah 282 f.
Gong Nunn 282, 284
Gong Rob 282, 284
Gong Sabieng 282, 284
Gong Samparah 282, 284
Gong Sanomm 282, 284
Gong Sena 282, 284
Gosann 304
Gra Djab 428
Gra Dtob 228
Grabang Lang 378
Grabieh Grabong 102, 105, 374, 399
Grabong 82, 84, 102, 110, **115 f.**, 119, 154, 190, 322, 324 f., 334, 354, 369, 378, 397
Grabouan 377 f.
Graduierung 142, 180 f., **185 f.**, **188-195**, 199, 368, 402
Grarock Grataeh 110
Grifffesttechnik 74, 90 f., **92**, 246, 347
Grifftechnik 90, 104, 118, 246, 425
Grohd 324
Grumm Jauwnay 329
Grüngurt 181, 184 f., **189 ff.**, 198
Guerillakampf 446
Guman Tong 338 ff.
Gumarie 340
Gwang Shu 249
Gwang Tung 249, 267
Gwangthep 332

H

Haeng Jiea 323 f., 337
Han Meng Teh 289
Handbandage 381, 424 f., 428
Hanuman 431 f.
Hausgeist 27, 337
Heilkörper 128 ff.

Heilkunde 21, 93, 128 f., **130 ff.**, 228, 246, 343 f., 357
Heilwasser 343
Heilwissen 21, **128 ff.**, 208 f., 310, 455
Hinduismus 324, 430
Hoog 115, 241
Hoog Dab 304 f.
Huang Ho 227 f., 241
Huang Ti 235, 240

I

indische Trommel 387
innerer Aspekt 21, 23, 44 f., 52, **139 ff.**, 148-218, 224, 315 f., 318, 320, 360
innere Kraft 310

J

Jah Mo 454
Jang Samkuhm Kum Samliehm 44, 77
Jang Suek 385, 418
Jann 112, 123
Jauw Poh Lobburi 342
Jauw Poh Smingplai 342
Jauw Poh Srie Treiradt 348
Jauw Praya Prabhongsavadie 423
Jauw Praya Saennponplai 423
Jauw Schuh 263
Jay Hohm 375
Jed Kohd 234
Jedie Srie Suriyothai 404 ff.
Jien 251
Jin Zi Hong Taeh 286
Jod Zoog 87
Jog 251, 428
Jorakaeh Sampan 379
Jue Nov How Juy 304 f.
Juen Dtay 341

K

Kachin 322
Kad Schueag 381
Kampfaktion 36, 44 f., 52 ff., 60 ff., 76, 88, 97, 104, 108, 111, 137 f., 149 ff., 171 ff., 199 ff., 206 ff., 215 ff., 241, 246, 264, 279 f., 296 f., 306 ff., 325, 346, 379 ff., 98 ff., 413, 456
Kampfbegrüßung 244, 385,
387, 427 f.
Kampfdisziplin 61, 101, 189 ff.
Kämpferideal 136 ff., 171, 176, 182, 195, 355, 395, 458
Kämpfertugend 171 ff., 188
Kampfhandlung 29, 34, 39, 52 f., 66, 69, 76, 78, 136 ff., 148 f., 177, 195, 215, 241, 267, 284, 306, 360, 378 f., 422, 432, 437
Kampfrichter 384
Kampfsport 399
Kampfstil 45, 152, 191 f., 194, 374, 397, 447
Kampftaktik 151, 282, 310, 394, 451
Kampftechnik 28, 35, 42, 44, 52, 57, 60-72, 74-82, 97 ff., 107, 150, 152 f., 177, 190 f., 194, 202, 207 f., 225, 246, 257, 276, 346, 348, 355, 393, 398 f., 450
Kampfwette 119
Kampie Ya Bahn 129
Kampie Ya Bpah 129
Katha 30, **123**, 312 f.
Kauh Song 341
Kauw 78, 88
Kauw Dtad 88
Kauw Dtohg 236
Kauw God 88
Kauw Soehy 88
Kay Bang Rajan 433 ff.
Kay Muai 270
Kay Prayanakorn 417
Kehn 397, 426
Keih Pah 344
Kickboxen 400
Kid 167, 191
Kieaw 108, 241
Kindtechnik **61 ff.**, 99, 151, 206
Knie 44, 54, 74 f., 78, **88**, 92, 103, 118, 134, 264, 325, 379 f., 385, 400, 426
Koch Muai 428
Kohn 430
Kong Grapann Schadtrie 122
Kong Klang 124, 313
Konkubine 263 f., 265
körperliche Fähigkeiten 63, 67 f., **71**
körperliche Funktionalität 43, 53, **55 ff.**, 63, 66, 68, 79 f., 91, 189, 208, 335
körperlicher Einsatz 53 f.
Krankengeist 337
Kriegsgesetz 307
Kriegstermin 243
Kriegswissen 306, 414
Krohb Kru 198, 368
Kru 204, 214 f., 293, 359, 361, 368, 401 f.
Kru Fong 333, **351**, 354
Kru Kun Plai 264, **333 ff.**, 354, 386
Kru Lahm 333, **349 f.**, 354
Kru Maeh Boua 264, 333, **343 f.**, 354
Kru Puh Ruh 98
Kru Srie Treiradt 333, **345 ff.**, 354
Krueang Lang 124
Krueang Lang Kong Klang 30
Kuean Jula Long Gorn 332
Kun Loh 272, **300 ff.**, 308 f., 327, 330
Kun Loung Suriya Amarin 441
Kun Mueang 287 f.
Kun Paen 374
Kun Schang - Kun Paen 374
Kun Suek 420
Kung Fu 14, 249
Kunying Jann 450 f.
Kvam Dsching 317, 319
Kvam Naehnohn 315
Kvam Sahmahd 71
Kvam Shueah Thueh 317
Kvamruh Puentahn 74

L

La Woh 328
Ladyah 374
Laemtong 328
Lag Muai 384
Lahng Baab 292
Lak Suhdt 97
Langstock 35, 81 f., 84, 106, 115, 322, 378
Lanze 115, 422
Lauw 115
Lauw Tai Mung (Mueang) **254-297**, 311
Lay Tong 395
Lehrer 16, 20, 34, 37 f., 63 f., 68, 71, 96 ff., 104 f., 118, 134 f., 141, 152, 155 ff., 167 ff., 172, 176 ff., **181-195**, 198-218, 244, 269, 291 ff., 323, 333,

345 ff., 354 ff., **357-368**, 382 ff., 399 ff., 415 f., 420 ff., 447
Lehrerbegrüßung 391, 414
Lehrergedenktag 401
Lehrhindernis 366 f.
Lehrkonzeption **202 ff.**, 214
Leibgarde 424, 426, 441, 450
Leistungstest 71 f.
Ling Lom 58, 92, 97, 100 ff., 107, 111, 114, 116 ff., 132, 141 f., 154, 190, **245 ff.**, 257 f., 296 f., 305, 328, 347, 354, 370, 378, 380 ff., 397, 424, 439
Ling Toehn Gratang 68
Lob (Lagsanah Lob) 89
Lobburi 328, 337, 342, 382
Loh 54, 397, 426
Lohb 324
Long 324
Long Gung Jauw 300
Loung Poh 293
Lueck Lab 311
Lug Fag 365
Lug Grook 340
Lug Maih 61, 99, 151, 206
Lug Sorn 365
Lugsidt 155, 188, 191, 351, 360, 367
Lugsidt Todlong 182, 188

M

Mad 78, 80
Mad Dtrong 80
Mad Kohng 80
Mad Phasom 80
Maeh Maih 61, 63, 74, 99, 151, 206
Maeh Nam Daehng 302
Maeh Nam Dam 300, 302
Maeh Nam Lan Shonk 304
Maevjueh 412
magische Wirksamkeit 30, 123 f., 312, 341
Maha Niyom 312
Mai Naeh Non 314
Mai Pen Rei 228
Maih Fahfaed 111
Maih Gwad Lahn 112
Maih Haab 115, 324
Maih Jan Ruea 110
Maih Jauw 110, 115
Maih Sandt 110

Maih Ti Kauw 112
Maih Zoog 54, 82 f., 102, **110 f.**, 119, 154, 190, 350, 354, 397, 426
Maihnang Glangmuehng 451
Manggajoh Schava 412, 416 f.
Marueh Veht 312
Messer **81 ff.**, 106, 108 f., 154, 241, 283, 313, 369 f., 390, 397, 445, 447, 453
Messerduell 108 f.
Messerduell unter Mondlicht 108
Messerkampf 259, 354
Mia Louang 263
Mia Noy 263
Mied 81 f., 102, **107 ff.**, 119, 154, 190, 241, 354, **369 ff.**
Mied Bla 371
Mied Dat 371
Mied Dtahn 371
Mied Dtoh 371
Mied Fak 371
Mied Sandt 369
Mied Tahan 369
Mied Tchieng 371
Mied Zuy 108 f., 371
Moh Dtamyeah 131
Moh Noud 131
Moh Pieh 334
Moh Sennt 131
Moh Ya 131
Mong Juymang 304
Mong Zeeh Jauw 300
Mongkon 124, 323 f., **325 f.**, 367 f., 386
Mongolen 251 f., 254, 455
Muai 44, 79, 103, **118 f.**, 154, 190 f., 270, 326, 354, 379 ff., 384 f., **399 ff.**, 425, 428, 429, 440
Muai Boran 119, 399 f., 429
Muai-Camp 270, 280
Muai Dueckdammbann 119
Muai Kad Schueag 381
Muai Thai 13, 119, 425
Muai Vethie 119
Muengkuenn 232
Mung Kwei Jauw 300
Muttertechnik 61 ff., 97, 99, 151, 206

N

Nah Plappasung 450
Nährkörper 129, 229

Nahsuek 377 f.
Nai 315
Nak Pahuyuth 271
Nak Yuth 271
Nam Man Dschann 349
Nam Pipatsattaja 418
Nam Plug Sek 343
Nam Ya 343
Nan Tjauw 328
Nang Fah 332, 334
Nang Maih 160, 166
Nang Mug 450 f.
Nanjauw 18, 103, 106, 108, 110, 115, 180 f., 247, 264, 272 f., 280, 285, 287, 296, **300-330**, 332, 334, 361, 367, 374, 401 f., 404, 412 f., 418
Nay Kanom Tom 439 f.
Nay Rueang 443
Nay Tongdie 447
Nehn 182, 363
Ngauw 397, 422 f.
Ngiew 349
Ngong Houlauw 454
Ngu Hau 110
Nguh Ay Lauw 289
Nieh Taad 274
Nigay 312 ff.
Nigay Damm 314
Nigay Kauw 314
Nob Nangdag 451
Nog Kauw 376
Nohg 315
Nohng Seah 300
Nong 33
Noud Raksa 131
Nuh 444

O

Ohm/Om 312
Ongkarak 284, 305 f.
Otton 69 f.
Oun Suragul 451

P

Pa Wu Shu 35, 100, 245, 267, 276, 296, 439
Pah Jann 30, 123
Pah Jierg 381
Pah Kadpung 117
Pah Kauwmah 117
Pahkad Aeuew 180
Pahu 36

Palang God 79
Palang Jao 79
Palang Sabat 79
Palang Tammada 79
Palang Thaih 79
Panann 384
Panann Muai 119, 398, **399 f.**
Pang 254
Pangporn 110
Pann Mad 428
Pau Wu Tzu 245
Pay Yai 289
Peitsche 79, 117, 237, 264, 323
Peiyon Mahaprasat 424
Phie 245, 334, 336, 356
Pie Sart 334 f.
Pieh 27, 245, 337, 340 f., 354 ff.
Pieh Baan Pieh Ruehn 337
Pieh Bpah 341
Pieh Dib 341
Pieh Dtay Hah 337
Pieh Dtay Hong 337
Pieh Dtay Thang Glom 337
Pieh Fah 341
Pieh Guman 340
Pieh Jauw Maeh 341 f.
Pieh Jauw Poh 341
Pieh Lohck 336
Pieh Lug Grook 337, 340
Pieh Pra 341
Pieh Pray 337
Pieh Sang 341
Pieh Sing 336
Pieh Tag Pah Ohm 341
Pieh Tay Hong 27, 337
Pieh Tay Thang Glom 337
Pithie Duem Namsabahn 243 f., 418
Pithie Jahng Tapp 243 f., 418
Pithie Pratomgramm 418, **421 f.**
Pithie Puedsch Mongkon 236
Pithie Raek Na Kwann 235 ff.
Plai 271, 337
Plai Paneejorn 271
Plam 384
Plod Awud 100, 102 f.
Plong 115, 258
Ploy Suek 285
Plug Sek 334, 338
Poh Kun Pahmueng 390
Poh Kun Ramkamhaeng 134, 312, 392, 394
Poh Kun Srie Indradit 390
Poh Nay 269

Pohkah Sedthieh 236
Porama Jahn 333
Pra Baromrascha 413
Pra Bput 291
Pra Buddha Sihing 394
Pra Galn 342
Pra In 430
Pra Insurn 420
Pra Jam Pa 413
Pra Jauw Grung Angvah 415
Pra Jauw Hongsavadie Lindamm 407
Pra Jauw Nanntabureng 414 f.
Pra Jauw Prae 405
Pra Jauw Schanah Sibtid 407
Pra Jauw Sueah 428 f.
Pra Jauw Taksin 441 ff.
Pra Jauw Utong 404, 443
Pra Jet 124, 326
Pra Kampie 394
Pra Klueang 338, 341
Pra Kun Paen 375
Pra Maha Intratirat 404
Pra Maha Jakapatt 404 f., 408 ff., 417
Pra Maha Jitowaadt 356
Pra Maha Tammarascha 406 ff., 414 ff.
Pra Maha Upparascha 422
Pra Maha Uprasch 409 f., 412
Pra Mahin 409 ff.
Pra Mahla Bieng 423
Pra Mongud 390
Pra Naray 420
Pra Ongdamm 408 f., 412 ff.
Pra Pansa 379, 384, 387
Pra Pirunsanghan 451
Pra Prang Sadungmahn 125
Pra Prom 312, 338, 430
Pra Ptratomjedie 375
Pra Ramesourn 404, 408
Pra Ratschgudpannt 390
Pra Saeng Puenjauw 417
Pra Sawetaschadt 390
Pra Shiva 312
Pra Song 293
Pra Tammarong Nauvaraht 420
Pra Treipidock 312
Pra Tudong 356
Pra Ud 125
Pra Visavagorn 420
Pra Vishnu 312
Pra Yodtong 125
Pragob Bart 378
Prakann Chaisrie 390

Prasaeng Kohngauw 423
Prasidtipab Vicha Dtohsuh 136
Prasop Gan 36
Pratibat 167, 191
Pratigariya Dtoayang 58
Pratigariya Kohng Gongei 55
Pratigariya Kohng Rang 54
Pratigariya Sahmahd 68
Pratum Suriwong 390
Pray 124, 337
Praya Cheiyanupab 423
Praya Ganvannadist 390
Praya Gong 375
Praya Jaggrie 408, 410 ff., 413, 441, 446
Praya Lawaek 418, 421 f.
Praya Parn 375 f.
Praya Pischai Dabhak 447 f.
Praya Siharat Descho 410
Praya Vaschirapragan 441
Prinz Mangscheising 415
Prinz Nadjinnong 415
Probeschüler 181 ff., 188, 204, 361, 367
Prüfer 185 f.
Prüfung 182 f., 185 f., 188, 198, 204, 304, 367 f.
Prüfungsverfahren **185 f.**, 195, 367
Puh Ruh 98
Puh Samack 182, 188
Puht 334 f.
Puht Pieh Pie Sart 334

Q

Qualifikationsprüfung 185, **186**, 188, 191 f., 198, 368

R

Rab 90
Rabohb Kwam Kid 320
Rak Jomm 338, 340 f.
Ram Dab 76, 244, 391, 398, 414
Ram Dab Kru 420
Ram Dab Suek 420
Ram Fornt 398
Ram Hanuman Kam Kau 386
Ram Hanuman Tawai Waehn 386
Ram Kru 244
Ram Kru Tau 386
Ram Mad Ram Muai 428, 439
Ram Mied 109
Ram Muai 76, 214, 398

Index 477

Ram Nang Ay 386
Ram Naray Dohn Dong 386
Ram Naray Lah Gwang 386
Ram Pran 386
Ram Rueh Srie Jamsinn 386
Ram Tehp Pranomm 386
Ram Tehp Tida 386
Ram Tod Haeh 386
Ram Wai Kru 384 ff.
Rama I. 450
Rama II. 430
Rama III. 453 f.
Rama IV. 376, 399
Rama V. 270
Rama VI. 407
Rammagiern 35, 38, 386, 429, **430 ff.**
Rang Gay 335
Rang Sinotock 416 ff.
Rang Song 341
Rang Tehp 340
Rattanagosin 236, 376, 430, **450 ff.**
Reaktion 34 ff., 44, 52 f., 55 f., 58, 60-68, 78, 82, 88, 99, 103 f., 109, 136 ff., 148 ff., 182, 202, 205, 207 ff., 215, 291, 306, 360, 366, 441, 456 f.
Reaktionsvermögen 63, **66 ff.**, 72
Reflex 37, **55 ff.**, 61 ff., 76, 89, 104, 118, 150, 153, 208 f., 246
Reinkarnation 28 f., 242, 290 f., 322 f.
Reisschlagstock 112, 241, 244, 248
Rob Douy Awud 398
Roehk Suek 243
Rohbsampann 315
Rotgurt 185, 204, **214 ff.**
Rud Pah 71
Rueh Srie 155, 157, 160 ff., 170, 364, 386
Ruh Suek Kauw Jai 23, 320
Rundschild 426

S

Sabei 82, 102, 117, 119, 154, 181, 190 f., **263 ff.**, 354
Sahm Veht 312 f.
Sahn Piean Dtah 338 f.
Sahn Pra Prom 338

Saiyasart 21 ff., 39, 41, 43 ff., 52, 128, 134, 139 f., 148, 205, 224, 242, 309, **311-321**, 332, 334 ff., 349, 356, 418, 455, 458
Sak Sai 350
Sak Srie 137
Sakjann 122 f.
Saksidt 122
Sam Pa Ve Sieh 334
Samnag Dab Chiengsaend 351
Samnag Dab Sriesawann 351
Sanam Muai 428
Sanam Rob 284
Sanja Sangobsuek 408
Saraburi 166
Sart 311
Satong 289, 417
Savate 426 f.
Say 311
Say Dtohsuh 98
Say Muai 382
Say Sinn 259, 338
Say Sorn 97
Schaerto Gog 328
Schamanismus 232, 242, **309 f.**
Schang Puerk 408
Schaukampf 105, 110, 118 f., 379 ff., 387, 398 ff.
Schild 90, 111, 154, 426
Schirmherr 185 f., 188, 376
Schon Schang 377
Schueag 117, 381
Schwarzgurt 142, 181, 185, 192, **194 f.**
Schwert 54, 80 ff., 103, 105 f., 109, **112 ff.**, 118, 136 f., 148 f., 154, 171, 173, 195, 206, 237, 242, **248 f.**, **257 ff.**, 283, 304 f., 308, 354, 370, 374, 379, **390 ff.**, 412 f., 417, 420 f., 426, 448, 450, 453
Schwertgriff 80, 259 f., 308, 369, 380, 413, 447
Schwerttanz 398, 420
Seele 244, 295, 313, 326, 344, 356
Selbsterfahrung 16, 98, 194, 198, 204 ff., 289 f., 317 f.
Selbsterkenntnis 37 f., 98, 192, 194, 314, 318 f., 455
Selbstfindung 21, 28, 41, 167, 198, 201, 214, **215 f.**, 218, 310 f., 314, 318 ff., 332, 334 ff., **361 ff.**

Selbstverteidigung 37, 90, 109, 264, 310, 398 ff.
Si Nu Loh 300, 308
Sicherheitswissen 63 f., 74, **90 ff.**, 104, 118
Sidt 360, 365 f.
Silajaruek Wat Pahmahmoung 390
Sillapa Ganthosuh 398
Sing Saksidt 317
Sklave 270, 282, 323, 329, 355, 439
Sod Naem 397
Söldner 105, 111, 267, 271 f., 274 ff., 279, 282, 285, 303, 397, 404, 426, 446, 452
Somdet Pra Barommatrei Logganad 404
Somdet Pra Jauw Prasarttong 424 f.
Somdet Pra Naray 426 f.
Somdet Pra Naresurn 412-423
Somdet Pra Srie Sanpetsch 410
Song Nam 416
Song Sock 117
Souan 89
Speer 35, 115, 241, 417, 426, 453
Spuk 335 f.
Stehkampfsystem 379, 424
Sturmkampf 36, 217, 271
Sueah Kohlaem 180
Suenn Lonh 235
Sukothai 38, 134, 236, 312, 328, 330, 357, **389-402**, 404
Sunthorn Puh 374
Sura Gam 417
Suwannapum 329 f., 332, 334, 357, **374-387**

T

Taad 167, **269-271**, 280 f., 285, 296, 303 ff., 332, 351, 399, 408
Taggataen Dtamkauw 249
Tah Djab 90, 104, 118
Tah Dtohsuh Pratom 47, **74-93**, 104, 118
Tah Gon 61 f., 99, 151
Tah Habnammt 70
Tah Hlob
Tah Jam Poo 99
Tah Jang Samkuhm 76 f.
Tah Juen Dtang Lag 76
Tah Kru 104, 118
Tah Kumschoeng 75
Tah Lomm 91

Tah Palang Matratan 72
Tah Plodpai 91, 104, 118
Tah Pokpong 89
Tah Ponggan Dtoua 90
Tah Pra Jauw Sueah 429
Tah Pratom 66 ff.
Tah Rab 89, 104, 118
Tah Samliehm Nillapai 76 f.
Tah Schappo Dtoua 194
Tah Schoehng 151
Tah Tauw God 86
Tah Tauw Soehy 86
Tah Thumm 91
Tahan Bpah 397
Tahan Rabjang 282
Tahan Raksah Pra Ong 305 f.
Tahan Schang 394
Tahan Tauw 394
Tak 348, 355, 374, 407, 441, 447
Talang 450 f.
Talifu 329
Tam Kuha Sawann **332-351**, 354, 356 f., 361, 369 f., 401
Tamm Bunn 294
Tammayuth 312
Tamnan Nueah 387
Tamnan Rueh Srie 155
Tamnan Thai Yaih Thai Ahom 412
Tamrab Pichaisongkram 38, 134, 378, 392, **393 ff.**, 404, 406, 410, 414, 442 f., 446, 452
Tamrab Pra Jauw Sueah 429
Tang Gaujo Hongteh 300, 308
Tang Kam Jang 322 ff., 337
Tanzzeremonie 76, 243, 244, **384 ff.**
Tap Loung 281 ff.
Tap Nah 281 f., 284
Tap Rang 285
Tappieh 241
Tätowierung 31, 123, 141, 349 f.
Tau Sriesuntorn 451
Tau Tepgasatrie 451
Taway Bangkom 75
Tehp 356
Teng Yim Jauw 300
Thai Ahom 328, 345
Thai Mueang 300
Thai Noy 329, 374
Thai Yaih 328
Thei Ngoenn 236

Thei Thong 236
Thon Mayom 340
Thon Rak 340
Thonburi 446, 450
Tieb 85
Tigerkönig 428 f.
Todesstrafe 306
Tossagan 432
Trei Sid 343
Treiradt 347
Trommelritual 232
Tuch 81 f., 84, 106, 109, 117, 122, 135, 180 f., 192, 259, 264, 381, 401
Tung Pukaowtong 405
Tung Samrit 453 f.
Tvaradie 375

U

Unterrichtskonzeption 71 f., 96, 99, 101, 137, 151 ff., 167, 170 f., 176 f., **179 ff.**, 182, 184, 188, 192, 194, 198, 252, 323, 354, 361, 399, 401
Unterrichtsleitlinie 97 ff., 152 ff.
Unverwundbarkeit 31, 122, 124 ff., 312 f., 334, 349, 381
Uppasak Ajan 366
Ursprungslehrer 333, 386
Ursprungsmethodik 99 f., 102, 119, **245 ff.**, 369
Urtext 311, **314 ff.**
Utong 325, 374-387, 424

V

Vaen Saksidt 323
Vahn 125
Vahn Sabuh Luead 395
Vergänglichkeit 214 f., 290, 314 f., 317 f., 320
Verhaltensmuster 55 f., **58 f.**, 63, 66, 74, 103, 246, 358
Verhältnisaspekt 21, 43 ff., 52, 99, 139 f., 153, **224-454**, 458
Vicha 36
Vicha Dab 97
Vicha Dtohsuh 97 f.
Vicha Gaeh Attan 314
Vicha Rob 398 f.
Vicha Tam Attan 314
Vicha Togschang 378, 397

Vinyahn 335 f.
Vinyahn Glie 311
Vithie Djab Naenn 92
Vithie Lomm 91
Vitjatan 361
Völkerwanderung 232, 236, 278

W

Wahrheitswissen 21
Wan Rah Luek Kru 401
Wan Wai Kru 401
Wandermönch 356
Wat Pranangsrang 451
Wat Sournloung Sobsawannt 407
Weihwasser 243, 343, 418
Weißgurt 180 f., 185, **191 f.**, 199
Wetten 119, **384 f.**
Wiedergeburt 109, 376
Wiengjann 453
Wissenslinie 98, 337
Wo Shu 394
Würdigkeitsprüfung **185 f.**, 188, 191 f., 195, 347, 367 f.

Y

Ya Bahn 130 f.
Ya Bpah 130 f.
Yahn 335 f., 341
Yak 332
Yaschura Veht 312
Yie Jauw 288
Yie Shoh 288
Yik Zig Jauw 300
Yin Yang 292
Yok Kru 184, 367
Yuth 36
Yuttahatti **377**, 422

Z

Zaiyuh 115, **322 ff.**, 334, 337
Zenbuddhismus 324
Zieh Long Jauw 300
Zong Nuh 251, 286
Zoog 78, 87
Zoog Dtad 87
Zoog Dtamm 87
Zoog Suhng 87
Zou Jaeng 324
Zweibaumjunge 338, 340
zweischneidiges Schwert 136, 195

Danksagung

Das erste Buch eines Verlages ist immer ein ganz besonderes Buch. Ohne Hilfe und Unterstützung hätte dieses Projekt nicht realisiert werden können.

Der besondere Dank gilt Liane Hein für ihr Durchhaltevermögen beim Lektorat sowie Alexander Pusch und Christian Traunig für das Copy-Editing, Anja Haag, Bettina Köppen, Daniel Fröhlich, Mathias Hoffman, Rainer Werner und Tom Jester für ihre Anmerkungen sowie Bianca Gabbey, Gunter Peschank, Holger Kirchner und Michael Hausen für ihr Vertrauen in das Projekt.

Weiterer Dank gilt:
Aladin, Andreas Schwarz, Armin Sauer, Barış Yiğit, Cicek Iyiol, Damian Terlecki, Daniel Bohn, Daniel Reiss, Daniela C. Krause, Dr. Alexander Görsdorf, Frank Barthold, Gerd Langer, Hansjörg Thurn, Hubert Świerszcz, Ingrid Mueller, Jörg Schöneck, Karsten Schmidt, Katrin Köhler, Prof. Khe Nguyen Thanh, Lara Krumrei, Mai Nguyen Thanh, Malte Iwert, Manfred und Kristina Jelinski, Manuel, Walter und Jeanette Thiede, Marc Proulx, Marek Claassen, Maria Kolenda, Mario Linse, Mario Najorka, Matthias Murawski, Monika Kaczmarzyk, Pascal und Vanessa Bischof, Peer Koltermann, Peter Hubert, Petsch Buspavanich, Rebekka Streese, Salina Hoffman, Sascha Girndt, Sascha Supastrapong, Signe Radensleben, Steffi Zimmerman, Sven Decker, Thomas Hellstorm und Wolfgang Fehse.

Für die Überlieferung des Pahuyuth geht der Dank an die Lehrer der Vergangenheit.

Alles ist möglich.